Eine Arbeitsgemeinschaft der Verlage

Böhlau Verlag · Wien · Köln · Weimar
Verlag Barbara Budrich · Opladen · Toronto
facultas.wuv · Wien
Wilhelm Fink · München
A. Francke Verlag · Tübingen und Basel
Haupt Verlag · Bern
Verlag Julius Klinkhardt · Bad Heilbrunn
Mohr Siebeck · Tübingen
Nomos Verlagsgesellschaft · Baden-Baden
Ernst Reinhardt Verlag · München · Basel
Ferdinand Schöningh · Paderborn · München · Wien · Zürich
Eugen Ulmer Verlag · Stuttgart
UVK Verlagsgesellschaft · Konstanz, mit UVK / Lucius · München
Vandenhoeck & Ruprecht · Göttingen · Bristol
vdf Hochschulverlag AG an der ETH Zürich

HARTMUT ROSA |
DAVID STRECKER | ANDREA KOTTMANN

Soziologische
Theorien

2., überarbeitete Auflage

UVK Verlagsgesellschaft · Konstanz
mit UVK/Lucius · München

Zu den Autoren:
Hartmut Rosa ist Professor für Allgemeine und Theoretische Sozio-
logie an der Universität Jena. David Strecker ist wissenschaftlicher
Mitarbeiter an der Universität Jena. Andrea Kottmann ist wissen-
schaftliche Mitarbeiterin am Center for Higher Education Policy
Studies (CHEPS) der Universität von Twente (Niederlande).

Online-Angebote oder elektronische Ausgaben sind erhältlich unter
www.utb-shop.de.

Bibliografische Information der Deutschen Nationalbibliothek
Die Deutsche Nationalbibliothek verzeichnet diese Publikation in
der Deutschen Nationalbibliografie; detaillierte bibliografische Daten sind im Internet über http://dnb.d-nb.de abrufbar.

Das Werk einschließlich aller seiner Teile ist urheberrechtlich geschützt. Jede Verwertung außerhalb der engen Grenzen des Urhe-
berrechtsgesetzes ist ohne Zustimmung des Verlages unzulässig
und strafbar. Das gilt insbesondere für Vervielfältigungen, Übersetzungen, Mikroverfilmungen und die Einspeicherung und Verarbei-
tung in elektronischen Systemen.

1. Auflage 2007
2. Auflage 2013

© UVK Verlagsgesellschaft mbH, Konstanz und München 2013

Einbandgestaltung: Atelier Reichert, Stuttgart
Coverbild: © www.fotolia/ccdevice
Lektorat: Verena Artz, Bonn
Satz: PTP-Berlin Protago-T$_E$X-Production GmbH, Berlin
        www.ptp-berlin.de
Druck: fgb · freiburger graphische betriebe, Freiburg

UVK Verlagsgesellschaft mbH
Schützenstr. 24 · D-78462 Konstanz
Tel.: 07531-9053-0 · Fax: 07531-9053-98
www.uvk.de
UTB-Band Nr. 2836
ISBN 978-3-8252-3832-2

Inhalt

Vorwort

Als diese Einführung im Herbst 2007 zum ersten Mal erschien, hatten wir natürlich darauf gehofft, dass sie gut angenommen werden würde. Die bis heute unverändert große Nachfrage nach dem zwischenzeitlich mehrfach nachgedruckten Band hat unsere Erwartungen aber doch übertroffen. Wir freuen uns über die positive Resonanz und darüber, dass dieses Buch Studierenden dabei hilft, sich in der theoretischen Reflexion auf gesellschaftliche Zusammenhänge zu üben. Wenn wir nach nunmehr gut fünf Jahren gleichwohl eine grundlegend überarbeitete zweite Auflage der »Soziologischen Theorien« vorlegen, so wollen wir damit nicht nur dem Anspruch auf Aktualität genügen.

Für die neue Auflage haben wir neben der üblichen Fehlerdurchsicht auch das Register und die Literaturhinweise aktualisiert. Darüber hinaus haben wir die einzelnen Kapitel auch mit Blick auf veränderte Debatten und neue Forschungsergebnisse sowie Weiterentwicklungen der Theorien derjenigen Autoren (wie z.B. Bruno Latour) überarbeitet, deren Werk sich noch entwickelt. Vor allem aber haben wir uns darum bemüht, die Rückmeldungen von LeserInnen, die Kommentare der Studierenden und die Diskussionen mit anderen Lehrenden zu berücksichtigen.

Von Anfang an war dieses Buch das Ergebnis unseres gemeinsamen, sich über viele Jahre hinziehenden Bemühens, den Studierenden unserer Lehrveranstaltungen die soziologische Theorie so interessant und zeitgemäß, zugleich aber auch so nachvollziehbar und verständlich wie möglich zu machen. Immer wieder haben wir aufgrund der Rückmeldungen und Nachfragen unserer Studentinnen und Studenten, unserer Kolleginnen und Kollegen die Konzepte, Kapitel und Argumente ergänzt und überarbeitet. Immer wieder haben wir auch in den letzten Jahren Hinweise erhalten, welche Passagen klarer formuliert oder detaillierter erläutert werden sollten. Dem tragen wir hiermit Rechnung.

Mit dieser Auflage korrigieren wir außerdem die zuvor weitgehende Vernachlässigung der weiblichen Form. Wir haben uns bei der Überarbeitung bewusst nicht für eine bestimmte grammatikalische Wendung entschieden, sondern von den vielfältigen Möglichkeiten geschlechter-sensibler Formulierungen Gebrauch gemacht. Weiterhin findet sich in diesem Band allerdings kein Kapitel zu einer soziologischen Theoretikerin, so wie auch Stimmen aus dem globalen Süden fehlen. Das können wir nur zum Teil mit der historischen Dominanz bürgerlicher weißer Männer im Wissenschaftsbetrieb rechtfertigen. Deren Vorherrschaft bedeutet nämlich nicht, dass gar keine Alternativen existieren. Gleichwohl sind wir überzeugt, dass es, um Einseitigkeiten und Verzerrungen im wissenschaftlichen ›Mainstream‹ identifizieren zu können, umso nötiger ist, die einschlägigen Klassiker zu studieren. Ergänzungen in Form der Aufnahme weiterer Ansätze in das Buch müssen einstweilen noch einer zukünftigen Ausgabe vorbehalten bleiben.

Festhalten wollen wir dabei an unserem bewährten Konzept: Die soziologische Reflexion gesellschaftlicher Zusammenhänge wird am ehesten durch einen systematischen Zugang geschult, bei dem die Theorien einzelner AutorInnen als exemplarisch für eine bestimmte Perspektive erläutert werden, aus der sich die Reproduktion und der Wandel der Gesellschaftsstruktur begreifen lassen. Eine schlichte Aneinanderreihung von Kapiteln zu einzelnen Autoren und Autorinnen weist keinen Weg durch das Dickicht soziologischer Theoriebildung; umgekehrt fehlt einem rein systematischen Ansatz, der auf die kompakte Darstellung einzelner Theorieansätze verzichtet, das Material, an dem sich die systematischen Gesichtspunkte anschaulich studieren lassen. Über die Entscheidung für diese Kombination aus systematischer und autorenorientierter Darstellung hinaus halten wir auch an dem Fokus auf Gesellschaftstheorien fest. Zwar reicht das Feld soziologischer Theoriebildung über den Bereich der Gesellschaftstheorie hinaus, doch verbindet sich mit einer umfassenden soziologischen Theorie stets der Anspruch, soziale Phänomene in ihrem (gesellschaftlichen) Gesamtzusammenhang verständlich zu machen. Dabei ist es unsere Hoffnung, mit diesem Buch den Leserinnen und Lesern das theoretische, begriffliche und methodische Rüstzeug an die Hand zu geben, sich auch jene Theorieansätze, die hier nicht explizit aufgenommen worden sind, systematisch zu erschließen. Das betrifft etwa Pierre Bourdieu, der die Gesellschaft der organisierten Moderne aus differenzierungstheoretischer Perspektive ganz anders als Talcott Parsons oder Niklas Luhmann beschreibt; Judith Butler, die das spätmoderne Subjekt anders als Michel Foucault explizit gendertheoretisch analysiert und dabei eine neue Perspektive auch auf die Dimension der Naturbeherrschung (Domestizierung) eröffnet; oder postkoloniale Konzeptionen, die den Blick darauf richten, wie etablierte Differenzierungsmuster in der Spätmoderne etwa aus der Perspektive des globalen Südens infrage gestellt werden.

Auf dem langen Weg zur ersten Drucklegung und sodann der neuen Auflage, die nun in Gestalt dieses Bandes vorliegt, haben sehr viele mitgeholfen, denen wir an dieser Stelle unseren Dank aussprechen wollen. Dazu zählen zunächst die vielen Studierenden, die an unseren Theorieseminaren und Vorlesungen teilgenommen und mit uns engagiert und leidenschaftlich diskutiert haben. Sodann unsere früheren Kollegen in Jena, allen voran Michael Behr, Michael Corsten, Ralph Schrader, Dietmar Wetzel und Hans-Joachim Giegel. Wertvolle Hinweise zu einzelnen Teilen haben wir von unseren jetzigen KollegInnen Michael Beetz, Lars Gertenbach, Anja Gregor, Jörn Lamla, Stefan Lorenz und Jörg Oberthür erhalten, darüber hinaus auch von Andre Brodocz, Hauke Brunkhorst, Mattias Iser und Martin Saar. Henning Laux hat an den Kapiteln über Bruno Latour und den Rational-Choice-Ansatz einen wesentlichen Anteil. Sodann gilt unser Dank Sigrid Engelhardt für das sorgfältige und mehrmalige Korrekturlesen und unseren ehemaligen »Hiwis« Kirsten Limbecker für unermüdliche, konstruktive Recherche, Frank Wagner für die tollen Grafiken, Robert Dietrich für wertvolle Korrekturhinweise und insbesondere André Stiegler, der zunächst als studentische Hilfskraft und mittlerweile als wissenschaftlicher Mitarbeiter einen besonderen Anteil an diesem Buch hat. Auch die Marginalien und das Register verdanken wir diesen Vieren. Stephan Langenhan hat das Register für die Neuauflage kompetent und sorgfältig überarbeitet. Von Seiten des Verlags schließlich haben uns Sonja Rothländer und Verena Artz mit ebenso großer Geduld wie Kompetenz durch alle Verzögerungen und Turbulenzen begleitet. Ein ganz persönlicher Dank für die Unterstützung und Liebe, mit der sie uns über die ganze Zeit begleitet haben, geht an Maria und Heinz Rosa sowie an Amelie, Johannes, Felix und Nikolai und sodann an Christine Strecker und Hannah.

Jena, im Dezember 2012   Hartmut Rosa und David Strecker

1 | Einleitung

1.1 | Was ist soziologische Theorie?

Das Nachdenken über die Gesetzmäßigkeiten des menschlichen Zusammenlebens, über Störungen und Fehlentwicklungen der menschlichen Gemeinschaften und über die richtige oder gute Form der politischen Ordnung hat in der Geschichte des Abendlandes eine lange Tradition. Meist wird diese Tradition als Entwicklung der politischen Ideengeschichte verstanden und daher auch der politikwissenschaftlichen Disziplin oder der praktischen Philosophie zugerechnet. Die Soziologie als eigenständige Lehre von der Gesellschaft ist dagegen eine recht junge Disziplin: Sie entsteht erst gegen Ende des 19. Jahrhunderts. Drei der vier wichtigsten »Gründerväter« der Disziplin – Max Weber, Emile Durkheim und Georg Simmel – leben und schreiben um die Wende vom 19. zum 20. Jahrhundert. Der vierte maßgebliche Autor, Karl Marx, verfasste seine wesentlichen Werke nur wenige Dekaden früher.

Augenscheinlich handelt es sich dabei sämtlich um (meist schon tote) weiße Männer. Das ist die Folge eines Umstandes, der selbst Gegenstand der Soziologie ist: Die gesellschaftlichen (Macht-)Verhältnisse jener Zeit erlaubten nur einer geringen Anzahl von meist privilegierten Personen, die Entstehung der neuen Disziplin zu prägen, im Prinzip nämlich ausschließlich hinreichend begüterten, männlichen (West-)Europäern (und bald auch Nordamerikanern europäischer Abstammung).

Der in den heutigen Sozialwissenschaften weitgehend unstrittige Sachverhalt, dass die Soziologie erst vor wenigen Generationen entstanden ist, legt zwei wichtige Schlussfolgerungen nahe.

1. Es muss einen eindeutigen Unterschied zwischen der soziologischen Theorie und früheren bzw. politischen oder philosophischen Formen des Nachdenkens über Gesellschaft geben.
2. Es muss einen identifizierbaren Grund dafür geben, wieso sich gegen Ende des 19. Jahrhunderts die Art der Wahrnehmung und der theoretischen Reflexion von Gesellschaft plötzlich ändern.

Eine überzeugende Antwort auf beide Fragen findet man erst dann, wenn man das Entstehen der soziologischen Theorie um die genannte Jahrhundertwende als eine Reaktion auf teilweise schockartig sich verbreitende Modernisierungserfahrungen versteht: Weil sich die Gesellschaft selbst in ihren materiellen, sozialen, kulturellen und institutionellen Beständen in jener Zeit massiv verändert, wird sie auf neuartige Weise zum Problem. Wenngleich schon seit der Reformation und der Aufklärung die geistigen Grundlagen der Gesellschaft, etwa in Wissenschaft und Philosophie, teilweise auch in der Politik und im Recht, in Veränderung begriffen waren, waren es doch erst die massiven Industrialisierungsschübe im 19. Jahrhundert und die mit ihnen einhergehenden Wellen der Urbanisierung und Individualisierung sowie der städtischen und marktwirtschaftlichen Anonymisierung, welche Familienbande zerrissen, überkommene alltagspraktische Traditionen des Lebens, Arbeitens und Wohnens zerstörten und neue, zunächst chaotische Formen des Zusammenlebens hervorbrachten.

Soziologische Theorie ist Reaktion auf Modernisierung

Was jahrhundertelang als unverrückbar feststehende Ordnung des gesellschaftlichen Lebens und als verlässliche Norm gedient hatte, wurde plötzlich infrage gestellt. Die Veränderungen betrafen die Siedlungsstruktur ebenso wie das Bildungswesen, die Familienformen ebenso wie die Arbeitsverhältnisse, die politische Organisation ebenso wie die nun an anonymen Märkten orientierten wirtschaftlichen Austauschprozesse. Zugleich wurde die alte ständische Ordnung der Gesellschaft aufgelöst: Berufe und Familien, die über Jahrhunderte hinweg angesehen, vermögend und einflussreich waren, verarmten plötzlich und wurden bedeutungslos, während neue Schichten Geld und Macht eroberten.

Die Grundfrage aller Soziologie lautet daher angesichts dieser zunächst als reichlich chaotisch und unbestimmt erscheinenden Verhältnisse: Wie ist soziale Ordnung möglich? Diese Frage ist insofern neu, als zuvor soziale Ordnung weitgehend als schlechthin gegeben, als Teil einer kosmischen Ordnung oder als natürliches Gebilde begriffen und erfahren worden

Grundfrage der Soziologie

war. Anders als die klassischen Denker der politischen Ideengeschichte erkannten die gesellschaftstheoretischen Beobachter des 19. Jahrhunderts angesichts der genannten Modernisierungsprozesse, dass »Gesellschaft« nicht ein für alle Mal gegeben war, sondern dass sie sich eigendynamisch veränderte: Die gesellschaftlichen Verhältnisse waren offensichtlich in Bewegung und sie veränderten sich nach einer Logik, die mit staatlicher Lenkung und politischer Steuerung, ja überhaupt mit dem planenden Handeln der Menschen augenscheinlich nur wenig zu tun hatte.

Was sich schon im Denken der noch der politischen Theorie zugerechneten Autoren Jean-Jacques Rousseau (1712–1778) und Alexis de Tocqueville (1805–1859) und auch der schottischen Moralphilosophen, v. a. Adam Smiths (1723–1790), abzeichnete, nämlich die Entdeckung, dass es so etwas wie eine geschichtliche Bewegungstendenz von Gesellschaften zu geben scheint, wird nun zu einem weiteren Ausgangspunkt der soziologischen Theoriebildung. Die Suche nach dem »ursprünglichen Beweger« oder Motor gesellschaftlichen Wandels gewinnt daher ein wachsendes Gewicht in der Gesellschaftstheorie. Soziologen stellen also folgende Fragen:

Synthesis-Dynamis-
Praxis

1. Was hält die Gesellschaft zusammen, worin besteht der Grundbaustein der Theorie der Gesellschaft, also ihre grundbegriffliche Einheit (Synthesis)?
2. Was bewegt die Gesellschaft, welche Gesetzmäßigkeiten treiben ihre Veränderung voran (Dynamis)?
3. Kann man – und, wenn ja, wie – die gesellschaftliche Entwicklung (politisch) kontrollieren oder sogar lenken (Praxis)?

Zusammenfassung

Dimensionen soziologischer Theoriebildung
Synthesis: die Basiseinheit der Gesellschaft sowie ihrer soziologischen Beschreibung und Erklärung;
Dynamis: der gesellschaftliche Wandel, dessen Prinzipien und Gesetzmäßigkeiten die Soziologie erforscht;
Praxis: die Dimension des Handelns und damit des Einwirkens auf die Gesellschaft bzw. soziale Beziehungen.

Das den früheren politischen Denkern oft selbstverständliche Vertrauen darauf, dass die richtige gesellschaftliche Ordnung ein Produkt oder Ergebnis planvollen menschlichen Handelns sein sollte und sein könne, erscheint den neu auftretenden Soziologen angesichts der von ihnen beobachteten Veränderungen zunehmend als fragwürdig. Für sie ist

Gesellschaft daher etwas anderes und mehr als der Staat; gesellschaftliche Ordnung erscheint ihnen umfassender als die staatliche Ordnung. Politik ist daher aus der Perspektive der Soziologie nur ein Teilbereich der Gesellschaft, nicht ihr Zentrum und nicht unbedingt ihre Spitze, und die Entwicklung der Politik ist mindestens ebenso sehr ein Ergebnis gesellschaftlicher Veränderungen wie umgekehrt gesellschaftlicher Wandel Ergebnis politischen Handelns ist. Deshalb sind beispielsweise Theorien des Gesellschaftsvertrags, die in der politischen Ideengeschichte eine so wichtige Rolle spielen, aus soziologischer Sicht zumindest sehr irreführend: Gesellschaft lässt sich niemals per Willensbeschluss und Übereinkunft zwischen souveränen Akteuren erzeugen. *Synthesis – Dynamis – Praxis*: In diesen drei Dimensionen entwickelt sich soziologische Theoriebildung, und sie stellt in allen drei Hinsichten eine Reaktion und Reflexion auf die am eigenen Leibe erfahrenen Modernisierungsprozesse dar.

Soziologie als Reflexion: Analyse und Diagnose der Moderne | 1.2

Die in diesem Buch vorgestellten soziologischen Ansätze lassen sich also als eine theoretische Reaktion auf beobachtete Veränderungsprozesse verstehen. Den Theoretikern der Soziologie geht es stets darum, diese Prozesse in ihren Ursachen, Erscheinungsformen und Auswirkungen zu verstehen oder zu erklären und in ihren sozialen und kulturellen Konsequenzen zu deuten. Wie sich in den nächsten Kapiteln zeigen wird, ist ihre Einstellung gegenüber den beobachteten Modernisierungsprozessen fast immer ambivalent. Sie beobachten einerseits staunend und fasziniert, und angesichts der technischen und sozialen Entwicklungen oft auch erfüllt von großen Fortschrittshoffnungen, die großen und sich beschleunigenden Transformationskräfte. »Alles Ständische und Stehende verdampft, alles Heilige wird entweiht«, bemerken etwa Marx und Engels (Marx/Engels 1848, 465).

Andererseits mischt sich in diese Bewunderung immer auch eine gewisse Besorgnis, die mitunter sogar die Oberhand gewinnt. Die Veränderungen scheinen den Beobachtern nicht nur und nicht immer Wohlstands- und Freiheitsgewinne zu versprechen, sondern neue Formen des sozialen Leidens, des Leidens an gesellschaftlichen Verhältnissen hervorzubringen: Prozesse der Entfremdung, der Vereinsamung und Anonymisierung oder die Erfahrung eines zunehmenden Zerfalls von Werten, Sinnmustern und Gemeinschaftsbindungen oder von wachsender Ohnmacht gegenüber sich verselbständigenden Sachzwängen begleiten die Modernisierung sogar dort, wo Verelendungsprozesse vermieden werden (vgl. Rosa u. a. 2010, 30 ff., 54 ff.).

Die Veränderungen können immer auch als Prozesse des Verlustes, des Verschwindens wertvoller Sinn- und Erfahrungsmöglichkeiten, wenn nicht gar als Verfallsprozesse gedeutet werden. Daher sollen im Folgenden stets diese beiden Seiten der soziologischen Reflexion der Moderne berücksichtigt werden:

Analyse der Veränderungen, Diagnose der Pathologien

- die *Analyse* der Veränderungsprozesse entlang der drei genannten Dimensionen (Synthesis/Dynamis/Praxis) und
- die korrespondierenden Pathologie*diagnosen*, d. h. die Versuche, Fehlentwicklungen und Gefährdungen im Modernisierungsprozess zu erkennen.

Wie sich zeigen wird, sind es nicht selten sogar primär die Beunruhigungen und Besorgnisse, welche die soziologische Analyse leiten.

Indessen bleiben die Modernisierungserfahrungen im Verlauf der Gesellschaftsentwicklung natürlich nicht immer die gleichen: Sie sind am Ende des 19. Jahrhunderts deutlich anders als in der Mitte des 20. Jahrhunderts, und was um 1960 (positiv wie negativ) als Modernisierung erfahren wurde, unterscheidet sich markant von den Modernisierungsprozessen, welche die soziologische Theoriebildung im frühen 21. Jahrhundert leiten. Soziologisches Denken stellt also die Reflexion auf wahrgenommene Modernisierung dar, die in charakteristischen Phasen verläuft, welche durchaus widersprüchliche und zum Teil unvereinbare Entwicklungstendenzen offenbaren. Wir werden daher die Entwicklung des soziologischen Denkens seit der zweiten Hälfte des 19. Jahrhunderts über drei verschiedene Phasen der Moderne hinweg begleiten und beobachten, wie sich die Analysen und Diagnosen mit den gesellschaftlichen Veränderungen verschoben haben.

Wandel des soziologischen Denkens

Dabei zeigen sich aber nicht nur historische Unterschiede zwischen den verschiedenen Ansätzen, sondern die Entwürfe der Soziologen unterscheiden sich auch im Hinblick darauf, was jeweils in den Blick genommen wird, also welcher Gegenstandsbereich der Gesellschaft aus welcher Perspektive im Zentrum ihrer Analysen steht, und wie sie bei ihren zu Theorien verdichteten Beobachtungen und Untersuchungen methodisch vorgehen. Jeder der im Folgenden vorgestellten Entwürfe soziologischer Theorie wird daher zum einen danach befragt werden, *was* jeweils erklärt wird, *wann*, d. h. in welcher Phase der Entfaltung der Moderne, es erklärt wird und *wie* es erklärt wird.

Unterschiede: Perspektiven, Phasen, Methoden

Im nächsten Abschnitt wird ausgeführt, dass sich vier Leitperspektiven unterscheiden lassen, unter denen in der soziologischen Theorie Modernisierungsprozesse analytisch und diagnostisch untersucht werden. In *methodischer* Hinsicht gilt es zu untersuchen, welches Verständ-

Fragen an die methodischen Konzepte

nis von Soziologie (von ihrem Gegenstandsbereich, sinnvollen Fragestellungen und überzeugenden Antworten) einem Ansatz zugrunde liegt, was als die grundbegriffliche Einheit von Gesellschaft und damit als die Basiseinheit des soziologischen Erklärens verstanden wird (Synthesis) und welches Erklärungsmodell damit entwickelt wird.

Dabei lassen sich zunächst vor allem struktur- und handlungstheoretische Erklärungsmodelle unterscheiden:

- *Handlungstheorien* gehen von individuellen Akteuren und ihren Handlungen aus und versuchen, aus der Logik des Handelns und der Aggregation von Handlungen (also aus ihrem Zusammenwirken) auf die Entstehung und Verdichtung gesellschaftlicher Institutionen und Strukturen zu schließen. Die Absichten (Intentionen) der Akteure spielen in handlungstheoretischen Modellen oft eine entscheidende Rolle für das Zustandekommen und Funktionieren von Gesellschaften. **[Struktur- und Handlungstheorie]**
- *Strukturtheoretische Ansätze* dagegen gehen den genau entgegengesetzten Weg: Sie erklären das individuelle Wollen und Handeln aus den herrschenden gesellschaftlichen Strukturbedingungen; die Entwicklung und Veränderung dieser Strukturbedingungen wiederum vollzieht sich nach eigenen Gesetzen und ist aus diesen Strukturbedingungen selbst zu erklären.

Handlungstheorien erklären also gewissermaßen »bottom up« (Handlung → Struktur), Strukturtheorien dagegen »top down« (Struktur → Handlung). Zumeist folgen dabei die handlungstheoretisch orientierten Ansätze dem Prinzip des *methodologischen Individualismus*, strukturtheoretische Ansätze dagegen sind zumeist verknüpft mit dem Prinzip des *methodologischen Holismus*. **[Methodologischer Individualismus/ Holismus]**

Definition

Methodologischer Individualismus/Holismus

Das Prinzip des *methodologischen Individualismus* besagt, dass alle sozialen Phänomene auf das Handeln individueller Akteure zurückgeführt werden können und müssen. Nach dem Prinzip des *methodologischen Holismus* dagegen ist das Ganze mehr als die Summe seiner Teile und sind soziale Phänomene deshalb mit Hilfe anderer sozialer Phänomene zu erklären: Gesellschaftliche Tatsachen lassen sich nicht auf individuelles Handeln zurückführen, sondern folgen eigenen Prinzipien.

Aus dem von einem Autor verwendeten Erklärungsmodell lässt sich daher in aller Regel auch bereits seine Konzeption des Verhältnisses von Individuum und Gesellschaft ableiten. In idealtypisch überzeichneter Form sind hier drei Möglichkeiten denkbar:

1. Die Individuen sind das Produkt der herrschenden gesellschaftlichen Verhältnisse;
2. Gesellschaften sind das Produkt der handelnden Individuen;
3. Individuum und Gesellschaft beeinflussen und formen sich wechselseitig.

Die Frage, welchen Einfluss politisches Handeln auf die gesellschaftliche Entwicklung nehmen kann, hängt natürlich stark davon ab, welcher dieser drei Möglichkeiten ein Autor oder eine Autorin zuneigt.

Insofern soziologische Theorie als Reaktion auf die Erfahrung von Modernisierung entsteht, lassen sich SoziologInnen in ihren Analysen fast immer leiten von einer zugespitzten Unterscheidung zwischen der modernen Gesellschaft, wie sie sich herausbildet, und der traditionalen Gesellschaft, wie sie davor bestanden hatte und nun im Niedergang begriffen war. In den nachfolgenden Kapiteln werden die Ansätze daher auch daraufhin diskutiert, wie sie diese Differenz zwischen moderner und traditionaler Gesellschaft ziehen. Die Art dieser Unterscheidung ist

Tab. 1		Stichworte	Erläuterungen
Grundfragen an die behandelten soziologischen Theorien	Soziologie	Als Wissenschaft von was?	z. B. Handeln, Institutionen, Strukturen
	Leitfrage	Was treibt den Autor an?	sein Anliegen
	Basiseinheit des Erklärens	z. B. Handlungen, Produktionsweise, Wechselwirkungen	Synthesis
	Erklärungsmodell	Struktur- und Handlungstheorien, methodologischer Individualismus / Holismus	methodisches Konzept (u. a. top-down- vs. bottom-up-Erklärung)
	Verhältnis Individuum / Gesellschaft	Konstitutionsbeziehung	Was geht voraus? (Praxis)
	Moderne und traditionale Gesellschaft	Hauptdifferenz	Analyse (z. B. Ethos, Produktionsweise, Struktur)
	Modernisierung als	Rationalisierung, Individualisierung etc.	Perspektive
	Treibendes Veränderungsprinzip	z. B. Ideen, Interessen, Produktivkraft	Dynamis
	Moderne Pathologien	Ausbeutung, Entfremdung, Freiheitsverlust, Sinnverlust, Anomie, Vermassung etc.	Diagnose

natürlich wieder eng verknüpft mit dem Motor der Modernisierung, also damit, was als treibendes Prinzip gesellschaftlicher Veränderung identifiziert wird; sie hängt mithin ab von der Antwort, die ein Autor auf die Dynamis-Frage der Soziologie gibt. Freilich lässt sich die jeweilige Denk- und Herangehensweise erst dann gut verstehen und nachvollziehen, wenn zunächst geklärt ist, welches Problem oder welche Beunruhigung ihn antreibt; erst wenn man weiß, auf welches Problem seine Überlegungen eine Antwort geben, hat man den Ansatz eines Denkers wirklich erfasst. Den Darstellungen der *Methode*, *Analyse* und *Diagnose* der einzelnen Theorien geht daher stets ein Abschnitt voraus, der die *Leitfrage* des Autors identifiziert. Tabelle 1 fasst die Fragen zusammen, anhand derer die in diesem Band versammelten Ansätze vorgestellt werden.

Gliederung der Kapitel

Dimensionen der Modernisierung | 1.3

Modernisierung ist ohne Zweifel ein schillernder und vieldeutiger Begriff. Wer ihn benutzt, kann ganz unterschiedliche Phänomene im Blick haben. Ein grundlegendes Problem aller Analysen der Moderne besteht in der heterogenen und teilweise widersprüchlichen Vielfalt ihrer Veränderungsprozesse und der diese in den Blick nehmenden analytischen Perspektiven. In Anlehnung an einen Vorschlag von Hans van der Loo und Willem van Reijen (1997), der wiederum auf Überlegungen von Talcott Parsons (1971, 4–28; vgl. Adriaansens 1980) aufbaut, sollen daher im Folgenden Ansätze danach unterschieden werden, ob sie eher eine gesellschafts*strukturelle*, eine *kulturelle*, eine an der *Persönlichkeits*struktur orientierte (bzw. subjektzentrierte) oder schließlich eine auf das gesellschaftliche *Naturverhältnis* gerichtete Perspektive einnehmen. Das heißt ausdrücklich nicht, dass die vorgestellten Autoren am Modernisierungsprozess jeweils nur einen Aspekt wahrnehmen. Sie beziehen sich aber jeweils vorrangig auf einen Gesichtspunkt und nehmen andere vor allem aus dieser Perspektive wahr.

In struktureller Perspektive unterscheiden sich Gesellschaften danach, wie sie gegliedert bzw. strukturiert sind, d.h. welche Einheiten und Trennlinien sich in ihrer Ordnung beobachten lassen. Aus der Sicht der Kulturanalyse dagegen lassen sich die leitenden Wertideen und Deutungsmuster (bzw. Weltanschauungen) von Gesellschaften ermitteln, während die auf das Naturverhältnis gerichtete Perspektive untersucht, auf welche Weise eine Gesellschaft ihren Austauschprozess mit der Natur organisiert. Die Analyse des Persönlichkeitstyps schließlich fragt danach, welche Persönlichkeitsmuster oder Charaktereigenschaften sich

Vier Dimensionen der
Modernisierung

in einer bestimmten Gesellschaft herausbilden. Aus jeder dieser vier Perspektiven erscheinen die Veränderungen, die mit der gesellschaftlichen Modernisierung einhergehen, in einem anderen Licht.

1.3.1 | Domestizierung

Die Analyse des Naturverhältnisses, wie sie etwa von Karl Marx und später von Max Horkheimer und Theodor W. Adorno vorgenommen wird, erweist den Modernisierungsprozess als Vorgang der immer perfekteren Naturbeherrschung bzw. ihrer Domestizierung. Die Naturkräfte und Naturprozesse werden immer stärker dem Willen des Menschen unterworfen und ihm dienstbar gemacht (wie z.B. das Haustier – daher »Domestizierung«). Zugleich wird der Mensch immer unabhängiger von den äußeren Naturverhältnissen, weil er die inneren Prinzipien und Kräfte der Natur für sich zu nutzen weiß: Wir können die Raumtemperatur unabhängig von der Jahreszeit regulieren, wir können die Nacht taghell erleuchten etc. Aus dieser Sicht bedeutet die Moderne vor allem den Triumph der instrumentellen, an technischer Effizienz orientierten Vernunft. Pathologisch, also tendenziell ›krankhaft‹ bzw. fehlentwickelt, scheint Modernisierung jedoch überall dort zu werden, wo die Domestizierung der Natur in ihre Zerstörung umzuschlagen droht und wo der Mensch schließlich durch die gestörte (äußere oder innere) Natur selbst zur neuen Gefahr für den Menschen wird.

Triumph der
instrumentellen Vernunft

1.3.2 | Rationalisierung

In kultureller Perspektive dagegen erscheinen die beobachtbaren Veränderungsprozesse der Moderne zumeist als Rationalisierung. Auf eine Kurzformel gebracht bedeutet dies, dass die Welt in allen Dimensionen berechenbar und beherrschbar gemacht wird und unter Effizienzgesichtspunkten neu geordnet wird: In der Wissenschaft gelten nur noch berechenbare, im Experiment nachprüfbare, »rationale« Erklärungen; in der Wirtschaft gilt strikt das Prinzip der Nutzenmaximierung, welches besagt, dass alle Mittel stets so einzusetzen sind, dass sie unter geringsten Kosten größten Nutzen bewirken; in der Politik gilt nur noch als legitim, was der durch Gesetze geregelten demokratischen Ordnung entspricht; in der Lebensführung der Subjekte äußert sich Rationalisierung darin, dass sie anfangen, ihr Leben rational zu planen, d.h. unter Zeit- und Geldperspektiven kontrolliert zu gestalten, und ihre Ziele effizient zu verwirklichen. Autoren, die diese Form der Beobachtung in den Mittelpunkt ihrer soziologischen Analyse rücken,

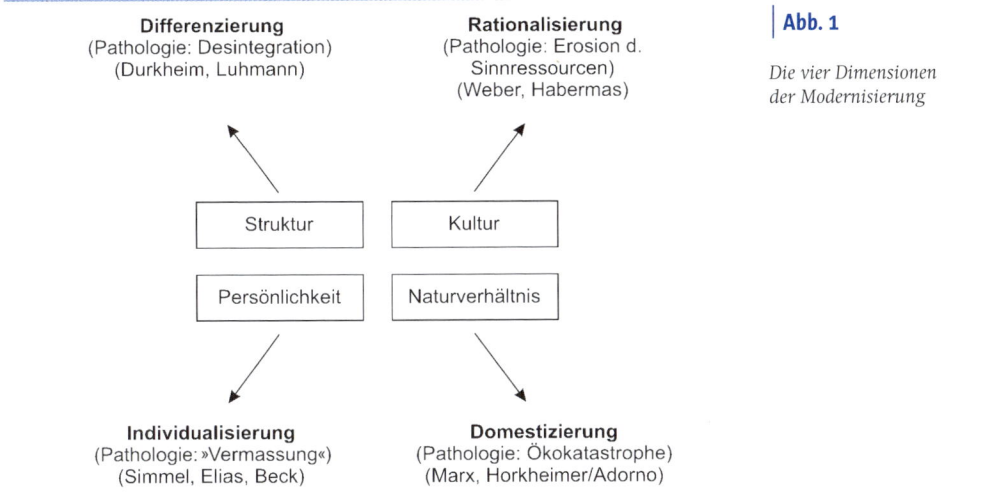

Abb. 1

*Die vier Dimensionen
der Modernisierung*

wie Max Weber oder Jürgen Habermas, diagnostizieren oft zugleich Pathologien des Sinnverlustes und der Verselbständigung von Rationalisierungsprozessen zu unbeherrschbaren Sachzwängen, welche die gesellschaftliche Gesamtentwicklung höchst irrational erscheinen lassen.

Sinnverlust und sich
verselbständigende
Sachzwänge

Differenzierung

| 1.3.3

Autoren, welche eine strukturelle Perspektive einnehmen, wie Emile Durkheim oder Niklas Luhmann, beobachten vor allem Prozesse der zunehmenden Arbeitsteilung bzw. der wachsenden Ausdifferenzierung von Funktions- und Wertsphären: Die Wirtschaft, die Wissenschaft, die Kunst: sie alle folgen als solche ausdifferenzierten Sphären ihren eigenen Gesetzen und Logiken, ohne noch durch eine klare politische oder religiöse Steuerungsinstanz zusammengehalten zu werden. Modernisierung erscheint aus dieser Perspektive vor allem als Prozess der (funktionalen) Differenzierung. Als pathologisch erscheint diesen Beobachtern an der Moderne zumeist, dass die Gesellschaft ihre Einheit und Ganzheit zu verlieren scheint; sie droht unter der »Ausdifferenzierung« ihrer Gruppen und Sphären zu »desintegrieren«, d.h. auseinanderzufallen.

Die drohende
Desintegration

1.3.4 | Individualisierung

Wer schließlich seinen Blick auf die Veränderung des Persönlichkeitstyps, auf die handelnden Menschen richtet, wie Georg Simmel oder später Norbert Elias sowie Ulrich Beck, wird kaum umhin können, in den Prozessen der Individualisierung das entscheidende Merkmal der Veränderung zu erblicken: Weil die Individuen nun ihren Beruf, ihre religiöse Überzeugung, ihre politische Einstellung, ihre Freizeitbeschäftigung und ihre Ehepartner und mittlerweile auch ihre Familienformen zunehmend selbst wählen können, dafür dann aber auch die Verantwortung übernehmen müssen, sind sie in viel stärkerem Maße als zuvor gezwungen, ihr eigenes Leben zu planen und zu gestalten. Traditionen und Konventionen verlieren ihren verpflichtenden Charakter, jeder ist seines eigenen Glückes Schmied, so lautet zumindest die ideologische Formel. Sie bedeutet auch, dass jede Art von gesellschaftlichem Zwang nur noch durch Berufung auf die Interessen oder Bedürfnisse der Individuen ge-

Vereinsamung rechtfertigt werden kann. Als pathologisch erscheint diese Dimension des modernen Veränderungsprozesses dann dort, wo Individualisierung Vereinsamung bedeutet oder paradoxerweise nur eine niveaulose Massenkultur erzeugt, in der sich die Individuen allein noch in der Wahl der von ihnen konsumierten Produkte unterscheiden.

Zusammenfassung

Vier Dimensionen von Modernisierung:
- *Domestizierung*: die zunehmende Beherrschung und Nutzbarmachung der Naturkräfte und -elemente; Anwachsen der instrumentellen Vernunft;
- *Rationalisierung*: die Umstellung der Legitimations- und Begründungsmuster von Herrschaft und Wissen (Politik, Recht, Wissenschaft) auf objektiv bzw. intersubjektiv nachvollziehbare Vernunftgründe; die Welt wird berechen-, beherrsch- und erwartbar gemacht;
- *Differenzierung*: das Auseinandertreten der Wert- und Funktionssphären der Gesellschaft: Das »Wahre«, das »Gute« und das »Schöne« bilden keine Einheit mehr; Wissenschaft, Wirtschaft, Kunst, Religion folgen je eigenen Gesetzen;
- *Individualisierung*: Individuen werden die Letztinstanzen der Begründung von Zwang und Herrschaft (nicht: Gott, Natur, Gruppe etc.); sie gewinnen Entscheidungsfreiheit und Verantwortung für die Dimensionen ihrer Lebensführung: Beruf, Familie, politische und religiöse Ausrichtung, Wohnort etc.

Phasen der Moderne: Gesellschaftsentwicklung und Theorieentwicklung | 1.4

Die in diesen vier Perspektiven in den Blick genommenen Entwicklungstendenzen der Moderne verändern im historischen Prozess ihrer Entfaltung immer wieder spürbar und zum Teil dramatisch ihren Charakter. Individualisierung oder Rationalisierung bedeuten in der frühen Moderne des 19. Jahrhunderts, also in der Phase der Industrialisierung, etwas anderes als in der Mitte des 20. Jahrhunderts, der entwickelten Moderne, oder in der Spätmoderne, der Phase nach den politischen Revolutionen von 1989, dem Fall der Mauer, und der »digitalen Revolution« durch Internet und mobile Kommunikation. Deshalb sind es auch andere Modernisierungserfahrungen, welche der soziologischen Theoriebildung in diesen Phasen jeweils zugrunde liegen, und entsprechend sind die gesellschaftstheoretischen BeobachterInnen gezwungen, ihren Begriffsapparat immer wieder umzurüsten. In diesem letzten einleitenden Abschnitt werden daher die Differenzen dieser drei Phasen der Moderne kurz skizziert.

Die frühe Moderne | 1.4.1

In der Zeit der Industrialisierung, die sich in der zweiten Hälfte des 19. Jahrhundert auf alle Bereiche der Gesellschaft auswirkt, geraten nahezu alle überlieferten Traditionen und Institutionen, die das Fundament der Gesellschaft bilden und dem individuellen Handeln Orientierung geben, ins Wanken. Modernisierung wird hier vor allem als Prozess der Auflösung von Traditionen, Konventionen und sozialen Institutionen erfahren. Selbst Raum und Zeit werden in dieser Phase auf neue Weise zum Problem:

Auflösung von Traditionen und Institutionen

- Was die soziale Gestaltung des *Raumes* anbelangt, so entstanden nicht nur riesige Fabrikanlagen, denen oft große Erdbewegungen vorausgingen, sondern es wurde zugleich erforderlich, eine neue Infrastruktur an Straßen und Eisenbahnschienen, Telegrafenleitungen usw. zu schaffen und sogar neue, große Siedlungen für die Arbeiter gleichsam aus dem Boden zu stampfen. Damit setzten zugleich große Migrationsbewegungen ein. Die Werktätigen waren im Zuge der sich verändernden sozialen und wirtschaftlichen Verhältnisse gezwungen, dorthin zu ziehen, wo sie Arbeit fanden, oft unter Zurücklassung ihrer Familien.
- In *zeitlicher* Hinsicht lösten sich die neuen industriellen Rhythmen immer stärker von den Vorgaben der Natur. Für die Arbeit am Fließband war es gleichgültig, ob es Tag oder Nacht, Frühjahr oder Herbst

war. Auch die Arbeitszeiten mussten erst ausgehandelt werden. In der Frühphase der Industrialisierung, deren Beobachtung vor allem Marx beflügelte, waren 12-, 14- oder sogar 16-Stunden-Arbeitstage durchaus üblich. Eine rechtliche Regelung der Arbeitsbedingungen gab es noch nicht.

Die neuen Formen des Arbeitens, Wohnens und Lebens stellten auch die Gepflogenheiten in allen übrigen Lebensbereichen infrage. Die kulturelle Weitergabe des Wissens von den Alten zu den Jungen ließ sich nicht mehr bruchlos fortführen. Es bedurfte eines neuen Bildungs- und Erziehungssystems, das den geforderten Fähigkeiten gerecht wurde; die Pflege der Alten musste neu organisiert werden, und die soziale Organisation der Erwerbsrisiken Krankheit, Arbeitslosigkeit und Alter steckte noch in den Kinderschuhen. Dabei ist es leicht nachvollziehbar, dass die radikal veränderten Lebens- und Arbeitsbedingungen auch die moralischen Orientierungen der Menschen infrage stellten. Dass Väter ihre Familien versorgten, Gesunde die Kranken pflegten oder Junge sich um die Alten kümmerten, war keineswegs mehr einfach als selbstverständlich anzusehen. Der den Umbruch begleitende Prozess der Säkularisierung, in dem die traditionellen Instanzen der Kirche und der Religion ihre moralische Autorität und Orientierungsfunktion zunehmend verloren, spielte dabei eine wesentliche Rolle.

Auch dass der ausbezahlte Lohn nicht sofort verbraucht werden durfte, sondern sorgsam für die Zeit bis zur nächsten Auszahlung eingeteilt werden musste, war beispielsweise eine Erkenntnis, die sich erst auf der Grundlage oft bitterer Erfahrungen einstellte. Die Pauperisierung, d.h. Verarmung großer Bevölkerungsschichten durch den sozialen Wandel stellte eine große und in diesem Ausmaß neue Herausforderung für die sich nur mühsam reorganisierende Gesellschaft dar.

Aber auch für die bessergestellten Schichten der Gesellschaft ergaben sich in dieser Phase der Modernisierung massive Verunsicherungen und Änderungen. Die alten Eliten verloren mit der schwindenden Macht der Kirche und des Adels ihre Positionen zunehmend an neu aufstrebende Unternehmer und Industrielle; die alten Bildungsinstitutionen hatten ausgedient; in der Politik ließ sich die Forderung nach Massendemokratisierung, d.h. nach der Ausweitung des Wahlrechts auf weitere Bevölkerungskreise, immer schlechter abwehren. Die Prinzipien, welche das gehobene Bürgertum im Kampf gegen den Adel geltend gemacht hatte – d.h. vor allem die Forderung nach rechtlicher und politischer Gleichheit und sozialer Teilhabe – wurden nun in wachsendem Maße von den Arbeitern gegen das Bürgertum gekehrt. Zugleich war der Prozess der Bildung und Neuordnung des (europäischen) Staatengefüges noch offen und unsicher; die territorialstaatlichen Gesellschaften waren also auch nach außen weitgehend ungeschützt und instabil. So bot sich den Beobachtern der gesellschaftlichen Veränderungen um diese Zeit ein Bild, in dem die wirtschaftlichen, technischen, militärischen und auch die politisch-gestalterischen Möglichkeiten und Spielräume ebenso rasant zunahmen, wie die Gewissheiten und die Ordnung des Handelns zerbrachen. Gesellschaft, so sahen wir bereits, wurde auf neue Weise zum Problem.

Gesellschaft wird zum Problem

Die entwickelte Moderne

| 1.4.2

Ein ganz anderes Bild bot sich dagegen den soziologischen Beobachtern um 1960: Die Staatenordnung, zumindest in der »entwickelten« Welt, war nicht nur gesichert und fest gefügt, sondern sie schien geradezu »eingefroren« in zwei weltweite Blöcke von Ost und West. Die Nationalstaaten repräsentierten die gesellschaftlichen Steuerungs- und Legitimationsinstanzen. In den etablierten Demokratien waren es die nationalstaatlichen Parlamente und Regierungen, welche – legitimiert durch regelmäßige Wahlen – für die stabile »Rahmensteuerung« der gesellschaftlichen Entwicklung verantwortlich zeichneten. Die Institutionen des Rechtsstaats und des Sozialstaats sorgten dafür, dass das Leben und Handeln für die Individuen wie für die Organisationen wieder vorhersehbar und berechenbar war und dass die sozialen Risiken kollektiv abgefedert waren: Flächendeckende Kranken-, Alters- und Arbeitslosenversicherungen milderten die Individualrisiken; wirtschaftspolitische Steuerungsprogramme, wie sie vor allem der Keynesianismus entwickelt hatte, dem zufolge der Staat (v. a. als Nachfrager und Arbeitgeber) selbst als wirtschaftlicher Akteur tätig wurde, schienen zumindest die sozialen Folgen von Konjunkturschwankungen sicher beherrschbar zu machen. Zugleich hatte sich ein verlässliches neues Bildungs- und Erziehungssystem etabliert, das die Fähigkeiten und Bedürfnisse der Individuen und des Marktes effektiv aneinander anpasste.

Hatte die Industrialisierungsphase der Moderne die Institutionen und Traditionen der Gesellschaft fraglich und brüchig gemacht und zu einem großen Teil einfach zerstört, so waren nun neue und verlässliche Institutionen und auch Traditionen in nahezu allen Lebens- und Gesellschaftsbereichen entstanden, die das Leben berechenbar und das Handeln erwartbar werden ließen. Die Individuen fühlten sich nicht mehr in einer chaotischen Situation auf sich allein gestellt, sondern sie konnten ihr Leben entlang fester »Laufbahnen« der Berufs- und Familienentwicklung planen. Zudem ermöglichten die Institutionen der politischen Demokratie, des Rechts- und des Sozialstaats den wirtschaftlichen und wissenschaftlichen Akteuren, langfristige Entwicklungspläne zu verfolgen.

Stabilität, Sicherheit, Planbarkeit

Erstarrung und
Ohnmacht als Problem

Tatsächlich schien dieses neue Institutionengefüge sogar so starr zu sein, dass es kaum mehr Spielräume für Spontaneität und Individualität zuzulassen schien: Die soziologischen Beobachter der entwickelten Moderne beklagten die Ohnmacht des Individuums angesichts einer »total verwalteten« und durchorganisierten Welt, in der einerseits industrielle, militärische, wissenschaftliche und technische Großkomplexe – etwa Ford, die NATO, die Universität und das Atomkraftwerk – und andererseits die politische Planung und bürokratische Verwaltung die Kontrolle über die sozialen Prozesse der »Lebenswelt« übernommen hätten.

An die Stelle der Gefahren und Unsicherheiten der früheren Phase war eine alle Lebensbereiche durchdringende Standardisierung (der Ausbildungsgänge und Arbeitsverträge, der Rechtsvorschriften und Industrienormen, der Gebrauchsgüter und Unterhaltungsmedien) getreten. Rationalisierung, Differenzierung, Individualisierung und Domestizierung verliefen nun entlang exakt festgelegter und berechenbarer, aber letztlich nicht umkehr- oder auch nur beeinflussbarer Entwicklungspfade. Gesellschaft wird hier auf andere Weise zum Problem.

1.4.3 | Die Spätmoderne

Im Zeitalter der Globalisierung wiederum hat sich die Szenerie noch einmal radikal verändert: Das scheinbar so unverrückbare Institutionenarrangement von nationalstaatlicher Demokratie, Rechts- und Sozialstaat, industrieller Produktion und standardisierter Massenkonsumtion hat sich erneut verflüssigt. Die beiden militärisch-politischen Blöcke haben sich aufgelöst und einer neuen Unsicherheit in der internationalen Politik Platz gemacht, in der Kriege wieder führbar und Bündnisse unsicher geworden sind; die Macht der Nationalstaaten scheint im Schwinden begriffen, weil ihre Regierungen die wirtschaftlichen und sozialen Verhältnisse im Zuge des grenzüberschreitenden Austauschs von Informationen, Waren, Menschen und Kapital nicht mehr kontrollieren können; die Institutionen des Sozialstaats – etwa die Alterssicherung oder die Arbeitslosenhilfe – scheinen nicht länger verlässlich und sind unter massivem Druck geraten, die Beschäftigungs- und Familienverhältnisse scheinen unsicher wie nie. Kaum jemand vermag zu sagen, wie lange der Job, den sie gerade hat, oder die Partnerschaft, in der er gerade lebt, Bestand haben werden.

Permanente Offenheit
und Unbestimmtheit
als Problem

Durch die neuen digitalen Informations- und Kommunikationstechnologien und das neuerliche Sinken von Transportpreisen verändert sich das Raum-Zeit-Regime noch einmal gewaltig. Im Internet werden viele Prozesse gleichsam ort- und zeitlos. Eingelebte Traditionen und

Konventionen – das Arbeitslosengeld, die gebührenfreie Universitätsaus-
bildung, ja selbst die Routinen des Telefonierens, des Einkaufens, des
Eisenbahnfahrens – verlieren plötzlich ihre Geltung. Den BeobachterInnen
erscheint es nun, als änderten sich die vor allem durch die neuen Möglichkeiten der digitalen Kommunikation beschleunigten Verhältnisse zu
schnell, um die Ausbildung neuer Routinen und Institutionen zuzulassen: Kaum hat man sich an einen neuen Ausbildungsgang, ein neues
Computermodell, ein Softwareprogramm, eine Telekommunikations-
technik, eine Berufsbezeichnung, ein Tonträgerformat, eine neue Partei, ein neues Bündnis, ja an einen neuen Staat gewöhnt, werden sie
schon wieder reformiert oder reorganisiert. Die in der Industrialisierung
als schockhafte, aber einmalige Auflösung überkommener Institutionen
erfahrene Modernisierung scheint hier gleichsam auf Dauer gestellt zu
sein. An die Stelle stabiler Institutionen treten unberechenbare *flows*
(Ströme) von Informationen, Ideen, Geldern und Menschen.

Dies wirkt sich massiv auch auf die Lebensführung von Individuen
und auf die Handlungshorizonte von Organisationen aus: Eine langfristige Planung des eigenen Lebens oder der institutionellen Entwicklung
scheint nicht mehr möglich; chaotische Offenheit und Unbestimmtheit
treten an die Stelle fester Entwicklungsbahnen; Leben wird zum »Wel-
lenreiten«. Gesellschaft wird hier zum Dauerproblem.

Die Spätmoderne trägt also einerseits, im Hinblick auf das Aufbre-
chen überkommener Institutionen und Traditionen, ähnliche Züge wie
die Moderne der Industrialisierung. Sie erscheint vielen BeobachterInnen
aber andererseits auch als so chaotisch und neuartig, dass sie sogar das
Weiterlaufen der vier Basisprozesse infrage stellt:

- Wenn *Domestizierung* Beherrschung der Natur heißt, sehen wir uns   Die Modernisierungs-
  heute mit Tendenzen einer Rückkehr der Natur konfrontiert; der Klima-   prozesse werden fraglich
  wandel und die drohende Ökokatastrophe, aber auch die Hirnfor-
  schung, das Studium des menschlichen Genoms und weitere Entwicklungen führen uns vor Augen, dass wir der Macht der Natur
  ausgeliefert sind.
- Wenn *Rationalisierung* das Berechenbarmachen der Welt bedeutet,
  erleben wir in der Spätmoderne einen Prozess der Irrationalisierung,
  den die Rückkehr zu religiösen Fundamentalismen und zum Recht
  des Stärkeren in der internationalen Politik zu belegen scheint.
- Wenn *Differenzierung* die klare institutionelle Trennung der Funktionssphären meint, erleben wir in vielerlei Hinsicht eine Phase der
  Entdifferenzierung, in der sich die Zuständigkeiten von Wissenschaft
  und Wirtschaft, Wirtschaft und Politik, Politik und Unterhaltung
  räumlich, sachlich und personal wieder vermischen.

- Und wenn *Individualisierung* einen Vorgang bezeichnet, bei dem Individuen eine zunehmende Kontrolle über ihr eigenes Leben gewinnen, dann lässt sich die unberechenbare Dynamik der globalisierten Welt, die das Leben in vielen Hinsichten völlig unvorhersehbar werden lässt, durchaus als Prozess der Ent-Individualisierung bezeichnen.

Jenseits der Moderne?

Solche Überlegungen stehen hinter der Vorstellung, dass wir es in der Gegenwart mit einer *anderen* Moderne zu tun haben oder dass wir vielleicht die Moderne sogar schon hinter uns gelassen haben (das suggeriert der Begriff der *Post*moderne). Im letzten Teil des Buches werden deshalb Ansätze behandelt, welche die Eindeutigkeit, Unveränderlichkeit und Geradlinigkeit der vier Modernisierungsprozesse massiv infrage stellen.

1.5 | Zum Aufbau des Buches

Die im Folgenden vorgestellten soziologischen Theorieansätze wurden so ausgewählt, dass jede der vier Modernisierungsperspektiven für jede der drei Phasen der Moderne an jeweils einem Autor dargestellt wird. Obwohl nämlich alle der im Folgenden behandelten Autoren mehr als nur einen Aspekt am Prozess gesellschaftlicher Modernisierung wahrnehmen, steht dabei doch typischerweise jeweils eine Perspektive im Vordergrund. So thematisiert z.B. Weber auch Differenzierungsphänomene, versteht sie aber als Folge des vorrangigen Prozesses der Rationalisierung; Simmel dagegen betrachtet die gesellschaftliche Differenzierung in Abhängigkeit von der Individualisierung, während Durkheim genau die umgekehrte Perspektive einnimmt. In diesem Sinne hat sich unsere Auswahl zuvorderst an dem systematischen Gesichtspunkt orientiert, die für eine Phase charakteristische Reflexion über einen spezifischen Modernisierungsaspekt am Werk eines Autors zu veranschau-

Tab. 2				
Phasen, Dimensionen und Autoren im Überblick	Historische Phase Verände-rungsdimension	Frühe Moderne	Entwickelte Moderne	Spätmoderne
	Domestizierung	Marx	Adorno / Horkheimer	Latour
	Rationalisierung	Weber	Habermas	Rational Choice
	Differenzierung	Durkheim	Parsons, Luhmann	Hardt / Negri
	Individualisierung	Simmel	Elias	Foucault

lichen. Ausschlaggebend war also nicht ausschließlich die Wichtigkeit und Prominenz eines Ansatzes – sonst hätten z. B. auch Pierre Bourdieu (der auf die strukturelle Differenzierung der entwickelten Moderne reflektiert) und Anthony Giddens (der die entwickelte Moderne am Übergang zur Spätmoderne unter dem Gesichtspunkt der Rationalisierung analysiert) Berücksichtigung finden müssen. Eine Ausnahme haben wir – bislang – nur bei Talcott Parsons und Niklas Luhmann gemacht: Mit ihnen kommen gleich zwei Differenzierungstheoretiker der entwickelten Moderne zu Wort, weil beide Ansätze von grundlegender Bedeutung für die zeitgenössische soziologische Theorie sind und sich zugleich hinreichend unterscheiden. Zudem sind Ulrich Becks individualisierungstheoretische Überlegungen im Rahmen des Elias-Kapitels dargestellt.

Der Vorteil dieser Vorgehensweise liegt darin, dass die Leserin sich dieses Buch auf drei verschiedene Weisen erschließen kann: Sie kann die historische Entwicklung der Domestizierungs-, Rationalisierungs-, Differenzierungs- oder Individualisierungstheorien im Zusammenhang verfolgen, indem sie die entsprechenden Kapitel nacheinander liest. Oder sie kann sich einen systematischen Überblick über das soziologische Denken einer Epoche – etwa der »Klassiker« oder der neuesten Ansätze – verschaffen. Schließlich kann sie das Buch aber auch einfach als Einstiegslektüre in die einzelnen Ansätze behandeln und es wie einen Steinbruch nutzen.

Literatur

Adriaansens, Hans P.M. (1980): Talcott Parsons and the Conceptual Dilemma, London u. a.

Marx, Karl/Engels, Friedrich (1848): Manifest der Kommunistischen Partei, in: dies.: Marx-Engels-Werke 4, Berlin, 459–493.

Parsons, Talcott (1971): The System of Modern Societies, Englewood Cliffs, NJ.

Rosa, Hartmut/Gertenbach, Lars/Laux, Henning/Strecker, David (2010): Theorien der Gemeinschaft zur Einführung, Hamburg.

van der Loo, Hans/van Reijen, Willem (1997): Modernisierung. Projekt und Paradox, München.

Weiterführende Literatur

Gertenbach, Lars u. a. (2009): Soziologische Theorien, Stuttgart.

Joas, Hans/Knöbl, Wolfgang (2004): Sozialtheorie. Zwanzig einführende Vorlesungen, Frankfurt a. M.

Kaesler, Dirk (1999): Klassiker der Soziologie, 2 Bde., München.

Kaesler, Dirk (2005): Aktuelle Theorien der Soziologie, München.

Layder, Derek (2006): Understanding Social Theory, 2. Aufl., London.

Münch, Richard (2004): Soziologische Theorie, 3 Bde., Frankfurt a.M./New York.

Ritzer, George (2010): Sociological Theory, 8. Aufl., New York.

Ritzer, George/Stepnisky, Jeffrey (Hg.) (2011): The Wiley-Blackwell Companion to Major Social Theorists, 2 Bde., Oxford.

Schimank, Uwe (2013): Gesellschaft, Bielefeld (i. E.).

Schneider, Wolfgang Ludwig (2002-2004): Grundlagen der soziologischen Theorie, 3 Bde., Wiesbaden.

2 | Die frühe Moderne

2.1 | Domestizierung 1: Die Entwicklung der Produktivkräfte – *Karl Marx*

2.1.1 | Einführung

Wenngleich Karl Marx sich selbst nicht als Soziologe, sondern als Philosoph und kritischer Vertreter der »politischen Ökonomie«, also der Volkswirtschaft, verstand, kann er heute als einer der bedeutendsten und vermutlich als der einflussreichste Soziologe überhaupt gelten. Die von ihm gemeinsam mit seinem Freund Friedrich Engels unternommene Analyse der gesellschaftlichen Verhältnisse und ihrer Veränderung liefert eine scharf geschnittene Antwort auf alle drei Grundfragen der Soziologie (Synthese, Dynamis und Praxis → Kapitel 1.1), die einer großen Zahl von SozialwissenschaftlerInnen bis heute als Grundlage und Ausgangspunkt ihrer Forschungen dient.

Einflussreich war Marx aber nicht nur als Wissenschaftler, sondern auch durch seine einzigartige politische Wirkung. Sein Denken fand über Lenin und später Stalin Eingang in die ideologischen Grundlagen der Sowjetunion und der kommunistischen Staaten des 20. Jahrhunderts, und es beflügelte auch die gegen Ende des 19. Jahrhunderts entstehende westliche Arbeiter- und Gewerkschaftsbewegung und die Sozialdemokratie. Durch diese vermittelt bilden seine Überlegungen zudem ein

Einzigartige Wirkungsgeschichte

indirektes Fundament des europäischen Sozialstaatsmodells des 20. Jahrhunderts. Kein anderer soziologischer Autor weist eine vergleichbare Wirkungsgeschichte auf.

Vor diesem Hintergrund vermag es kaum zu überraschen, dass Marx auch als der umstrittenste aller Soziologen gelten kann. Die wissenschaftliche Stellungnahme für Marx kam immer auch einer politischen Parteinahme gegen den Kapitalismus und den bürgerlichen Staat gleich. Ein Vierteljahrhundert nach dem Ende des Ost-West-Konflikts ist es aber an der Zeit, die Auseinandersetzung mit dem Marxismus ebenso wissenschaftlich-sachlich und frei von politischen Vorurteilen zu führen, wie dies für die anderen Gründerväter der Disziplin seit langem üblich ist.

Leben und Werk

Karl Marx (1818–1883)

Karl Marx, geboren in Trier, stammte aus einer jüdischen Juristenfamilie, die aus beruflichen Gründen zum Protestantismus übertrat. Auf Wunsch seines Vaters begann Marx ein Jurastudium in Bonn, er beschäftigte sich aber bald in Berlin mit der Hegel'schen Philosophie, wo er sich den »Linkshegelianern« anschloss. Seine Tätigkeit als Redakteur der »Rheinischen Zeitung« sensibilisierte ihn für die soziale Lage und die Nöte der Arbeiter in der Frühphase der Industrialisierung. Die Zeitung wurde 1843 verboten, noch im selben Jahr ging Marx zunächst nach Paris, dann nach Brüssel und 1849, nachdem sich seine Hoffnungen auf eine politisch-soziale Revolution im Zuge der Unruhen von 1848, die er mit dem »Kommunistischen Manifest« mit angeheizt hatte, nicht erfüllt hatten, nach London. Er zog sich nun immer wieder von der politischen Agitation mit dem Ziel der Befreiung der Arbeiterklasse zurück und widmete sich zunehmend der Ausarbeitung einer streng wissenschaftlichen Fassung seiner Analyse der modernen Gesellschaft und des Kapitalismus. Diese gipfelte in seinem dreibändigen Hauptwerk »Das Kapital. Zur Kritik der politischen Ökonomie«. Viele seiner Schriften verfasste er gemeinsam mit dem Fabrikantensohn Friedrich Engels (1820–1895), der Marx' oft abstrakte Ideen in griffige und populär wirksame Formulierungen fasste.

Leitfrage

| 2.1.2

Als Karl Marx seine sozialtheoretischen Überlegungen begann, boten Deutschland und England ihm das Schauspiel von Gesellschaften, die sich selbst in zuvor ungekannter Weise zum Problem geworden waren:

Individualisierung

Differenzierung

Rationalisierung

Domestizierung

Mit voller Wucht erfasste und veränderte um 1850 in England und bald darauf auch in Deutschland die Industrialisierung die sozialen Verhältnisse und erschütterte die gesellschaftliche Ordnung in materieller, sozialer und geistiger Hinsicht gleichermaßen. »Die fortwährende Umwälzung der Produktion, die ununterbrochene Erschütterung aller gesellschaftlichen Zustände, die ewige Unsicherheit und Bewegung zeichnet die Bourgeoisieepoche vor allen anderen aus«, heißt es im »Kommunistischen Manifest« (Marx/Engels 1848, 465).

Ausgangspunkt: Industrialisierung und soziale Frage

Das Staunen über diese gewaltigen Umwälzungen, die offensichtlich soziale Ursachen hatten, aber doch von niemandem gelenkt, geschweige denn geplant wurden, steht am Ausgangspunkt des Marx'schen Denkens. Die Frage, was diese gesellschaftlichen Veränderungen antrieb, welchem geheimen Gesetz sie folgten, kann deshalb als seine Leitfrage gelten. Allerdings interessierte ihn diese Frage zweifellos um des Schicksals der Menschen willen: Führt dieser Veränderungsprozess schließlich zu einer Verbesserung der menschlichen Lage?, lautet deshalb die Frage, die Marx' Analyse letztlich motivierte.

Am Anfang seiner Suche nach einer Antwort auf die Leitfrage steht die Philosophie Hegels, mit der er schon in seiner Studienzeit in Berlin in Berührung kam. Hegel beantwortet die Frage nach dem treibenden Prinzip der sozialen und kulturellen Veränderung mit dem Verweis auf die Kraft und Logik von Ideen; sie liegen nach seiner Überzeugung der Entwicklung von Gesellschaften zugrunde. Eine solche Position, die der Welt der Begriffe und Ideen einen Vorrang vor der ökonomischen und technischen Entwicklung einräumt, bezeichnet man als *idealistisch*.

Die materialistische Ausgangsthese

Marx stellt sich nun entschieden gegen Hegel, indem er dessen Idealismus eine *materialistische* Position entgegenstellt. Er war überzeugt, dass die massiven Veränderungen der Wirklichkeit, die er beobachten konnte, nicht vom Reich des Geistes und der Ideen ausgingen, sondern eine viel realere Basis im Bereich der materiellen Arbeit und der Wirtschaft und, über diese vermittelt, in den politischen und militärischen Institutionen der Gesellschaft hatten. Ideen, so meinte Marx nachweisen zu

Abb. 2

Idealismus und Materialismus

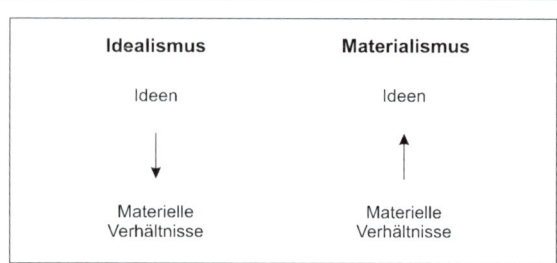

Idealismus	Materialismus
Ideen	Ideen
↓	↑
Materielle Verhältnisse	Materielle Verhältnisse

können, gehen den materiellen Veränderungen nicht voraus, sondern folgen diesen und reagieren auf sie. Denn die jeweilige sozialstrukturelle Lage und die damit gegebenen Möglichkeiten, die eigenen Bedürfnisse zu befriedigen und zu entwickeln (die materiellen Lebensverhältnisse), prägen, was jemand denkt und glaubt (die Ideen).

Mit dieser materialistischen Ausgangsthese wollte Marx Hegels Ansatz »vom Kopf auf die Füße« stellen: Bestimmend für die gesellschaftlichen Verhältnisse, so postulierte er, sind die wirtschaftlich-sozialen und technischen Strukturen, diese bilden ihre »Basis«; alles andere – die politische, religiöse und kulturelle Ordnung – bildet demgegenüber den »Überbau«, d.h. eine durch die wirtschaftlich-sozialen Verhältnisse bestimmte Instanz der Rechtfertigung und Auslegung derselben. In dem berühmten marxistischen Leitspruch: »Das Sein bestimmt das Bewusstsein«, kommt diese Vorstellung pointiert zum Ausdruck. **Basis und Überbau**

Methodisches Konzept: Historisch-materialistische Soziologie | 2.1.3

Zur Rechtfertigung dieser Ausgangsthese und um die Frage beantworten zu können, auf welche Weise bzw. in welche Richtung sich die geschichtliche Entwicklung vollzieht, geht Marx von einer anthropologischen (d.h. die Natur des Menschen betreffenden) Überlegung aus: Er bestimmt den Menschen als »Naturwesen«, das sich im Austausch bzw. Stoffwechsel mit der Natur und in der Arbeit an ihr entwickelt. Deshalb gebührt in Marx' Analyse dem *Naturverhältnis* der Vorrang vor den anderen drei Grundperspektiven, aus denen man die Gesellschaft betrachten kann (→ Kapitel 1.3).

Die Geschichte der Menschen ist für ihn die Geschichte der Domestizierung der Natur durch menschliche Arbeit. Selbst so künstliche menschliche Erzeugnisse wie Manhattan oder das Internet sind letztlich nichts anderes als umgeformte, beherrschte und »manipulierte« Natur. In und mit seiner *Arbeit* verändert der Mensch aber nicht nur die äußere Natur, sondern er formt und gestaltet auch die gesellschaftlichen Verhältnisse je nach den Erfordernissen des Arbeitsprozesses immer wieder um. Zugleich entwickelt er in der Auseinandersetzung mit dem Stoff seiner Arbeit allmählich und unbemerkt sein eigenes Wesen. Dieses Wesen ist also nicht ein für alle Mal gegeben, sondern entwickelt sich, bis zur vollen Verwirklichung des »Gattungswesens«, erst im Geschichtsverlauf. »Wie ich arbeite, so bin ich«, könnte man diese Überzeugung zusammenfassen, der Marx im ersten Kapitel des »Kapital« dadurch Ausdruck verleiht, dass er die Natur als die Mutter, die Arbeit aber als den Vater des Menschen bezeichnet (Marx 1867, 58). Damit bestimmt Marx die **Der Mensch als »Naturwesen«**

Individualisierung

Differenzierung

Rationalisierung

Domestizierung

Arbeit als den Kern der Gesellschaft, als ihre grundbegriffliche Einheit: Was die Gesellschaft ist (*Synthesis*), erfährt man aus der Analyse der Arbeits- bzw. Produktionsverhältnisse.

Die *Dynamis* der Gesellschaft, d. h. ihre Veränderung, erklärt Marx aus der Tatsache, dass der Stoffwechsel mit der Natur, der Arbeits- und Produktionsprozess, im Gang der Geschichte seine Form immer wieder ändert. Menschen produzieren im Laufe der Geschichte nicht nur unterschiedliche Güter, sondern sie produzieren diese auch unter wechselnden sozialen Verhältnissen. Diese Änderung, so glaubt Marx, resultiert aus dem unaufhaltsamen, gleichsam naturgegebenen Wachstum der Produktivkräfte. Diese Annahme ist fundamental für die gesamte Marx'sche Theorie. Produktivkräfte sind die Kenntnisse, Fähigkeiten und Maschinen, mit deren Hilfe Menschen die Natur bearbeiten können. Die Instrumente der Naturbearbeitung bezeichnet Marx dabei als Produktionsmittel. Hatten die Menschen zunächst nur ihre Hände und geringe Kenntnisse der Naturgesetzlichkeiten zur Verfügung, so entwickelten sie nach und nach immer mehr Technologien und Maschinen und erwarben immer bessere Kenntnisse und raffiniertere Organisationsformen, sodass sie mit immer weniger eigenem Arbeitskraftaufwand immer mehr bewegen und herstellen konnten.

Das Wachstum der Produktivkräfte

Dieses Wachstum der Produktivkräfte erfordert indessen auch eine immer komplexere soziale Organisation, etwa indem Formen der Arbeitsteilung gefunden werden müssen. Marx bezeichnet die gesellschaftliche Organisation des Produktionsprozesses und darüber vermittelt der Verteilung von Gütern, Ansehen und Macht als Produktionsverhältnisse und er stellt sich die Beziehung von Produktivkräften und Produktionsverhältnissen als »historisch-dialektisch« vor.

Die Produktionsverhältnisse

Definition

Produktivkräfte und Produktionsverhältnisse

Produktivkräfte: die Kenntnisse, Fähigkeiten und Instrumente (Maschinen) der Naturbearbeitung. Sie sind das dynamisch anwachsende, treibende Element der Geschichte.

Produktionsverhältnisse: die gesellschaftliche Organisation der Produktion, Verteilung und Konsumtion von Gütern. Entscheidend ist vor allem die Frage, wer über die Produktionsmittel verfügt.

Mit der historischen Entfaltung der Dialektik von Produktivkräften und Produktionsverhältnissen ist Folgendes gemeint: Die in einer bestimmten geschichtlichen Epoche herrschenden Produktionsverhältnisse fördern eine Zeit lang das Wachstum der Produktivkräfte. Weil sie aber selbst starr und unbeweglich sind, wachsen jene Kräfte früher oder später über die alten sozialen Verhältnisse hinaus. So wurde beispielsweise die Dampfmaschine schon in der Feudalgesellschaft entwickelt. Ihre volle Produktivität konnte sie aber erst entfalten, als die Arbeit in Fabriken organisiert wurde. Das setzte jedoch voraus, dass genügend Arbeitskraft (ob von Arbeitern, Arbeiterinnen oder Kindern) zur Verfügung stand. Deswegen mussten also zunächst die Beschränkungen der Stände- und Zunftordnungen aufgehoben werden, die festlegten, wer wo welche Tätigkeit für wen ausüben durfte. In diesem Sinne erklärt Marx, wie es zu einer politisch-sozialen Revolution kommt, d.h. zu einer Umwälzung der bestehenden Verhältnisse, in deren Gefolge sich eine neue gesellschaftliche Ordnung, also neue Produktionsverhältnisse herausbilden. Die neuen Verhältnisse begünstigen dann das weitere Wachstum der Produktivkraft der Arbeit, bis sie selbst überholt werden und weichen müssen.

Weil die Produktivkraft jeweils zu groß wurde, wurden die antiken Sklavenhaltergesellschaften irgendwann von mittelalterlichen, ständischen Feudalordnungen und diese wiederum von der bürgerlich-kapitalistischen Ordnung der Moderne abgelöst. Auch hier erwartete Marx, dass die durch den Kapitalismus entfesselten Produktivkräfte bald zu unlösbaren Krisen führen würde. Unlösbar sei z.B. das Problem von »Überproduktionskrisen«: Das kapitalistische System, so die Annahme, kann mit wenig Arbeit(ern) gewaltig viele Güter produzieren, vermindert aber zugleich die Kaufkraft für diese Güter; weil die kapitalistische Ordnung nicht in der Lage ist, die Arbeit und den gesellschaftlichen Reichtum angemessen zu verteilen, muss sie in einer neuerlichen Revolution einer kommunistischen Gesellschaftsordnung weichen. Allerdings darf Marx nicht einfach als Kritiker des Kapitalismus verstanden werden. Wie hier schon deutlich wird, sieht er darin eine historisch ebenso produktive wie notwendige, wenngleich vorübergehende Form der ökonomischen Gesellschaftsorganisation.

Der Wandel der Produktionsverhältnisse

Freilich identifiziert Marx konkrete historische Träger dieser Geschichtsentwicklung: Die Geschichte entfaltet sich nicht automatisch und aus eigener Kraft, als wäre sie gleichsam selber ein handelndes Subjekt, sondern sie entwickelt sich durch den Kampf der sozialen Klassen, die miteinander um die privilegierte Stellung im Produktionsprozess, also um den Besitz oder die Kontrolle der Produktionsmittel, ringen. Die ökonomischen Krisen, so die Überlegung, bedingen soziale Konflikte, die die Form von Klassenkämpfen annehmen: »Die Geschichte aller bisherigen Gesellschaft ist die Geschichte von Klassenkämpfen«, heißt es deshalb gleich zu Beginn des »Kommunistischen Manifests« (Marx/Engels 1848, 462).

Klasse

- Klassen sind nach Marx definiert durch ihre Stellung im Produktionsprozess, für die vor allem die Frage nach Besitz und Kontrolle der Produktionsmittel entscheidend ist.
- Im Geschichtsprozess stehen sich stets besitzende und besitzlose Klassen, d.h. Unterdrücker und Unterdrückte, gegenüber.
- Marx unterscheidet zwischen »Klasse an sich« (eine Gruppe von Menschen, die nach ihrer Stellung im Produktionsprozess objektiv zusammengehört) und »Klasse für sich« (eine Gruppe von Menschen, die subjektiv zusammengehört, weil sie ein gemeinsames Bewusstsein ihrer geteilten Lage besitzt). Wird eine unterdrückte Klasse zur Klasse für sich, ist sie dazu prädestiniert, als politisches Subjekt die notwendigen revolutionären Veränderungen herbeizuführen.

Damit sind die *methodischen Grundlagen* des Marx'schen Denkens bestimmt: Sein Ansatz ist:

- *historisch*, weil für ihn die Analyse der geschichtlichen Entwicklung zentral für das Verstehen der Gesellschaft ist,
- *materialistisch*, weil er die ökonomische Basis als die Grundlage alles Sozialen und Kulturellen identifiziert,
- *dialektisch*, weil er die Geschichtsbewegung als ein Fortschreiten durch die Entwicklung und Aufhebung von Widersprüchen begreift.

Die Aufgabe der Soziologie   Als methodische Konsequenz ergibt sich daraus, dass es die Aufgabe der Soziologin ist, solche Widersprüche (zwischen den herrschenden und unterdrückten Klassen, zwischen Überbau und Basis, zwischen Produktivkraftentwicklung und Produktionsverhältnissen) zu identifizieren.

Der Gang der Geschichte vollzieht sich dabei größtenteils »hinter dem Rücken der Akteure«, d.h., die jeweils handelnden Subjekte sind sich ihrer geschichtlichen Stellung in der Regel nicht bewusst und ihre Absichten und Intentionen sind gegenüber der Dialektik von Produktivkraftentwicklung und Produktionsverhältnissen sekundär oder zu vernachlässigen; jene Intentionen sind geradezu eine Wirkung und Folge der historischen Verhältnisse.

Strukturtheorie und methodologischer Holismus   Deshalb lässt sich dieser Ansatz den *Strukturtheorien* zuordnen, die menschliches Handeln aus den sozialen Verhältnissen erklären und dazu neigen, der Entwicklung dieser Strukturen eine gegenüber dem menschlichen Wollen relativ unabhängige Eigenlogik zuzuschreiben. Indem sie dies tun, vertreten strukturtheoretische Ansätze zumeist die Position des methodologischen Holismus (→ Kapitel 1.2). Dieser besagt, in

Abgrenzung vom methodologischen Individualismus, dass sich soziale Phänomene oder gesellschaftliche Tatsachen nicht auf das Handeln der Individuen reduzieren bzw. sich nicht aus ihm erklären lassen. »Das Ganze ist mehr als die Summe seiner Teile«, lautet die holistische Grundüberzeugung. Sie meint, dass die Logik der gesellschaftlichen Entwicklung sich nicht von den Individuen her verstehen lässt. Der Einzelne ist vielmehr immer schon ein Produkt der gesellschaftlichen Verhältnisse. Denn diese bestimmen die sozialen Positionen, die die Individuen überhaupt einnehmen können, und prägen dadurch ihre Verhaltensweisen und Überzeugungen: »Die Menschen machen ihre eigene Geschichte, aber sie machen sie nicht aus freien Stücken, nicht unter selbstgewählten, sondern unter unmittelbar vorgefundenen, gegebenen und überlieferten Umständen.« (Marx 1852, 115)

Definition

Dialektik

Dialektik meint eine Entwicklung in drei Schritten, nämlich von einer Setzung (These) über deren Widerspruch (Antithese) hin zu einer Aufhebung der Gegensätze auf einer höheren Ebene. So ist der Gegensatz von kalt und heiß auf einer höheren Ebene im Begriff der Temperatur aufgehoben; dieser Begriff umfasst und enthält die Gegensätze ohne Widerspruch. Hegel versuchte solche Widersprüche und ihre Aufhebung im Reich der Ideen und Begriffe zu identifizieren, Marx dagegen versucht eine dialektische Methode der Identifikation von geschichtlichen Klassengegensätzen zu entwickeln.

Dies macht indessen schon deutlich, dass Marx' Antwort auf die *Praxis*-Frage der Soziologie, also auf die Frage nach der Möglichkeit, die gesellschaftliche Entwicklung zu beeinflussen, nicht sehr klar ist. Unter den Vertretern des Marxismus herrscht in diesem Punkt ein erbitterter Streit. Auf der einen Seite steht die Ansicht, dass die herrschenden Ideen (auch die philosophischen oder wissenschaftlichen) eines Zeitalter stets die Interessen der herrschenden Klassen legitimieren und zum Ausdruck bringen, vielleicht sogar nur »Widerspiegelungen« der Klassenlage sind, während der Gang der Geschichte durch die Logik der Produktivkraftentfaltung mehr oder weniger determiniert ist. Revolutionen sind demnach unausweichliche Ereignisse, die sich aus der historischen Lage gleichsam naturgesetzlich entwickeln.

Auf der anderen Seite aber steht Marx' wiederholte Betonung, dass Revolutionen gemacht werden. Sie bedürfen des politischen Agierens der

Die Praxis-Frage der Soziologie

Individualisierung

Differenzierung

Rationalisierung

Domestizierung

bis dahin unterdrückten Klassen. Und mehr noch: Seine berühmte »Elfte Feuerbachthese« – die sogar einer Fachzeitschrift (»Thesis Eleven«) den Namen gegeben hat – macht deutlich, dass Marx auch sein philosophisch-wissenschaftliches Arbeiten als Instrument zur Veränderung der sozialen Wirklichkeit verstanden hat: »Die Philosophen haben die Welt nur verschieden *interpretiert*; es kömmt drauf an, sie zu *verändern*.« (Marx 1845, 7)

2.1.4 | Analyse: Der Siegeszug des Kapitalismus

Modernisierung als Entfesselung der Produktivkräfte

Weil Marx' Blick auf die Gesellschaft in erster Linie auf das Naturverhältnis und die Entwicklung der Produktivkraft der Arbeit gerichtet ist, überrascht es auch nicht, dass er in seiner Analyse der Moderne vor allem eine gigantische Entfesselung der Produktivkräfte wahrnimmt, die zu einer historisch beispiellosen Beschleunigung der Domestizierung und Umwandlung der Natur geführt hat: »Die Bourgeoisie hat in ihrer kaum hundertjährigen Klassenherrschaft massenhaftere und kolossalere Produktionskräfte geschaffen als alle vergangenen Generationen zusammen.« (Marx/Engels 1848, 467)

Dieses exponentielle, unvermindert andauernde Wachstum der Produktivkräfte ging, wie Marx beobachten und durch seine Theorie auch erklären konnte, mit einer Änderung der Produktionsverhältnisse, d.h. der sozialen und politischen Verhältnisse und der Klassenlage einher. »[G]anze aus dem Boden hervorgestampfte Bevölkerungen« (Marx/Engels 1848, 467) beobachtet Marx – und meint damit vor allem die neue Arbeiterklasse, die insofern einem neuen Bevölkerungstypus entsprach, als sie unter neuartigen Arbeits- und Lebensbedingungen produzierte, in neu entstehenden Arbeitervierteln wohnte und zugleich aus allen traditionalen Bindungen und Gewohnheiten der früheren Ständegesellschaft herausgerissen war. Die strenge räumliche und zeitliche Trennung von (Fabrik-)Arbeit und Leben und die von allen natürlichen Rhythmen gelöste, abstrakte Zeitdisziplin etwa waren historisch neuartig. Marx spricht spöttisch von den »doppelt freien Lohnarbeitern«: Sie waren im Gegensatz zu den Leibeigenen und Zunftbürgern der Feudalgesellschaft nicht nur frei, sich eine Arbeit zu suchen, sondern auch »frei von Produktionsmitteln«; sie hatten keinerlei Kontrolle über die Maschinen, mit denen sie arbeiteten und waren daher gezwungen, den Unternehmern ihre Arbeitskraft in Form von Arbeitszeit zu verkaufen (Marx 1867: 183).

Die Produktionsverhältnisse der Moderne

Die kapitalistischen Produktionsverhältnisse der Moderne sind daher nach Marx durch eine große Vereinfachung und zugleich Polarisierung der Klassenlage gekennzeichnet: »Unsere Epoche, die Epoche der Bourgeoisie, zeichnet sich [...] dadurch aus, daß sie die Klassengegensätze vereinfacht hat. Die ganze Gesellschaft spaltet sich mehr und mehr in zwei große feindliche Lager, in zwei große, einander direkt gegenüberstehende Klassen: Bourgeoisie und Proletariat.« (Marx/Engels 1848, 463) Die Unterscheidung der beiden Klassen ist dabei denkbar einfach, sie erfolgt nach Eigentum/Nichteigentum an Produktionsmitteln bzw. nach Käufern und Verkäufern von Arbeitskraft.

Allerdings sind es letztlich weniger die Kapitalisten als vielmehr das Kapital selbst, das nach Marx zum Subjekt der Gesellschaft und der geschichtlichen Bewegung wird. Kapital ist Geld, das nicht in erster Linie zum Erwerb von Waren, sondern zu seiner eigenen Vermehrung eingesetzt wird. An die Stelle des traditionellen Tausches von Waren (W), der auf den Erwerb von Gütern für den Konsum zielt und bei dem Geld (G) nur als allgemeines Tauschmittel dient (W-G-W), tritt in der kapitalistischen Wirtschaftsweise der Einsatz von Geld mit dem Zweck, daraus mehr Geld, also einen Profit zu machen: G-W-G', wobei G' minus G den Mehrwert bzw. den erzielten Profit ergibt. Um einen solchen Mehrwert zu realisieren, kaufen Unternehmer Rohstoffe und Maschinen und stellen Arbeiter ein.

Das Kapital als Subjekt der Gesellschaft

Zusammenfassung

Vom Warentausch zur Eigenbewegung des Kapitals

Traditionale Wirtschaftsweise: W-G-W (*kaufen, um zu konsumieren*); Waren werden mittels Geld in andere Waren umgetauscht, die für den Käufer einen höheren Gebrauchswert haben.

Kapitalistische Wirtschaftsweise: G-W-G' (*kaufen, um zu verkaufen*); Kapital wird investiert, um einen Profit bzw. Mehrwert zu erzielen. Daraus entwickelt sich eine »endlose Eigenbewegung des Kapitals«. Die Kapitalisten (und auch die Politiker) sind nur die Träger (»Charaktermasken«) dieser Bewegung; das Kapital wird zum eigentlichen Beweger der Gesellschaft.

Allerdings geht Marx dabei davon aus, dass nur der Einsatz menschlicher Arbeitskraft in der Lage ist, wirklichen Wert zu schaffen. Entsprechend bestimmt er Arbeit als Wertsubstanz, Arbeitszeit als Wertmaß und die durchschnittlich erforderliche Arbeitszeit für die Produktion einer Ware als deren Wertgröße. Während der Gebrauchswert, den jede Ware hat, darin besteht, dass ihr Konsum Bedürfnisse befriedigt, hängt daher ihr Tauschwert – ihr Wert im Verhältnis zu anderen Waren, letztlich also: ihr Preis – stets davon ab, wie viel Arbeitszeit im gesellschaftlichen Durchschnitt aufgewendet werden muss, um sie herzustellen bzw. (im Falle von Rohstoffen) in eine verkaufsfertige Form zu bringen.

Wert, Tauschwert und Gebrauchswert

Individualisierung

Differenzierung

Rationalisierung

Domestizierung

Steigt durch die Erfindung neuer Maschinen und Techniken die Produktivkraft der Arbeit, sinkt entsprechend der Preis der hergestellten Waren: Sie lassen sich mit weniger Arbeitskraft als zuvor produzieren und verlieren deshalb an Wert. An elektronischen Geräten lässt sich dieser Prozess ja in der Tat ständig beobachten.

Der Unternehmer erzielt daher einen Mehrwert nur dadurch, dass er die Arbeitszeit und -kraft seiner ArbeiterInnen kauft. Arbeit ist die einzige Ware, deren Gebrauchswert höher als ihr Tauschwert ist. In diesem kompliziert klingenden Satz verbirgt sich all das, was häufig als die »Ausbeutung« des Arbeiters durch den Unternehmer bezeichnet wird. Die Idee ist im Grunde recht einfach: Der Preis der Ware Arbeit bemisst sich auf dem Markt, wie der Preis jeder anderen Ware auch, daran, wie viel Arbeitszeit notwendig ist, sie zu (re)produzieren. Der Unternehmer muss daher dem Arbeiter das bezahlen, was dieser braucht, um sich (und die zukünftigen Arbeitskräfte) am Leben und bei Kräften zu erhalten. Er lässt ihn jedoch länger arbeiten, als notwendig wäre, um diese Summe an Wert zu produzieren.

Mehrwert und
Ausbeutung

Der Arbeiter leistet also gegenüber der zu seiner eigenen Reproduktion notwendigen Arbeit eine *Mehrarbeit*. Den dabei produzierten Wert eignet sich der Unternehmer am Ende des Arbeitstages dann an, weil er die produzierten Waren ja behält. Dadurch erzielt er einen Profit. Diese Art der Ausbeutung ist aber dem einzelnen Unternehmer nicht als moralische Ungerechtigkeit anzulasten; er hat letztlich ebenso wenig eine Wahl wie der Arbeiter, denn bezahlt er einen höheren Lohn, geht er im Konkurrenzkampf zugrunde und macht, ohne dass sich am System etwas änderte, nur einem anderen Platz. Ausbeutung ist also eine Eigenschaft der kapitalistischen Produktionsverhältnisse, nicht der persönlichen Beziehung zwischen Unternehmern und Arbeitern.

Hieraus folgt nun einerseits, dass der kollektiv produzierte Reichtum der Gesellschaft als »ungeheure Warensammlung« erscheint, wie Marx (1867, 49) gleich zu Beginn seines Hauptwerks »Das Kapital« bemerkt. Anders als etwa in der feudalen mittelalterlichen oder frühneuzeitlichen Gesellschaft, deren Reichtum sich an den Prachtbauten der Kathedralen und Schlösser ablesen lässt, scheint der Reichtum der modernen Gesellschaft tatsächlich in der ungeheuren Warenvielfalt der Kaufhäuser und Shopping-Center gebündelt. Waren, also Güter, die für den Markt produziert wurden, hat es zwar auch in früheren Gesellschaftsordnungen gegeben. Aber erst in der kapitalistischen Gesellschaft ist die Ware die Normalform der Güterproduktion geworden. Aus diesem Grund bezeichnet Marx die einzelne Ware als die Elementarform dieser Gesellschaft: In ihr wird letztlich alles zur Ware, auch Menschen (als Arbeiter, Patienten etc.), soziale Beziehungen oder etwa die Zeit. Dieser Vorgang wird in der marxistischen Literatur oft auch als »Kommodifizierung« (*commodity* = Ware) bezeichnet.

Andererseits treibt das Kapitalverwertungsgesetz, also die Suche nach der immer neuerlichen Realisierung eines Profits (G-W-G'), den technischen Wandel und die gesellschaftliche Entwicklung unaufhörlich voran. Weil es stets darum geht, kostengünstiger, also: schneller als die Konkurrenz zu produzieren und als Erster neue Techniken und neue Produkte in den Markt einzuführen, weil Zeit in einer kapitalistischen Gesellschaft notorisch knapp wird, sind solche Gesellschaften höchst dynamisch. Sie verändern ihre Maschinen und Produktionstechniken, aber auch ihre soziale Organisation fortwährend, ohne allerdings die Basis der Produktionsverhältnisse – den Privatbesitz an Produktionsmitteln und die Klassentrennung zwischen Bourgeoisie und Proletariat – anzutasten.

Diese Einsicht führt zu der berühmten These, die moderne, d.h. kapitalistische Gesellschaft sei dadurch gekennzeichnet, dass sie alle traditionalen Verhältnisse auflöse und keine neuen Verfestigungen mehr zulasse. Marx' Theorie des Kapitalismus lässt sich in diesem Sinne geradezu als eine Theorie der sozialen Beschleunigung lesen: »Die Bourgeoisie kann nicht existieren, ohne die Produktionsinstrumente, also die Produktionsverhältnisse, also sämtliche gesellschaftlichen Verhältnisse fortwährend zu revolutionieren. Unveränderte Beibehaltung der alten Produktionsweise war dagegen die erste Existenzbedingung aller früheren industriellen Klassen. Die fortwährende Umwälzung der Produktion, die ununterbrochene Erschütterung aller gesellschaftlichen Zustände, die ewige Unsicherheit und Bewegung zeichnet die Bourgeoisieepoche vor allen anderen aus. Alle festen eingerosteten Verhältnisse mit ihrem Gefolge von altehrwürdigen Vorstellungen und Anschauungen werden aufgelöst, alle neugebildeten veralten, ehe sie verknöchern können. Alles Ständische und Stehende verdampft, alles Heilige wird entweiht, und die Menschen sind endlich gezwungen, ihre Lebensstellung, ihre gegenseitigen Beziehungen mit nüchternen Augen anzusehen.« (Marx/Engels 1848, 465)

Weil die Unternehmer ihren Profit erst verwirklichen können, wenn sie die von den ArbeiterInnen produzierten Waren verkauft haben, und weil die ArbeiterInnen aufgrund der Lohn-/Produktdifferenz niemals in der Lage sein können, alle von ihnen selbst produzierten Waren auch wieder zu kaufen, tendiert die kapitalistische Gesellschaft dahin, anderswo neue Absatzmärkte zu erschließen. Insbesondere das »Kommunistische Manifest« liest sich deshalb streckenweise wie eine frühe und heute höchst aktuelle Theorie der Globalisierung.

»Das Bedürfnis nach einem stets ausgedehnten Absatz jagt die Bourgeoisie über die ganze Erdkugel. Überall muß sie sich einnisten, überall anbauen, überall Verbindungen herstellen. Die Bourgeoisie hat durch

---

Marginalien:

Kommodifizierung

Marx als Beschleunigungstheoretiker

Marx als Globalisierungstheoretiker

Individualisierung

Differenzierung

Rationalisierung

Domestizierung

die Exploitation des Weltmarkts die Produktion und Konsumtion aller Länder kosmopolitisch gestaltet. Sie hat zum großen Bedauern der Reaktionäre den nationalen Boden der Industrie unter den Füßen weggezogen. Die uralten nationalen Industrien sind vernichtet worden und werden noch täglich vernichtet. Sie werden verdrängt durch neue Industrien, deren Einführung eine Lebensfrage für alle zivilisierten Nationen wird, durch Industrien, die nicht mehr einheimische Rohstoffe, sondern den entlegensten Zonen angehörige Rohstoffe verarbeiten und deren Fabrikate nicht nur im Lande selbst, sondern in allen Weltteilen zugleich verbraucht werden.« (Marx/Engels 1848, 465 f.)

Es ist daher nur konsequent, wenn Marx und Engels eine Verbesserung der Lage der Arbeiter und eine Überwindung der kapitalistischen Gesellschaft nur durch deren weltweiten Zusammenschluss für möglich hielten. Mit dem Aufruf »Proletarier aller Länder, vereinigt Euch!« (Marx/Engels 1848: 493), endet daher das »Kommunistische Manifest«.

2.1.5 | Diagnose: Ökonomische Krisen, Klassenkämpfe und Entfremdung

Alle soziologischen Denker, so haben wir bereits festgestellt, scheinen nicht nur durch das Bedürfnis motiviert zu sein, die moderne Gesellschaft zu verstehen, sondern ihre Analysen scheinen zugleich von dem Gefühl getrieben zu sein, dass mit dieser Gesellschaft möglicherweise etwas nicht stimmt, dass es in ihr zu tief greifenden Fehlentwicklungen kommt. Die Diagnose dieser Fehlentwicklungen kann dabei in zwei unterschiedlichen Gestalten auftreten:

• Die Modernisierung erscheint selbst als Fehler oder Verhängnis, das ist die radikale Variante, oder
• sie wird als per se positiv bewertet, aber zugleich als gefährdet wahrgenommen; die Moderne ist dann nicht selbst pathologisch, aber es kann in ihr leicht zu »Krankheitserscheinungen« kommen, die es innerhalb des Modernisierungsprozesses zu korrigieren gilt.

Marx vertritt ganz offensichtlich die zweite Variante, wobei seine Pathologiediagnose ganz unmittelbar aus der Analyse der Moderne abgeleitet ist. Der Kapitalismus als das zentrale Merkmal der bisherigen Moderne wird nämlich nicht etwa als Fehlentwicklung begriffen, sondern als ein notwendiges Stadium der Geschichtsentwicklung verstanden. Denn erst durch diese Form der Organisation der Produktionsverhältnisse werden die menschlichen Produktivkräfte so weit gesteigert, dass es möglich wird, Hunger und Elend zu überwinden. Die spektakuläre Vermehrung der Produktivkräfte im Kapitalismus führt im weiteren Lauf der Entwicklung aber unweigerlich zu großen und wachsenden Krisen dieses

Gesellschaftssystems. Diese Krisen können nach Marx nicht verhindert werden – und sie sollen es auch gar nicht. Vielmehr werden sie der kapitalistischen Ausbeutung schließlich ein Ende bereiten. Ihre Unausweichlichkeit resultiert aus den »Widersprüchen« in der Klassenstruktur der kapitalistischen Gesellschaft – aus dem Gegensatz zwischen Arbeit und Kapital bzw., genauer gesagt, aus dem Widerspruch zwischen der kollektiven, gemeinschaftlichen Produktion und der privaten Aneignung des Produzierten. Die Krisentendenz des Kapitalismus ist bei Marx gleich in dreifacher Weise begründet:

Krisentendenz des Kapitalismus

1. Im »Kapital« versucht Marx in wissenschaftlicher Form darzulegen, dass die Profitrate im Fortgang der kapitalistischen Entwicklung notwendig fallen muss und daher die Kapitalverwertungserfordernisse unerfüllbar werden. Der »tendenzielle Fall der Profitrate«, nach Marx (1858: 641) das »wichtigste Gesetz der modernen Ökonomie«, folgt aus der Annahme, dass nur die menschliche Arbeit imstande ist, Mehrwert zu schaffen. Um Profit zu erwirtschaften, sind Unternehmer folglich gezwungen, die Produktivität der Arbeit zu erhöhen. Zu diesem Zweck investieren sie in Maschinen, sie »rationalisieren« den Produktionsprozess. So lässt sich mit gleicher Arbeit mehr produzieren, die Arbeit also effektiver ausbeuten. Da aber Maschinen (die Marx hinsichtlich der Produktion daher als konstantes Kapital bezeichnet) im Gegensatz zur menschlichen Arbeitskraft (dem variablen Kapital) keinen Mehrwert schaffen, wird es für den Unternehmer in dem Maße, wie im modernen Produktionsprozess der Anteil der Arbeit im Vergleich zur Produktionskraft der Maschinen immer geringer wird – der Unternehmer also immer mehr in Maschinen und immer weniger in Lohnarbeit investiert –, zunehmend schwieriger und aufwendiger, einen Profit zu erwirtschaften bzw. profitable Investitionsmöglichkeiten zu finden.

Sinkende Profitrate

2. Marx' Analyse zufolge sinkt in der Produktion nicht nur der Anteil der Arbeit; es wird auch immer schwieriger, die produzierten Waren zu verkaufen, also den Profit zu realisieren. Der Kapitalismus bringt deswegen unweigerlich immer wieder Überproduktionskrisen hervor. Der Grund dafür besteht darin, dass die unter kapitalistischen Bedingungen miteinander konkurrierenden Unternehmer, um Profite zu erzielen, bemüht sind, die Löhne möglichst niedrig zu halten, und zugleich im Zuge der Technisierung der Arbeit einen immer geringeren Anteil des Kapitals als Lohn verausgaben. Damit sinkt die Kaufkraft der Arbeiter schließlich so weit, dass die Waren nicht mehr gewinnbringend verkauft werden können. Solange ungleiche Klassenverhältnisse existieren, lassen sich Überproduktionskrisen deswegen nicht vermeiden. Sie werden erst in der klassenlosen Gesell-

Überproduktionskrisen

Individualisierung

Differenzierung

Rationalisierung

Domestizierung

schaft des Kommunismus überwunden, in der die Produktion nicht an Profiten, sondern an den Bedürfnissen aller Gesellschaftsmitglieder orientiert ist. Das Wachstum der Produktivkräfte führt also früher oder später dazu, dass die historisch gegebenen Produktionsverhältnisse revolutioniert werden müssen, um der gestiegenen Produktivkraft der Arbeit gerecht zu werden.

3. Weil das Kapital unaufhebbar zur Monopolbildung neigt und daher in immer weniger Händen konzentriert ist, während kleine und mittlere Unternehmer nicht mehr konkurrieren können und daher selbst verarmen und zu Proletariern werden, nimmt das Klassenverhältnis immer deutlichere Formen an. Zugleich lernen die Arbeiter die technischen und organisatorischen Aspekte des Produktionsprozesses immer besser zu beherrschen. Deswegen steigt das Selbstbewusstsein der Arbeiterklasse im Laufe der Zeit unaufhaltsam. Sie wird von einer nach objektiven Kriterien feststellbaren »Klasse an sich« zu einer mit einem politischen Klassenbewusstsein ausgestatteten, kämpferischen »Klasse für sich« und beginnt, sich aktiv der »systemischen Ungerechtigkeit« der kapitalistischen Ausbeutung zu widersetzen und so die zuvor latenten Krisentendenzen zu manifestieren.

Steigendes Selbstbewusstsein der Arbeiterklasse

Marx und Engels glaubten daher, dass die kapitalistische Gesellschaft ihrer Zeit sich nicht mehr sehr lange werde halten können und dass es zu einer neuerlichen, letzten revolutionären Umwälzung der Produktionsverhältnisse, zur proletarischen Revolution kommen werde. Nach einer kurzen Phase des Sozialismus, in welcher das Proletariat die Herrschaft übernehme, werde es daher zu einer klassenlosen, kommunistischen Gesellschaftsformation kommen. Mit dieser werde die »Vorgeschichte« der Menschheit enden: Der dialektisch-dynamische Gang durch die Geschichte wechselnder Unterdrückungsverhältnisse sei dann abgeschlossen und das Gattungswesen Mensch zur vollen Verwirklichung seiner Möglichkeiten in einem neuen »Reich der Freiheit« gelangt, in dem es keine Herrschaft von Menschen über Menschen mehr geben werde. Anders als weithin angenommen spielt diese Vision in seinen Überlegungen aber nur eine geringe und untergeordnete Rolle; er hat sie niemals wirklich ausgearbeitet und nur äußert flüchtig skizziert. Dabei hat er v. a. betont, dass es darauf ankomme, die chaotischen Folgen der profitgetriebenen Entscheidungen privater Unternehmer zu überwinden und den Produktionsprozess durch alle Gesellschaftsmitglieder gemeinschaftlich zu kontrollieren. Aber seine wissenschaftliche Arbeit richtete sich nicht auf die Darstellung der kommunistischen Gesellschaft, sondern auf die Analyse der Funktions- und Entfaltungslogik des Kapitalismus.

Die klassenlose, kommunistische Gesellschaft

Allerdings gibt es in Marx' Werk eine zweite Form der Pathologiediagnose, die insbesondere seine Frühschriften (etwa die »Pariser Manuskripte« von 1844) zu motivieren scheint: die Diagnose einer fundamentalen »Entfremdung« des Menschen von sich selbst, von seinen Mitmenschen und von der Natur in der Moderne.

Dieses Fremdwerden des Menschen in der modernen Welt ist in Marx' Sicht eine logische Konsequenz aus der Form des kapitalistischen Arbeitsprozesses. Wie wir schon gesehen haben, formt der Mensch nach Marx sein eigenes Wesen in der und durch die Arbeit, d.h. durch die stoffliche oder geistige Auseinandersetzung mit der Natur; er bringt sich selbst im Produkt seiner Tätigkeit zum Ausdruck. In einer kapitalistisch organisierten Gesellschaft ist dieser Prozess gleich auf fünffache Weise gestört:

1. Weil der Arbeiter (bzw. die Arbeiterin) keine Kontrolle über die Produktionsmittel und -ziele hat, sondern in seiner Arbeit gleichsam fremdbestimmt wird – er verkauft seine Arbeitskraft –, ist er vom *Arbeitsprozess* entfremdet: Seine Tätigkeit erscheint ihm nicht als Ausdruck seines eigenen Wesens, er begegnet darin nicht sich selbst, sondern verwirklicht fremde (Profit-)Zwecke.

2. Weil das hergestellte Produkt nicht dem Produzenten, sondern dem Unternehmer (bzw., manchmal auch, der Unternehmerin) gehört, sodass der Arbeiter am Ende des Arbeitsprozesses gewissermaßen enteignet wird, ist er auch gegenüber dem *Produkt* seiner Tätigkeit entfremdet. Oft kann er gar nicht überblicken, welchem Zweck seine Tätigkeit (etwa am Fließband) dient, und meist kann er in dem Produzierten auch nichts Persönliches zum Ausdruck bringen.

3. Die industrielle Produktionsweise und die fremdbestimmte Arbeit entfremden die Menschen zugleich auch von der *Natur* und ihren sinnstiftenden Quellen; die Domestizierung der Natur erscheint aus dieser Perspektive gerade heute auch als ihre Vergewaltigung und manchmal als ihre Zerstörung. Damit zwingt der Kapitalismus die Menschen zum doppelten Verrat sowohl an ihrer »Mutter«, der Natur, wie auch an ihrem »Vater«, der Arbeit.

4. Daher kann es nicht überraschen, dass Marx auch einen fortschreitenden Prozess der *Selbstentfremdung* diagnostiziert: Weil die Menschen sich in ihrer Arbeit weder zum Ausdruck bringen noch kreativ formen können, werden sie sich selbst fremd. Ihr Wesen wird zum Mittel ihrer Existenz, wie Marx sagt; sie sind gezwungen, sich selbst in ihren Lebensentwürfen und Ausdrucksformen an das Profitgesetz zu verkaufen.

5. Wer sich selbst aber dergestalt fremd wird, wird auch seinen Mitmenschen fremd: Die wechselseitige *Entfremdung der Menschen voneinander* ist die letzte Form kapitalistischer Entfremdung. Soziale Beziehungen nehmen selbst einen warenförmigen Charakter an; die Indivi-

Fünf Formen der Entfremdung

duen treten nicht als Subjekte des historischen Prozesses in Erscheinung, sondern als deren ohnmächtige Objekte.

Alle sind der Logik der Kapitalverwertung gleichermaßen unterworfen. Während die Menschen für die Unternehmen, die Pflege-, Gesundheits-, Bildungs-, Porno- und Konsumindustrien zu Objekten werden, erscheinen die Waren als das eigentlich Wertvolle der Gesellschaft. Marx spricht deshalb schon im ersten Kapitel des »Kapitals« vom Fetischcharakter der Ware: Subjekt (Mensch) und Objekt (Ware) vertauschen in der kapitalistischen Gesellschaft ihren Rang. Damit meint Marx Folgendes: Der Wert der Waren erscheint den Menschen als Eigenschaft der Dinge, sie bewundern und begehren die hergestellten Produkte als von ihnen selbst ganz unabhängige Gegenstände mit einem marktpreisbedingten Eigenleben, ohne zu erkennen, dass sie selbst als Produzenten in einem gesellschaftlich organisierten Arbeitsprozess diesen Wert geschaffen und hervorgebracht haben. Kurz: Die Verbindung zwischen der kollektiven Produktion und den als Waren verkauften Produkten wird im Kapitalismus notwendig unsichtbar gemacht. Dies ist eine Voraussetzung für die private Aneignung der Produkte nach einem Prozess kollektiver Produktion. Diese Blindheit für soziale Zusammenhänge kennzeichnet auch die Theorien und Begrifflichkeiten, mit denen sich die kapitalistische Gesellschaft beschreibt und erklärt: Der klassischen politischen Ökonomie (Adam Smith, David Ricardo u.a.) kommt Marx zufolge zwar das Verdienst zu, Arbeit als die Quelle des Wertes von Waren identifiziert zu haben; aber sie geht davon aus, dass Produktion notwendigerweise Warenproduktion ist, also Produktion für einen anonymen Markt, um Profit zu erzielen. Gegen eben diese Ideologie der kapitalistischen

Der Fetischcharakter der Ware

Info

Marx und die Soziologie des 20. Jahrhunderts

Marx' Analyse der kapitalistischen Gesellschaft hatte großen Einfluss auf die weitere Entwicklung der Soziologie:

- Über **Lenin** nahm Marx Einfluss auf die ideologisch-politische Strömung des orthodoxen Marxismus-Leninismus.
- Die **Kritische Theorie** um Adorno, Horkheimer, Marcuse und andere verfolgte eine empirisch, philosophisch und sozialpsychologisch orientierte Weiterführung des Marx'schen Ansatzes.
- Die Auseinandersetzung mit Marx bestimmt nicht nur bis heute das Denken vieler neo-marxistischer Autoren (z.B. **Althusser, Wallerstein, Postone, Harvey, Hardt/Negri**), sondern, als Kontrastfolie, auch das vieler Nicht-Marxisten (**Weber, Giddens, Taylor**).

Gesellschaft, die eine historisch spezifische Produktionsweise gewissermaßen als unwandelbar und natürlich missversteht, richtet Marx seine Kritik der politischen Ökonomie.

Diese Kritik ist im 20. Jahrhundert in vielfältiger Weise aufgenommen und fortgeführt worden. Entfremdung, Verdinglichung und Kommodifizierung sind Schlagworte, welche nicht nur die neo-marxistische Gesellschaftskritik bis heute inspirieren und anleiten.

	Stichworte	Erläuterungen
Soziologie	Wissenschaft der Erklärung sozialer Verhältnisse aus der ökonomischen Basis	Ziel ist das Erklären sozialer Erscheinungen aus den Produktionsverhältnissen.
Leitfrage	Was treibt die Veränderung der Gesellschaft an – und führt die Entwicklung zu einer Verbesserung der menschlichen Lage?	Marx sucht eine Antwort in den materiellen Verhältnissen der Gesellschaft.
Erklärungsmodell	Strukturtheorie, methodologischer Holismus, historisch-materialistisch-dialektisch	Soziale Tatbestände werden aus dem Verhältnis von Produktivkräften und Produktionsverhältnissen abgeleitet.
Basiseinheit des Erklärens	Arbeit(sverhältnisse)	Erklärt wird über die Analyse von Widersprüchen.
Verhältnis Individuum / Gesellschaft	Gesellschaft geht dem Individuum voraus.	Das Sein bestimmt das Bewusstsein.
Moderne und traditionale Gesellschaft (Analyse)	Kapitalistische vs. feudale Organisation der Wirtschaft	Radikalisierung des Klassengegensatzes (Bourgeoisie vs. Proletariat)
Modernisierung als	Domestizierung	Auch Kommodifizierung: Natur, Güter und Beziehungen nehmen den Charakter von Waren an.
Treibendes Veränderungsprinzip	Produktivkraftentfaltung	Führt zur periodischen Veränderung der Produktionsverhältnisse
Moderne Pathologien (Diagnose)	Entfremdung, Warenfetisch, Ausbeutung, kapitalistische Krisentendenzen, Klassenspaltung	fünffaches Fremdwerden des Menschen, Verkehrung, gesellschaftliche Widersprüche

Tab. 3

Karl Marx' soziologische Theorie auf einen Blick

Individualisierung

Differenzierung

Rationalisierung

Domestizierung

2.1.6 | Zusammenfassung

Soziologie bedeutet aus marxistischer Sicht, die sozialen Erscheinungen aus der ökonomischen Basis, d.h. aus den Produktionsverhältnissen und den in ihnen angelegten Spannungen heraus zu erklären. Diese Produktionsverhältnisse werden aufgrund des dynamischen Anwachsens der Produktivkräfte immer wieder in revolutionären Erhebungen umgewälzt, wobei die gesellschaftlichen Klassen als Träger dieser historischen Entwicklung erscheinen. Weil nicht die Absichten der Akteure, sondern der Stand der Produktivkraftentfaltung und die Form der gesellschaftlichen Produktion letztlich für das soziale Handeln und den Gang der Geschichte verantwortlich sind, zählt Marx' Ansatz zu den Strukturtheorien der Soziologie, die das menschliche Handeln aus den Strukturbedingungen abzuleiten versuchen.

Marx ist dabei ein Theoretiker der kapitalistischen Gesellschaft, nicht der kommunistischen oder sozialistischen. Für die Analyse und das Verständnis der Entwicklungslogik kapitalistischer Gesellschaften, ihrer Wachstums-, Beschleunigungs- und Globalisierungstendenzen, und vielleicht auch für das Verständnis der durch sie produzierten Krisenerscheinungen – in Form von Überproduktionskrisen oder von Entfremdungsphänomenen –, bleibt seine Theorie höchst anregend und aufschlussreich. Wenngleich Marx als Kritiker des Kapitalismus auftritt, lässt er doch keinen Zweifel daran, dass diese Wirtschaftsform eine höchst produktive, ja aus seiner Sicht sogar eine unverzichtbare Rolle für die Entwicklung der Produktivkraft und damit für die Gesellschaftsentwicklung spielt. Seine

Lernkontrollfragen

1 Erläutern Sie Marx' Konzept der Gesellschaftsanalyse. Was ist ihr Ausgangspunkt, welche Gesetze und Zusammenhänge postuliert sie?
2 Wie und warum verändern sich Gesellschaften im Laufe der Zeit? Welche Rolle spielen dabei Politik und Philosophie?
3 Was ist eine soziale »Klasse«? Wodurch ist sie definiert, was ist ihre gesellschaftliche Rolle?
4 Wodurch ist die kapitalistische Moderne charakterisiert? Was unterscheidet sie von früheren und späteren Gesellschaftsformationen?
5 Was bedeutet »Domestizierung« in der Theorie von Marx? Wie versteht er das Verhältnis von Mensch, Gesellschaft und Natur?
6 Worin bestehen nach Marx die Probleme und Gefahren fortschreitender Modernisierung? Beziehen Sie in Ihre Antwort die Begriffe der Entfremdung und der Überproduktionskrisen mit ein.

nur sehr schemenhaft skizzierte Vision einer kommunistischen oder sozialistischen Alternativgesellschaft dagegen hat durch das Scheitern der realsozialistischen Staaten im 20. Jahrhundert viel an Überzeugungskraft eingebüßt.

Literaturhinweise

Primärliteratur

Marx, Karl (1844): Ökonomisch-philosophische Manuskripte aus dem Jahre 1844 (Pariser Manuskripte), in: Marx-Engels-Werke (MEW) Ergänzungsband 1, Berlin 1968, 465–588.

Marx, Karl (1845): Thesen über Feuerbach, in: MEW 3, Berlin 1962, 5–7.

Marx, Karl (1852): Der achtzehnte Brumaire des Louis Bonaparte, in: MEW 8, Berlin 1960, 111–207.

Marx, Karl (1858): Grundrisse der Kritik der politischen Ökonomie, in: MEW 42, Berlin 1953, 47–768.

Marx, Karl (1867): Das Kapital. Kritik der politischen Ökonomie, Bd.1, in: MEW 23, Berlin 1962, 11–802.

Marx, Karl/Engels, Friedrich (1845/46): Die deutsche Ideologie, in: MEW 3, Berlin: 1962, 9–530.

Marx, Karl/Engels, Friedrich (1848): Manifest der Kommunistischen Partei, in: MEW 4, Berlin 1959, 459–493.

Sekundärliteratur

Althusser, Louis (2011): Für Marx, Berlin.

Althusser, Louis/Balibar, Etienne (1972): Das Kapital lesen, 2 Bde., Hamburg.

Altvater, Elmar u. a. (1999): Kapital.doc. Das Kapital (Bd. 1) von Marx in Schaubildern mit Kommentaren, Münster.

Callinicos, Alex (2011): Die revolutionären Ideen von Karl Marx, 3. Aufl., Hamburg.

Hardt, Michael/Negri, Antonio (2002): Empire. Die neue Weltordnung, Frankfurt a. M./New York.

Harvey, David (2011): Marx »Kapital« lesen. Ein Begleiter für Fortgeschrittene und Einsteiger, Hamburg.

Heinrich, Michael (2006): Die Wissenschaft vom Wert. Die Marxsche Kritik der politischen Ökonomie zwischen wissenschaftlicher Revolution und klassischer Tradition, 4. Aufl., Münster.

Heinrich, Michael (2007): Kritik der politischen Ökonomie. Eine Einführung, 5. Aufl., Stuttgart.

Postone, Moishe (1998): Rethinking Marx in a Postmarxist World, in: Camic, Charles (Hg.), Reclaiming the Sociological Classics, Cambridge, Mass, 11–44.

Wallerstein, Immanuel (1976): The Modern World-System. Capitalist Agriculture and the Origins of the European World-Economy in the Sixteenth Century, New York.

Wright, Erik Olin/Levin, Andrew/Sober, Elliot (1992): Reconstructing Marxism. Essays on Explanation and the Theory of History, London/New York.

Individualisierung

Differenzierung

Rationalisierung

Domestizierung

2.2 | Rationalisierung 1:
Die Entzauberung der Welt – *Max Weber*

2.2.1 | Einführung

Max Weber zählt zu den Gründervätern der Soziologie, er ist für die Entwicklung des Faches zu einer methodologisch und thematisch eigenständigen akademischen Disziplin neben Emile Durkheim der wichtigste
klassische Autor. Sein Einfluss auf die Sozialwissenschaften ist noch
immer immens. So begegnet man bis in die heutige Zeit der Überzeugung, dass derjenige, der die Interpretation der Weber'schen Wissenschaftslehre kontrolliert, die soziologische Forschung insgesamt beherrscht. Ebenso wie Karl Marx sah Weber in der Herausbildung des
sozioökonomischen Systems des Kapitalismus die wichtigste Veränderung im Übergang von der traditionellen zur modernen Gesellschaft.
Doch im Gegensatz zu jenem vollzog sich für ihn die entscheidende Veränderung nicht im Bereich der Produktion oder des Stoffwechsels mit
der Natur, sondern in der Art der menschlichen Lebensführung.

Für Weber hat sich soziologische Theoriebildung mit der Analyse der
Art und Weise zu beschäftigen, in der Menschen in der Welt handeln, in
der sie sich gleichsam »in-die-Welt-gestellt« fühlen. Es geht ihm also um
die Beschreibung und Erklärung der jeweils gesellschaftlich und kulturell geprägten *Welthaltung*. Dies schlägt sich auch in seiner Analyse moderner Gesellschaften nieder. Er findet ihr entscheidendes Charakteristikum in ihrem spezifischen Ethos, ihrer Welthaltung, die in der Art und
Weise, wie Menschen ihr Leben führen, aber auch in der Wirtschaftsform, im Wissenschaftsbetrieb, in der Staatsorganisation und sogar in
den künstlerischen Produktionen der Moderne zum Ausdruck kommt.

Soziologie als Frage nach der Welthaltung

2.2.2 | Leitfrage

Wie Weber in seiner berühmten Rede »Wissenschaft als Beruf« deutlich
macht, hält er die Frage: Wie sollen wir leben?, für die wichtigste menschliche Frage (Weber 1919, 598). Wie er dort aber auch unmissverständlich
klarstellt, kann die Wissenschaft gerade diese Frage nicht beantworten.
Sie untersucht faktische Zusammenhänge, sie analysiert, wie die Welt
ist, aber Aussagen darüber, wie sie sein soll, was wir tun sollen, können
nur Religionen, Propheten oder (politische) Führer machen. Diese Aufgabe
sollte ihr auch nicht zukommen. Als Instrument, mit dem der Mensch
seine Welt analysieren, d.h. beschreiben und erklären kann, untersucht sie

Max Weber (1864–1920)

Max Weber wurde in Erfurt/Thüringen geboren. Aus einer gut situierten Handelsfamilie stammend, erhielt er eine umfassende Ausbildung. Er studierte Rechtswissenschaften, Nationalökonomie und Geschichte in Heidelberg, Straßburg, Berlin und Göttingen, die Promotion zum Dr. jur. erfolgte 1889, die Habilitation bereits 1891. Danach nahm Weber Lehrstühle für Nationalökonomie in Freiburg und Heidelberg sowie, kurz vor seinem Tod, in München an. Eine schwere psychische Erkrankung machte es ihm aber für viele Jahre unmöglich, das Amt eines Professors auszuüben. In dieser Zeit war er, in regem Austausch mit zahlreichen Wissenschaftlern, publizistisch und als Privatgelehrter tätig. Als Mitbegründer der »Deutschen Gesellschaft für Soziologie« (DGS) und durch seine Arbeit im ebenfalls noch heute existierenden »Verein für Socialpolitik« hat Weber wesentlich an der Professionalisierung der deutschsprachigen Soziologie mitgewirkt. Sein Hauptwerk »Wirtschaft und Gesellschaft« wurde von seiner Frau Marianne aus dem Nachlass zusammengestellt und ebenso wie andere Textsammlungen posthum veröffentlicht.

zuallererst faktische und empirische, also unmittelbar erfahrbare Zusammenhänge. Was die Wissenschaft dabei leisten kann ist, uns Klarheit darüber zu verschaffen, welches die Rahmenbedingungen unseres Lebens und Handelns sind, worin die oft unhinterfragten Grundüberzeugungen und Werthaltungen unseres Alltagshandelns bestehen und woher sie stammen, welche Alternativen wir haben und welche Konsequenzen unsere Entscheidungen für uns und für andere jeweils haben werden.

Als *Soziologe* interessiert Weber sich insbesondere für die Bestimmungsgründe des sozialen Handelns. Das Handeln der Menschen in der modernen Gesellschaft aber sieht er ganz entscheidend bestimmt durch die kapitalistische Organisation ihrer Wirtschaft und durch die damit verknüpfte strikte bürokratische Regulierung des sozialen Lebens. Folglich gilt das Hauptinteresse seines Schaffens der Frage, »welche Verkettung von Umständen [...] dazu geführt hat, dass gerade auf dem Boden des Okzidents, und nur hier, Kulturerscheinungen auftraten, welche doch – wie wenigstens wir uns gern vorstellen – in einer Entwicklungsrichtung von *universeller* Bedeutung und Gültigkeit lagen?« (Weber 1920, 1) Den Kapitalismus, wie er ursprünglich im Okzident, also im Abendland bzw. »dem Westen«, entstanden ist und heute die ganze Welt prägt, hält er dabei für die bedeutendste dieser Kulturerscheinungen, für die »schicksalsvollste Macht unseres modernen Lebens« (Weber 1920, 4).

Bestimmungsgründe des sozialen Handelns

Individualisierung

Differenzierung

Rationalisierung

Domestizierung

Webers Leitfrage war somit die Frage danach, warum wir als Mitglieder der abendländisch-modernen Gesellschaften so leben, wie wir leben, welche sozialen Kräfte für die Art unseres »Menschentums« verantwortlich sind. Er suchte die Antwort, anders als Marx, vorrangig in den ideellen historischen und religiösen Grundlagen unserer Lebensform. Die Religion stellte für ihn eine der wichtigsten Quellen dar, durch die Welthaltung und Ethos der Menschen bestimmt werden und die ihnen nahelegen, wie sie leben sollen. Deshalb verbrachte er viele Jahre seines Forscherlebens mit der Untersuchung religiöser Systeme, etwa des Konfuzianismus und Taoismus, des Hinduismus und Buddhismus und des antiken Judentums.

2.2.3 | Methodisches Konzept: Sinnverstehende und werturteilsfreie Soziologie

Webers Definition der Soziologie als »Wissenschaft, welche soziales Handeln deutend verstehen und dadurch in seinem Ablauf und seinen Wirkungen ursächlich erklären will« (Weber 1922, 1), hebt seinen zentralen Untersuchungsgegenstand und zugleich seinen methodischen Ansatz deutlich hervor. Gesellschaftliche Entwicklungen lassen sich nach seiner Vorstellung nur begreifen und erklären, wenn die Akteursorientierungen, d. h. die Weltdeutungen und Handlungsziele der Individuen, in den Erklärungsansatz einbezogen werden. Weil den Handlungsmotiven also eine zentrale Rolle zukommt, zählt Webers Ansatz zu den handlungstheoretischen Konzeptionen der Soziologie, die im Gegensatz stehen zu struktur- oder systemtheoretischen Ansätzen, wie wir sie etwa bei Marx oder Durkheim finden.

Eine handlungstheoretische Konzeption der Soziologie

Für Handlungstheorien bilden die sozialen Handlungen der Akteure den Ausgangspunkt oder die Basiseinheit soziologischen Erklärens. Insofern für Weber soziale Phänomene erst dann als erklärt gelten, wenn sie auf das Handeln und die Handlungsorientierungen der Individuen zurückgeführt worden sind, lässt sich sein Ansatz auch dem methodologischen Individualismus zurechnen. Das Prinzip des methodologischen Individualismus besagt, dass gesellschaftliche Veränderungen aus den Folgen des Handelns individueller Akteure zu erklären sind (→ Kapitel 1.2). Ganz in diesem Sinne erläutert Weber in seinen methodologischen Überlegungen zunächst den Begriff des sozialen Handelns, dann den der sozialen Beziehung und erst danach den der sozialen Ordnung, also jene umfassenderen gesellschaftlichen Gebilde, die im Zentrum des soziologischen Interesses stehen.

Methodologischer Individualismus

Weber kann zudem als Begründer der »sinnverstehenden Soziologie« betrachtet werden. Er legt damit den Grundstein eines ganzen Zweigs

Sinnverstehende Soziologie

Soziales Handeln

Soziales Handeln stellt für Weber den zentralen soziologischen Untersuchungsgegenstand dar. Menschliches Handeln ist dabei nicht per se auch als soziales Handeln aufzufassen, vielmehr unterscheidet Weber drei graduell aufeinander aufbauende Kategorien (vgl. Weber 1922, 1), nämlich:

- Verhalten: einfaches (körperliches oder reflexhaftes) Reagieren;
- sinnhaftes Handeln: wird vom Handelnden mit einem subjektiven Sinn verbunden;
- soziales Handeln: wird mit einem subjektiven Sinn verbunden und ist zugleich auf das Verhalten anderer bezogen.

Erst dadurch, dass der Handelnde seine Handlungen an dem Verhalten anderer ausrichtet, werden diese zu sozialen Handlungen. Darüber hinaus unterscheiden sich Handlungen vom bloßen Verhalten dadurch, dass sie sinnhaft sind, der Handelnde mit seiner Handlung also einen Sinn verbindet. Unter diesen *subjektiv gemeinten Sinn* können verschiedene Dinge fallen, an erster Stelle die Absichten, die der Akteur verfolgt. Weiterhin drückt dieser subjektiv gemeinte Sinn auch die zentralen Überzeugungen bzw. Erwartungen des Handelnden aus, etwa seine Auffassungen darüber, wie sich (gesellschaftliche) Abläufe normalerweise gestalten (z. B. wie man sich bei einer Begrüßung zu verhalten hat) und welche normativen Anforderungen und Ansprüche gerechtfertigt sind.

angewandter Forschungsmethoden, nämlich der Konzepte der qualitativen Sozialforschung. Entscheidend für soziologische Erklärungen sind für Weber letztlich die *Motive* des Handelns. Methodisch ist für ihn dabei das Verstehen des subjektiven Sinnes einer Handlung die wesentliche Interpretationsleistung, die von SoziologInnen erbracht werden muss. Wenn er etwa danach fragt, wieso moderne Berufsmenschen ihre Erwerbsarbeit so ungeheuer wichtig nehmen oder wieso sie bereit sind, sich bestimmten Herrschaftsverhältnissen zu fügen, so sucht er nach einer Antwort in ihrem Motivationszusammenhang. Motive unterscheiden sich dabei von unmittelbaren Intentionen (Absichten) einerseits und von einfachen psychologischen Trieben andererseits. Dass moderne Menschen beispielsweise oftmals das Gefühl haben, ihre ganze Identität beruhe auf ihrer Tüchtigkeit im Beruf, lässt sich nicht auf ihre Absichten und auch nicht auf ihre intellektuellen Weltanschauungen zurückführen; oft ist es ihnen noch nicht einmal bewusst. Dennoch sind solche

Individualisierung

Differenzierung

Rationalisierung

Domestizierung

Gefühle auch nicht in gleichsam vorgegebenen Trieben begründet, denn sie sind nicht naturgeschaffen, sondern bilden das Resultat eines je spezifischen Selbst- und Weltverhältnisses, das in der jüngeren Soziologie oft auch als »Habitus« bezeichnet wird.

Zusammenfassung

Bestimmungsgründe des Handelns

Weber unterscheidet vier zentrale »Bestimmungsgründe« (Weber 1922, 12 f.):

1. *zweckrational*: Die Handelnde wägt Mittel, Zwecke und Nebenfolgen bei der Reflexion ihrer Handlung gegeneinander ab. Sie wählt die Handlungsmittel und ihre Ziele so aus, dass diese sich möglichst erfolgversprechend verwirklichen lassen. Zweckrationales Handeln sieht Weber als zentrale Handlungsweise moderner Gesellschaften an, mit der andere Handlungsformen an den Rand gedrängt werden;

2. *wertrational*: Die Handelnde wählt ihre Handlungsweisen nach Maßgabe eines bestimmten Wertes, der um seiner selbst willen verfolgt wird. Dieser Wert kann ethisch, religiös oder auch ästhetisch begründet sein;

3. *affektuell*: Die Handelnde orientiert sich an ihren aktuellen Gefühlen, denen sie mit ihrer Handlung Ausdruck gibt;

4. *traditional*: Die Handelnde orientiert ihr Handeln an »eingelebten Gewohnheiten«. Dies können vor allem Traditionen oder Sitten sein.

Kennzeichnend für die traditionalen und affektuellen Bestimmungsgründe ist, dass die individuelle Reflexion über das Handeln geringer ist als bei den rational bestimmten Handlungstypen.

Webers Konzept einer »(sinn-)verstehenden Soziologie« zielt also darauf ab, das Handeln und die Lebensführung der Menschen aus den teils bewussten, teils unbewussten, aber eingewöhnten Strukturen der kulturellen Weltdeutung der Individuen abzuleiten. Damit müssen SoziologInnen im Prinzip mehr leisten als NaturwissenschaftlerInnen. Letztere erklären nämlich, indem sie Vorgänge gewissermaßen »von außen« beobachten und dabei Kausalzusammenhänge, also Ursachen und Wirkungen, identifizieren. SozialwissenschaftlerInnen dagegen müssen die Handlungszusammenhänge, die sie beobachten, sozusagen »von innen« analysieren, um zu erklären: Sie müssen die Gründe bzw. Motive verstehen, aus denen jemand eine Handlung ausführt. Gelingt solch eine Deutung, und wird sie auch durch Beobachtung bestätigt, dann kann das Handlungsmotiv als die Handlungsursache angesehen werden, die die Handlung erklärt. Als Beispiel mag hier Webers Erklärung der Arbeitswut calvinistischer Protestanten im 17. Jahrhundert dienen: Weil sie sich davor fürchteten, nach Gottes unerschöpflichem Ratschluss der ewigen Verdammnis anheim gegeben zu sein, beruflichen Erfolg aber als Zeichen ihrer Seelenrettung und Auserwähltheit vermuteten, flüchteten sie sich geradezu in die Arbeit. Dieser gleichsam aus einem Angstaffekt geborene Ausweg war zwar nicht in den religiösen Lehren und Ideen des Calvinismus vorgezeichnet, aber er war doch eine Folge dieser spezifischen Weltinterpretation und hatte dabei, wie Weber glaubt, entscheidenden Einfluss auf das Ethos der Moderne.

Für das methodische Vorgehen formuliert Weber dann zwei Prinzipien, die auch heute noch wesentlichen Einfluss auf die empirische Sozialforschung haben:

- das Prinzip der Werturteilsfreiheit und
- das Instrument der Konstruktion von Idealtypen.

Sein Postulat der Werturteilsfreiheit besagt, dass politische oder weltanschauliche Positionen, d.h. Sollensurteile, logisch nicht aus wissenschaftlichen Untersuchungen abgeleitet und deshalb nicht durch sie begründet werden können. Aus einem bestimmten Seinszustand der Welt einen erwünschten Sollenszustand abzuleiten, bildet auch für Weber einen unzulässigen *naturalistischen Fehlschluss*. Umgekehrt sind wissenschaftliche Tatsachenfeststellungen von allen und unbedingt anzuerkennen, unabhängig davon, ob sie die eigenen normativen Überzeugungen stärken oder nicht. Weber wendete sich damit gegen Versuche, die Wissenschaften für bestimmte politische oder ideologische Überzeugungen in Dienst zu nehmen.

Webers Postulat ist jedoch oft dahingehend missverstanden worden, dass er die Wissenschaften für völlig wertfrei hält, d.h. für ein von bestimmten und daher immer einseitigen kulturellen oder weltanschaulichen Voraussetzungen ganz freies Unternehmen zur Ermittlung der schlechthin objektiven Beschaffenheit der Welt. Eine solche »positivistische« Position lehnt Weber in seiner Wissenschaftslehre jedoch ebenso strikt ab. Für ihn bestimmen die Kulturbedeutungen sozialer Erscheinungen die Gegenstände wissenschaftlichen Forschens: Erst dadurch, dass bestimmte Zusammenhänge unter einem bestimmten Gesichtspunkt zu einer bestimmten Zeit für die wissenschaftliche Forschung interessant werden, gewinnt die Soziologie ihre Untersuchungsgegenstände. Weber nennt das »Wertbeziehung«: Nur weil vom kultur- und wertbestimmten Standpunkt eines Forschers oder einer Forschergemeinschaft aus einzelne Züge der sozialen Wirklichkeit als wichtig ausgewählt und in Begriffe gefasst worden sind, kommt empirische Forschung überhaupt in Gang, erhält sie ein für wertvoll befundenes Forschungsobjekt. Die dann für diesen Gegenstand – für dieses soziale Phänomen – er-

Werturteilsfreiheit

Individualisierung

Differenzierung

Rationalisierung

Domestizierung

mittelten Kausalzusammenhänge haben aber absolute Gültigkeit; sie müssen auch von denjenigen anerkannt werden, die andere Forschungsprogramme verfolgen (Weber 1904).

Idealtypen

Die selektive gedankliche Steigerung, Ordnung und Bündelung bestimmter Aspekte der sozialen Wirklichkeit ist nun aber auch das Konstruktionsprinzip der Idealtypen, die der empirischen Forschung den Weg weisen sollen. Weber versteht darunter die theoriegeleitete Definition »reiner Typen« sozialer Erscheinungen, wie sie in der Realität niemals vorzukommen pflegen (vgl. Weber 1922, 9 f.). Deshalb, und nicht weil sie anderen vorzuziehen sind, heißen sie *Ideal*typen.

Als Beispiel hierfür mögen etwa seine drei Idealtypen der Herrschaft dienen. Weber definiert Herrschaft als »die Chance [...], für spezifische oder für alle Befehle bei einer angebbaren Gruppe von Menschen Gehorsam zu finden« (Weber 1922, 28), und unterscheidet zwischen einer charismatischen, einer traditionalen und einer rational-legalen Form (Weber 1922, I. Teil, Kapitel 3). Diese bezeichnen gleichsam drei Motivkomplexe der Gehorsamsbereitschaft:

Drei Motivkomplexe der Gehorsamsbereitschaft

Charismatische Herrschaft liegt demnach dann und dort vor, wo einem Herrschaftsanspruch deshalb gefolgt wird, weil er mit einer außergewöhnlichen (charismatischen) Überzeugungskraft verbunden ist. Die Legitimität charismatischer Herrschaft beruht also auf dem Glauben der Gehorchenden an die besondere, außeralltägliche Befähigung oder Erwähltheit des oder der Herrschenden.

Von *traditionaler Herrschaft* kann dagegen dort gesprochen werden, wo das Gehorsamsmotiv gleichsam in der Tradition liegt, wo mithin die Herrschaftsgeltung aus der Verbindlichkeit des historischen Vorbildes abgeleitet wird, daraus, dass die Dinge »schon immer« so waren oder gemacht wurden.

In der modernen Gesellschaft dagegen dominiert die *rational-legale Form der Herrschaft*, nach welcher Herrschaftsansprüche dann legitim sind und befolgt werden, wenn sie auf gesatztem, also positivem, niedergelegtem, Recht beruhen.

Diese drei Herrschaftsformen bilden deshalb *Ideal*typen, weil sie in der sozialen Wirklichkeit niemals in reiner Form anzutreffen sind. Wirklich vorfindbare Herrschaftsverhältnisse – die *Real*typen von Herrschaft – weisen in der Regel Spuren oder Elemente aller drei Idealtypen auf, wenngleich in unterschiedlichen Mischungs- und Dominanzverhältnissen. Der Nutzen der Idealtypen besteht darin, dass real existierende Herrschaftsformen mit ihnen verglichen und an ihnen gemessen und in ihrer Entwicklungsrichtung bestimmt werden können. Für Weber bestand dabei kein Zweifel daran, dass die Entwicklung moderner Herrschaftsverhältnisse immer stärker in die Richtung der rational-legalen, durch bürokratische Verwaltung gekennzeichneten Herrschaft verläuft und damit als ein Element jenes großen abendländischen Rationalisierungsprozesses gelten kann, der im Mittelpunkt der Moderneanalyse und des soziologischen Denkens Webers stand.

Definition

Idealtypen

- Idealtypen klassifizieren charakteristische Erscheinungsformen eines sozialen Phänomens (z.B. Morde) zu eindeutigen Kategorien, wobei sie die Unterschiede zwischen ihnen möglichst deutlich herausheben (z.B. Triebtat, politischer Terrorakt, Raubmord).
- Idealtypen sind begriffliche Werkzeuge, mit denen SoziologInnen die Komplexität der sozialen Realität reduzieren, d.h. handhabbar machen. Sie sind allgemeine Abstraktionen dieser sozialen Realität, mit denen regelmäßig auftretende Prozesse oder Eigenschaften wiedergegeben werden.
- Idealtypen sind Verallgemeinerungen, in ihren Beschreibungen finden sich deshalb keine Eigenschaften wieder, die sich nur auf einen konkreten Fall beziehen. Sie sind aufgrund ihrer abstrakten Formulierung vielmehr auf mitunter sehr verschiedene spezifische Realitäten anwendbar.

Analyse: Die Moderne als Prozess der Rationalisierung | 2.2.4

Der Wandel von einer traditionalistischen Orientierung, welche auf eine Bewahrung des Bestehenden und die Reproduktion des Bekannten zielt, zu einem rationalistisch bestimmten Ethos des Beherrschens, Berechnens, Erneuerns und Vermehrens ist nun nach Webers Überzeugung nicht nur für die moderne Form der Herrschaft, sondern auch für die abendländisch-neuzeitliche Weise des wissenschaftlichen Denkens, der Lebensführung und vor allem des Wirtschaftens charakteristisch. Die »schicksalsvollste Macht unseres modernen Lebens«, der okzidentale Kapitalismus, unterscheidet sich von der vorhergehenden und in fast allen anderen Kulturkreisen dominanten Form des traditionalistischen Wirtschaftens dadurch, dass er mit allen ehrwürdigen Vorgaben bricht und auf rastlose und schrankenlose Steigerung der Produktion und der Produktivität hin angelegt ist.

Die Steigerung der Produktion und der Produktivität

Besteht das Ziel traditionalistischen Wirtschaftens in der Bedarfsdeckung, d.h. in der Produktion und Reproduktion des traditionell für not-

Individualisierung

Differenzierung

Rationalisierung

Domestizierung

Kapitalismus

Weber definiert den modernen kapitalistischen Wirtschaftsakt als einen solchen, »der auf Erwartung von Gewinn durch Ausnützung von *Tausch*-Chancen ruht: auf (formell) *friedlichen* Erwerbschancen also« (Weber 1920, 4). Dabei unterscheidet er zwischen der (äußeren) Form und dem (inneren) Geist des kapitalistischen Wirtschaftens:

*   Die *Form* ist durch organisatorische Merkmale wie die Trennung von Haushalt und Betrieb, die doppelte Buchführung oder die betriebliche Organisation der Arbeit gekennzeichnet.
*   Der *Geist*, den Weber für grundlegender hält, ist dagegen durch aske-tischen und methodisch-berechnenden Arbeitseifer, den Glauben an eine unbedingte Berufspflicht und eine strenge Kosten-Nutzen-Bilan-zierung geprägt.

Von der Bedarfsdeckung zur Vermehrung des Profits

wendig Erachteten, liegt das Motiv kapitalistischen Wirtschaftens in der Vermehrung des Profits. Der kapitalistische Unternehmer, der am Anfang dieser Entwicklung steht, legt es auf die ununterbrochene Stei-gerung der Rentabilität seiner Unternehmungen und mithin seines Pro-fits an, und er verfolgt sein Ziel, indem er die erwirtschafteten Gewinne nicht etwa verbraucht, sondern umgehend re-investiert. Weber sieht in dieser Form der Gewinnverwertung die Wurzel kapitalistischen Wirt-schaftens und zugleich eine Welthaltung, die er als soziologisch un-wahrscheinlich, wenn nicht geradezu irrational klassifiziert.

Irrational und unwahrscheinlich erscheint ihm daran, dass das Han-deln des Unternehmers trotz wachsenden wirtschaftlichen Überflusses auf einen methodisch-asketischen Sparzwang und rastlosen Arbeitseifer unter Einsatz aller intellektuellen und moralischen Kräfte ausgerichtet war. Das Streben nach Gewinn um des Verbrauchs und des Luxus willen hielt Weber für eine naheliegende und gleichsam »natürliche« menschli-che Verhaltensweise, aber die systematische Akkumulation von Profi-ten, die nicht verbraucht, sondern re-investiert wurden, verlangte nach besonders starken handlungsleitenden Motiven.

Protestantische Ethik und Geist des Kapitalismus

Weber suchte und fand diese schließlich in der *aktiv-weltverneinenden* Haltung des Protestantismus und insbesondere des Calvinismus. Auf der Grundlage empirischer Befunde zu einem vergleichsweise höheren Bil-dungsniveau und Berufserfolg protestantischer gegenüber katholischen und nicht-christlichen Bevölkerungsgruppen entwickelte er seine be-rühmte religionssoziologische Protestantismus-These, nach der eine spezifische »Wahlverwandtschaft« zwischen der protestantischen Ethik und dem spezifischen unternehmerisch-asketischen Geist des frühen Kapitalismus besteht. Die rastlose Tätigkeit des modernen Unternehmers, seine auf systematisches Einsparen von Ausgaben und unablässige Steigerung der erbrachten Leistung angelegte Lebensführung, seine strenge Zeitdisziplin, die keine Minute nutzlos verstreichen lassen möchte und nichts so sehr verachtet wie Trägheit oder Verschwendung, sie alle haben ihre Wurzel, so Weber, in jenem protestantischen Ethos der »innerweltlichen Askese« – einer Askese, also Enthaltsamkeit, die im Gegensatz zu jener der katholischen Mönche nicht in die Welt der Klöster eingeschlossen bleibt, sondern den Alltag der Menschen durchdringt.

Dieses Ethos war im Anschluss an Luther und v. a. Calvin durch die Vorstellung geprägt, dass der Mensch sich nicht im Kloster, sondern durch rastlose, produktive Berufstätigkeit in der Welt selbst zu bewähren hat, um dadurch den Ruhm Gottes auf Erden und das Wohl der Menschen zu mehren. Entscheidend ist dabei der religiös erzeugte Druck zu einer permanenten Systematisierung und Überprüfung der alltäglichen Lebensführung: Da es protestantischen Christen nicht möglich war, sich durch Beichte und Buße von der Last einmal begangener Sünden zu befreien, kam es für sie entscheidend darauf an, sich in allen Lebenssituationen zu bewähren und allen Versuchungen zu widerstehen. Für puritanische Sekten, die an die calvinistische Lehre der Prädestination, d. h. der Vorherbestimmung zum Heil oder zur Verdammnis, glaubten, lag dann, so Weber, psychologisch der Gedanke nahe, dass sich die Auserwähltheit der Einzelnen im Sinne des Bibelworts »an den Früchten sollt Ihr sie erkennen« bereits an ihrem irdischen Berufserfolg offenbart. Infolgedessen galt neu erworbener Reichtum in protestantischen Regionen nicht länger als moralisch anrüchig, sondern als erstrebenswert und als Zeichen göttlicher Gnade – Armut dagegen als Signum der Verworfenheit.

In der Herausbildung dieser neuen, methodischen Art der Lebensführung sieht Weber in mehrfacher Hinsicht einen gewaltigen Rationalisierungsschritt: Zunächst rationalisierten protestantische Unternehmer ihre Produktionsformen, indem sie sich von traditionellen Arbeits- und Handelsmethoden abwandten und nach effizienteren Zweck-Mittel-Relationen strebten. Dies begünstigte technische und organisatorische Innovationen in allen Hinsichten. Dabei systematisierten sie, etwa durch das neu eingeführte Instrument der doppelten Buchführung, ihre Einnahmen- und Ausgabenpolitik im Sinne langfristiger Berechnung und Gewinnerwartung. Entscheidend für die neue Wirtschaftsweise sind dabei nach Weber weniger die Veränderungen in der Form der Produktion – etwa die strikte Trennung von Betrieb und Haushalt, die betriebliche Organi-

Rationalisierung der Produktionsformen

Individualisierung

Differenzierung

Rationalisierung

Domestizierung

sation freier Arbeit oder die Trennung der Arbeiter von den Produktionsmitteln – als vielmehr der neue Geist, mit dem das wirtschaftliche Handeln verknüpft ist.

Rationalisierung des Weltbildes

Darüber hinaus stellt der Protestantismus für Weber einen entscheidenden Sprung im Hinblick auf die Rationalisierung des Weltbildes bzw.
der Weltanschauung dar: Gott wird hier zu einer rein transzendenten,
jenseitigen, Größe, die von den Menschen nicht mehr beeinflusst werden kann und von ihnen also auch nicht mehr durch innerweltliche
magische Mittel, etwa durch Beichte oder Bekreuzigungen, zu erreichen
ist. Zugleich verschwinden aus dem protestantischen Weltbild die heili-
gen Personen, Zeiten und Orte, die im Katholizismus eine Verbindung
zwischen der irdischen und der göttlichen Welt schaffen. Pfarrer, Kirchen, Klöster und Gottesdienstzeiten sind nicht mehr grundsätzlich aus
der alltagsweltlichen Sphäre der Arbeit und des Familienlebens heraus-
gehoben. Dadurch wird eine auf technische Beherrschung gerichtete,
rigorose (natur-)wissenschaftliche Erforschung der irdischen Welt ermöglicht und begünstigt.

Rationalisierung der Lebensführung

Damit verknüpft ist schließlich die für Weber vielleicht wichtigste
Form der Rationalisierung, nämlich die bereits angeführte systematische Rationalisierung der alltäglichen *Lebensführung* im Sinne einer rigo-
rosen Zeitdisziplin und einer ständigen Orientierung an einem optimalen Kosten-Nutzen-Verhältnis zwischen eingesetzten Ressourcen und
erzieltem Ertrag. Rationalisierung trägt somit dazu bei, dass zweckrationale Handlungsweisen an Bedeutung gewinnen, traditionale und affek-
tuelle dagegen verdrängt werden.

Definition

Rationalisierung

Rationalisierung bezeichnet einen sozialen Prozess, in dem Ressourcen,
Handlungsprinzipien und Wissensbestände systematisch in einer Weise
geordnet und angewendet werden, die auf Berechnung und die Beherrschung der Welt und des Lebens gerichtet ist. Für das Streben nach der
Verbesserung von Zweck-Mittel-Beziehungen prägt Weber den Begriff
der *Zweckrationalität*. Zugleich meint Rationalisierung, dass die Begründung von Normen und Wissensurteilen von traditionalistischen oder
sich auf Offenbarung berufenden Rechtfertigungsmustern auf Vernunft-
oder Verfahrensprinzipien umgestellt wird. In Bezug auf die konsequen-
te Verfolgung von einmal gesetzten Handlungsprinzipien spricht Weber
von *Wertrationalität*.

Im weiteren Fortgang der kapitalistischen Entwicklung stirbt indessen, so Webers Analyse, die religiöse »Wurzel« allmählich ab: Der religiöse Sinn der rastlosen Berufstätigkeit und des systematisch auf Gewinnmaximierung hin angelegten Wirtschaftens erlahmt und verschwindet schließlich aus der modernen Vorstellungswelt, während sich zugleich die systematische Notwendigkeit harter Bildungs- und Berufsarbeit aufgrund der unaufhaltsamen Verbreitung des ökonomischen Wettbewerbsprinzips verschärft, in alle Schichten hinein verbreitet und verselbständigt. Nach einer religiös begünstigten Anfangsphase »erzieht und schafft sich« der Kapitalismus »die Wirtschaftssubjekte, deren er bedarf«, selbst, indem er die entsprechende Lebensführung systematisch erzwingt (Weber 1904/05, 37). Während Weber also behauptet, dass die Entstehung und Durchsetzung des Kapitalismus nur mit Blick auf die ideellen Motive der Menschen erklärt werden kann, so meint er doch wie Marx, dass unter den existierenden Bedingungen des etablierten kapitalistischen Systems der Zwang der Verhältnisse die Menschen dazu bringt, ihr Leben auf den Verkauf ihrer Arbeitskraft auszurichten.

Nach Webers Überzeugung stellt das spezifische Wirtschaftsethos der Moderne freilich nur ein Element eines über viele Jahrhunderte hinweg anhaltenden, bis heute noch nicht abgeschlossenen Prozesses der okzidentalen Rationalisierung dar. Der Prozess der Rationalisierung färbt auch den Charakter sozialer Beziehungen neu. Dominant werden in modernen Gesellschaften Beziehungsformen, die einen *vergesellschaftenden* Charakter besitzen. In traditionalen Gesellschaften waren dagegen *vergemeinschaftende* Beziehungen häufiger. Weber nennt Vergemeinschaftung »eine soziale Beziehung [...], wenn und sowie die Einstellung des sozialen Handelns [...] auf subjektiv gefühlter (affektueller oder traditionaler) Zusammengehörigkeit der Beteiligten beruht« (Weber 1922, 21). Dagegen bezeichnet er als Vergesellschaftung »eine soziale Beziehung [...], wenn und soweit die Einstellung des sozialen Handelns auf rational (wert- oder zweckrational) motiviertem Interessen*ausgleich* oder motivierter Interessen*verbindung* beruht« (ebd.).

Moderne Gesellschaften zeichnen sich daher nicht nur durch ihr kapitalistisches Wirtschaftssystem, sondern auch durch ihre an keine Tradition gebundene empirische Wissenschaft, durch die technische Berechnung und Beherrschung der Welt und durch ihr rationales Rechts- und vor allem ihr bürokratisches, auf dem Amtsprinzip beruhendes Verwaltungssystem aus. In der Wissenschaft bedeutet Rationalisierung so vor allem, dass nur vernünftig einsehbare und empirisch überprüfbare Aussagen Geltung erlangen, in der Politik und im Rechtswesen, dass nur die auf legale Weise zustande gekommenen Herrschaftsansprüche als legitim gelten. Alle diese Funktionssysteme sind dabei hoch dynamisch,

Vergemeinschaftung und Vergesellschaftung

Individualisierung

Differenzierung

Rationalisierung

Domestizierung

weil sie durch anhaltende weitere Rationalisierung ständiger Innovation und Veränderung unterworfen sind, wobei sie sich aber zugleich als höchst stabil und verlässlich erweisen. Sie sorgen dafür, dass die moderne Welt in ihrem Alltagsbetrieb immer berechenbarer und beherrschbarer wird.

Die in anderen soziologischen Ansätzen als für die moderne Gesellschaft maßgebend identifizierten Prozesse der Industrialisierung, der Intellektualisierung, der Säkularisierung, der Verrechtlichung oder der nach Funktionsgesichtspunkten erfolgten Spezialisierung stellen nach *Der okzidentale Rationalisierungsprozess* Weber so sämtlich Begleiterscheinungen oder Elemente des okzidentalen Rationalisierungsprozesses dar. Weber meint, dieser Prozess sei unumkehrbar und von universaler Geltung. Er erachtet es für wahrscheinlich, dass sich auf Dauer keine Weltregion oder Kulturform dem Rationalisierungsdruck entziehen kann. Doch zeichnet er diesen Prozess durchaus als ambivalent, insofern er an ihm auch ein beträchtliches Pathologiepotenzial ausmacht.

Tab. 4

Zentrale Veränderungen im Prozess der Modernisierung bei Weber

dominante Form	traditionale Gesellschaft	moderne Gesellschaft
sozialen Handelns	affektuell, traditional	zweckrational, wertrational
sozialer Beziehungen	Vergemeinschaftung	Vergesellschaftung
sozialer Gebilde	Gemeinschaften, Familie	Zweckverbände, Bürokratien, Parteien

Rationalisierung

2.2.5 | Diagnose: Entzauberung, Freiheits- und Sinnverlust

Webers Pessimismus gegenüber dem fortschreitenden Prozess der Rationalisierung wird verständlich, wenn wir uns noch einmal seine Leitfrage nach der Welthaltung und Lebensführung der Menschen unter den Bedingungen der Moderne vergegenwärtigen. Hier wird schnell deutlich, dass keines der modernen Funktionssysteme, weder die Wissenschaft noch die Wirtschaft, das Rechtssystem oder die Politik, die Frage, wie wir leben sollen, zu beantworten vermag. Vielmehr hat der Rationalisierungsprozess die Welt für uns eben nicht nur berechenbar und *Entzauberung* beherrschbar gemacht, sondern, so Weber, er hat sie auch »entzaubert«,

Definition

Entzauberung

In der *Entzauberung der Welt* erblickt Weber eine wichtige Begleiterscheinung des Rationalisierungsprozesses. Indem die Welt und das Leben durch Systematisierung und Berechnung immer nüchterner und kontrollierbarer werden, verschwinden auch alle magischen und unerklärlichen, außeralltäglichen und geheimnisvollen Momente. Damit drohen ihre Sinngrundlagen auszutrocknen.

indem er sie von allen magischen und unerklärlichen, geheimnisvollen und außeralltäglichen Momenten gereinigt hat (Weber 1919, 594).

Stattdessen haben sich die ungebremst entfaltenden Rationalisierungsprozesse in Wissenschaft, Wirtschaft und Technik, aber auch in der Logik bürokratischer Verwaltung so sehr zu unentrinnbaren Sachzwängen verselbständigt und verdichtet, dass sie für den modernen Menschen zu einem »stahlharten Gehäuse der Hörigkeit« geworden sind, dem gegenüber er seine individuelle und seine politische Handlungsfreiheit einzubüßen droht. Die Rationalisierungs- und Fortschrittslogik der Wirtschaft und der Wissenschaft, aber auch der bürokratischen Verwaltung und Reglementierung erscheint heute als unhintergehbar.

Webers Besorgnis findet in der spätmodernen Welt etwa dort ihre Berechtigung, wo unternehmerische und staatliche Rationalisierung ohne Unterlass Arbeitskräfte freisetzen, obwohl das soziale Kernproblem der Gegenwartsgesellschaft nicht die Ineffizienz ihrer Arbeitsorganisation oder die Knappheit an Gütern, sondern der Mangel an Arbeit zu sein scheint, oder wo gentechnische Innovationen nicht mit moralischen Argumenten, sondern mit einem Verweis auf die unaufhaltsame Eigendynamik wissenschaftlicher Entwicklung gerechtfertigt werden. Darin wird zugleich deutlich, dass die durch eine Vielzahl von lokalen oder funktionalen Rationalisierungsprozessen geprägte Gesamtentwicklung der modernen Gesellschaft höchst irrationale Züge annehmen kann.

Freiheitsverlust und eine zunehmende Irrationalität des fortschreitenden Modernisierungsprozesses selbst sind so zwei Gefahren, die Weber mit dem Fortgang des Rationalisierungsprozesses verknüpft sieht. Nicht minder schwer wiegt indessen, dass nach seiner Diagnose auch die Sinnressourcen der Moderne zu versiegen scheinen. Das »stahlharte Gehäuse« aus kapitalistischer Profitlogik, bürokratischer Verwaltung und technischer Innovation ist zu einem ebenso geschlossenen und mächtigen wie »geistlosen« Kosmos geworden, weil die dem asketisch-rationalistischen Ethos der Moderne ursprünglich zugrunde liegende

Freiheitsverlust und Irrationalität

Individualisierung

Differenzierung

Rationalisierung

Domestizierung

christlich-protestantische Weltanschauung kraftlos geworden ist. Der protestantische Unternehmer war in der Lage, sich und anderen sehr genau Rechenschaft darüber abzulegen, warum er so lebte, wie er lebte, er konnte den subjektiv gemeinten Sinn seines Handelns weltanschaulich rechtfertigen.

»Der Puritaner *wollte* Berufsmensch sein – wir *müssen* es sein. Denn indem die Askese aus den Mönchszellen heraus in das Berufsleben übertragen wurde und die innerweltliche Sittlichkeit zu beherrschen begann, half sie an ihrem Teil mit daran, jenen mächtigen Kosmos der modernen, an die technischen und ökonomischen Voraussetzungen mechanisch-maschineller Produktion gebundenen, Wirtschaftsordnung zu erbauen, der heute den Lebensstil aller Einzelnen, die in dieses Triebwerk hineingeboren werden [...], mit überwältigendem Zwang bestimmt und vielleicht

Sinnverlust   bestimmen wird, bis der letzte Zentner fossilen Brennstoffs verglüht ist«, schreibt Weber (1904/05, 203). Er fährt fort, heute sei der »Geist – ob endgültig, wer weiß es? – aus diesem Gehäuse entwichen. Der siegreiche Kapitalismus jedenfalls bedarf, seit er auf mechanischer Grundlage ruht, dieser Stütze nicht mehr. [...] Niemand weiß noch, wer künftig in jenem Gehäuse wohnen wird und ob am Ende dieser Entwicklung ganz neue Propheten oder eine mächtige Wiedergeburt alter Gedanken und Ideale stehen werden, *oder* aber [...] mechanisierte Versteinerung, mit einer Art von krampfhaftem Sich-wichtig-nehmen verbrämt. Dann allerdings könnte für die ›letzten Menschen‹ dieser Kulturentwicklung das Wort zur Wahrheit werden: ›Fachmenschen ohne Geist, Genussmenschen ohne Herz: dies Nichts bildet sich ein, eine nie vorher erreichte Stufe des Menschentums erstiegen zu haben‹« (Weber 1904/05, 204).

Webers politisches Denken   In seinem politischen Denken versuchte Weber aufgrund solcher Befürchtungen die Idee charismatischer politischer Führerfiguren stark zu machen, die aus dem parlamentarischen Ausleseprozess hervorgehen und mit starken und frei gewählten politischen Visionen ein Gegengewicht zu der rationalistisch-bürokratischen Erstarrung einer total verwalteten Welt schaffen sollten (Weber 1921). Ähnlich wie später z. B. Adorno oder auch Habermas suchte also schon Weber nach einer Möglichkeit, individuelle und kollektive menschliche Handlungsfreiheit gegenüber einer immer vollständigeren wirtschaftlichen, wissenschaftlichen und administrativen Kontrolle des Lebens zu sichern. Dass er diese Möglichkeit in der Idee politischer Führerpersönlichkeiten mit der charismatischen Fähigkeit zu einer »Umwertung der Werte« und zur Initiierung eines Neuanfangs suchte, erscheint im Rückblick auf das weitere Schicksal des 20. Jahrhunderts als fataler Irrweg. Allerdings hob Weber dabei zugleich hervor, dass nach seiner Auffassung politisches Handeln *verantwortungsethisch* und nicht *gesinnungsethisch* orientiert sein sollte: Es müsse sich an seinen möglichen Folgen und Nebenfolgen orientieren und dürfe niemals die Reinheit einer Gesinnung zum Leitgesichtspunkt machen.

Definition

Gesinnungs- und Verantwortungsethik

- Als *gesinnungsethisch* wird ein Handeln bezeichnet, das sich strikt an einem Wertgesichtspunkt (etwa Gleichheit) oder einem abstrakten Prinzip (z.B. Pazifismus) orientiert, ohne die Folgen zu bedenken.
- *Verantwortungsethisch* wird eine Handlungsweise genannt, bei der möglichst alle Folgen und Nebenfolgen für alle Betroffenen in die Kalkulation der besten Handlungsstrategie eingehen.

Bemerkenswert an Webers Ansatz bleibt nicht zuletzt seine in der umfangreichen Literatur zu ihm bis heute nur wenig berücksichtigte Überzeugung, dass an der Wurzel der modernen Lebensführung – auch dort, wo sie einem scheinbar schrankenlosen Hedonismus folgt – die Haltung einer aktiven Weltverneinung steht. Es böte sich an, von hier aus nach einer Verbindung zur spätmodernen Problematik der Umweltzerstörung zu suchen.

Info

Weber und die Soziologie des 20. Jahrhunderts

Webers soziologisches Denken hatte großen Einfluss auf die weitere Entwicklung der Soziologie:

- **Talcott Parsons** führte Weber in die amerikanische Soziologie ein und legte dessen Handlungskonzept seinem strukturfunktionalistischen Ansatz zugrunde.
- **Max Horkheimer** und **Theodor W. Adorno** verfolgten in der »Dialektik der Aufklärung« die pessimistische Seite des von Weber gezeichneten »stahlharten Gehäuses« der Rationalisierung weiter, indem sie die totale Herrschaft der zweckrationalen (instrumentellen) Vernunft beschrieben.
- **Jürgen Habermas** greift in seiner »Theorie des kommunikativen Handelns« ebenfalls auf Max Webers Konzept der Rationalisierung zurück, ergänzt es aber um den Begriff der kommunikativen Rationalität, der zeigt, wie die negativen Folgen totaler Zweckrationalität vermieden werden können.

Individualisierung

Differenzierung

Rationalisierung

Domestizierung

- In der **Rational Choice Theorie** wird dagegen ein verfeinerter Begriff zweck-rationalen Handelns zur Grundlage der Erklärung allen sozialen Handelns gemacht.
- **Luc Boltanski** und **Ève Chiapello** haben untersucht, wie Selbstbestimmungswünsche von Managementmethoden aufgegriffen worden sind und ein »neuer Geist des Kapitalismus« entstanden ist, der die Entgrenzung und Prekarisierung von Arbeitsverhältnissen ermöglicht.

2.2.6 | Zusammenfassung

Für Max Weber ist Soziologie die Wissenschaft von den Ursachen und Folgen sozialen Handelns. Er verfolgt daher ein handlungstheoretisches Konzept von Soziologie, nach dem alle sozialen Erscheinungen unter Bezugnahme auf den subjektiv gemeinten Sinn des individuellen Handelns von Akteuren erklärt werden können und sollen. Die empirische sozialwissenschaftliche Forschung soll zugleich sinnverstehend und wertfrei sein, insofern ihre so gefundenen, intersubjektiv nachprüfbaren kausalen Ursache-Wirkungszusammenhänge nicht dazu dienen dürfen, bestimmte politische oder weltanschauliche Positionen zu rechtfertigen.

Webers Hauptinteresse gilt dabei der Frage nach den historischen und kulturellen Bestimmungsfaktoren der modernen Lebensführung. Diese sah er geformt und bestimmt durch den lang dauernden und anhaltenden historischen Prozess der Rationalisierung, der vom Kulturkreis des Abendlandes seinen Ausgang nahm, dann aber globale Geltung erlangte. Dieser Prozess zielt auf eine immer genauere Berechnung und Beherrschung der Welt durch

- die Rationalisierung des sozialen Wissens in der Herausbildung der modernen Wissenschaften,
- die Rationalisierung des wirtschaftlichen Handelns in der Umstellung vom bedarfsdeckenden Wirtschaften auf kapitalistische Profitmaximierung,
- die Disziplinierung der individuellen Lebensführung und
- die Steigerung der sozialen Kontrolle mittels rechtlicher und bürokratischer Verwaltung des gesellschaftlichen Lebens.

Die Kehrseite dieses Prozesses einer fortschreitenden Entzauberung und Kontrolle der Welt erblickt Weber in einem damit einhergehenden Sinn- und Freiheitsverlust des modernen Lebens, der durch die sich blind verselbständigenden, unkontrollierbaren Rationalisierungsprozesse verur-

	Stichworte	Erläuterungen	Tab. 5
Soziologie	Wissenschaft von den Ursachen und Folgen sozialen Handelns	Ziel ist das sinnhafte Verstehen kausaler Zusammenhänge.	*Max Webers sozio-logische Theorie auf einen Blick*
Leitfrage	Wodurch ist das spezifische Ethos der Moderne bestimmt? Wie schlägt es sich in Wirtschaft, Wissenschaft und Kultur nieder?	Weber sucht eine Antwort durch einen Vergleich des Okzidents mit außereuropäischen Kulturen.	
Erklärungsmodell	Handlungstheorie, methodologischer Individualismus, verstehende Soziologie	Soziale Phänomene werden auf das Handeln der Akteure zurückgeführt.	
Basiseinheit des Erklärens	soziale Akteure / soziale Handlungen	Erklärt wird durch Nachvollzug des subjektiven Sinns.	
Verhältnis Individuum / Gesellschaft	Das Individuum geht der Gesellschaft voraus.	Gesellschaft entsteht als Summe (Aggregat) der Folgen und Nebenfolgen sozialen Handelns.	
Moderne und traditionale Gesellschaft (Analyse)	magische vs. rationalisierte und entzauberte Welt	Weber sucht die Differenz im Ethos, in der Lebensführung.	
Modernisierung als	Rationalisierung	multidimensionaler Prozess in Wirtschaft, Wissenschaft, Herrschaft etc.	
Treibendes Veränderungsprinzip	Religion / Ideen	Weber postuliert eine Wechselwirkung von Interessen und Ideen.	
Moderne Pathologien (Diagnose)	Freiheitsverlust (stahlhartes Gehäuse), Sinnverlust (infolge von Entzauberung)	die unvermeidliche Kehrseite des Rationalisierungsprozesses	

sacht wird, die nach und nach den Charakter unentrinnbarer Sachzwänge annehmen.

Lernkontrollfragen

1 Erläutern Sie Webers Konzept einer verstehenden Soziologie. Welches sind in methodischer Hinsicht ihre entscheidenden Bausteine und Merkmale?

Individualisierung

Differenzierung

Rationalisierung

Domestizierung

2 Was sind nach Weber die Unterschiede zwischen der traditionalen und der modernen Gesellschaft? Gehen Sie auf die Bereiche der Wissenschaft, der Herrschaft und der Wirtschaft ein.

3 Was versteht man unter der »Protestantismus-These« Max Webers? Gehen sie auf methodische und inhaltliche Aspekte ein.

4 Was bedeutet Rationalisierung? Was versteht Weber unter dem okzidentalen Rationalisierungsprozess?

5 Wie wirkt sich die Rationalisierung auf das Zusammenleben der Menschen aus? Welche Handlungsformen gewinnen an Bedeutung? Finden Sie für die zentralen Entwicklungen Beispiele.

6 Worin bestehen nach Weber die Probleme und Gefahren fortschreitender Modernisierung? Beziehen Sie in Ihre Antwort die Begriffe der Entzauberung, des Sinn- und des Freiheitsverlustes mit ein.

Literaturhinweise

Primärliteratur

Weber, Max (1904): Die »Objektivität« sozialwissenschaftlicher und sozialpolitischer Erkenntnis, in: ders.: Gesammelte Aufsätze zur Wissenschaftslehre, hg. von Johannes Winckelmann, Tübingen 1988, 146–214.

Weber, Max (1904/05): Die protestantische Ethik und der Geist des Kapitalismus, in: ders.: Gesammelte Aufsätze zur Religionssoziologie I, Tübingen 1988, 17–206.

Weber, Max (1919): Wissenschaft als Beruf, in: ders.: Gesammelte Aufsätze zur Wissenschaftslehre, hg. von Johannes Winckelmann, Tübingen 1988, 582–613.

Weber, Max (1920): Vorbemerkung, in: ders.: Gesammelte Aufsätze zur Religionssoziologie I, Tübingen 1988, 1–16.

Weber, Max (1921): Gesammelte Politische Schriften, hg. von Johannes Winckelmann, Tübingen 1988.

Weber, Max (1922): Wirtschaft und Gesellschaft. Grundriss der verstehenden Soziologie, besorgt von Johannes Winckelmann, Tübingen 1972.

Sekundärliteratur

Boltanski, Luc/Chiapello, Ève (2003): Der neue Geist des Kapitalismus, Konstanz.

Hennis, Wilhelm (1987): Max Webers Fragestellung. Studien zur Biographie des Werks, Tübingen.

Müller, Hans-Peter (2007): Max Weber. Eine Einführung in sein Werk, Köln u. a.

Radkau, Joachim (2005): Max Weber. Die Leidenschaft des Denkens, München.

Schluchter, Wolfgang (1979): Die Entwicklung des okzidentalen Rationalismus. Eine Analyse von Max Webers Gesellschaftsgeschichte, Tübingen.

Weber, Marianne (1926): Max Weber. Ein Lebensbild, Tübingen (auch München 1984).

Weiß, Johannes (1975): Max Webers Grundlegung der Soziologie. Eine Einführung, München.

Differenzierung 1: Von der segmentären zur arbeitsteiligen Gesellschaft – *Emile Durkheim*

| 2.3

Einführung

| 2.3.1

Emile Durkheim hat, vermittelt über seine Rezeption durch Talcott Parsons, das Selbstverständnis der Soziologie stärker geprägt als jeder andere Klassiker der Disziplin. Mehr noch als Max Weber in Deutschland hat Durkheim in Frankreich die Institutionalisierung der Soziologie befördert. Aus der Ahnengalerie der Soziologie ragt Durkheim aber nicht nur aufgrund seiner Verdienste um die Etablierung der Wissenschaft von der Gesellschaft heraus. Er ist es auch, der den Modernisierungsprozess direkt als Vorgang sozialer Differenzierung untersucht und ihn damit unter jenem Gesichtspunkt in den Blick genommen hat, der in der soziologischen Tradition bis heute dominiert.

Die Bedeutung sozialer Differenzierung

Dabei war Durkheim weder der Erste, dem dieser Wandel aufgefallen war, noch war sein Zugang zu diesem Thema, nämlich den Differenzierungsprozess entlang der zunehmenden Arbeitsteilung zu analysieren, wirklich originell. Das hatten vor ihm schon Karl Marx sowie Herbert Spencer getan, einer der Urväter der Soziologie, dessen damaliger Einfluss gewaltig war, der dann aber schnell als hoffnungslos überholt galt. Eine Generation davor hatte die Rolle der Arbeitsteilung für die strukturelle Differenzierung der Gesellschaft die Aufmerksamkeit von Auguste Comte gefunden (der häufig als Begründer der Soziologie bezeichnet wird, weil er ihr den Namen gegeben und das Programm einer empirischen Gesellschaftswissenschaft umrissen hat). Und auch Comtes Lehrer Claude-Henri de Saint-Simon hatte diese Überlegungen schon formuliert, wenn auch noch in recht spekulativer Weise.

Niemandem, der im 19. Jahrhundert die Gesellschaft beobachtete, konnte der ungeheure Umbruch entgehen, in dem die alte, ständisch-feudale Ordnung einer komplexen, industriellen Marktgesellschaft wich. Entsprechend haben auch Durkheims Altersgenossen unter den soziologischen Klassikern ihr Augenmerk auf diese Prozesse gerichtet und ähnliche Beobachtungen gemacht. Deswegen ist die Behauptung durchaus richtig, dass auch Max Weber und Georg Simmel Differenzierungstheoretiker sind. Doch steht der Aspekt der Differenzierung bei beiden nicht im Vordergrund. Weber sieht die Differenzierung von Wertsphären als Ergebnis eines Rationalisierungsprozesses, der im Zentrum seiner Analyse steht. Und Simmel hat sich zwar intensiv mit dem Prozess arbeitsteiliger Differenzierung auseinandergesetzt, diesen aber in erster Linie

Individualisierung

Differenzierung

Rationalisierung

Domestizierung

als Ursache des ihn vorrangig interessierenden Individualisierungsprozesses betrachtet.

Anders Durkheim: Angesichts der in der industriellen Revolution kulminierenden fundamentalen Erschütterung und Dynamisierung alles Sozialen und der seit der Französischen Revolution manifest instabilen politischen Verhältnisse steht für ihn nicht die Frage nach den Auswirkungen des krisenhaften Strukturwandels für den Einzelnen im Zentrum, sondern das aus dem Prozess sozialer Differenzierung resultierende Problem sozialer Integration, also das Problem, wie unter modernen Bedingungen noch gesellschaftliche Ordnung und sozialer Zusammenhalt möglich sind. Durkheims Fokus richtet sich auf die Ebene der Gesamtgesellschaft; er hat den Aspekt sozialer Differenzierung mithin konsequenter als seine Zeitgenossen in den Mittelpunkt seiner modernisierungstheoretischen Überlegungen gestellt. Und gegenüber den älteren der genannten Autoren hebt er sich durch eine methodische Stringenz ab, die dem Selbstverständnis der Soziologie als einer eigenständigen, empirischen Wissenschaft entspricht.

Die Frage nach der sozialen Integration

Leben und Werk

David Emile Durkheim (1858 – 1917)

Geboren als Sohn eines Rabbiners in Lothringen, wandte sich Durkheim von der Religion ab und ging nach Paris, wo er 1879 – 1882 an der École Normale Supérieure Philosophie studierte. Danach unterrichtete er einige Jahre an Gymnasien, bereitete seine Dissertation vor und studierte 1885/86 in Deutschland die entstehenden sozialwissenschaftlichen Ansätze. 1887 erhielt er in Bordeaux zunächst eine Dozentur für Sozialwissenschaft und Pädagogik, später eine Professur für Sozialwissenschaften; zuvor war er 1893 an der Sorbonne mit seiner Studie über die Arbeitsteilung promoviert worden und hatte dabei die Soziologie hoffähig gemacht. 1895 erschienen die »Regeln der soziologischen Methode«, 1897 das Werk über den Selbstmord und 1898 gründete er die Zeitschrift »Année Sociologique«, um die herum sich die Durkheim-Schule gruppierte. Zu dieser gehörten u. a. Marcel Mauss und Maurice Halbwachs. 1902 ging Durkheim an die Sorbonne, 1912 erschien sein Buch über die Religion. Die rastlose Arbeit und der Schmerz über den Tod seines Sohnes im Ersten Weltkrieg führten zu Durkheims frühem Tod. Versuche, die Durkheim-Schule nach dem Krieg wieder ins Leben zu rufen, schlugen fehl, wenn auch die Zeitschrift mehrfach wieder gegründet wurde und bis zum heutigen Tage erscheint.

Leitfrage | 2.3.2

In den knapp 100 Jahren, die vergangen waren, bevor Durkheim sich in Bordeaux niederließ und die Etablierung der Soziologe vorantrieb, hatte Frankreich den Sturz der absolutistischen Monarchie durch die bürgerliche Revolution, die Erste Republik mit der Phase des Terrors, das Erste Kaiserreich, die Restauration, die Julimonarchie, die Zweite Republik, das Zweite Kaiserreich, den Arbeiteraufstand der Pariser Kommune sowie die Dritte Republik erlebt. Das in den Sog der Modernisierung geratene Land kam nicht zur Ruhe und machte einen scheinbar unaufhörlichen Wechsel der Staatsverfassungen durch. Die alte Ordnung war zerfallen, und nichts, was an ihre Stelle trat, schien von Dauer. Eher hatte es den Anschein, dass die Interessengegensätze sich weiter verschärften und die »soziale Frage« das gesellschaftliche Band endgültig zerreißen lassen könnte. Von den früheren Fesseln der starren Feudalordnung befreit, zeigte Frankreich sich politisch instabil und sozial desintegriert.

Die Kehrseiten der Modernisierung

Gleichzeitig brachte die Modernisierung scheinbar unzweifelhaft ökonomischen und wissenschaftlichen Fortschritt. Die Industrialisierung war zum Durchbruch gelangt, und der Glaube an die Wissenschaft hatte tiefe Wurzeln geschlagen. Comtes berühmtem Dreistadiengesetz zufolge war nun, nach dem theologischen und dem metaphysischen, das positive, sprich: wissenschaftliche Zeitalter angebrochen. Die Entwicklung des Wissens beschränkte sich dabei nicht mehr auf die aufklärerische Zerstörung überkommener Vorurteile. Die Wissenschaft sollte fortan vielmehr (positiv) in der Lage sein, die Gesellschaft rational zu gestalten.

Dieser Geist war in Frankreich zu jener Zeit weit verbreitet. Durkheim war dabei zwar nicht empfänglich für jene Strömungen, welche die Wissenschaft geradezu zum Religionsersatz übersteigerten. Aber auch in seinen Augen kam der Wissenschaft eine zentrale Aufgabe für das nationale Projekt zu. Dabei teilte er wie so viele nach der Niederlage Frankreichs gegen Deutschland im Krieg von 1870/71 die Überzeugung, dass die Dritte Republik in Gefahr stand, irrationalistischen Bedrohungen zu erliegen. Gegen diese, nicht zuletzt gegen den überwältigenden Einfluss der katholischen Kirche im Erziehungssystem, müsse die Republik verteidigt werden. Nur durch die Wissenschaft könne sie ein festes Fundament finden.

Die moderne Wissenschaft als Hoffnungsträger

Als vordringlich galt Durkheim folglich die wissenschaftliche Beantwortung der Frage, wie gesellschaftliche Ordnung unter den fortschrittlichen Bedingungen einer unumkehrbaren Freisetzung der Menschen aus ständischen Bindungen möglich ist. Wie kann soziale Integration und Solidarität generiert werden, wenn die Menschen immer individueller werden? Durkheim hat seine Aufgabenstellung folgendermaßen for-

Wie ist gesellschaftliche Ordnung noch möglich?

Individualisierung

Differenzierung

Rationalisierung

Domestizierung

muliert: »Wie geht es zu, daß das Individuum, obgleich es immer autonomer wird, immer mehr von der Gesellschaft abhängt? Wie kann es zu gleicher Zeit persönlicher und solidarischer sein? Denn es ist unwiderlegbar, daß diese beiden Bewegungen, wie gegensätzlich sie auch erscheinen, parallel verlaufen. Das ist das Problem, das wir uns gestellt haben. Uns schien, daß die Auflösung dieser scheinbaren Antinomie einer Veränderung der sozialen Solidarität geschuldet ist, die wir der immer stärkeren Arbeitsteilung verdanken.« (Durkheim 1893, 82)

Diese Frage stellt Durkheim seiner Studie über die Arbeitsteilung voran; sie prägt sein Werk auch darüber hinaus. Das Problem sozialer Integration unter den Bedingungen moderner, fortschreitend individualisierter und strukturell differenzierter Gesellschaften beschäftigt ihn durchgängig. Seine Befürchtungen gründen in dem desintegrativen Potenzial, das sich vor seinen Augen im Zuge der sozialstrukturellen Differenzierungsprozesse in der Entfesselung des modernen Individualismus und der Klassenspaltung der Gesellschaft äußert. Hat Durkheim ähnlich wie Marx ein waches Auge für den Konflikt zwischen Arbeit und Kapital, so unterscheidet jener sich doch von diesem durch die Überzeugung, dass die Versöhnung dieses Gegensatzes keiner Revolution bedarf, sondern unter den Bedingungen der sich herausbildenden Gesellschaftsformation möglich ist.

Die Soziologie und liberté, egalité, fraternité

Durkheim glaubt fest, dass die Dritte Republik das Potenzial bereithält, um *liberté, egalité* und *fraternité* wirklich werden zu lassen. Gelingen kann dies seiner Ansicht nach jedoch nur auf der Grundlage einer wissenschaftlichen Analyse des Problems sozialer Integration. So sehr Durkheim freilich davon überzeugt ist, dass die wissenschaftliche Lösung dieser Frage dem neuen, auf säkularen und republikanischen Grundlagen gebauten Frankreich zum Erfolg zu verhelfen vermag, so sehr ist ihm doch auch bewusst, dass die Wissenschaft von der Gesellschaft methodisch erst entwickelt werden muss.

2.3.3 | Methodisches Konzept: Positivistische Soziologie als Physik der Moral

Die frühen Ansätze soziologischen Nachdenkens standen noch ganz im Bann ihres Ursprungs, der Philosophie. Entsprechend waren Betrachtungen über gesellschaftliche Fragen in hohem Maße spekulativ. In Durkheims Augen handelte es sich dabei nicht um Wissenschaft im eigentlichen Sinne. Darunter verstand er nämlich das, was die Naturwissenschaften verkörperten: die Erforschung von Gesetzmäßigkeiten. Soll die Soziologie eine Wissenschaft sein, so muss sie Gesetzmäßigkeiten

Die Wissenschaft der Gesetzmäßigkeiten des Sozialen

des sozialen Lebens analysieren, ebenso wie die Physik die Gesetzmäßigkeiten von Körpern, die Chemie die Gesetzmäßigkeiten von Elementen und die Biologie die Gesetzmäßigkeiten von Organismen erforscht.

Zunächst muss Durkheim freilich zeigen, dass es überhaupt einen Gegenstandsbereich gibt, dessen Gesetzmäßigkeiten die Soziologie aufdecken kann. Er bemüht sich dabei um den Nachweis, dass sich soziale Phänomene nicht auf Gegenstände anderer Wissenschaften reduzieren lassen. Ebenso wie der Mensch nicht hinreichend als Ansammlung von Zellen beschrieben werden kann, lässt sich auch die Gesellschaft nicht einfach als Aggregat von Menschen begreifen. Natürlich kann es eine Gesellschaft ohne Menschen ebenso wenig geben wie einen Menschen ohne Zellen. Aber das Ganze ist nicht nur mehr als die Summe seiner Teile, sondern auch etwas qualitativ anderes: ein emergentes Phänomen.

Ein eigenständiger Gegenstandsbereich der Soziologie

Definition

Emergenz
Als emergent werden Dinge bzw. Ganzheiten oder Entitäten bezeichnet, die Eigenschaften aufweisen, die den Teilen fehlen, aus denen sich das Ganze zusammensetzt. So handelt es sich z.B. bei Wörtern um emergente Phänomene, weil ihre Bedeutung sich nicht aus den Buchstaben erschließen lässt, aus denen sie sich jeweils zusammensetzen. Ebenso befinden sich Sätze auf einer anderen Emergenzebene als Wörter. Durkheim bemüht sich um den Nachweis, dass auch die Gesellschaft bzw. soziale Phänomene einer eigenen Emergenzebene angehören.

Nun existierten zu Durkheims Zeit schon Ansätze einer wissenschaftlichen Analyse gesellschaftlicher Phänomene, doch diese führten die Gegenstände der Soziologie auf außergesellschaftliche Faktoren zurück, z.B. biologische oder klimatische. Vorherrschend waren Erklärungen, die gesellschaftliche Institutionen aus ihrem Nutzen oder aus den Motiven von Individuen herleiteten. Pate standen hierbei die etablierten ökonomischen Theorien, die unterstellen, dass sich Akteure an ihrem je eigenen Interesse orientieren, sowie die methodisch schon vergleichsweise fortgeschrittene Psychologie.

Es verwundert folglich nicht, dass Durkheim diese Ansätze und insbesondere die Psychologie in seinem Bemühen um die Etablierung der Soziologie scharf kritisierte, wobei er allerdings die (atomistische) Individualpsychologie seiner Zeit vor Augen hatte und seine eigenen Überlegungen der Sozialpsychologie verwandt sind. Diese Argumentationsstrategie ist übrigens typisch für Durkheim: Zunächst werden nicht-soziologische

Individualisierung

Differenzierung

Rationalisierung

Domestizierung

Kritik nicht-soziologischer Erklärungen

Erklärungen sozialer Phänomene kritisiert, um sodann zu zeigen, dass diese soziologisch erklärt werden können.

Dazu muss Durkheim freilich erläutern, was er unter einem (nicht weiter reduzierbaren) sozialen Phänomen versteht bzw., wie er meistens schreibt, unter einer sozialen Tatsache oder einem sozialen Tatbestand. Zudem muss er ausführen, was es bedeutet, soziale Gesetzmäßigkeiten zu analysieren. Entscheidend für sein Vorgehen ist dabei sein Menschenbild. Der Mensch, so Durkheims grundlegende Überzeugung, ist ein »Doppelwesen« (Durkheim 1897, 237), ein *homo duplex*. Menschen bestehen:

Der »homo duplex«

- aus einem *natürlichen* Teil, ihren im Prinzip ungezügelten Trieben und unbegrenzten Bedürfnissen;
- aus einem *sozialen* Teil, den limitierenden kulturellen Normen und internalisierten, also verinnerlichten, gesellschaftlichen Vorstellungen über die Angemessenheit individueller Ansprüche.

Aufgrund dieser gesellschaftlichen Prägung der Individuen müssen nach Durkheim alle Erklärungen unzureichend bleiben, die sich, wie die kritisierten psychologischen und ökonomischen Ansätze, auf allgemeine Motivationen des Menschen schlechthin stützen.

Das Problem, das jede Gesellschaft lösen muss, besteht darin, beides, den natürlichen und den sozialen Teil der Menschen, in ein Gleichgewicht zu bringen. Durkheim bezieht dieses Problem, wie erwähnt, auf die in den Modernisierungsstrudel geratene französische Gesellschaft seiner Zeit, in der zugleich die individuellen Anteile der Menschen als auch deren gegenseitige Abhängigkeit voneinander zunehmen. Die Soziologie ist folglich eine eminent praktische Disziplin. Die *Praxis*-Dimension (→ Kapitel 1.1) der

Die Praxis-Dimension der Soziologie

neuen Wissenschaft von der Gesellschaft besteht eben darin, diejenigen sozialen Institutionen zu ermitteln, die angesichts der Veränderung der Gesellschaftsstruktur erforderlich sind, um dem Streben der Gesellschaftsmitglieder solche Grenzen zu setzen, dass es »mit dem Möglichen in Einklang gebracht werden und Befriedigung finden« kann (Durkheim 1897, 282). Diesen Gedanken entfaltet Durkheim – im Anschluss an Jean-Jacques Rousseau – v. a. in seinen Überlegungen zur Bedeutung des Erziehungssystems für die Sozialisation der Bürger der französischen Republik.

Das Verhältnis von Individuum und Gesellschaft

Durkheims Konzeption des Menschen gibt zwei entscheidende Hinweise darauf, wie er den (nicht weiter reduzierbaren) Gegenstandsbereich der Soziologie und das Verhältnis von Individuum und Gesellschaft versteht:

1. Die Gesellschaft begegnet dem Menschen als etwas, das ihm vorausliegt und ihm *äußerlich* ist; denn es handelt sich dabei um etwas, auf das der Mensch als natürliches Bedürfniswesen trifft und das sich nicht erst aus seinen Trieben und Wünschen ergibt.

2. Die Gesellschaft übt auf die Individuen einen *Zwang* aus, denn das, worauf diese treffen, hat die Form von kollektiven Normen und Vorstellungen, die die natürliche Verfasstheit der Menschen begrenzen.

Der verhaltensregulierende Zwang, den die Gesellschaft auf das Individuum ausübt, hängt dabei keineswegs davon ab, dass dieses sich mit den gesellschaftlich geltenden Pflichten identifiziert. So ist es z. B. möglich, dass Peter nicht stiehlt, weil er überzeugt ist, das wäre verwerflich; aber die gesellschaftliche Norm, das Eigentum anderer zu respektieren, wird ihn (meistens) auch dann davon abhalten, sich zu nehmen, was er begehrt, wenn er meint, die gegebene Eigentumsordnung sei zutiefst ungerecht. Derselbe Mechanismus bewegt Maria dazu, Peter zur Begrüßung die Hand zu schütteln, obwohl er ihr unsympathisch ist. Soziale Erwartungen regulieren unser Verhalten, auch wenn wir von ihnen nicht überzeugt sind. Das meint Durkheim, wenn er die Gesellschaft, den Gegenstandsbereich der Soziologie, als etwas den Individuen Äußerliches und diese Zwingendes beschreibt, um damit die These zu begründen, dass es sich bei sozialen Tatsachen um emergente Phänomene handelt.

Ein weiteres Merkmal sozialer Tatbestände (neben ihrer Äußerlichkeit und ihrem zwingenden Charakter) besteht in ihrer Allgemeinheit, die allerdings nur die Folge dessen ist, dass soziale Tatsachen kollektiv sind: Nicht bei allen Phänomenen, die in einer Gesellschaft allgemein auftreten, handelt es sich um soziale Tatsachen; aber alle sozialen Tatsachen sind allgemein. Ihre Allgemeinheit resultiert daraus, dass Institutionen, die sozial anerkannt sind, wie z. B. das Händeschütteln als Begrüßungsritual, die kollektive Macht der Gesellschaft verkörpern; diese Macht drängt sich den Handlungen der Individuen auf und motiviert z. B. Maria dazu, Peter die Hand zu reichen. Die Allgemeinheit ist im Falle sozialer Tatsachen mithin eine Folge des Zwangs, der vom Wissen um gesellschaftliche Erwartungen und die Sanktionen ausgeht, mit denen im Fall einer Verletzung dieser Erwartungen zu rechnen ist.

Verhaltensweisen können im Prinzip auch ohne entsprechende Erwartungen weit verbreitet sein; fehlen würde dann jedoch der Zwangscharakter, der eben soziale Tatbestände charakterisiert. Unter solchen Bedingungen würde, um beim Beispiel zu bleiben, der Handschlag wohl ausbleiben, aber Maria müsste nicht fürchten, deswegen als ein unfreundlicher Mensch zu gelten. Soziale Tatsachen dagegen hängen nicht direkt davon ab, was die Individuen wollen, und führen in diesem Sinne ein Eigenleben gegenüber den individuellen Handlungen, in denen sie sich nur äußern.

Diese Überlegungen lassen Durkheim (1895, 114) definieren: »Ein soziologischer Tatbestand ist jede mehr oder minder festgelegte Art des Handelns, die die Fähigkeit besitzt, auf den Einzelnen einen äußeren

Soziale Tatsachen: kollektiv und deswegen allgemein

Soziale Tatsachen führen ein Eigenleben

Individualisierung

Differenzierung

Rationalisierung

Domestizierung

Zwang auszuüben; oder auch, die im Bereiche einer gegebenen Gesellschaft allgemein auftritt, wobei sie ein von ihren individuellen Äußerungen unabhängiges Eigenleben besitzt.« (In der deutschen Übersetzung von Durkheims »Regeln der soziologischen Methode« ist der Begriff *fait social* irreführend als »soziologischer Tatbestand« übersetzt; zur Begründung dafür siehe dort die Einleitung von René König.) Soziale Tatbestände bezeichnet Durkheim (1895, 100) auch als Institutionen: »Tatsächlich kann man, ohne den Sinn dieses Ausdrucks zu entstellen, alle Glaubensvorstellungen und durch die Gesellschaft festgesetzten Verhaltensweisen Institutionen nennen; die Soziologie kann also definiert werden als die Wissenschaft von den Institutionen, deren Entstehung und Wirkungsart.«

Definition

Sozialer Tatbestand (auch: soziale Tatsache)

Soziale Tatbestände sind Handlungsweisen, die allgemein sind, weil sie kollektiv, also unabhängig vom Willen der Individuen existieren, denen sie sich aufzwingen. Beispiele sind Begrüßungsrituale, Rechtssysteme und religiöse Kulte. Bei Durkheim finden sich drei Ebenen sozialer Tatsachen; sie unterscheiden sich nach dem abnehmenden Grad ihrer Strukturiertheit (nach Thompson 2002, 60):

1. *Morphologie* heißt das materielle Substrat der Gesellschaft (z. B. die Bevölkerungsverteilung);
2. *Institutionen* (die normative Sphäre) können die Form formaler Regeln (wie Recht und Moral) oder informeller Regelungen (wie kollektive Gewohnheiten oder Überzeugungen) annehmen;
3. *Kollektive Repräsentationen* (die symbolische Sphäre) sind entweder zu gesellschaftlichen Werten, Mythen usw. verfestigt oder (noch) als geistige Strömung im Fluss (z. B. Zeitgeist).

Nachdem Durkheim erläutert hat, warum soziale Tatsachen emergente Phänomene sind, und er damit den Gegenstandsbereich der Soziologie markiert hat, geht es darum, diese methodisch zu umreißen. In einem ersten Schritt führt er aus, wie soziale Tatbestände zu erfassen sind, in einem zweiten fragt er, wie diese erklärt werden können. Ergänzt und konkretisiert wird dies durch Vorgaben zur Beweisführung und ein Votum für die vergleichende Methode, insbesondere die Korrelationsanalyse.

Die erste Regel der soziologischen Methode — Die Ausführungen zur *Erfassung* sozialer Tatbestände beginnen mit einer Erläuterung der Perspektive, aus der die Soziologie ihren Gegenstand betrachtet. Die berühmte Grundregel lautet: »Die erste und grundlegendste Regel besteht darin, die soziologischen Tatbestände wie Dinge zu betrachten.« (Durkheim 1895, 115) Diese Regel folgt aus der Definition sozialer Tatbestände, also aus der Auffassung, die Soziologie analysiere Phänomene, die vom Willen der Einzelnen unabhängig sind und diesen einen Widerstand entgegensetzen.

Natürlich sind soziale Tatsachen wie etwa die Familie, das Recht, das Geld oder eben das Händeschütteln nicht dasselbe wie Mauern aus Stein, die uns den Weg versperren, oder die menschliche Anatomie, die uns daran hindert, wie ein Vogel zu fliegen. Es handelt sich nicht um materielle Dinge. Der Stoff sozialer Tatsachen sind vielmehr Vorstellungen und Erwartungen, aber eben solche, die, weil sie kollektiv sind, in ähnlicher Weise auf uns wirken können wie Materie. Deswegen muss die Soziologie ihre Gegenstände aus derselben Perspektive betrachten wie die Naturwissenschaft die ihrigen: aus der distanzierten Perspektive der (grammatisch) 3. Person, nicht als einen Effekt meines Willens (1. Person), auch nicht als ein Gegenüber (2. Person), das wir mit Gründen überzeugen können, sondern als ein Etwas, das Ursachen hat und selbst Wirkungen verursacht (bzw. erzwingt). Weil Durkheim diese naturwissenschaftliche Perspektive auf die Gesellschaft vertritt und der Stoff der Gesellschaft insofern moralisch ist, als es sich um Überzeugungen und Erwartungen handelt, lässt sich seine Konzeption der Soziologie auch als Moralphysik charakterisieren.

Aus der genannten Grundregel ergeben sich alle weiteren Regeln, die Durkheim zur Erfassung sozialer Tatbestände aufstellt, zunächst die folgenden drei:

1. Für den Forschungsprozess müssen alle traditionellen Vorstellungen vom Forschungsgegenstand und die davon geprägte Begrifflichkeit ausgeschaltet werden (sonst wäre die Analyse ideologisch und nicht wissenschaftlich).

    Drei Regeln zur Betrachtung sozialer Tatbestände

2. Der Forschungsgegenstand ist über beobachtbare Eigenschaften zu erschließen (die eine objektive Definition ermöglichen). Um dabei subjektive Verzerrungen auszuschließen, darf er nicht an Einzelfällen, sondern nur an allgemeinen Kristallisationen untersucht werden, z.B. an Rechtsregeln oder statistischen Befunden. So empfiehlt Durkheim, den sozialen Tatbestand des Verbrechens über dessen rechtliche Definition als jede mit Strafe belegte Handlung zu erfassen und den Selbstmord nicht am Einzelfall, sondern ausgehend von der Selbstmordrate zu analysieren. Die Bestimmung eines Forschungsgegenstands setzt weiterhin voraus, dass seine Definition nicht durch untypische Abweichungen verzerrt wird, weswegen Phänomene anhand von durchschnittlichen bzw. allgemein auftretenden Typen bestimmt werden, wobei insbesondere in Zeiten sozialen Wandels ge-

Individualisierung

Differenzierung

Rationalisierung

Domestizierung

zeigt werden muss, dass ihre Allgemeinheit aus zugrunde liegenden kollektiven Vorstellungen folgt.

3. Weil die Typen, also die Normalformen der jeweiligen sozialen Tatsachen, sich historisch ändern, ist es erforderlich, Gesellschaften zu klassifizieren, und zwar anhand der von ihrem Entwicklungsstand abhängigen Struktur, in der Durkheim die *Synthesis* (→ Kapitel 1.1) der Gesellschaft identifiziert.

Nachdem Durkheim dargelegt hat, wie Gegenstände soziologischer Forschung zu erfassen sind, kann er sich der Aufdeckung sozialer Gesetzmäßigkeiten zuwenden. Die zentrale Regel für die *Erklärung* sozialer Tatsachen lautet, dass Soziales nur durch Soziales erklärt werden kann. Wie schon gezeigt, wendet Durkheim sich damit gegen Ansätze, die soziale Phänomene auf psychologische oder biologische Ursachen zurückführen. Dabei argumentiert er u.a., dass Erklärungen gesellschaftlicher Institutionen aus deren Nutzen, wie sie z.B. in der Ökonomie typisch sind, an einem funktionalistischen Fehlschluss scheitern: Ihr Nutzen kann Institutionen nicht ursächlich erklären, weil er erst nach ihrer Entstehung besteht; und die Antizipation eines Nutzens bringt als solche gar nichts hervor, sondern kann Menschen allenfalls motivieren, die notwendigen Ursachen zu fördern.

Diese Kritik an einer psychologischen Reduktion sozialer Tatbestände veranlasst ihn, bei soziologischen Erklärungen genau zwischen der Funktion und der Ursache sozialer Tatsachen zu unterscheiden.

- Die *kausale Analyse* zielt darauf, soziale Tatsachen durch zeitlich vorangehende andere soziale Tatsachen zu erklären. Der entscheidende Faktor hierbei und folglich für die *Dynamis* (→ Kapitel 1.1) der Gesellschaft ist das, was Durkheim »inneres Milieu« nennt und von den Beziehungen zwischen Gesellschaften (z.B. dem internationalen Kontext) als »äußerem Milieu« abgrenzt. Als inneres Milieu bezeichnet Durkheim das Volumen (die Bevölkerungsgröße) und die Dichte (Bevölkerungskonzentration) einer Gesellschaft; Letzteres unterteilt er weiter in die materielle Dichte (Interaktionsdichte) und die für ihn zentrale moralische (oder auch dynamische) Dichte (die Dichte kollektiver Vorstellungen und Erwartungen bzw. gemeinschaftlicher, nicht rein ökonomisch motivierter Interaktionen).

- In der *funktionalen Analyse* geht es darum, den sozialen Zweck sozialer Tatsachen zu identifizieren. Nimmt man z.B. das Verbrechen in den Blick, so zeigt sich, dass seine Funktion nicht im Widerspruch mit der sozialen Ordnung steht, insofern es kollektive Empörung hervorruft und dadurch das Bewusstsein für das geltende Recht wach hält sowie die Integration der Gesellschaft stärkt.

Insgesamt gilt Durkheim angesichts dieser methodischen Konzeption als der Klassiker einer positivistischen Soziologie.

Margin notes:

Soziales kann nur durch Soziales erklärt werden

Unterscheidung von Ursache und Funktion

Positivismus

Der Begriff geht zurück auf Auguste Comtes Bezeichnung des seiner Überzeugung zufolge bevorstehenden Zeitalters, in dem die Gesellschaft nicht mehr auf einer religiösen, sondern auf einer wissenschaftlichen Grundlage beruht. Die Wissenschaft hat dann nicht mehr die negative Aufgabe der Auflösung ideologischer Vorstellungen, sondern die positive der vernünftigen Gestaltung der Gesellschaft. Heute bezeichnet »Positivismus« eine wissenschaftstheoretische Position, die ausschließlich objektive, also allgemein nachprüfbare bzw. beobachtbare, Tatsachen als Daten im Erkenntnisprozess anerkennt.

Auf einer Tagung der Deutschen Gesellschaft für Soziologie (DGS) im Jahre 1961 gab die Frage, ob Soziologie sich ähnlich den Naturwissenschaften auf Beobachtung und Beschreibung beschränken kann, Anlass zum sogenannten Positivismus-Streit. Dabei ging es um das Problem, dass die Soziologie selbst Teil der Gesellschaft ist und gesellschaftliche Phänomene immer schon vorinterpretiert sind. Umstritten war, ob die Soziologie deswegen inhärent normativ ist und interpretativer Verfahren bedarf. Die Auseinandersetzung bezog ihre Schärfe daraus, dass dem Positivismus Konservatismus, der kritischen Gegenposition Unwissenschaftlichkeit vorgehalten wurde.

Analyse: Ursachen und Funktion der Arbeitsteilung | 2.3.4

Wie auch die anderen Autoren der klassischen Phase der Soziologie meint Durkheim Zeuge eines Epochenbruchs zu sein, in dem die traditionale von der modernen Gesellschaft abgelöst wird. Seine Analyse folgt dabei mit bemerkenswerter Konsistenz den im Methodenbuch dargelegten Grundsätzen. Das trifft schon auf die Schrift zur Arbeitsteilung zu, auf der Durkheims Ruf gründet, der Klassiker der Differenzierungstheorie schlechthin zu sein. Dort charakterisiert er die traditionale Gesellschaft als segmentär differenziert, weil sie, »analog den Ringen des Ringelwurms« (Durkheim 1893, 230), aus gleichartigen Einheiten von Horden, Familien oder Clans bestehe, während die moderne Gesellschaft strukturell entlang von Berufsrollen differenziert, also wesentlich arbeitsteilig sei.

Segmentäre und arbeitsteilige Differenzierung

Getreu seinen methodischen Prinzipien unterscheidet Durkheim zwischen kausaler und funktionaler Analyse. Die *kausale Analyse* hat zu erklären, welche Ursachen den Strukturwandel von der traditionalen zur modernen Gesellschaft bewirkt haben. Durkheim erläutert diesen

Die kausale Analyse

Individualisierung

Differenzierung

Rationalisierung

Domestizierung

Übergang anhand der oben dargestellten Konzepte des Volumens und der Dichte. Im Kern argumentiert er: Das Bevölkerungswachstum führt zu Konkurrenzdruck, dem die Menschen durch berufliche Spezialisierung zu entgehen versuchen. Aus sozialen Ursachen, v. a. der Interaktionsdichte, erklärt Durkheim also die soziale Tatsache der Gesellschaftsstruktur und den Wandel der Differenzierungsform, deren Resultat die moderne, arbeitsteilige Gesellschaft ist.

Die funktionale Analyse

Im Fokus seiner Erörterung der Arbeitsteilung steht die *funktionale Analyse*. Welche Funktion erfüllt die Arbeitsteilung, das zentrale Charakteristikum der modernen Gesellschaft? Welchen Bedingungen sozialer Reproduktion, also der Aufrechterhaltung sozialer Ordnung im zeitlichen Wandel, bzw. welchen »Bedürfnissen des Organismus« (Durkheim 1893, 95) wird die Arbeitsteilung gerecht? Durkheim vermutet, in der Arbeitsteilung den Schlüssel für die Lösung des Problems zu finden, das nach seinem Verständnis im Kern der Soziologie steht: die Integration der modernen Gesellschaft. Dabei lässt er sich von der Annahme leiten, dass die arbeitsteilige Form struktureller Differenzierung die gleichzeitige Steigerung von Individualität und Integration ermöglicht. Um diese Vermutung zu begründen, verwirft er zunächst die herkömmlichen Erklärungen, Arbeitsteilung habe die Funktion, zivilisatorischen Fortschritt zu bewirken. Das gilt ihm keineswegs als ausgemacht. In jedem Fall wichtiger als die ökonomischen Wirkungen der Arbeitsteilung sei ihre Funktion, die Interaktionsverhältnisse von Menschen zu bestimmen und Solidaritätsbeziehungen zwischen ihnen zu etablieren.

Die soziologische Methode am Beispiel der Solidarität

Durkheims Beweisgang verläuft so, dass er je zwei Typen des Rechts, der Solidarität und der Differenzierungsform miteinander in Beziehung setzt. Wenn die arbeitsteilige Differenzierung der modernen Gesellschaft Quelle der in ihr herrschenden Form von Solidarität ist, muss sich, so Durkheims Ausgangspunkt, diese Form von Solidarität von jener unterscheiden lassen, die für frühere, segmentär differenzierte Gesellschaften typisch ist. Um diese Annahme zu belegen, muss die nur schwer greifbare soziale Tatsache der Solidarität allerdings zunächst so bestimmt werden, dass sie sich soziologisch erforschen lässt. Ganz auf der Linie seiner methodischen Regeln untersucht Durkheim das Recht als objektive Kristallisation von Solidarität. Unterschiedlichen Solidaritätstypen müssten mithin unterschiedliche Rechtstypen entsprechen.

Aber wie sind Rechtstypen zu unterscheiden? Durkheims Antwort lautet: anhand der unterschiedlichen Sanktionen. Denn wenn das Recht als Ausdruck von Solidaritätsbeziehungen verstanden werden kann, dann müsste sich das in den jeweiligen Sanktionen manifestieren. Der Rechtsbruch stellt unter dieser Bedingung nämlich eine Verletzung der sozialen Solidarität dar, sodass der Charakter dieser Solidarität an der gesellschaftlichen Reaktion auf solche Vergehen ablesbar sein müsste. Tatsächlich unterscheidet Durkheim im nächsten Schritt seiner Argumentation anhand der Klassifizierung von Sanktionen zwei Rechtstypen:

- das repressive (bzw. Straf-)Recht,
- das restitutive (bzw. Vertrags-)Recht.

Rechtstypen

Repressive Sanktionen bestehen in einer Schädigung des Verbrechers, die ihn im Verhältnis zu seiner Situation vor dem Rechtsbruch schlechter stellt und häufig, ob in Form von Gefängnis, Peitsche oder Tod, mit der Zufügung körperlichen Leids verbunden ist. Durkheim führt den Charakter der Strafe darauf zurück, dass das Verbrechen kollektive Gefühle verletzt; um diese Überlegung zu erläutern, führt er den Begriff des Kollektivbewusstseins ein.

Definition

Kollektivbewusstsein (auch: gemeinsames Bewusstsein)

Als Kollektivbewusstsein (*conscience collective*) bezeichnet Durkheim »[d]ie Gesamtheit der gemeinsamen religiösen Überzeugungen und Gefühle im Durchschnitt der Mitglieder einer bestimmten Gesellschaft«; es »bildet ein umgrenztes System, das sein eigenes Leben hat« (1893, 128). Es handelt sich also um jene kollektiven Überzeugungen und Erwartungen, in denen Akteuren die gesellschaftliche Macht gegenübertritt und die als soziale Tatsachen Gegenstand der Soziologie sind. Seit seinem Selbstmordbuch verwendet Durkheim den Begriff der Kollektivvorstellungen (*représentation collective*), um deutlich zu machen, dass der Begriff ausschließlich die symbolische Ebene sozialer Tatsachen (Vorstellungen), nicht aber die normative Ebene (Institutionen) umfasst. In dem gemeinsam mit Marcel Mauss verfassten berühmten Aufsatz »Über einige primitive Formen von Klassifikation« (Durkheim/Mauss 1903) sowie in seinem Religionsbuch arbeitet Durkheim den sozialen Ursprung unserer Vorstellungen heraus. Seiner Argumentation zufolge manifestiert sich in der Religion, der unsere grundlegenden Vorstellungen entstammen, nichts anderes als die Macht der Gesellschaft.

Das Verbrechen stellt nach Durkheim also einen Angriff auf das Kollektivbewusstsein dar, das in Reaktion darauf nach Sühne verlangt. Im Strafrecht äußert sich dieser Auffassung zufolge so etwas wie ein kollektives Bedürfnis nach Vergeltung; die Strafe ist, »wenigstens zum Teil, ein Werk der Rache« (Durkheim 1893, 137), dem der »öffentliche Zorn« (ebd., 153) zugrunde liegt und das durch spezielle Organe wie die Volksversammlung oder die durch das Volk gestützten Führer ausgeübt wird.

Individualisierung

Differenzierung

Rationalisierung

Domestizierung

Weil das Verbrechen die Strafe in der gleichen Weise bewirkt, wie in der Mechanik ein Körper, der auf einen anderen trifft, den Letzteren in Bewegung versetzt (bzw. seine Bewegung verändert), nennt Durkheim die Solidarität, die vorherrscht, wenn das Kollektivbewusstsein dominant ist, mechanische Solidarität. Dass das Kollektivbewusstsein dominant ist bedeutet, dass die Gesellschaftsmitglieder weitgehend die gleichen Überzeugungen und Erwartungen teilen. Das setzt freilich voraus, dass die Gesellschaft nur in solch einer Weise differenziert ist, dass die Individuen einander in ihrem Leben ähneln. Folglich ist die mechanische Solidarität typisch für Gesellschaften, die aus ähnlichen Einheiten bestehen, also für segmentär gegliederte Gesellschaften. Repressives Recht, mechanische Solidarität und segmentäre Differenzierung sind die charakteristischen Merkmale der traditionalen Gesellschaft.

Davon unterscheidet Durkheim die moderne Gesellschaft, für die restitutives Recht, organische Solidarität und arbeitsteilige Differenzierung typisch sind. Der Argumentationsgang verläuft parallel. Vom Strafrecht unterscheidet sich das Vertragsrecht durch Sanktionen, die auf die Wiederherstellung des Zustands vor der Rechtsverletzung zielen (und keine darüber hinausgehende Schädigung vorsehen). Das Vertragsrecht ist mithin Ausdruck eines Zustands, in dem das Kollektivbewusstsein gegenüber dem Individualbewusstsein schwächer geworden ist. Es entspricht einer Solidarität, deren Verletzung moderatere Reaktionen zur Folge hat als die Verletzung zumindest starker und konkreter Zustände des Kollektivbewusstseins.

Durkheim nennt diesen Typ organische Solidarität, weil die normativen Beziehungen zwischen den Gesellschaftsmitgliedern ihren relativen Positionen im Gesellschaftskörper entsprechen. Anders als im Fall der mechanischen Solidarität sind sie also nicht für alle gleich, sondern eher wie das Verhältnis der Organe eines komplexen Organismus zu verstehen. Diese Spezialisierung setzt allerdings eine Differenzierung der von den Menschen ausgeübten Rollen voraus, also eine arbeitsteilig organisierte Gesellschaft. Restitutives Recht, organische Solidarität und arbeitsteilige Differenzierung sind die charakteristischen Merkmale der modernen Gesellschaft. Tabelle 6 fasst diese konzeptuellen Überlegungen zusammen.

Indem er Rechts-, Solidaritäts- und Differenzierungstypen in dieser Weise miteinander in Beziehung setzt, hat Durkheim die begrifflichen Mittel entwickelt, um seine Hypothese über die Funktion der Arbeitsteilung zu beweisen. Auf dem Weg einer rechtsvergleichenden Analyse belegt er, dass das Strafrecht im Verhältnis zum Vertragsrecht an Bedeutung verloren hat. Die heutige Gesellschaft ist vorwiegend von Letzterem geprägt, was auf eine Abschwächung der mechanischen Solidarität zurückgeführt werden kann. Also überwiegt in ihr die organische Solida-

	Traditionale Gesellschaft	Moderne Gesellschaft
Differenzierungsform	segmentär	arbeitsteilig (funktional)
Verhältnis der Aggregate zueinander	Ähnlichkeit / Gleichheit	Differenz, gegenseitige Abhängigkeit / Austausch
Vorherrschender Bewusstseinstyp	starkes Kollektiv-bewusstsein	Individualbewusstsein als Folge der Arbeitsteilung
Verhältnis der Individuen zueinander	Solidarität durch Gleichheit	Solidarität durch Abhängigkeit und gegenseitige Ergänzung
Soziale Integration / Moral	mechanische Solidarität: beruht auf Gleichheit	organische Solidarität: beruht auf Komplementarität
Einbindung des Individuums in die Gesellschaft	direkt	indirekt (unterstützt durch Berufsgruppen)
Rechtsform	Repressives (Straf-)Recht schützt Kollektivbewusstsein	Restitutives (Vertrags-)Recht regelt soziale Interaktion

Tab. 6

Vergleich traditionaler und moderner Gesellschaftsformen

rität, deren Hervorbringung damit als zentrale Funktion der Arbeitsteilung anzusehen ist.

Allerdings sieht Durkheim das Kollektivbewusstsein nicht etwa als irrelevant für die moderne Gesellschaft an. Es verschwindet im Prozess der Modernisierung nicht. Die Macht der Gesellschaft gegenüber den Individuen besteht fort. Aber sie tritt ihnen in anderer Weise entgegen. Das zeigt sich erstens im Phänomen des modernen Individualismus. Dieser wird dadurch ermöglicht, dass sich die gesellschaftlichen Erwartungsstrukturen, aus denen das Kollektivbewusstsein besteht, auf weniger Bereiche des Lebens erstrecken, schwächer werden sowie eine abstraktere Form annehmen (und so für individuelle Interpretationen und kritische Infragestellungen zugänglich werden). Aber er beruht vor allem darauf, dass die modernen Werte wie Freiheit und Gleichheit die moderne Kultur durchdringen und in das Kollektivbewusstsein moderner Gesellschaften eingegangen sind. Durkheim spricht in diesem Zusammenhang von einem »Kult des Individuums« (Durkheim 1902/03, 153) und dem »gemeinsamen Glauben an die Würde der Person« (Durkheim 1893, 227).

Die bleibende Bedeutung des Kollektivbewusstseins zeigt sich zweitens in Durkheims Argumentation gegen die Auffassung, die Integration der Gesellschaft könne allein aus den auf den eigenen Interessen

Das Kollektivbewusstsein in der modernen Gesellschaft

Individualisierung

Differenzierung

Rationalisierung

Domestizierung

basierenden vertraglichen Beziehungen der Individuen erklärt werden. Diese seien viel zu instabil. Mit Blick auf das Verwaltungs- und Verfassungsrecht sowie die Rolle herrschender Sitten führt Durkheim aus, dass Verträge auf vorvertraglichen, sozialen Grundlagen beruhen, aus denen sie erst ihre Stabilität beziehen.

Die Auffassung, dass die Integration moderner Gesellschaften nicht auf ein geteiltes Wertefundament verzichten kann, prägt auch noch Talcott Parsons' systemtheoretische Fortführung der Differenzierungstheorie. Verabschiedet wird sie erst durch Niklas Luhmanns Transformation der Konzeption einer strukturfunktional entlang von Berufsrollen differenzierten Gesellschaft in die Konzeption einer funktional in Teilsysteme ausdifferenzierten Gesellschaft. Letzterer zufolge ist der Mechanismus (normativer) sozialer Integration restlos durch den Mechanismus (funktionaler) systemischer Integration ersetzt worden.

2.3.5 | Diagnose: Individuum und Gesellschaft im Ungleichgewicht

Durkheim zufolge ist die organische Solidarität moderner Gesellschaften nicht nur freiheitlicher, sondern auch stärker als die mechanische Solidarität. Weil das Band, mit dem sie die Individuen aneinanderbindet, flexibler ist, reißt es auch nicht so schnell. Gleichwohl attestiert Durkheim der modernen Gesellschaft, auch mit Blick auf die »soziale Frage«, gravierende Probleme. Die konzeptuellen Mittel für eine Diagnose von Sozialpathologien entfaltet er am eingehendsten in seinem Selbstmord-

Die Selbstmordstudie   buch. Diese Studie dient dem Zweck, die in seinem Regelbuch niedergelegten Grundsätze am Material zu demonstrieren. Dabei hat Durkheim den Gegenstand seiner Untersuchung mit Bedacht gewählt, denn gemeinhin wird der Selbstmord als individuelles Phänomen aufgefasst. Was könnte privater sein, als der Entschluss, dem eigenen Leben ein Ende zu setzen?

Wenn aber gezeigt werden kann, dass selbst der Suizid durch soziale Kräfte bewirkt wird und aus sozialen Ursachen erklärt werden muss, dann steht die Richtigkeit seiner methodischen Konzeption außer Zweifel. Freilich richtet er sein Augenmerk nicht direkt auf den Selbstmord, sondern beschäftigt sich mit der Selbstmordrate. Im Vergleich von Gesellschaften ähnlichen Entwicklungsstands und ähnlicher Struktur war ihm eine bemerkenswerte Konstanz dieser Daten aufgefallen, ebenso wie die Tatsache, dass die Raten sich seit einiger Zeit merklich erhöht hatten.

Seinen methodischen Regeln gemäß legt Durkheim in einem ersten Schritt eine möglichst objektive Gegenstandsdefinition vor. Als Selbstmord bezeichnet er »jeden Todesfall, der direkt oder indirekt auf eine

Handlung oder Unterlassung zurückzuführen ist, die vom Opfer selbst begangen wurde, wobei es das Ergebnis seines Verhaltens im voraus kannte« (Durkheim 1897, 27; i.O. kursiv). An dieser Definition ist zu beachten, dass die Motive für die Tat keine Rolle spielen.

Im Zentrum des Buches steht die kausale Analyse. Zunächst widerlegt er die nicht-soziologischen Ursachen, wie biologische und psychische Faktoren, die zur Erklärung angeführt werden. Sodann entwickelt er seine alternative Erklärung, indem er soziale Faktoren identifiziert und anhand dieser vier unterschiedliche Arten des Selbstmords idealtypisch unterscheidet: den egoistischen, den altruistischen, den anomischen und den fatalistischen Selbstmord. Die vier Typen unterscheiden sich entlang von zwei Dimensionen: dem Ausmaß der gesellschaftlichen Integration des oder der Einzelnen und dem Grad, in dem der oder die Einzelne die Gesellschaft als verregelt erfährt, also der gesellschaftlichen Regeldichte (→ Abb. 3).

Vier Selbstmordtypen

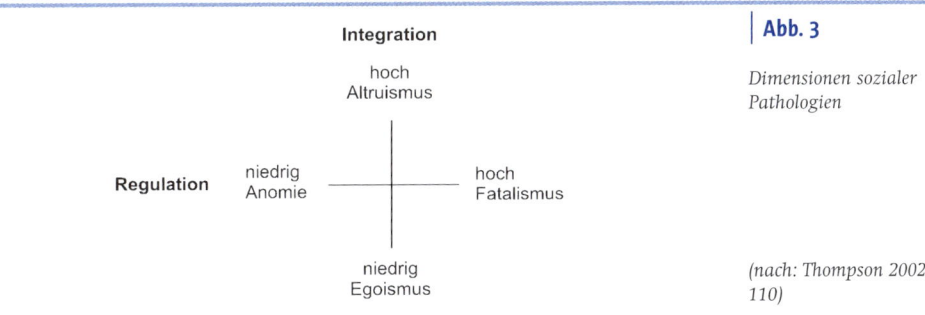

Abb. 3

Dimensionen sozialer Pathologien

(nach: Thompson 2002, 110)

Der *egoistische* Selbstmord tritt unter der Bedingung eines Mangels an sozialen Beziehungen auf; so begehen Protestanten aufgrund der individualistischen Organisation ihrer Religion eher Selbstmord als Katholiken, und ebenso lebt im Durchschnitt sicherer, wer eine Familie hat. Umgekehrt ist der *altruistische* Selbstmord charakteristisch für Bedingungen, in denen der oder die Einzelne ganz von seinen bzw. ihren sozialen Beziehungen vereinnahmt ist; typisch für traditionale Gesellschaften, kommt er in der Moderne fast nur noch im Militär vor. Der *anomische* Selbstmord findet sich, wenn soziale Regelungen fehlen, also in Krisen- und Umbruchzeiten, wenn es an Normen und orientierenden Werten fehlt, die die im Prinzip grenzenlosen Bedürfnisse des Menschen limitieren oder ihnen eine Richtung geben; deswegen tritt dieser Typ nicht nur in wirtschaftlichen Krisen, sondern auch bei unerwartetem Reichtum auf. Nur beiläufig erwähnt Durkheim noch den *fatalistischen* Selbstmord, der

Individualisierung

Differenzierung

Rationalisierung

Domestizierung

unter Bedingungen der Überreglementierung auftritt, die dem oder der Einzelnen keinen Handlungsspielraum lassen. Durkheim glaubt, dass dieser Typ, der z.B. unter Sklaven häufig vorgekommen sein soll und dessen »Grundlage im Unmaß eines materiellen oder [sic!] moralischen Despotismus zu suchen ist« (Durkheim 1897, 318, Anm. 29), für die moderne Gesellschaft ohne Bedeutung ist.

Die Pathologie-
dimensionen: Integration
und Regulation

Für die Frage, welche sozialen Pathologien sich durch die von Durkheim entwickelten kategorialen Mittel identifizieren lassen, ist das Schema, das der Klassifizierung der Selbstmorde zugrunde liegt, zentral. Der grundlegende Beitrag Durkheims zur Diagnose von Fehlentwicklungen und Missständen der modernen Gesellschaft besteht in der Annahme, diese folgten aus Über- bzw. Unterintegration und Über- bzw. Unterregulierung.

Eine Diagnose gesellschaftlicher Pathologien hatte Durkheim auch schon in der Studie über die Arbeitsteilung vorgenommen. Dort unterscheidet er drei anormale Formen der Arbeitsteilung:

Drei anormale Formen
der Arbeitsteilung

1. *anomische* Arbeitsteilung: jene Form, die in der mangelnden Abstimmung der gesellschaftlichen Teile besteht und zu der es kommt, wenn die Mitglieder der arbeitsteiligen Gesellschaft sich auf ihre Nische konzentrieren und die Funktion der von ihnen ausgeübten Rolle für andere nicht erkennen. Wer z.B. ein Unternehmen ohne Blick auf die allgemeinen Angebots- und Nachfragestrukturen einer Gesellschaft führt, wird sich nicht am Markt behaupten. Neben ökonomischen Krisen in Form massenhafter Konkurse verweist Durkheim auf die Polarisierung zwischen Arbeitern und Unternehmern. Offensichtlich handelt es sich im Falle der anomischen Arbeitsteilung um eine Sozialpathologie, die ihre Ursache in Unterregulierung hat, die daraus folgt, dass der Wandel der Gesellschaftsstruktur sich so schnell vollzogen hat, dass sich noch keine dazu passenden neuen Regeln herausbilden konnten.

2. *erzwungene Arbeitsteilung*: jene Form, bei der die Gesellschaftsangehörigen unter ungleichen Ausgangsbedingungen, die ihnen von äußeren Umständen aufgezwungen sind, interagieren. Auch hier verweist Durkheim auf den Klassenkampf. Solidarische Beziehungen unter Ungleichen können nur entstehen, wenn die Akteure nicht (durch ihre Klassenlage) an asymmetrische Positionen gefesselt sind. In gewissem Sinne besteht hier eine Überregulierung, die Akteure sind in ihrer Position gefangen. Es handelt sich also um jenen Fall, den Durkheim in der Analyse des Selbstmords (mit Blick auf Sklaven) eigentlich als typisch für vergangene Gesellschaften angesehen hat.

3. *fehlorganisierte Arbeitsteilung*: jene Form, in der die Individuen, nicht (wie bei der erzwungenen Arbeitsteilung) durch die Regelung der sozioökonomischen Struktur, sondern aufgrund formaler Regeln

ihrer Berufsrolle »nicht genügend Raum zum Handeln« (Durkheim 1893, 459) haben. Die Ursache ist wiederum Überregulierung.

In der »Arbeitsteilung« hat Durkheim das erst später entwickelte Pathologienschema (Über- bzw. Unterintegration und Über- bzw. Unterregulierung) nicht systematisch ausgearbeitet. Man kann darin aber den Schlüssel für seine erkenntnisleitende Frage sehen, wie das Verhältnis zwischen dem persönlichen und dem sozialen Teil des Menschen sowie zwischen Individualität und Integration mit wissenschaftlichen Mitteln austariert werden kann. Die Aufgabe der Soziologie besteht darin, diejenige Form der gesellschaftliche Ordnung zu ermitteln, die dem Achsenkreuz der beiden Dimensionen seiner Pathologiekonzeption entspricht. In der »Arbeitsteilung« vertrat Durkheim freilich noch die Auffassung, die von ihm beobachteten Pathologien und Krisenerscheinungen seien ein vorübergehendes Phänomen: Mit der weiteren Festigung der noch jungen Struktur der modernen Gesellschaft werde sich die organische Solidarität schon entwickeln. Im »Selbstmord« und zur zweiten Auflage der »Arbeitsteilung« findet sich dieses Vertrauen jedoch nicht mehr. Nun setzte er auf die Organisation von Berufsgruppen, also ein Moment segmentärer Differenzierung, um die arbeitsteilig differenzierte Gesellschaft zu stabilisieren: Die Vereinigung der Arbeiter eines Wirtschaftszweigs in

---

Info

Durkheim und die Soziologie des 20. Jahrhunderts

- Über die »Durkheim-Schule« (u.a. **Marcel Mauss**, **Maurice Halbwachs**) beeinflusste er die weitere Entwicklung der französischen Soziologie, insbesondere auch des Strukturalismus (**Lévi-Strauss**, **Barthes**, **Foucault**).
- Durkheim gilt aufgrund seiner These über den sozialen Ursprung unserer Vorstellungen als Klassiker der **Wissenssoziologie**.
- Die Studie »Die elementaren Formen des religiösen Lebens« hat die **Ethnologie** geprägt.
- **Talcott Parsons** und **Niklas Luhmann** entwickelten Durkheims Konzept der funktionalen Differenzierung weiter.
- Durkheims Sorge um das »soziale Band« bzw. die soziale Integration der Gesellschaft kehrt in der sozialtheoretischen Strömung des »**Kommunitarismus**« wieder, und **Axel Honneth** hat Durkheims Idee einer solidarischen Arbeitsteilung jüngst aktualisiert.
- **Bourdieus** Konzept des »Habitus« lässt sich als Fortentwicklung von Durkheims Idee des »Kollektivtyps« verstehen.
- Das Anomiekonzept wurde von **Robert K. Merton** (insbesondere zur Erklärung von Devianzraten) wieder aufgenommen.

Individualisierung

Differenzierung

Rationalisierung

Domestizierung

einem Fachverband sollte ein Bewusstsein der gesamtgesellschaftlichen Bedeutung der eigenen Tätigkeit hervorbringen, also zur Quelle organischer Solidarität werden und das Individuum und die (moderne) Gesellschaft im Allgemeinen bzw. die Dritte Republik und ihre Bürger im Besonderen miteinander versöhnen.

2.3.6 | Zusammenfassung

Soziologie ist für Emile Durkheim die Wissenschaft von den sozialen Tatsachen. Als Wissenschaft versucht sie deren Gesetzmäßigkeiten zu ermitteln und verfährt dabei wie die Naturwissenschaften. Sie nimmt die distanzierte Perspektive eines neutralen Beobachters zu ihrem Gegenstand ein. Die methodische Grundregel, soziale Tatsachen wie Dinge zu betrachten, ist ein Grundprinzip positivistischer Soziologie. Zentral ist für Durkheim überdies die Annahme, dass die Gesellschaft eine Realitätsebene *sui generis* ist, die nicht auf anderes reduziert werden kann. Entsprechend lautet seine zweite grundlegende methodische Regel, dass Soziales nur aus Sozialem erklärt werden kann. Dabei versteht er die Eigenständigkeit sozialer Tatsachen nicht nur als methodisches Prinzip, sondern in dem Sinne, dass die Gesellschaft eine gegenüber dem Willen der Individuen verselbständigte Kraft ist.

Durkheims Konzept der Soziologie zielt folglich auf die Aufdeckung von Ursachen gesellschaftlicher Phänomene, die verdeckt sind und sich dem unmittelbaren Verständnis der Menschen entziehen. Die basale Einheit der

Lernkontrollfragen

1 Erläutern Sie Durkheims Konzept der sozialen Tatbestände. Wie lassen sich diese erfassen und erklären?
2 Was ist der Unterschied zwischen einer funktionalen und einer kausalen Erklärung sozialer Tatbestände?
3 Was unterscheidet nach Durkheim moderne Gesellschaften von traditionalen?
4 Was bedeutet Differenzierung? Wie wirkt sie sich auf die modernen Formen der Solidarität und des Rechts aus?
5 Worin bestehen nach Durkheim die Probleme und Gefahren fortschreitender Modernisierung?
6 Die Selbstmordrate sank 1989/90 – im Wendejahr – in der DDR auf ihren Tiefpunkt. Wie lässt sich dies mit Hilfe von Durkheims Modell sozialer Kräfte erklären?

Erklärung besteht nach Durkheim in der Differenzierungsform der Gesellschaft. Die moderne Gesellschaft charakterisiert er in erster Linie als arbeitsteilige Gesellschaft. Mit diesen Überlegungen ist er zu dem Klassiker der Differenzierungstheorie schlechthin avanciert. Durkheim kommt überdies das Verdienst zu, die Professionalisierung der Soziologie wie kaum ein anderer vorangetrieben zu haben. Auch wenn seine Überlegungen heute in vielem als überholt gelten, hat er doch eine fast beispiellose Wirkung entfaltet.

	Stichworte	Erläuterungen
Soziologie	Wissenschaft der sozialen Tatbestände	Ziel ist das kausale und funktionale Erklären der Tatbestände.
Leitfrage	Wie sind zunehmender Individualismus und soziale Integration vereinbar? Worin besteht das »soziale Band« der modernen Gesellschaft?	Durkheim sucht nach der Vereinbarkeit von sozialer Differenzierung und Solidarität.
Erklärungsmodell	Strukturtheorie, methodologischer Holismus, funktionales (und kausales) Erklären	Soziale Tatbestände können nur durch andere soziale Tatbestände erklärt werden.
Basiseinheit des Erklärens	Gesellschaftsstruktur / Differenzierungsform	Erklärt wird über funktionale Wirkungszusammenhänge.
Verhältnis Individuum / Gesellschaft	Gesellschaft geht dem Individuum voraus.	Gesellschaft ist im Individuum immer schon präsent.
Moderne und traditionale Gesellschaft (Analyse)	segmentär vs. arbeitsteilig (= funktional) differenzierte Gesellschaft	damit verknüpft: mechanische vs. organische Solidarität
Modernisierung als	Differenzierung	Arbeitsteilung ist evolutionäres Produkt gesellschaftlicher »Verdichtung« (Bevölkerungswachstum).
Treibendes Veränderungsprinzip	Arbeitsteilung	natürlich-evolutionäres Prinzip (schon von Organismen)
Moderne Pathologien (Diagnose)	Anomie; Verlust des »sozialen Bandes«	Unvollkommene Ausbildung organischer Solidarität führt zu Störungen im Gleichgewicht sozialer Kräfte.

Tab. 7

Emile Durkheims soziologische Theorie auf einen Blick

Individualisierung

Differenzierung

Rationalisierung

Domestizierung

Literaturhinweise

Primärliteratur

Durkheim, Emile (1893): Über soziale Arbeitsteilung. Studie über die Organisation höherer
Gesellschaften, Frankfurt a. M. 1992.
Durkheim, Emile (1895): Die Regeln der soziologischen Methode, hg. von René König, Frankfurt a. M. 2002.
Durkheim, Emile (1897): Der Selbstmord, Frankfurt a. M. 2006.
Durkheim, Emile (1902/03): Erziehung, Moral
und Gesellschaft, Frankfurt a. M. 1973.

Durkheim, Emile/Mauss, Marcel (1903): Über
einige primitive Formen von Klassifikation,
in: Durkheim, Emile: Schriften zur Soziologie
der Erkenntnis, hg. von Hans Joas, Frankfurt
a. M. 1993, 169–256.
Durkheim, Emile: (1912): Die elementaren Formen
des religiösen Lebens, Frankfurt a. M. 2005.

Sekundärliteratur

Alexander, Jeffrey C. (Hg.) (1992): Durkheimian
Sociology. Cultural Studies, Cambridge u. a.
Habermas, Jürgen (1981): Theorie des kommunika-
tiven Handelns, Bd. 2: Zur Kritik der funktiona-
listischen Vernunft, Frankfurt a. M., 69–169.
Honneth, Axel (2011): Das Recht der Freiheit,
Frankfurt a. M., 317 ff.
König, René (2002): Einleitung, in: Durkheim, Emi-
le: Die Regeln der soziologischen Methode,
hg. von René König, Frankfurt a. M., 21–82.
Luhmann, Niklas (1992): Arbeitsteilung und
Moral. Durkheims Theorie, in: Durkheim,
Emile: Über soziale Arbeitsteilung. Studie
über die Organisation höherer Gesellschaf-
ten, Frankfurt a. M., 19–38.
Lukes, Steven (1985): Emile Durkheim. His Life
and Work. A Historical and Critical Study,
Stanford.

Moebius, Stephan (2006): Die Zauberlehrlinge.
Soziologiegeschichte des Collège de Sociologie (1937–1939), Konstanz.
Müller, Hans-Peter/Schmidt, Michael (1992):
Arbeitsteilung, Solidarität und Moral. Eine
werkgeschichtliche und systematische Ein-
führung in die »Arbeitsteilung« von Emile
Durkheim, in: Durkheim, Emile: Über soziale
Arbeitsteilung. Studie über die Organisation
höherer Gesellschaften, Frankfurt a. M.,
481–521.
Parsons, Talcott (1967): Durkheim's Contribution
to the Theory of Integration of Social Sys-
tems, in: ders.: Sociological Theory and
Modern Society, New York u. a., 3–34.
Šuber, Daniel (2012): Émile Durkheim, Konstanz.
Thompson, Ken (2002): Emile Durkheim, London/
New York.

2.4 | Individualisierung 1:
Vom Dorfbewohner zum Großstadtmenschen – *Georg Simmel*

2.4.1 | Einführung

Die Art und Weise, wie Menschen in die Gesellschaft integriert sind, d. h. wie sie sich ihr zugehörig fühlen und sich in ihr bewegen und damit auch wie sie einander begegnen, ändert sich in der Moderne nachhaltig. Wie kein zweiter Soziologe hat Georg Simmel diese Veränderung der sozialen Integration zum Thema seiner Untersuchungen gemacht, wobei er – wie der Titel seines Werkes »Philosophie des Geldes« (1900) deutlich werden lässt – den mannigfaltigen Auswirkungen der modernen Geldwirtschaft ein besonderes Interesse entgegenbrachte. An der Gegenüberstellung von moderner, metropolitaner Großstadt und dörflich-ländlicher Kleinstadt veranschaulichte er eindrucksvoll den Gegensatz zwischen dem modernen Leben, das von einem hohen Tempo des Handelns und Erlebens, von anonymen Sozialbeziehungen und großen individuellen Unterschieden geprägt ist, und der gemächlichen Welt der Vormoderne, die auf persönlichen Beziehungen und einer weitgehend homogenen Gemeinschaft beruhte. Den daran ablesbar werdenden Veränderungsprozess bestimmte er als einen anhaltenden Prozess der Individualisierung.

Wenngleich es ihm Zeit seines Lebens nicht gelang, einen renommierten universitären Lehrstuhl zu besetzen, muss er dennoch zu den einflussreichsten Gründervätern der Soziologie gerechnet werden. Als ausgebildeter Philosoph, Historiker und Psychologe hat er sich um die disziplinäre und methodische Grundlegung des Faches außergewöhnlich verdient gemacht: zunächst in der Studie »Über Sociale Differenzie-

Leben und Werk

Georg Simmel (1858–1918)

Georg Simmel wurde in Berlin als Sohn des Gründers der Schokoladenfabrik *Felix und Sarotti* in eine zum Christentum konvertierte jüdische Kaufmannsfamilie hinein geboren. Nach einem Studium der Philosophie und Geschichtswissenschaft wurde er nach einigen Schwierigkeiten mit Arbeiten zu Kant 1881 promoviert und 1885 habilitiert. Obwohl er als brillanter Redner und Lehrer galt und zu einer zentralen Figur des intellektuellen Berlin um 1900 wurde, blieb ihm eine ordentliche Professur lange Zeit verwehrt. Zunächst lehrte er als Privatdozent, später als außerordentlicher Professor in Berlin. Erst 1914 wurde er auf einen Lehrstuhl nach Straßburg berufen. Simmel hinterließ eine Fülle an Schriften zu philosophischen, historischen, psychologischen, soziologischen, ethnographischen und kunstwissenschaftlichen Themen, seinem eher essayistischen Denk- und Schreibstil entsprechend aber keine systematisch geschlossene Gesellschaftstheorie. Nach seinem Tode geriet er beinahe in Vergessenheit, in Deutschland mehr noch als in den USA. Erst die von Otthein Rammstedt und seinen Mitarbeitern seit 1980 betriebene Gesamtausgabe verhalf ihm zu einem Comeback, das ihn endgültig in den Rang eines soziologischen Klassikers hob.

Individualisierung

Differenzierung

Rationalisierung

Domestizierung

rung« (1890), dann in dem programmatischen Aufsatz »Das Problem der Sociologie« (1894), in seinem Buch »Soziologie« (1908), der sogenannten Großen Soziologie, und schließlich erneut und in noch einmal revidierter Form in den »Grundfragen der Soziologie« (1917), der sogenannten Kleinen Soziologie. Wie Max Weber zählt auch er zu den Mitbegründern der 1909 ins Leben gerufenen und bis heute existierenden Deutschen Gesellschaft für Soziologie (DGS).

2.4.2 | Leitfrage

Geht man von der Vielfalt der von Simmel untersuchten Fragestellungen und Gegenstandsbereiche aus – er untersuchte die Mode und die Alpen, analysierte den Streit und den Fremden, interessierte sich für die Großstadt, die Mahlzeit, den Militarismus und die Stellung der Frau, schrieb über Treue und Dankbarkeit, über die Scham, den Schmuck und die Diskretion und wagte sogar eine soziale Hypothese über Rosen, einen ästhetischen Versuch über den Henkel und eine Soziologie der Lüge –, drängt sich der Eindruck auf, Simmel habe kein eigentliches Thema, keine Leitfrage gehabt. Simmels Werk gilt als essayistisch, als voll von brillanten Einsichten in eine Vielzahl von Einzelphänomenen, aber als wenig systematisch. Doch dieser Eindruck täuscht. Simmels Interesse galt ebenso wie dasjenige von Marx, Weber oder Durkheim den massiven sozialen Veränderungen seiner Zeit und er war davon überzeugt, dass diese Veränderungen sowohl die Individuen als auch die gesellschaftlichen Strukturen und sowohl die materiellen als auch die ideellen bzw. geistigen Grundlagen betrafen.

Anstatt die Ursachen des Modernisierungsprozesses nur einseitig zu suchen, identifizierte er gerade die Wechselwirkungen zwischen individuellen und strukturellen, geistigen und materiellen Entwicklungen als die eigentlichen Triebkräfte der Veränderung. Deshalb begreife er »den Verlauf der Geschichte als ein Wechselspiel zwischen den materiellen und ideellen Faktoren [...], in dem keiner der erste und keiner der letzte ist«, schrieb Simmel in einer »Selbstanzeige« für sein Buch »Philosophie des Geldes«. Damit stellte er sich gewissermaßen zwischen Marx' materialistische Modernedeutung und Webers eher kulturalistische Interpretation. »Die Behauptung des historischen Materialismus, der alle Formen und Inhalte der Kultur aus den jeweiligen Verhältnissen der Wirtschaft aufwachsen lässt, ergänze ich durch den Nachweis, daß die ökonomischen Wertungen und Bewegungen ihrerseits der Ausdruck tiefergelegener Strömungen des individuellen und gesellschaftlichen Geistes sind« (Simmel 1900, 719).

Wechselwirkungen zwischen Materiellem und Ideellem

Als ein zentrales Element zur Bestimmung dieser »Tiefenströmungen« des sozialen Lebens identifiziert Simmel die Formen der Vergesellschaftung, d.h. die Art und Weise, wie Individuen aufeinander und auf die Gesellschaft als Ganzes bezogen sind und sich wechselseitig prägen und formen. Dabei beobachtet er in der modernen Gesellschaft zugleich ein Anwachsen individueller Freiheit und Verschiedenheit durch erweiterte Handlungsspielräume sowie eine wachsende Vergesellschaftung im Sinne einer Überwältigung der Individuen durch die objektiven Strukturen und Gebilde der Sozialwelt. In der Entwicklung der modernen Geldwirtschaft erblickt er ein zentrales Element für beide Prozesse: Der sich intensivierende Geldverkehr treibt einerseits kausal, d.h. als Ursache, viele Veränderungen unserer Weltbeziehung an, während er andererseits funktional für andere, sich ohnehin vollziehende Entwicklungen und neue Handlungsmöglichkeiten ist, weil Geld zum Zentralmedium moderner Interaktionsformen geworden ist.

Geld als Zentralmedium moderner Interaktionsformen

Als Leitfrage Simmels kann damit folgende Themenstellung gelten: Wie wandelt sich unser Verhältnis zur Welt und unser Lebensstil als Folge sich verändernder Formen der Vergesellschaftung? Mit »Welt« ist dabei die ganze Vielfalt ihrer Erscheinungen gemeint; Simmel fragt danach, wie sich unser Verhältnis zum Raum, zur Zeit, zu den Fremden, zu den Nachbarn und sogar zu den Möbeln und Kleidern, zur Kunst oder zur Natur verändert. Die Vielfalt seiner Untersuchungsgegenstände widerspricht daher nicht der Annahme eines einheitlichen Erkenntnisinteresses, ganz im Gegenteil. Simmel macht deutlich, dass ihm jedes dieser Ausgangsphänomene die Möglichkeit eröffnet, gleichsam ein »Senkblei« in die Tiefe des modernen Lebens zu werfen und dadurch dessen »Tiefenströmungen« zu erkennen. Er bringt dabei die Überzeugung zum Ausdruck, »dass sich von jedem Punkt der gleichgültigsten, unidealsten Oberfläche des Lebens ein Senkblei in seine letzten Tiefen werfen lässt, dass jede seiner Einzelheiten die Ganzheit seines Sinnes trägt und von ihr getragen wird« (Simmel 1900, 719). Der häufig essayistische, an Einzelphänomenen orientierte Charakter seiner Studien steht also keineswegs im Widerspruch zu dem Versuch, auch aus seinen Schriften einen einheitlichen soziologischen Ansatz zu entwickeln.

Zusammenfassung

Formen der Vergesellschaftung

Simmels Hauptinteresse galt den Formen der Vergesellschaftung (Simmel 1908). Diese Formen sind sowohl durch materielle, also etwa ökonomisch-technische, als auch durch kulturelle bzw. ideelle Elemente (Ideen) be-

Individualisierung

Differenzierung

Rationalisierung

Domestizierung

stimmt, die miteinander in Wechselwirkung stehen. In den Formen der Vergesellschaftung, die wechselnden, aber identifizierbaren Gesetzmäßigkeiten folgen, werden Individuum und Gesellschaft nicht nur aufeinander bezogen, sondern überhaupt erst geformt und bestimmt. Die Soziologie hat deshalb »die Kräfte, Beziehungen und Formen zum Gegenstand, durch die die Menschen sich vergesellschaften, die also [...] die ›Gesellschaft‹ [...] ausmachen« (Simmel 1908, 23). Solche Formen sind Über- und Unterordnung, Konkurrenz, Nachahmung, Arbeitsteilung, Parteibildung, Vertretung usw. Sie finden sich »an einer staatlichen Gesellschaft wie an einer Religionsgemeinde, an einer Verschwörerbande wie an einer Wirtschaftsgenossenschaft, an einer Kunstschule wie an einer Familie« (1908, 21). Während also die Inhalte der Vergesellschaftungsprozesse unendlich mannigfaltig sind, bleiben die Formen, in denen sie sich vollziehen, beschränkt und überschaubar.

2.4.3 | Methodisches Konzept: Soziologie als Wissenschaft der sozialen Interaktionen

Am Ausgangspunkt von Simmels Soziologie steht weder die Gesellschaft als makrosoziale Großstruktur noch das handelnde Individuum als mikrosoziale Einheit, sondern die Wechselwirkung. Wechselwirkungen sind zwischen Individuen, aber auch zwischen Individuen und sozialen Gruppen, zwischen Gruppen sowie zwischen Individuen oder Gruppen und gesellschaftlichen Strukturen zu beobachten. Sie entstehen immer dann, wenn Individuen sich aufgrund ihrer Triebe, Bedürfnisse, Interessen oder Wünsche aufeinander beziehen. Weil das »Dazwischenliegende«, die Inter-Aktion, etwas Geteiltes, d.h. vergesellschaftet ist, lässt es sich nicht auf Individuen reduzieren, sondern formt diese vielmehr, ja, erzeugt die Individuen und die Gesellschaft in ihrer konkreten Gestalt geradezu als ihre zwei Pole. Durch diesen Fokus überwindet Simmel den strikten Dualismus zwischen Strukturtheorien, die von der Vorgängigkeit sozialer Institutionen und Strukturen gegenüber Individuen und deren Handlungen ausgehen, und Handlungstheorien, für die soziologische Erklärung immer vom handelnden Individuum auszugehen hat. In der sozialen Wechselwirkung oder Interaktion formen und durchdringen sich die Individuen und die sozialen Strukturen der Gesellschaft; die Soziologie hat die Aufgabe, den möglichen und beobachtbaren Formen der Wechselwirkungen nachzugehen.

Weder Handlungs- noch Strukturtheorie

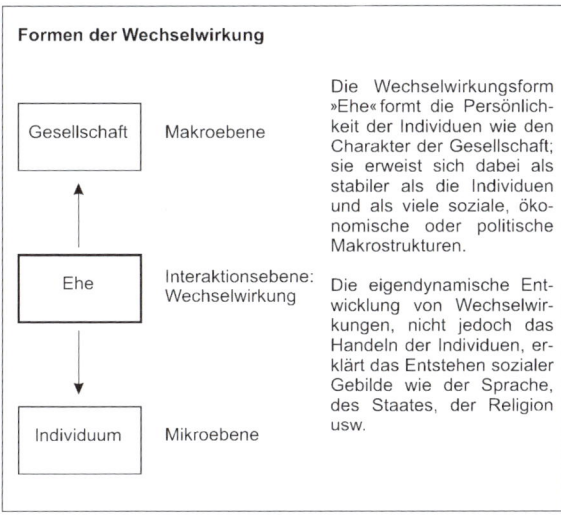

Formen der Wechselwirkung

| | Makroebene | Die Wechselwirkungsform »Ehe« formt die Persönlichkeit der Individuen wie den Charakter der Gesellschaft; sie erweist sich dabei als stabiler als die Individuen und als viele soziale, ökonomische oder politische Makrostrukturen. |

Gesellschaft — Makroebene

Ehe — Interaktionsebene: Wechselwirkung — Die eigendynamische Entwicklung von Wechselwirkungen, nicht jedoch das Handeln der Individuen, erklärt das Entstehen sozialer Gebilde wie der Sprache, des Staates, der Religion usw.

Individuum — Mikroebene

Abb. 4

Formen der Wechselwirkung

Andere objektivierte Wechselwirkungsverhältnisse sind etwa Parteien, Gerichtsprozesse oder Arbeitsverhältnisse, d. h. die Beziehung zwischen Arbeitgeber und Arbeitnehmer.

Solche Formen der Wechselwirkung, die sowohl aktives menschliches Tun oder Handeln als auch passives Bestimmtwerden oder Leiden bezeichnen, können sich durchaus verselbständigen und eine Solidität und Stabilität annehmen, welche weit über die Kräfte der Individuen hinauszugehen und zugleich auch zentrale Veränderungen der sozialen Makrostrukturen zu überdauern vermögen. Als eine solche Wechselwirkungsform lässt sich beispielsweise die Institution der Ehe begreifen: Sie ist eine stabile Form der Wechselwirkung zwischen zwei Individuen, welche nicht nur deren Persönlichkeit und die Handlungsweisen entscheidend prägt, sondern zugleich auch die »Keimzelle« der Gesellschaft als Ganze bildet. Sie hat sich beispielsweise in monarchistischen, faschistischen und demokratischen politischen Systemen, aber auch in sozialistischen wie kapitalistischen Wirtschaftssystemen gleichermaßen erhalten; zugleich werden die einzelnen Individuen durch sie weit stärker geformt als umgekehrt der Einzelne die Institution der Ehe zu verändern vermag. Simmels Soziologie ist damit weder dem methodologischen Individualismus noch dem methodologischen Holismus verpflichtet (→ Kapitel 1.2); sie setzt beiden vielmehr einen methodologischen Interaktionismus als Mittelposition entgegen. So muss die Entstehung umfassender sozialer Tatbestände, etwa die Herausbildung des Staates oder einer Religion, weder auf das Handeln der Individuen noch auf das Walten der Gesellschaft als eines über-individuellen Subjekts zurückgeführt werden. Vielmehr erlaubt der methodologische Interaktionismus, die eigendynamische

Individualisierung

Differenzierung

Rationalisierung

Domestizierung

Gesellschaft als Prozess statt als Tatbestand

Entwicklung von Wechselwirkungsformen zur Erklärung heranzuziehen. Gesellschaft ist daher für Simmel kein eigenständiger Tatbestand und nicht einmal ein fester Gegenstand, sondern ein Prozess zwischen Menschen; sie lässt sich als eine Gruppe oder ein Umkreis von Menschen in Wechselwirkungsverhältnissen definieren oder, genauer, als die Gesamtheit ihrer Wechselwirkungs- bzw. Vergesellschaftungsprozesse.

Damit sich solche Wechselwirkungsverhältnisse herausbilden und Gesellschaft entstehen kann, müssen drei »soziologische Apriori« erfüllt sein, die Simmel in seinem berühmten »Exkurs über das Problem: Wie ist Gesellschaft möglich?« in der »Großen Soziologie« definiert (Simmel 1908, 42–61; vgl. Gerhardt 1971). Ein Apriori ist eine absolut und kategorial notwendige Grundbedingung, ohne die (im Falle der soziologischen Apriori) Gesellschaft nicht einmal wirklich gedacht werden kann. Mit diesen Apriori beantwortet Simmel die Grundfrage aller soziologischen Theorie: Wie ist soziale Ordnung möglich? Sie ist möglich, wenn und weil folgende apriorische Bedingungen erfüllt sind:

Die soziologischen Apriori

1. *Rollen-Apriori:* Menschen sehen in anderen Menschen nie reine Individuen (Einzelne), sondern begegnen ihnen stets in ihren Rollen, also als Vertreter bestimmter Typen oder Gruppen, beispielsweise als Pfarrerin oder Bürgermeister, als Lehrerin oder Arzt. Und wenn wir einen Menschen auf der Straße sehen, nehmen wir ihn sofort als Mann oder Frau, als Weißen oder Schwarze und vielleicht als Rentner oder Schülerin usw. wahr.
2. *Individualitäts-Apriori:* Menschen gehen nicht einfach in diesen Rollen und Typen auf, sondern weisen stets auch individuelle Eigenschaften und Charakterzüge auf, mit denen sie diese ausfüllen. Sie sind damit stets »in« der Gesellschaft und stehen dieser doch auch »gegenüber«.
3. *Struktur-Apriori:* Die gesellschaftlichen Rollen- und Beziehungsmuster sind unabhängig von aller konkreten Individualität der Menschen immer schon festgelegt oder zumindest vorhanden, also vorstrukturiert. So sind in einem Dorf etwa die Rollen der Pfarrerin, des Bürgermeisters, der Lehrerin oder des Arztes unabhängig von den konkreten Amtsträgern vorgegeben; die jeweiligen Persönlichkeiten füllen diese dann nur aus. Das soziale Leben ist daher insofern durch eine »grundsätzliche Harmonie zwischen dem Individuum und dem sozialen Ganzen« bestimmt, als die innere Natur der Individuen und ihr sozialer Ort – mit Weber und Durkheim ließe sich auch sagen: ihr »Beruf« – in der Regel zueinanderzupassen scheinen (Simmel 1908, 59).

Für die Soziologie als wissenschaftliche Disziplin schlägt Simmel die Unterscheidung von drei zentralen Aufgabenbereichen vor (Simmel 1917). Dabei geht er, anders als z.B. Emile Durkheim, davon aus, dass die Soziologie keinen nur ihr eigenen Untersuchungsgegenstand hat, sondern

Zusammenfassung

Die Drei soziologischen Apriori

Nach Simmel entsteht Gesellschaft, wenn und weil drei Grundbedingungen des Sozialen erfüllt sind (Simmel 1908, 42–61; vgl. Gerhardt 1971):

1. *Rollen-Apriori*: Die Wahrnehmung anderer Menschen und die Interaktion mit ihnen erfolgt immer durch eine verallgemeinernde »Brille«, die sie zu Rollenträgern, also zu Vertretern bestimmter Typen oder Gruppen macht (z.B. als Frau, Ärztin, Weiße, Ausländerin etc.).
2. *Individualitäts-Apriori*: Tatsächlich gehen die Individuen aber in ihren Eigenschaften und Charakterzügen stets über die sozialen Rollen und Funktionen hinaus; sie sind »in« der Gesellschaft und stehen ihr doch zugleich »gegenüber«.
3. *Struktur-Apriori*: Die gesellschaftlichen Rollenmuster und Beziehungsstrukturen liegen der konkreten Individualität immer schon voraus, sind also nicht Handlungsfolge, sondern gerade umgekehrt das, was die Individuen und ihr Verhalten prägt; die Individuen sind somit stets dazu aufgerufen, »ihren Platz« zu finden und einzunehmen.

sich ausschließlich durch eine spezifische Perspektive auszeichnet. Die Triebe und Interessen, die Menschen dazu bringen, sich aufeinander zu beziehen, bilden schon den *Inhalt* anderer Wissenschaften; eigen ist der Soziologie der Fokus auf diese Wechselwirkungen und ihre *Formen*. Deswegen stellt die *reine* oder *formale Soziologie* für Simmel die Königsdisziplin der Soziologie dar. Sie abstrahiert von konkreten historischen Inhalten und hat die Aufgabe, Formen der sozialen Wechselwirkung zu identifizieren und in ihrer Entfaltungslogik zu analysieren. Dazu gehören etwa die Mechanismen der Hierarchiebildung in Gruppen – beispielsweise der von Robert Michels als »ehernes Gesetz der Oligarchie« beschriebene Umstand, dass in zunächst homogenen großen Gruppen (insbesondere Parteien, Vereinen oder Sekten) in aller Regel rasch einige wenige Individuen die Führung an sich ziehen und ziehen müssen, wenn die Gruppe funktionsfähig sein will.

Formale Soziologie und Gruppenanalyse

Hierunter fällt aber auch die Abgrenzung nach außen und die Integration und Differenzierung nach innen. Damit ist gemeint, dass neu entstehende soziale Gruppierungen (auch hier kann man an Parteien, Sekten oder Vereine, aber etwa auch an Schülercliquen denken) dazu tendieren, sich zunächst nach außen abzuschließen und abzugrenzen, also gegenüber den Nicht-Dazugehörenden, nach innen aber eine enge, homogene Gemeinschaft zu bilden. In den späteren Entwicklungsstadien

Individualisierung

Differenzierung

Rationalisierung

Domestizierung

treten dann Binnendifferenzierungen auf, und an den Rändern wird die Mitgliedschaft diffus.

Solche Gesetzmäßigkeiten der Gruppenentwicklung hielt Simmel für mehr oder weniger universal; indem er ihre Analyse zu einem Hauptgegenstand der Soziologie erklärte, wurde er zum Begründer der formalen Soziologie. Die Suche nach den Entwicklungsgesetzen der Vergesellschaftungsformen war für Simmel dabei von besonderem Interesse. Bei seiner Analyse des Modernisierungsprozesses steht dieser Aspekt im Zentrum.

Empirische Soziologie und die Phänomene

Demgegenüber untersucht die *allgemeine* oder *empirische Soziologie* die konkreten, geschichtlichen Wechselwirkungsformen einer Gesellschaft in ihrer allgemeinen historischen Entwicklung – man könnte auch sagen: ihre *Inhalte* (z. B. die Familienstrukturen, die Markt- und die politischen Machtstrukturen oder die religiösen Institutionen einer Gesellschaft). Simmels Unterscheidung von formaler und allgemeiner Soziologie darf also nicht mit der heute gängigen Unterscheidung von Allgemeiner Soziologie und Speziellen Soziologien verwechselt werden. Weil für Simmel die Unterscheidung von Form und Inhalt grundlegend ist, meint er hier jede soziologische Untersuchung, die geschichtlich konkrete empirische Inhalte erforscht, also auch diejenigen Bereiche der Soziologie, die heute manchmal als Bindestrich-Soziologien bezeichnet werden (z. B. die Familien-Soziologie, die Sport-Soziologie, die Politische Soziologie oder die Bildungs-Soziologie). In allen diesen Fällen weist Simmel der Soziologie die Aufgabe zu, die Phänomene systematisch zu ordnen, historisch herzuleiten und dann in ihren Wechselwirkungen (d. h. in ihren prägenden Einflüssen auf die Individuen wie die Gesellschaft als Ganze) psychologisch zu begründen.

Für das Beispiel der Familiensoziologie bedeutet dies etwa, dass zunächst die verschiedenen Familienformen zu identifizieren sind – Kernfamilie, Großfamilie, Familien mit Ehepartnern ohne Kinder, Familien mit Kindern und einem alleinerziehenden Elternteil, »Patchwork-Familien« etc. Diese Formen sind dann historisch herzuleiten (Entwicklung der bürgerlichen Kernfamilie, Erweiterung der Familienformen in Folge der Liberalisierungs- und Individualisierungsprozesse etc.); und schließlich sollen die psychologischen Auswirkungen der verschiedenen Familienstrukturen auf die Beteiligten analysiert werden.

Philosophische Soziologie: Erkenntnis und Sinn

Die *philosophische Soziologie* dagegen verlässt bereits die Sphäre der reinen Gesellschaftswissenschaft. Sie ist erstens als Erkenntnistheorie »unterhalb« der empirischen Soziologie angesiedelt, weil sie die Voraussetzungen, Möglichkeiten und Grenzen aller soziologischen Erkenntnis auslotet. Als (geschichts-)philosophische Sinndeutung der empirischen Befunde steht sie zweitens aber »oberhalb« der empirischen Wissenschaft; als solche versucht die philosophische Soziologie, die Bedeutung und die Konsequenzen des historischen Geschehens sinnhaft zu interpretieren, indem sie etwa Fortschritts- oder Verfallsgeschichten der Moderne als Deutungsangebote erzählt, die ihrerseits über die Grenzen des empirisch Beweisbaren hinausgehen und an der Grenze zur Metaphysik angesiedelt sind.

Zusammenfassung

Drei Gebiete der Soziologie

1. Die *reine* oder *formale Soziologie* bestimmt die abstrakten und universalen Formen der Wechselwirkung (z.B. R. Michels' »ehernes Gesetz der Oligarchie«) sowie ihre historischen Entwicklungsgesetze (z.B. Gesetze der Ausdehnung, Differenzierung oder Überschneidung von Gruppen etc.).
2. Die *allgemeine* oder *empirische Soziologie* analysiert die konkreten empirischen Ausprägungen der Interaktionsformen, also etwa der Familien-, Arbeits- oder Rechtsverhältnisse, indem sie sie systematisch ordnet, historisch herleitet und in ihrer Wirkung psychologisch begründet.
3. Die *philosophische Soziologie* steht als Erkenntnistheorie »unterhalb«, als kulturelle (spekulative) Deutung des historischen Geschehens (oder Metaphysik) »oberhalb« der empirischen Wissenschaft.

Analyse: Individualisierung und der Wandel der sozialen Kreise | 2.4.4

Wie schon erläutert, ist es für Simmel eine Grundaufgabe aller Soziologie, nach den historischen Entwicklungsgesetzen der Vergesellschaftungsformen zu forschen. In der Veränderung der Größe und Struktur sozialer Kreise (oder Gruppen) erkennt er solch eine zentrale Entwicklungstendenz, aus der er dann den Charakter des Modernisierungsprozesses bestimmt. Nach Simmels Verständnis tendieren soziale Gruppen dazu, sich auszudehnen und zu vergrößern, ja, er hält es geradezu für ein »Gesetz der Geschichte«, dass solche Gruppen zunächst meist kleine, homogene, hoch integrierte, streng geregelte und nach außen scharf abgegrenzte Einheiten bilden, die nach und nach größer und in sich differenzierter werden.

Wachstum und Differenzierung der sozialen Kreise

»Das früheste Stadium sozialer Bildungen, das sich an den historischen wie an den gegenwärtig sich gestaltenden findet, ist dieses: ein relativ kleiner Kreis, mit starkem Abschluss gegen benachbarte, fremde,

Individualisierung

Differenzierung

Rationalisierung

Domestizierung

oder irgendwie antagonistische Kreise, dafür aber mit einem umso engeren Zusammenschluss in sich selbst, der dem einzelnen Mitglied nur einen geringen Spielraum für die Entfaltung eigenartiger Qualitäten und freier, sich selbst verantwortlicher Bewegungen gestattet.« (Simmel 1903, 124) Durch Wachstum und Ausdehnung, so fährt Simmel fort, beginnen diese Gruppen ihre Regulierung nach innen zu lockern und nach außen, an den Rändern diffus zu werden, sodass unklar wird, wer eigentlich noch dazu gehört und wer nicht; auch wird die Zahl der Interaktionen und Verflechtungen mit anderen Gruppen immer größer.

Dieses »Entwicklungsgesetz« gilt etwa für Sekten, die allmählich zu ausgedehnten Religionsgemeinschaften werden; es gilt aber auch für politische Parteien oder soziale Bewegungen. Insbesondere wird der Grad an individueller Freiheit und Verschiedenheit zunehmend höher: »Die Selbsterhaltung sehr junger Vereinigungen fordert strenge Grenzsetzung und zentripetale Einheit und kann deshalb dem Individuum keine Freiheit und Besonderheit innerer und äußerer Entwicklung einräumen. [...] In dem Maß, in dem die Gruppe wächst – numerisch, räumlich, an Bedeutung und Lebensinhalten – in eben dem lockert sich ihre unmittelbare innere Einheit, die Schärfe der ursprünglichen Abgrenzung gegen andere wird durch Wechselbeziehungen und Konnexe gemildert; und zugleich gewinnt das Individuum Bewegungsfreiheit, weit über die erste, eifersüchtige Eingrenzung hinaus, und eine Eigenart und Besonderheit, zu der die Arbeitsteilung in der größer gewordenen Gruppe Gelegenheit und Nötigung gibt« (Simmel 1903, 124).

Eben diesen Entwicklungsprozess identifiziert Simmel auch für die soziale Entwicklung der Moderne insgesamt: Sie ist gekennzeichnet durch die Herausbildung von hoch mobilen, großen, räumlich weit ausgedehnten und in sich stark differenzierten Gesellschaften, die einem späten sozialen Entwicklungsstadium entsprechen und daher den Freiheitsspielraum für die Einzelnen und den Individualisierungsgrad stark erhöht haben und noch weiter erhöhen. Dabei hat sich nun aber auch die Art und Weise, in der Individuen in die Gesellschaft integriert sind, d.h. die Form ihrer Vergesellschaftung, verändert. In aller Regel gehören Individuen nicht nur einem sozialen Kreis, sondern mehreren an, etwa einer Familie, einem Dorf und einer Religionsgemeinschaft.

Vormoderne, traditionale Gesellschaften tendierten dazu, ihre Mitglieder in gleichsam konzentrische Kreise einzubetten, sodass sie sich gewissermaßen im Mittelpunkt sich überlagernder, zunehmend größer werdender sozialer Kreise fühlen konnten: Sie waren beispielsweise Mitglied zuerst ihrer Familie, sodann ihres Dorfes (das die eigene Familie neben anderen Familien umfasste), darüber hinaus ihres Fürstentums (welches aus dem eigenen und noch anderen Dörfern bestand) und

Individualisierung und Freiheit

Vom Mittelpunkt zum Schnittpunkt sozialer Kreise

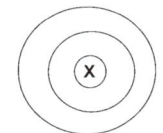 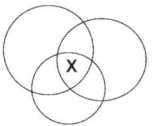

Abb. 5

*Vom Mittelpunkt zum
Schnittpunkt:
Die Sozialintegration
der Individuen*

**Traditionale Gesellschaft:
konzentrische Kreise**
Das Individuum befindet sich im
Zentrum mehrerer sich
konzentrisch überlagernder
Kreise, z.B.: Familie, Dorf,
Fürstentum, Christenheit

**Moderne Gesellschaft:
sich überschneidende Kreise**
Das Individuum befindet sich im
Schnittpunkt mehrerer sich
überschneidender sozialer
Kreise, die seine individuelle
Identität definieren, z.B.:
Familie, Betrieb, Sportverein,
Partei, Religionsgemeinschaft

schließlich vielleicht der Christenheit (welche dies alles umfasste). Die
Ausdifferenzierung der sozialen Kreise in der Moderne führte dagegen
dazu, dass die Individuen sich nicht mehr im Mittelpunkt, sondern nur
noch im Schnittpunkt sich überschneidender, dezentrierter sozialer Kreise wiederfinden: Ein Individuum kann beispielsweise Mitglied einer politischen Partei, eines Berufsverbandes, eines Sportvereins und einer Kirchen-
gemeinde sein. Die damit bezeichneten sozialen Kreise überlappen sich
nicht, sondern sie überschneiden sich nur. Die Mitgliedschaft in einer
Gruppe oder Organisation besagt nichts über weitere Mitgliedschaften.
Das Individuum steht im Schnittpunkt aller dieser Kreise (→ Abb. 5).

Individualisierung als Kernprozess der Modernisierung bedeutet
damit, dass die Menschen ihre engen, begrenzten und schicksalhaft vorgegebenen Bindungen verlassen und nach Zahl, Art und Umfang neue,
meist gewählte soziale Beziehungen eingehen (vgl. Simmel 1908, 456).
Individualität entsteht im und durch den je einzigartigen Schnittpunkt
sozialer Kreise, der ein Individuum definiert. Dies lässt sich leicht an
einem Beispiel verdeutlichen: Stellen wir uns einen Menschen vor, der
protestantisches CDU-Mitglied ist, in Berlin lebt, bei einer bestimmten
Firma arbeitet, Tennis spielt, sich in der Freizeit in einer Gruppe von
Heavy Metal-Fans bewegt und sich darüber hinaus einer bestimmten
Bürgerinitiative angeschlossen hat. Selbstverständlich sind viele Menschen CDU-Mitglied und auch viele CDU-Mitglieder mögen Protestanten
sein, aber protestantische CDU-Mitglieder, die gleichzeitig bei einer
bestimmten Firma in Berlin arbeiten, gibt es nur noch in begrenzter
Zahl, und protestantische CDU- und Firmenmitglieder, die in jenem
bestimmten Tennisclub und in eben dieser Bürgerinitiative tätig sind
und die sich als Heavy Metal-Fans identifizieren, wird es vermutlich
außer dem durch all diese Gruppenzugehörigkeiten definierten Indivi-

*Individualität als
Resultat der
Schnittpunktverortung*

Individualisierung

Differenzierung

Rationalisierung

Domestizierung

duum keine weiteren mehr geben: Es ist im Schnittpunkt dieser Kreise ganz und gar einzigartig.

Quantitative Individualität und Konkurrenz

Simmel bezeichnet dies als Steigerung der *quantitativen* Individualität; sie geht einher mit dem Anwachsen individueller Handlungsfreiheit und Mobilität in der Moderne. Tatsächlich sind die Menschen nun nicht nur freier, sondern sie sind zugleich gezwungen, sich in dem Geflecht der sich überkreuzenden Rollen und Gruppen zu entscheiden und zu positionieren und im Konkurrenzkampf ihre Einzigartigkeit unter Beweis zu stellen. Sie tendieren dabei auch zu einer räumlichen Ausdehnung ihrer sozialen Beziehungen, indem sie sich als Mitglieder abstrakt-universaler Gruppen identifizieren. So mag sich jemand beispielsweise als Frau, als Homosexuelle, Raverin, Zeugin Jehovas oder Umweltschützerin mit anderen Frauen, Homosexuellen, Ravern, Zeugen Jehovas oder Umweltschützern weltweit solidarisieren und identifizieren, in intensive Kontakte mit diesen treten und dabei und dadurch zugleich seine Nahkontakte zu den Nachbarn oder Eltern vernachlässigen. Modernisierung bedeutet also zugleich die Ausdehnung und Differenzierung der sozialen Kreise, die Intensivierung der Interaktionen unter den Menschen und die Lockerung der lokalen und konkreten sozialen Bande.

All dies verdeutlicht Simmel an einer Gegenüberstellung von Großstadtleben und dörflicher Kleinstadt (Simmel 1903; s. auch Tab. 8), wobei bei ihm die Großstadt vor allem als Chiffre für die Moderne steht, während die Kleinstadt und das Dorf Sinnbilder der traditionalen, vormodernen Gesellschaft sind. Ausgangspunkt seiner Überlegungen ist die Beobachtung, dass die Wechselwirkungen zwischen den Individuen in der Großstadt ganz andere sind als auf dem Land. Zunächst konstatiert Simmel die höhere Interaktionsdichte der Städte, in denen Menschen sich in weit größerer Zahl und in wechselnden Kontexten ständig begegnen und dabei einer Fülle und Diversität von Eindrücken ausgesetzt sind, die mit dem einfachen Dorfleben nicht zu vergleichen ist.

Die Großstadt: Steigerung des »Nervenlebens«

»Die psychologische Grundlage, auf der der Typus großstädtischer Individualitäten sich erhebt, ist die *Steigerung des Nervenlebens*, die aus dem raschen und ununterbrochenen Wechsel äußerer und innerer Eindrücke hervorgeht«, schreibt Simmel (1903, 116).

Das höhere Tempo des sozialen Lebens wird damit zu einem Hauptcharakteristikum der Moderne: Die Großstadt sei gekennzeichnet durch das Tempo und die Mannigfaltigkeiten des wirtschaftlichen, beruflichen und gesellschaftlichen Lebens und stifte eben darin »einen tiefen Gegensatz gegen die Kleinstadt und das Landleben, mit dem langsameren, gewohnteren, gleichmäßiger fließenden Rhythmus ihres sinnlich-geistigen Lebensbildes« (1903, 117). Daraus leitet Simmel die Behauptung ab, Großstädter seien gezwungen, auf die Dinge, die sie erleben und die ihnen widerfahren, zunächst und vor allem mit dem Verstand zu reagieren, weil Gemütsregungen und Emotionen sich nur langsam verändern und daher mit der verdichteten Folge an Handlungs- und Erlebnisepisoden nicht Schritt halten können. Dagegen seien Landbewohner (oder Angehörige traditionaler Gesellschaften) überwiegend »Gemütsmenschen«, die auf Erlebnisse zunächst emotional reagierten. Dies mag zunächst sonderbar klingen, hat jedoch eine überraschende Parallele in Max Webers These des Wandels vom affektiven zum rationalen Handeln im Prozess der Modernisierung.

Zugleich sind die meisten städtisch-modernen Interaktionsbeziehungen anonymen Charakters: Die Hersteller von Gütern kennen ihre Kunden nicht, sie produzieren für einen anonymen Markt, und bei der Konsultation einer Ärztin, eines Lehrers, einer Beamtin oder eines Polizisten interessieren nicht die Persönlichkeiten der Interaktionspartner, sondern lediglich ihre Ämter, Rollen und Funktionen. Dagegen ist das dörfliche Leben geprägt von unmittelbaren personalen Beziehungen; die Interaktionspartner kennen sich in der Gesamtheit ihrer Lebensäußerungen, nicht nur als Inhaber spezifischer Rollen oder Ämter. Damit geht eine markante Verlängerung der Handlungsketten einher: In einfachen Gesellschaften stehen zwischen dem Auftreten eines Wunsches oder eines Bedürfnisses und seiner Realisierung nur wenige Handlungsschritte, in der Moderne dagegen tritt eine unüberschaubare Zahl von Zwischenschritten oder »Zwischenzwecken« zwischen Bedürfnisse und ihre Erfüllung.

Wer in einem vormodernen Dorf etwa Gerber werden wollte, suchte einen Gerbermeister auf und erlernte dort sein Handwerk gewissermaßen im Vollzug; wer heute einen Berufswunsch hat, muss eine große Zahl von Bildungsinstitutionen (Schulen, Universitäten) durchlaufen, die mit der angestrebten Tätigkeit nur in sehr entfernter Beziehung stehen. Wer Brennmaterial brauchte, ging in den Wald, um Holz zu sammeln, und entfachte dann ein Feuer; heute muss er zunächst Geld verdienen (und eine Heizung installieren lassen), um dann vielleicht Erdöl zu bestellen, das aus großer Entfernung und über viele Zwischenstationen zu ihm gebracht wird.

In der Konsequenz sind viele dieser ursprünglichen Zwischenzwecke (Bildung, Geldverdienst) heute selbst zu Endzwecken geworden (und umgekehrt; vgl. Simmel 1900, 254–292). Dadurch ändert sich nach Simmel nun aber sogar unsere Beziehung zur Objektwelt, d.h. zu den materiellen Dingen, die uns umgeben: Während der Kleinstadtbewohner dazu tendiert, zu seinen Habseligkeiten eine persönliche, erinnerungsträchtige, *qualitative* Beziehung aufzubauen (die Truhe von Tante Martha, der Schrebergarten des Großvaters, das viele Male eigenhändig reparierte Auto), nimmt die moderne Großstädterin eine berechnend-*quantitative* Haltung zu ihren Besitztümern ein (der Schrank war ein Schnäppchen,

Anonymität und »Zwischenzwecke«

Von der qualitativen zur quantitativen Objektbeziehung

Individualisierung

Differenzierung

Rationalisierung

Domestizierung

Tab. 8	Dörfliche Kleinstadt	Großstadt
Großstadtmoderne und traditionalistisches Kleinstadtleben im Vergleich	langsames Tempo des Lebens	hohes Tempo des Lebens
	enger Horizont, gefühlsdominiert	weiter Horizont, verstandesdominiert
	persönliche Beziehungen und Produktion	anonyme und formale Beziehungen (Markt, Geld)
	kurze Handlungsketten	Verlängerung der Handlungsketten
	homogene Gemeinschaft, geringe individuelle Freiheit	heterogene Gesellschaft, große individuelle Freiheit
	Bezug zur Objektwelt persönlich und qualitativ	Bezug zur Objektwelt berechnend und quantitativ
	formale Ungleichheit (rechtlich, politisch etc.), substanziell große Ähnlichkeit der Individuen	formale Gleichheit (Recht, Markt, Politik), wachsende substanzielle Ungleichheit

der Schrebergarten lohnt sich nicht mehr, das Auto wird alle zwei Jahre ausgetauscht).

Die Umstellung von der Subsistenzwirtschaft (auf dem Land werden noch heute Leistungen unter Nachbarn und Bekannten oftmals durch materielle Gegenleistungen bezahlt) auf die Geldwirtschaft ist dabei eine entscheidende Voraussetzung und ein treibender Faktor für alle diese Veränderungen und damit für den Modernisierungsprozess. Erst die Geldwirtschaft erlaubt die ungeheure Verlängerung der Handlungsketten und die Anonymisierung der Tauschbeziehungen: Wer bezahlt, hat ein Recht auf die erworbene Ware oder Leistung, ohne dass er sein Handeln ethisch (oder sonst wie) rechtfertigen müsste. Genau dies sichert die umfassende Freiheit des Großstädters: Er muss sich für sein Tun und Lassen vor niemandem rechtfertigen, und er unterliegt auch nicht der sozialen Überwachung durch neugierige Nachbarn und Bekannte. Daher ist es nach Simmel kein Zufall, dass die metropolitanen Zentren auch

Geld und Verstand als die Triebmittel der Moderne

Sitz der Banken und des Geldes sowie des Verstandes, d. h. der Intellektuellen und der Universitäten sind. Geld und Verstand sind die Triebmittel der Moderne.

Eine letzte, bemerkenswerte Differenz zwischen Großstadt und Land bzw. zwischen moderner und traditionaler Gesellschaft liegt nach Simmel im Verhältnis von Gleichheit und Ungleichheit: Die vormoderne Gesellschaft war geprägt durch *formale Ungleichheit*: Die Menschen hatten

Formale Gleichheit und substanzielle Ungleichheit

unterschiedliche Rechte, Positionen, Privilegien und Bildungschancen, die durch Geburt und Stand bestimmt waren. Substanziell gesehen aber waren die Unterschiede zwischen den Menschen oft gar nicht so groß: Ein Adeliger lebte in vielen Dingen so wie ein Bürger. In der Moderne dagegen herrscht strikte *formale* (Zugangs-)*Gleichheit*: Jeder und jede hat die gleichen politischen und juristischen Rechte und den gleichen Zugang zu Ämtern, Positionen, Berufen und Bildungsinstitutionen. Hinter dieser formalen Gleichheit aber haben sich große und noch immer wachsende *substanzielle Ungleichheiten* akkumuliert: Die Vermögensunterschiede zwischen Milliardär und Bettler sind gigantisch, ebenso die Bildungsunterschiede und die damit einhergehenden kulturellen Differenzen.

Diagnose: Vermassung, Vereinsamung und die Tragödie der Kultur | 2.4.5

Wie die anderen Gründerväter der Soziologie betont Simmel nicht nur den Freiheits- und Individualitätsgewinn, den der Modernisierungsprozess den Individuen bringt, sondern sieht auch das beträchtliche Pathologiepotential, das dem gegenübersteht. Simmels Diagnose der Schattenseite der Modernisierung läuft im Kern darauf hinaus, dass der durch die Kreuzung und Ausdifferenzierung sozialer Kreise erzielte Gewinn an quantitativer Individualität mit einem schleichenden, aber unabwendbaren Verlust echter oder qualitativer Individualität und mit der Ausbreitung einer substanzlosen Nivellierung (d. h. Einebnung der Unterschiede zwischen den Menschen; vgl. Dahme/Rammstedt 1983) einhergeht.

Die Ambivalenz der Modernisierung

Damit ist zunächst gemeint, dass die Beziehungen der Menschen zur Sozialwelt wie zur Objektwelt problematisch werden: Der moderne Großstädter begegne seinen Mitmenschen oftmals in der Grundstimmung einer latenten Aversion, bemerkt Simmel; seine Hauptsorge sei es, dass sie ihm zu nahe kommen. Umgekehrt steht er damit in viel höherem Maße in Gefahr als der Landmensch, isoliert zu werden und zu vereinsamen. Tatsächlich ist er zu extremen Markierungen gezwungen, um seine Individualität zum Ausdruck zu bringen und im Kampf um Aufmerksamkeit und Unverwechselbarkeit zu bestehen: In der Menschenmasse der Großstadt fällt nur auf, wer sich durch deutlich sichtbare (äußere) Zeichen abhebt, die auch in der Kürze innerstädtischer Begegnungen hervorstechen. Daher ist es aus Simmels Sicht kein Zufall, dass etwa grell gekleidete oder geschminkte, gepiercte oder tätowierte Menschen zunächst und zuerst städtische Phänomene sind.

Latente Aversion

Die berechnende und verstandesmäßige, oft am Preis gemessene Beziehung des modernen Menschen zu den Dingen führt dagegen dazu, dass wir, wie Simmel sagt, diesen Dingen wie unseren Erlebnissen ge-

Individualisierung

Differenzierung

Rationalisierung

Domestizierung

Blasiertheit

genüber eine gewisse großstädtische »Blasiertheit« entwickeln (Simmel 1903, 121 ff.). Mit Blasiertheit meint Simmel nichts anderes als das, was heute in der Umgangssprache *Coolness* heißt: *Cool* ist, wer sich durch nichts beeindrucken lässt, wer stets die Fassung behält, auch wenn sich noch so Unwahrscheinliches zuträgt. Das aber kann umgekehrt dazu führen, dass ihn nichts mehr wirklich berührt und ergreift, dass ihm nichts mehr als wirklich wertvoll erscheint: Alles wird zu einer Frage des Preises, der moderne Mensch sucht nach immer extremeren Kicks (wie Bungeejumping), um seine *Coolness* oder Blasiertheit endlich einmal ablegen zu können. Wem aber nichts mehr als wertvoll erscheint, der läuft Gefahr, sich auch selbst nicht mehr wertschätzen zu können. Modernisierung kann also dazu führen, dass die Menschen in ihrem Verhältnis zur Welt, zu den Mitmenschen und zu sich selbst durch fortschreitende Abstumpfung gekennzeichnet sind.

Verlust der qualitativen
Individualität

Die durch Wettbewerb, Geld- und Verstandesherrschaft geprägte moderne Gesellschaft mag somit zwar die quantitative Individualität in dem Sinne steigern, dass die Menschen sich durch ihre Mitgliedschaften und Zugehörigkeiten immer stärker unterscheiden, aber sie führt in Wirklichkeit auch dazu, die »echte« (qualitative) Individualität zu beseitigen. Hier kann Simmel darauf verweisen, dass die Sonderlinge und kauzigen Originale, die das Landleben kennt, in der modernen Stadt immer seltener werden. Wer im modernen (Berufs-)Leben und unter den ständig steigenden Wettbewerbszwängen bestehen will, wird zu so vielen Anpassungsleistungen gezwungen, dass alle Spuren einer wirklich eigenen, inneren, nicht gesellschaftlich bestimmten Individualität – ein »individuelles Gesetz«, dem nach Simmels Auffassung etwa Genies wie Nietzsche oder Goethe folgten – ausgemerzt werden.

Kritik an der modernen
Massenkultur

Damit verliert aber auch die großstädtisch-moderne Freiheit tendenziell ihren Wert: »Dass wir den Gesetzen der eigenen Natur folgen [...] dies ist doch Freiheit« (Simmel 1903, 127). Beobachten lässt sich jedoch die Zunahme einer seelischen Nivellierung, d.h. das Gleichförmigwerden der Menschen in der modernen Massenkultur. Die Individuen unterscheiden sich nicht dadurch, dass sie ihren unverwechselbaren individuellen Gesetzen folgen, sondern in der Auswahl ihrer Konsumprodukte – das aber ist keine echte Individualität. Simmel ist damit einer der ersten Kritiker der modernen Massenkultur.

Die Ambivalenz der Moderne liegt jedoch noch tiefer begründet, in einer unabwendbaren *Tragödie der Kultur* (Simmel 1911), für die die Massenkultur nur ein Symptom ist. Kultur ist nach Simmel (1911, 395) der »Weg der Seele von sich selbst zu sich selbst«. Mit dieser etwas sonderbaren Wendung bringt er zum Ausdruck, dass der Mensch erst durch die Arbeit an materiellen und geistigen Stoffen, an die er sich im Kulturschaffen entäußert, d.h. in die er sich mit seiner Tätigkeit einbringt, seine Individualität formt und hervorbringt. Einen ganz ähnlichen Gedanken legt ja auch Karl Marx seinem Ansatz zugrunde, wenn er davon ausgeht, dass sich die Natur des Menschen erst in der konstruktiven Arbeit an der äußeren Natur formt.

Erst in der aktiven Auseinandersetzung mit den Kulturleistungen – mit der Kunst, der Musik und der Literatur, aber auch mit den politischen Verhältnissen, dem Rechtswesen und der Wissenschaft – formt sich eine Persönlichkeit (eine »Seele«) heraus. Das lässt sich an jedem Einzelnen beobachten: Ein Schüler entwickelt seinen Charakter und seine Identität, indem er einen bevorzugten Musikstil findet, Bücher liest, sich mit der Politik auseinandersetzt etc. »Subjektive Kultur«, d.h. die Selbstbildung, und »objektive Kultur« im Sinne objektivierter Kulturleistungen (wie Literatur, Musik, Kunst, aber auch Wissenschaft etc.) entwickeln sich mithin idealerweise in einem wechselseitigen Steigerungsprozess.

Subjektive und objektive Kultur

Die *Tragödie der Kultur* besteht nach Simmel nun darin, dass in der Moderne die objektivierten Formen der Kultur die subjektiven Fähigkeiten weit hinter sich gelassen haben und dass der Abstand sich beständig vergrößert. Sie haben sich verselbständigt und entwickeln sich längst nach eigenen Gesetzen weiter: Niemand ist mehr in der Lage, die Leistungen und inneren Gesetze der Wissenschaft, der Literatur, der Musik, der Technik, des Rechts etc. in ihrer Gesamtheit zu verstehen und zu überblicken. Daher treten diese Kulturformen den Subjekten nun als harte, solide, größtenteils unbegreifbare Gebilde gegenüber. Die Individuen können ihren Entwicklungen nicht mehr folgen und nehmen keinen Einfluss mehr auf sie.

Unmittelbar nachvollziehen lässt sich das etwa daran, dass die Subjekte in der modernen Welt nirgendwo mehr individuelle Spuren hinterlassen. Sie prägen in aller Regel weder den Gang der Wissenschaft noch denjenigen der Kunst, der Literatur, der Musik, der Wirtschaft oder des Rechts. Eine Universitätsprofessorin kann kaum von sich sagen, sie habe Gang und Stand der Wissenschaft wesentlich beeinflusst, und PolitikerInnen oder Konzernlenker zeichnen sich eher dadurch aus, dass sie die vorgegebenen Formen und Spielregeln gut beherrschen, als dadurch, dass sie diese Formen schaffen oder verändern.

Infolgedessen versuchen die meisten Menschen erst gar nicht mehr, ihre eigene Persönlichkeit oder ihre subjektive Kultur durch Auseinandersetzung mit den höchsten und tiefsten Leistungen der objektiven Kultur zu entwickeln. Stattdessen greifen sie zu den Surrogaten der Popkultur; das ist die eigentliche Ursache der »flachen« Massenkultur. Damit droht der modernen Kultur die Gefahr des Zerfalls von beiden Seiten: Die subjektive Kultur der Individuen verfällt, ihre »Seele« verkümmert, weil sie sich mit den Verlockungen der standardisierten Kultur- und

Zweiseitiger Kulturverfall

Individualisierung

Differenzierung

Rationalisierung

Domestizierung

Unterhaltungsindustrie zufrieden geben, anstatt in der Abarbeitung an den großen Kulturleistungen ihre Individualität zu entwickeln. Damit entziehen sie auch der objektiven Kultur nach und nach die kreativen Energien: Kunst, Literatur, Musik und Philosophie erfahren in der Moderne keine wirkliche Weiterentwicklung mehr. In seiner Pathologiediagnose tendiert Simmel damit letztlich zu einer Kulturverfallsthese.

Info

Simmel und die Soziologie des 20. Jahrhunderts
Simmel hat keine Schule im engeren Sinne hinterlassen und keinen eigenen Ansatz begründet; seine Ideen und Einzelanalysen wurden jedoch in vielen und ganz unterschiedlichen Kontexten aufgegriffen. Seit dem Erscheinen der deutschen Gesamtausgabe seiner Schriften erlebt Simmel eine nachhaltige Renaissance in der Soziologie.
- Simmel gilt als Begründer der formalen Soziologie, aber auch der Konfliktsoziologie (**Lewis Coser**), der Soziologie der Konkurrenz, der Soziologie des Raumes und der Stadtsoziologie (*Chicago School of Sociology*, v.a. **Robert Park**).
- Ferner kann er als Ahnherr der Soziologie des Geldes (**Christoph Deutschmann**), des Alltags und der Beschleunigung (**Hartmut Rosa**) gelten.
- Der essayistische und impressionistische Stil seiner Studien, die Vorstellung, dass Individuen durch ihre eigenen Wechselwirkungen erst »erzeugt« werden sowie seine »Senkbleimethode« des Ausgehens von scheinbar oberflächlichen Einzelphänomenen werden in der **postmodernen Soziologie** aufgegriffen und gefeiert (vgl. Moebius 2002).

2.4.6 | Zusammenfassung

Für Georg Simmel hat die Soziologie die Aufgabe, die sozialen Wechselwirkungen und die aus ihnen gebildeten Formen der Vergesellschaftung zu untersuchen, welche Individuen und Gesellschaft gleichermaßen prägen. Gesellschaft ist dabei kein eigenständiges Gebilde, sondern ein andauernder Prozess, in dem Individuen und soziale Tatsachen und Strukturen sich wechselseitig bilden und fortentwickeln. Indem Simmel die Wechselwirkung zum Ausgangspunkt des soziologischen Erklärens macht, setzt er sich sowohl vom methodologischen Individualismus als auch vom methodologischen Holismus ab. Er stellt ihnen einen eigenständigen Ansatz, den methodologischen Interaktionismus, entgegen. Dieser ist zwischen Struktur- und Handlungstheorien angesiedelt, weil

	Stichworte	Erläuterungen
Soziologie	Wissenschaft der sozialen Wechselwirkungen und der durch sie bestimmten Formen der Vergesellschaftung	Ziel ist die Erklärung der ordnungsbildenden Funktion von Interaktionsformen.
Leitfrage	Wie wandelt sich die Beziehung der Subjekte zur subjektiven, objektiven und sozialen Welt in der Moderne?	Ursache dieses Wandels sind die sich verändernden Formen der Vergesellschaftung.
Erklärungsmodell	Methodologischer Interaktionismus	Mikro- und Makrophänomene können auf soziale Interaktionen zurückgeführt werden.
Basiseinheit des Erklärens	Formen der Wechselwirkung	als verfestigte Interaktionsformen
Verhältnis Individuum / Gesellschaft	Gesellschaft und Individuum sind »gleichursprünglich«.	Beide werden durch Wechselwirkungen geformt.
Moderne und traditionale Gesellschaft (Analyse)	konzentrische Sozialintegration vs. partiale Gruppenintegration	Geld, Verstand, Recht und die Großstadt symbolisieren die Moderne.
Modernisierung als	Individualisierung	Die Ausdehnung sozialer Kreise individuiert die Menschen, d. h. formt ihre Individualität, und zwar quantitativ.
Treibendes Veränderungsprinzip	Geld	Es verändert die Sozial- und Objektbeziehungen.
Moderne Pathologien (Diagnose)	Die »Tragödie der Kultur«, Vermassung	Der isolierte Einzelne steht den sich verfestigenden Kulturgebilden ohnmächtig gegenüber.

| Tab. 9

*Georg Simmels
soziologische Theorie
auf einen Blick*

Individualisierung

Differenzierung

Rationalisierung

Domestizierung

die Akteure die Wechselwirkungen ebenso bestimmen, wie sie durch jene bestimmt und geprägt werden. Simmel gilt dabei als Begründer der formalen Soziologie, die versucht, zeitlose und universale Formen der Vergesellschaftung wie Konkurrenz, Hierarchiebildung, Arbeitsteilung etc., die sich in ganz unterschiedlichen sozialen Gruppen und kulturellen Kontexten beobachten lassen, zu ermitteln.

Die Ausdehnung und Überschneidung sozialer Kreise identifiziert er dabei als das wichtigste Entwicklungsgesetz der modernen Gesellschaft. Den durch sie in Gang gesetzten Modernisierungsprozess bestimmt er als Prozess der Individualisierung, in dessen Verlauf sich die individuellen Handlungsspielräume und Freiheiten deutlich erweitern. Die moderne Geldwirtschaft gilt ihm als ein treibendes Prinzip dieser Entwicklung, die er an der Gegenüberstellung von moderner Großstadt und dörflichem Kleinstadtleben versinnbildlicht. Erstere ist durch ein höheres Lebenstempo, durch die Herrschaft des Verstandes und des Geldes, durch formalisierte, anonyme Sozialbeziehungen und formale Gleichheit charakterisiert.

Auf der Schattenseite der Modernisierung diagnostiziert Simmel dann die Gefahren der Vereinsamung und der Vermassung der Individuen, in deren Gefolge sie trotz zunehmender Buntheit ihrer Konsumgewohnheiten letztlich ihre qualitative Individualität verlieren und gleichförmig werden. Das Schicksal der Moderne führt so auf eine Tragödie der Kultur zu, die darin besteht, dass die Subjekte von der Komplexität und Solidität der objektiven Kulturgebilde (z.B. der modernen Wissenschaft, des Rechts oder der Kunst) so überwältigt werden, dass sie sich an ihnen nicht mehr bilden und entwickeln können und ihnen auch nichts mehr entgegenzusetzen vermögen, sondern seelisch verkümmern.

Lernkontrollfragen

1 Welche Formen der Soziologie unterscheidet Simmel?
2 Erläutern Sie Simmels Konzept der sozialen Wechselwirkungen. Welche Rolle spielen sie für die Erklärung sozialen Verhaltens und gesellschaftlicher Entwicklung?
3 Was unterscheidet nach Simmel moderne von traditionalen Gesellschaften?
4 Was bedeutet Individualisierung? Wodurch entsteht sie, wozu führt sie?
5 Wodurch ist nach Simmel das Leben in der modernen Großstadt (im Kontrast zur vormodernen Kleinstadt) charakterisiert?
6 Was meint Simmel mit der »Tragödie der Kultur«? Worin sieht er die Probleme und Gefahren fortschreitender Modernisierung?

Literaturhinweise

Primärliteratur

Simmel, Georg (1890): Über soziale Differenzierung, in: ders.: Aufsätze 1887–1890, Frankfurt a. M. 1989, 109–295.

Simmel, Georg (1894): Das Problem der Soziologie, in: ders.: Das individuelle Gesetz, Frankfurt a. M. 1987, 41–49.

Simmel, Georg (1900): Philosophie des Geldes, hg. von David P. Frisby und Otthein Rammstedt, Frankfurt a. M. 1989.

Simmel, Georg (1903): Die Großstädte und das Geistesleben, in: ders.: Aufsätze und Abhandlungen 1901–1908, Bd. 1, hg. von Heinz-Jürgen Dahme und Otthein Rammstedt, Frankfurt a. M. 1983, 116–131.

Simmel, Georg (1908): Soziologie. Untersuchungen über die Formen der Vergesellschaftung, hg. von Otthein Rammstedt, Frankfurt a. M. 1992.

Simmel, Georg (1911): Der Begriff und die Tragödie der Kultur, in ders.: Hauptprobleme der Philosophie/Philosophische Kultur. Gesammelte Essais, Frankfurt a. M. 1996, 385–416.

Simmel, Georg (1917): Grundfragen der Soziologie. Individuum und Gesellschaft, Berlin 1984.

Sekundärliteratur

Dahme, Heinz-Jürgen/Rammstedt, Otthein (1983): Einleitung, in: Simmel, Georg: Schriften zur Soziologie, hg. von Heinz-Jürgen Dahme und Otthein Rammstedt, Frankfurt a. M., 7–34.

Deutschmann, Christoph (Hg.) (2002): Die gesellschaftliche Macht des Geldes, Leviathan-Sonderheft 21, Wiesbaden.

Ebers, Nicola (1995): »Individualisierung«. Georg Simmel, Norbert Elias, Ulrich Beck, Würzburg.

Gerhardt, Uta (1971): Immanenz und Widerspruch. Die philosophischen Grundlagen der Soziologie Georg Simmels und ihr Verhältnis zur Lebensphilosophie Wilhelm Diltheys, in: Zeitschrift für philosophische Forschung 25, 276–292.

Junge, Matthias (2009): Georg Simmel kompakt, Bielefeld.

Lichtblau, Klaus (1994): Kausalität oder Wechselwirkung? Max Weber und Georg Simmel im Vergleich, in: Wagner, Gerhard/Zipprian, Heinz (Hg.): Max Webers Wissenschaftslehre, Frankfurt a. M., 224–238.

Lichtblau, Klaus (1997): Georg Simmel, Frankfurt a.M./New York.

Moebius, Stephan (2002): Simmel lesen. Moderne, dekonstruktive und postmoderne Lektüren der Soziologie Georg Simmels, Stuttgart.

Individualisierung

Differenzierung

Rationalisierung

Domestizierung

3 | Die entwickelte Moderne

3.1 | Domestizierung 2: Die total verwaltete Welt – *Theodor W. Adorno*

3.1.1 | Einführung

Theodor W. Adorno gilt zusammen mit Max Horkheimer als wichtigster Vertreter der sogenannten Kritischen Theorie der Frankfurter Schule. Als Frankfurter Schule wird der Arbeitszusammenhang bezeichnet, der am Frankfurter Institut für Sozialforschung entstand, nachdem Horkheimer 1930 dessen Leitung übernommen und das Projekt einer marxistisch inspirierten Theorie des fortgeschrittenen Kapitalismus entworfen hatte. Wie Horkheimer war Adorno dabei überzeugt, in der Rolle der Kultur, die im Marxismus gemeinhin lediglich als Überbau bzw. als Widerspiegelung der ökonomischen Verhältnisse betrachtet wurde, einen Schlüssel für die Analyse nachliberaler Gesellschaften zu finden, also solcher Gesellschaften, die – anders als noch zu den Zeiten von Marx – nicht mehr vorrangig durch ein unabhängiges Unternehmer-Bürgertum, sondern durch staatliche Regulierung und Großkonzerne geprägt werden. Während das Interesse an der Sphäre der Kultur bei Horkheimer aus diesem gesellschaftstheoretischen Vorhaben resultierte, lagen die Dinge bei Adorno freilich genau anders herum. Erst als sich seine Hoffnung zerschlagen hatte, Musiker oder Musikkritiker zu werden, verfolgte er endgültig eine akademische Laufbahn.

Zur Gesellschaftstheorie drängte ihn dabei die Frage nach dem Schicksal von (ästhetischer) Erfahrung in der Gegenwart. Er befürchtete, dass der Raum für Spontaneität und die autonome Entfaltung des Individuums im Modernisierungsprozess vernichtet worden war. Denn die Verarmung und Verkümmerung breiter Bevölkerungsschichten im Zuge der industriellen Naturbeherrschung deutete er, anders als Marx das mit Blick auf die frühe Moderne getan hatte, nicht als Vorstufe einer versöhnten, kommunistischen Gesellschaft, in der die Klassengegensätze überwunden waren. Vielmehr beobachtete er, dass die Domestizierung der Natur in der entwickelten Moderne ein System totaler Herrschaft hervorgebracht hatte. Mit dieser Überlegung reagierten Horkheimer und Adorno auf die Veränderungen, die die entwickelte Moderne in ihren Augen von der frühen unterschied: den Strukturwandel im Verhältnis von Ökonomie und Politik, die sich immer mehr verschränkten, die zunehmende bürokratische Durchorganisation der Gesellschaft und vor allem die totalitären Systeme ihrer Zeit und insbesondere den Nationalsozialismus, der sie zur Emigration zwang.

Von der liberalen zur postliberalen Gesellschaft

Eine breite Rezeption wird dieser v.a. in der »Dialektik der Aufklärung« entfalteten Diagnose erst zwei Jahrzehnte nach deren Erstveröffentlichung im Zuge der Studentenbewegung zuteil; öffentliche Aufmerksamkeit erfährt die Kritische Theorie in der Bundesrepublik zudem, als sich in den 1970er Jahren führende Politiker der CDU dazu versteigen, eine Verbindung zwischen dieser sozialphilosophischen Tradition und dem Terror der RAF zu behaupten. Wird Adorno heute auch überwiegend in der Philosophie rezipiert, so darf doch sein Einfluss auf die Soziologie in Deutschland nicht unterschätzt werden. Nach dem Krieg war er auf Betreiben Horkheimers schließlich ebenso wie dieser nach Frankfurt auf eine Professur für Philosophie und Soziologie zurückkehrt. Er leitete dort lange Jahre das wieder eröffnete Institut für Sozialforschung und war ab 1963 über vier Jahre und zwei Amtsperioden als Vorsitzender der Deutschen Gesellschaft für Soziologie (DGS) tätig.

Zur Person

Theodor Wiesengrund-Adorno (1903–1969)

Theodor W. Adorno wuchs als Sohn eines zum Protestantismus konvertierten jüdischen Unternehmers und einer ehemaligen Konzertsängerin in Frankfurt a.M. auf, machte mit 17 Jahren als Jahrgangsbester das Abitur, promovierte mit 20 nach einem Studium der Philosophie, Psychologie und Musikwissenschaft mit Bestnote, ging dann kurz nach Wien, wo er Zugang zum Kreis um Arnold Schönberg suchte und bei Alban Berg Unterricht nahm. Seine Hoffnungen auf eine Karriere als Musiker oder Musikkritiker erfüllten sich nicht. 1931 wurde er im zweiten Anlauf habilitiert, die Lehrbefugnis 1933 aber wegen nicht arischer Abstammung entzogen. 1938 holte ihn sein früherer Kommilitone Max Horkheimer nach New York an das emigrierte Institut für Sozialforschung. Ab 1941 verfassten beide bei Los Angeles die »Dialektik der Aufklärung«. Adorno wurde 1943 amerikanischer Staatsbürger, arbeitete ab 1944 an einem Projekt zum Antisemitismus und kehrte 1949 nach Frankfurt zurück, wo Horkheimer wieder zum Professor berufen war; er selbst erhielt aber erst mehrere Jahre später eine ordentliche Professur. In dieser Zeit verfasste er zahlreiche Werke und war öffentlich als Gesellschaftskritiker präsent. Im Gegensatz zum ehemaligen Institutsmitarbeiter Herbert Marcuse nahm er aber kaum direkt zum aktuellen politischen Geschehen Stellung und ließ, irritiert über die autoritären Tendenzen der Studentenbewegung, Anfang 1969 das besetzte Institutsgebäude durch die Polizei räumen.

3.1.2 | Leitfrage

Der Modernisierungs-
prozess als
Verfallsgeschichte

Mit Marx teilt Adornos und Horkheimers Kritische Theorie die Überzeugung, der Modernisierungsprozess sei in erster Linie als zunehmende Naturbeherrschung zu verstehen. Im Gegensatz zu Marx deutet die Frankfurter Schule diesen Prozess allerdings nicht als Fortschritts-, sondern als Verfallsgeschichte. Während Marx die Herausbildung des Kapitalismus beobachtet und von der zuvor unvorstellbaren Produktivität industrialisierter Gesellschaften fasziniert ist, die Elend und Herrschaft unter Menschen schließlich überflüssig machen werde, stellen die Autoren der Kritischen Theorie fest, dass der Kapitalismus sich als unerwartet überlebensfähig erwiesen hat. Nicht nur war die proletarische Revolution ausgeblieben, obwohl die Krisenhaftigkeit des ökonomischen Prozesses mit der Großen Depression der 1930er Jahre die Weltwirtschaft im Mark erschüttert hatte. Schlimmer noch, die Herrschaft von Menschen über Menschen steigerte sich immer weiter und wurde schließlich total. Ökonomisch hatten sich in Form von Kartellen und Trusts gigantische monopolistische Gebilde entwickelt; politisch breiteten sich Faschismus und Bolschewismus scheinbar unaufhaltsam aus.

Daraus ergibt sich die Leitfrage der Kritischen Theorie: Wie Horkheimer und Adorno in der »Dialektik der Aufklärung« prägnant formulieren, geht es ihnen darum zu erklären, »warum die Menschheit, anstatt in einen wahrhaft menschlichen Zustand einzutreten, in eine neue Art von Barbarei versinkt.« (Horkheimer/Adorno 1944, 16) Was verhindert, dass sich die Ausgebeuteten und Unterdrückten erheben und, wie es bei Marx und Engels (1845/46, 70) heißt, »sich den ganzen alten Dreck vom Halse [...] schaffen und zu einer neuen Begründung der Gesellschaft befähigt [...] werden«? Marx war davon ausgegangen, dass die Arbeiter im Zuge der fortschreitenden Industrialisierung gleichsam zwangsläufig zu der Überzeugung gelangen würden, die Gesellschaft müsse revolutionär umgestaltet werden. Die zentrale Annahme der Frankfurter Schule lautet dagegen gerade umgekehrt, dass das Falsche der kapitalistischen Tauschverhältnisse, also das, was an ihrer Gesellschaft schlecht ist und verändert werden müsste, im Bewusstsein der Menschen immer unsichtbarer wird.

Warum bleibt die Revolution aus?

Die Leitfrage der Kritischen Theorie lässt sich mithin folgendermaßen konkretisieren: Wie ist es möglich, dass die Menschen nicht erkennen, dass ihr Leid angesichts des Entwicklungsstands der Gesellschaft überflüssig ist? Die Antwort, die Horkheimer und Adorno geben, lautet: Die Ausgebeuteten entwickeln ihrer materiellen Not zum Trotz kein revolutionäres Bewusstsein, weil die Menschen in der entwickelten Moderne total – nicht nur mit Haut und Haaren, ihrem Körper und ihrem Tun, sondern auch mit ihrem Bewusstsein – in den gesellschaftlichen Reproduktionsprozess, d.h. den Prozess der Aufrechterhaltung sozialer Ordnung im zeitlichen Wandel, integriert sind; insbesondere die Erzeugnisse der Kulturindustrie verstärken ihren Glauben daran, dass die Gesellschaft genau so ist, wie sie eben sein muss. Diese Antwort setzt allerdings voraus, dass Bewusstseinsphänomene und der Bereich der Kultur ernster zu nehmen sind, als dies Marx und insbesondere der Marxismus getan haben. Wenn dem vermeintlichen gesellschaftlichen Überbau eine so zentrale Rolle für die soziale Integration, also die Einbindung der Individuen in die gesellschaftliche Ordnung, zukommt, muss Marx' methodisches Konzept modifiziert werden (→ Abb. 6 und Kapitel 2.1).

Methodisches Konzept: Denken in Konstellationen

| 3.1.3

Marx war davon ausgegangen, dass die Entwicklung der Produktivkräfte die Ausbeutung des pauperisierten (verarmten) Proletariats überflüssig machen würde. Entscheidend ist hier, dass Marx zudem angenommen hatte, die im Umgang mit industriellen Produktionstechniken geschulten Arbeiter würden auch erkennen, dass ihr Elend überwindbar sei. Der Widerspruch zwischen dem Überfluss an produzierten Gütern und dem

Individualisierung

Differenzierung

Rationalisierung

Domestizierung

Mangel ihres Daseins, zwischen dem gesellschaftlichen Reichtum und ihrem privaten Elend, würde ihnen die herrschenden Legitimationsmuster (z. B den bürgerlichen Begriff gleicher Freiheit) als ideologischen Schein enthüllen. Im Zuge ihrer fortschreitenden materiellen Verelendung würden die ArbeiterInnen beispielsweise verstehen, dass die rechtliche Gleichheit aller Gesellschaftsmitglieder entscheidende ökonomische Ungleichheiten verhüllt. Folglich würden sie die Idee, dass die bürgerliche Ordnung gerecht sei, als Ideologie durchschauen und sich dann gegen ihre Ausbeutung zur Wehr setzen. In diesem Sinne hängt nach Marx der ganze Bereich der Kultur inklusive der Vorstellungen, die sich die Menschen über die Gesellschaft machen (das Bewusstsein), von den ökonomischen Verhältnissen und der Stellung der Gesellschaftsmitglieder darin ab (dem Sein).

Genau mit dieser Annahme bricht die Kritische Theorie: Der gesellschaftliche Überbau (Kultur, Recht, Staat, Philosophie) lässt sich nach Horkheimer und Adorno keineswegs so umstandslos auf die ökonomischen Verhältnisse zurückführen, wie von marxistischen Autoren häufig unterstellt. Vielmehr kommt Bewusstseinsphänomenen eine Eigendynamik zu. Auf diese muss sich eine Gesellschaftsanalyse konzentrieren, die die Reproduktion des von Horkheimer und Adorno beobachteten nachliberalen Gesellschaftstyps erklären will, also solcher Gesellschaften, die zunehmend durch staatliche Eingriffe in soziale Bereiche geprägt sind, die (wie die Wirtschaft und die Familie) früher als vorpolitisch erschienen waren.

Anerkennung der Eigendynamik des »Überbaus«

Maßgeblich für die Kritische Theorie war von Anfang an die Überzeugung, dass zwischen der ökonomischen Basis und dem kulturellen Überbau der Gesellschaft als drittes und vermittelndes Element die mit den Mitteln der Sozialpsychologie zu erforschende Persönlichkeitsstruktur berücksichtigt werden muss. Aus diesem Grund wird der Ansatz der Frankfurter Schule auch als »Freudomarxismus« bezeichnet. Inwiefern die ökonomischen Gegebenheiten sich kulturell äußern, soll mithin davon abhängen, wie Individuen typischerweise sozialisiert werden. Wer z. B. in Verhältnissen der Abhängigkeit und Angst aufwächst, in denen er oder sie keine Ich-Stärke entwickeln kann, wird nach dieser Überlegung zu Anpassung und Unterordnung anstatt zu Widerstand und Revolte tendieren, ganz unabhängig davon, wie entwickelt die Produktivkräfte sind.

Die Rolle der Sozialpsychologie

Horkheimer hat diese Überlegung zunächst in einer Konzeption ausgeführt, die als »interdisziplinärer Materialismus« bezeichnet wird. Ihm zufolge »kommt es heute darauf an, [...] auf Grund aktueller philosophischer Fragestellungen Untersuchungen zu organisieren, zu denen Philosophen, Soziologen, Nationalökonomen, Historiker, Psychologen in dauernder Arbeitsgemeinschaft sich vereinigen, und [...] ihre aufs Große

Interdisziplinärer Materialismus

zielenden philosophischen Fragen an Hand der feinsten wissenschaftlichen Methoden zu verfolgen, die Fragen im Verlauf der Arbeit am Gegenstand umzuformen, zu präzisieren, neue Methoden zu ersinnen und doch das Allgemeine nicht aus den Augen zu verlieren.« (Horkheimer 1931, 29 f.) Als zentrale Frage nennt er dabei diejenige »nach dem Zusammenhang zwischen dem wirtschaftlichen Leben der Gesellschaft, der psychischen Entwicklung der Individuen und den Veränderungen auf den Kulturgebieten im engeren Sinn, zu denen nicht nur die sogenannten geistigen Gehalte der Wissenschaft, Kunst und Religion gehören, sondern auch Recht, Sitte, Mode, öffentliche Meinung, Sport, Vergnügungsweisen, Lebensstil u. s. f.« (Horkheimer 1931, 32)

Materialistisch ist diese Konzeption insofern, als hier mit Marx die Produktionsverhältnisse als Basis der Gesellschaft verstanden werden, als ihre *Synthesis* (→ Kapitel 1.1). Aber weil sich, anders als Marx glaubte, aus den Produktionsverhältnissen nicht einfach auf das Bewusstsein und Handeln der Gesellschaftsmitglieder schließen lässt, ist eine Theorie der Gesellschaft auf mehr angewiesen als die Kritik der politischen Ökonomie. Die Forschung muss neben der Wirtschaft auch die anderen beiden Dimensionen der Gesellschaft, also die Persönlichkeit und die Kultur, erfassen. Deswegen muss sie interdisziplinär organisiert sein.

Definition

Interdisziplinärer Materialismus

Als interdisziplinärer Materialismus wird die sozialphilosophische Konzeption bezeichnet, die Max Horkheimer zu Beginn der 1930er Jahre als Programm für das Frankfurter Institut für Sozialforschung formulierte. Die Konzeption schließt an das Basis-Überbau-Modell von Marx an, demzufolge Politik, Recht, Moral und der gesamte Bereich der kulturellen Ideen (der Überbau der Gesellschaft) durch die ökonomischen Verhältnisse (die materielle Basis) bestimmt werden. In Reaktion auf die ausgebliebene kommunistische Revolution modifiziert Horkheimer dieses Modell, indem er als dritte Sphäre die Persönlichkeitsstruktur der Gesellschaftsmitglieder einführt. Ökonomische Verhältnisse, so der Gedanke, determinieren die Vorstellungen der Akteure nicht; wie ökonomische Strukturen in das Denken und Handeln der Individuen übersetzt werden, hängt vielmehr auch von den in Sozialisationsprozessen ausgebildeten Persönlichkeitsmustern ab. Der Zusammenhang von Wirtschaft, Persönlichkeit und Kultur lässt sich nur durch das Zusammenwirken aller relevanten wissenschaftlichen Disziplinen erforschen.

Individualisierung

Differenzierung

Rationalisierung

Domestizierung

Das Programm des interdisziplinären Materialismus wurde am Frankfurter Institut nie umfassend verfolgt. Das lag zum einen an den politischen Umständen, die die Mitarbeiter zur Flucht zwangen und systematische empirische Forschung ganz unmöglich machten; es hatte seinen Grund aber auch in einer wachsenden Skepsis gegenüber der empirischen Sozialforschung. Welchen Zweck sollte die Erhebung von Daten über die empirische Realität erfüllen, wenn diese von Wirtschaftskrisen und faschistischen Tendenzen geprägte Wirklichkeit doch so offensichtlich verkehrt war?

Mit dieser Frage wurde eine weitere Umgestaltung von Marx' methodischem Konzept erforderlich. Hatte zunächst noch der Stand der Produktivkraftentwicklung einen (richtigen) Maßstab für die Analyse der (falschen) Verhältnisse abgegeben, so wurde nun zunehmend die Idee bestimmend, dass das Problem gerade in der Domestizierung der Natur bestand. Um diesen Prozess zu verstehen, beleuchtete die Kritische Theorie auch weiterhin das Verhältnis von Subjekt und Natur. Aber der Blick

Von den Produktions- zu den Tauschverhältnissen

verlagerte sich von den Produktionsverhältnissen auf die Tauschverhältnisse als Basiseinheit der Gesellschaftsanalyse (*Synthesis*). Am Begriff des Tausches beschreiben Horkheimer und Adorno, wie das Subjekt seine Selbstmächtigkeit ursprünglich erwirbt, indem es die (innere und äußere) Natur seiner Kontrolle unterwirft: Um Souveränität zu erlangen, zahlt das Subjekt den Preis, den Begehren und Lockungen einer ungezügelten Natur entsagen zu müssen.

Tauschverhältnis und Identitätsprinzip

Ein jedes Tauschverhältnis, auch dieses ursprüngliche, verkörpert das Identitätsprinzip, welches Dinge als gleich erscheinen lässt, indem es von dem abstrahiert, was ihnen spezifisch ist. Das Identitätsdenken verhilft damit einem instrumentellen Verhalten zur Vorherrschaft, das die Besonderheiten der Dinge auch praktisch auslöscht, indem es sie nur noch als Mittel der eigenen, subjektiven Ziele berücksichtigt. Im Einzelnen: Jeder Tausch setzt Vergleichbarkeit voraus; diese wird hergestellt, indem von den qualitativen Eigenschaften des zu Vergleichenden abgesehen wird. Die Geschichte der Menschheit ist die Geschichte der Entfaltung einer quantifizierenden, d.h. rechnenden Rationalität; was nicht identisch ist, wird äquivalent und dadurch tauschbar gemacht.

Instrumenteller Naturbezug und Profitgesetz

In der kapitalistischen Gesellschaft nimmt der Tausch die Form des Warentausches an. Dieser fungiert sodann als Basis für das Profitgesetz, das treibende Veränderungsprinzip in der modernen Gesellschaft, ihre *Dynamis* (→ Kapitel 1.1), das eine immer weitere Ausdehnung und Intensivierung des lediglich instrumentellen Naturbezugs bewirkt. Zwischen der nicht-menschlichen und der menschlichen Natur besteht dabei unter dem Gesichtspunkt seiner kapitalistischen Verwertbarkeit kein Unterschied: Alles, ob Bodenschätze oder der menschliche Körper, wird

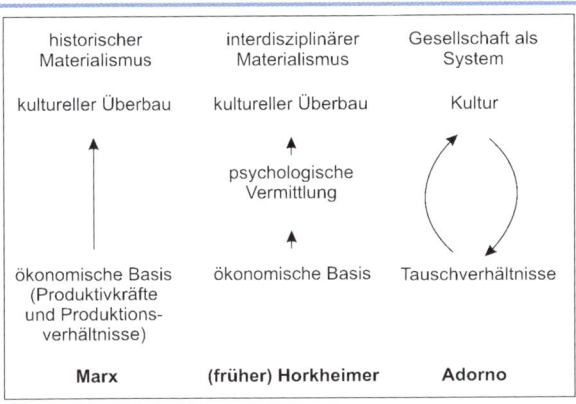

Abb. 6

*Das methodische
Konzept der Kritischen
Theorie im Vergleich*

zur Ressource, um den Profit zu steigern. Auch die Kultur wird schließlich von diesem Prozess erfasst und damit zum Bestandteil eines geschlossenen Systems allumfassender Herrschaft (→ Abb. 6).

Dieser Zusammenhang von Identitätsprinzip und Herrschaft prägt nach Adorno auch das wissenschaftliche Denken. In charakteristischer Weise zeige sich das am Positivismus, der ausschließlich an beobachtbaren, empirischen Tatsachen orientierten Wissenschaft, die ihrem Selbstverständnis zuwider keineswegs wertfrei sei, sondern zur Legitimation des Status quo beitrage. Eine positivistisch verfahrende Soziologie, so Adorno, verdopple und bekräftige nämlich die »falsche« Wirklichkeit, weil sie diese *erstens* mit klar gegliederten wissenschaftlichen Ordnungskategorien analysiert; dabei gerät das Widersprüchliche und Unvernünftige der Gesellschaft aus dem Blick. *Zweitens* bleibt unberücksichtigt, dass die Begriffe, mit denen soziale Phänomene identifiziert werden, selbst aus gesellschaftlichen Prozessen resultieren; auf diese Weise werden Machtverhältnisse verschleiert. Damit ist gemeint, dass z. B. der Begriff »Rolle« Herrschaftsverhältnisse stabilisiert, sofern nicht thematisiert wird, dass eine nach Rollen differenzierte Gesellschaft eine historisch kontingente Machtordnung darstellt, also eine Machtordnung, die nicht natürlich ist, sondern auch anders sein könnte. Entsprechend verkennt und verschleiert eine positivistische Soziologie *drittens*, dass nicht nur ihre Begriffe, also ihre Instrumente, etwas Bedingtes, nämlich durch ihre Funktion für die bestehende gesellschaftliche Ordnung (samt ihrer Machtverhältnisse) geformt sind, sondern dass dies auch für ihren Gegenstand, die Fakten, z. B. die Lage der einzelnen Gesellschaftsmitglieder, gilt.

Kritik der positivistischen Soziologie

Individualisierung

Differenzierung

Rationalisierung

Domestizierung

Gegen die positivistische Erfassung gesellschaftlicher »Erscheinungen« fordert Adorno deswegen die Aufdeckung ihres »Wesens«, das in den »objektiven Bewegungsgesetzen der Gesellschaft« (Adorno 2003, 42) bestehe. Adorno vertritt folglich ein *strukturtheoretisches* Verständnis von Gesellschaft. Gesellschaft ist ihm zufolge ein System, das als Totalität zu analysieren ist, weil alle Phänomene von ihrer Funktion für den Gesamtzusammenhang abhängen. Allerdings meint er nicht, dass die Soziologie das Wesen der Gesellschaft erfassen kann, indem sie ihre »Bewegungsgesetze« abstrakt rekonstruiert und Konkretes, z. B. das Verhalten gesellschaftlicher Gruppen, daraus ableitet. Auch das wäre ja ein Fall des kritisierten Identitätsdenkens. Stattdessen bemüht sich Adorno um ein »Denken in Konstellationen«, darum, Phänomene durch wechselnde Beschreibungen aus unterschiedlichen Perspektiven zu erhellen. Die Offenheit dieser Methode soll einerseits das Besondere an den Erscheinungen zur Geltung kommen lassen, das Festhalten an Begriffen als abstrahierenden Beschreibungsinstrumenten andererseits den Anspruch auf vernünftige Erkenntnis einlösen. Auf diesem Weg soll sich, ohne dabei dem Identitätsprinzip zu erliegen, die Gesellschaft als Totalität entschlüsseln lassen.

Gesellschaft als Totalität denken

Adornos Alternative beruht auf der Überzeugung, dass sich das Wesen der Gesellschaft nur aus der Analyse seiner Erscheinungen begreifen lässt, weil es nur in diesen existiert. Gesellschaft ist folglich nicht gewissermaßen additiv als Gesamtheit ihrer Bereiche oder ihrer Gruppen, sondern nur als der Prozess zu erläutern, in dem ihre Bewegungsgesetze die Menschen und die sozialen Beziehungen bestimmen. Wie kommt es, dass die Menschen in ihren Interaktionen gesellschaftliche Verhältnisse aufrecht erhalten, die sie nicht kontrollieren und nicht einmal verstehen? Es handelt sich also um einen strukturtheoretischen Ansatz, der gleichwohl Subjektives, das Element des Verstehens und die Perspektive der Akteure, berücksichtigt. Soziologie hat »die Nichtverstehbarkeit [der Gesellschaft] zu verstehen, die den Menschen gegenüber zur Undurchsichtigkeit verselbständigten Verhältnisse aus Verhältnissen zwischen den Menschen abzuleiten.« (Adorno 1972, 12)

Soziologie hat das Nichtverstehbare zu verstehen

Das bringt uns zur Dimension der *Praxis* (→ Kapitel 1.1) von Adornos Soziologieverständnis. Es geht offensichtlich darum zu erhellen, warum die Gesellschaft zivilisatorisch unter ihren Möglichkeiten bleibt. Damit steht die Kritische Theorie in der Tradition der Aufklärung. Sie unterscheidet sich indessen in zwei zentralen Hinsichten von der klassischen Aufklärung:

1. Die Einsicht in den *historischen Charakter* ihrer Begriffe gehört zum methodischen Grundverständnis der Soziologie Adornos; sie sind Teil des gesellschaftlichen Gesamtzusammenhangs einer geschichtlichen

Epoche. Deren Wesen erschließt sich durch konstellatives Denken, das die Deformationen an der Gesellschaft, ihr »Nichtidentisches«, zu erkennen gibt. Deswegen behauptet Adorno, dass Soziologie notwendig kritisch ist, aber auch, und darin liegt ein Unterschied zur klassischen Aufklärung, dass soziologischen Erkenntnissen keine überzeitliche Geltung zukommt. Wahrheit habe einen »Zeitkern«, schreiben Horkheimer und Adorno 1969 aus Anlass der Neuauflage der »Dialektik der Aufklärung« (Horkheimer/Adorno 1944, 13). **[Kritik ohne überzeitliche Geltung]**

2. Im Unterschied zur klassischen Aufklärung, aber auch zu Marx, zeichnet sich die Kritische Theorie durch ihren *pessimistischen Grundtenor* aus. Weil die Kritische Theorie berücksichtigt, dass sie ein Teil der Gesellschaft ist, die sie analysiert, trägt sie zwar nicht wie der Positivismus direkt zur Rechtfertigung der bestehenden Herrschaftsstruktur bei; diese sei in der Gegenwart aber so total geworden, dass nicht nur die Hoffnung auf ein revolutionäres Subjekt obsolet geworden, sondern sie eigentlich gar nicht mehr zu durchschauen ist. Allenfalls Einzelnen könnte, insbesondere in der Kunst, in seltenen Momenten gelingender ästhetischer Erfahrung »ein Licht aufgehen«. **[Ästhetische Erfahrung als letzte Möglichkeit]**

Es ist freilich umstritten, ob die Kritische Theorie von Adorno überhaupt im Sinne *soziologischer Erklärungen* zu verstehen ist; alternativ wird sie als ein Ansatz *sozialphilosophischer Zeitdiagnose* rezipiert, der auf Kosten explanativer Überlegungen mit den Mitteln der Überzeichnung und Übertreibung auf Kritik zielt. In dieser Frage hängt somit alles davon ab, wie die Analyse der soziologischen Theorie der Frankfurter Schule einzuschätzen ist.

Analyse: Staatskapitalismus und autoritärer Staat | 3.1.4

Wie Marx bemüht sich auch Adorno um ein Verständnis der Gegenwartsgesellschaft vor dem Hintergrund ihrer Vorgeschichte. Die antike Sklavenwirtschaft, der Feudalismus und die bürgerliche Gesellschaft entschlüsselt Marx als Stufenfolge von Produktionsverhältnissen, weil er die Geschichte unter dem Gesichtspunkt der Produktivkraftentfaltung analysiert. Auch Marx lässt sich damit in Adornos Augen bis zu einem gewissen Grade von gesellschaftlichen »Erscheinungen« blenden. Zwar habe er richtig erkannt, dass die menschliche Geschichte eine Geschichte der fortschreitenden Naturbeherrschung sei. Die Domestizierung der Natur dürfe aber nicht auf die Steigerung der Produktivkräfte verkürzt werden; »wesentlich« sei vielmehr die Entfaltung instrumenteller Rationalität. **[Domestizierung und instrumentelle Rationalität]**

Während die Rekonstruktion des historischen Verlaufs für Marx unter dem stofflichen Gesichtspunkt beginnt, wie der Mensch sich die

Individualisierung

Differenzierung

Rationalisierung

Domestizierung

Natur als Material zur Bedürfnisbefriedigung aneignet, geht Adorno gewissermaßen noch einen Schritt weiter zurück und fragt, wie das Subjekt im Austausch mit der Natur überhaupt erst zu einem solchen wird, das sich die Natur als Material der Bedürfnisbefriedigung aneignet. Diese Form eines instrumentellen Naturbezugs hat nach Adorno nämlich ebenfalls eine Vorgeschichte, und diese gilt es zu erzählen, um den Charakter der gegenwärtigen Gesellschaft kenntlich zu machen.

Die Natur, so Horkheimer und Adorno, begegnet dem Menschen zunächst als chaotisch, übermächtig und bedrohlich. Der Furcht vor ihr entspringt das Motiv, sie zu kontrollieren und zu bändigen. Das gelingt durch Aufklärung: »Seit je hat Aufklärung im umfassendsten Sinn fortschreitenden Denkens das Ziel verfolgt, von den Menschen die Furcht zu nehmen und sie als Herren einzusetzen.« (Horkheimer/Adorno 1944, 25) Die Natur wird der Herrschaft des Menschen unterworfen und von ihm unter Kontrolle gebracht, indem er sie objektiviert und versachlicht, also zu einem Gegenstand macht, auf den er einwirken und den er nutzen kann. Auf einer frühen historischen Stufe geschieht dies durch mythische Konstruktionen. Der Mythos steht folglich nicht im Gegensatz zur, sondern ist selbst schon Aufklärung. Der Aufklärungsprozess ist der Kritischen Theorie zufolge durch dieses ursprüngliche, auf Selbsterhaltung zielende Naturverhältnis des Menschen bestimmt. Hierin besteht nach Horkheimer und Adorno die Grundlage für die Marx'sche Betrachtung der Geschichte als fortschreitender Instrumentalisierung der Natur für die Existenz des Menschen. Die Vorherrschaft der instrumentellen Rationalität ist damit der Nährboden, auf dem auch der Kapitalismus erst Wurzeln schlagen kann.

Kapitalismus beruht auf instrumenteller Rationalität

Wo Marx eine Steigerung der Produktivkräfte erblickt, sehen die Frankfurter deswegen die Ausbreitung instrumenteller Rationalität.

Definition

Instrumentelle Rationalität

Instrumentelle Rationalität ist das Vermögen, den effizienten Einsatz von Mitteln zur Erreichung von Zielen zu bestimmen; sie gibt aber keine Auskunft darüber, welche Ziele denn vernünftigerweise verfolgt werden sollten. Sie entspricht insofern Webers Begriff der Zweckrationalität. Im Unterschied dazu meinen Horkheimer und Adorno mit instrumenteller Rationalität eine Rationalitätsform, die die Effizienz ihrer Mittel schließlich als Selbstzweck erscheinen lässt, bei der also Steigerung und Effizienz um ihrer selbst und nicht eines bestimmten Zieles oder Interesses willen angestrebt werden.

Anders als Marx begreifen sie die bürgerliche Gesellschaft folglich nicht als Vorstufe zum Kommunismus. Die Krisen (der Akkumulation und Realisation bzw. Überproduktion), in denen jener das unvermeidliche Todesurteil für den Kapitalismus gesehen hatte, gelten diesen als überwindbar. Die Gesellschaft lässt ihre kapitalistische Krisenhaftigkeit nicht, wie Marx glaubte, hinter sich, indem sie durch die revolutionäre Umgestaltung den Grundwiderspruch von Kapital und Arbeit und ihren Klassencharakter aufhebt, sondern sie erreicht dies durch die Totalisierung instrumenteller Rationalität. Auf den krisenhaften Kapitalismus folgt also nicht das kommunistische Reich der Freiheit, sondern die totalitäre Herrschaft. Dieser Überlegung zufolge hatte die Domestizierung der Natur mit der bürgerlichen Gesellschaft mithin eine kapitalistische, aber noch nicht ihre höchste Form angenommen. Gesellschaftstheoretisch müssen folglich verschiedene Stadien des Kapitalismus unterschieden werden.

Die Überwindbarkeit kapitalistischer Krisen

Die klassisch liberale bzw. konkurrenzkapitalistische Phase ist die von Marx hauptsächlich analysierte. Unternehmer konkurrieren hier auf einem Markt, auf dem im Prinzip jederzeit neue Anbieter auftreten können. Dass sich daraus die Tendenz zur Monopolbildung ergibt, hat schon Marx gesehen. Insbesondere Engels hat noch darauf reagiert, dass sich zunehmend Kartelle und Trusts bildeten. In dieser zweiten, der monopolkapitalistischen Phase lässt sich der Markt nicht mehr als eine gesellschaftliche Sphäre verstehen, die schlechthin vorpolitisch ist. Weil die Ökonomie nun selbst durch Absprachen und politische Interventionen strukturiert wird, stellt sie nicht mehr die unabhängige Variable dar, von der aus sich z. B. die staatliche Herrschaft analysieren ließe. Gleichwohl war die dominierende Auffassung im Marxismus der ersten Jahrzehnte des 20. Jahrhunderts, dass im Verhältnis von Ökonomie und Politik letztlich die Ökonomie weiterhin bestimmend blieb und die Politik auf eine reaktive Tätigkeit beschränkt war, die schließlich doch scheitern müsse.

Von der liberal- zur monopolkapitalistischen Phase

Mit dieser Auffassung bricht die Frankfurter Schule, jedenfalls ihr innerer Zirkel. Er ist der Überzeugung, dass sich eine dritte Phase herausbildet: der »Staatskapitalismus«. Ausgearbeitet wird das Staatskapitalismuskonzept von Friedrich Pollock, der am Institut für Sozialforschung für die politökonomische Analyse zuständig ist. Mit Marx glaubt auch Pollock, dass die Krisenanfälligkeit der kapitalistischen Wirtschaft nur durch Planung überwunden werden kann. Das bedeute aber keineswegs, dass der Kapitalismus als ein auf der Ausbeutung fremder Arbeit beruhendes System zum Scheitern verurteilt ist. Planwirtschaft sei nämlich nicht gleichbedeutend mit Sozialismus. Möglich, so die grundlegende Annahme der Staatskapitalismustheorie, ist auch eine kapitalistische Planwirtschaft. In dieser wären die Eigentümer entweder reine Renten-

Der Staatskapitalismus

Individualisierung

Differenzierung

Rationalisierung

Domestizierung

bezieher oder mit den politischen (und militärischen) Eliten zu einer herrschenden Klasse verschmolzen. Im Staatskapitalismus würde die Wirtschaft durch den Staat gesteuert, ohne dass die Klassenspaltung der Gesellschaft überwunden oder das Profitmotiv außer Kraft gesetzt wäre. Der Staatskapitalismus könne entweder eine demokratisch-reformistische oder eine totalitäre Ausprägung annehmen.

Der autoritäre Staat

Dem Staatskapitalismus entspricht nach dieser Auffassung in politischer Hinsicht der »autoritäre Staat«, dessen Wesen in der vollkommenen bürokratischen Durchdringung der Gesellschaft besteht. Die totalitäre Herrschaft ergibt sich folglich aus ökonomischen Erfordernissen. Sie ermöglicht, die ursprüngliche Krisenhaftigkeit des Kapitalismus zu überwinden und ihn dauerhaft zu stabilisieren. Aber mit dem Staatskapitalismus ändert sich das Verhältnis von Politik und Ökonomie, insofern nun Erstere die Führung übernimmt. Diese Umkehrung des Verhältnisses wird falsch interpretiert, wenn sich die Gesellschaftsanalyse wie bei Marx auf die Entfaltung der Produktivkräfte konzentriert. Sie bedeutet nicht das nahende Ende des Kapitalismus; es kündigt sich in ihr nicht der Sozialismus als Vorstufe des Kommunismus an. Der Totalitarismus – sowohl in nationalsozialistischer wie auch in bolschewistischer Gestalt – reiht sich vielmehr nahtlos in die Menschheitsgeschichte als eine fortschreitende Herrschaft instrumenteller Rationalität ein – eine Entfaltung instrumenteller Naturbeherrschung, die zwischen der nicht-menschlichen und der menschlichen Natur keinen prinzipiellen Unterschied macht.

An dieser Stelle der Analyse müssen Horkheimer und Adorno nun eine Antwort auf die Leitfrage der Kritischen Theorie entwickeln. Selbst wenn es mit den Mitteln staatlicher Steuerung gelingen sollte, die Krisenhaftigkeit der kapitalistischen Wirtschaft zu kontrollieren, so stellt sich doch weiterhin die Frage, warum die Unterdrückten nicht aufbegehren. Warum bleiben soziale Konflikte, warum bleibt die Revolution aus? Einen Teil der Erklärung liefert die (faschistische) Gewaltherrschaft.

Terror vereinzelt und verängstigt die Individuen

Sie macht Widerstand nicht nur schwierig und riskant, als Terror vereinzelt und verängstigt sie die Individuen. Diese versuchen ihrem Drang nach Selbsterhaltung zu genügen, indem sie sich in einen Herrschaftszusammenhang »einordnen«, der sich zumal dadurch stabilisiert, dass er die Juden als »Objekte« identifiziert, an denen sich aufgestaute Aggressionen entladen können. Die hochmoderne Gesellschaft, also die Gesellschaft der entwickelten Moderne, ermöglicht dem bzw. der Einzelnen psychische Entlastung, indem sie das Prinzip »nach oben buckeln, nach unten treten« in ihrer Struktur verankert. Auch heute versuchen SoziologInnen, mit diesem Prinzip z.B. das Entstehen von Fremdenfeindlichkeit zu erklären.

Aber reicht diese Erläuterung aus, um zu verstehen, warum die totalitäre Klassenherrschaft auch bei den Ausgebeuteten Unterstützung findet? Rätselhaft bleibt zumindest, warum die Menschen nicht einmal ein Bewusstsein davon entwickeln, dass ihr Leid unnötig ist. Diese Erkenntnis setzt freilich voraus, dass den Gesellschaftsmitgliedern ihr eigenes Leid zumindest bewusst ist, sie also wenigstens vage spüren, dass sie eigentlich etwas anderes als die bestehenden Verhältnisse wollen. Doch wie sollte das ausbleiben können? Zumindest in der ästhetischen Erfahrung müssten die Menschen doch verstört und aufgerüttelt werden.

Der letzte Baustein der Gesellschaftsanalyse der Kritischen Theorie besteht im Begriff der »Kulturindustrie«. Unverkürzte ästhetische Erfahrung ist nach Horkheimer und Adorno in dem Maße unmöglich geworden, wie die Kultur in den Funktionszusammenhang einer ganz auf Profitmaximierung und Herrschaftssicherung gerichteten Gesellschaftsordnung integriert worden ist. Kunst ist nicht nur eine Ware im kapitalistischen Verwertungsprozess; sie ist unter der Herrschaft instrumenteller Rationalität jedes Gehaltes entleert, der nicht auf die Reproduktion des Bestehenden bezogen ist: »Kultur schlägt heute alles mit Ähnlichkeit. Film, Radio, Magazine machen ein System aus. Jede Sparte ist einstimmig und alle in sich zusammen.« (Horkheimer/Adorno 1944, 128) Kulturgenuss reduziert sich in der entwickelten Moderne auf das Amüsement in der Freizeit und dient der Regeneration der Arbeitsfähigkeit. Damit schließt sich das System. Die Charakterisierung der Gegenwartsgesellschaft als totales System ist freilich der Kern von Adornos Zeitdiagnose.

Die Kulturindustrie

Diagnose: Die total integrierte Gesellschaft

| 3.1.5

Die Analyse der Kritischen Theorie lässt sich nur schwer von ihrer Diagnose trennen; zu einem guten Teil ist die Analyse hier schon Diagnose. Wie erwähnt verfolgt Adorno eine Methode, die in der Beschreibung eines Phänomens den Verlust deutlich macht, der durch die herrschenden gesellschaftlichen Verhältnisse erzwungen wird. Die Analyse des Modernisierungsprozesses ist zugleich Diagnose, weil der von der Menschheit beschrittene Pfad einer Domestizierung der Natur als solcher pathologisch ist. Das Subjekt lernt die Natur zu beherrschen, indem es sich selbst verstümmelt, d. h. erfahrungsunfähig macht. Der instrumentelle Naturbezug lässt die Instrumente der Herrschaft anwachsen, die schließlich gegen die Menschen zurückschlagen. Entsprechend behaupten Horkheimer und Adorno nicht nur, dass der Mythos schon Aufklärung ist; die dazugehörige These lautet: »Aufklärung schlägt in Mythologie zurück«

Domestizierung der Natur ist als solche pathologisch

Individualisierung

Differenzierung

Rationalisierung

Domestizierung

(Horkheimer/Adorno 1944, 21). Denn: »[D]ie vollends aufgeklärte Erde erstrahlt im Zeichen triumphalen Unheils.« (ebd., 25)

Der Faschismus bildet den Bezugspunkt der Pathologiediagnose der Kritischen Theorie. Bestimmend ist dabei die Überzeugung, dass Auschwitz nicht als »Unfall« des Modernisierungsprozesses, auch nicht als »Rückfall« in eine archaische Zeit vor der Moderne zu begreifen ist. Die bürokratisch organisierte und industriell exekutierte Vernichtung der europäischen Juden ist vielmehr nur aus ihrem hochgradig modernen Charakter zu verstehen. Die These, dass der Faschismus ein zutiefst modernes Phänomen ist, ist indessen nicht nur in dem Sinne gemeint, dass erst die Moderne die Mittel hervorgebracht hat, derer totalitäre Herrschaft sich bedient. Stattdessen ist es so, dass Aufklärung totale Herrschaft produziert. Das Konzentrationslager ist mithin der Kulminationspunkt der Modernisierung.

Aufklärung produziert totale Herrschaft

Horkheimer und Adorno entwickeln diese Auffassung gewissermaßen durch eine Kombination der Pathologiediagnosen von Weber und Marx. In der Literatur findet sich zur Chakaterisierung ihrer Kritischen Theorie deswegen auch die Bezeichnung »Webermarximus«. Weber hatte den Prozess der Rationalisierung unter dem Gesichtspunkt der Entzauberung einer ursprünglich magisch aufgefassten Welt rekonstruiert. Paradoxerweise resultiert dieser Vorgang, der doch eigentlich einen Zugewinn an Autonomie bedeutet, in bürokratischer Erstarrung und der Entwertung jener Gründe, die es Menschen ermöglichen, ihrem Leben eine Richtung zu geben. Freiheits- und Sinnverlust, der Verlust der objektiven Möglichkeiten und der inneren Handlungsgründe für eine gelingende Lebensführung, das sind die beiden Elemente der Weber'schen Diagnose der heraufziehenden modernen Gesellschaft.

Eine Geschichte grenzenloser Verdinglichung

Diese Annahmen übernehmen Horkheimer und Adorno, überführen sie aber in den Rahmen der Marx'schen Konzeption. Unter materialistischen Vorzeichen liest sich der Entzauberungsprozess dann so: Der Fortschritt der Aufklärung als Entfaltung instrumenteller Rationalität ist eine Geschichte grenzenloser Verdinglichung, also der Versachlichung sozialer Verhältnisse. Denn diese Aufklärung steigert in Gestalt einer bürokratischen Kontrolle, die noch die letzten Poren der Gesellschaft durchdringt, die Mittel der Herrschaft ins Unermessliche; sie vernichtet zugleich durch den nagenden Zweifel ihrer nüchternen Kritik alle Gründe für eine Beschränkung der Herrschaft: Ist es nicht einfach klug, fortschrittlich und, um im Wettbewerb bestehen zu können, ohnehin unumgänglich, die natürliche Umwelt rücksichtslos auszubeuten? Was spricht dagegen, sich in Bezug auf seine Mitmenschen genauso zu verhalten? Repräsentiert nicht eine Herrschaft, welche Menschen nur als Material ihrer Verwaltungstätigkeit versteht und sich dabei von keinen

»Gefühlsduseleien« irritieren lässt, die höchste Stufe der Rationalität? Was Horkheimer und Adorno zeigen wollen, ist: Von der Versachlichung der äußeren Natur um der Selbsterhaltung der eigenen Natur willen führt ein direkter Weg zur Versachlichung der menschlichen Natur. Weil der Herrschaftsausübung in einer aufgeklärten Gesellschaft kein Ziel mehr vorgegeben bleibt, orientiert sie sich allein noch an der Reproduktion des Status quo. Schließlich reproduziert sich auf Kosten der Menschen nur noch das System selbst.

Dass die Gesellschaft der entwickelten Moderne sich zu einem unentrinnbaren System geschlossen hat, ist die zentrale zeitdiagnostische These von Adorno.

Zusammenfassung

Gesellschaft als System

Die Gesellschaft bildet in der fortgeschrittenen Moderne ein System, weil alle sozialen Phänomene ihre Existenz der Rolle verdanken, die sie im Prozess der Aufrechterhaltung des Funktionszusammenhangs einer ganz auf Profitmaximierung und Herrschaftssicherung gerichteten Gesellschaftsordnung erfüllen. Da nichts mehr außerhalb dieses Verwertungsprozesses steht, der unter staatskapitalistischen Bedingungen dauerhaft stabilisiert sei, spricht Adorno auch davon, dass die Gesellschaft »total integriert« ist.

Die zum System geschlossene Gesellschaft verhindert sogar, dass die Individuen die allumfassende Verdinglichung erkennen. Adorno spricht in diesem Zusammenhang von einem »universellen« bzw. »totalen Verblendungszusammenhang«. Dass die Menschen ihre verhängnisvolle Situation verkennen, führte Marx auf das »falsche Bewusstsein« zurück, das sie von ihren Verhältnissen haben; Adorno glaubt, dass die Dinge noch schlimmer liegen.

Ideologie im Sinne von falschem Bewusstsein enthält nämlich immerhin noch etwas »Richtiges«: die normativen Maßstäbe, die nur fälschlich für realisiert gehalten werden. Deswegen hat selbst das falsche Bewusstsein soziale Sprengkraft. Als ideologisch gilt Marx z.B. die Vorstellung, im Arbeitsvertrag würden Äquivalente getauscht. »Falsch« ist hier die Vorstellung, die Arbeitskraft sei eine Ware wie jede andere und könne deswegen wie jede andere gegen Geld getauscht werden. »Richtig« ist diese Vorstellung aber, insofern sie einen kritischen Maßstab enthält: Der Vertrag kommt nur zustande, weil die Beteiligten glauben, Gleiches würde gegen Gleiches getauscht. In dem Maße, wie die Ausgebeuteten nun erkennen, dass ihre Gesellschaft gar nicht gerecht und chancengleich ist, wandelt sich das falsche deswegen in ein revolutionäres Bewusstsein.

Die frühe Moderne: Ideologie und falsches Bewusstsein

Individualisierung

Differenzierung

Rationalisierung

Domestizierung

In der entwickelten Moderne aber hat sich nach Adorno diese Art des falschen Bewusstseins verflüchtigt. In der total integrierten Gesellschaft existiert stattdessen gar kein Bewusstsein mehr davon, dass die Dinge auch anders sein könnten. Falsch ist hier nicht die Überzeugung, die Gesellschaft sei gerecht, obwohl sie doch eigentlich ungerecht ist; falsch ist vielmehr die Überzeugung, die Gesellschaft könne gar nicht anders sein als sie ist – und der Herrschaftszusammenhang folglich an keinem anderen Zweck orientiert sein als an seiner eigenen Aufrechterhaltung. In Abgrenzung zum falschen könnte man hier vom restringierten bzw. beschränkten Bewusstsein sprechen.

Die Vorstellung, die Gesellschaft müsse genau so sein, wie sie ist, beruht nach Adorno auf zwei Faktoren:

1. Hermetisch schließen kann sich die gesellschaftliche Reproduktion nur durch die *Kulturindustrie*, die Adorno als »Instanz« bezeichnet, »welche Bewußtsein in seinen je bestehenden Formen, dem geistigen Status quo, fixiert und verstärkt. Der unermüdlichen geistigen Verdopplung dessen, was ohnehin ist, bedarf die Gesellschaft, weil anders als bei Anpreisung des Immergleichen, bei nachlassendem Bestreben, Daseiendes damit zu rechtfertigen, daß es da sei, die Menschen es am Ende doch abschüttelten.« (Adorno 1972, 18)

2. Die Wirkung dieser »Instanz« beschränkt sich nicht auf das Bewusstsein, sondern reicht tief in die menschliche Natur. Die Kulturindustrie sorgt dafür, dass die Menschen sich vollständig in die Gesellschaft integriert fühlen – nicht weil sie die bestehende Form des Interessenausgleichs zwischen konkurrierenden Gruppen für legitim halten, sondern weil sie gar keine Ansprüche entwickeln, die sich erst durch eine Umgestaltung der sozialen Ordnung erfüllen ließen. Dadurch, dass die Kulturindustrie die Motive und Impulse der Individuen derart lenkt und beschränkt, verschafft sie der Reproduktion dessen, was ohnehin ist, ein *leibliches Fundament*. Die Gesellschaft als System reproduziert sich durch die Individuen hindurch.

Der totalitäre Charakter der Gesellschaft besteht nach Adornos Überzeugung auch in den Nachkriegsgesellschaften fort. Die liberaldemokratischen Institutionen der westlichen Welt sind nur die Fassade einer »total verwalteten Welt«. Hinter dieser Auffassung steht die Befürchtung, dass der Faschismus wieder an die Macht kommen könnte, solange das staatskapitalistische System weiter besteht. Die Kritische Theorie hat diesen Zusammenhang einmal auf die viel zitierte Formel gebracht: »Wer aber vom Kapitalismus nicht reden will, sollte auch vom Faschismus schweigen.« (Horkheimer 1939, 308 f.) Von der Komplementarität beider sind die Frankfurter auch nach dem Krieg überzeugt. Der Staat mag aktuell zwar nicht manifest totalitär sein; die Gesellschaft ist es aber in

---

Definition

Kulturindustrie

Dieser Begriff steht in der Kritischen Theorie für das System der industrialisierten Produktion von Kulturgütern. Es handelt sich dabei um ein Herrschaftsmittel, weil die Kulturindustrie die Menschen zufriedenstellt, indem sie

1. das Streben der Menschen in den Konsum umlenkt und darauf beschränkt und
2. mit den auf ihren Warencharakter reduzierten kulturellen Erzeugnissen zugleich die Mittel für die Befriedigung der Konsumbedürfnisse bereitstellt.

Zugleich rechtfertigt und bestärkt die Kulturindustrie in ihren Erzeugnissen – Filmen, Fernsehshows, Musikangeboten, heute auch Computerspielen etc. – die bestehenden Verhältnisse indirekt auch dort, wo sie sich kritisch gibt. Um zu verdeutlichen, dass die Menschen diese Bedürfnisse nicht autonom hervorbringen, sprechen Horkheimer und Adorno nicht von Massenkultur.

---

ihrem Wesen. So sind die Bürokratien der entwickelten Nationalstaaten kein Instrument für die Gestaltung menschenwürdiger Verhältnisse, sondern dienen der Kontrolle der in den kapitalistischen Verwertungszusammenhang integrierten Menschen. Unter diesen Bedingungen ist der Versuch, ein gelingendes Leben zu führen, zum Scheitern verurteilt: »Es gibt kein richtiges Leben im falschen.« (Adorno 1951, 43)

Die kulturindustrielle Verdopplung verdrängt freilich das Bewusstsein davon, dass das eigene Leben deformiert ist. Dennoch findet sich bei Adorno die Hoffnung, dass es eine Alternative zum instrumentellen Naturbezug gibt. Er nennt sie »mimetisches Verhalten« und meint damit eine Einstellung, die die Natur nicht verdinglicht, sondern als Gegenüber versteht. Mimesis, d.h. Nachahmung, besteht nach Adorno und entsprechend der Wortbedeutung nicht darin, sich restlos von der Natur vereinnahmen zu lassen bzw. sich in ihr aufzugeben, sondern vielmehr in einer Haltung des behutsamen Anschmiegens an den Gegenstand der Erkenntnis. Die Vernunftkritik der Kritischen Theorie zielt mithin nicht auf eine Absage an Vernunftansprüche, sondern auf eine andere, nicht-instrumentelle Vernunft. Für diese Alternative steht das erwähnte Modell konstellativen Denkens, das Gegenstände »aufschließen« und einer unverkürzten Erkenntnis zugänglich machen soll.

Einen gewissen Rückzugsraum für solch unverstümmelte Erkenntnis sieht Adorno in der Kunst. In der ästhetischen Erfahrung kann das

Mimetisches Verhalten, nicht-instrumentelle Vernunft

Die Bedeutung ästhetischer Erfahrung

Individualisierung

Differenzierung

Rationalisierung

Domestizierung

Subjekt eine Ahnung davon gewinnen, wie ein gelingender Naturbezug beschaffen wäre, zumindest eine Ahnung davon, dass die instrumentelle Naturbeherrschung barbarisch ist. An der Möglichkeit ästhetischer Erfahrung entscheidet sich deswegen, inwieweit die Menschen überhaupt noch ein Gespür für ihr Leid und einen Sinn für gesellschaftliche Alternativen haben.

Tab. 10

Theodor W. Adornos soziologische Theorie auf einen Blick

	Stichworte	Erläuterungen
Soziologie	Soziologie als Analyse der »objektiven Bewegungsgesetze« der Gesellschaft	Ziel ist die Erkenntnis des »Wesens« hinter den »Erscheinungen«.
Leitfrage	Wie kommt es, dass die Gesellschaft entgegen aller Aufklärung immer unmenschlicher zu werden scheint?	Adorno vermutet einen »universellen Verblendungszusammenhang«.
Erklärungsmodell	an Hegel und Marx orientierter Holismus, dialektischer Materialismus	Kultur wird jedoch ein eigenständig erklärender Faktor.
Basiseinheit des Erklärens	(kapitalistische) Tauschverhältnisse	Sie verkörpern das Identitätsprinzip.
Verhältnis Individuum / Gesellschaft	Grundstruktur der Gesellschaft bestimmt Individuierungsformen / Persönlichkeitsentwicklung	Kapitalismus und Kulturindustrie verhindern wirkliche Individualisierung.
Moderne und traditionale Gesellschaft (Analyse)	Ausbreitung der instrumentellen, verdinglichenden Vernunft anstelle eines »mimetischen« Naturempfindens	Aufklärung wird zu einem ambivalenten Prozess, der in die zivilisatorische Katastrophe führt.
Modernisierung als	gesteigerte Domestizierung	Naturbeherrschung schlägt in Entmenschlichung um, weil sie nicht nur die äußere, sondern auch die menschliche Natur umfasst.
Treibendes Veränderungsprinzip	instrumentelle Naturbeherrschung, im Kapitalismus: Profitgesetz	Die kulturelle Entwicklung wird zu ihrem Instrument.
Moderne Pathologien (Diagnose)	Gesellschaft als System, Auschwitz als Konsequenz der Moderne	Adorno diagnostiziert ein neues Zeitalter der Barbarei.

Zusammenfassung | 3.1.6

Adorno und die Kritische Theorie nehmen die Gesellschaft – im Gegensatz zu den Gründervätern der Soziologie – nicht in erster Linie unter dem Gesichtspunkt ihrer Dynamisierung, sondern ihrer Erstarrung wahr. Die totalitären Systeme vernichteten die Möglichkeiten für freie Entfaltung. Auch die bürokratisch kontrollierten Nachkriegsgesellschaften unterbinden Spontaneität. Die Diagnose der Gesellschaft als ein System steht in direktem Zusammenhang mit einem im Kern strukturfunktionalistischen Erklärungsmodell. Soziale Phänomene werden anhand der Funktion analysiert, die sie für die Reproduktion der bürokratisch formierten Gesellschaft der entwickelten Moderne erfüllen. Die Soziologie muss sich deswegen davor hüten, gesellschaftliche Fakten isoliert zu betrachten (Positivismus), und sie stattdessen als Ausdruck von unpersönlichen Machtverhältnissen bzw. »objektiven Bewegungsgesetzen« verstehen, derer sich die Menschen nicht bewusst sind.

In der fortgeschrittenen Moderne bewirken diese Machtverhältnisse, dass die Gesellschaft sich gewissermaßen nur noch im Kreise dreht. Die Kritische Theorie stellt aber auch dar, wie die Gesellschaft in die verhängnisvolle Lage geraten ist, in der sie sich ohne Aussicht auf Besserung befindet. Sie rekonstruiert den Modernisierungsprozess als eine fortschreitende Naturbeherrschung, die grenzenlos geworden ist. Das Prinzip einer zunehmenden Domestizierung der Natur ist gegenüber der Marx'schen Analyse unermesslich gesteigert, weil nunmehr nicht nur die äußere, sondern auch die menschliche Natur zum Gegenstand instrumenteller Kontrolle und schließlich zum bloßen Mittel im herrschaftlich auf Dauer stabilisierten kapitalistischen Verwertungszusammenhang geworden ist. Diese Erzählung des Modernisierungsprozesses muss freilich nicht als Kausalerklärung im strengen Sinne gelesen wer-

Lernkontrollfragen

1 Auf welche Frage versucht die Kritische Theorie zu antworten und wie geht sie dabei vor?
2 Welche Rolle spielt die Kultur in Adornos Konzeption von Gesellschaft?
3 Erläutern sie die Funktionsweisen und Wirkmechanismen der Kulturindustrie.
4 Worin besteht die Dialektik der Aufklärung?
5 Wie lässt sich nach Adorno der Aufstieg des Faschismus erklären?
6 Was unterscheidet Adornos Analyse der Moderne von derjenigen von Karl Marx?

Individualisierung

Differenzierung

Rationalisierung

Domestizierung

den. Man kann sie auch als Darstellungsmittel verstehen, das die entscheidenden Züge der eigenen Gesellschaft besonders deutlich hervortreten lassen soll.

Literaturhinweise

Primärliteratur

Adorno, Theodor W. (1951): Minima Moralia. Reflexionen zu einem beschädigten Leben (Gesammelte Schriften, Bd. 4), Frankfurt a. M. 1980.

Adorno, Theodor W. (1966): Negative Dialektik, in: ders.: Gesammelte Schriften, Bd. 6, hg. von Rolf Tiedemann, Frankfurt a. M. 1970, 7–412.

Adorno, Theodor W. (1972): Gesellschaft (I) (Vortrag 1966), in: ders: Gesammelte Schriften, Bd. 8: Soziologische Schriften I, hg. von Rolf Tiedemann, Frankfurt a. M., 9–19.

Adorno, Theodor W. (2003): Einleitung in die Soziologie (Vorlesung 1968), hg. von Christoph Gödde, Frankfurt a. M.

Horkheimer, Max (1931): Die gegenwärtige Lage der Sozialphilosophie und die Aufgaben eines Instituts für Sozialforschung, in: ders.: Gesammelte Schriften Bd. 3, hg. von Alfred Schmidt, Frankfurt a. M. 1988, 20–35.

Horkheimer, Max (1939): Die Juden und Europa, in ders.: Gesammelte Schriften, Bd. 4: Schriften 1936–1941, hg. von Alfred Schmidt und Gunzelin Schmid Noerr, Frankfurt a. M. 1988, 308–331.

Horkheimer, Max (1940/42): Autoritärer Staat, in: ders.: Gesammelte Schriften, Bd. 5, hg. von Gunzelin Schmid Noerr, Frankfurt a. M. 1987, 293–319.

Horkheimer, Max/Adorno, Theodor W. (1944): Dialektik der Aufklärung. Philosophische Fragmente, in: Adorno, Theodor W.: Gesammelte Schriften, Bd. 3, Frankfurt a. M. 1981.

Sekundärliteratur

Auer, Dirk/Bonacker, Thorsten/Müller-Doohm, Stefan (Hg.) (1998): Die Gesellschaftstheorie Adornos. Themen und Grundbegriffe, Darmstadt.

Braunstein, Dirk (2011): Adornos Kritik der politischen Ökonomie, Bielefeld.

Brunkhorst, Hauke (1990): Theodor W. Adorno. Dialektik der Moderne, München.

Cook, Deborah (Hg.) (2008): Theodor Adorno. Key Concepts, Stocksfield.

Delanty, Gerard (Hg.) (2004): Theodor W. Adorno, 4 Bde., London u. a.

Honneth, Axel (Hg.) (2006): Dialektik der Freiheit. Frankfurter Adorno-Konferenz 2003, Frankfurt a. M.

Jameson, Fredric (1992): Adorno oder Die Beharrlichkeit der Dialektik, Berlin.

Jay, Martin (1976): Dialektische Phantasie. Die Geschichte der Frankfurter Schule und des Instituts für Sozialforschung 1923–1950, Frankfurt a. M.

Klein, Richard/Kreuzer, Johann/Müller-Doohm, Stefan (Hg.) (2011): Adorno-Handbuch. Leben – Werk – Wirkung, Stuttgart.

Marx, Karl/Engels, Friedrich (1845/46): Die Deutsche Ideologie, in: Marx-Engels-Werke Bd.3, Berlin 1958, 9–530.

Müller-Doohm, Stefan (1996): Die Soziologie Theodor W. Adornos. Eine Einführung, Frankfurt a. M. u. a.

Schweppenhäuser, Gerhard (Hg.) (1995): Soziologie im Spätkapitalismus. Zur Gesellschaftstheorie Theodor W. Adornos, Darmstadt.

Schweppenhäuser, Gerhard (1996): Theodor W. Adorno zur Einführung, Hamburg.

Strecker, David (2012): Logik der Macht. Zum Ort der Kritik zwischen Theorie und Praxis, Weilerswist.

Wiggershaus, Rolf (1988): Die Frankfurter Schule. Geschichte, theoretische Entwicklung, politische Bedeutung, München.

Wiggershaus, Rolf (2006): Theodor W. Adorno, München.

Rationalisierung 2: Kritik der Verständigungsverhältnisse – *Jürgen Habermas*

| 3.2

Einführung

| 3.2.1

Jürgen Habermas gilt heute als einer der einflussreichsten deutschen Intellektuellen. Zudem ist er ein bedeutender Philosoph. Selten wird er dagegen als Soziologe bezeichnet. Dennoch rechnet Habermas heute zum Kanon der Soziologie. Sein Hauptwerk, die zweibändige »Theorie des kommunikativen Handelns«, stand schon bald nach ihrem Erscheinen 1981 im Ruf, ein moderner Klassiker der Gesellschaftstheorie zu sein. Die soziologische Bedeutung seines Denkens und die Rolle einer kritischen Stimme in der Öffentlichkeit teilt Habermas mit anderen Vertretern der ihn maßgeblich bestimmenden (sozial)philosophischen Tradition, der v.a. von Max Horkheimer und Theodor W. Adorno ausgearbeiteten Kritischen Theorie der Frankfurter Schule. Dieser Ansatz suchte die Marx'sche Analyse der Menschheitsgeschichte als Steigerung der Domestizierung bzw. Naturbeherrschung für die Epoche der entwickelten Moderne fruchtbar zu machen; Habermas dagegen war schon früh der Überzeugung, eine unverkürzte Diagnose, die sowohl die Gefahren als auch die Chancen hochmoderner Gesellschaften überzeugend zu deuten vermag, müsse die soziale Evolution unter dem Gesichtspunkt der Rationalisierung in den Blick nehmen.

Ein Neuansatz der Kritischen Theorie

Diese Auffassung entwickelt Habermas angesichts ganz konkreter, biografischer Erfahrungen: Ihn prägt der nationalsozialistische Zivilisationsbruch ebenso wie der freiheitsverbürgende Charakter des demokratischen Rechtsstaats. Dabei stimmt er zu einem guten Teil mit der Beschreibung der Autoren der frühen Kritischen Theorie überein. Diesen war aufgefallen, dass die Gesellschaft der Gegenwart sich gegenüber der frühen Moderne fundamental verändert hatte. Auch Habermas ist ein Theoretiker der weitgehend formierten Gesellschaft der fortgeschrittenen Moderne. Aber er deutet die Wandlungen der Gesellschaftsstruktur anders. Im Gegensatz zu Adorno glaubt Habermas, dass die entwickelte Moderne nicht als solche totalitär ist. Zwischen dem Faschismus und den liberaldemokratischen Nachkriegssystemen besteht für ihn ein Unterschied ums Ganze. Letztlich ist es diese Frage nach dem freiheitlichen Charakter hochmoderner Gesellschaften, auf welche die immer wieder geäußerte Behauptung zurückführt, Habermas habe der radikalen Gesellschaftskritik der Frankfurter Schule ihren Zahn gezogen und sie in eine staatstragende Ideologie verwandelt.

Individualisierung

Differenzierung

Rationalisierung

Domestizierung

Jürgen Habermas (geb. 1929)

Jürgen Habermas studierte in Göttingen, Zürich und Bonn Deutsche Literatur, Ökonomie, Psychologie, Geschichte und Philosophie. Im Anschluss an seine Promotion (1954) wurde er Assistent bei Theodor W. Adorno und Mitarbeiter am Frankfurter Institut für Sozialforschung (1956–1959), wo er nicht habilitieren konnte – auf Drängen Max Horkheimers, dem angesichts der Bemühungen des Instituts um Forschungsaufträge aus der Wirtschaft Habermas' explizite Bezugnahme auf Marx suspekt war. Habermas ging zu Wolfgang Abendroth nach Marburg, wurde mit der Arbeit über den »Strukturwandel der Öffentlichkeit« 1961 in Politikwissenschaft habilitiert und auf Betreiben Hans-Georg Gadamers noch vor Abschluss des Verfahrens als Professor für Philosophie nach Heidelberg berufen. 1964 wechselte er (als Nachfolger Horkheimers) auf eine Professur für Philosophie und Soziologie in Frankfurt. 1971 bis 1981 war er gemeinsam mit Carl Friedrich von Weizsäcker Direktor des Max-Planck-Instituts zur Erforschung der Lebensbedingungen der technisch-wissenschaftlichen Welt in Starnberg, von 1983 bis zu seiner Emeritierung 1994 wiederum Professor für Philosophie in Frankfurt. Bis zum heutigen Tage publiziert Habermas akademische Texte und nimmt in öffentlichen Debatten Stellung.

3.2.2 | Leitfrage

Die Erfahrungen, die Habermas 1945 als Jugendlicher machte, verdichteten sich zu einem Motiv, das sein gesamtes Werk durchzieht: Die Moderne ist ein sich selbst gefährdendes Projekt. Um ein Projekt handelt es sich bei der Moderne, insofern sie ein emanzipatorisches Versprechen beinhaltet: In der Moderne gestalten die Menschen ihr Leben autonom, also selbstständig und nach eigenen Vorstellungen. Eben der Prozess der Modernisierung bringt aber Gefahren hervor, die den zivilisatorischen Fortschritt bedrohen und zerstören können: Auschwitz ist ohne die moderne Technik und die moderne Organisation nicht zu verstehen; dasselbe gilt für die Atombombe, den Kalten Krieg, aber auch den fundamentalistischen Terror sowie in Bezug auf Eingriffe in die genetische Natur des Menschen. Diesem Grundmotiv entspringt Habermas' Leitfrage: Wie kann das Projekt der Moderne gegen seine Selbstgefährdungen verteidigt werden? Dafür gelten Habermas zunächst zwei Aufgaben als vordringlich:

Die Moderne als sich selbst gefährdendes Projekt

Wie kann das Projekt der Moderne verteidigt werden?

- Insofern die moderne Gesellschaft das Versprechen mit sich führt, dass die Menschen ihr Leben selbst bestimmen, stellt sich zum einen die Frage nach der Rechtfertigung legitimer Herrschaftsbeziehungen.
- Insofern die moderne Gesellschaft aber auch Verhältnisse hervorbringt, denen die Menschen machtlos gegenüberstehen, stellt sich zum anderen die Frage nach den Ursachen dafür, dass der Prozess der Modernisierung dem Projekt der Moderne z. T. zuwiderläuft.

Darin, Modernisierung nicht als geradlinigen Fortschrittsprozess zu verstehen, unterscheidet sich Jürgen Habermas, der als führender Kopf der zweiten Generation der Kritischen Theorie gilt, freilich nicht von seinen Vorgängern, den Autoren der »Dialektik der Aufklärung«. Anders als diese ist Habermas jedoch der Auffassung, dass der Modernisierungsprozess nicht zwangsläufig unheilvoll verlaufen muss. Während Adorno den ambivalenten Charakter der Moderne als zeitliche Abfolge erläutert – die Moderne war zunächst Fortschritt, weil dieser aber von Anfang an pathologisch war, mündete er in der Katastrophe –, glaubt Habermas, dass die Moderne immer zugleich Chancen und Gefahren hervorbringt. Seine grundlegende Idee besteht in der Annahme, dass Modernisierung ein Prozess ist, der parallel auf mehreren Bahnen verläuft; ist eine davon blockiert, wird Modernisierung einseitig; dann zerstört sie ihr eigenes Autonomieversprechen.

Weil Habermas die Probleme der Moderne im Sinne einer einseitigen Ausschöpfung ihrer Potentiale erläutert, kann er anders als die frühe Kritische Theorie im demokratischen Rechtsstaat der Nachkriegszeit mehr erkennen als nur die Fassade eines im Kern totalitären Systems. Der demokratische Rechtsstaat ist zwar stets gefährdet und steht insbesondere in Spannung zum Kapitalismus, aber er bedeutet doch einen echten Freiheitsgewinn. Auch das Bild einer menschenwürdigen Gesellschaft als Alternative zu den bestehenden Verhältnissen gewinnt dabei klarere Konturen: Adorno wollte eine andere Moderne, konnte aber nicht genau erläutern, was er unter einem solidarischen Umgang mit der gesamten Natur, der menschlichen wie der nicht-menschlichen, der belebten wie der unbelebten verstand. Habermas dagegen will eine vollständige Moderne, in der die technische Entwicklung nur als ein Teil des zivilisatorischen Fortschritts gilt.

Keine andere, sondern eine vollständige Moderne

Dieses Verständnis der Moderne steht nach Habermas auch politisch unter Druck. Auf der einen Seite droht Modernisierung auf Wirtschaftswachstum reduziert zu werden. Auf der anderen Seite breiten sich in Reaktion auf dieses verkürzte Verständnis der Moderne in der Linken, wie Habermas 1981 mit Blick auf die alternativen Gruppen der Zeit konstatiert, sozialromantische Vorstellungen aus, die gegen die Moderne als Ganze opponieren. Beide Haltungen unterlaufen das moderne Versprechen einer

Der politische Kontext

Individualisierung

Differenzierung

Rationalisierung

Domestizierung

autonomen Gestaltung der Lebensverhältnisse, Erstere weil sie das falsche Ziel verfolgt, Letztere weil ihre berechtigte Kritik sie auf einen falschen Weg führt.

Die Irrwege beider Positionen, der kapitalismusgläubigen ebenso wie der wachstumskritischen, resultieren nach Habermas daraus, dass sie den Prozess der Modernisierung als fortschreitende Naturbeherrschung verstehen. Stattdessen ergibt sich ein unverstellter Zugang zum Modernisierungsprozess, wie er zu zeigen versucht, nur, wenn dieser im Kern als Rationalisierungsvorgang begriffen wird. Die Gefahr einer einseitigen Modernisierung kann sich in einem total gewordenen instrumentellen Naturbezug äußern, wie er von Adorno beschrieben worden ist, also in der Auffassung, die Natur sei nichts als eine ausbeutbare Ressource; ursächlich dafür ist aber eine nur einseitige Rationalisierung. Die beiden Aufga- *Habermas' doppelte* ben, die sich aus Habermas' Leitfrage danach, wie das Projekt der Moderne *Aufgabenstellung* verteidigt werden kann, ergeben, können deswegen folgendermaßen konkretisiert werden:

1. Wie lässt sich ein Vernunftbegriff begründen, der nicht nur die Wahl effizienter Mittel für die Verwirklichung vorausgesetzter Ziele, sondern auch eine Bewertung der Ziele ermöglicht?
2. Wieso wird im historischen Verlauf nur ein Teil dieses Vernunftpotentials verwirklicht, nämlich die Rationalität der Mittelwahl auf Kosten der Vernünftigkeit der Handlungsziele?

3.2.3 | Methodisches Konzept: Rekonstruktive Sozialwissenschaft als Kritik der Verständigungsverhältnisse

Es liegt nahe, Habermas' doppelte Aufgabenstellung im Sinne einer disziplinären Arbeitsteilung zu verstehen, sodass die Begründung eines umfassenden Vernunftbegriffs in die Domäne der Philosophie fällt, während die soziologische Machtanalyse erklärt, warum die gesellschaftliche Wirklichkeit dahinter zurückbleibt. Das wäre freilich ein Missverständnis. Philosophische und soziologische Überlegungen lassen sich bei Habermas nicht eindeutig trennen. Erst recht ist er nicht der Überzeugung, dass die Philosophie es etwa mit Gründen, die Soziologie mit Ursachen zu tun hätte. Anders als Durkheim, der fordert, soziale Tatsachen wie Dinge zu behandeln, glaubt Habermas, dass sich gesellschaftliche Prozesse nicht wie Abläufe in der Natur erklären lassen. Wie Weber ist er überzeugt, dass soziale Strukturen und deren Reproduktion sich nur erklären lassen, wenn zunächst erläutert ist, wie Akteure handeln; das wiederum erfordert zu verstehen, warum Akteure so handeln, wie sie handeln. Weber entwickelt zu diesem Zweck das Konzept einer sinnverstehenden

Soziologie: Die zentrale Aufgabe von SoziologInnen besteht darin, die Motive von Akteuren zu verstehen; in Bezug auf die Motive kann deren Handeln dann erklärt werden. Mit Weber geht Habermas nicht nur davon aus, dass die Soziologie handlungstheoretisch ansetzen muss (und nicht wie bei Durkheim strukturtheoretisch), sondern auch, dass ihre Erklärungen deswegen Verstehen voraussetzen.

Webers Ansatz einer verstehenden Soziologie unterschätzt nach Habermas jedoch das Problem, dass ForscherInnen Gefahr laufen, ihre eigenen Vorstellungen von vernünftigem Handeln in ihre soziologischen Deutungen hineinzuprojizieren. Vermeiden lässt sich das nur, wenn die ForscherInnen in ihren Interpretationen genau dieselben Rationalitätsunterstellungen machen wie die Akteure, die sie beobachten. Habermas' methodisches Konzept muss folglich so angelegt sein, dass es eine Vernunft zu identifizieren erlaubt, die universalistisch ist, also Rationalitätsstrukturen, die im Prinzip in allen Gesellschaften existieren und auf die alle Handelnden zugreifen. Die »Begründung« des Vernunftbegriffs ist mithin schon deswegen keine rein philosophische Angelegenheit, weil Habermas unterstellen muss, dass diese Vernunft immer schon sozial wirksam ist.

Verstehende Soziologie und das Rationalitätsproblem

Wenn sich entsprechende Vernunftstrukturen identifizieren lassen, löst sich ein weiteres Problem, das mit Habermas' Anspruch zusammenhängt, eine kritische Gesellschaftstheorie zu entwickeln. Ihm geht es nicht bloß darum, Gesellschaft zu beschreiben und zu erklären, sondern auch darum, Fehlentwicklungen zu kritisieren. Im Lichte eines umfassenden Vernunftbegriffs soll sich zeigen, dass die moderne Gesellschaft an einer einseitigen Rationalisierung leidet. Die Theorie zielt darauf, jene sozialen Verhältnisse zu identifizieren, die dem Projekt der Moderne zuwiderlaufen; in der Identifikation dieser Gefährdungen und der Potentiale der Moderne zur Selbstkorrektur besteht die *Praxis*-Dimension (→ Kapitel 1.1) dieses gesellschaftstheoretischen Ansatzes. Solch eine Kritik setzt aber voraus, dass das Projekt der Moderne nicht nur das Ideal irgendeines Philosophen ist, der sich die Gesellschaft anders wünscht, sondern in der kritisierten Gesellschaft selbst anerkannt wird. Gut begründet ist Gesellschaftskritik nur, wenn der Maßstab der Kritik von den Gesellschaftsmitgliedern zumindest implizit schon geteilt wird. Auch in dieser Hinsicht hängt somit für Habermas' gesellschaftstheoretisches Unterfangen alles davon ab, eine nicht bloß instrumentelle, also allein am effizienten Einsatz von Mitteln orientierte, Vernunft in universellen gesellschaftlichen Strukturen zu identifizieren. Zugeschnitten auf solch eine Aufgabe sind nach Habermas die rekonstruktiven Sozialwissenschaften.

Gesellschaftskritik

Individualisierung

Differenzierung

Rationalisierung

Domestizierung

Definition

Rekonstruktive Sozialwissenschaften

Als rekonstruktive Sozialwissenschaften bezeichnet Habermas jene Ansätze, die sich der Methode der rationalen Nachkonstruktion bedienen. Rationale Nachkonstruktionen sind Deutungen allgemeiner basaler Kompetenzen; sie übersetzen das implizite Wissen (*know how*) darüber, wie grundlegende menschliche Fertigkeiten ausgeübt werden, in explizites, theoretisches Wissen (*know that*). Gegenüber rein erfahrungswissenschaftlichen Ansätzen (wie z. B. dem Behaviorismus) machen die rekonstruktiven Sozialwissenschaften geltend, dass die Gesellschaft schon durch Bedeutungen vorstrukturiert ist und deswegen nicht allein in der objektivierenden, d. h. versachlichenden, Einstellung eines Beobachters analysiert werden kann; notwendig ist zunächst ein sinnverstehender Zugang (zu diesen Bedeutungen), der sich nur aus der Perspektive der TeilnehmerInnen an sozialen Praktiken ergibt. Gegenüber dem Relativismus hermeneutischer, also deutender, Ansätze beharren die rekonstruktiven Sozialwissenschaften auf dem Anspruch auf objektives Wissen und theoretische Erklärung. Beispiele für rekonstruktive Wissenschaften sind Noam Chomskys Universalgrammatik, Jean Piagets kognitive Entwicklungspsychologie und Lawrence Kohlbergs Theorie der moralischen Entwicklung.

Soll Modernisierung sich in erster Linie als Rationalisierung verstehen lassen, dann muss das gesuchte Vernunftmoment in der Grundstruktur der Gesellschaft zu finden sein. Als Basis der Gesellschaft gelten in der frühen Kritischen Theorie ebenso wie bei Marx die Produktionsverhältnisse (bzw. die Verhältnisse, die die Beziehung des Menschen zur Natur regeln). Habermas bricht mit dieser Auffassung und leitet damit einen **Paradigmenwechsel in der Kritischen Theorie** ein. Ihm zufolge wird die Struktur der Gesellschaft in erster Linie nicht von den ökonomischen Verhältnissen, sondern davon bestimmt, wie die gesellschaftlichen Machtbeziehungen gerechtfertigt werden. Dieser Vorrang der Legitimitätsfrage vor den Produktionsverhältnissen konnte in der von Marx analysierten Epoche allerdings leicht übersehen werden. In der frühen, sich erst entwickelnden Moderne war der Markt noch weitgehend durch die Konkurrenz privater Unternehmer geprägt. Bevor sich Kartelle und Monopole herausbildeten, konnte die ökonomische Sphäre deswegen als machtfreie Sphäre erscheinen. Das ändert sich in der entwickelten Moderne, in der der Markt durch staatliche Macht reguliert wird.

Schon das liberalkapitalistische System beruhte freilich auf einem Legitimitätsglauben, nämlich der Vorstellung, der Markt regle den Tausch von Äquivalenten und sei deshalb gerecht. Auch bei den Produktionsverhältnissen handelt es sich mithin um Machtbeziehungen, die sich nur stabilisieren können, insofern sie weithin als legitim anerkannt sind. Was jeweils als legitim anerkannt wird, hängt aber von den Rechtfertigungsmustern und der Art der Gründe ab, die gesellschaftlich gelten. Grundlegend für die Verfassung der Gesellschaft sind deswegen ihre Kommunikations- bzw. Verständigungsverhältnisse (*Synthesis* → Kapitel 1.1). Der Prozess der Modernisierung verläuft folglich als Rationalisierung der gesellschaftlichen Verständigungsverhältnisse. Die begrifflichen Grundlagen für die Analyse dieses Prozesses entwickelt Habermas in einem methodischen Dreischritt, der von der Rationalitäts- über die Handlungs- zur Gesellschaftstheorie führt.

Verständigungs- statt Produktionsverhältnisse

Die in der gesellschaftlichen Grundstruktur verankerte Rationalität erschließt Habermas zunächst durch eine rekonstruktive Wissenschaft, die er Formalpragmatik (bzw. früher Universalpragmatik) nennt. Die Formalpragmatik analysiert (die formalen und universalen Strukturen dessen), was Menschen tun, wenn sie sich miteinander verständigen; sie macht das implizite Regelwissen von kommunizierenden Akteuren bzw. SprecherInnen explizit. Dabei schließt sie an die in der Sprechakttheorie entwickelte Überlegung an, dass sich nicht nur für das »Was«, sondern auch für das »Wie« einer Äußerung, also nicht nur für das Geäußerte, sondern auch für den Akt des Äußerns, Gültigkeitsbedingungen angeben lassen.

Die Rationalitätstheorie

Wenn Menschen sich miteinander über etwas in der Welt verständigen, unterstellen sie, dass die Sprecher jeweils Ansprüche darauf erheben, dass das, was sie sagen, wahr ist, dass sie zu der Äußerung berechtigt sind und dass sie wahrhaftig sind, ihren Kommunikationspartner also nicht täuschen. Habermas spricht von Geltungsansprüchen auf die Wahrheit, Richtigkeit und Wahrhaftigkeit (des propositionalen Gehalts bzw. des Inhalts) der Äußerung. Es handelt sich dabei um konstitutive Idealisierungen unserer Praxis; ohne diese könnten wir uns nicht verständigen. Verständigung beruht darauf, dass die Beteiligten glauben, SprecherInnen könnten die von ihnen erhobenen Geltungsansprüche notfalls begründen. Gegebenenfalls müssen sie sie gegen Kritik verteidigen können, sollen ihre Äußerungen akzeptiert werden.

Drei Geltungsansprüche

In den universalen Strukturen menschlicher Rede findet sich somit das gesuchte Moment einer Vernunft, die sich nicht nur auf Fragen objektiver Wahrheit beschränkt, sondern auch die beiden weiteren Dimensionen der Richtigkeit und der Wahrhaftigkeit umfasst. Damit hat Habermas in den formalen Strukturen der Verständigungspraxis, den Prozeduren,

Individualisierung

Differenzierung

Rationalisierung

Domestizierung

die den Austausch bzw. das Geben und Nehmen von Gründen regeln, den von ihm so genannten Begriff kommunikativer Vernunft freigelegt.

Gesellschaftliche Rationalisierung meint folglich eine Richtung der gesellschaftlichen Entwicklung (*Dynamis* → Kapitel 1.1), die durch die Entfaltung kommunikativer Rationalität bestimmt ist. Aber wie kann die kommunikative Vernunft den Prozess sozialer Evolution bestimmen? Gesellschaft reproduziert sich wohl kaum in erster Linie dadurch, dass Menschen sich explizit darüber verständigen, dass und wie sie ihre Strukturen aufrechterhalten. Die bisherigen rationalitätstheoretischen Überlegungen sind mithin viel zu abstrakt, um klären zu können, was gesellschaftliche Rationalisierung (in den drei Rationalitätsdimensionen jeweils) bedeutet. Dazu ist zunächst ein Zwischenschritt von der Rationalitäts- zur Handlungstheorie nötig. Dieser Übergang ergibt sich daraus, dass die in die Verständigungspraxis eingebaute Verpflichtung, Äußerungen notfalls zu begründen, eine handlungskoordinierende Funktion erfüllt.

Von der Rationalitäts- zur Handlungstheorie

Zusammenfassung

Kommunikatives Handeln

Alle sozialen Handlungen lassen sich nach Habermas jeweils einer von genau zwei Kategorien zuordnen:
- kommunikativem (bzw. verständigungsorientiertem) Handeln,
- strategischem (bzw. erfolgsorientiertem) Handeln.

Der Unterschied zwischen den beiden Typen besteht im Mechanismus der Handlungskoordination:
- Kommunikatives Handeln bezeichnet Interaktionen, die aneinander anschließen, weil die Beteiligten über das Handlungsziel im Einverständnis sind.
- Strategisches Handeln bezeichnet Interaktionen, die durch äußere Einflussnahme auf der Grundlage asymmetrischer Machtverhältnisse koordiniert werden.

Kommunikatives Handeln ist nicht zweckfrei; alles Handeln ist an einem Handlungsziel orientiert. Kommunikatives Handeln darf auch nicht mit Sprechen, Diskussion oder Argumentation verwechselt werden: Interaktionspartner müssen häufig kaum »Worte wechseln«, nicht selten »verstehen sie sich blind«; erst im Fall von Unklarheiten oder Konflikten muss ein Einverständnis durch die explizite Prüfung von Geltungsansprüchen herbeigeführt werden. Kommunikatives Handeln liegt in beiden Fällen vor, im zweiten Fall auch ein Diskurs, die reflexive Form kommunikativen Handelns.

Das gesellschaftlich wirksame Rationalitätspotential, das Habermas in der Struktur menschlicher Rede freilegt, durchdringt mithin auch die Handlungen der Gesellschaftsmitglieder. Kommunikatives Handeln stellt freilich nicht nur eine Interaktionsform dar, durch die Akteure ihre jeweiligen Ziele verfolgen. Kommunikatives Handeln erfüllt auch Funktionen für die Reproduktion der Gesellschaft (sodass weder Individuen vor der Gesellschaft noch die Gesellschaft vor den Individuen existiert, sondern beide »gleichursprünglich« dadurch entstehen, dass Subjekte durch Sozialisation ihre Individualität ausbilden bzw. sich durch Vergesellschaftung individuieren): »Indem sich die Interaktionsteilnehmer miteinander über ihre Situation verständigen, stehen sie in einer kulturellen Überlieferung, die sie gleichzeitig benützen und erneuern; indem die Interaktionsteilnehmer ihre Handlungen über die intersubjektive Anerkennung kritisierbarer Geltungsansprüche koordinieren, stützen sie sich auf Zugehörigkeiten zu sozialen Gruppen und bekräftigen gleichzeitig deren Integration; indem die Heranwachsenden an Interaktionen mit kompetent handelnden Bezugspersonen teilnehmen, internalisieren sie die Wertorientierungen ihrer sozialen Gruppe und erwerben generalisierte Handlungsfähigkeiten.« (Habermas 1981 b, 208)

> *Von der Handlungs- zur Gesellschaftstheorie*

Entsprechend unterscheidet Habermas drei strukturelle Komponenten der Gesellschaft bzw., wie er es nennt, der Lebenswelt:

> *Die drei Komponenten der Lebenswelt*

- Kultur,
- Gesellschaft (der Gesellschaftsbegriff wird verwirrenderweise doppelt verwendet und bezeichnet hier eine der Komponenten der Gesellschaft),
- Persönlichkeit.

Die strukturellen Komponenten der Lebenswelt stellen die Ressourcen bereit, auf die Akteure in ihren Interaktionen zurückgreifen: erstens einen Sinn erzeugenden Wissensvorrat, zweitens Solidarität erzeugende soziale Ordnungen und Zugehörigkeiten sowie drittens Ich-Stärke erzeugende Handlungsfähigkeiten. Auf der anderen Seite werden diese Ressourcen durch kommunikatives Handeln reproduziert.

Mit den Begriffen der kommunikativen Rationalität, des kommunikativen Handelns und der drei strukturellen Komponenten der Lebenswelt haben wir nun alles zusammen, um der Frage, was gesellschaftliche Rationalisierung bedeutet, eine schärfere Fassung geben zu können: Welche Veränderungen ergeben sich in den Bereichen der kulturellen Wissensbestände, der gesellschaftlichen Solidaritätsmuster und der Persönlichkeitsstrukturen, wenn sich das Potential kommunikativer Rationalität entfalten kann? Aber was ist mit der »Entfaltung« kommunikativer Rationalität gemeint?

Individualisierung

Differenzierung

Rationalisierung

Domestizierung

3.2.4 | Analyse: Rationalisierung der Lebenswelt und Entkopplung der Systeme

Ursprünglich, so Habermas, war alles soziale Handeln kommunikatives Handeln. Das Einverständnis, auf dem die Handlungskoordination in der Frühphase der menschlichen Geschichte beruhte, musste aber nicht erst hergestellt werden; für die Angehörigen wenig entwickelter Gesellschaften stand vielmehr seit jeher fest, wie sie sich zu verhalten hatten. Durch Mythen integrierte, frühe Gesellschaften reproduzierten sich in rituellen Praktiken. Das Einverständnis hatte mithin eine sakrale Wurzel. Dieser Kreisprozess wird aber dadurch aufgebrochen, dass die Menschen in ihrer Alltagspraxis dissonante Erfahrungen machen. So kann z.B. trotz Regentanz die Ernte einer Dürre zum Opfer fallen. Dann sind die Menschen gezwungen, ihre Überzeugungen zu revidieren. Entscheidend ist, dass die Art und Weise, wie sie ihre Überzeugungen ändern können, spezifischen Restriktionen unterliegt: Weil sie ein neues Einverständnis als Grundlage ihres zukünftigen Vorgehens erst erzielen müssen, können sie nicht umhin, sich miteinander zu verständigen.

Während die *Dynamik* der gesellschaftlichen Entwicklung sich also aus äußeren Umständen speist, nämlich daraus, dass die Menschen mit ihren handlungsleitenden Vorstellungen an der Praxis scheitern, wird die Richtung, in der sich die Überzeugungen wandeln können, die Entwicklungs*logik*, durch die Logik der Verständigung bestimmt – dadurch, dass die an einer Interaktion Beteiligten zu ihren Auffassungen bzw. den jeweils erhobenen Geltungsansprüchen wechselseitig Stellung nehmen.

Die Versprachlichung des Sakralen

In diesem Prozess, den Habermas auch als »Versprachlichung des Sakralen« bezeichnet, verlieren Tabus ihre Kraft und können immer mehr gesellschaftliche Bereiche der Kritik ausgesetzt werden. Die kommunikative Vernunft entfaltet sich im kommunikativen Handeln also in dem Maße, wie handlungskoordinierende Einverständnisse nicht durch Mythos oder Tradition gesichert sind, sondern davon abhängen, dass die Akteure die Geltungsansprüche, die im Spiel sind, autonom akzeptieren oder zurückweisen.

Dieser Rationalisierungsprozess beruht allerdings auf zwei Bedingungen:

Zwei Voraussetzungen des Rationalisierungsprozesses

1. Das in der Sprache angelegte Vernunftpotential kann sich nur entfalten, wenn Weltbilder als sprachlich konstruierte Welt*deutungen* durchschaut worden sind. Das ist die Voraussetzung dafür, dass der Mythos überhaupt als etwas erkannt wird, das kritisierbar ist.
2. Eine angemessene Kritik ist erst in dem Maße möglich, wie sich ein *formales Bezugssystem von drei Welten* ausdifferenziert hat, auf die sich die drei Arten von Geltungsansprüchen jeweils beziehen (und dem

die grammatische Struktur der Sprache korrespondiert). Geltungsansprüche auf Wahrheit beziehen sich dabei auf die objektive Welt der als gemeinsam unterstellten Sachverhalte, die aus der objektivierenden Perspektive der (grammatisch) 3. Person beobachtet werden können. SprecherInnen unterstellen aber auch eine soziale Welt legitim geregelter interpersonaler Beziehungen, auf die sie sich in der Perspektive von Teilnehmern einer sozialen Praxis, nämlich als Adressaten von Geltungsansprüchen auf normative Richtigkeit in der 2. Person beziehen. Schließlich unterstellen SprecherInnen, ebenfalls aus der Perspektive von Teilnehmern einer sozialen Praxis, und zwar in der 1. Person von Wesen mit einem »Innenleben«, eine subjektive Welt privilegiert zugänglicher Erlebnisse, die als Referenz für Geltungsansprüche auf Wahrhaftigkeit fungiert.

Die evolutionäre Ausdifferenzierung der drei Welten ermöglicht somit erst, z. B. die Existenz und die Richtigkeit eines Sachverhalts getrennt voneinander zu beurteilen.

Diese Entkopplung der drei Arten von Geltungsansprüchen, die mit der Ausdifferenzierung der drei Welten einhergeht, wirkt sich auf die Reproduktion der Gesellschaft aus, die sich nun auch zunehmend ausdifferenziert. Ursprünglich waren die drei strukturellen Lebensweltkomponenten eng miteinander verknüpft. In traditionalen Gesellschaften waren das Wissen (Kultur), soziale Ordnungen (Gesellschaft) und Persönlichkeitsmuster (Persönlichkeit) direkt voneinander abhängig. Im Modernisierungsprozess entschränken sich diese Bereiche und gewinnen an Autonomie. Zugleich werden sie formaler.

Gesellschaftliche Rationalisierung bedeutet also im Einzelnen: »die Verdrängung des sakralen Wissens durch ein auf Gründe gestütztes, nach Geltungsansprüchen spezialisiertes Wissen; [...] die Trennung von Legalität und Moralität bei gleichzeitiger Universalisierung von Recht und Moral; schließlich [...] die Ausbreitung des Individualismus mit wachsenden Ansprüchen an Autonomie und Selbstverwirklichung.« Diese Veränderungen stellen Rationalisierungsvorgänge dar, weil »die Fortsetzung von Traditionen, der Bestand legitimer Ordnungen und die Kontinuität der Lebensgeschichte einzelner Personen immer stärker von Einstellungen abhängig werden, die im Falle ihrer Problematisierung auf Ja/Nein-Stellungnahmen zu kritisierbaren Geltungsansprüchen verweisen.« (Habermas 1981 b, 164)

> Gesellschaftliche Rationalisierung

Der Autonomiegewinn ist die eine Seite des Modernisierungsprozesses; die Kehrseite besteht in dem immens gewachsenen Verständigungsbedarf. Wenn immer mehr Interaktionen in immer mehr gesellschaftlichen Bereichen davon abhängig werden, dass die Beteiligten ein Einverständnis über ihre Handlungszwecke erzielen, dann lassen sich

> Autonomiegewinn und Gefährdung der Sozialintegration

Individualisierung

Differenzierung

Rationalisierung

Domestizierung

Aufgaben kaum mehr effektiv erfüllen. Das gesteigerte Dissensrisiko und die Gefahr scheiternder Handlungskoordinierung lassen sich im kommunikativen Handeln schließlich nicht mehr abfangen, sodass die gesellschaftliche Integration, d. h. der soziale Zusammenhalt, insgesamt bedroht ist. Der Rationalisierungsprozess bringt aber nicht nur dieses Problem, sondern auch die Mittel hervor, es zu lösen.

Erstens ermöglicht die Ausdifferenzierung von objektiver und sozialer Welt sowie der korrespondierenden Geltungsansprüche von Wahrheit und Richtigkeit ein Handeln, das durch ein Einwirken auf die Welt ohne erforderliche Legitimierung der Handlungsorientierungen charakterisiert ist. Erst damit können sich erfolgs- und verständigungsorientiertes Handeln trennen, kann sich strategisches Handeln als eigenständiger, vom kommunikativen Handeln unterschiedener Typus entwickeln. Die gesellschaftliche Reproduktion könnte also von Verständigungsanforderungen entlastet werden, wenn sie in Teilen von kommunikativem auf strategisches Handeln umgestellt werden könnte. Das setzte natürlich voraus, das die gesellschaftliche Reproduktion sich dadurch nicht so verselbständigt, dass sie grundlegenden Bedürfnissen und Interessen der Gesellschaftsmitglieder zuwiderliefe. Es müsste also ein Instrument geben, das es erlaubt, die Bereiche, die von Verständigungsanforderungen entlastet wären, »an die lange Leine zu nehmen«, ohne sie jedoch »von der Leine zu lassen«.

Zweitens bringt der Rationalisierungsprozess nach Habermas genau solch ein Instrument hervor, nämlich das moderne Recht. Das moderne Formalrecht vermag Handlungen auch erfolgsorientiert eingestellter Akteure zu regulieren, weil es den Handelnden die Motive des Rechtsgehorsams freistellt. Verständigungsorientiert eingestellte Akteure können es aus Einsicht befolgen; alle anderen zwingt es durch die Sanktionsdrohung.

Das moderne Recht mag ein Mittel sein, das vom Verständigungsmechanismus abgekoppelte strategische Handeln zu regulieren; aber wie kann es Teile der gesellschaftlichen Reproduktion vom kommunikativen auf strategisches Handeln umstellen? Habermas glaubt, dass nur Teilbereiche der gesellschaftlichen Reproduktion auf den Verständigungsmechanismus angewiesen sind. Überzeugungen, Solidaritäten und Fertigkeiten lassen sich nur auf der Grundlage eines Einverständnisses unter den Beteiligten regenerieren. Sinn kann nicht verordnet, gesellschaftliche Ordnung nicht ohne Legitimitätsglauben allein durch Gewalt hergestellt und Ich-Stärke nicht erzwungen werden. Kultur, Gesellschaft und Persönlichkeit, die drei strukturellen Komponenten der Lebenswelt, reproduzieren sich notwendigerweise über kommunikatives Handeln.

Von diesen symbolischen Strukturen der Lebenswelt unterscheidet Habermas aber deren materielle Grundlage. Bislang war folglich nur von

Marginalien:

Trennung von strategischem und kommunikativem Handeln

Integration durch das moderne Recht

Symbolische Reproduktion durch Verständigung

der symbolischen Reproduktion der Gesellschaft die Rede; hinzukommen muss ihre materielle Reproduktion. Diese Funktion wird nach Habermas von Ökonomie und staatlicher Verwaltung erfüllt. Entscheidend ist dabei die Annahme, dass die materielle Reproduktion nicht notwendig auf den Verständigungsmechanismus angewiesen ist. Die Produktion von Gütern und bürokratische Regulierungen sollen nicht davon abhängig sein, dass die in ökonomischen und administrativen Kontexten interagierenden Akteure sich zunächst über ihre Handlungsziele verständigen. An die Stelle des sprachlichen Verständigungsmechanismus können stattdessen entsprachlichte Kommunikationsmedien treten, nämlich Geld und administrative Macht. Wer etwas kauft, muss sich nicht zuvor mit dem Verkäufer über Fragen wie die verständigen, warum er ein Gut haben und wozu er es verwenden will; es reicht, wenn er den verlangten Preis bezahlt. In ähnlicher Weise funktioniert in Verwaltungen die stellenmäßige Macht einer Vorgesetzten, die den ihr unterstellten Mitarbeitern Anweisungen erteilt.

Die materielle Reproduktion der Gesellschaft

Obwohl in beiden Fällen keine Abstimmung der Handlungsziele stattfindet, reproduzieren sich Wirtschaft und Staat dennoch. Anders als der Verständigungsmechanismus setzen die entsprachlichten Kommunikationsmedien Geld und Macht dabei aber nicht an den Absichten der Akteure, sondern an den Folgen ihres Handelns an. Im Gegensatz zur sozialen Integration der Lebenswelt sind die Bereiche von Wirtschaft und Staat in der modernen Gesellschaft systemisch integriert.

Soziale und systemische Integration der Gesellschaft

Zusammenfassung

System und Lebenswelt

Habermas bezeichnet moderne Gesellschaften als »*systemisch stabilisierte* Handlungszusammenhänge *sozial integrierter* Gruppen« (Habermas 1981 b, 228). Die symbolischen Strukturen der Lebenswelt (Wissen, soziale Ordnungen, Persönlichkeit) können sich nur durch den Mechanismus sprachlicher Verständigung reproduzieren. In der modernen Gesellschaft findet die symbolische Reproduktion in Privatsphäre und Öffentlichkeit statt. Diese Bereiche sind sozial integriert. Im Verlauf der sozialen Evolution haben sich die Bereiche materieller Reproduktion in Form der beiden gesellschaftlichen Subsysteme Wirtschaft und Staat aus der Lebenswelt ausdifferenziert. Diese Bereiche sind systemisch integriert, weil ihre Reproduktion »hinter dem Rücken der Akteure«, also »bewusstseinsfern«, durch die entsprachlichten Kommunikationsmedien Geld und Macht stabilisiert wird. Die Gesellschaftstheorie muss deswegen von der Handlungstheorie ausgehen, diese aber mit der Systemtheorie kombinieren.

Individualisierung

Differenzierung

Rationalisierung

Domestizierung

Die Verankerung der Systeme in der Lebenswelt

Damit Wirtschaft und Staat sich aus der Lebenswelt ausdifferenzieren, damit System und Lebenswelt sich entkoppeln können, müssen die Steuerungsmedien Geld und Macht in der institutionellen Ordnung der Lebenswelt zunächst verankert werden. Es ist genau diese Funktion, die das moderne Recht erfüllt: Privatpersonen weist es Bereiche legitimer Willkür und Amtsinhabern Spielräume legaler Befugnis zu; subjektive Rechte eröffnen die Freiheitsspielräume, auf denen der Markt beruht, und auch die Weisungskompetenz von StelleninhaberInnen ist rechtlich konstituiert. Das bedeutet nicht unweigerlich, dass in Wirtschaft und Verwaltung ausschließlich strategisch gehandelt würde; aber im Konfliktfall muss kein Einverständnis erzielt werden, weil die Akteure in diesen formal organisierten Bereichen jeden Verständigungsversuch mit Verweis auf ihre rechtlich begründete Kompetenz abblocken können. Entscheidend ist also nicht, dass in Wirtschaft und Verwaltung instrumentelle Einstellungen dominieren, sondern dass diese Bereiche so konstituiert sind, dass die Geltungsgrundlagen kommunikativen Handelns entmächtigt, also außer Kraft gesetzt sind.

Strategisches Handeln gibt es auch in der Lebenswelt, in Privatsphäre und Öffentlichkeit; aber dort beruht es auf kommunikativem Handeln und kann folglich kritisiert werden. So ist der tyrannische Familienpatriarch auf das Einverständnis seiner Frau angewiesen, bei ihm zu bleiben. Genau diese Möglichkeit einer handlungsfolgenrelevanten Kritik entfällt in Bezug auf die erfolgsorientierten Einstellungen ökonomischer und bürokratischer Akteure. In Wirtschaft und Verwaltung herrscht nämlich keine (von Akteurseinstellungen abhängige) instrumentelle, sondern eine (durch systemische Zwänge bedingte) funktionalistische Vernunft; in diesem Sinne sind Wirtschaft und Verwaltung sittlich neutralisiert, also unempfindlich gegenüber normativen Ansprüchen.

Die funktionalistische Vernunft

Das soll im Prinzip nicht nur unproblematisch sein; der kapitalistische Markt und der moderne Verwaltungsapparat gelten Habermas sogar als evolutionäre Errungenschaft. Der Modernisierungsprozess ist ihm zufolge ein Rationalisierungsvorgang, der erstens mit der Ausdifferenzierung der Lebensweltkomponenten Autonomiegewinne produziert und zweitens in Gestalt der Entkopplung von System und Lebenswelt als Differenzierung zweiter Ordnung auch hoch komplexen Gesellschaften eine effiziente materielle Reproduktion ermöglicht. Habermas bricht also mit der radikalen Kapitalismus- und Staatskritik der marxistischen Tradition, die auch für die frühe Kritische Theorie bestimmend war. Dennoch hält er daran fest, dass Kapitalismus und Staatsapparat die spezifisch modernen sozialen Missstände auslösen.

Verhältnis zur marxistischen Kritik

Diagnose: Kolonialisierung der Lebenswelt

Unproblematisch ist der Mechanismus systemischer Integration nach Habermas allein für die Bereiche materieller Reproduktion. Dem Recht, das die Steuerungsmedien Geld und Macht lebensweltlich verankert, kommt dabei die Funktion zu, Wirtschaft und Verwaltung in diesen Grenzen zu halten. Ökonomische und administrative Interaktionen selbst werden, wie wir gesehen haben, nicht über den Verständigungsmechanismus koordiniert; aber die Spielräume des Wirtschafts- und des Verwaltungshandelns werden rechtlich festgelegt. Insofern das Recht über seine demokratische Genese an öffentliche Verständigungsprozesse zurückgebunden bleibt, ist die Lebenswelt in der Lage, Wirtschaft und Verwaltung einer indirekten Kontrolle zu unterwerfen.

Indirekte Kontrolle der Systeme durch die Lebenswelt

Diese Abhängigkeit der Systeme von der Lebenswelt gewährleistet das Recht allerdings nicht selbst; hier liegt das spezifische Problem moderner Gesellschaften: »Man könnte sich beides vorstellen: die Institutionen, die Steuerungsmechanismen wie Geld oder Macht in der Lebenswelt verankern, kanalisieren entweder die Einflußnahme der Lebenswelt auf die formal organisierten Handlungsbereiche oder umgekehrt die Einflußnahme des Systems auf kommunikativ strukturierte Handlungszusammenhänge. Im einen Fall fungieren sie als der institutionelle Rahmen, der die Systemerhaltung den normativen Restriktionen der Lebenswelt unterwirft, im anderen Fall als die Basis, die die Lebenswelt den systemischen Zwängen der materiellen Reproduktion unterordnet und dadurch mediatisiert« (Habermas 1981b, 275f.). Es ist das zweite Szenario, welches gegenwärtig laut Habermas' Zeitdiagnose vorherrscht; er bezeichnet es als Kolonialisierung der Lebenswelt durch die Systeme.

Die Kolonialisierung der Lebenswelt durch die Systeme

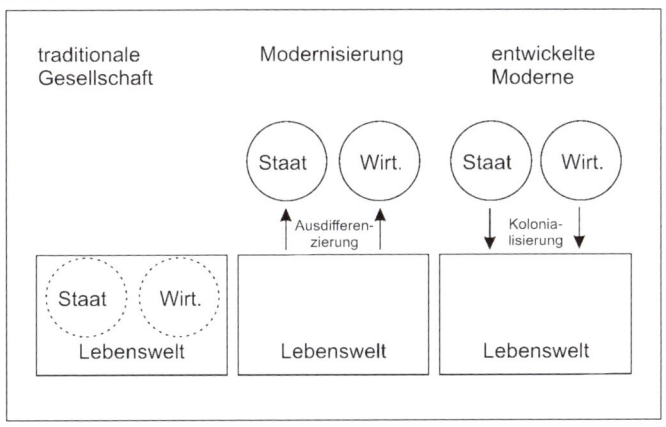

| Abb. 7

Entwicklung des Verhältnisses von System und Lebenswelt im Modernisierungsprozess

In den wohlfahrtsstaatlich organisierten Massendemokratien der fortgeschrittenen Moderne bleiben die Mechanismen systemischer Integration nicht auf Wirtschaft und Staat beschränkt, sondern dringen durch das Recht in lebensweltlich strukturierte Bereiche ein. Gemeint ist damit, dass

Verrechtlichung, Monetarisierung und Bürokratisierung

es in entwickelten Industriegesellschaften typischerweise zu Verrechtlichungsprozessen kommt, die zur Monetarisierung und Bürokratisierung von Privatsphäre und Öffentlichkeit führen; das beschädigt die Reproduktion der Lebenswelt und damit der Sinn-, Solidaritäts- und Persönlichkeitsressourcen, auf die Gesellschaftsmitglieder unabdingbar angewiesen sind; deswegen kommt es zu sozialpathologischen Erscheinungen wie Sinnverlust, sozialer Anomie und Psychopathologien. Exemplarisch für diesen Vorgang steht die Ausdehnung eines Sozialrechts, das die betroffenen Subjekte zu Objekten staatlichen Verwaltungshandelns degradiert, indem es z.B. die Ansprüche benachteiligter BürgerInnen auf gerechte gesellschaftliche Teilhabe monetär umdefiniert und sodann durch geldförmige Sozialleistungen kompensiert.

Warum kommt es aber überhaupt dazu, dass die Mechanismen systemischer Integration über die Bereiche materieller Reproduktion hinauswachsen? Was ist der Auslöser dafür, dass Monetarisierung und Bürokratisierung Privatsphäre und Öffentlichkeit prägen, die Privatperson in einen Konsumenten des Marktangebots, den Staatsbürger in einen Klienten wohlfahrtsstaatlicher Leistungen verwandeln, die Autonomie der Gesellschaftsmitglieder versehren und zu sozialpathologischen Erscheinungen wie Identitätskrisen und Entfremdungsphänomenen füh

Die Krisenhaftigkeit des Kapitalismus

ren? Der Motor dieses Prozesses ist die inhärente Krisenhaftigkeit der kapitalistisch organisierten Wirtschaft.

Diese Krisenhaftigkeit des ökonomischen Prozesses kann Habermas zufolge nur durch staatliche Interventionen abgefangen werden; administrative Eingriffe verhindern die Pauperisierung (Verarmung) der Arbeiter und sollen ein dauerhaftes Wirtschaftswachstum gewährleisten.

Der sozialstaatliche Kompromiss

Der »sozialstaatliche Kompromiss« befähigt die hoch industrialisierten Gesellschaften des Westens somit zu einer Pazifizierung des Klassenkonflikts; aber der Preis dafür sind paternalistische Eingriffe in die Lebenswelt der Akteure, die als LeistungsempfängerInnen in Kategorien eingeteilt und auf Ämtern verwaltet werden.

Freiheitsverlust und Kolonialisierung

Habermas formuliert die Kolonialisierungsthese in Auseinandersetzung mit Max Webers These vom Freiheitsverlust. Weber hatte behauptet, dass der Rationalisierungsprozess zwangsläufig einen bürokratischen Apparat hervorbringt, der den Gesellschaftsmitgliedern eine autonome Lebensführung unweigerlich unmöglich macht. Habermas will dagegen zeigen, dass diese Konsequenz nur unter bestimmten Bedingungen eintritt, nämlich erst dann, wenn Staat und Kapitalismus bestimmte Gren zen überschreiten. Dazu kommt es nun nicht schon allein aufgrund der kapitalistischen Dynamik und der staatlichen Krisenvermeidungspolitik, sondern erst unter der weiteren Bedingung, dass Modernisierung nur noch als Technisierung, als Effizienzsteigerung von Wirtschaft und Verwaltung verstanden wird.

Wenn technische Effizienz zum einzigen Rationalitätsmaßstab wird, dann wird die Verständigung über das, was wir wollen, überflüssig. Dann gilt: Was sich nicht rechnet, ist der Diskussion nicht wert. Dem Druck, den die Systeme in diese Richtung ausüben, unterliegt das Projekt der Moderne dann, wenn im Alltag kein Bewusstsein mehr davon existiert, dass Rationalisierung sich nicht auf eine Dimension beschränkt, nämlich Wahrheitsfragen mit Bezug auf die objektive Welt, sondern dass sie sich auch in den Dimensionen des Moralischen und des Ästhetischen vollzieht. Auch diese entscheidende Bedingung der Kolonialisierung entwickelt Habermas in Auseinandersetzung mit Weber, und zwar mit dessen zweiter zeitdiagnostischer These, derzufolge die moderne Ausdifferenzierung der Kultur zwangsläufig zu Sinnverlust führe. Wieder wendet Habermas ein, dass dem nicht notwendig so sei. Nur wenn das ausdifferenzierte kulturelle Wissen im Zuge seiner Bearbeitung von Fachleuten in Expertenkulturen eingekapselt und nicht in die Öffentlichkeit eingespeist wird, verarmt die Lebenswelt kulturell und kann sich das fragmentierte Alltagsbewusstsein ausbreiten.

Sinnverlust und kulturelle Verarmung der Lebenswelt

»An die Stelle des ›falschen‹ tritt heute das fragmentierte Bewusstsein, das der Aufklärung über den Mechanismus der Verdinglichung vorbeugt. Erst damit sind die Bedingungen einer Kolonialisierung der Lebenswelt erfüllt: die Imperative der verselbständigten Subsysteme dringen, sobald sie ihres ideologischen Schleiers entkleidet sind, von außen in die Lebenswelt – wie Kolonialherren in eine Stammesgesellschaft – ein und erzwingen die Assimilation; aber die zerstreuten Perspektiven der heimischen Kultur lassen sich nicht soweit koordinieren, daß das Spiel der Metropolen und des Weltmarktes von der Peripherie her durchschaut werden könnte.« (Habermas 1981 b, 522)

Für das Projekt der Moderne kommt es mithin in erster Linie auf die Vitalität der Öffentlichkeit an. Wenn diese in allen drei Rationalitätsdimensionen auf das kulturelle Wissen zugreift, also nicht nur auf die objektivierenden Wissenschaften, sondern auch auf Moral und Kunst, muss die Idee einer autonomen Gestaltung der Lebensverhältnisse nicht scheitern. An der Spannung zwischen Kapitalismus und Demokratie geht Letztere aber nur dann nicht zu Grunde, wenn die öffentliche Meinungsbildung auch institutionell abgestützt ist. Darin besteht die zentrale Funktion des Rechtsstaats, der die Demokratie deswegen nicht begrenzt, sondern mit ihr Hand in Hand geht.

Öffentlichkeit und demokratischer Rechtsstaat

Individualisierung

Differenzierung

Rationalisierung

Domestizierung

Deliberative Demokratie

Habermas entwickelt diese Auffassung im Rahmen seiner Überlegungen, wie das Projekt der Moderne institutionell ausgestaltet werden kann (insbesondere in seinem rechts- und demokratietheoretischen Werk »Faktizität und Geltung«). Das entsprechende Politikmodell nennt er deliberative Demokratie. Sein grundlegender Gedanke besagt, dass der Rechtsstaat die Prozeduren einer aus der öffentlichen Meinungsbildung hervorgehenden demokratischen Rechtsgenese regelt. Solche Prozeduren müssen überall dort eingerichtet werden, wo Recht gesetzt wird. Deswegen muss nicht nur das Parlament, sondern jede Gewalt effektiv vom Einfluss öffentlicher Meinungsbildung abhängig gemacht werden, insofern sie rechtsfortbildend wirkt, also das Recht nicht nur anwendet und durchsetzt, sondern weiterentwickelt oder sogar neu schafft. Das betrifft nicht zuletzt die Exekutive. Der Paternalismus staatlicher Leistungsverwaltungen, also der Modellfall einer Kolonialisierung der Lebenswelt, soll dadurch vermieden werden, dass die Administration die Leitgesichtspunkte ihres Handelns nicht selbst generiert, sondern diese Kriterien von den Betroffenen geregelt werden.

3.2.6 | Zusammenfassung

Wie Max Weber analysiert Jürgen Habermas den Modernisierungsprozess als Rationalisierungsvorgang. Er beschränkt das Rationalisierungsprinzip jedoch nicht auf den Bereich instrumenteller Rationalität, sondern zeigt, dass auch die Art und Weise, wie die Menschen ihr Zusammenleben regeln und wie sie sich selbst Ziele setzen, rationalisierungsfähig ist. Vernunft beschränkt sich nicht auf Technik und die objektivierenden Wissenschaften; auch Moral und Kunst, Probleme kollektiver Selbstbestimmung und individueller Selbstverwirklichung können mit Gründen erörtert werden.

In der fortgeschrittenen Moderne sind schließlich im Prinzip die Bedingungen verwirklicht, unter denen sich dieses Vernunftpotential vollends entfalten kann, sodass die Menschen ihre Lebensverhältnisse eigentlich autonom gestalten könnten. Keine Tradition schirmt kulturelle Wissensbestände, gesellschaftliche Ordnungen und persönliche Verhaltensmuster prinzipiell noch gegen die Möglichkeit ihrer kritischen Infragestellung ab. Machtbeziehungen sind auch nicht mehr, wie noch in der frühen Moderne, durch ideologische Vorstellungen wie z. B. den Glauben an den Äquivalententausch im Arbeitsvertrag verschleiert; und die Ausweitung der Staatstätigkeit hat erst recht den Schein zerstört, der kapitalistische Markt gehorche Naturgesetzen. Herrschaftsverhältnisse zeigen sich in der entwickelten Moderne unverhüllt – und sind eben deswegen als politische Macht direkt von der Legitimation durch die Gesell-

	Stichworte	Erläuterungen
Soziologie	Wissenschaft der Erklärung sozialer Phänomene aus der Analyse der Verständigungsverhältnisse	Ziel ist die Identifizierung gesellschaftlicher Fehlentwicklungen.
Leitfrage	Wie kann das Projekt der Moderne verteidigt werden?	Habermas vermutet eine einseitige Rationalisierung.
Erklärungsmodell	rekonstruktive Sozialwissenschaft kombiniert mit Funktionalismus, Wechsel zwischen Teilnehmer- und Beobachterperspektive, Einbau von Systemtheorie in handlungstheoretischen Ansatz	evolutionäres Rationalisierungspotenzial der Sprache
Basiseinheit des Erklärens	Verständigungsverhältnisse	Die Basisstruktur wird von Produktion auf Interaktion umgestellt.
Verhältnis Individuum / Gesellschaft	Theorie der »Gleichursprünglichkeit« von Individuum und Gesellschaft	Intersubjektivität als vorrangig
Moderne und traditionale Gesellschaft (Analyse)	durch Tradition verbürgte / festgeschriebene vs. kommunikativ »verflüssigte« Geltungsansprüche	Projekt der Moderne: Autonomie (Selbstbewusstsein, Selbstbestimmung, Selbstverwirklichung)
Modernisierung	Rationalisierung »auf ganzer Breite«: nicht nur instrumentell, sondern in allen drei Vernunftdimensionen	emanzipatorisches Projekt und evolutionäre Entwicklung
Treibendes Veränderungsprinzip	in der Struktur der Sprache angelegte Tendenz zur Entfaltung von Kritik und Rechtfertigung	»Versprachlichung des Sakralen«, Auflösung traditionaler Grenzen der Kritisierbarkeit von Geltungsansprüchen, Unterscheidung von Entwicklungslogik und Entwicklungsdynamik
Moderne Pathologien (Diagnose)	systematisch verzerrte Kommunikationsverhältnisse; Kolonialisierung der Lebenswelt durch die Systeme	Geld und staatliche Macht blockieren die Artikulation von Geltungsansprüchen.

Tab. 11

Jürgen Habermas' soziologische Theorie auf einen Blick

Individualisierung

Differenzierung

Rationalisierung

Domestizierung

schaftsmitglieder abhängig. Nachdem alle vormodernen Begründungen einer natur- oder gottgegebenen Ungleichheit unter den Menschen ihre Plausibilität eingebüßt haben, kann politische Macht sich allein noch aus den rechtsstaatlich gewährleisteten demokratischen Prozeduren einer öffentlichen Meinungs- und Willensbildung speisen.

Der demokratische Rechtsstaat verkörpert jedoch nur den institutionellen Rahmen für die Verwirklichung des Projektes der Moderne. Um ihre Lebensverhältnisse »mit Willen und Bewusstsein« zu gestalten, müssten die Bürger klären, was für eine Gesellschaft sie eigentlich wollen. Dafür müssten sie das Rationalitätspotential aller drei Vernunftdimensionen aktualisieren, also in Bezug auf die Geltungsansprüche der Wahrheit, Richtigkeit und Wahrhaftigkeit. Aber die für die fortgeschrittene Moderne typische Form der sozialstaatlichen Befriedung und Hegung der Gesellschaft verstärkt die im Modernisierungsprozess ohnehin angelegte Tendenz einer einseitigen, auf instrumentelle Aspekte beschränkten Rationalisierung. Wenn diese Tendenz zum Durchbruch gelangt, werden die Menschen allen rechtsstaatlich-demokratischen Institutionen zum Trotz der unpersönlichen Herrschaft systemischer Funktionsimperative unterworfen. Der zentrale Zweck von Jürgen Habermas' Gesellschaftstheorie besteht darin, diese Gefahr kenntlich zu machen.

Lernkontrollfragen

1 Was unterscheidet Habermas' methodisches Konzept von Marx und von Adorno?
2 Welche Arten des Handelns unterscheidet Habermas und welche Rolle spielt die Sprache in seiner Konzeption von Gesellschaft?
3 Wie lässt sich Herrschaft nach Habermas' Konzeption rechtfertigen? Diskutieren Sie in Ihrer Antwort die Rolle von Geltungsansprüchen.
4 Was versteht Habermas unter Rationalisierung?
5 Wie beschreibt Habermas den Prozess der Modernisierung und was versteht er unter dem »Projekt der Moderne«?
6 Was meint die Diagnose einer »Kolonialisierung der Lebenswelt«?

Literaturhinweise

Primärliteratur

Habermas, Jürgen (1968): Erkenntnis und Interesse, Frankfurt a. M. 1973.

Habermas, Jürgen (1981 a): Theorie des kommunikativen Handelns, Bd. 1: Handlungsrationalität und gesellschaftliche Rationalisierung, Frankfurt a. M.

Habermas, Jürgen (1981 b): Theorie des kommunikativen Handelns, Bd. 2: Zur Kritik der funktionalistischen Vernunft, Frankfurt a. M.

Habermas, Jürgen (1984): Vorstudien und Ergänzungen zur Theorie des kommunikativen Handelns, Frankfurt a. M.

Habermas, Jürgen (1985 a): Die neue Unübersichtlichkeit. Kleine politische Schriften V, Frankfurt a. M.

Habermas, Jürgen (1985 b): Der philosophische Diskurs der Moderne. Zwölf Vorlesungen, Frankfurt a. M.

Habermas, Jürgen (1990): Strukturwandel der Öffentlichkeit. Untersuchungen zu einer Kategorie der bürgerlichen Gesellschaft. Mit einem Vorwort zur Neuauflage 1990, Frankfurt a. M.

Habermas, Jürgen (1992): Faktizität und Geltung. Beiträge zur Diskurstheorie des Rechts und des demokratischen Rechtsstaats, Frankfurt a. M. 1994.

Habermas, Jürgen (2009): Jürgen Habermas. Studienausgabe. 5 Bde., Frankfurt a. M.

Sekundärliteratur

Brunkhorst, Hauke/Kreide, Regina/Lafont, Cristina (Hg.) (2009): Habermas-Handbuch, Stuttgart.

Honneth, Axel (1989): Kritik der Macht. Reflexionsstufen einer kritischen Gesellschaftstheorie, Frankfurt a. M.

Honneth, Axel (1999): Jürgen Habermas, in: Kaesler, Dirk (Hg.): Klassiker der Soziologie, Bd. 2: Von Talcott Parsons bis Pierre Bourdieu, München, 230–251.

Honneth, Axel/Joas, Hans (Hg.) (1986): Kommunikatives Handeln. Beiträge zu Jürgen Habermas' »Theorie des kommunikativen Handelns«, Frankfurt a. M.

Iser, Mattias/Strecker, David (2010): Jürgen Habermas zur Einführung, Hamburg.

Kneer, Georg (1990): Die Pathologien der Moderne. Zur Zeitdiagnose in der »Theorie des kommunikativen Handelns« von Jürgen Habermas, Opladen.

McCarthy, Thomas (1989): Kritik der Verständigungsverhältnisse. Zur Theorie von Jürgen Habermas, Frankfurt a. M.

Meehan, Johanna (Hg.) (1995): Feminists Read Habermas. Gendering the Subject of Discourse, New York u. a.

Rasmussen, David M./Swindal, James (Hg.) (2002): Jürgen Habermas, 4 Bde., London u. a.

Strecker, David (2012): Logik der Macht. Zum Ort der Kritik zwischen Theorie und Praxis, Weilerswist.

Strecker, David/Schaal, Gary S. (2006): Die politische Theorie der Deliberation: Jürgen Habermas, in: Brodocz, André/Schaal, Gary S. (Hg.): Politische Theorien der Gegenwart II, Opladen, 99–148.

Wiggershaus, Rolf (2004): Jürgen Habermas, 2. Aufl., Reinbek bei Hamburg.

Individualisierung

Differenzierung

Rationalisierung

Domestizierung

3.3 | Differenzierung 2.1: Modernisierung als Evolution – *Talcott Parsons*

3.3.1 | Einführung

Der amerikanische Soziologe Talcott Parsons steht an einem bedeutsamen Knotenpunkt in der Soziologiegeschichte: Er erscheint als Mittler zwischen den klassischen und den modernen Autoren. Zählt er auf der einen Seite selbst noch zu den Klassikern und akademischen Gründervätern der Disziplin, kann er auf der anderen Seite auf dem Werk seiner Vorgänger aufbauen. Indem er deren Schriften sorgfältig analysiert, bündelt und kanonisiert, d.h. als verbindliche Pflichtlektüre bestimmt, sorgt er dafür, dass eine eigenständige soziologische Tradition entsteht.

Parsons leitet für die Soziologie eine neue Ära des wissenschaftlichen Arbeitsstils ein. Fortan beginnt soziologische Theoriebildung nicht mehr damit, die Gegenstände »Gesellschaft« oder »soziales Handeln« neu zu definieren und entsprechende Begrifflichkeiten, Methoden und Frage-

Leben und Werk

Talcott Parsons (1902 – 1979)

Talcott Parsons wurde in Colorado Springs, USA geboren. Seine akademische Ausbildung begann er 1920 am Amherst College mit einem Medizin- und Biologiestudium. Seinen Wunsch, Arzt zu werden, gab er allerdings nach kurzer Zeit zugunsten eines Studiums der Wirtschaftswissenschaften auf, das er 1924 mit einem Bachelor abschloss. Im Anschluss begab er sich nach Europa, zunächst an die London School of Economics, dann nach Heidelberg, wo er sich intensiv mit den Werken der soziologischen Klassiker beschäftigte und 1927 in Soziologie promovierte. Danach wirkte er bis zu seiner Emeritierung im Jahre 1973 als Soziologe an der Harvard University, zunächst als Instructor, von 1939 an als Professor. Parsons nahm Kontakt zu dem Ökonomen Joseph Schumpeter auf, mit dem er einen ebenso regen intellektuellen Austausch pflegte wie mit den Anthropologen Bronisław Malinowski und Alfred Radcliffe-Brown. 1944 übernahm er die Leitung des Instituts für Soziologie. Parsons veröffentlichte unzählige soziologische Arbeiten und wurde zum wichtigsten nordamerikanischen Soziologen der Nachkriegszeit. Mehr als zwei Jahrzehnte galt er als der maßgebliche Theoretiker überhaupt. Entsprechend groß ist die Anzahl seiner Schüler. Zu ihnen werden unter anderem Robert K. Merton und Shmuel Eisenstadt gezählt.

stellungen festzulegen; am Anfang steht nun vielmehr das Studium der Klassiker, deren Ansätze es dann weiterzuentwickeln gilt. So steht Parsons »auf den Schultern von Riesen«, wie sich mit dem häufig als seinem Schüler bezeichneten Robert K. Merton (1965) formulieren lässt: Parsons erarbeitet sein eigenes Theoriegebäude auf der Grundlage der Klassiker, deren Entwürfe er gegeneinander stellt, vergleicht und kritisiert.

Am Anfang steht das Studium der Klassiker

Leitfrage

| 3.3.2

Die Auseinandersetzung mit den Werken der Klassiker führt Parsons dazu, die Frage nach der Möglichkeit der Herstellung sozialer Ordnung als die bis heute gültige Grund- und Ausgangsfrage aller Soziologie zu identifizieren und damit für die nachfolgenden SoziologInnen zu definieren. Sie wird auch zu Parsons' eigener Leitfrage und bestimmt sein Werk. Allerdings erweitert er sie allmählich zu der Frage, ob und wie eine dauerhafte, stabile und entwicklungsfähige soziale Ordnung möglich ist. Diese Akzentverschiebung ist auch eine Folge der gesellschaftlichen und politischen Verhältnisse seiner Zeit: Mit der in den 1960er und 1970er Jahren verbreiteten Vorstellung der technologischen Gestaltbarkeit von Gesellschaft – also der Vorstellung, dass die modernen Mittel der Technik und der Wissenschaft es möglich machen, die gesamte Gesellschaft planmäßig zu verwalten und zu organisieren – tritt die Erforschung der Möglichkeiten in den Vordergrund, stark differenzierte und pluralistische moderne Gesellschaften bzw. Systeme zu steuern und zu regulieren. Damit wird für Parsons auch die Analyse des Gesellschafts*wandels* interessant.

Wie ist soziale Ordnung möglich?

Als das zentrale Anliegen hinter der Soziologie Parsons' lässt sich jedoch die Suche nach Integration, nach Einbeziehung und Vereinheitlichung, erkennen. Dieses Bemühen zeigt sich in vier ganz unterschiedlichen Bereichen:

Integration als zentrales Anliegen

1. in dem Versuch, die Theorieentwürfe der Klassiker zusammenzuführen,
2. in dem Bestreben, Struktur- und Handlungstheorien zu integrieren,
3. in dem Anspruch seiner Theorie, einen einheitlichen Begriffs- und Theorierahmen für alle Aspekte des Sozialen zu formulieren und dazu auch die Erkenntnisse der Nachbardisziplinen zu berücksichtigen,
4. in seiner Moderne-Theorie, in der die Frage nach der Integration und Inklusion der Individuen in die ausdifferenzierte und pluralistische moderne Gesellschaft eine zentrale Rolle spielt.

zu 1) Im Anschluss an seine Lektüre der Klassiker formuliert Parsons seine berühmte *Konvergenzthese*, die besagt, dass zumindest die soziologischen

Individualisierung

Differenzierung

Rationalisierung

Domestizierung

Entwürfe Max Webers, Emile Durkheims, Alfred Marshalls und Vilfredo Paretos darin konvergieren, d. h. zusammenlaufen, dass sie das Ordnungsproblem als die Grundfrage der Soziologie definieren. Sie machen zudem in ihrer Antwort darauf deutlich, dass soziale Ordnung nicht aus dem Verfolgen des individuellen Eigeninteresses entstehen kann, wie dies die sogenannten utilitaristischen Theorien postulieren (Parsons 1937). Parsons entwickelt im Anschluss daran als methodisches Konzept ein voluntaristisches Modell der Erklärung sozialen Handelns, das er dem utilitaristischen Ansatz entgegensetzt. Er betont, dass Gesellschaften schon durch gemeinsame Normen und Werte integriert sein müssen, ehe eigeninteressiertes soziales Handeln überhaupt sinnvoll möglich ist.

Gemeinsame Normen und Werte ermöglichen Integration

zu 2) Werkgeschichtlich lässt sich Parsons' Forschung in zwei Phasen unterteilen: Die erste ist der Ausarbeitung einer Handlungstheorie, die zweite der Entwicklung einer strukturell-funktionalen Systemtheorie gewidmet. Zu Beginn seiner wissenschaftlichen Laufbahn bemüht er sich um die Analyse des menschlichen Handelns, deren Ergebnisse sich in dem 1937 erschienenen Werk »The Structure of Social Action« finden. Parsons versucht dort, alle Aspekte des Handelns unter dem Begriff des »unit act« in ein einheitliches Modell zu integrieren, das die Nutzenmaximierung und Zielstrebigkeit menschlichen Handelns mit der Orientierung an Werten und Normen verbindet.

Definition

System

Ein System lässt sich als Zusammenhang von aufeinander bezogenen Elementen definieren, die in einer geregelten Verbindung stehen und sich im Blick des Beobachters als strukturierte Einheit von ihrer Umwelt abheben. Parsons, neben Niklas Luhmann Hauptvertreter der soziologischen Systemtheorie, hat eine strukturfunktionalistische Version entwickelt. Diese analysiert zum einen die stabilen Strukturelemente, d. h. die Bestandteile und dauerhaften Beziehungen eines Systems, und zum anderen deren Funktionen, also die Aufgaben und Leistungen, welche die Systemelemente für den Erhalt des Gesamtsystems erbringen. Die Systemtheorie erhebt dabei einen allgemeinen Erklärungsanspruch. Die Gesellschaft im Ganzen, ihre Teilbereiche (z. B. Politik, Wirtschaft), soziale Organisationen (z. B. Parteien, Unternehmen) sowie die Individuen lassen sich als Systeme begreifen, wobei soziale Systeme aus den Interaktionen von Akteuren gebildet werden. Die soziale Welt lässt sich dann aus dem Zusammenspiel von Persönlichkeitssystem, Kulturystem und sozialem System erklären.

In der zweiten Phase, die mit dem Erscheinen des Buches »The Social System« (1951) beginnt, richtet Parsons den Blick auf die gesellschaftliche Makroebene. Im Mittelpunkt steht jetzt der Begriff des sozialen Systems, dessen Struktur und Funktionsweise detailliert analysiert werden sollen. Mit dem Systembegriff wird dabei ein breites Spektrum verschiedener sozialer Interaktionsformen beschrieben: das Gesellschaftssystem, die verschiedenen Funktionssysteme wie Wirtschaft, Recht oder Politik, letztlich aber auch personale Interaktionssysteme. Auch das Individuum wird jetzt unter systemischen Gesichtspunkten untersucht und als Persönlichkeitssystem erfasst.

Diese Hinwendung zur Systemidee und damit zur Ausarbeitung einer strukturfunktionalistischen Systemtheorie folgte aus Parsons intensiver Beschäftigung mit dem Funktionalismus der Anthropologen Malinowski und Radcliffe-Brown sowie der Freud'schen Psychoanalyse. Durch sie verändert sich auch der Hintergrund der Frage nach der Möglichkeit stabiler sozialer Ordnung: Der Aspekt des regelhaften, strukturierten Funktionierens sozialer Systeme erlangt besondere Aufmerksamkeit. Parsons interessiert sich nun weniger für die Entstehung als vielmehr für die Aufrechterhaltung der sozialen Ordnung. Struktur und Funktion (vgl. Dahrendorf 1997) sind die wesentlichen Begriffe, mit denen die Analyse vorgenommen wird.

Trotz dieses auffälligen Perspektivenwechsels wäre es aber falsch, den frühen und späten Parsons so zu interpretieren, als handelte es sich um zwei verschiedene Theoretiker. Tatsächlich lässt sich, wie der nächste Abschnitt zeigen wird, seine Systemtheorie als Fortsetzung seiner Handlungstheorie lesen, und schon der Titel seines ersten großen Hauptwerkes (»The Structure of Social Action«) macht deutlich, dass es ihm gerade um die Integration von Struktur- und Handlungsaspekten geht (vgl. Münch 2003, 31 ff.).

Integration von Struktur- und Handlungstheorie

zu 3) Dies wird auch in Parsons zentralem Anspruch deutlich, ein abstraktes und umfassendes Analyseraster für die empirische Erfassung und Erklärung aller sozialen Phänomene zu entwickeln, also eine »Grand Theory«, eine universale Theorie des Sozialen vorzulegen, mit deren Hilfe sowohl systemische als auch handlungsbezogene Aspekte des gesellschaftlichen Geschehens erklärbar gemacht werden können. Das Ziel einer solchen universalen Theorie ist es – analog zu den Naturwissenschaften –, »das Soziale« in Form von Gesetzen bzw. mit Hilfe allgemein verwendbarer, abstrakter Begriffe zu erfassen. Dies hat Parsons gelegentlich den Vorwurf eingebracht, er betreibe Theorie nicht um der Analyse tatsächlicher empirischer Phänomene, sondern um der Theorieentwicklung willen.

Eine universale Theorie des Sozialen

Individualisierung

Differenzierung

Rationalisierung

Domestizierung

zu 4) Im Mittelpunkt der späteren Arbeiten Parsons' steht der Entwicklungs- bzw. Modernisierungsprozess westlicher Gesellschaften. In den Monografien »Societies« (1966) und »Das System moderner Gesellschaften« (1971) zeichnet Parsons den westlichen Modernisierungsprozess als evolutionären Differenzierungsprozess nach. Parsons versteht Modernisierung dabei als einen Evolutionsprozess, in dem das Überleben und die Fähigkeit von Gesellschaften, sich an wandelnde Umweltbedingungen anzupassen, im Mittelpunkt stehen (vgl. Parsons 1971, 40 ff.). Parsons' Betonung der Überlebensfähigkeit verändert die zu seiner Zeit vorherrschenden Annahmen über die Logik des Modernisierungsprozesses: Er interpretiert gesellschaftlichen Wandel nicht mehr als Prozess ständiger Weiterentwicklung zu »höheren« Stufen menschlichen Zusammenlebens, sondern als notwendige Veränderung und Anpassung, die das gesellschaftliche Überleben sichern. Die Fähigkeit zur funktionalen Differenzierung, d. h. zur arbeitsteiligen Ausbildung von Subsystemen, wird als wesentlicher Faktor dafür identifiziert.

Allerdings geht auch Parsons davon aus, dass der Modernisierungsprozess – beinahe einem Naturgesetz gleich – in eine bestimmte Richtung verläuft und in verschiedenen Gesellschaften ähnliche Institutionen und Regelungsformen, in seiner Terminologie »gesellschaftliche Universalien«, hervorbringt. Dazu gehören Institutionen wie etwa Bürokratie, Demokratie und ein universalistisches Wertesystem. Die Frage, wie die soziale und normative Integration der Individuen und Gruppen in ausdifferenzierten und kulturell heterogenen Massengesellschaften und damit die Sicherung von Loyalität gegenüber der Gesellschaft gelingen kann, bildet dann das letzte der vier Integrationsprobleme, um die Parsons Theorie kreist. Eine Antwort darauf findet er, wie unten anhand seiner Analyse der modernen Gesellschaft ausgeführt, im Zusammenwirken der vier grundlegenden Modernisierungstendenzen (Standardhebung, Differenzierung, Wertverallgemeinerung und Inklusion) und in seinem Konzept der gesellschaftlichen Gemeinschaft.

3.3.3 | Methodisches Konzept: Soziologie als Integration von Handlungstheorie und Strukturfunktionalismus

Parsons' Wunsch, eine universale Theorie des Sozialen zu entwickeln, lässt sich auch in seinem methodischen Konzept entdecken. Seine Vorgehensweise kennzeichnet er als »analytischen Realismus« (vgl. Camic 1987; → Abb. 8): SoziologInnen erfassen soziale Phänomene durch eine distanzierte Beobachtung, zerlegen diese dann in ihre einzelnen Elemente und bestimmen schließlich das Verhältnis oder die Struktur die-

Modernisierung als Evolution

»Analytischer Realismus«

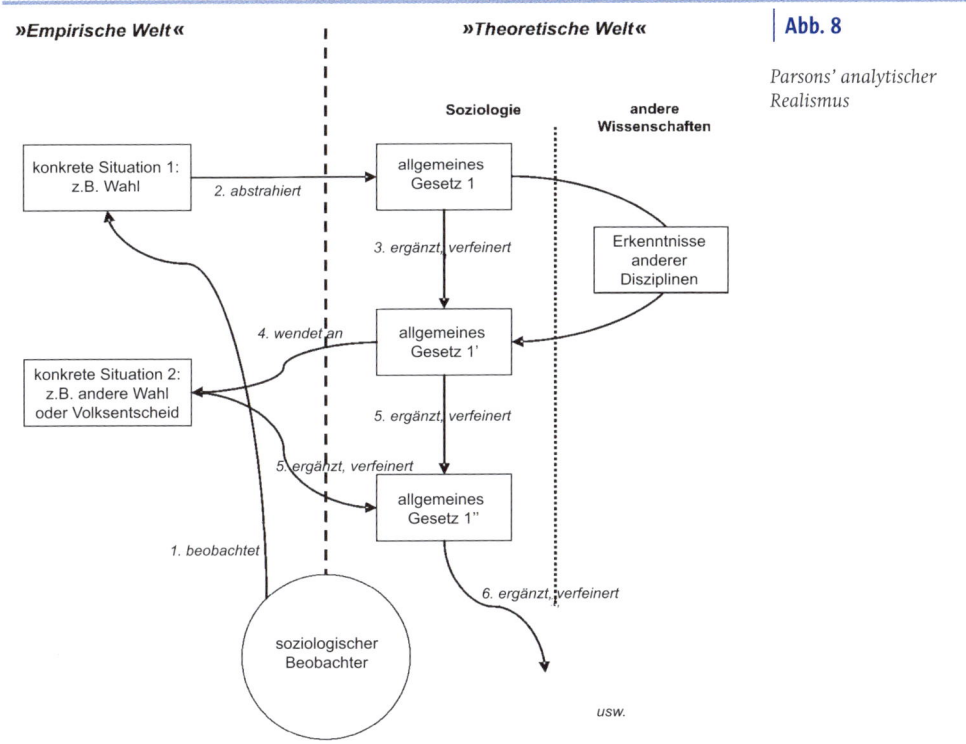

»Empirische Welt«   »Theoretische Welt«

Abb. 8

Parsons' analytischer Realismus

ser Elemente zueinander. Für die Klassifizierung der Elemente ist es von Bedeutung, möglichst abstrakte Begrifflichkeiten zu finden, die auch für andere soziale Situationen und Ereignisse verwendet werden können. Das gilt auch für die Beschreibung der Struktur dieser Elemente: Auch diese sollte möglichst grundlegend – universal – formuliert werden, um so allgemeine Gesetzmäßigkeiten zu finden, die auch auf andere Situationen anwendbar sind.

Das Konzept des analytischen Realismus meint aber nicht, dass alle soziologische Erkenntnis direkt aus der empirischen Beobachtung (d. h. induktiv) gewonnen wird. Die gefundenen Gesetzmäßigkeiten müssen nicht nur immer wieder an der Empirie überprüft werden, sondern sich auch im Lichte der bestehenden soziologischen Theorien und der Erkenntnisse aus anderen Disziplinen bewähren. Dadurch werden empirische und theoretische Erkenntnisse wechselseitig verbessert und verfeinert.

Der analytische Realismus unterscheidet zwischen der empirischen Welt der beobachtbaren sozialen Ereignisse und der relativ eigenständigen Welt der Theorie, zwischen denen die Soziologin vermittelt. Theoriebildung

Individualisierung

Differenzierung

Rationalisierung

Domestizierung

Methodisches Vorgehen

vollzieht sich dabei in folgenden sechs Schritten: (1) Die Soziologin beobachtet einen empirischen Vorgang (z. B. eine Wahl) und (2) versucht daraus durch Abstraktion ein allgemeines (Handlungs-)Gesetz zu formulieren (z. B.: Katholiken wählen konservativ). (3) Dieses soziologische Gesetz wird mithilfe des bisherigen Theoriebestands und der Erkenntnisse anderer Disziplinen geprüft, diskutiert und entsprechend verfeinert. (4) Das neue soziologische Gesetz (z. B.: ältere Katholiken im ländlichen Raum wählen überwiegend konservativ) wird wiederum anhand von Handlungen oder Vorgängen der realen Welt überprüft (z. B. einer Wahl in einem anderen Land). (5) Aus den Ergebnissen dieser Überprüfung oder Anwendung erfolgt erneut eine Weiterentwicklung oder Verfeinerung des Gesetzes; auch hier spielt die theorie-interne Diskussion eine entscheidende Rolle. Dieser Vorgang lässt sich beliebig oft wiederholen. Parsons entwirft dieses Theoriekonzept in Anlehnung an das britische *Common Law*-Modell der Rechtsentwicklung. Es rechtfertigt die starke Konzentration auf die Klassiker-Auslegung innerhalb der akademischen Disziplin der soziologischen Theorie.

Wie Abbildung 8 deutlich macht, findet die Entwicklung der allgemeinen Theorie des Sozialen überwiegend in der theoretischen Welt statt. Die empirische Welt scheint nach der Anfangsbeobachtung durch den Soziologen allein als Prüfgröße zu dienen. Theorien sind somit das Ergebnis überwiegend theoretischer Arbeit in der theoretischen Welt, die von der empirischen Welt deutlich unterschieden ist.

Für die Analyse des Handelns entwickelt Parsons einen umfassenden Begriffsapparat. Den Ausgangspunkt bildet die Idee eines Handlungssystems, das aus einem Akteur, einer Situation und dem Relationsmodus besteht, d. h. der Art und Weise, in der sich der Akteur auf die Situation bezieht (Parsons 1937). Die Situation ist dabei das komplexeste dieser Konzepte: Sie begegnet dem Akteur auch in der Form nicht sozialer Objekte: der Kultur, die durch Werte und Normen den Rahmen der Situation und der Handlungsmöglichkeiten setzt, sowie physischer Objekte, insbesondere technischer Gegenstände. In erster Linie aber gehören zur Situation die sozialen Objekte, d. h. andere Personen, die mit ihren Erwartungshaltungen das Handeln des Akteurs beeinflussen.

Kultur als übergreifender
Wert- und Normhorizont

Eine der wesentlichen theoretischen Innovationen von Parsons besteht dabei in der Erweiterung des Analyserahmens durch die Integration der Kultur als des übergreifenden Wert- und Normhorizonts. Die zentrale Annahme besteht darin, dass die Kultur die Verständigung der Akteure in der Situation erst möglich macht und zugleich insofern ihre Optionen bestimmt, als ihr Handeln auch durch den Wunsch motiviert wird, Normen zu befolgen. Dabei steht der Norm- und Werthorizont nicht im Gegensatz zu den Handlungszielen der Individuen, sondern er definiert für diese vielmehr die Situation, indem durch ihn zulässige und erstrebenswerte Handlungsziele und -mittel bestimmt werden; die Situation wird durch ihn erst verständlich. Damit reduziert sich zwar das Spektrum der Handlungsmöglichkeiten, aber eben dadurch wird die Abstimmung von Handlungen und die Herstellung sozialer Ordnung möglich und erklärbar.

Zentral für Parsons' Verständnis des Handelns ist also zum einen seine »Kontextualisierung«: Handeln findet immer in sozialen Situationen statt, welche das Spektrum der Handlungsmöglichkeiten schon weitgehend bestimmen und die Mittel und Bedingungen des Handelns definieren. Zum anderen unterscheidet Parsons in Bezug auf die Handlungsmotivationen zwei wesentliche Quellen:

- die zweckrationale Zielsetzung
- den Einfluss von normativen Erwartungen und Wertvorstellungen, die ihrerseits in einem kulturellen Horizont, einem einheitlichen Weltbild fundiert und verankert sind.

Handeln ergibt sich dann als Funktion der Beziehung zwischen Zielen, Mitteln, normativen Erwartungen und einem kulturellen, wertbestimmten Weltbild. Diese Beziehung kann durchaus widersprüchlich sein: Konflikte ergeben sich beispielsweise zwischen Zielen und normativen Erwartungen, zwischen Zielen und Mitteln und manchmal auch zwischen normativen Erwartungen und Mitteln. Aus diesen vier Handlungselementen lassen sich vier Handlungsprinzipien formulieren, die verabsolutiert zu jeweils einseitigen Handlungsformen führen:

- Wer nach dem *Realisierungsprinzip* handelt, setzt seine Ziele absolut und ignoriert sowohl die Begrenztheit seiner Mittel als auch die entgegenstehenden normativen Erwartungen; er verfolgt sein Ziel nach der Maxime »koste es, was es wolle«.

Vier Handlungsprinzipien

- Das *Optimierungsprinzip* motiviert ein Handeln, das sich vorwiegend an den Mitteln orientiert und danach trachtet, sie möglichst effizient einzusetzen, um den Nutzen für den Akteur zu maximieren.
- Nach dem *Konformitätsprinzip* handelt, wer sich sowohl in der Bestimmung der Mittel als auch der Wahl der Ziele von den geltenden normativen Erwartungen leiten lässt.
- Dem *Konsistenzprinzip* entspricht das Bestreben, sein Handeln möglichst an einem einheitlichen Weltbild, einer fundierenden kulturellen Leitidee bzw. einem bestimmten geistigen Prinzip auszurichten und dafür gegebenenfalls auch normative Erwartungen anderer zu enttäuschen, Mittel suboptimal einzusetzen oder Ziele umzudefinieren.

Wenngleich sich das reale Handeln der Akteure fast immer erst aus dem Zusammenwirken dieser Prinzipien erklären lässt, haben Gesellschaftstheorien die Tendenz, eines dieser Prinzipien absolut zu setzen:

Individualisierung

Differenzierung

Rationalisierung

Domestizierung

• Macht- und Konflikttheorien tendieren dazu, die Durchsetzung von Zielen, also das Realisierungsprinzip, als alleinige Grundlage des Handelns zu interpretieren.

• Ökonomische Theorien des Handelns (wie die Rational-Choice-Theorie) halten die Optimierung des Mitteleinsatzes für zentral.

• Normative Theorien oder Rollentheorien verabsolutieren das Konformitätsprinzip.

• Idealistische bzw. kulturalistische Sozialtheorien halten Ideen oder Weltbilder, mithin das Konsistenzprinzip, für die entscheidenden Motivationsquellen des Handelns.

Parsons strebt auch hier danach, diese Prinzipien (und Theorien) in einen einheitlichen handlungstheoretischen Bezugsrahmen zu integrieren (→ Abb. 9). Sein voluntaristisches, also den Willen (*voluntas*) und die Entscheidung des Akteurs betonendes Handlungsmodell des »unit act« integriert alle diese Handlungsmomente unter Betonung der zentralen Rolle von Normen und Wertideen. Der Begriff »unit act« soll dabei zum Ausdruck bringen, dass in jeder Handlung diese vier Größen aufgenommen, vom Akteur gegeneinander abgewogen und im Handeln miteinander vereinigt werden.

Interessanterweise bildet nun dieser handlungstheoretische Bezugsrahmen auch den Ausgangspunkt für Parsons' spätere Analyse sozialer Systeme. Denn mit diesem Begriff kann er das Handlungssystem genauer fassen und als die *Synthesis* (→ Kapitel 1.1) der Gesellschaft, also ihre Basiseinheit, beschreiben. Als System versteht er jeden Zusammenhang von aufeinander bezogenen Elementen, die in einer geregelten Verbindung

Parsons' Strukturfunktionalismus

Abb. 9

Der handlungs-theoretische Bezugs-rahmen

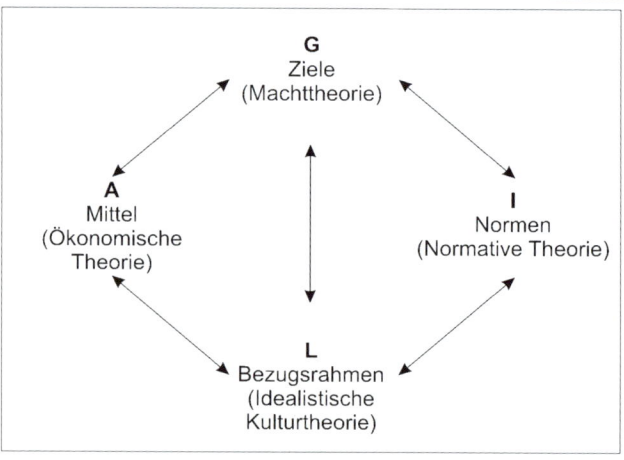

stehen und sich als zusammenhängende, strukturierte Einheit von einer komplexen Umwelt unterscheiden lassen. Soziale Systeme bezeichnen in diesem Sinne alle mehr oder minder geschlossenen Interaktionssysteme. Parsons' Hauptaugenmerk gilt dem System der modernen Gesellschaft. Er untersucht solche Systeme nun aus evolutionistischer Perspektive: Jedes System existiert und operiert in einer Umwelt, der es sich anpassen und auf die es reagieren muss; dabei macht er die Beobachtung, dass die strukturelle Binnendifferenzierung eines sozialen Systems nach funktionalen Erfordernissen seine Überlebensfähigkeit und seine Anpassungschancen deutlich erhöht. Deshalb bezeichnet man die systembezogene Soziologie Parsons' auch als Strukturfunktionalismus.

Von zentraler Bedeutung ist hier die Überzeugung, dass es genau vier Funktionen sind, welche ein System erfüllen muss und welche daher den Differenzierungsprozess bestimmen:

- Die Adaptation, d.h. *Anpassungsfunktion* (A), bezeichnet die Ressourcen- oder Mittelbeschaffung in einer dynamischen Umwelt.

  Die vier Systemfunktionen: AGIL

- »Goal Attainment«, d.h. die *Zielerreichungsfunktion* (G), beschreibt die Notwendigkeit, Handlungsziele festzulegen und durchzusetzen.

- Die *Integrationsfunktion* (I) verweist darauf, dass die einzelnen Systemelemente in ihrem Zusammenwirken aufeinander abgestimmt sein müssen, sodass sich Erwartungssicherheit und (in sozialen Systemen) Solidarität ausbilden können.

- »Latent Pattern Maintenance«, d.h. die *Muster- oder Strukturerhaltungsfunktion* (L), sichert einen einheitlichen Werte- und Bedeutungshorizont, um die Legitimität des Handelns für die Akteure zu gewährleisten.

Mit Blick auf Abbildung 9 lässt sich leicht erkennen, wie diese vier systemischen Funktionsbestimmungen, die Parsons' berühmtes »AGIL-Schema« definieren, aus dem von Parsons entwickelten Handlungsmodell hervorgehen.

Der Aufbau der sozialen Welt folgt für Parsons just dieser Logik des AGIL-Schemas: Sie besteht aus der nach dem Modell einer russischen Puppe ineinandergeschachtelten Hierarchie von Systemen, die sich nach den vier Funktionserfordernissen immer weiter ausdifferenzieren (→ Abb. 10). Die oberste Ebene bildet das allgemeine Handlungssystem, das aus folgenden vier Subsystemen besteht:

- Der Verhaltensorganismus (d.h. der intelligenzfähige menschliche Körper) bildet das biologische Substrat des allgemeinen Handlungssystems, das Intelligenz und Lernfähigkeit bereitstellt und daher die Anpassung an die Umwelt sichert (A).

  Das allgemeine Handlungssystem

- Das Persönlichkeitssystem (der Individuen) liefert die für die Zieldefinition und -erreichung notwendige Motivation (G).

Individualisierung

Differenzierung

Rationalisierung

Domestizierung

Definition

Status und Rolle

Für die Beschreibung von Handlungssystemen führt Parsons die Begriffe »Rolle« und »Status« ein, die in der Rollentheorie große Bedeutung besitzen. Sie sind in erster Linie Hilfsmittel, mit denen die Anordnung von Akteuren in einem sozialen System erfasst werden kann.

- Als Status wird die Stellung oder Position eines Akteurs in einem sozialen System bezeichnet. Über die Status-Analyse lässt sich daher die Struktur von Handlungssystemen beschreiben; sie macht die Anordnung der Akteure zueinander deutlich.
- Der Rollenbegriff bezieht sich auf die Funktion der einzelnen Akteure. Er beschreibt das Aufgabenspektrum, das sie jeweils für das Funktionieren des Systems übernehmen. Rollen zeigen sich den Akteuren als Erwartungen der Umwelt an ihr Handeln.

In Familien z.B. ist die Rolle der Mutter häufig mit einem fest umrissenen Bündel erwarteter Verhaltensweisen ausgestattet. Auch der Status der Mutter gegenüber den anderen Personen im Familiensystem ist eindeutig geklärt. Status und Rolle sind damit zwei eng miteinander zusammenhängende Größen; Parsons spricht zumeist von der Status-Rolle, womit Position und Aufgabe eines Akteurs in einem Handlungssystem gefasst werden.

- Das soziale System – das also nur einen Teilbereich des allgemeinen Handlungssystems darstellt – sichert die Integration der Systemelemente und Akteure durch die Definition von Status und Rollen (I).
- Das Kultursystem stellt mit Weltbild und Wertehorizont die Sinnressourcen bereit (L).

Das soziale System Das soziale System ist wiederum nach dem AGIL-Schema binnendifferenziert:

- Die mit dem Medium Geld operierende Wirtschaft stellt die Mittel des Handelns bereit, übernimmt also die Anpassungsfunktion (A).
- Die Politik, welche sich des Mediums der Macht bedient, definiert die Ziele (G).
- Das, was Parsons als »gesellschaftliche Gemeinschaft« beschreibt, leistet die soziale Integration durch die Stiftung von Solidarität, Loyalität und Gemeinschaftsorientierung (I). Ihr Medium ist der soziale Einfluss; gesellschaftliche Gemeinschaft kann daher näherungsweise auch als das verstanden werden, was neuere soziologische Theorien als »Zivilgesellschaft« bezeichnen.

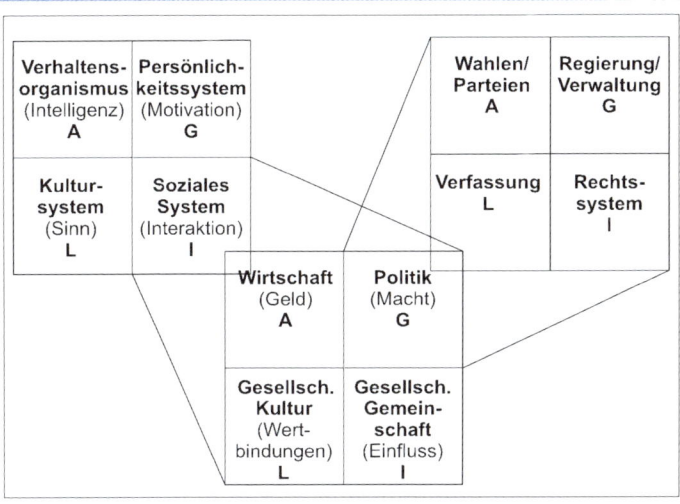

Abb. 10

Das AGIL-Schema

- Die gesellschaftliche Kultur (nicht mit dem Kultursystem als solchem zu verwechseln) sichert über das Medium der Wertbindung schließlich den Bestand eines einheitlichen Werte- und Normenhorizonts (L). Die Ausdifferenzierung von Subsystemen lässt sich auf diese Weise beliebig fortsetzen: Im politischen System beispielsweise sichern Wahlen und Parteien die Anpassung (A), während Regierung und Verwaltung die Ziele definieren (G); das Rechtssystem leistet die Integration und die Verfassung schließlich liefert den kollektiven kulturellen Bezugsrahmen und Wertehorizont (L).

Interessant ist an Parsons' schematischer, strukturzentrierter Analyse systemischen Funktionierens, dass sich zwei gegenläufige Energie- bzw. Steuerungskreisläufe unterscheiden lassen. Die Handlungsimpulse gehen stets von A zu L: Durch die Erschließung neuer Mittel (z. B. einer Geldquelle) wird die Bestimmung neuer Ziele angeregt, welche dann wiederum langfristig die geltenden Normen und schließlich den Wertehorizont zu verändern vermögen. Die Steuerungs- und Kontrollimpulse dagegen nehmen den umgekehrten Weg: Hier regulieren, kontrollieren und limitieren tief verankerte Wertüberzeugungen die Entwicklung von Normen, während Normen den Prozess der Zielsetzung kontrollieren und damit auch den Einsatz und die Erschließung von Mitteln leiten. Aus dem Zusammenspiel dieser gegenläufigen Impulse ergibt sich die Entwicklung und Veränderung von sozialen Systemen, also ihre *Dynamis* (→ Kapitel 1.1), und zwar als evolutionäre Differenzierung. Das beobachtet und analysiert Parsons, auch unter dem Gesichtspunkt der *Praxis* (→ Kapitel 1.1), nämlich

Individualisierung

Differenzierung

Rationalisierung

Domestizierung

Sozialer Wandel als Resultat gegenläufiger Impulse

mit Blick auf die Möglichkeiten der Steuerung und Kontrolle, am Prozess
der Modernisierung von Gesellschaften.

3.3.4 | Analyse: Modernisierung als Evolution

Sozialer Wandel und somit die Modernisierung von Gesellschaften ist
für Parsons in erster Linie ein Prozess evolutionärer Differenzierung.
Evolutionäre Das unterscheidet seine Theorie grundlegend von den dominierenden
Differenzierung Ansätzen seiner Zeit, die versuchten, Modernisierung als genetischen
Prozess zu fassen, d. h. bestimmbare, kausal wirksame Ursachen für die
Herausbildung der modernen Gesellschaftsform zu identifizieren (z. B.
den Fortschritt der Technologie oder den Konflikt). Stattdessen sucht
Parsons zur Erklärung des sozialen Wandels nach Veränderungen in den
Funktionsweisen der Gesellschaft bzw. ihrer Subsysteme, die ihr einen
evolutionären Vorteil im Sinne größerer Anpassungs- und Durchset-
zungsfähigkeit verschaffen.

In sozialen Systemen vollziehen sich solche Veränderungen zumeist
als Differenzierungsprozesse. Parsons begnügt sich jedoch nicht damit,
den Modernisierungsprozess als Prozess der Differenzierung zu beschreiben, sondern er unterscheidet vier verschiedene, aber miteinander
verknüpfte Entwicklungstendenzen:

Entwicklungstendenzen • Durch *Differenzierung* reagieren soziale Systeme auf gewandelte Um-
des Modernisierungs- weltanforderungen oder interne Funktionsstörungen. Prozesse er-
prozesses folgreicher (struktureller bzw. arbeitsteiliger) Differenzierung bringen
für diese Probleme neue Lösungen hervor und ermöglichen, das Sys-
tem zu erhalten.

• *Standardhebung* bezeichnet eine Anpassungsleistung in dem Sinne,
dass sich die den Akteuren generell zur Verfügung stehenden (ökonomischen) Mittel und Ressourcen verbessern, dass also, vereinfacht
gesagt, Wohlstand und Bildung zunehmen (vgl. Parsons 1971, 41).

• *Inklusion* bezieht sich auf die verbesserte und umfassendere Einbeziehung zuvor marginalisierter oder ausgegrenzter sozialer Gruppen
und beschreibt damit eine Erhöhung der Integrationsleistung. Im
Modernisierungsprozess lässt sich dies etwa an der Inklusion von
Frauen in das Bildungs- und Berufssystem oder an der Einbeziehung
immer größerer Bevölkerungsgruppen in das demokratische Wahlrecht beobachten.

• *Wertverallgemeinerung* ist der Prozess der Universalisierung verbindlicher sozialer Normen und Wertüberzeugungen. Diese werden auf
eine Weise generalisiert, die immer mehr kulturelle Pluralität zulässt.
Ein solcher Verallgemeinerungs- oder Universalisierungsprozess lässt

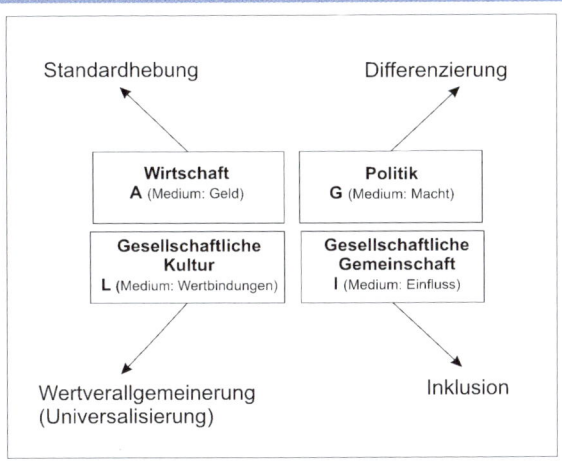

Abb. 11

Der vierdimensionale Modernisierungsprozess

sich in der europäischen Geschichte etwa an der Entwicklung der Religionsfreiheit beobachten: Galt zunächst eine der beiden abendländisch-christlichen Konfessionen als verbindlich (»alle sind katholisch«), bildete sich auf einer höheren Generalisierungsstufe dann die Konfessionsfreiheit heraus (»alle sind christlich«), die sich zur Religionsfreiheit und schließlich zu einem Pluralismus der Weltanschauungen erweiterte. Zentrale, fundierende Werte werden im Modernisierungsprozess also nicht einfach aufgegeben, sondern durch Steigerung des Abstraktionsgrades in ihrer Reichweite universalisiert. Auch dieser vierdimensionale Modernisierungsprozess, dessen Elemente sich wechselseitig vorantreiben, lässt sich auf das nach dem AGIL-Schema untergliederte soziale System abbilden (→ Abb. 11).

Modernisierung kann aber nicht nur unter dem Gesichtspunkt der systemischen Entwicklung der Gesellschaft, sondern auch mit Blick auf die Veränderung der Handlungsorientierung von Akteuren beschrieben werden. Parsons verdeutlicht dies mit Hilfe seiner Unterscheidung von fünf »Mustervariablen« (*pattern variables*) des Handelns (Parsons 1951). Mit diesen fünf dichotom definierten Handlungsalternativen wird der Bezugsrahmen des sozialen Handelns abgesteckt: Akteure müssen sich in ihrem Handeln jeweils für eine der Handlungsalternativen entscheiden, wobei die konkreten Handlungen jeweils durch die Kombination der fünf Entscheidungen bestimmt werden, sodass sich im Prinzip 32 verschiedene Handlungstypen ergeben.

Modernisierung bedeutet, dass sich die Handlungsorientierungen tendenziell jeweils von der ersten zur zweiten Alternative hin verschie-

Modernisierung verändert die Handlungsorientierung

Individualisierung

Differenzierung

Rationalisierung

Domestizierung

Zusammenfassung

Fünf Mustervariablen des Handelns

1. *Affektivität vs. Neutralität:* Handelnde können versuchen, ihren Gefühlen zu folgen (z. B. in Liebesbeziehungen) oder diese zu neutralisieren (z. B. in Wissenschaft oder Rechtsprechung).
2. *Kollektiv-Orientierung vs. Selbstorientierung:* Handelnde können sich am Gemeinwohl bzw. an Gemeinschaftsinteressen oder am Eigeninteresse orientieren.
3. *Partikularismus vs. Universalismus:* Handelnde können spezifische (Gruppen-)Werte und Interessen verfolgen oder sich nach verallgemeinerbaren Maximen richten.
4. *Zuschreibung vs. Leistung:* Die Behandlung von Akteuren kann sich an den ihnen zugeschriebenen Merkmalen (Geschlecht, Hautfarbe, Stand) oder an ihren individuellen Leistungen orientieren.
5. *Diffusität vs. Spezifität:* Handeln kann sich an sehr weitgefassten, diffusen oder an sehr spezifischen (rollenkonformen) Erwartungen ausrichten (vgl. das Handeln eines Familienvaters mit dem Handeln eines Schalterbeamten).

ben: In modernen Gesellschaften tendieren Akteure dazu, sich nicht von ihren Affekten leiten zu lassen, ihr Eigeninteresse zu verfolgen, sich an universellen Regeln und Werten zu orientieren, andere anhand ihrer Leistungen zu beurteilen und professionelle, d. h. genau spezifizierte, Verhaltenserwartungen zu erfüllen. Das bedeutet aber nicht, dass die alternativen Handlungsorientierungen nicht mehr vorkommen: In Liebesbeziehungen lassen sich Individuen in modernen Gesellschaften vor allem von ihren Gefühlen leiten, bürgerschaftliches Engagement wird oft durch Gemeinwohlorientierungen motiviert, im Fußballstadion sind die Zuschauer fast immer sehr parteiisch und der Staatsbürgerstatus wird in der Regel per Geburt zugeschrieben. Modernisierung bedeutet daher nicht einfach Verschiebung der Gewichte zwischen den Mustervariablen des Handelns, sondern zugleich die Institutionalisierung und Ausdifferenzierung der entsprechenden Handlungstypen: Welche Alternativen jeweils gewählt werden, hängt vom spezifischen Handlungskontext bzw. Funktionssystem ab.

Wenngleich Parsons Modernisierung als evolutionären Prozess versteht, der nicht von vornherein auf ein bestimmtes Ziel zuläuft, geht er davon aus, dass bestimmte Entwicklungsschritte unumkehrbar sind, weil der mit ihnen verbundene evolutionäre Vorteil so groß ist, dass ihn keine Gesellschaft, die ihn einmal erreicht hat, wieder preisgeben würde, und weil Gesellschaften, die diese Schritte vollzogen haben, den anderen überlegen sind. Parsons bezeichnet solche Entwicklungsschritte als »evolutionäre Universalien«. Er konzipiert den Modernisierungsprozess daher als Folge aufeinander aufbauender Stufen, die sich durch die Etablierung solcher evolutionärer Universalien ergeben.

Der Modernisierungsprozess als Stufenmodell

Um einen Modernisierungsprozess durchlaufen zu können, müssen Gesellschaften zunächst über vier grundlegende Eigenschaften verfügen, durch die sie sich von den sogenannten primitiven Gesellschaften unterscheiden. Dazu gehören (entsprechend der vier Grundfunktionen sozialer Systeme):

- *Sprache* (welche der Zielerreichung dient),
- *Religion* (die zentral ist für die Sicherung eines gemeinsamen kulturellen Wertehorizonts, also die Strukturerhaltung),
- *Technologie* (Steigerung der Anpassungsfähigkeit und Mittel) und
- sozial definierte *Verwandtschaftssysteme* (Sicherung der sozialen Integration).

Die grundlegenden evolutionären Universalien

Der Differenzierungsprozess, der die strukturellen Innovationen der Modernisierung hervorbringt, baut auf diesen Elementen auf. Im weiteren Verlauf des Evolutionsprozesses bilden sich sechs weitere Universalien heraus (vgl. Parsons 1964; → Abb. 12). Zunächst kommt es zur *sozialen Stratifizierung*, d.h. zur Etablierung einer durch Arbeitsteilung erzeugten sozialen Hierarchie (Strata = Schichten, Lagen). Die strukturelle Innovation besteht dabei darin, dass sich die gesellschaftliche Rollen- und Verteilungsstruktur nach und nach von der Struktur der Verwandtschaftssysteme ablöst; zunehmend entscheidet Leistung statt Herkunft über den Status einer Person.

Sechs weitere evolutionäre Universalien

Diese Herausbildung sozialer Stratifizierung geht mit der Entstehung einer weiteren evolutionären Universalie – der *kulturellen Legitimierung* – einher. Darunter versteht Parsons die Institutionalisierung eines kulturellen »Wir-Bewusstseins«, mit dessen Hilfe Gesellschaften sich bewusst voneinander abgrenzen. Dadurch entwickeln sich Gesellschaften von Verwandtschafts- oder Familiensystemen zu politischen Gemeinschaften, in denen Menschen verschiedenster Herkunft zusammenleben und sich aufgrund kulturell geformter Eigenarten als zusammengehörig betrachten können. Die Universalie der kulturellen Legitimation rechtfertigt zugleich die gesellschaftliche Stratifizierung in dem Sinne, dass die sozialen Unterschiede den Gesellschaftsmitgliedern als begründet erscheinen.

Die beiden evolutionären Universalien Bürokratie sowie Geld und Märkte kennzeichnen nach Parsons den bereits fortgeschrittenen Modernisierungsprozess. *Bürokratien* sieht Parsons, ähnlich wie Weber, als Instrument, mit dem vor allem eine große Effektivitätssteigerung in der

Individualisierung

Differenzierung

Rationalisierung

Domestizierung

Abb. 12

Evolutionäre Universalien und Entwicklungsstufen der Gesellschaft

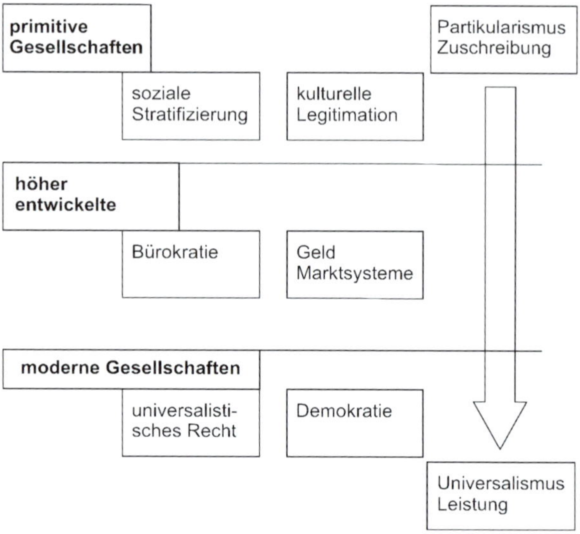

primitive Gesellschaften

Partikularismus
Zuschreibung

soziale Stratifizierung   kulturelle Legitimation

höher entwickelte

Bürokratie   Geld Marktsysteme

moderne Gesellschaften

universalistisches Recht   Demokratie

Universalismus
Leistung

Arbeitsteilung erreicht werden kann. Mit der Durchsetzung der Bürokratie werden nämlich die Ausübung von Herrschaft und gesellschaftliche Steuerung von konkreten Personen und deren Willkür abgelöst. Die Bürokratie stellt einen Handlungsmodus zur Verfügung, der ermöglicht, Entscheidungen allein aufgrund ihrer sachlichen Notwendigkeit zu treffen. Andere Handlungsmotive wie eigene Interessen, aber auch ethische Beweggründe können damit ausgeblendet werden. Durch diese Sachlichkeit der Bürokratie gewinnen Gesellschaften die Möglichkeit, die Arbeitsteilung weiter voranzutreiben. Berufsrollen können so ausdifferenziert werden, dass sich mit ihnen ein höchstmögliches Ausmaß an sachlicher Kompetenz verbindet.

Auch die Etablierung von *Geld und Märkten* folgt dieser Logik. Beide machen es möglich, unabhängig von Personen und Umständen zu handeln und rein sachliche Gründe in den Vordergrund zu stellen. Die Durchsetzung der Märkte löst den Warentausch weitgehend von moralischen Motiven und persönlichen Beziehungen ab. Das Geld übernimmt dabei die Funktion eines neutralen Wertmaßstabs, mit dem die Transaktionen zudem eine immense Beschleunigung erfahren; und Märkte sind die sozialen Institutionen, die ein rein eigeninteressiertes oder auch egoistisches Handeln nahelegen. Markt und Geld können damit als die wesentlichen Universalien verstanden werden, mit denen westliche Gesellschaften hoch effiziente Instrumente zur Versorgung und optimalen Mittelverwendung geschaffen haben.

Die beiden letzten evolutionären Universalien, die auf dem Weg zur modernen westlichen Gesellschaft ausgebildet werden müssen, sind nach Parsons die Etablierung universalistischer Rechtsnormen sowie die Durchsetzung der Demokratie. Mit der Ausbildung *universalistischer Rechtsnormen* finden sachliche, zweckrationale oder auch egoistische Handlungsmotive eine kulturelle Absicherung bzw. Fundierung im allgemeinen Werthorizont der Gesellschaft. Generell besteht die Funktion universalistischer Normen darin, die Beschränkungen des Handelns, die sich mit den Verwandtschaftssystemen der primitiven Gesellschaften verbanden, gänzlich aufzulösen. Mit ihrer Einführung löst sich das Rechtssystem zudem von der Religion: Gesellschaften werden säkularisiert, d. h. Recht und Religion werden in der Gesellschaft zu unabhängigen Funktionsbereichen. Somit kann die Einführung des universalistischen Rechts als zentrales Element im Prozess der Wertverallgemeinerung verstanden werden.

In der Entwicklung der *Demokratie* sieht Parsons das letzte Element im Modernisierungsprozess. Gesellschaften finden darin eine neue Form der Selbststeuerung, die im Einklang mit dem universalistischen Wertesystem steht. Unter Demokratie versteht er dabei eine Regierungsform, die nach festgelegten Regeln ausgeübt werden muss und an der jeder Bürger durch das aktive und passive Wahlrecht partizipieren kann. Dadurch ermöglichen Demokratien eine besonders flexible und effiziente Form zentralisierter Machtausübung, die auch der Sicherung des gesellschaftlichen Konsenses dient.

Für Parsons liegt das besondere Merkmal des westlichen Modernisierungsprozesses vor allem in der Durchsetzung von Universalismus und in der Umstellung der Handlungsbezüge von Zuschreibung auf Leistung (vgl. Parsons 1964, 356). Der damit verknüpfte Freisetzungsprozess der Individuen ermöglicht die Entwicklung alternativer Handlungsformen und neuer Handlungsziele, sodass das soziale System zunehmend seine Fähigkeit steigert, sich an gesellschaftliche Bedürfnisse und Umwelterfordernisse anzupassen.

Durchsetzung von Universalismus und Leistung

Im Anschluss an diese Konzeption wurde eine ganze Reihe eng verwandter Modernisierungstheorien formuliert, die alle davon ausgehen, dass der von Parsons beschriebene und zugleich idealisierte Typus moderner Gesellschaften, der sich eng an der europäischen und US-amerikanischen Geschichte orientiert, gleichsam das ebenso natürliche wie wünschenswerte »Endziel« aller gesellschaftlichen Entwicklung darstellt (vgl. Berger 1996, Zapf 1990). Dies wurde von anderen Soziologen, die auf die Umkehrbarkeit und Vielfalt von Modernisierungsprozessen in, vor allem aber auch außerhalb der westlichen Welt verweisen, nachdrücklich in Frage gestellt. Parsons' Schüler Shmuel Eisenstadt (2000) lieferte mit seinem Konzept der »multiple modernities« dafür das zentrale Stichwort.

Individualisierung

Differenzierung

Rationalisierung

Domestizierung

3.3.5 | Diagnose: Dysfunktionalität und einseitige Modernisierung

Modernisierungsprozess selbst ist nicht pathologisch

Parsons ist bemerkenswert optimistisch in seiner Analyse des Modernisierungsprozesses. Weil er in ihm die Entwicklung eines evolutionären Vorteils sieht, hält er es für höchst wahrscheinlich, dass er sich weltweit durchsetzt. Zugleich unterscheidet Parsons sich von den meisten anderen Autoren darin, dass er dem Modernisierungsprozess selbst keine pathologischen Züge oder Nebenfolgen zuschreibt: Die Modernisierung einer Gesellschaft kann sich ohne problematische Entfremdungs-, Entzauberungs- oder Anomie-Prozesse vollziehen, wie sie Marx, Weber oder Durkheim befürchteten. Daher ist Parsons weit eher an der Möglichkeit der Steuerung und Kontrolle gesellschaftlicher Entwicklungen interessiert als an Gesellschaftskritik.

Mögliche Dysfunktionen in sozialen Systemen

Dennoch stellt die Anlage seiner Theorie auch Ansatzpunkte für die Identifikation pathologischer Entwicklungsprozesse bereit. Ein soziales System kann nach Parsons' Konzeption jederzeit in einer oder sogar mehreren der Grundfunktionen versagen: Wenn es z. B. der Wirtschaft nicht mehr gelingt, die notwendigen Ressourcen bereitzustellen, handelt es sich um ein Versagen bzw. eine Dysfunktion in der Anpassungsfunktion; eine Dysfunktion in der Zielerreichung äußert sich dagegen als Versagen politischer Steuerung; Desintegrationsprozesse als dritte mögliche Dysfunktion führen zu einem Geltungsverlust sozialer Normen und zur Entsolidarisierung; und ein Versagen in der Strukturerhaltung äußert sich als Kulturverfall bzw. im Verlust tragender Sinnstrukturen.

Die Gefahren einer einseitigen Modernisierung

Aus Parsons' Analyse der (Fehl-)Entwicklung Deutschlands hin zum Nationalsozialismus (Parsons 1942) wird indessen deutlich, dass sich soziale Pathologien – ähnlich wie bei Durkheim – auch daraus ergeben können, dass es zu Ungleichgewichten im Prozess der Modernisierung kommt, weil dieser sich in einigen Bereichen zu schnell, in anderen dagegen zu langsam (oder gar nicht) vollzieht. So erfolgte aus Parsons' Sicht die wirtschaftliche und bürokratische Modernisierung (als Standardhebung und Differenzierung; → Abb. 11) in Deutschland zu rasch und zu einseitig, während die kulturelle und zivilgesellschaftliche Modernisierung, welche zur Verankerung von Demokratie und Rechtsstaatlichkeit hätte führen können, dahinter zurückblieb. In der Konsequenz kam es dann zu einem Rückschritt in der Inklusionsdimension (große soziale Gruppen, die zuvor bereits integriert waren, wurden aus der nationalistisch und rassistisch definierten Gemeinschaft ausgeschlossen) und in der Kulturdimension (an die Stelle weiterer Wertgeneralisierung oder Universalisierung von Normen trat ein extremer rechtlicher, politischer und sozialer Partikularismus). Unter der Herrschaft der Nationalsozialisten wurden ganz einseitig die Interessen und Werte bestimmter Gruppen verfolgt.

Vor dem Hintergrund des Zweiten Weltkrieges und der Systemkonkur-
renz in der Zeit des Kalten Krieges war die Frage, woran die Entstehung
und Durchsetzung totalitärer Regime erkannt und wie dies durch
entsprechende Steuerungsmaßnahmen verhindert werden kann, für
Parsons von großem Interesse. Für die Diagnose gegenwärtiger Krisentendenzen legt seine Analyse die Frage nahe, ob der aktuelle Globalisierungsprozess ebenfalls einseitig verläuft und daher das Risiko ähnlicher
Rückfälle birgt, die sich etwa im weltweiten Wiedererstarken des Natio-

	Stichworte	Erläuterungen	
Soziologie	Wissenschaft der universalen Kategorien und Gesetze des Handelns und der Gesellschaft	Ziel ist die Erkenntnis der Bestimmungsfaktoren des Handelns und der sozialen Ordnung.	**Tab. 12**
Leitfrage	Wie ist dauerhafte, stabile und entwicklungsfähige soziale Ordnung möglich?	Für eine Antwort bemüht er sich um die Integration von Handlungs- und Struktur-theorien.	*Parsons' soziologische Theorie auf einen Blick*
Erklärungsmodell	Strukturfunktionalismus auf handlungstheoretischer Basis	Struktur und Funktion sind die Leitbegriffe des späteren Parsons.	
Basiseinheit des Erklärens	Handlungssysteme	»unit act« (früher Parsons) und AGIL-Schema (später Parsons)	
Verhältnis Individuum / Gesellschaft	Handlungsfreiheit (Volun-tarismus) und normative Integration	Es gibt Spielräume des Handelns trotz prägender Werte und Rollen.	
Moderne und traditionale Gesellschaft (Analyse)	Unterschiede in Art und Grad der Differenzierung und in der Handlungsorientierung	»Mustervariablen« kenn-zeichnen die Entwicklungs-richtung.	
Modernisierung als	evolutionäre Differenzierung (ökonomische, politische, soziale und kulturelle Ent-wicklung)	Standardhebung, Differen-zierung, Inklusion, Wertver-allgemeinerung produzieren »evolutionäre Universalien«.	
Treibendes Ver-änderungsprinzip	evolutionäre Steigerung der Anpassungsfähigkeit	wird erreicht durch Diffe-renzierung nach dem AGIL-Schema	
Moderne Patho-logien (Diagnose)	Regression durch Funktions-störungen oder einseitige Modernisierung	Gelingende Modernisierung ist pathologiefrei.	

Individualisierung

Differenzierung

Rationalisierung

Domestizierung

nalismus oder im religiös-kulturellen Fundamentalismus äußern könnten (vgl. Münch 2001).

3.3.6 | Zusammenfassung

Parsons' Soziologie zeichnet sich dadurch aus, dass er sie zuerst als voluntaristische Handlungs- und dann als strukturfunktionalistische Systemtheorie entwirft. Beide Theoriestränge laufen in seinem berühmten AGIL-Schema zusammen. Dieses definiert zum einen vier Grundfunktionen – Anpassung, Zielerreichung, Integration und Strukturerhaltung –, die jedes soziale System erfüllen muss, wenn es überlebensfähig bleiben will. Zum anderen bringt es aber auch zum Ausdruck, dass soziales Handeln sich immer aus dem Zusammenspiel von Mitteln, Zielen, verinnerlichten Normen und dem kulturellen Werthorizont der Akteure ergibt. Methodisch verfolgt Parsons dabei das Konzept eines analytischen Realismus, nach dem sich soziologische Erkenntnis vor allem aus theoretischer Arbeit ergibt, die nur gelegentlich an der Empirie überprüft wird. Er etabliert damit die Lektüre und Diskussion soziologischer Klassiker als ein Hauptaufgabenfeld der soziologischen Theorie.

Parsons' Ziel ist, eine umfassende Theorie des Sozialen zu entwickeln, welche nicht nur die Erkenntnisse der Klassiker in sich zu vereinen, sondern auch alle Phänomenbereiche der sozialen Welt zu erfassen vermag. Modernisierung begreift er dabei als einen evolutionären Prozess, der sich in vier Dimensionen zugleich vollzieht, nämlich als wirtschaftliche Standardhebung, politische Differenzierung, gesellschaftliche Inklusion und kulturelle Wertverallgemeinerung. Wenn dieser Prozess sich einsei-

Lernkontrollfragen

1 Wodurch ist Parsons' Konzept des analytischen Realismus gekennzeichnet?
2 Welches sind die Elemente des handlungstheoretischen Bezugsrahmens – und wie verhalten sie sich zueinander?
3 Welche Rolle spielt das AGIL-Schema für die Entwicklung und für die Analyse sozialer Systeme?
4 Was kennzeichnet nach Parsons den Modernisierungsprozess? Wann wird er pathologisch?
5 Welches sind die »Mustervariablen« des Handelns – und wie verändern sie sich im Modernisierungsprozess?
6 Was sind evolutionäre Universalien?

tig vollzieht, kann es zu schweren gesellschaftlichen Funktionsstörungen kommen.

Literaturhinweise

Primärliteratur

Parsons, Talcott (1937): The Structure of Social Action. A Study in Social Theory with Special Reference to a Group of Recent European Writers, New York/London 1968.

Parsons, Talcott (1942): Demokratie und Sozialstruktur in Deutschland vor der Zeit des Nationalsozialismus, in: ders.: Beiträge zur soziologischen Theorie, hg. von Dietrich Rüschemeyer, Neuwied/Berlin 1964, 256–282.

Parsons, Talcott (1951): The Social System, New York/London 1964.

Parsons, Talcott (1964): Evolutionary Universals in Society, in: American Sociological Review 29, 339–357.

Parsons, Talcott (1966): Societies. Evolutionary and Comparative Perspectives, Englewood Cliffs.

Parsons, Talcott (1971): Das System moderner Gesellschaften, Weinheim/München 1985.

Parsons, Talcott (1975): Die Entstehung der Theorie des sozialen Systems. Ein Bericht zur Person, in: Parsons, Talcott/Shils, Edward/Lazarsfeld, Paul F. (Hg.): Soziologie – autobiographisch. Drei kritische Berichte zur Entwicklung einer Wissenschaft, Stuttgart, 1–68.

Sekundärliteratur

Alexander, Jeffrey C. (1978): Formal and Substantive Voluntarism in the Work of Talcott Parsons. A Theoretical and Ideological Reinterpretation, in: American Sociological Review 43, 177–198.

Alexander, Jeffrey C. (1983): Theoretical Logic in Sociology. Volume Four. The Modern Reconstruction of Classical Thought. Talcott Parsons, Berkeley/Los Angeles.

Berger, Johannes (1996): Was behauptet die Modernisierungstheorie wirklich – und was wird ihr bloß unterstellt?, in: Leviathan 24, 45–62.

Camic, Charles (1987): The Making of a Method. A Historical Reinterpretation of the Early Parsons, in: American Sociological Review 52, 421–439.

Camic, Charles (1992): Reputation and Predecessor Selection. Parsons and the Institutionalists, in: American Sociological Review 57, 421–445.

Dahrendorf, Ralf (1997): Struktur und Funktion. Talcott Parsons und die Entwicklung der soziologischen Theorie, in: Friedrichs, Jürgen/Mayer, Karl Ulrich/Schluchter, Wolfgang (Hg.): Soziologische Theorie und Empirie, Opladen, 51–79.

Eisenstadt, Shmuel N. (2000): Multiple Modernities, in: Daedalus 129, 1–29.

Joas, Hans/Knöbl, Wolfgang (2004): Parsons auf dem Weg zum normativistischen Funktionalismus, in: dies: Sozialtheorie. Zwanzig einführende Vorlesungen, Frankfurt a. M., 72–106.

Lidz, Victor (2011): Talcott Parsons, in: Ritzer, George/Stepnisky, Jeffrey (Hg.): The Wiley-Blackwell Companion to Major Social Theorists. Volume I. Classical Social Theorists, Oxford, 511–558.

Merton, Robert K. (1965): On the Shoulders of Giants. A Shandean Postscript, New York.

Münch, Richard (2001): Offene Räume. Soziale Integration diesseits und jenseits des Nationalstaats, Frankfurt a. M.

Münch, Richard (2003): Talcott Parsons, in: Kaesler, Dirk (Hg.): Klassiker der Soziologie, Bd. 2: Von Talcott Parsons bis Pierre Bourdieu, München, 24–50.

Schimank, Uwe (2007): Theorien gesellschaftlicher Differenzierung, Opladen.

Zapf, Wolfgang 1990: Modernisierung und Modernisierungstheorie, in: ders. (Hg.): Die Modernisierung moderner Gesellschaften, Frankfurt a. M. u. a., 23–39.

Wenzel, Harald (1991): Die Ordnung des Handelns. Talcott Parsons' allgemeines Handlungssystem, Frankfurt a. M.

Individualisierung
Differenzierung
Rationalisierung
Domestizierung

3.4 | Differenzierung 2.2:
Die funktional differenzierte Gesellschaft –
Niklas Luhmann

3.4.1 | Einführung

Als Niklas Luhmann sich mit Soziologie zu beschäftigen beginnt, ist die Auffassung, dass Modernisierung ein Prozess ist, in dem die Gesellschaft sich differenziert und dadurch zunehmend komplexer wird, schon wohl etabliert. Unter dem überwältigenden Eindruck der noch jungen Industrialisierung hatte Emile Durkheim in der Arbeitsteilung das wesentliche Merkmal der sich vor seinen Augen herausbildenden modernen Gesellschaft ausgemacht. Etwa ein halbes Jahrhundert später festigte sich bei Talcott Parsons die Auffassung, dass die moderne Gesellschaft nicht nur arbeitsteilig organisiert, sondern durchgängig differenziert gegliedert ist. Die Differenzierung von Funktionsbereichen ist das generelle Strukturprinzip moderner Gesellschaften.

Davon ist auch Luhmann überzeugt, als er, um die Gesellschaft zu verstehen, in der er lebt und arbeitet, 1960 zu Parsons geht. Schnell ist er aber der Auffassung, dass Parsons den radikalen Wandel, der die zeitgenössische Gesellschaft von früheren Formationen unterscheidet, nur halbherzig erfasst hat. Differenzierung habe er nämlich als strukturelle Differenzierung von Akteursrollen verstanden; aus dieser Perspektive lag es dann nahe, das Problem, wie soziale Ordnung möglich ist, auf dem von Durkheim vorgezeichneten Weg zu lösen: Ein grundlegender gesellschaftlicher Wertekonsens gewährleistet, dass die Menschen in der Ausübung ihrer vielfältigen Funktionen die Struktur der Gesellschaft reproduzieren, also die bestehende Ordnung aufrechterhalten.

Davon war Luhmann ganz und gar nicht überzeugt. Je mehr sich die Moderne entwickelt hatte, desto deutlicher hatten sich die Lebensstile individualisiert und die kulturellen Orientierungen pluralisiert. Die hoch komplexe Gesellschaft der fortgeschrittenen Moderne wurde offensichtlich nicht durch einen Wertekonsens ihrer Mitglieder zusammengehalten. Überhaupt waren die Mechanismen gesellschaftlicher Reproduktion viel unabhängiger von den Absichten und Überzeugungen der Menschen als in Parsons' Konzeption. Das Differenzierungsprinzip musste folglich stärker generalisiert werden, als Parsons es gegenüber Durkheim getan hatte. Nicht Strukturdifferenzierung (nach Berufsrollen), sondern die funktionale Differenzierung sozialer Systeme prägt die moderne Gesellschaft. Die Reproduktion der Funktionssysteme hat sich dabei so sehr gegenüber den Wünschen und Interessen der Subjekte ver-

Stärkere Generalisierung des Differenzierungsprinzips

selbständigt, dass die moderne Gesellschaft nicht nur, wie bei Parsons, für den der Systembegriff lediglich ein analytisches Instrument ist, als System analysiert werden kann, sondern dass sie ein System ist.

Anders als Theodor W. Adorno, der zu derselben Diagnose gelangt war, verfolgt Luhmann damit aber keine gesellschaftskritische Absicht, sondern sieht darin schlicht eine angemessene Beschreibung entwickelter Gesellschaften. Wissenschaft und Gesellschaftskritik sind für ihn zweierlei Paar Schuhe. Mit dem für ihn typischen provozierenden Humor meint er, dass von der Soziologie keine Klärung der Frage zu erwarten sei, »wie die Gesellschaft eigentlich sein müsste. Denn das ist eigentlich viel zu leicht zu sagen, man braucht einfach nur Wunschlisten zusammenzustellen oder negative Erfahrungen zu streichen, um zu Ergebnissen zu kommen, wie wir die Gesellschaft, eine menschliche Gesellschaft oder wie immer, haben möchten.« (Luhmann 2005, 16)

Die Frage, ob Soziologie als Kritische Theorie oder als Systemtheorie zu betreiben sei, ist in den späten 1960er und frühen 1970er Jahren Gegenstand einer viel beachteten Auseinandersetzung zwischen ihm und Jürgen Habermas. Luhmann jedenfalls glaubt, dass Wissenschaft ein viel schwierigeres Geschäft ist als Kritik. Diese Auffassung spiegelt sich in dem Abstraktions- und Komplexitätsgrad seiner Überlegungen, den er auch damit rechtfertigt, dass dadurch die Distanz gegenüber unseren, auch sprachlichen, Gewohnheiten erreicht werden kann, die notwendig ist, um der Tatsache gerecht zu werden, dass »Soziologie nicht die Lehre vom ersten Blick, sondern die Lehre vom zweiten Blick« (Luhmann 1981, 170) ist. Der Schwierigkeitsgrad seiner Texte hat jedenfalls nicht verhindern können, dass Luhmann heute als der wichtigste deutsche Soziologe der jüngeren Vergangenheit gilt.

Beschreibung statt Kritik der Gesellschaft

Leben und Werk

Niklas Luhmann (1927–1998)

Niklas Luhmann, wie viele Jugendliche gegen Kriegsende als Luftwaffenhelfer eingezogen, studierte nach kurzer Kriegsgefangenschaft ab 1946 in Freiburg Jura. Nach einer Anstellung als Verwaltungsbeamter am Oberverwaltungsgericht in seinem Geburtsort Lüneburg wechselte er 1955 als Landtagsreferent in das niedersächsische Kultusministerium. Privat las er Soziologie und Philosophie, begann, seinen legendären Zettelkasten anzulegen und ging 1960/1961 nach Harvard zu Talcott Parsons. 1962 wechselte er an die Verwaltungshochschule Speyer. Auf Betreiben Helmut Schelskys promovierte und habilitierte Luhmann sich 1966 und wurde 1968 an die neu gegründete Universität Bielefeld berufen. Im selben Jahr begann die Kontroverse mit Jürgen Habermas, die ihn bekannt

Individualisierung

Differenzierung

Rationalisierung

Domestizierung

machte. Rezipiert wird er seither in der deutschen Soziologie, Politik-, Medien-, Literaturwissenschaft etc. 1995 gründeten seine Anhänger die Zeitschrift »Soziale Systeme«. Luhmanns Werk ist in vielen Ländern einflussreich, nicht jedoch im international entscheidenden angelsächsischen Sprachraum. Hier dominierte lange Parsons' Theorie; deren Niedergang brachte eine Abkehr von der Systemtheorie und soziologischen Großtheorien überhaupt. Seit einiger Zeit ist auf internationaler Ebene aber eine Intensivierung der Rezeption Luhmanns festzustellen.

3.4.2 | Leitfrage

Luhmanns Erfahrung des Verwaltungsalltags

Aus seiner Arbeit als Ministerialbeamter wusste Luhmann, dass die Bürokratie ganz anders funktioniert als den damals etablierten soziologischen Modellen zufolge. Wohl kaum etwas prägt den Alltag der staatlichen Verwaltung weniger als eine unpersönliche Orientierung allein an Sachgesichtspunkten. Und doch scheint die Abhängigkeit der Verwaltung von Akteuren bzw. der Einfluss einzelner Akteure auf die Verwaltung eng begrenzt, bilden sich Routinen heraus, die scheinbar ein Eigenleben führen. Obwohl während seiner Tätigkeit in der Kultusbehörde die Regierung wechselt und der Minister ausgetauscht wird, berichtet Luhmann später über diese Zeit: »Aber die Dinge fingen an, sich zu wiederholen: Eine Kabinettsitzung ist wie eine andere und eine Parlamentssitzung ist wie eine andere« (in: Horster 1997, 32).

Wie ist es möglich, dass innerhalb der Verwaltung gewissermaßen alles auf Beziehungen und Kontakte ankommt, dieselbe Verwaltung sich aber gegenüber unterschiedlichen Motiven und Absichten als bemerkenswert eigensinnig erweist? Wieso führt man häufig Gespräche, trifft sich zu Sitzungen, schafft Gremien etc., die keiner der Beteiligten will? Fast scheint es, als verwalte sich die Verwaltung selbst, als operierten die Gesellschaft, Organisationen und sogar direkte Interaktionen unabhängig von den Gedanken, Wünschen und Absichten der Subjekte.

Um die Frage, wie soziale Ordnung möglich ist, nach Parsons die Zentralfrage der Soziologie, kreist auch Luhmanns Werk. Er fragt freilich nicht danach, wie es kommt, dass soziale Strukturen reproduziert werden, also wie die Gesellschaft ihre bestehende Ordnung erhält; seine Leitfrage ist gegenüber der Stabilität bzw. dem Wandel sozialer Strukturen neutral gefasst: Auf welche Weise werden gesellschaftliche Funktio-

Wie werden gesellschaftliche Funktionen erfüllt?

nen erfüllt? Gesellschaftliche Probleme können nämlich unterschiedlich gelöst werden; Funktionen müssen nicht durch die bestehenden Strukturen erfüllt werden.

Um das zu verdeutlichen hat Luhmann seinen Ansatz früher in Abgrenzung gegen Parsons' strukturell-funktionale Theorie als funktional-
strukturell bezeichnet. Während der Strukturfunktionalismus den Blick
darauf richtet, wie Ordnung erhalten wird, rückt Luhmanns Äquivalenz-
funktionalismus den Vergleich unterschiedlicher Möglichkeiten gesellschaftlicher Problemlösung in den Fokus. Entsprechend hat Luhmann
sein Programm unter den Begriff der soziologischen Aufklärung gestellt: Soziologische
Zielte Aufklärung ursprünglich auf die richtige, vernünftige und gerech-   Aufklärung
te Ordnung der Gesellschaft, so besteht die Funktion soziologischer Aufklärung nach Luhmann darin, die gesellschaftlich realisierten mit den
nicht-realisierten Möglichkeiten zu vergleichen, dadurch den Sinn für
die Kontingenz, d.h. Nichtnotwendigkeit, der gesellschaftlichen Ordnung zu schärfen und so die Fähigkeit der Gesellschaft zu steigern, ihre
Probleme zu lösen. Entsprechend hat Luhmann im Vergleich zur herkömmlichen soziologischen Theorie geringere Erklärungsansprüche
und stellt die Beschreibung ins Zentrum seiner Bemühungen.

Dem Umstand, dass gesellschaftliche Probleme nicht nur auf die bestehende Art und Weise gelöst werden können, muss eine Theorie gerecht werden, die Gesellschaft nicht nur einseitig beschreiben soll. Und
genau darum geht es Luhmann: eine Theorie, die Gesellschaft umfassend
beschreiben kann, eine Theorie mit universalem Anspruch also, eine sogenannte Supertheorie. Doch davon ist die Soziologie nach Luhmann   Eine Supertheorie
weit entfernt. Der Marxismus und die Kritische Theorie lassen sich ihm
zufolge nicht ernsthaft als Wissenschaft verstehen; und Parsons' Konzept, der einzige ernstzunehmende Entwurf, ist gescheitert. Die Soziologie befindet sich deswegen in der misslichen Situation, über keine Theorie
ihres Gegenstandsbereichs zu verfügen; sie kann nicht benennen, was
Gesellschaft ist. Luhmann sah seine Lebensaufgabe darin, diesem Mangel durch die Konstruktion eines begrifflichen Instrumentariums abzu-
helfen, das die Widersprüche und Ungenauigkeiten der Soziologie überwindet, die sich viel zu stark an der Alltagssprache orientiert.

Methodisches Konzept: Soziologie als Theorie selbstreferentieller Systeme

| 3.4.3

Schon früh ist Luhmann überzeugt, dass die Systemtheorie den erfolg-
versprechendsten Ansatz für eine universale Theorie der Gesellschaft
bietet. In der Ausarbeitung seines Vorhabens geht er dabei so vor, dass
er drei Ebenen der Theoriekonstruktion auseinanderhält: Drei Ebenen der
1. die allgemeine Systemtheorie,   Theoriekonstruktion
2. die Theorie sozialer Systeme,
3. die Gesellschaftstheorie.

Individualisierung

Differenzierung

Rationalisierung

Domestizierung

zu 1) Im Bereich der *allgemeinen Systemtheorie* unterscheidet Luhmann drei Paradigmen.

Drei Paradigmen der allgemeinen Systemtheorie

a. Ursprünglich sei der Analyserahmen durch die Vorstellung von Ganzheiten bestimmt gewesen, die sich aus Teilen zusammensetzen (z. B. die Gesellschaft als die Summe ihrer Mitglieder). Luhmann meint, dass das hoffnungslos in Widersprüche führt, weil die Gesellschaft eine emergente Ordnung ist: Die Eigenschaften, die die Gesellschaft charakterisieren, lassen sich nicht auf deren Mitglieder zurückführen; sie haften nicht schon den Teilen an, sondern bestehen erst auf **Das Ganze aus Teilen** der Ebene der Ganzheit (→ S. 75).

b. Die moderne Systemtheorie überwindet dieses Problem, indem sie die Unterscheidung von Ganzem und Teil durch die Differenz von System und Umwelt ersetzt. Einzelne Gesellschaftsbereiche sind dann als ausdifferenzierte Teilsysteme zu verstehen, die aus ihrer innergesellschaftlichen Umwelt Inputs beziehen und diese mit Outputs **Umweltoffene Systeme: Input und Output** versorgen. In diesem Sinne bezieht das politische System aus seiner Umwelt Legitimationen und versorgt diese Umwelt mit kollektiv verbindlichen Entscheidungen. Weil dieses zweite systemtheoretische Paradigma mithin Austauschprozesse zwischen System und Umwelt unterstellt, geht es hier um offene Systeme. In diesem Rahmen, in dem sich auch Luhmanns frühe Schriften noch bewegen, bleibt aber ungeklärt, wie Systeme sich überhaupt ausdifferenzieren können. Anders als bei einer Maschine lässt sich die Entstehung gesellschaftlicher Funktionssysteme ja nicht durch das planmäßige Vorgehen eines Ingenieurs erklären, der sich außerhalb des Systems befindet.

Operativ geschlossene, selbstreferentielle Systeme

c. Deswegen entwickelt Luhmann ein drittes systemtheoretisches Paradigma: die Theorie selbstreferentieller Systeme. Dieser zufolge können Systeme sich nur ausdifferenzieren, indem sie sich operativ schließen.

Definition

Operative Schließung und Ausdifferenzierung

- *Operative Schließung* meint, dass das, was in einem System geschieht, also die Reproduktion seiner Elemente, ausschließlich durch das System selbst geleistet wird.
- *Ausdifferenzierung* bedeutet, dass eine Grenze aufgebaut wird, die verhindert, dass die Umwelt einen determinierenden Einfluss auf Systemzustände nehmen kann. Ein System beruht folglich darauf, dass es sich von seiner Umwelt abgrenzt; erst durch diese Abgrenzung wird die Umwelt überhaupt zur Umwelt des Systems.

Systeme entstehen unter Bedingungen der Komplexität, d.h. wenn mehr möglich ist, als verwirklicht werden kann, also gewissermaßen eine Auswahl unter Alternativen nötig ist; selbstreferentielle Systeme, so Luhmanns Formulierung, bauen ihre eigene Komplexität selbst auf, d.h. sie, und nicht ihre Umwelt, treffen diese »Auswahl«. Das heißt mitnichten, dass Systeme von ihrer Umwelt unabhängig sind. Sie können angemessener oder weniger angemessen auf Umweltherausforderungen reagieren. Der Klimawandel z.B. mag eine Umweltveränderung sein, an der das Gesellschaftssystem sogar als Ganzes scheitern kann. Operative Geschlossenheit ist nach Luhmann nur die eine Seite selbstreferentieller Systeme; die andere ist ihre Umweltoffenheit. Dass selbstreferentielle Systeme sich nur auf der Grundlage operativer Schließung auf ihre Umwelt beziehen, betont Luhmann, um zu verdeutlichen, dass der Umweltbezug nicht im Sinne von Input und Output zu verstehen ist; umweltoffen sind operativ geschlossene Systeme in der Weise, dass sie ihre Umwelt aus ihrer eigenen Perspektive, also mit ihren eigenen Begriffen und entlang ihrer spezifischen Interessen beobachten.

So beobachtet z.B. das Wirtschaftssystem in seiner Umwelt die Politik. Die Politik kann die Wirtschaft jedoch nicht determinieren, z.B. durch ein Gesetz zur Schaffung von Ausbildungsplätzen. Betriebe nehmen dieses nämlich unter ihren eigenen Relevanzen wahr und werden nur dann Ausbildungsplätze zur Verfügung stellen, wenn dies für sie kostengünstiger ist als die Alternative (Strafzahlungen, Umsatzminderung durch Imageverlust usw.). Dabei ist ein reibungsloses Verhältnis zwischen einem System und seiner Umwelt keineswegs garantiert. Denn die Umwelt ist nicht nur komplexer, variantenreicher, als das System, dessen Ordnung, wie Luhmann früher formulierte, auf einer Reduktion von Komplexität beruht; die Umweltkomplexität übersteigt auch die Beobachtungsfähigkeit des Systems.

zu 2) Die zweite Ebene der Theoriekonstruktion bildet die *Theorie sozialer Systeme*. Die allgemeine Systemtheorie bezieht sich auf alle möglichen Arten von Systemen. Luhmann (→ Abb. 13) unterscheidet Maschinen, Organismen (z.B. die Körper von Menschen), psychische Systeme (»die Bewusstseine« von Menschen) und soziale Systeme (die Kommunikationen von Menschen).

Das zweite Paradigma der allgemeinen Systemtheorie, das an der Physik orientierte Input-Output-Modell offener Systeme, ist heute nur noch für (die meisten) Maschinen angemessen, wie Luhmann seit der Veröffentlichung seines ersten Hauptwerkes »Soziale Systeme« behauptet. Das ursprünglich in der Biologie entwickelte Paradigma selbstreferentieller Systeme hat Luhmann seitdem auch auf soziale und psychische Systeme übertragen und damit die sogenannte »autopoietische Wende« vollzogen.

Die Theorie sozialer Systeme

Individualisierung

Differenzierung

Rationalisierung

Domestizierung

Abb. 13

*Luhmanns Typologie
der Systeme*

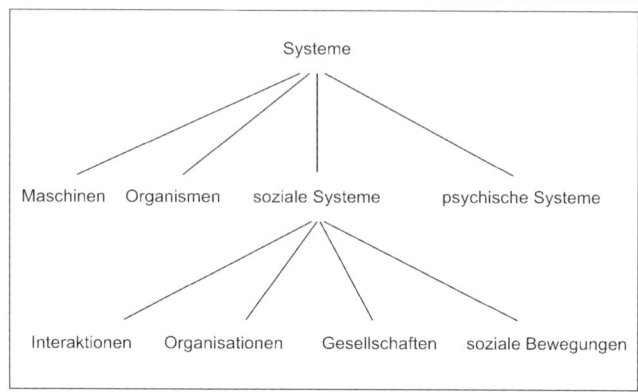

*(nach: Luhmann
1984, 16)*

Definition

Autopoiesis

Autopoiesis bedeutet etymologisch Selbstschöpfung. Autopoietische Systeme operieren selbstreferentiell, sind also operativ geschlossen und auf dieser Grundlage umweltoffen. Sie erhalten sich, indem sie ihre eigenen Elemente ausschließlich selbst durch eigene Operationen produzieren (ein Körper z.B. reproduziert seine Zellen immer gleich, unabhängig davon, ob wir Karotten oder Tomaten oder Gurken essen). Autopoietische Systeme (wie der Körper) sind aber keineswegs unabhängig von ihrer Umwelt. Autopoietische Systeme sind strikt zu unterscheiden von »allopoietischen«, die sich in ihren Operationen nach einem linearen Input/Output-Schema von außen steuern lassen (z.B. eine kaputte Maschine, die durch äußeren Eingriff repariert werden muss).

Gegenstand der Soziologie sind ausschließlich soziale Systeme. Nach Luhmann lassen sich vier Arten sozialer Systeme unterscheiden:

Vier Arten sozialer Systeme

a. *Interaktionssysteme*: Ihre Grenze wird durch die Differenz von Anwesenheit und Abwesenheit bestimmt.
b. *Organisationssysteme*: Sie reproduzieren sich durch die Entscheidungen ihrer Mitglieder, Verlautbarungen von Nicht-Mitgliedern gehören zu ihrer Umwelt.
c. Das *Gesellschaftssystem*: Die Gesellschaft stellt das umfassendste soziale System dar; ihre Grenze muss mithin alles Soziale einschließen und alles andere als Umwelt der Gesellschaft ausschließen.

d. *Soziale Bewegungen* (der ursprünglichen Typologie später hinzuge-
fügt): Die Autopoiesis sozialer Bewegungen vollzieht sich als Protest
ihrer Anhänger.

Soziale Systeme sind Sinnsysteme. So wie Systeme entstehen, wenn die
Verwirklichung von Möglichkeiten den Ausschluss von Alternativen
erfordert, so entstehen Sinnsysteme, wenn dieser Ausschluss registriert
wird. Die Aktualisierung einer Möglichkeit hat dann eine Bedeutung,
denn sie stellt eine »Auswahl« dar und hätte im Prinzip auch anders er-
folgen können. Jedes soziale System wird aus dem Medium »Sinn« geformt; aber nicht jedes Sinnsystem ist auch ein soziales System. Auch
psychische Systeme operieren im Medium »Sinn«. Ein Gedanke, z. B. eine
Schlussfolgerung, ist sinnhaft, weil man sich bewusst ist, andere Lösungen verworfen zu haben. Sinn ist also ein zu umfassendes Medium, um
das Spezifische des Sozialen zu bezeichnen. Das Soziale muss stattdessen
durch einen besonderen Typ sinnhafter Selektion bezeichnet werden.

Luhmann argumentiert, dass Kommunikation die Grundeinheit (*Synthesis* → Kapitel 1.1) sozialer Systeme bildet. Der Begriff »Einheit« ist hier
allerdings ungenau, denn Luhmann definiert Systeme ja nicht über
ihren Bestand (bzw. Ereignisse, die vergehen, und Strukturen, die sich
ändern können), sondern durch die Art, wie sie sich reproduzieren, ihre
spezifische Operationsweise. Alle sozialen Systeme, aber auch nur soziale Systeme, reproduzieren sich also durch Kommunikation. Die Gesellschaft, Organisationen, Interaktionen und Protestbewegungen bestehen
nach Luhmann folglich nicht aus Menschen. Diese Überlegung hat viel
Empörung hervorgerufen. Was Luhmann damit meint ist, dass der Begriff des Menschen für theoretische Zwecke viel zu ungenau ist, nämlich
ein Konglomerat aus ganz unterschiedlichen Systemen, die jeweils Um-
welten füreinander bilden. So wie die Biologie organische und die Psychologie psychische Systeme in ihrer jeweiligen Eigenlogik untersucht,
so hat die Soziologie die Operationsweise sozialer Systeme zum Gegenstand.

Ebenso wenig wie sie aus Menschen bestehen, reproduzieren sich
soziale Systeme Luhmann zufolge durch Handlungen. Eine handlungstheoretische Beschreibung der Gesellschaft erscheint auf den ersten
Blick zwar plausibel, weil wir soziales Geschehen im Alltag als Zusammenhang von Handlungen auffassen. Der Begriff der Handlung ist mithin eine Kategorie der Selbstbeschreibung sozialer Systeme. In Luhmanns Terminologie handelt es sich deswegen um eine Kategorie der
Beobachtung erster Ordnung, eine Kategorie, die die Akteure bei der
Beobachtung ihrer Umwelt verwenden. Demgegenüber besteht soziologische Analyse Luhmann zufolge in einer Beobachtung zweiter Ordnung: der Beobachtung davon, wie Akteure ihre Umwelt beobachten.

Kommunikation
als Grundeinheit
sozialer Systeme

Individualisierung

Differenzierung

Rationalisierung

Domestizierung

Kommunikation statt Handlung

Auf diesem Wege enthüllt der soziologische, also der zweite Blick, dass es sich bei der Kategorie der Handlung um eine Vereinfachung handelt. Der Handlungsbegriff, so Luhmann, reduziert die komplexe Struktur der Kommunikation auf Absichten. Dagegen wendet er ein, dass Kommunikation ein emergentes Phänomen ist, das im Zusammentreffen von drei Selektionen besteht, auf die es nicht reduziert werden kann: einer Information (dass etwas so und nicht anders ist), deren Mitteilung (mit der ein Sprecher eine bestimmte Absicht verbindet) und dem Verstehen (durch einen Hörer). Kommunikation kann fortgesetzt und muss nicht abgebrochen werden ganz unabhängig davon, ob Absichten richtig verstanden worden sind. Der Handlungsbegriff wird also nicht dem Umstand gerecht, dass die Reproduktion der Gesellschaft sich gegenüber den Absichten der Menschen verselbständigt hat. Aus diesem Grund muss Kommunikation als die spezifische Operationsweise gelten, durch die sich die Autopoiesis sozialer Systeme vollzieht.

Die Theorie der Gesellschaft

zu 3) Die dritte Ebene der Theoriekonstruktion bildet die *Theorie der Gesellschaft*. Wie wir gesehen haben, stellt die Gesellschaft nur ein soziales System neben anderen dar. Gesellschaft ist folglich auch nur ein Gegenstand soziologischer Analyse, ebenso wie Interaktionen, Organisationen und soziale Bewegungen. Da Gesellschaft aber das umfassendste Sozialsystem ist, verbindet sich mit der Gesellschaftstheorie der universalistische Anspruch, den gesamten Gegenstandsbereich der Soziologie zu erfassen. Dazu gehört auch die Gesellschaftstheorie selbst. Denn Wissenschaft im Allgemeinen und Soziologie im Besonderen besteht aus Kommunikation, und zwar unter Anwesenden in Lehrveranstaltungen und auf Tagungen, dann von Mitgliedern an Universitäten und in Forschungsinstituten sowie nicht zuletzt in der Publikation unbeschränkt zugänglicher Aufsätze und Bücher.

All das geschieht nicht außerhalb der Gesellschaft; GesellschaftstheoretikerInnen können keinen Standpunkt jenseits der Gesellschaft einnehmen, von dem diese als Ganze in den Blick zu bekommen wäre. Folglich erfordert die Konstruktion einer universalen Theorie, diesen, von Luhmann »autologisch« genannten, Charakter zu reflektieren; aber »universal« meint nicht, dass Luhmanns Theorie die einzig mögliche Beschreibung darstellt. Gerade das Gegenteil ist der Fall. In den Fokus rückt nämlich vielmehr, dass jede Theorie durch begriffliche Unterscheidungen geprägt ist, die bestimmte Sachverhalte beleuchten, andere dafür aber nicht in den Blick bekommen können. Das bedeutet natürlich nicht, dass die Gesellschaft beliebig beschrieben werden kann. Nicht jede Theorie ist gleich gut; einige liefern uns ein besseres Verständnis der Realität. So ist Luhmann überzeugt, dass die Gesellschaft heute tatsächlich in einer anderen Weise differenziert ist als früher. Aber wir haben keinen unvermittelten Zugriff auf die Realität; wir können sie nur durch Begriffe erschließen und können dabei unterschiedlich vorgehen. In diesem Sinne bezeichnet Luhmann seine Theorie als konstruktivistisch.

Definition

Konstruktivismus

Jedes operativ geschlossene System konstruiert seine Umwelt in Reaktion auf »Irritationen«: Die Wirklichkeit wird niemals entdeckt oder abgebildet, sondern stets vom System aus dessen eigener Perspektive konstruiert. Wo der eine nur Autos sieht, bietet sich einem anderen die Vielfalt unzähliger Marken und Typen; wo eine Umweltschutzorganisation ein bedrohtes Paradies wahrnimmt, registriert die Wirtschaft Ressourcen.

Im Einzelnen entwirft Luhmann bei der Konstruktion seiner Gesellschaftstheorie vier relativ unabhängige Blöcke. Die ersten drei davon sind der *strukturellen Dimension der Gesellschaft* gewidmet.

Vier Blöcke der Gesellschaftstheorie

1. Die *soziale Dimension* der Gesellschaft bzw. der Kommunikation (also der gesellschaftlichen Grundoperation) analysiert Luhmann in einer *Theorie der Kommunikationsmedien*. Hier geht es darum zu klären, durch welche Mittel soziale Systeme die Fortsetzung von Kommunikation bewerkstelligen und so ihren Fortbestand gewährleisten.

Theorie der Kommunikationsmedien

2. Die *zeitliche Dimension* der Gesellschaft ist Thema einer *Evolutionstheorie*, die beschreibt, wie soziale Systeme ihre Strukturen angesichts ihrer Wahrnehmung der Systemumwelt ändern können. Im Gegensatz zu anderen Differenzierungstheoretikern versteht Luhmann diesen Prozess nicht als Fortschritt, sondern schildert die *Dynamis* der Gesellschaft (→ Kapitel 1.1) neutral als Wandel.

Evolutionstheorie

3. Die *sachliche Dimension* der Gesellschaft ist Gegenstand der *Differenzierungstheorie*; sie wird im Folgenden im Zentrum stehen.

Differenzierungstheorie

4. Hinzu tritt die Analyse der *semantischen Dimension* der Gesellschaft, also die Untersuchung der kommunikativen Formen, mit denen soziale Systeme sich selbst beschreiben.

Die semantische Dimension: Selbstbeschreibungen

Luhmann zufolge hinkt der semantische Haushalt der Gesellschaft dem Wandel ihrer Struktur hinterher. Das kann die Soziologie thematisieren, indem sie die Selbstbeschreibung der Gesellschaft in Form einer Beobachtung zweiter Ordnung beschreibt und damit ganz im erläuterten Sinne soziologischer Aufklärung das Bewusstsein gesellschaftlicher Kontingenz steigert, also der Nichtnotwendigkeit ihrer gegenwärtigen Struktur. Luhmann ist zwar der Auffassung, dass die Soziologie nicht sagen kann, wie Probleme besser gelöst werden können; aber indem sie

Individualisierung

Differenzierung

Rationalisierung

Domestizierung

die Lösungsmöglichkeiten beschreibt, trägt sie dazu bei, die Problemlösungsfähigkeit der Gesellschaft zu steigern. Darin besteht die *Praxis*-Dimension (→ Kapitel 1.1) der Theorie Luhmanns.

3.4.4 | Analyse: Funktionale Differenzierung

Luhmann analysiert Gesellschaften entlang des jeweils vorherrschenden, also primären *Differenzierungsprinzips*. Er unterscheidet vier Formationen. Im historischen Verlauf haben sich Gesellschaften dabei nicht etwa immer besser, sondern nur jeweils anders an ihre Umwelt angepasst. »Ich finde, daß unsere Gesellschaft mehr positive und mehr negative Eigenschaften hat als jede frühere Gesellschaft zuvor. Es ist heute also zugleich besser und schlechter. Das kann man viel zutreffender als üblich beschreiben, aber nicht zu einem Gesamturteil aufaddieren.« (Luhmann 1987, 139) Eine Steigerung stellt die Abfolge der Differenzierungsprinzipien allerdings in der Hinsicht dar, dass die Gesellschaft dabei zunehmend komplexer werden konnte. Einfache Gesellschaften waren typischerweise *segmentär* differenziert, also in gleichartige Segmente wie Familien bzw. Klans gegliedert (→ Abb. 14).

Vier Gesellschaftstypen

Abb. 14 |

Segmentäre Gesellschaft

| Klan 1 | Klan 2 | Klan 3 | Klan 4 | Klan 5 |

Hochkulturen entwickeln sich erst in dem Maße, wie Metropolen entstehen; in Reichen dominiert die Differenzierung von *Zentrum und Peripherie*. Diese Differenzierungsform überlappt sich mit einer weiteren, denn die Herausbildung von Zentren geht einher mit dem Aufbau hierarchischer Strukturen. Die ständische Gliederung feudaler Ordnungen, in der der Monarch die Spitze der gesellschaftlichen Pyramide bildet, beruht mithin auf einer dritten Form von Differenzierung, die Luhmann *stratifikatorisch* nennt (→ Abb. 15).

Die moderne Gesellschaft (→ Abb. 16) schließlich ist nach Luhmann durch den Vorrang *funktionaler* Differenzierung gekennzeichnet; ihre Teilsysteme operieren wie in segmentären Gesellschaften unabhängig voneinander, obschon sie ebenso wie in Reichen und Feudalgesellschaften ungleichartig sind.

Gesellschaft ohne Menschen und ohne Zentrum

Welche Konsequenzen hat diese Umstellung der Differenzierungsform? *Erstens* löst sich die Illusion der Zuordnung von Menschen zu Teilsystemen nun auf; konnte man noch glauben, eine Familie, eine Region

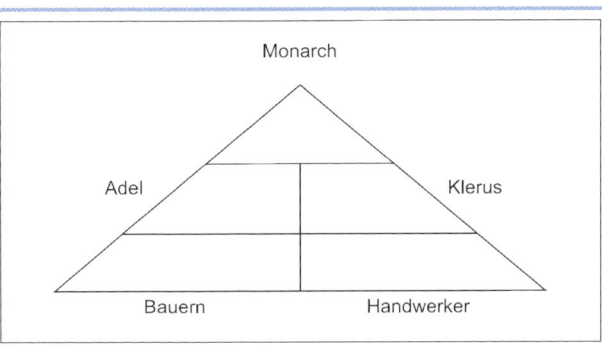

| Abb. 15

Ständische Gesellschaft

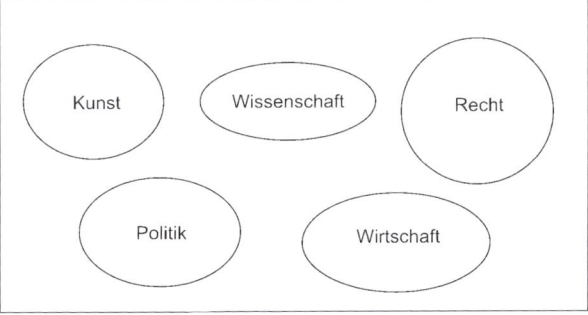

| Abb. 16

Moderne Gesellschaft

oder eine Schicht bestehe aus Menschen, so scheitert diese Auffassung endgültig, wenn die Teilsysteme sich funktional als Recht, Politik, Wirtschaft, Kunst usw. ausdifferenziert haben. Ebenso lässt sich *zweitens* auch die Vorstellung nicht mehr aufrechterhalten, die Gesellschaft habe ein, z.B. politisches, Zentrum oder eine Spitze. Diese Vorstellung entstammt nach Luhmann noch der Gesellschaftsstruktur von Reichen (mit einem Zentrum) oder Feudalordnungen (mit einer Spitze). Dass der herausgehobene Ort dabei von der Politik besetzt wurde, hat den Grund darin, dass das politische System schon frühzeitig ein vergleichsweise hohes Maß an Komplexität entwickelt hatte. Angesichts dieses Entwicklungsvorsprungs des politischen Systems, der die ursprünglichen Stammesgesellschaften überforderte, zu deren Überwindung führte und schließlich im Absolutismus kulminierte, lag es nahe, in der Politik das Zentrum zu sehen, das die gesamte Gesellschaft mit all ihren Teilen integriert. »Ein solcher Denkansatz ist kein Fehler, auch kein Mangel, der im Sinne eines Fortschritts zu besserer Erkenntnis zu beheben wäre. Er ist Symptom einer Gesellschaft mit unvollständiger funktionaler Ausdifferenzierung

Individualisierung

Differenzierung

Rationalisierung

Domestizierung

ihrer Teilsysteme und war für eine solche Gesellschaft adäquat.« (Luhmann 1970, 142)

Die Vorstellung eines politischen Zentrums der Gesellschaft gilt Luhmann folglich als semantisches Überbleibsel einer überwundenen Gesellschaftsstruktur und gehört zu einer Reflexion auf die Entstehung der modernen Gesellschaft, für die sich außerhalb Europas keine Entsprechung findet (vgl. Luhmann 1997, 893). Luhmann spricht deswegen von der »alteuropäischen« Tradition. Dieser bleibt im Übrigen auch der Marxismus verhaftet, insofern er die Politik zwar aus dem Zentrum der Gesellschaft verabschiedet, jedoch nur, um die Wirtschaft an ihren Platz zu rücken.

Die alteuropäische Tradition

Damit lässt sich der Marxismus nach Luhmann allerdings schon als Symptom einer weiter fortgeschrittenen funktionalen Ausdifferenzierung verstehen. Ebenso wie die Entwicklung des politischen Systems nämlich die Überwindung der segmentären archaischen Gesellschaften herbeigeführt hatte, fungierte die Komplexitätssteigerung des Wirtschaftssystems als Katalysator für die Umstellung der primären Differenzierung der Gesellschaft von Stratifikation auf funktionale Differenzierung. Für die Beschreibung der daraus hervorgegangenen Gesellschaftsstruktur, so Luhmann, sind alteuropäische Konzepte wie der Begriff demokratischer Selbstbestimmung oder die Vorstellung einer durch ökonomische Sachzwänge bestimmten Gesellschaft hoffnungslos unterkomplex.

Wie aber lässt sich die funktional differenzierte Gesellschaft angemessen beschreiben, wenn die überkommenen semantischen Formen des alteuropäischen Denkens hierfür nicht taugen? Die Umstellung auf funktionale Differenzierung hat auch Konsequenzen für die Gesellschaftstheorie. Denn offensichtlich existiert in der funktional differenzierten Gesellschaft kein Ort, von dem aus sie als Ganze in den Blick zu bekommen wäre.

- *Erstens* ist die Wissenschaft selbst Teil der Gesellschaft; die Soziologie ist mithin Reflexion auf die Gesellschaft aus der Gesellschaft heraus und verändert sie mit jeder soziologischen Kommunikation.
- *Zweitens* ist die Wissenschaft lediglich ein Teilsystem neben anderen; sie beschreibt aus ihrer eigenen Perspektive. Sie kann sich zwar um eine Rekonstruktion anderer Perspektiven im Sinne einer Beobachtung zweiter Ordnung bemühen, arbeitet aber auch dabei notwenig mit Begriffen, die manches in den Blick zu bekommen erlauben, anderes jedoch nicht.

Wir haben es also mit einem ständig bewegten Gegenstand zu tun, der sich auf ganz unterschiedliche Weisen angemessen beschreiben lässt. Luhmann erhebt für seine Gesellschaftstheorie deswegen nicht den Anspruch, dass es sich dabei um die einzig richtige Beschreibung handelt. Er behauptet aber sehr wohl, dass es sich im Gegensatz zu den vorherr-

Konsequenzen für die Gesellschaftstheorie

schenden alteuropäischen Theorien um eine Beschreibung handelt, die einer funktional differenzierten Gesellschaft angemessen ist.

Luhmann analysiert die funktional differenzierte Gesellschaft in zwei Hinsichten:

1. Er hat umfangreiche Arbeiten zu den einzelnen Funktionssystemen der modernen Gesellschaft vorgelegt.
2. Er hat sich bemüht, das Verhältnis der Funktionssysteme zueinander zu klären.

zu 1) Luhmann hat zahlreichen Funktionssystemen ein eigenes Buch gewidmet. In »Die Wirtschaft der Gesellschaft«, »Die Wissenschaft der Gesellschaft«, »Das Recht der Gesellschaft«, »Die Kunst der Gesellschaft« usw. geht es jeweils um das entsprechende Funktionssystem, aber auch um die Eigenschaften, die Funktionssysteme als solche auszeichnen. Zunächst einmal sind diese dadurch charakterisiert, dass sie die Kompetenz zur Bearbeitung eines gesellschaftlichen Problems monopolisieren. In der Bearbeitung des jeweiligen Problems besteht ihre Funktion, z. B. im Fall der Wirtschaft in der Verteilung knapper Güter oder im Fall der Politik in der Herstellung kollektiver Verbindlichkeit.

Eigenschaften von Funktionssystemen: Funktion

Ein Funktionssystem unterscheidet sich dabei von seiner gesellschaftlichen Umwelt dadurch, dass sich die Kommunikationen, die das System bilden, auf einen spezifischen Code beziehen; dieser wird auch als Leitdifferenz des Systems bezeichnet. So lautet der Code des politischen Systems Macht haben/nicht haben (bzw. in Demokratien: Regierung/Opposition) und der des Wirtschaftssystems zahlen/nicht zahlen. Jede Kommunikation, die sich auf den Code Regierung/Opposition bezieht, gehört zum politischen System, jede Kommunikation, die sich auf den Code zahlen/nicht zahlen bezieht, zum wirtschaftlichen System. Durch die Fortsetzung der entsprechenden Kommunikation reproduziert sich das jeweilige Teilsystem.

Code

Wenn dabei die Wahrscheinlichkeit groß ist, dass Kommunikationsangebote abgelehnt werden, obwohl die Annahme für die Funktionserfüllung vorteilhaft wäre, kommt es zur Entstehung symbolisch generalisierter Kommunikationsmedien. Im politischen System handelt es sich dabei um Macht, genauer: um Amtsmacht, die sich auf die Drohung mit negativen Sanktionen stützt und letztlich durch Gewaltmittel gedeckt ist. Amtspositionen verleihen mithin eine Macht, die die Annahme von Anordnungen gewährleistet, und zwar erstens *generell*, insofern Weisungen allein deswegen befolgt werden, weil sie von einer/m berechtigten Amtsinhaber/in erteilt wurden, und zweitens *symbolisch*, insofern faktisch keine Erzwingung durch Gewaltanwendung erfolgt. In ähnlicher Weise fungiert das Geld als symbolisch generalisiertes Kommunikationsmedium, das zur Annahme wirtschaftlicher Kommunikationen motiviert.

Symbolisch generalisierte Kommunikationsmedien

Individualisierung

Differenzierung

Rationalisierung

Domestizierung

Mit den Begriffen Funktion, Code und symbolisch generalisiertes Kommunikationsmedium lässt sich beschreiben, welche Kommunikationen sich aufeinander beziehen und die Autopoiesis eines Funktionssystems vollziehen. Offen bleibt dabei noch, wie bestimmt wird, welche Kommunikation jeweils angenommen wird und welche nicht. Hierfür sind Programme entscheidend. So ist im Recht die Zuschreibung von recht/unrecht an Gesetzen orientiert, und in der Wissenschaft geben Theorien Auskunft darüber, was als wahr und was als unwahr gilt. Ebenso enthalten politische Doktrinen und Programme die Leitgesichtspunkte dafür, wie man die Macht erringen und zur Regierung werden will.

Programme

Diese Ausführungen könnten den Eindruck erwecken, Luhmann beschreibe die moderne Gesellschaft als ein hochgradig effizientes und harmonisches Gebilde. Schließlich haben wir es mit einem Nebeneinander von Funktionssystemen zu tun, die jeweils auf eine Funktion spezialisiert sind und diese für die gesamte Gesellschaft zu erfüllen beanspruchen. In der funktional differenzierten Gesellschaft lässt sich Wahrheit weder verordnen noch kaufen, sondern ist zum Geschäft einer professionalisierten Wissenschaft geworden; auch ist gewaltbasierte Macht von der Politik so weit monopolisiert worden, dass man ihr in den meisten gesellschaftlichen Bereichen nicht mehr begegnet und mit ihr im Prinzip nur noch im Konflikt mit staatlichen Autoritäten rechnen muss. Diese Liste ließe sich fortsetzen.

Betriebsblinde
Teilsysteme

Das darf aber nicht übersehen lassen, dass die Spezialisierung der Funktionsbereiche mit einer gewissen Betriebsblindheit einhergeht. Jedes Teilsystem ordnet seiner Funktion alles andere unter. Da funktional ausdifferenzierte, operativ geschlossene Systeme keinen direkten Umweltkontakt haben, machen sie sich also ein Bild von ihrer Umwelt, das sie strikt entlang ihrer eigenen Prioritäten konstruieren. Folglich ist damit zu rechnen, dass Ungleichgewichte und Störungen im Verhältnis der Funktionssysteme untereinander eher die Regel als die Ausnahme sind.

Drei Systemreferenzen:
Funktion, Reflexion,
Leistung

zu 2) An dieser Stelle kommt die zweite Hinsicht ins Spiel, in der Luhmann die moderne Gesellschaft analysiert hat: die Beziehung der Funktionssysteme zueinander. Sicherlich dominiert in Luhmanns Schriften die erste Hinsicht, die Beschreibung der einzelnen Teilsysteme, bei der es jeweils sowohl um den Bezug des Teilsystems zum Gesellschaftssystem geht, der durch die spezielle Funktion definiert ist, als auch um den, hier nicht weiter ausgeführten, Bezug des Teilsystems auf sich selbst, also die Selbstbeobachtung durch Reflexion. Aber Luhmann hat sich auch der Frage zugewandt, wie Teilsysteme sich auf ihre Umwelt und andere Teilsysteme in dieser Umwelt beziehen. Auf der einen Seite muss es solche Bezüge geben, denn die Teilsysteme erbringen Leistungen füreinander. So erwartet beispielsweise die Wirtschaft vom Erziehungssystem qualifizierte Arbeitskräfte. Auf der anderen Seite sind autopoietische Systeme aber gerade dadurch definiert, dass sie keine direkten Umweltkontakte haben.

Luhmanns Lösung für die Abstimmung der Funktionssysteme aufeinander ist der Begriff der strukturellen Kopplung: »In der klassischen soziologischen Diskussion von Durkheim bis Parsons ist dies Problem mit dem Schema Differenzierung/Integration behandelt worden. Die Aufgabe der Soziologie lag dann in der Suche nach Formen der Integration, die zu funktionaler Differenzierung passen. Wir ersetzen dieses Schema durch die Unterscheidung von Autopoiesis und struktureller Kopplung.« (Luhmann 1997, 778)

Strukturelle Kopplungen

Definition

Strukturelle Kopplung

Strukturelle Kopplungen sind Strukturen, die Systeme in dem Sinne miteinander verbinden, dass sie festlegen, in welcher Hinsicht die Systeme füreinander relevant sind. So sind psychische und organische Systeme über Gehirne strukturell gekoppelt. Sprache ist die strukturelle Kopplung zwischen psychischen und sozialen Systemen. Ebenso sind die gesellschaftlichen Teilsysteme in vielfältiger Weise strukturell miteinander gekoppelt, das Recht und die Politik z.B. durch die Verfassung, Wissenschaft und Erziehung durch Universitäten und die Wirtschaft und das Recht durch Eigentum und Vertrag. Strukturelle Kopplungen ermöglichen Irritationen von Systemen, die operativ geschlossen sind, also keine direkten Umweltkontakte haben. Überschreitet z.B. die Politik ihren formalen Kompetenzbereich, dann ermöglicht die Verfassung dem Rechtssystem, das systemintern als unerwartetes Ereignis, als Irritation, wahrzunehmen und daran kommunikative Anschlussoperationen entlang des eigenen Codes (recht/unrecht) anzuschließen, z.B. in Form eines Gerichtsverfahrens.

Was eine Verbindung von Funktionssystemen durch strukturelle Kopplung bedeutet, lässt sich exemplarisch am Verhältnis von Politik und Wirtschaft verdeutlichen. Strukturell gekoppelt sind beide über Steuern und Abgaben. Der moderne Wohlfahrtsstaat registriert in diesem Zusammenhang ein großes Spektrum wirtschaftspolitischer Daten wie z.B. das Bruttosozialprodukt, die Inflationsquote oder Arbeitslosenstatistiken. In diesen Hinsichten ist die Wirtschaft für die Politik relevant; Veränderungen hier irritieren die Politik, die die Irritationen entlang des

Individualisierung

Differenzierung

Rationalisierung

Domestizierung

Machtcodes verarbeitet. In wirtschaftspolitischen Diskussionen zu steigender Arbeitslosigkeit oder einem Rückgang des Wirtschaftswachstums bleibt der Leitgesichtspunkt mithin die Frage, welche Konsequenzen von den konkurrierenden Programmen für das Streben der eigenen Partei zu erwarten sind, die Regierung zu erobern bzw. die eigene Macht zu erhalten.

Strukturelle Kopplungen lassen also die operative Geschlossenheit autopoietischer Systeme intakt. Ereignisse wie z.B. Entlassungen können durch strukturelle Kopplungen von mehreren Systemen, u.a. der Politik und der Wirtschaft, beobachtet werden. Aber sie werden jeweils aus der eigenen Perspektive wahrgenommen, auf der einen Seite als Veränderung der Arbeitslosenquote, auf der anderen als Kostensenkung. Die Irritation, die ein Ereignis in verschiedenen Systemen auslösen kann, unterscheidet sich folglich, und zwar nach systemspezifischen Kriterien. Es handelt sich in diesem Sinne um Selbstirritation. Und die an ein Ereignis (wie z.B. Entlassungen) anschließenden Operationen (also die Kommunikationen darüber) orientieren sich an ganz unterschiedlichen, systemspezifischen Rationalitäten (nämlich zum einen an Macht-, zum anderen an Kostenkriterien).

Unsere Gesellschaft ist nach Luhmann folglich durch die vollkommene Autonomie ihrer unterschiedlichen Funktionsbereiche gekennzeichnet, die sich durch strukturelle Kopplungen dennoch einigermaßen selbst aufeinander einstellen. Insbesondere die Politikwissenschaft hat sich durch diese These herausgefordert gefühlt. Denn Luhmanns Analyse der modernen Gesellschaft zufolge ist die Annahme, die Politik könnte in

Steuerungspessimismus

irgendeiner Weise steuernd in die Gesellschaft eingreifen, illusorisch. Seine Konzeption der funktional differenzierten Gesellschaft schließt jede Form direkter Einflussnahme zwischen Systemen aus. Es ist allerdings nicht ganz klar, wie radikal diese These wirklich ist. Denn natürlich stellt Luhmann nicht in Abrede, dass Gesetze, die die Politik beschließt, im Prinzip befolgt werden. Und er bestreitet auch nicht, dass andere Funktionsbereiche auf politische Beschlüsse reagieren. Schon die Diskussion über ein Gesetz zur Bereitstellung von Ausbildungsplätzen irritiert die Wirtschaft. Was Luhmann bezweifelt ist, dass ein solches Gesetz den gewünschten Effekt hätte, also die Vermehrung von Ausbildungsplätzen oder gar die Senkung der Arbeitslosigkeit.

Mit seiner Betonung funktionsspezifischer Eigenlogiken, differierender Perspektiven und der Unmöglichkeit, alle potentiell bedeutsamen Faktoren zu berücksichtigen, legt Luhmann den Finger in die Wunde gesellschaftlicher Planungsutopien. Anders als es seine Formulierungen suggerieren, ist damit aber noch nichts darüber gesagt, inwieweit Funktionssysteme sich gegenseitig in beabsichtigter Weise zu Anpassungsleistungen motivieren können. In dieser Frage lebt Luhmanns Gesellschaftstheorie von einer Ambivalenz: auf der einen Seite radikale und weitreichende steuerungsskeptische Formulierungen, auf der anderen eine Konzeption, die in der Sache nur einen sehr engen, deterministischen Steuerungsbegriff verabschiedet, der ohnehin keine Rolle mehr spielt. Hier produziert Luhmanns Anstrengung für eine präzisere gesellschaftstheoretische Begrifflichkeit mithin neue Unklarheiten.

Während Luhmanns Analyse des Verhältnisses der Funktionsbereiche zueinander also große Aufmerksamkeit gefunden hat, obwohl gar nicht ausgemacht ist, wie weit seine steuerungsskeptische These überhaupt reicht, verhält es sich in einem weiteren Punkt genau umgekehrt. Erst in jüngerer Zeit beachtet, hat Luhmann nämlich schon 1971 behauptet, wir lebten in einer Weltgesellschaft. Natürlich spielen nationalstaatliche Gliederungen eine Rolle. Aber die Vorstellung, jedes Land bilde eine eigene Gesellschaft, gilt ihm als viel zu einfach und antiquiert. Wenn Kommunikation der gesellschaftstheoretische Grundbegriff ist, dann fallen die Grenzen der Gesellschaft mit den Grenzen der Kommunikation zusammen. Die Idee, dass die politischen zugleich kommunikative Grenzen sind, lässt sich erst recht angesichts der modernen Kommunikationstechnologien nicht mehr aufrechterhalten. Und die Binnendifferenzierung der Kommunikation (und damit der Gesellschaft) erfolgt primär entlang der globalen Funktionssysteme mit ihren je spezifischen Codes.

Weltgesellschaft

Am offensichtlichsten mag dies für die Wirtschaft sein, insofern sich klassische Volkswirtschaften mit nationalen Grenzen überwiegend aufgelöst haben. Doch auch das politische System ist nach Luhmann (ebenso wie alle anderen Funktionssysteme) ein weltgesellschaftliches Funktionssystem. Die Theorie selbstreferentieller Systeme unterscheidet freilich verschiedene Differenzierungsebenen. Erst in zweiter Linie ist das politische System der Weltgesellschaft nationalstaatlich, also segmentär, gegliedert (und beschreibt sich auf dieser Ebene als Staat), in dritter Linie nach dem Zentrum/Peripherie-Schema, wobei die Regierung und die Exekutive den Kern und soziale Bewegungen den äußeren Rand bilden.

Diagnose: Entdifferenzierung, Umweltzerstörung und Exklusion | 3.4.5

Luhmanns sozialtheoretische Anstrengungen zielen nicht auf eine Zeitdiagnose in gesellschaftskritischer Absicht. Zumindest dem Anspruch nach sind seine Überlegungen nicht normativ und beschränken sich auf eine Beschreibung unserer Gesellschaft. Dabei geht es ihm um die Entwicklung einer soziologischen Begrifflichkeit, die mit alltagssprachlichen, durch die alteuropäische Tradition bestimmten Gewohnheiten

Individualisierung

Differenzierung

Rationalisierung

Domestizierung

bricht. Nicht zufällig orientiert Luhmann sich immer wieder an der Mathematik, um neue Konzepte zu entwickeln. Dadurch soll ein besseres Verständnis der modernen Gesellschaft ermöglicht werden. Die Theorie ist aber dennoch nicht vollkommen neutral in der Frage, welche gesellschaftlichen Fehlentwicklungen heute drohen. Sie überlässt die Entscheidung über die vordringlichen Pathologien der Moderne nicht völlig denen, die ihre Gesellschaft mit den Mitteln dieser Theorie zu verstehen versuchen. Die Theorie funktionaler Differenzierung weist uns zumindest auf einige mögliche Probleme hin.

1. Traditionellerweise wird das Verhältnis zwischen den gesellschaftlichen Funktionsbereichen unter dem Gesichtspunkt behandelt, wie ein Vorrang der Politik gewährleistet werden kann, der die Integration der Gesellschaft verbürgt und zugleich mit den geltenden normativen Standards an individueller Freiheit verträglich ist. Aus Luhmanns Perspektive stellt sich das Problem genau anders herum. Gemäß dem Sprichwort, dass »gute Zäune gute Nachbarn machen«, erkennt er pathologische Gefährdungen eher in der Möglichkeit von Übergriffen eines Funktionssystems auf andere. Steuerungsversuche gelten Luhmann deswegen nicht nur als vergeblich. Sie stellen vielmehr ein Übel dar, denn sie stören das eigenlogische Operieren der Teilsysteme.

   Nun betont Luhmann zwar wiederholt, dass die funktional differenzierte Gesellschaft weder schlechthin einen Fortschritt gegenüber vorangegangenen Gesellschaftstypen noch ein notwendiges Ziel der sozialen Evolution darstellt. Stattdessen hebt er hervor, wie unwahrscheinlich ein solcher Prozess ist. Aber wenn Gesellschaften sich erst einmal primär funktional differenziert haben, dann lässt sich das nach Luhmann nicht mehr ohne katastrophische Konsequenzen umkehren. Am augenscheinlichsten veranschaulicht dies wohl der realsozialistische Versuch, die Wirtschaft der politischen Planung zu unterwerfen. In ähnlicher Weise sind Dysfunktionen der Wissenschaft denkbar, die aus Versuchen resultieren, Wahrheit zu verordnen oder zu kaufen. In jedem Fall drohen Interventionen eines Teilsystems in ein anderes die Effektivität der Funktionserfüllung des Letzteren merklich zu beeinträchtigen.

2. Auch eine zweite Gefährdung der modernen Gesellschaft, die Luhmann diskutiert, hängt mit dem Problem der Beziehung zwischen System und Umwelt zusammen. Hierbei geht es allerdings nicht um das Verhältnis zwischen den Funktionssystemen, sondern zwischen der Gesellschaft und ihrer Umwelt, genauer: um die Gefahr einer Zerstörung der natürlichen Umwelt. Auch in diesem Zusammenhang gilt, dass selbstreferentielle Systeme keine direkten Umweltkontakte

Übergriff eines Funktionssystems auf ein anderes

Die ökologische Katastrophe

haben. »Auf der Ebene der eigenen Operationen gibt es hier weder Inputs noch Outputs. Die Gesellschaft kann nicht *mit* ihrer Umwelt, sie kann nur nach Maßgabe ihrer Informationsverarbeitungskapazität *über* ihre Umwelt kommunizieren.« (Luhmann 1986, 221) Mittels struktureller Kopplungen können Systeme dabei allerdings Umweltzustände als Irritation wahrnehmen und sinnhaft verarbeiten.

Zwischen Systemen und ihrer Umwelt besteht aber noch eine zweite Art der Beziehung, die nicht sinnhaft, sondern gewissermaßen »unbewusst« ist. Jedes System hat materiale Operationsvoraussetzungen. Veränderungen dieser Voraussetzungen haben Konsequenzen für das System, ebenso wie das, was im System geschieht, Auswirkungen auf seine Umwelt hat. Luhmann spricht in diesem Zusammenhang von einem »Materialitätskontinuum« (Luhmann 1997, 100). Interagierende, die kommunizieren, versetzen die Luft in Bewegung, Miesepeter neigen zu Magengeschwüren und der Beschluss für den Braunkohleabbau verändert ganze Landstriche. Umgekehrt sind Menschen nach Luhmann zwar nicht Teil der Gesellschaft, aber ohne Menschen kann die Gesellschaft nicht existieren. Veränderungen unserer natürlichen Lebensgrundlagen haben deswegen gesellschaftliche Konsequenzen und nichts garantiert, dass die Gesellschaft diese Herausforderung bewältigt. Fehlen die entsprechenden strukturellen Kopplungen, haben Umweltveränderungen nicht einmal Irritationen der Gesellschaft zur Folge; zugrunde gehen kann sie daran trotzdem. In seinem Buch »Ökologische Kommunikation« beschreibt Luhmann, warum kaum damit zu rechnen ist, dass unsere funktional differenzierte Gesellschaft ökologische Herausforderungen angemessen meistert.

3. Mit regem Interesse ist die im Großen und Ganzen unerwartete Hinwendung Luhmanns von Fragen der Systemintegration zu solchen der Sozialintegration und insbesondere zum Problem sozialer Ungleichheit registriert worden. Mit Hilfe des Konzepts der funktional differenzierten Gesellschaft soll sich verstehen lassen, warum soziale Ungleichheiten sich verstärken. Es handelt sich dabei gewissermaßen um eine Nebenfolge des eigenlogischen Operierens der Teilsysteme. Luhmann erläutert den Mechanismus der Selbstverstärkung von Differenzen am Beispiel der Erziehung und der Wirtschaft: »So ist es pädagogisch rational, diejenigen mit besseren Chancen auszustatten, die als Schüler besser sind. Wenn in der ersten Klasse alle mit gleichen Chancen ankommen, kann dennoch der eine schneller antworten als der andere und schon bekommt er eine gute Zensur. Und wenn er zweimal eine gute Zensur hat, dann wird er nicht mehr gefragt, sondern gilt als guter Schüler, und bei anderen ist es umgekehrt. Oder wenn jemand ein reguläres Einkommen hat, bekommt er

Individualisierung

Differenzierung

Rationalisierung

Domestizierung

Kredit, wenn er ein großes Einkommen hat, kann er gleich in die Chefetage der Bank gehen; wenn er jedoch kein Einkommen hat und Geld braucht, hat er es sehr viel schwieriger.« (Luhmann 2005, 78) Ähnlich beschreibt Luhmann den Mechanismus, der das Gefälle zwischen Zentrum und Peripherie der Weltwirtschaft verstärkt.

Inklusion und Exklusion

In seinen späteren Schriften hat Luhmann das Problem sozialer Ungleichheit explizit unter dem Gesichtspunkt der Sozialintegration, also mit Blick auf die Beziehung zwischen psychischen und sozialen Systemen aufgegriffen, und zwar anhand der Begriffe Inklusion und Exklusion. Im Gegensatz beispielsweise zu einer ständisch gegliederten Gesellschaft zieht der Ausschluss aus einem gesellschaftlichen Teilbereich unter Bedingungen funktionaler Differenzierung regelmäßig den Ausschluss aus anderen Bereichen nach sich. Insbesondere mit Blick auf Südamerika hat Luhmann Tendenzen registriert, »die Bevölkerung in einen exkludierten Teil und einen inkludierten Teil zu splitten. [...] Viele Leute in Brasilien haben keinen Ausweis. Die wurden von Leuten geboren, die auch keinen Ausweis hatten und wurden nicht angemeldet. Die Mutter hat vielleicht irgendwo als Hausmädchen gearbeitet. Die Kinder wurden von der Oma erzogen. Dann waren sie groß, aber sie hatten keinen Ausweis. Ohne Ausweis ist der Zugang zu Schulen ein Problem, ist jede Sozialleistung unerreichbar, kann man sich nicht als Wähler registrieren lassen und so weiter.« (2005, 80)

In Bezug auf die Exkludierten ist Luhmanns Annahme, Menschen seien kein Teil der Gesellschaft, tatsächlich radikal. Während die Inkludierten als Personen an der Gesellschaft partizipieren, sind die, die herausgefallen sind, also nicht einmal mehr ausgebeutet werden, in der Tat nur Umwelt der Gesellschaft, weswegen »das Interesse der Gesellschaft an der Körperlichkeit der Ausgeschlossenen besteht und nicht an ihrer [...] Subjektivität, an ihrer Individualität, an ihrem Selbstverständnis, an ihren Lebenschancen, an ihrer Wahrnehmung und an ihrem Beitragenkönnen. Sondern sie sind Körper. Im Hinblick auf das Gewaltproblem ist deutlich, dass man, wenn man auf der Straße ist, laufend auf Körper achtet« (2005, 81).

3.4.6 | Zusammenfassung

Kaum jemand hat den Modernisierungsprozess konsequenter unter dem Gesichtspunkt der Differenzierung beschrieben als Niklas Luhmann. Weil er die Gesellschaft schon früh als Weltgesellschaft versteht und Anleihen bei postmodernen Theoriefiguren macht, mag man freilich vermuten, dass es sich bei seinem Werk eigentlich um eine Analyse der

	Stichworte	Erläuterungen
Soziologie	Soziologie als Beobachtung des selbstreferentiellen Operierens sozialer Systeme	Gesellschaft besteht nicht aus Individuen / Handlungen, sondern aus Kommunikationen.
Leitfrage	Wie werden gesellschaftliche Funktionen erfüllt?	Luhmann bemüht sich um eine universale Theorie der Gesellschaft.
Erklärungsmodell	methodologischer Holismus, funktionale Analyse	Theorie autopoietischer Systeme; Systeme sind umweltoffen, weil operativ geschlossen
Basiseinheit des Erklärens	Kommunikation als soziale Basisoperation	System / Umwelt-Unterscheidung als Ausgangspunkt
Verhältnis Individuum / Gesellschaft	Psychische Systeme und soziale Systeme sind operativ getrennt und nur strukturell gekoppelt.	Individuen spielen für die soziale Evolution keine Rolle.
Moderne und traditionale Gesellschaft (Analyse)	Unterschied liegt in der Art der Differenzierung; moderne Gesellschaften »ohne Spitze und Zentrum«	Die moderne Gesellschaft ist komplexer, aber nicht besser oder schlechter als die traditionale.
Modernisierung als	Differenzierung: funktionale Differenzierung bewirkt effizientere Bearbeitung von Komplexität.	Umweltoffenheit durch operative Geschlossenheit
Treibendes Veränderungsprinzip	Komplexitätssteigerung und wechselseitige Systemirritationen zwingen zu Differenzierung.	evolutionäre Steigerung der Anpassungsfähigkeit
Moderne Pathologien (Diagnose)	Entdifferenzierung, Umweltzerstörung, Exklusion	Gelingende Modernisierung ist frei von Pathologien.

| Tab. 13

Niklas Luhmanns soziologische Theorie auf einen Blick

Individualisierung

Differenzierung

Rationalisierung

Domestizierung

Spätmoderne handelt. Doch das Bild, das er von der Weltgesellschaft zeichnet, bleibt im Kern Strukturprinzipien der entwickelten Moderne verbunden. Staaten bleiben bei ihm eine zentrale Größe und nach seiner Auffassung vollendet sich die funktionale Ausdifferenzierung des politischen Systems mit dem Modell der wohlfahrtsstaatlich organisierten

Demokratie. Zudem gibt es ihm zufolge keine Anzeichen dafür, dass wir die Epoche der funktional differenzierten modernen Gesellschaft hinter uns gelassen hätten.

Umgekehrt könnte man vermuten, Luhmann sei im Prinzip ein Theoretiker der frühen Moderne. So lebt im Fokus auf die Herausbildung und Komplexitätssteigerung der modernen, funktional differenzierten Gesellschaft die Problemstellung der soziologischen Theorien der frühen Moderne fort. Ähnlich wie die Beobachter der Herausbildung der Industriegesellschaft akzentuiert er auch die Dynamisierung der Gesellschaft durch die Umstellung auf funktionale Differenzierung. Aber gleich in doppelter Hinsicht betont er die Rigiditäten, die eine funktional differenzierte Gesellschaft charakterisieren. Zum einen haben sich die Teilsysteme mit ihren Eigenlogiken gegenüber den Absichten und Wünschen der Menschen weitgehend verselbständigt. Zum anderen beschränkt eine Vielzahl struktureller Kopplungen die weiteren Variationsmöglichkeiten für die soziale Evolution. So dynamisch die von Luhmann gezeichnete Gesellschaft auch in ihren Operationen ist, so starr ist sie doch in ihrer Grundformation als funktional differenzierte Gesellschaft. Sie bietet denen, die an ihr teilhaben, ein großes Angebot an Optionen, reduziert Freiheit aber tendenziell auf Wahlfreiheit. Jene anspruchsvollere Freiheit dagegen, die in der Mitwirkung an der Gestaltung der gesellschaftlichen Verhältnisse besteht, beruht auf der Möglichkeit einer effektiven demokratischen Selbsteinwirkung der Gesellschaft. Die Konzeption einer Gesellschaft ohne Zentrum und die grundsätzliche Steuerungsskepsis lassen für diese Freiheit scheinbar keinen Raum.

Es dürfte diese nüchterne, bisweilen auch durchaus zynisch vorgetragene Perspektive sein, die den auf den ersten Blick überraschenden Umstand zu erklären vermag, dass Luhmann nicht zuletzt auf Teile der Linken eine große Anziehungskraft ausübt. Die Faszination, die von ihm für

Lernkontrollfragen

1 Was bedeutet »Konstruktivismus«?
2 Welche Systeme gibt es? Was ist ein »autopoietisches System«?
3 Wie ist das Verhältnis von sozialen und psychischen Systemen?
4 Was kennzeichnet nach Luhmann moderne Gesellschaften im Unterschied zu vormodernen?
5 Skizzieren Sie das Verhältnis der funktionalen Teilsysteme moderner Gesellschaften zueinander.
6 Welche Möglichkeiten gesellschaftlicher Fehlentwicklungen diagnostiziert Luhmann?

diese Anhänger ausgeht, scheint jedenfalls auch darin zu gründen, dass er trotz einiger geradezu bissiger Kommentare über die Selbstgerechtigkeit sozialer Bewegungen und die linke Moralisierung der Politik zumindest die eigene politische Ohnmacht erklärt.

Literaturhinweise

Primärliteratur

Luhmann, Niklas (1969): Legitimation durch Verfahren, Frankfurt a. M.

Luhmann, Niklas (1970): Soziologische Aufklärung, Bd. 1: Aufsätze zur Theorie sozialer Systeme, Wiesbaden.

Luhmann, Niklas (1981): Soziologische Aufklärung, Bd. 3: Soziales System, Gesellschaft, Organisation, Wiesbaden.

Luhmann, Niklas (1984): Soziale Systeme. Grundriß einer allgemeinen Theorie, Frankfurt a. M.

Luhmann, Niklas (1986): Ökologische Kommunikation. Kann die moderne Gesellschaft sich auf ökologische Gefährdungen einstellen?, Wiesbaden.

Luhmann, Niklas (1987): Archimedes und wir. Interviews, hg. von Dirk Baecker und Georg Stanitzek, Berlin.

Luhmann, Niklas (1997): Die Gesellschaft der Gesellschaft, 2 Bde., Frankfurt a. M.

Luhman, Niklas (2000): Die Politik der Gesellschaft, Frankfurt a. M.

Luhmann, Niklas (2002): Einführung in die Systemtheorie (Vorlesung 1991/92), hg. von Dirk Baecker, Heidelberg.

Luhmann, Niklas (2005): Einführung in die Theorie der Gesellschaft (Vorlesung 1993), hg. von Dirk Baecker, Darmstadt.

Sekundärliteratur

Baraldi, Claudio/Corsi, Giancarlo/Esposito, Elena (1997): GLU. Glossar zu Niklas Luhmanns Theorie sozialer Systeme, Frankfurt a. M.

Berghaus, Margot (2011): Luhmann leicht gemacht. Eine Einführung in die Systemtheorie, Köln.

Borch, Christian (2011): Niklas Luhmann, New York.

Burkhart, Günter/Runkel, Gunter (Hg.) (2005): Funktionssysteme der Gesellschaft. Beiträge zur Systemtheorie von Niklas Luhmann, Wiesbaden.

Fuchs, Peter (2004): Niklas Luhmann - beobachtet, Wiesbaden.

Horster, Detlef (1997): Niklas Luhmann, München 2005.

Kneer, Georg/Nassehi, Armin (2000): Niklas Luhmanns Theorie sozialer Systeme. Eine Einführung, München.

Jahraus, Oliver/Nassehi, Armin u.a. (Hg.) (2012): Luhmann-Handbuch. Leben - Werk - Wirkung, Stuttgart.

Moeller, Hans-Georg (2006): Luhmann Explained. From Souls to Systems, Peru.

Individualisierung

Differenzierung

Rationalisierung

Domestizierung

3.5 | Individualisierung 2: Vom Fremd- zum Selbstzwang – *Norbert Elias*

3.5.1 | Einführung

Ein »verspäteter Klassiker«

Norbert Elias kann als ein »verspäteter Klassiker« der Soziologie bezeichnet werden: Heute zweifellos einer der anerkanntesten Autoren der Disziplin, wurde von ihm bis zur Neuauflage seines Hauptwerkes »Über den Prozess der Zivilisation« im Jahre 1976 kaum Notiz genommen. Nicht zuletzt bedingt durch die nationalsozialistische Barbarei wurde ein breiteres Publikum erst mehr als dreieinhalb Jahrzehnte nach der Erstveröffentlichung dieses Buches der Tatsache gewahr, dass Elias eine umfassende Theorie der Modernisierung entwickelt hat, die diesen Prozess ebenso wie zuvor schon Georg Simmel unter dem Leitgesichtspunkt der Individualisierung in den Blick nimmt, anders als Simmel aber auch schon Aspekte dieses Prozesses analysiert, die erst im Laufe des 20. Jahrhunderts, in der entwickelten Moderne, klarer hervortreten.

Spätestens die 1920er Jahre sind durch eine enorme kulturelle Pluralisierung gekennzeichnet, die bewirkt, dass sich die Individuen nicht nur in ihren Bildungs- und Berufswegen, sondern auch in ihrem Lebensstil, ihren Ansichten, Überzeugungen und Freizeitgewohnheiten immer stärker ausdifferenzieren; dennoch ist die moderne Gesellschaft keineswegs »anomisch«, also gesetz- und regellos. Elias' Soziologie nimmt ihren Ausgangspunkt in dem Erstaunen darüber, dass die enorm gewachsenen Koordinations-, Organisations- und Synchronisationserfordernisse der

Koordination ohne Zwang

modernen Gesellschaft ganz augenscheinlich ohne staatliche Zwangsmaßnahmen oder Verhaltenskontrollen erfüllt werden können.

Der organisierten Gesellschaft der entwickelten Moderne gelingt es, unzählige Produktions-, Tausch- und Abstimmungsvorgänge zwischen einer enormen Vielzahl von sich wechselseitig unbekannten Akteuren und über große räumliche Distanzen zu koordinieren, ohne die Individuen durch Repressionsmaßnahmen oder strenge Handlungsvorgaben zur Abstimmung oder Anpassung zu nötigen. Nicht nur stellt die Selbstbestimmtheit und Verschiedenheit der Individuen kein Problem für die entwickelte Moderne dar, sondern sie scheint funktional für die Gesellschaftsstruktur zu sein. Obgleich das Individuum eine historisch beispiellose Freiheit zu genießen scheint, die Gesellschaft der entwickelten Moderne dagegen harmonisch koordiniert und geradezu formiert wirkt, als könnte sie nichts aus ihrer sicheren Bahn werfen, macht es den Eindruck, als ergänzten beide sich ideal.

Angesichts dieser Beobachtung kritisiert Elias die Loslösung des überwiegenden Teils der soziologischen Forschung von der Geschichtlichkeit der gesellschaftlichen Entwicklung. Gesellschaftlicher Wandel ist für ihn ein langfristiger Prozess, der auch für die Beschreibung und Erklärung aktueller Situationen herangezogen werden muss. Zugleich kämpft er in seinen Werken gegen den abendländischen Dualismus der künstlichen Trennung und Gegenüberstellung von Individuum und Gesellschaft. Denn erst die besondere Form der modernen Gesellschaft ermögliche, Menschen als individualisierte Einheiten wahrzunehmen. Der moderne Individualismus ist für ihn somit ein zutiefst gesellschaftliches Phänomen; er entwickelt sich in und aus den für die moderne Gesellschaft charakteristischen »Figurationen«, die – ähnlich den »Wechselwirkungen« in der Soziologie Simmels – die Zusammenhänge und Verflechtungen zwischen den Menschen bezeichnen. Elias' Ansatz lässt sich daher als *Prozess-* und *Figurationssoziologie* bestimmen.

Die Geschichtlichkeit von Individuum und Gesellschaft

Leben und Werk

Norbert Elias (1897 – 1990)

Norbert Elias, als Sohn jüdischer Eltern in Breslau geboren, studierte dort nach einem Einsatz als Soldat im 1. Weltkrieg ab 1917 Medizin, Psychologie und Philosophie, absolvierte 1919 das Physikum und promovierte 1924 zum Neukantianismus. Ab 1925 arbeitete er als Soziologe bei Alfred Weber in Heidelberg, brach die dort begonnene Habilitation 1930 ab und folgte Karl Mannheim als dessen Assistent nach Frankfurt a.M. Die Habilitationsschrift »Der höfische Mensch« stellte er 1933 zwar noch fertig, das Verfahren wurde jedoch aufgrund der Machtergreifung der Nationalsozialisten abgebrochen. Elias floh über Frankreich nach Großbritannien. Zwischen 1935 und 1937 verfasste er sein Hauptwerk »Über den Prozess der Zivilisation« in London, wo er bis 1954 als Volkshochschullehrer arbeitete. Danach war er als Soziologiedozent in Leicester und als Soziologieprofessor in Ghana tätig, ehe er 1965 nach Deutschland zurückkehrte, wo er in Aachen, Münster und Konstanz Professuren bekleidete. Die letzte Arbeitsstation seines Lebens war von 1978 bis 1984 das Zentrum für interdisziplinäre Forschung (ZiF) an der Universität Bielefeld. Während dieser Zeit und bis zu seinem Tod lebte Elias in Amsterdam.

Individualisierung

Differenzierung

Rationalisierung

Domestizierung

3.5.2 | Leitfrage

Wie schon gesehen, steht bei Elias die Frage im Zentrum: Wie ist Individualisierung möglich?, genauer: Wie ist Individualisierung in einer Gesellschaft möglich, in der die Individuen auf historisch einzigartige Weise voneinander abhängig sind und in der ihre Handlungen über gewaltige soziale und räumliche Instanzen hinweg koordiniert werden müssen? Sie wird ergänzt durch die Gegenfrage: Wie ist soziale Ordnung in einer Gesellschaft möglich, die in hohem Maße individualisiert ist, in der die Menschen sich also in historisch beispiellosem Ausmaß voneinander unterscheiden und selbst über ihr Verhalten und ihre Lebensführung entscheiden? Als Elias' Leitfrage lässt sich mithin formulieren: Wie kommt es, dass die moderne Gesellschaft nach innen weitgehend ohne Gewaltanwendung und Zwangsmaßnahmen auskommt, obwohl die Individuen ein Höchstmaß an Beherrschtheit, Planung und Voraussicht entwickeln müssen?

Soziale Ordnung trotz Individualisierung?

Auf diese Fragen antwortet Elias mit seinen Überlegungen zum »Prozess der Zivilisation«. In diesem langfristigen historischen Prozess bilden sich die Persönlichkeitsstrukturen und die Gesellschaftsstrukturen wechselseitig so heraus, dass sie zueinander passen. Der entscheidende Gedanke besteht darin, dass in diesem Prozess der äußere Zwang und externe Verhaltenskontrollen nach innen, d.h. in das Individuum hinein verlagert werden. Der moderne Mensch ist daher nicht frei von sozialem Zwang, von Regulation und von Herrschaft: Er beherrscht, regiert und reguliert sich selbst, er hat den Fremdzwang in Selbstzwang verwandelt. Und weil dieser Selbstzwang, diese Selbstregulierung der Individuen,

Zivilisierung: Vom Fremd- zum Selbstzwang

Zusammenfassung

Fremdzwang und Selbstzwang

Soziale Ordnung ist nur möglich, wenn Menschen darauf verzichten, ihren Emotionen und Bedürfnissen freien Lauf zu lassen. Dazu können sie »von außen« gezwungen werden, d.h. durch gesellschaftliche Institutionen und Ordnungsmächte, die bestimmte Verhaltensweisen durch Strafandrohung unterbinden und andere vorschreiben. Dann spricht Elias von »Fremdzwang«. Sie können aber im Sozialisationsprozess auch lernen, sich selbst zu beherrschen, z.B. aus eigenem Antrieb darauf verzichten, in der Öffentlichkeit laut zu brüllen, einen Widersacher zu ohrfeigen oder ihre Notdurft zu verrichten, sowie das Bedürfnis entwickeln, stets pünktlich sein zu wollen. Elias beobachtet in der Moderne eine fortschreitende Ersetzung des Fremdzwangs durch solchen Selbstzwang.

weit effektiver ist, als es eine durch äußeren Zwang, durch Gewalt oder Repression erreichte Verhaltenssteuerung je sein könnte, gelingt es der modernen, ausdifferenzierten Gesellschaft, ihre erstaunlichen Koordinationsleistungen zu vollbringen.

Moderne Individuen zeichnen sich gerade durch den hohen Grad ihrer Beherrschtheit, ihre Selbstkontrolle, und durch ihre Fähigkeit aus, berechnend und vorausschauend zu handeln und zu planen und darauf zu verzichten, sich von Affekten und plötzlichen Bedürfnissen steuern zu lassen. Sie stehen nicht unter der Gewalt eines externen Herrschers, sondern unter dem Diktat innerer Verhaltensdispositionen, die sie etwa dazu veranlassen, aus »freien Stücken« stets auf die Uhrzeit zu achten, d. h. sich dem Diktat der Uhr und der Pünktlichkeit zu unterwerfen (vgl. Elias 1988).

Der Zivilisationsprozess hat mithin eine doppelte Struktur: Er ist durch die komplementären Veränderungen der Gesellschaftsform und der Persönlichkeitsstrukturen gekennzeichnet. Beide lassen sich nach Elias' Überzeugung nicht von ihrer gegenwärtigen Gestalt her, sondern nur durch den Nachvollzug ihrer historischen Entwicklung verstehen. Daher begreift Elias seinen Ansatz als Plädoyer für eine Soziologie sozialer Prozesse. Die Herausbildung der Sozialstruktur nennt er dabei »Soziogenese«, die der Persönlichkeitsstruktur »Psychogenese«; sie sind nur gemeinsam, d. h. in Abhängigkeit voneinander, zu begreifen.

Doppelter Zivilisationsprozess

Wenngleich Elias die Modernisierung vor allem als sehr spezifische Form des Zivilisationsprozesses versteht, begreift er die Aufgabe der Zivilisierung im Sinne der Verinnerlichung von Zwängen zum Selbstzwang, also die Ausbildung einer internen Trieb- und Affektkontrolle der Menschen, als eine zeitlose, universale Aufgabe aller Kulturen und Gesellschaftsformen. Erst durch sie werden Menschen zu »gesellschaftsfähigen« Wesen. »Da Menschen im Unterschied zu manchen anderen sozialen Lebewesen keine angeborene Trieb- und Affektregulierung besitzen, sind sie ganz auf die Mobilisierung ihrer natürlichen Anlage zur Selbstregulierung durch das persönliche Lernen von Trieb- und Affektkontrollen im Sinne gesellschaftlicher Zivilisationsmuster angewiesen, um mit sich selbst und mit anderen Menschen leben zu können.« (Elias 1986 c, 382 f.)

Nur die Vermutung, Menschen verfügten über eine natürliche Anlage oder anthropologische Voraussetzung dafür, sich zu zivilisieren, erlaubt die Überlegung, dass sich menschliche Gesellschaften hinsichtlich der Verhaltensregulierung in eine bestimmte Richtung entwickeln. Um Zivilisationsprozesse zu beschreiben, »muß man sowohl wissen, auf welche unwandelbaren Gemeinsamkeiten wie auch auf welche wandelbaren Verschiedenheiten der Menschen sich der Begriff Zivilisation bezieht. Der gesellschaftliche Zwang zum Selbstzwang und das Erlernen einer

Anthropologische Fähigkeit zur Zivilisierung

Individualisierung

Differenzierung

Rationalisierung

Domestizierung

individuellen Selbstregulierung im Sinne wandelbarer gesellschaftlicher Zivilisationsmuster sind soziale Universalien« (Elias 1986 c, 383).

Elias nimmt also an, dass sich in allen Gesellschaften Wandlungsprozesse finden lassen, in denen die menschliche Verhaltensregulierung von Fremd- auf Selbstzwang umgestellt wird. In welcher Weise dies jeweils geschieht, wie die Formen des Selbstzwangs ausgeübt werden und welche Ereignisse zu spezifischen Entwicklungen beigetragen haben, lässt sich allerdings nicht mit der gleichen Bestimmtheit sagen. An diesem Punkt setzt vielmehr die Arbeit des Soziologen ein, dem die Aufgabe obliegt, die zugehörigen sozialen Prozesse zu erfassen. Dabei geht Elias davon aus, dass es in der Soziologie keine einfachen Ursache-Wirkungsketten gibt. Die Vorstellung, dass es in der menschlichen Gesellschaft feststehende Ursachen gibt, welche immer die gleiche Wirkung auslösen, bezeichnet er als »eine der merkwürdigsten Vorstellungen, die Menschen sich ersonnen haben« (Elias 1970, 122).

Daher muss jeder Versuch, kausale Gesetzmäßigkeiten in der Soziologie zu finden, scheitern. So lässt sich beispielsweise im Verhältnis von Soziogenese und Psychogenese keine der beiden Seiten einfach als Ursache der anderen identifizieren: Sozialstruktur und Persönlichkeitstypen entwickeln sich im Gleichschritt und in loser Kopplung. Stattdessen gilt es, durch das geduldige Studium historischer Quellen und Dokumente die Bedingungen und Verläufe konkreter Entwicklungsprozesse zu analysieren. Elias' Werk ist reich an Beispielen hierfür. Es reicht von der Erfassung verschiedener Prozesse der Gruppenbildung (Elias/Scotson 1965) über die Untersuchung der Bedeutung von Sport für die Zivilisation (Elias/Dunning 1983) und den Umgang der Moderne mit dem Tod (Elias 1982) bis zu einem wissenssoziologischen Ansatz, mit dem die Entstehung der spezifischen sozialen Zeit der Moderne erfasst werden soll (Elias 1988).

Die Analyse konkreter Entwicklungsprozesse

3.5.3 | Methodisches Konzept: Prozess- und Figurationssoziologie

Wie schon ausgeführt, wendet sich Elias vehement gegen die in der modernen Kultur und bisweilen auch von der Soziologie nahegelegte strikte konzeptuelle Trennung von Individuum und Gesellschaft. In der Kritik dieser Spaltung und ihrer pathologischen sozialen Folgen besteht die *Praxis*-Dimension (→ Kapitel 1.1) der Soziologie von Elias. Nachdrücklich betont er, dass die Soziologie durch die Idee eines gegenüber Sozialisationsprozessen vorgängigen, also vorgesellschaftlichen, oder »geschlossenen Menschen« (*homo clausus*), der in seinem inneren Wesen schon fertig ist, bevor er sozialen Einflüssen ausgesetzt und durch sie umgeformt wird, in eine Sackgasse gerät (vgl. Elias 1970): Individuum und Gesellschaft

erscheinen dann als voneinander getrennte Phänomene – eine Sicht-
weise, die allenfalls in den »Einzelmenschenwissenschaften« angemessen sei, etwa in der Psychologie oder der Psychiatrie, nicht aber in den
Gesellschaftswissenschaften.

Elias zufolge sollten Individuen zwar als Individuen wahrgenommen   Verflochtenheit von
werden, doch für die soziologische Analyse besitzt ihre Einbindung in   Individuum und
soziale Verflechtungszusammenhänge sehr viel größere Bedeutung. Ge-   Gesellschaft
sellschaftliche Ordnungen ergeben sich dann nicht (wie in handlungstheoretischen Ansätzen) aus den Handlungen der Individuen oder sind
(wie in strukturtheoretischen Ansätzen) als Strukturen einfach schon
vorhanden (→ Kapitel 1.2); vielmehr bildet die Art und Weise, in der Menschen miteinander verbunden sind, die soziale Ordnung, die der soziologischen Analyse bedarf.

Diese Verflechtungen, die ganz ähnlich wie Simmels (dem methodologischen Interaktionismus verpflichtetes) Konzept der Wechselwirkungen
zu verstehen sind, bezeichnet Elias als *Figurationen*. In Figurationen, in
denen Elias die *Synthesis* (→ Kapitel 1.1) der Gesellschaft identifiziert, werden Individuen in ihrer Persönlichkeit und ihren Charakterstrukturen
gebildet und geformt. So ist es etwa erst die spezifische Figuration des
Kartenspiels, die aus Menschen Kartenspieler macht. Menschen sind also
immer schon gesellschaftliche Wesen, sie leben in, durch und aus Figurationen. Der Begriff der Figuration dient Elias also dazu, »die harte Fassade der verdinglichenden Begriffe zu durchbrechen, die den Menschen
gegenwärtig den Zugang zum klaren Verständnis ihres eignen gesellschaftlichen Lebens weitgehend verstellen und die immer von Neuem
dem Eindruck Vorschub leisten, daß die Gesellschaft aus Gebilden
außerhalb des Ich, des einzelnen Individuums bestehe und daß das ein-

Zusammenfassung

Gesellschaftliches Individuum vs. *homo clausus*

Mit dem Begriff »homo clausus« bezeichnet Elias die in den »Einzelmenschenwissenschaften« verbreitete Vorstellung, dass Individuen und Gesellschaften voneinander getrennte, in sich abgeschlossene Einheiten
darstellen. Für die Soziologie als Gesellschaftswissenschaft sei diese Vorstellung nicht angemessen. Dass Menschen in modernen Gesellschaften
als eigenständige Einheiten wahrgenommen werden, ist für ihn das Ergebnis eines gesellschaftlichen Entwicklungsprozesses. Erst eine bestimmte Form der Gesellschaft macht es möglich, sich selbst und andere
als abgeschlossene Einheiten zu erfahren. Der Individualismus ist daher
eine gesellschaftlich begründete, spezifische Form des Menschseins.

Individualisierung

Differenzierung

Rationalisierung

Domestizierung

zelne Individuum zugleich von Gesellschaft umgeben und von ihr durch eine unsichtbare Wand getrennt sei« (Elias 1970, 11 f.).

Mit der Analyse konkreter Figurationen geht die Ausarbeitung einer eigenständigen Methodologie einher. Zu deren zentralen Begrifflichkeiten gehört die Kategorie des *Prozesses*. Soziologie bedeutet für Elias, die historische Entwicklung von Gesellschaften zu untersuchen. Entsprechend kritisiert er vehement die Spaltung von Geschichte (als »Wissenschaft der Gesellschaft der Vergangenheit«) und Soziologie (als »Wissenschaft der gegenwärtigen Gesellschaft«). Denn erst in der Verbindung der Erkenntnisse von Geschichtswissenschaft, die es überwiegend mit Ideen, Ereignissen und planvollen Handlungen zu tun hat, und Soziologie, die sich mit der Analyse fest gefügter sozialer Strukturen beschäftigt, sieht er die Möglichkeit, die Logik und die Dynamik gesellschaftlicher Entwicklung zu erfassen (vgl. Elias 1977, 133).

Methodologische Grundbegriffe: Prozess

Definition

Prozesssoziologie

Soziologie hat nach Elias die Aufgabe, sich mit der Entwicklung von Gesellschaften und der Menschheit insgesamt zu befassen. Dazu analysiert er die langfristigen sozialen Wandlungsprozesse. Im Gegensatz zu der sonst häufig ahistorisch verfahrenden Soziologie, die auf die Analyse der Gegenwart abzielt, bezieht sein Ansatz anhand einer Kombination soziologischer und historischer Methoden die vergangenen gesellschaftlichen Entwicklungen systematisch mit ein. Soziale Tatsachen sind nach Elias nur aus der Logik ihrer historischen Entwicklung angemessen zu begreifen. Deshalb wird sein Ansatz auch als Prozesssoziologie bezeichnet.

Soziale Prozesse sind dabei zu verstehen als »kontinuierliche, langfristige, d. h. gewöhnlich nicht weniger als drei Generationen umfassende Wandlungen der von Menschen gebildeten Figurationen oder ihrer Aspekte in einer von zwei entgegengesetzten Richtungen« (Elias 1986 b, 234). Sie können nämlich ungeachtet von Inhalten und Bewertungen stets entweder als Aufstieg oder als Abstieg interpretiert werden, womit Elias meint, dass eine Veränderung immer eine Verschiebung bedeutet, bei der etwas zu- oder abnimmt (z. B. der Grad gesellschaftlicher Differenzierung, der Zivilisation, der sozialen Integration, des technischen Wissens etc.). Solche Prozesse sind dabei grundsätzlich umkehrbar, d. h. vollzogene Entwicklungen können auch wieder rückgängig gemacht werden.

Soziale Prozesse ergeben sich nicht als Summe der Effekte der Handlungen von Individuen, sondern aus den Verflechtungen zwischen ihnen. An diesen Verflechtungen setzt Elias an. Das zentrale begriffliche Werkzeug hierzu ist der schon genannte Begriff der *Figuration*. Dieser ermöglicht, das gesellschaftliche Eingebundensein der Individuen bzw. ihre Gesellschaftlichkeit zu erklären, weil er darzustellen erlaubt, dass Individuen in Gesellschaften entstehen und nur in Abhängigkeit von ihrer spezifischen historischen Situation und ihrer Position gegenüber anderen Menschen verstanden werden können.

Der Begriff der Figuration

Der Begriff der Figuration dient Elias in erster Linie dazu, das Zusammenleben von Menschen in Gruppen zu analysieren. Diese Gruppen sozialisieren Menschen, machen sie zu sozial handlungsfähigen Individuen, indem sie z.B. Sprache und Wissen vermitteln. Erst das Zusammenleben in Figurationen macht Menschen eigentlich zu Menschen (Elias 1986a, 89). Entsprechend können Individuen nur in ihrer gesellschaftlichen Verflechtung angemessen wahrgenommen und Gesellschaften nur aus den strukturierten Verflechtungszusammenhängen zwischen den Individuen analysiert werden.

Definition

Figuration

Elias bezeichnet das strukturierte Zusammenwirken und Interagieren von Individuen in sozialen Konstellationen als Figuration. Die Figuration bildet die Basiseinheit seiner soziologischen Analyse. Der Begriff kann auf soziale Gebilde verschiedenster Größe angewendet werden: eine Gruppe von Kartenspielern, ein Dorf, den modernen Staat. Die Untersuchung von Figurationen verdeutlicht, in welcher Weise Menschen miteinander verflochten sind, d.h. welche Positionen sie einnehmen und in welchem Ausmaß sie interdependent, d.h. voneinander abhängig sind. Sowohl die Struktur der sozialen Gruppe als auch die Persönlichkeitsstrukturen und Verhaltensdispositionen der Beteiligten lassen sich aus der Logik und Dynamik der Figuration erklären.

Entscheidend für die Definition der Figuration ist also nicht die Größe einer Gruppe, sondern die Tatsache, dass die beteiligten Menschen in einem interdependenten Verflechtungszusammenhang stehen, also voneinander abhängig sind und sich gegenseitig durch ihre Handlungen beeinflussen. Am Beispiel des Kartenspiels verdeutlicht Elias, wie sich so die verschiedenen Positionen und Beziehungsverhältnisse erkennen lassen, die Menschen einnehmen können: Sie können Verbündete wie auch Gegner sein und entsprechend aufeinander reagieren; ihre Positionen sind interdependent, weil ihre Handlungen sich aufeinander beziehen; Gegner wie

Ein Beispiel für eine Figuration: Kartenspiel

Individualisierung

Differenzierung

Rationalisierung

Domestizierung

auch Verbündete reagieren in spezifischer Weise aufeinander und werden dadurch als Gegner und Verbündete identifizierbar (vgl. Elias 2004, 142). Für einen Beobachter erschließen sich der Sinn des Spiels und das Verhalten des Einzelnen nicht aus der Beobachtung eines einzelnen Spielers, sondern erst aus dessen Einbindung in das Spielgeschehen insgesamt. Der Erfolg strategischer Züge bzw. das individuelle Spielgeschick zeigt sich erst im Zusammenhang mit den Reaktionen der Mitspieler.

Figurationen stellen keine starren Gebilde dar; sie sind als fließende Einheiten zu verstehen, in denen sich die Verflechtungen zwischen den beteiligten Menschen laufend ändern, und zwar aufgrund der fluktuierenden Verteilung von Machtchancen, die jeden »Figurationsstrom« prägt. Dieses *Machtdifferential*, das jede menschliche Beziehung prägt, bezeichnet Elias als Spannungsgleichgewicht. Dabei verwendet er einen relationalen, keinen positionalen Machtbegriff, d.h. er begreift Macht als Element einer Beziehung, in der die Beteiligten durch ihr Verhalten zwischen sich eine Hierarchie herstellen. Macht ist somit nicht etwas, über das Personen per se verfügen, sondern sie entsteht in und durch ihre sozialen Beziehungen (vgl. Elias 1970, 77).

Der Begriff der Macht

Elias verdeutlicht dies an der Beziehung zwischen Eltern und ihrem Baby. Auf den ersten Blick scheint es, dass Eltern Macht über das Kind ausüben: Sie sozialisieren es. Zugleich übt aber auch das Kind Macht über die Eltern aus: Es zwingt sie zur Fürsorge. Sowohl Kind als auch Eltern können vom jeweils anderen ein bestimmtes Verhalten erzwingen. Dennoch ist offensichtlich, dass die Eltern gegenüber dem Kind die größeren Machtchancen besitzen, also eine höhere Position einnehmen.

Neben der Fähigkeit, sich selbst zu zivilisieren, sieht Elias im Streben nach Macht bzw. in der Möglichkeit der Machtausübung eine grundlegende menschliche Eigenschaft. Aus ihr ergibt sich die Dynamik der Gesellschaft, die Fluktuation von Figurationen. Der Figurationsstrom beruht auf einem ständigen Kampf um die Verlagerung von Machtdifferentialen. Im Zentrum des sozialen Prozesses, also der *Dynamis* (→ Kapitel 1.1) der Gesellschaft, und somit auch der abendländischen Zivilisation stehen die *Konflikte* sozialer Gruppen im Kampf um Machtpositionen und Machtmittel. »Längere soziale Prozesse lassen oft besonders deutlich den Durchbruch von einer Prozeßstufe zu einer anderen mit einer entschiedenen Machtverlagerung erkennen. So ging etwa der erste Industrialisierungsschub – Aufstieg zur Stufe der industriellen Maschinenproduktion und der Industriearbeiterschaft – Hand in Hand mit dem Abstieg der handwerklichen Produktion und des Handwerks als sozialer Gruppe« (Elias 1986 b, 235).

Der Begriff des Konflikts

Somit bildet der Konflikt nach Elias die Grundlage für die Beschreibung der Menschheitsentwicklung. Konflikte gehören zu den wesentli-

Konflikte als Normalität

chen Struktureigentümlichkeiten sozialer Prozesse und sind keine Ausnahme, welche die soziale Normalität durchbricht. In ihrem Verlauf werden Machtdifferentiale und Machtmittel in Beziehungen neu definiert und die Positionen und damit auch Funktionen sozialer Gruppen in der Gesellschaft neu bestimmt. In der Folge verändern sich auch die gesellschaftlichen Verflechtungszusammenhänge und Figurationen.

Diese Auffassung von Soziologie findet ihren Niederschlag auch in den Materialien, die Elias zur Untersuchung sozialer Prozesse heranzieht. Im Wesentlichen sind dies historische Dokumente, die er vor dem Hintergrund seiner Überlegungen neu interpretiert. So fußt sein Hauptwerk zum »Prozess der Zivilisation« nicht nur auf historisch-politischen Dokumenten, sondern auch auf der Analyse von Benimmbüchern aus dem 15. bis 17. Jahrhundert, die er hinsichtlich des Wandels der Tischsitten und des Umgangs mit der eigenen Körperlichkeit (Schneuzen, Austreten, Aufstoßen, Schlafgewohnheiten, dem Verhältnis zur Nacktheit) untersucht. Aber auch aktuelle Prozesse haben sein Interesse gefunden, etwa in einer auf Interviews und Beobachtungen gestützten Fallstudie über die Integrationsprozesse von Zugezogenen in einem englischen Arbeiterviertel (Elias/Scotson 1965).

Bemerkenswert ist dabei, dass Elias' Begriffe der Figuration und der Verflechtung auf das Simmel'sche Konzept der Wechselwirkungen zurückweisen, während seine Betonung der Zentralität von Machtkämpfen und der modernen Selbst-Disziplinierung Überlegungen von Michel Foucault vorwegnimmt. Er steht damit nicht nur chronologisch und thematisch, sondern auch methodisch zwischen diesen beiden Denkern.

Zwischen Simmel und Foucault

Analyse: Modernisierung als Individualisierung – Selbstzwang und Affektkontrolle

| 3.5.4

Der methodische »Primat des Konflikts« prägt auch Elias' Analyse des Zivilisationsprozesses der Moderne: Der Kampf um Macht bildet die treibende Kraft sowohl für die Veränderung der Gesellschaftsstruktur, die durch die Herausbildung des staatlichen Gewaltmonopols charakterisiert ist, als auch für den Wandel der Verhaltensdispositionen. Den modernen Individualismus deutet er vor allem als Ausdruck einer veränderten Strategie im sozialen Machtkampf, der nicht mehr durch Gewalt, sondern durch Planung und Kontrolle gewonnen wird.

Individualisierung ist für Elias ein zentrales Element des Zivilisationsprozesses; sie bezeichnet sowohl die Veränderung der menschlichen Psyche als auch die Form der gesellschaftlichen Integration der Individuen, d.h. ihre Einbindung in Figurationen. Individualisierung ist für Elias

Individualisierung

Differenzierung

Rationalisierung

Domestizierung

gleichbedeutend mit der Freisetzung von Menschen aus traditionalen Bindungen sowie mit der Stärkung ihrer Selbstverantwortlichkeit. Ähnlich wie Simmel sieht auch er in der Einbindung der Individuen in größere und unterschiedliche soziale Kreise die Rahmenbedingung für den Individualisierungsprozess. Seine Analyse der Veränderung des Selbstverhältnisses ist allerdings eine andere; menschliche Subjektivität oder Identität setzt sich für Elias aus zwei Elementen zusammen:

- aus (kollektiven) »Wir-Elementen«, d. h. aus Identifikationskernen, die auf eine Gruppe verweisen (indem das Ich sich z. B. mit der Gruppe der Frauen, Punks, Deutschen oder Katholiken identifiziert);
- aus »Ich-Elementen«, mit denen die Individualität bzw. die Ich-Identität gestärkt wird.

Das Verhältnis dieser Wir- und Ich-Elemente ist durch die Figurationen bestimmt, in denen Menschen leben; zwischen ihnen besteht eine entsprechende Wir-Ich-Balance (vgl. Elias 2001, 207 ff.). Individualisierung erscheint dann als eine Verschiebung der Balance zugunsten der Ich-Elemente. Traditionale Gesellschaften bieten aufgrund der begrenzten sozialen und räumlichen Möglichkeiten nur geringe Verflechtungszusammenhänge. Individuen sind hier Mitglied einer Familie und einer – zumeist lokal begrenzten – überschaubaren Gemeinschaft. In diesem Rahmen begrenzter Möglichkeiten sind *Wir-Identitäten* von großer Bedeutung, Individualitäten bzw. *Ich-Identitäten* spielen nur eine untergeordnete Rolle.

Individualisierung und die Wir-Ich-Balance

Die Vielfalt der Moderne setzt die Individuen dagegen der Anforderung aus, von sich aus Identifikationen zu wählen, d. h. aus der großen Menge der Wir-Elemente, die aus der Zugehörigkeit zu sehr vielen und sehr heterogenen sozialen Gruppen (Vereine, Parteien, Religionsgemeinschaften etc.) resultieren, eine individuelle Ich-Identität zu entwickeln. Nur eine stabile Ich-Identität ermöglicht ihnen, in gleichbleibender Weise an den verschiedenen sozialen Situationen teilzuhaben. Die Ausbildung einer psychischen Struktur, die solch eine autonome Selbststeuerung, ein *Sich-Gleich-Bleiben* in wechselnden Kontexten, ermöglicht, ist für Elias nicht nur eine notwendige Voraussetzung, sondern zugleich auch eine Folge des langfristigen abendländischen Zivilisationsprozesses. Es sind die miteinander verwobenen Prozesse der Sozio- und der Psychogenese, die diese spezifische Form von Individualität und Individualisierung hervorbringen. Die Psychogenese steht dabei im Mittelpunkt des ersten, die Soziogenese im Zentrum des zweiten Bandes von »Über den Prozess der Zivilisation« (Elias 1939).

Stabilität der Ich-Identität

Die *Soziogenese* fasst Elias als den historischen Wandel gesellschaftlicher Figurationen und damit als den Prozess der Herausbildung der modernen Gesellschaft. Das Entstehen des modernen, zentralistisch agierenden Staates ist dafür von entscheidender Bedeutung. Dieser geht allmählich aus den lange andauernden Konkurrenzkämpfen zwischen

Zusammenfassung

Zivilisation = Soziogenese + Psychogenese

Mit dem Begriff »Zivilisation« bezeichnet Elias den langfristigen Wandlungsprozess abendländischer Gesellschaften, in dem in erster Linie das menschliche Verhalten zivilisiert wurde. Darunter versteht er, dass das Handeln kontrolliert und planvoll wird. Zivilisation bedeutet somit, dass sich Trieb- und Affektkontrollen sowie die Fähigkeit zur »Langsicht«, d.h. zum weit vorausschauenden Planen und Handeln durchsetzen. Gesellschaften werden dadurch nach innen befriedet, die Verwendung von direkter physischer Gewalt in menschlichen Interaktionen verliert an Bedeutung. Der Zivilisationsprozess spielt sich dabei auf zwei Ebenen ab:

- In der *Psychogenese* verändert sich die psychische Struktur der Menschen. Ihr psychischer Apparat bildet eine wachsende Fähigkeit zur Selbstkontrolle und -steuerung aus. Das menschliche Verhalten wird immer weniger durch Leidenschaften und spontane Bedürfnisse gesteuert. Es wird stärker diszipliniert und rationalisiert als je zuvor.
- Der Wandel gesellschaftlicher Strukturen, die *Soziogenese*, macht diese Veränderung notwendig und begleitet sie. Durch die Herausbildung des modernen Staates mit Gewaltmonopol und die Zunahme der funktionalen Arbeitsteilung werden Menschen in neuartige Figurationen eingebunden. Damit verbinden sich auch neue Formen der Interdependenz und Konkurrenz, die diese Fähigkeiten des disziplinierten und vorausschauenden Verhaltens notwendig machen.

den Fürsten und Rittern, den Herren kleiner Territorien hervor. Motor und auch Ziel ihrer Ausscheidungskämpfe ist dabei die Vergrößerung von Macht und Ressourcen bzw. die Verringerung von Abhängigkeiten und Verletzlichkeiten. In der Folge bilden sich immer größere Territorien, innerhalb derer die Macht in den Händen eines Regenten konzentriert ist, der über ein Gewaltmonopol verfügt. Das bedeutet, dass nur noch der Staat legitimerweise Gewalt anwenden darf – nach innen durch die sich herausbildende Polizei, nach außen durch das Militär. Die entstehenden modernen Staaten zeichnen sich also durch das Gewalt- und das damit verknüpfte Steuermonopol aus und damit durch eine große Machtkonzentration, wachsenden territorialen Umfang und durch innere Befriedung. Soziale Auseinandersetzungen werden in der Regel mit friedlichen Mitteln geführt; der Herrschaftsanspruch des Machthabers erstreckt sich auf das ganze Territorium, seine Machtwirkung wird von seiner physischen Präsenz unabhängig.

Konzentration der Macht im modernen Staat

Individualisierung

Differenzierung

Rationalisierung

Domestizierung

Dieser Zentralisierungsprozess hat zur Folge, dass die Beziehungen oder Interdependenzketten der Menschen sich ebenfalls ausdehnen. Damit werden neue soziale Steuerungsformen notwendig, die es erlauben, die relativ losen, über weite soziale und räumliche Distanzen reichenden Beziehungen zu organisieren. Die Herausbildung des modernen Verwaltungsapparates sowie des anonymen Marktes sind wesentliche strukturelle Innovationen der Moderne. Weil jede Handlung nun Konsequenzen für viele andere Akteure und Zusammenhänge haben kann, wird auch der Aufbau eines formalen Rechtssystems notwendig.

Die Kontrolle der langen Interdependenzketten

Die Vergrößerung von Gesellschaften sowie ihre innere Befriedung ermöglichen und erfordern zudem die Entstehung neuer Formen der Arbeitsteilung. Während zuvor in den kleineren, begrenzten Gesellschaften aufgrund der ständigen äußeren und inneren Bedrohung durch Feinde und Ressourcenknappheit nur wenig Spielraum für die Ausbildung spezieller Funktionen oder Fertigkeiten bestand, benötigt der moderne Staat diese und fördert ihre Entwicklung. Damit verändern sich auch Inhalt und Form der sozialen Konkurrenz und des Konfliktaustrags: An die Stelle des direkten Kampfes tritt die Interdependenz der Menschen. Konkurrenz bedeutet nun nicht mehr Ausscheidung oder gar Ausschaltung von Gegnern, sondern Wettbewerb in dem Sinne, dass das eigene Handeln auf das anderer abgestimmt werden muss, um innerhalb der Beziehungsgeflechte eine machtvollere Position zu erreichen. Die Ausbildung besonderer Fähigkeiten verspricht dann einen Wettbewerbsvorteil, durch den sich ein Individuum von anderen abheben kann. In diesem Sinne birgt die Zunahme der Arbeitsteilung Individualisierungschancen für die Individuen.

Interdependenzen statt Kämpfe

Diese soziogenetische Entwicklung erfordert von den Individuen eine Veränderung ihrer psychischen Struktur und ihrer Verhaltensdispositionen. Der Wandel der Formen des Konflikts und des Konkurrenzkampfes, der sich zunächst bei den Höflingen an den absolutistischen Herrscherhöfen, dann im Bürgertum und spätestens im 20. Jahrhundert in allen sozialen Schichten beobachten lässt, führt zu neuen Weisen des Wahrnehmens und Denkens, des Fühlens und Handelns. Verhaltensdispositionen, die auf die kurzfristige Erfüllung von Bedürfnissen oder auf die direkte Ausübung von Gewalt ausgerichtet sind, sind in den modernen Strukturen weniger von Nutzen als vielmehr von Schaden. Moderne Individuen müssen in der Lage sein, sich selbst zu steuern und langfristig zu planen. In der parallel zur Soziogenese laufenden *Psychogenese* bildet sich dieses Vermögen aus. Die Fähigkeiten des Selbstzwangs und der »Langsicht« ersetzen dabei den Fremdzwang als zentrale Instanz, mit der Handlungen reguliert werden.

Selbstzwang als Fähigkeit moderner Individuen

Mit Selbstzwang ist gemeint, dass Individuen ihre Affekte unter Kontrolle haben, dass sie Gewalt und direkte Aggression vermeiden, dass sie sich an einen vorgegebenen Verhaltenskodex der Höflichkeit, der Pünktlichkeit und des Benehmens aus freien Stücken und aus eigenem inneren Antrieb (Habitus) halten. Die soziale Position wird durch sorgfältiges Berechnen, Kalkulieren und Planen, nicht mehr durch Kämpfen bestimmt. Diese Affekt- und Triebkontrolle findet in dem Vorrücken von Scham- und Peinlichkeitsschwellen ihr Gegenstück (Elias 1939, 397 ff.): Wir schämen uns, wenn wir gegen die guten Sitten verstoßen oder unseren unmittelbaren Regungen nachgeben, und es ist uns peinlich, wenn andere dies tun. Der Prozess der Modernisierung ist dabei dadurch charakterisiert, dass es immer mehr Dinge gibt, für die wir uns schämen müssen oder die uns peinlich sind, z. B. die Verrichtung natürlicher Bedürfnisse in der Öffentlichkeit.

Scham- und Peinlichkeitsschwellen

Damit setzen sich neue Formen erwünschten Verhaltens durch: Dominant wird das kontrollierte, die eigenen Triebe und Leidenschaften beherrschende Individuum, welches das eigene wie das fremde Verhalten fortlaufend reflektiert. Elias beschreibt dies im Rückgriff auf Sigmund Freud auch als Prozess, bei dem sich im Zuge der Sozialisation des Individuums die kontrollierende Instanz des Über-Ich herausbildet (vgl. Elias 1939, 329).

Anlehnung an Freud

Der Begriff »Langsicht« bringt dabei ein verändertes Zeitbewusstsein zum Ausdruck: Der Konkurrenzkampf erfordert die Entwicklung langfristiger Machtstrategien, d. h. die sorgfältige Planung und Berechnung auch weit in der Zukunft liegender Handlungen und langer Prozessketten und sogar des ganzen eigenen Lebenslaufs. Weil dabei die Zahl der zu bedenkenden Optionen und Folgewirkungen steigt und stets auch die Reaktionen und Handlungsweisen anderer Akteure antizipiert werden müssen, wird das menschliche Verhalten zunehmend rationalisiert, reflektiert und psychologisiert. »Planung für die Zukunft« tritt an die Stelle einer »Orientierung an der Vergangenheit«, und strikte Zeitdisziplin ersetzt das bedürfnisorientierte spontane Handeln.

Verändertes Zeitbewusstsein

Exkurs: Individualisierung im Übergang zur Spätmoderne: Die soziologische Theorie Ulrich Becks

| 3.5.5

In der zeitgenössischen Soziologie nimmt der Individualisierungsprozess in den Arbeiten des ungeheuer medienwirksamen Münchener Soziologen Ulrich Beck (geb. 1944) eine herausragende Stellung ein. Ähnlich wie Elias versteht er Individualisierung als einen gesellschaftlichen Veränderungsprozess, in dem der Wandel der sozialen Strukturen zu

Individualisierung

Differenzierung

Rationalisierung

Domestizierung

einem Wandel der Selbstverhältnisse der Individuen führt. Sein Ausgangspunkt ist jedoch nicht die Gegenüberstellung von traditional-vormoderner
und moderner Gesellschaft, sondern vielmehr die Kontrastierung von
klassisch-moderner und spätmoderner Gesellschaft. Ihr liegt die Beobachtung zugrunde, dass sich der Charakter der Moderne in den letzten
Jahrzehnten gewandelt zu haben scheint, obwohl die Grundprinzipien
der Modernisierung (Individualisierung, Domestizierung, Rationalisierung und Differenzierung, aber auch Globalisierung oder Beschleunigung) sich nicht verändert haben.

Beck diagnostiziert eine Selbstanwendung der Modernisierungsprin-
zipien auf die moderne Gesellschaft: Die Moderne stellte schon immer
Traditionen, Institutionen, Wissensbestände und soziale Schichtungen
infrage. Doch während und indem die frühe Moderne die vormodernen
Traditionen, Institutionen und Lebensformen transformierte, bildeten
sich neue und lange Zeit stabile moderne Traditionen, Institutionen und
Lebensformen heraus. Diese geraten in der Spätmoderne ebenfalls unter
Veränderungs- und Auflösungsdruck. Beck bezeichnet diesen Prozess

Reflexive der Modernisierung der Moderne als »reflexive Modernisierung«; ihr
Modernisierung Ergebnis ist nicht die Auflösung der Moderne in eine Post-Moderne, sondern eine andere bzw. »Zweite Moderne« (Beck 1986; Beck/Giddens/Lash
1996; Beck/Bonß 2001).

Ein besonderes Charakteristikum dieser zweiten Moderne ist das Do-
minantwerden bisheriger Nebenfolgen der Modernisierung, wodurch das
Vertrauen in die bisherigen modernen Institutionen erschüttert wird: So
verursacht etwa der Nahrungsüberfluss Übergewicht, ohne Hunger und
Mangelernährung wirklich zu beseitigen; die Technik selbst produziert
Schäden und Mängel, die Medizin erzeugt in ihren Nebenwirkungen
Krankheiten, der Sozialstaat schafft neue Armut, die Wissenschaft verursacht Verunsicherung statt sicheres Wissen, die Naturbeherrschung zerstört die Natur, der effiziente Kapitalismus schafft Massenarbeitslosigkeit
Neue Risiken und damit Armut etc. Dadurch entstehen eine Vielzahl neuer Risiken
wie Arbeitslosigkeit, Umweltkatastrophen oder auch Terroranschläge
und eine wachsende Unsicherheit der Individuen in Bezug auf ihren Lebenslauf (vgl. Beck 1986).

Vor allem ist die Modernisierung der Moderne durch einen zweiten
Individualisierungsschub gekennzeichnet. Die erste Moderne setzte Individuen aus traditionellen Milieus und ständischen Vorgaben frei. Sie
wurden dadurch in die Lage versetzt, ihren eigenen Beruf zu wählen,
eine eigene Familie zu gründen, eine eigene religiöse und politische Haltung zur Welt zu finden und eben dadurch eine eigene, stabile und persönliche Identität zu gewinnen. Solche klassisch-modernen Identitäten
waren durch drei Stabilitäten charakterisiert:

1. Die in der Adoleszenz gewählten Bindungen (Beruf, Ehepartner, Religionszugehörigkeit, Parteienpräferenz etc.) überdauerten zumeist den gesamten restlichen Lebensverlauf, sie blieben also stabil.

2. Es bildeten sich neue soziale Milieus heraus (z.B. Arbeitermilieu, Eisenbahnermilieu, Kleinbürgertum, Bildungsbürgertum etc.), deren Mitglieder viele Übereinstimmungen und daher oft eine gemeinsame Lebens- und Interessenlage teilten (Ausbildungswege, Anstellungsverhältnisse, Wohngebiete, Interessensverbände etc.). Ein Verlassen des eigenen Herkunftsmilieus durch sozialen Aufstieg stellte in der Industriegesellschaft zunächst eher die Ausnahme dar. Die Grenzen zwischen den sozialen Schichten waren relativ undurchlässig.

3. Individualisierung war in der ersten Moderne eng verbunden mit der Herausbildung eines verlässlichen und stabilen neuen »Lebenslaufregimes« (vgl. Kohli 1994). Damit ist gemeint, dass es einen festen Orientierungsrahmen gab, der den Lebenslauf erwartbar machte und den Individuen half, ihr Leben »langsichtig« zu planen (Schule, Ausbildung, Beruf, Familiengründung, Ruhestand). Die Institutionen des Sozialstaats und der Arbeitsgesellschaft verankerten dieses Lebenslaufregime tief in der Gesellschaftsstruktur der entwickelten Moderne.

Drei Stabilitäten klassisch-moderner Identitäten

Die sozialen Innovationen und Entwicklungen der Nachkriegszeit führen Beck zufolge allmählich zu einem neuerlichen Individualisierungsschub, in dessen Gefolge alle drei Stabilitäten erodieren. Insbesondere der Anstieg des materiellen Wohlstands, die Bildungsexpansion und der Ausbau des Sozialstaats seit den späten 1960er Jahren eröffnen eine Vielzahl neuer Lebensmöglichkeiten und sozialer Perspektiven. Sie bewirken eine generelle Verbesserung des Lebensstandards, die Beck als »Fahrstuhleffekt« bezeichnet: Fast alle sozialen Schichten erlebten einen nahezu automatisierten sozialen Aufstieg. Dieser verursacht eine Neuverteilung von Lebenschancen: Sozialer Aufstieg ebenso wie soziale Risiken treffen nun alle Individuen unabhängig von ihrer sozialen Herkunft und ihren angestammten Milieus. Das Leben wird damit zu einem Projekt, das der bzw. die Einzelne selbst gestalten muss; es gibt keinen erwartbaren Normalverlauf mehr. Dadurch kommt es zu einer Ausdifferenzierung der Lebens- und Interessenlagen: Jeder und jede Einzelne wird zum eigenverantwortlichen »Planungsbüro und Handlungszentrum« (vgl. Beck 1986, 217).

Ein zweiter Individualisierungsschub

Die zeitliche und milieubezogene Erodierung von Festlegungen setzt die Individuen zunehmend unter Entscheidungsdruck. Sie müssen Bildungsentscheidungen, Entscheidungen über ihren Geschmack, ihre Selbstdarstellung, ihre sexuellen Vorlieben, ihre Berufswahl, ihre Ehepartner, ihr Haustier immer wieder von Neuem treffen, weil soziale Bindungen umkehrbar und flexibel geworden sind und die sozialen Bedin-

Individualisierung

Differenzierung

Rationalisierung

Domestizierung

gungen sich rasch verändern. Vor allem müssen diese Entscheidungen dahingehend abgewogen werden, ob sie im Hinblick auf die anderen zur Verfügung stehenden Optionen jeweils angemessen und effizient sind, denn mit dem steigenden Entscheidungszwang entsteht auch eine zunehmende Selbstverantwortlichkeit. So wird etwa Arbeitslosigkeit oder das Scheitern eines Bildungsweges nicht mehr dem Staat, sondern der Eigenverantwortlichkeit des Individuums zugeschrieben. Eine falsche Berufswahl gewinnt dann in der Wahrnehmung durch andere eine größere Bedeutung für individuelles Unglück als der Umstand der jahrzehntelangen Massenarbeitslosigkeit. Der Lebenslauf ist in seiner Gesamtheit nicht mehr vorauszuplanen oder vorherzusagen. Familien- und Berufssituationen sowie politische und religiöse Bindungen ändern sich nach nicht vorhersagbaren und voneinander unabhängigen Mustern; es entstehen individualisierte »Bastelbiographien« (→ Abb. 17).

| **Abb. 17**

Lebenslaufregime und »Normalbiographie« in der entwickelten Moderne

Idealtypischer (erwartbarer) Lebenslauf:

| Ausbildung | Berufstätigkeit | | Ruhestand |
| Herkunftsfamilie | Heirat Kinder | | ‚empty nest' |

| 0 | 10 | 20 | 30 | 40 | 50 | 60 | 70 |

Individualisierter (nicht vorhersagbarer, nicht normierter, flexibler) Lebenslauf und ‚Bastelbiographie' nach dem zweiten Individualisierungsschub: Musterbeispiel

Ausbildung	Arbeitslosigkeit	Kind	Berufstätigkeit	Umschulung	Vorruhestand	neue Berufsphase
Herkunfts- Herk.-		Scheidung Wieder-	Kinder	,empty nest'	Kinder kehren
familie 1 familie 2	Heirat	verheiratung			zurück

| 0 | 10 | 20 | 30 | 40 | 50 | 60 | 70 | 80 |

Becks Pathologiediagnose

Auch Beck verbindet seine Analyse der Moderne mit beunruhigenden Pathologiediagnosen: Er sieht Gefahren in den individuell und kollektiv unkalkulierbaren ökologischen, technischen und sozialen Risiken der Spätmoderne, in der »organisierten Unverantwortlichkeit« der Gesellschaft, in der es nach dem Niedergang des Nationalstaats kein politisches Steuerungszentrum mehr gibt und die heute zur »Weltrisikogesellschaft« (Beck 2007) geworden ist, sowie in der wachsenden Abhängigkeit der Individuen von abstrakten Systemen wie Wirtschaft, Wissenschaft, Arbeitsmarkt etc. Als »Gegengifte« (Beck 1988) empfiehlt er vor allem vermehrtes Bürgerengagement, ein Grundeinkommen und die Entwicklung transnationaler Steuerungsinstrumente.

Diagnose: Soziale Spaltung und Selbst-Abrichtung | 3.5.6

Der Zivilisationsprozess erscheint in Elias' Darstellung auf den ersten Blick uneingeschränkt positiv. Das menschliche Verhalten wird befriedet, Kämpfe nehmen ab, kurz: die Barbarei wird eliminiert, die Sitten werden verfeinert. Zudem werden Menschen aus den traditionellen Bindungen herausgelöst, womit sie die Freiheit gewinnen, ihren Lebensweg selbst zu bestimmen.

Beide Entwicklungen, die zunehmende Verhaltenskontrolle sowie die zunehmende (Entscheidungs-)Freiheit, haben nach Elias jedoch auch Kehrseiten. U.a. haben sie zur Folge, dass die natürlichen Grundlagen des Lebens aus der Wahrnehmung verdrängt werden. Dies macht es den Menschen nahezu unmöglich, auf angemessene Weise auf ihre eigene Natürlichkeit zu reagieren. Moderne Gesellschaften sind für Elias deshalb auch Gebilde, in denen sich ein Übermaß an Gefühlskälte und an Entfremdung der Individuen voneinander, von den natürlichen Grundlagen ihres Lebens sowie von der Gesellschaft einstellen kann.

Zunehmende Gefühlskälte und Entfremdung

Dies zeigt sich insbesondere am historischen Wandel des Verhältnisses zu Sterben und Tod, Phänomenen, die in früheren Zeiten, anders als heute, im Alltagsbewusstsein präsent waren: »In der Gegenwart von Sterbenden – auch von Trauernden – zeigt sich [...] mit besonderer Schärfe ein für die heutige Stufe des Zivilisationsprozesses charakteristisches Dilemma. Ein Informalisierungsschub im Rahmen dieses Prozesses hat dazu geführt, daß eine ganze Reihe herkömmlicher Verhaltensroutinen, darunter auch der Gebrauch ritueller Floskeln, in den großen Krisensituationen des menschlichen Lebens für viele Menschen suspekt und zum Teil peinlich geworden ist. Die Aufgabe, das richtige Wort und die richtige Geste zu finden, fällt also [...] auf den Einzelnen zurück« (Elias 1982, 44 f.).

Die Folgen dieser Entwicklung kann man mit dem Begriff der *Spaltung* beschreiben, die sich auf verschiedenen Ebenen vollzieht: Menschen spalten sich erstens dadurch von ihren grundlegenden, natürlichen Bedürfnissen und Gefühlen ab, dass sie diese dauerhaft unterdrücken; sie entfremden sich von ihrer eigenen Natur, indem sie sich immer stärker disziplinieren oder sogar selbst »abrichten«. Dieser Gedanke findet sich radikalisiert später in Foucaults Analyse der Disziplinargesellschaft. Zugleich spalten sich die Individuen zweitens auch voneinander ab. Die ritualisierten Verhaltensweisen, die zu den traditionellen Bindungen gehören, gehen verloren. Damit schwinden die Basis der Wir-Identifikationen und der Zusammengehörigkeit sowie die Möglichkeiten, auf die Bedürfnisse und Gefühle anderer angemessen zu reagieren. Die Trieb- und Affektkontrolle sowie die Fähigkeit zur langfristigen Planung rationalisieren das Verhalten gegenüber anderen; vermieden wird jedoch, Gefühle

Spaltung von der Natur, den Anderen, der Gesellschaft

Individualisierung

Differenzierung

Rationalisierung

Domestizierung

auszudrücken. Schließlich führt die Zivilisation drittens zu einer Spaltung zwischen Individuum und Gesellschaft, der bedeutendsten Pathologie, die Elias für die moderne Gesellschaft ausmacht. Diese künstliche, zunächst rein gedankliche Trennung »reifiziert« sich in der Wahrnehmung der Menschen, d. h. sie erscheint ihnen als gegenständlich und wird für sie zur unverrückbaren Wirklichkeit.

Die Spaltung von Individuum und Gesellschaft hat für die Selbstwahrnehmung der Einzelnen fatale Folgen: Menschen sehen sich nicht mehr als gesellschaftliche, sondern als individualisierte Wesen, die sich im dauernden Widerspruch zur Gesellschaft befinden. Ihr Wunsch nach Individualisierung und Selbstverwirklichung wird durch die Gesellschaft in allen ihren Äußerungen – Gesetzen, Regelungen, Steuern – behindert. Dabei fühlen sich die Individuen den gesellschaftlichen Strukturen gegenüber immer ohnmächtiger. Je zentralisierter die Staatsmacht und je länger die Interdependenzketten werden, desto weniger Einfluss hat das Individuum auf sie. Dieser Gedanke erinnert an Simmels Diagnose einer »Tragödie der Kultur«. Elias bringt dagegen die vage Hoffnung in Anschlag, dass sich durch die soziologische Einsicht in die Entwicklungslogik von Figurationen die Einflusschancen wieder erhöhen.

Gesellschaft als Hindernis

Die gedankliche Trennung von Individuum und Gesellschaft leistet zugleich einer entgegengesetzten Pathologie Vorschub: Das eigeninteressierte Handeln der Einzelnen und ihr nicht endender Wille zur Individualisierung scheinen den Zusammenhalt der Gesellschaft zu zerstören. Egoismus tritt an die Stelle von Solidarität. Solange die Moderne an der strikten Trennung von Individuum und Gesellschaft festhält, läuft sie nach Elias Gefahr, entweder kollektivistisch den sozialen Zusammenhalt vor dem hemmungslosen Individualismus oder aber die Individuen vor dem paternalistischen Zugriff der Gesellschaft schützen zu wollen.

Ungezügelter Individualismus

Pathologiefrei kann die Gesellschaft nur sein, wenn die Spaltung von Individuum und Gesellschaft zugunsten der Einsicht in die Gesellschaftlichkeit der Individuen aufgegeben wird. Es ist Elias zufolge »nicht schwer zu sehen, dass letzten Endes nur beides zusammen möglich ist: ein störungsfreieres Zusammenleben von Menschen als Gesellschaftsverband nur, wenn ihre gesellschaftsgeformten Bedürfnisse und Ziele als Einzelne darin ein hohes Maß von Erfüllung und Befriedigung finden können, und ein hohes Maß der Erfüllung individueller Ziele nur, wenn das funktionsteilige Gesellschaftsgefüge [...] so aufgebaut ist, dass es nicht immer von Neuem zu sinn- und seinszerstörenden Spannungen der Teilverbände und der Individuen selbst führt« (Elias 2001, 200 f.). Soziologie als gesellschaftliche Aufklärung kann genau an diesem Punkt ansetzen und die Gesellschaftlichkeit der Individuen deutlich machen.

Soziologie als gesellschaftliche Aufklärung

Zusammenfassung | 3.5.7

Für Elias ist Soziologe die Wissenschaft der historischen *Entwicklung* von Gesellschaften. Er verfolgt weder ein handlungs- noch ein strukturorientiertes Konzept, sondern untersucht in seiner Analyse des Zivilisationsprozesses die langfristigen Veränderungen in der gesellschaftlichen Struktur (Soziogenese) sowie im psychischen Apparat der Menschen (Psychogenese). Zwischen diesen beiden Größen sieht er eine enge Verbindung. Individuum und Gesellschaft können nach seiner Auffassung nicht als zwei voneinander getrennte, unabhängige Gebilde verstanden werden. Sie bilden sich infolge andauernder Machtkämpfe zwischen sozialen Gruppen fortwährend gegenseitig um. Spezifische Formen menschlichen Lebens, insbesondere der moderne Individualismus, sind daher nur unter der Voraussetzung einer entsprechenden Gesellschaftsstruktur möglich.

In der Analyse dieser Entwicklungsprozesse konzentriert sich Elias auf die Veränderung der sozialen Figurationen, d. h. auf die Art und Weise, wie Menschen miteinander verbunden sind und wie sie dabei miteinander konkurrieren. Diese verändern sich im Zivilisationsprozess so, dass die Menschen sich immer stärker individualisieren können und müssen. Nach Elias stellen unterschiedliche Entfremdungsphänomene allerdings die Kehrseite des Freiheitsgewinns dar. Die Soziologie vermag jedoch darüber aufzuklären, inwiefern eine pathologiefreie Entwicklung von Individuum und Gesellschaft in der Moderne möglich ist.

Lernkontrollfragen

1 Was kennzeichnet Elias' Prozesssoziologie, worin unterscheidet sie sich von anderen soziologischen Ansätzen?

2 Wie konzeptualisiert Elias das Verhältnis von Individuum und Gesellschaft?

3 Welche Rolle spielen Konflikt und Macht in Elias' Soziologie?

4 Skizzieren Sie den Zivilisationsprozess. Zeichnen sie dabei die wesentlichen Merkmale der Soziogenese sowie der Psychogenese nach.

5 Was versteht Elias unter Selbstzwang, Langsicht und Affektkontrolle? Wie entstehen sie?

6 Welche negativen Folgen hat der Zivilisationsprozess?

Individualisierung

Differenzierung

Rationalisierung

Domestizierung

Tab. 14

*Norbert Elias' sozio-
logische Theorie auf
einen Blick*

	Stichworte	Erläuterungen
Soziologie	Ziel ist die Erkenntnis der Herausbildung insbesondere der modernen Figurationen	Gesellschaften können nur verstanden werden, wenn die langfristigen Prozesse ihrer Entwicklung untersucht werden.
Leitfrage	Wie kommt es, dass moderne Gesellschaften nach innen fast ohne Zwangsmaßnahmen auskommen, obwohl die Individuen ein Höchstmaß an Beherrschtheit, Planung und Voraussicht entwickeln müssen?	Elias' Antwort ist die Verwandlung von Fremdzwang in Selbstzwang.
Erklärungsmodell	Figurationssoziologie: Verknüpfung von Soziogenese und Psychogenese (ersetzt den Struktur-/ Handlungs-Dualismus)	Soziogenese und Psychogenese sind zwei parallel verlaufende Wandlungsprozesse der Zivilisation; sie sind lose miteinander verbunden und formen sich gegenseitig, es besteht aber keine kausale Determinierung.
Basiseinheit des Erklärens	die soziale Figuration	Sie bezeichnet die Konstellation und Interaktion von Akteuren und damit ihre Einbindung in die Gesellschaft.
Verhältnis Individuum / Gesellschaft	Die Annahme einer Trennung der Individuen von der Gesellschaft ist irreführend – beide entwickeln sich in wechselseitiger Durchdringung.	Akteure und Strukturen verändern sich unter dem Einfluss andauernder sozialer Machtkämpfe; Individualisierung ist ein gesellschaftliches Phänomen.
Moderne und traditionale Gesellschaft (Analyse)	Selbstzwang tritt an die Stelle von Fremdzwang.	Gewaltmonopol des Staates als Voraussetzung; Macht wird nicht mehr durch physischen Kampf, sondern in sozialer Konkurrenz erworben.
Modernisierung als	Individualisierung (im Prozess der Zivilisation)	Zwang zur Disziplinierung und Herausbildung spezifischer Persönlichkeitsmerkmale
Treibendes Veränderungsprinzip	Kämpfe / Konkurrenz um Macht; soziale Konflikte	Machtstreben ist, ebenso wie die Fähigkeit zur Zivilisierung, eine grundlegende menschliche Eigenschaft.

	Stichworte	Erläuterungen	Tab. 14
Moderne Pathologie (Diagnose)	Gefühlskälte durch soziale »Abrichtung«, künstliche Spaltung zwischen Individuum und Gesellschaft	Verdrängung des Todes als Symptom der Unfähigkeit, mit natürlichen Ereignissen umzugehen; gesellschaftliche Steuerung wird durch diese Spaltung erschwert.	*Fortsetzung*

Literaturhinweise

Primärliteratur

Beck, Ulrich (1986): Risikogesellschaft. Auf dem Weg in eine andere Moderne, Frankfurt a. M.

Beck, Ulrich (1988): Gegengifte. Die organisierte Unverantwortlichkeit, Frankfurt a. M.

Beck, Ulrich/Bonß, Wolfgang (Hg.) (2001): Die Modernisierung der Moderne, Frankfurt a. M.

Beck, Ulrich/Giddens, Anthony/Lash, Scott (1996): Reflexive Modernisierung. Eine Kontroverse, Frankfurt a. M.

Beck, Ulrich (2007): Weltrisikogesellschaft. Auf der Suche nach der verlorenen Sicherheit, Frankfurt a. M.

Elias, Norbert (1939): Über den Prozeß der Zivilisation, 2 Bde., Frankfurt a. M. 1989.

Elias, Norbert (1970): Was ist Soziologie? Grundfragen der Soziologie, München 2004.

Elias, Norbert (1977): Zur Grundlegung einer Theorie sozialer Prozesse, in: Zeitschrift für Soziologie 6, 127–149.

Elias, Norbert (1982): Über die Einsamkeit der Sterbenden in unseren Tagen, Frankfurt a. M. 1991.

Elias, Norbert (1986 a): Art. Figuration, in: Schäfers, Bernhard (Hg.): Grundbegriffe der Soziologie, Opladen, 88–91.

Elias, Norbert (1986 b): Art. Prozesse, soziale, in: Schäfers, Bernhard (Hg.): Grundbegriffe der Soziologie, Opladen, 234–241.

Elias, Norbert (1986 c): Art. Zivilisation, in: Schäfers, Bernhard (Hg.): Grundbegriffe der Soziologie, Opladen, 382–387.

Elias, Norbert (1988): Über die Zeit. Frankfurt a. M.

Elias, Norbert (2001): Die Gesellschaft der Individuen, hg. von Michael Schröter, Frankfurt a. M.

Elias, Norbert/Dunning, Eric (1983): Sport im Zivilisationsprozess. Studien zur Figurationssoziologie, hg. von Wilhelm Hopf, Münster.

Elias, Norbert/Scotson, John L. (1965): Etablierte und Außenseiter, hg. von Michael Schröter, Frankfurt a. M. 1990.

Sekundärliteratur

Baumgart, Ralf/Eichener, Volker (2012): Norbert Elias zur Einführung, Hamburg.

Dunning, Eric/Hughes, Jason (2012): Norbert Elias and Modern Sociology, London.

Ebers, Nicola (1995): Individualisierung. Georg Simmel – Norbert Elias – Ulrich Beck, Würzburg.

Gleichmann, Peter/Goudsblom, Johan/Korte, Hermann (Hg.) (1979): Materialien zu Norbert Elias' Zivilisationstheorie, Frankfurt a. M.

Gleichmann, Peter/Goudsblom, Johan/Korte, Hermann (Hg.) (1984): Macht und Zivilisation. Materialien zu Norbert Elias' Zivilisationstheorie 2, Frankfurt a. M.

Joas, Hans/Knöbl, Wolfgang (2004): Sozialtheorie. Zwanzig einführende Vorlesungen, Frankfurt a. M., 639–654.

Kohli, Martin (1994): Institutionalisierung und Individualisierung der Erwerbsbiographie, in: Beck, Ulrich/Beck-Gernsheim, Elisabeth (Hg.):

Individualisierung

Differenzierung

Rationalisierung

Domestizierung

Riskante Freiheiten. Individualisierung in modernen Gesellschaften, Frankfurt a. M., 219–244.

Korte, Hermann (1997): Über Norbert Elias. Das Werden eines Menschenwissenschaftlers, Opladen.

Oesterdiekhoff, Georg W. (2000): Zivilisation und Strukturgenese. Norbert Elias und Jean Piaget im Vergleich, Frankfurt a. M.

Rehberg, Karl-Siegbert (Hg.) (1996): Norbert Elias und die Menschenwissenschaften. Studien zur Entstehung und Wirkungsgeschichte seines Werkes, Frankfurt a. M.

Treibel, Annette (Hg.) (2000): Elias Zivilisationstheorie in der Bilanz. Beiträge zum 100. Geburtstag von Norbert Elias (1897–1990), Opladen.

Wilkinson, Ian (2011): Ulrich Beck, in: Ritzer, George/Stepnisky, Jeffrey (Hg.): The Wiley-Blackwell Companion to Major Social Theorists. Volume II. Contemporary Social Theorists, Oxford, 480–499.

Die Spätmoderne | 4

Domestizierung 3: | 4.1
Die Rückkehr der Natur – *Bruno Latour*

Einführung | 4.1.1

Die Vorstellung einer wachsenden Naturbeherrschung stellt einen Grund-
zug soziologischer Deutungen der Moderne dar. Karl Marx z. B. war in
höchstem Maße beeindruckt vom rasanten Anwachsen der Produktivkräfte im Kapitalismus, das es den Menschen erlaubte, die »rohe Natur« in
nahezu allen ihren Erscheinungsformen umzuarbeiten und zu domestizieren. Max Horkheimer und Theodor W. Adorno dagegen betrachteten
den fortschreitenden Domestizierungsprozess mit großer Skepsis. Für
sie liegt just in der Beherrschung und Instrumentalisierung nicht nur
der äußeren, sondern auch noch der inneren Natur des Menschen die
Ursache für den Verlust des Menschlichen, für die Dialektik der Aufklärung begründet, die von einem Prozess der Befreiung in einen Zustand
barbarischer Totalverwaltung umzuschlagen droht. Marx wie Adorno
aber hielten den Prozess der immer vollkommeneren Beherrschung und
Nutzbarmachung der Natur durch den Menschen für unumkehrbar.

In der Spätmoderne dagegen kehrt die Natur auf überraschende
Weise in die Gesellschaft zurück – als die gefährdete und die gefährliche
Natur, aber auch als die letztlich gar nicht domestizierte, sondern uns

Die moderne Vorstellung wachsender Naturbeherrschung

Individualisierung

Differenzierung

Rationalisierung

Domestizierung

weiterhin beherrschende Natur. Zugleich wird die Vorstellung, dass zwischen Gesellschaft und Natur eine strikte Trennlinie besteht, sodass die Letztere durch die Erstere domestiziert werden kann, ebenfalls in Zweifel gezogen. Damit wird die Domestizierungsthese durch vier verschiedene Tendenzen gleichzeitig infrage gestellt:

Vier spätmoderne Tendenzen

1. *Die ökologische Krise*: Durch die Erkenntnisse von BiologInnen, GeologInnen und KlimaforscherInnen erscheint die Natur im 21. Jahrhundert nicht mehr einfach als beherrscht und nutzbar gemacht, sondern als bedroht und gefährdet – und deshalb auch als gefährlich. Aus dieser Perspektive beherrschen wir die Natur weniger, als dass wir sie zerstören, indem wir Meere vergiften, Wälder abholzen oder Tierarten ausrotten. In der Folge schlägt sie zurück: Tornados und Tsunamis, Erdrutsche und Erdbeben, Hitzewellen, Lawinen, Schneestürme und ansteigende Meeresspiegel sind zu Symbolen der »Rache der Natur« geworden. Das Selbstverständnis der modernen Gesellschaft im Hinblick auf ihr Naturverhältnis hat sich dadurch deutlich gewandelt: Die Folge unseres Umgangs mit den natürlichen Rohstoffen scheint die zerstörte und potenziell zerstörende Natur zu sein, nicht die gezähmte und nutzbar gemachte. Unser Versuch, Natur zum »Haustier« zu machen, scheint damit gescheitert.

Gefährdete und gefährliche Natur

2. *Die mächtige Natur*: Überblickt man die Theorieentwicklung im 20. Jahrhundert, so stellt man fest, dass die Annahmen darüber, was die Eigenschaften, Verhaltensweisen und Entscheidungen des Menschen bestimmt, sich immer weiter von der Biologie entfernten, weil z.B. Geschlechterrollen oder moralische Überzeugungen sowie überhaupt das Sozialverhalten aus den gesellschaftlichen Verhältnissen und aus kulturellen Entwicklungen erklärt wurden. In jüngster Zeit erleben wir jedoch eine ebenso überraschende wie mächtige Rückkehr der Soziobiologie, die menschliches Verhalten auf biologische Anlagen zurückführt. Genforscher auf der einen und Hirnforscher auf der anderen Seite verbuchen spektakuläre Erfolge mit der Erklärung menschlicher Verhaltensweisen aus dem Wechselspiel von Genen und Hormonen und aus den Funktionsweisen unseres Gehirns.

Rückkehr der Soziobiologie

Dies beeinflusst auch nachhaltig die öffentliche Meinung, sodass gegenwärtig nicht nur Geschlechterunterschiede und sexuelle Orientierungen, sondern auch die Neigung zu Kriminalität oder Dickleibigkeit, zu Drogensucht oder Depression, zu Hyperaktivität oder Passivität, zu Moralität oder Asozialität aus den biologischen Dispositionen erklärt werden. Auch in dieser Perspektive erscheint die Natur daher nicht länger als domestiziert, sondern scheinen umgekehrt die menschlichen Verhaltensweisen so sehr von biologischen Faktoren bestimmt, dass sogar die menschliche Fähigkeit zur Ausübung eines freien Willens infrage gestellt wird (vgl. z.B. Singer 2006).

3. *Gesellschaft als ein komplexes System*: Im Zeitalter der Globalisierung steht die Soziologie vor dem Problem, dass politische, ökonomische, rechtliche und kulturelle Entwicklungen sich nicht mehr im geregelten und geordneten nationalstaatlichen Rahmen vollziehen, sondern unter dem Einfluss weltweiter, oft unvorhersehbarer und unberechenbarer Wechselwirkungen und Ursache-Wirkungsketten stehen. Dies hat nach Meinung mancher Sozialwissenschaftler die Komplexität sozialer Ereignisse so sehr ansteigen lassen, dass komplexitäts- oder sogar chaostheoretische Deutungen der Globalisierungsprozesse auch in der Soziologie an Attraktivität gewonnen haben. Ihnen zufolge ist Gesellschaft als ein soziales System kein Gebilde, das ganz und gar eigenen Gesetzen und einer eigenen Sinnlogik folgt, sondern es kann so wie jedes andere komplexe System beschrieben und verstanden werden.

Komplexität, Unberechenbarkeit und Nichtlinearität

   Ein Paradebeispiel für ein komplexes System ist etwa das Wetter. Es lässt sich zwar kurzfristig vorhersagen und kennt auch vorübergehend stabile Zustände, doch folgt es keiner »linearen Logik« in dem Sinne, dass die gleichen Ursachen immer dieselben Wirkungen haben müssen. Im Gegenteil: Einmal löst ein Schmetterlingsflügelschlag ein heftiges Gewitter aus, dann wiederum bleibt eine gewaltige Explosion ohne Folgen. Ganz ähnlich wie die Wetterströmungen, so die komplexitätstheoretische Behauptung, verhalten sich auch die Ideen-, Waren- und Finanzströme, die Migrations- und die Protestbewegungen. Einmal entzünden sich Proteste an scheinbaren Nichtigkeiten – man denke an den »Karikaturenstreit« zwischen empörten Moslems und westlichen Zeitungen um Abbildungen des Propheten Mohammed –, dann wieder bleiben gewaltige Anstrengungen (etwa zur Demokratisierung oder wirtschaftlichen Entwicklung mancher Regionen) völlig wirkungslos. Aus dieser Perspektive verhält sich die Gesellschaft so wie jedes andere komplexe System in der Natur und folgt den gleichen Mustern und Gesetzen; ja, sie ist selbst Natur. Die Rede von einer gesellschaftlichen Domestizierung der Natur verliert daher ihre Bedeutung (Urry 2003).

4. *Die Illusion der Unterscheidung von Natur und Gesellschaft*: Die umgekehrte Auffassung vertreten dagegen jene »konstruktivistischen« Ansätze in der Soziologie, welche in der von der Gesellschaft angeblich domestizierten Natur selbst eine soziale Konstruktion sehen. Aus dieser Sicht ist die strikte Unterscheidung zwischen einer objektiv gegebenen und damit instrumentalisierbaren Natur auf der einen Seite und einer subjektiv wahrgenommenen und sozial erzeugten

Soziale Konstruktion von Natur und Gesellschaft

Individualisierung

Differenzierung

Rationalisierung

Domestizierung

Gesellschaft auf der anderen Seite selbst das Produkt einer ganz bestimmten Kultur und Epoche, nämlich der Moderne. Erst sie habe die Gegenüberstellung von »Natur« und »Kultur« und die Vorstellung, dass die Erstere von der Letzteren beherrscht und verdrängt werde, auf den Plan gerufen. Die Idee, dass »die Gesellschaft« eine von ihr unabhängige »Natur« unterwirft, sei zwar konstitutiv für die moderne Gesellschaft, aber nichtsdestotrotz eine Illusion.

Tab. 15

Die vierfache Rückkehr der Natur in der Spätmoderne

	Annahmen der frühen und klassischen Moderne	Soziologische Theorien der Spätmoderne*
Verhältnis Mensch: äußere Natur	beherrschte und nutzbar gemachte Natur	gefährdete und gefährliche Natur
Verhältnis Subjekt: innere Natur	durch Kultur geformte menschliche Natur	von den biologischen Anlagen beherrschte Subjekte
Verhältnis Gesellschaft: unbelebte Natur	Gesellschaft ist ein System eigener Ordnung.	Gesellschaft ist ein komplexes System unter vielen.
Unterscheidung Natur / Kultur bzw. Natur / Gesellschaft	unhinterfragte Voraussetzung	infrage gestellte Differenzierung

* Beachte: Spätmoderne soziologische Theorien vertreten keine einheitliche Position – die Tabelle präsentiert nur einen Überblick über die Art und Weise, wie Annahmen über das gesellschaftliche Naturverhältnis infrage gestellt werden.

Die Auffassung, die Unterscheidung von Natur und Gesellschaft sei Illusion, die letztgenannte Position also, ist die des französischen Soziologen und Wissenschaftsforschers Bruno Latour. Latour war eine der Hauptfiguren in den sogenannten *Science Wars* (Wissenschaftskriegen), in denen es um die Frage ging, inwiefern die Naturwissenschaften an der Konstruktion ihres Gegenstandes beteiligt sind, ob es also eine zu untersuchende (und zu beherrschende) *unabhängige* Natur überhaupt gibt (Latour 1999a, 7–35).

Naturwissenschaft

Leben und Werk

Bruno Latour (geb. 1947)
Bruno Latour studierte Philosophie und Anthropologie, promovierte 1975 an der Universität Tours und habilitierte sich 1987 an der Ecole des Haute Etudes en Sciences Sociales in Paris. Ab 1982 Professor für Sozio-

logie an der Ecole Nationale Supérieure des Mines in Paris, zugleich Gastprofessor an der London School of Economics sowie der Harvard University, arbeitet er heute als Professor und Vizepräsident für Forschung am Sciences Politiques in Paris. Latour machte sich zunächst einen Namen als Wissenschaftssoziologe, indem er aufzuzeigen versuchte, wie sehr in der Arbeit der WissenschaftlerInnen Beobachtungen, Deutungen, Interessen und strategische Überlegungen ineinander übergehen. Sein moderntheoretisches Hauptwerk ist bis dato der Essay »Wir sind nie modern gewesen« (1991a); im »Parlament der Dinge« (1999b) hat er in kritischer Auseinandersetzung mit der Ideengeschichte ein issuezentriertes Demokratiemodell entworfen, das der gesellschaftlichen Bedeutung nichtmenschlicher Wesen Rechnung trägt. 2007 legte er dann mit »Eine neue Soziologie für eine neue Gesellschaft« sein soziologisches Hauptwerk vor. Darin versucht er den Gegenstandsbereich der Soziologie als eine Wissenschaft von menschlichen und nichtmenschlichen Assoziationen erheblich auszuweiten und ihre Methode mittels der von ihm mit begründeten Akteur-Netzwerk-Theorie (ANT) neu zu bestimmen. Nachdem Latour zunächst als Technikforscher und -kritiker in der Ökologiebewegung und durch seine Laborstudien in der Wissenschaftsforschung breit diskutiert wurde, hat er sich mit diesen drei Arbeiten nun auch im Zentrum der aktuellen soziologischen Theorie etabliert. Darüber hinaus engagiert sich Latour als öffentlicher Intellektueller auch in politischen Debatten, in Ausstellungs- und Kunstprojekten und hat dadurch eine hohe, auch außer-wissenschaftliche Bekanntheit erreicht.

Leitfrage

| 4.1.2

In der modernen Gesellschaft hat sich die Vorstellung durchgesetzt, dass es eine vom Menschen unabhängige, objektive Natur gibt, deren Tatsachen und Gesetze von den »harten« Wissenschaften untersucht werden, die dabei zur Formulierung von unbestechlichen Wahrheiten gelangen. Solche Wahrheiten und die ihnen zugrunde liegenden Naturtatsachen gelten als völlig unabhängig von subjektiven Meinungen, Wertvorstellungen und Interessen oder von politischen Auseinandersetzungen. Diese Vorstellung dominiert unser Alltagsverständnis der Welt ebenso wie das moderne Konzept von Wissenschaft und die neuzeitliche Konzeption von Politik. Sie liegt zugleich der Idee der Wertfreiheit der Wissenschaften zugrunde, die ja Max Weber oder Emile Durkheim auch für die Soziologie beanspruchen. Bruno Latours soziologisches Interesse richtet

Die Vorstellung einer objektiven Natur

Individualisierung

Differenzierung

Rationalisierung

Domestizierung

sich von Anfang an darauf, diese Grundüberzeugung der Moderne zu hinterfragen; dieses Ziel ging er zunächst wissenschaftssoziologisch und dann gesellschaftstheoretisch an.

In der von ihm betriebenen und neu etablierten »Wissenschaftsforschung« beobachtet er unter der Devise, einfach »den Praktiken der Akteure zu folgen« und das Geschehen zu registrieren, NaturwissenschaftlerInnen wie ein Ethnologe einen fremden Stamm bei ihrer täglichen Laborarbeit und bei der »Ko-Produktion« wissenschaftlicher Tatsachen. In seiner vor allem im Labor des Neuroendokrinologen und späteren Nobelpreisträgers Roger Guillemin durchgeführten Analyse dessen, was dort geschieht, was WissenschaftlerInnen als Fakten registrieren und was nicht, was einer Behauptung im Wissenschaftlerkreis Plausibilität verschafft, welche Beobachtungen ignoriert werden, welche »eigensinnige« Rolle Geräte, Apparate, Maschinen und Messprotokolle spielen und welche Argumente in wissenschaftlichen Debatten sich durchsetzen, gelangt er zu dem Ergebnis, dass von der »neutralen Beobachtung« einer »unabhängigen Natur« keineswegs die Rede sein kann. Vielmehr spielen gesellschaftspolitische und wirtschaftliche Interessen, Konkurrenzverhalten unter KollegInnen und das Streben nach Reputation und Publikationserfolg eine entscheidende Rolle schon bei der Untersuchung und erst recht bei der Formulierung und Diskussion von Fakten.

Wissenschaftliche Tatsachen sind oft das Ergebnis rhetorischer Strategien, sozialer Interessen, technischer Möglichkeiten und politischer Bündnisse. In »The Pasteurization of France« weist Latour (1988) nach, dass dies sogar für eine epochale »Entdeckung« wie die Mikrobentheorie von Louis Pasteur und das darauf beruhende Verfahren zur Milchbehandlung gilt. Mikroben, so argumentiert er, waren nicht schon immer da und warteten auf ihre Entdeckung; vielmehr war ihre Etablierung als wissenschaftliche Tatsache das Ergebnis rhetorischer, politischer und strategischer Schachzüge und Bündnisse, aber auch der sachlich-materialen Möglichkeiten und Begrenzungen. Damit versucht Latour die Vorstellung, dass Natur und Politik zwei einander entgegengestellte Bereiche sind – der eine bestimmt durch Tatsachen und wissenschaftliche Neutralität, der andere durch subjektive Wertvorstellungen und Interessenstreit –, zum Einsturz zu bringen.

Latour hebt dieses Argument in seinen späteren Arbeiten dann auf eine gesellschaftstheoretische Ebene, indem er die traditionelle soziologische Unterscheidung von Natur und Kultur bzw. von Natur und Gesellschaft insgesamt in Zweifel zieht. Die Vorstellung, dass die Gesellschaft eine von ihr unabhängige Natur beobachte, berechne, schließlich beherrsche und womöglich zerstöre, dass also Natur und Gesellschaft zwei

Die Verflochtenheit von Natur und Gesellschaft

voneinander gänzlich unabhängige Bereiche bezeichnen, sei schon deshalb falsch, weil beide in den zentralen gesellschaftlichen Diskussions- und Konfliktfeldern stets schon miteinander verflochten und verschränkt vorliegen – etwa in der Gentechnik, beim Ozonloch oder auch bei Atomkraftwerken. Immer handelt es sich dabei um »Hybride«, also um Mischwesen aus Natur und Gesellschaft. Das Ozonloch beispielsweise ist ebenso sehr ein wissenschaftliches wie ein politisches, ein wirtschaftliches und ein kulturelles Phänomen; es ist Natur, Wissenschaft und Politik in einem (Latour 1991 a, 7 f.).

»Natur« ist daher für Latour immer schon gesellschaftlich und politisch mit-verfasst, während die »Gesellschaft« immer auch naturdurchwirkt ist. Deshalb lehnt er den modernen Dualismus von Natur und Kultur radikal ab. Als Leitfrage der Latour'schen Soziologie kann mithin die Frage nach dem Verhältnis von Natur und Gesellschaft in der Moderne gelten; zugleich geht es ihm aber auch um die Frage, wie sich die Moderne dieses Verhältnis vorstellt und was für Konsequenzen aus dieser Vorstellung erwachsen.

Methodisches Konzept: Die Akteur-Netzwerk-Theorie

| 4.1.3

Latours Denken entwickelt sich aus der neueren Wissenschaftsforschung. Diese führt »Wissen« nicht auf eine absolute, objektive, kulturunabhängige Wahrheit, sondern auf seine sozialen und physischen Entstehungsbedingungen zurück. Wie bereits deutlich wurde, lehnt Latour als Ergebnis seiner wissenschaftshistorischen Untersuchungen die Vorstellung einer wertfreien Wissenschaft, welche von ihr unabhängige Fakten untersucht, entschieden ab: Wissenschaftliches Forschen ist immer auch strategisches und politisches Handeln. Zugleich vertritt er, ähnlich wie Georg Simmel, einen zwischen Holismus und Individualismus angesiedelten radikalen *methodologischen Relationismus*, der darauf besteht, dass es Akteure, Handlungen und Motive immer nur im Zusammenspiel mit anderen Akteuren und Dingen gibt, die sich zu Netzwerken verknüpfen. Weil er die etablierten Vorstellungen von »Gesellschaft« (als klar umgrenzte, statische und rein menschliche Einheit) und »Natur« (als objektiv gegebene und geschichtslose Umwelt) ablehnt, verwendet Latour besonders in seinen demokratietheoretischen Texten den Begriff des Kollektivs, der Natur und Gesellschaft vereint.

Entscheidend ist dabei die Auffassung, dass die Aufteilung der Welt in einen erkennenden Geist (»innen«) und eine erkannte äußere Wirklichkeit (Natur, »außen«) sowie in eine vergängliche, umstrittene Gesellschaft (»unten«) und eine ewige, unwandelbare Gottheit (»oben«) und

Ablehnung einer
wertfreien Wissenschaft

Individualisierung

Differenzierung

Rationalisierung

Domestizierung

Definition

Kollektiv

Der Begriff »Kollektiv« ersetzt bei Latour die Begriffe »Gesellschaft« und »Natur«, umfasst also nicht nur Menschen, sondern auch Dinge. Das Kollektiv wird als ein andauernder Prozess verstanden, »durch den der Kosmos in einem lebbaren Ganzen versammelt wird« (Latour 1999 a, 376), d. h. in dem alles, was es in einer historischen Epoche gibt, miteinander in Beziehung gesetzt wird.

Übereinkunft

Unter »Übereinkunft« versteht Latour die Grundentscheidung der Moderne, Subjekt und Objekt, erkennenden Geist und erkannte Natur, aber auch politische Gesellschaft und objektive Natur sowie schließlich irdische Gesellschaft und ewigen Gott zu unterscheiden. Dadurch wurden Politik, Wissenschaft und Natur bzw. die erkenntnistheoretische, also »epistemologische Frage, wie wir die Außenwelt erkennen können, die psychologische Frage, wie ein Geist Verbindung mit einer Außenwelt unterhalten kann, die politische Frage, wie wir die Gesellschaft in Ordnung halten können, und die moralische Frage, wie wir leben sollen« (Latour 1999 a, 381), voneinander unterscheidbar. Diese Unterscheidungen sind zwar grundlegend für das Selbstverständnis der modernen Gesellschaft, sie sind in der Praxis jedoch nicht durchgehalten. Mehr noch: Die theoretischen Trennungen würden umgehend kollabieren, sobald man sie im Alltag tatsächlich ernsthaft umsetzen wollte. Latour möchte sie daher rückgängig machen.

damit die Unterscheidung in Wissenschaft, Theologie und Politik selbst das Ergebnis einer quasi-politischen »Übereinkunft« ist; ihr kommt keine unabhängige Realität zu. Die Moderne hat diese Unterscheidung nach Latours Auffassung allerdings zu ihrem unverhandelbaren Fundament gemacht.

Natur, Gott, Gesellschaft und Subjekt lassen sich Latour zufolge nicht unabhängig voneinander begreifen oder untersuchen, sondern nur in wechselseitiger Abhängigkeit voneinander; ja, sie existieren nur in dieser Bezogenheit. »Die Idee der Natur ist ihrerseits abhängig von einer bestimmten Konzeption von Wissenschaft, ebenso wie auf der anderen Seite die Idee der Politik. Die Begriffe *polis, logos* und *physis* sind daher alle drei gleichzeitig zu überarbeiten« (Latour 1999 b, 302).

DAS AUSSAGEN-MODELL

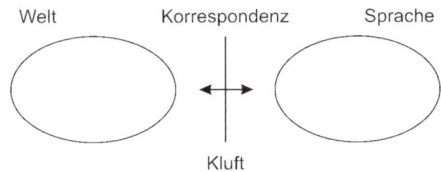

Abb. 18

*Latours erkenntnis-
theoretischer
Paradigmenwechsel*

DAS PROPOSITIONEN-MODELL

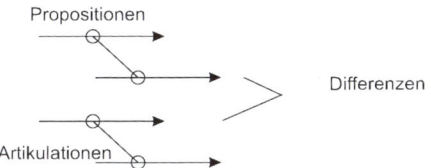

*Quelle:
Latour 2002, 170.*

Latour möchte deshalb das »Aussagenmodell« der Wissenschaft durch ein »Propositionenmodell« ersetzen. Nach dem Aussagenmodell macht die Wissenschaft in sprachlicher Form Aussagen über eine von ihr unabhängige Wirklichkeit. Zwischen den Aussagen und der Wirklichkeit gibt es dabei eine unüberbrückbare Kluft, insofern wir die »Dinge an sich« niemals direkt erfassen können; doch stehen Aussagen und Wirklichkeit in einer eindeutigen Beziehung (Korrespondenz) zueinander. Latour lehnt diese »Korrespondenztheorie« ab; nach seiner Auffassung gibt es keine gigantische Kluft, sondern eine lange Kette von kleinen Übersetzungen, die zwischen dem »Objekt der Erkenntnis« und dem »erkennenden Subjekt« verlaufen. Dabei müssen beide Pole als aktiv und veränderlich gedacht werden. Latour spricht in diesem Zusammenhang von »Propositionen«. Im Gegensatz zum üblichen Verständnis von Propositionen als wahrheitsfähigen Aussagen meint Latour damit Gelegenheiten, Impulse, Effekte bzw. Kraftübertragungen, die von beiden Seiten der Kette ausgehen. Pasteur und seine Mikroben artikulieren sich, sie bringen sich wechselseitig zur Existenz. Zu Beginn seiner berühmten Laborexperimente zur Milchsäuregärung ist Pasteur ein unbekannter Forscher und die Mikrobe lediglich ein konturloser, unscheinbarer, grauer Stoff. Am Ende der Studie gehört Pasteur zu den wichtigsten Personen der Menschheitsgeschichte und die Mikrobe gilt als wichtiger und klar bestimmbarer Akteur bei der Herstellung von Joghurt, Medikamenten oder Reinigungsmitteln. Wissenschaftliche Erkenntnis beruht somit

Propositionen- statt
Aussagenmodell

Individualisierung

Differenzierung

Rationalisierung

Domestizierung

weder auf der Entbergung einer bereits vorhandenen, unveränderlichen Realität noch auf einer beliebigen Konstruktion, sondern sie adressiert einen Ausschnitt der Wirklichkeit und bringt ihn durch sorgfältige Transformationsschritte zur sozialen Existenz.

Hier ist das methodisch-theoretische Konzept Latours allerdings reichlich unklar. Weil er die Unterscheidung zwischen erkennendem Subjekt und erkanntem Objekt, zwischen Mensch/Gesellschaft und unbelebter Natur ablehnt, führt er eine neue Kategorie ein, den »Aktanten«, der weder als Mensch noch als Ding im klassischen Sinne verstanden werden kann, sondern beide ersetzen soll: »Propositionen sind weder Aussagen noch Dinge, noch irgendein Zwischenzustand zwischen beiden. An erster Stelle sind sie Aktanten« (Latour 1999 a, 171).

Aktanten

Die Akteur-Netzwerk-Theorie und die Hybriden

Damit sind wir bei der viel diskutierten »Akteur-Netzwerk-Theorie« (ANT), an deren Formulierung Latour gemeinsam mit seinem Kollegen Michel Callon entscheidend mitwirkte. Wie schon Marx geht dabei auch die ANT davon aus, dass Menschen immer schon Natur bearbeiteten und noch bearbeiten; aber in diesem Prozess vermischen sich Natur, Gesellschaft und Technik unauflösbar. Daher gibt es keine handelnden Subjekte und behandelten Objekte, sondern es entstehen immer komplexere Mischwesen: die »Hybriden«. Aus diesem Grund lässt sich auch nicht einfach von einer Domestizierung der Natur durch den Menschen reden. Latour postuliert dabei die immer weitergehende Ausbreitung der Hybriden: So ist etwa eine Bergbaumine ein Mischgebilde aus Natur, Technik und sozialen Verhaltensweisen; Ähnliches lässt sich auch über eine Straße, über Nanopartikel oder sogar über einen Joghurtbecher sagen.

Das Bild, nach dem soziale Akteure »reine Natur« bearbeiten, ist deshalb nach Latour falsch; wir haben es immer mit komplexen Verflechtungen von Natur und Gesellschaft zu tun, in denen sich beide Seiten durchdringen, beeinflussen, begrenzen und definieren: Was ein menschlicher Akteur will, kann, sieht und versteht, wird auch durch nichtmenschliche Objekte bestimmt. Umgekehrt, so meint Latour, stellen z. B. Atomkraftwerke, Schlüsselanhänger, Sicherheitsgurte oder Weidezäune so etwas wie politische und moralische Ansprüche, insofern sie Handlungsweisen nahelegen oder erschweren, ermöglichen oder verhindern. In der Spätmoderne leisten die Dinge unverzichtbare Beiträge beim Gelingen oder Misslingen von Handlungssequenzen, sie werden daher im Rahmen der Akteur-Netzwerk-Theorie als potenzielle Akteure zum Gegenstand der soziologischen Analyse. Handlungen werden dabei nicht auf etwaige Absichten oder Intentionen zurückgeführt, sondern nur auf ihre Wirkungen befragt, und in diesem Sinne handelt auch ein Weidezaun, wenn er einen Hund zu einem Umweg zwingt.

Aus der Sicht der ANT besteht die Wirklichkeit aus komplexen Netzwerken von menschlichen und nichtmenschlichen Wesen, die in wechselnden Beziehungen zueinander stehen und dabei spezifische Formen des Wissens und des Handelns und somit auch der Wirklichkeit hervorbringen. So sind an der Wirklichkeit des »Ozonlochs« etwa PolitikerInnen, WissenschaftlerInnen, UnternehmerInnen, Fluorchlorkohlenwasserstoffe, Sonnenstrahlen, Mülldeponien und die Medien beteiligt; sie alle haben spezifische Perspektiven, Wirkungen und »Interessen«, sie definieren und beeinflussen sich gegenseitig, sie »verhalten« sich je spezifisch und haben in gewisser Weise sogar ein gemeinsames Schicksal. Und wie mit dem Ozonloch verhält es sich beispielsweise auch mit der Vogelgrippe oder mit dem Aidsvirus.

Definition

Aktant

Als Aktanten (oder auch Akteure) werden alle Elemente (Menschen und nichtmenschliche Wesen) verstanden, die andere Netzwerkelemente durch ihr »Handeln« beeinflussen bzw. sogar mitdefinieren oder hervorbringen. Aktanten sind »Entitäten, die Dinge machen« und »Interessen« haben. Dass auch Dinge handeln können, gehört dabei zu den umstrittensten Annahmen der Akteur-Netzwerk-Theorie. Ihr Handlungsbegriff ist insofern ein reduzierter, als er keine Absichten, sondern nur Wirkungen einbezieht. Die Unterscheidung zwischen handelnden Subjekten und behandelten Objekten soll dabei in einer neuen »symmetrischen Anthropologie« aufgehoben werden, in der Menschen und nichtmenschliche Wesen als gleichrangig und wechselseitig konstitutiv betrachtet werden.

»Wissen« ist also immer als eine Ko-Produktion von Menschen und Nichtmenschen zu verstehen, und erst in den Netzwerkstrukturen bilden sich beobachtbare und manipulierbare »Objekte« heraus. So ist auch »Wahrheit« letztlich eine Netzwerkfunktion: Es gibt das Aidsvirus (oder das Ozonloch oder die Erderwärmung), weil es Netzwerke aus Laboren, Medien, PolitikerInnen, WissenschaftlerInnen, Firmen, ÄrztInnen, Körpern, Antikörpern etc. gibt. Solche Netzwerke sind nicht einfach da, sondern sie etablieren sich in einem komplexen Prozess, der Wissenschaften und Politik, Natur und Technik einbezieht und in dem wechselseitig Interessen formuliert und durchgesetzt werden. Latour unterscheidet dabei zwischen »Mittlern«, welche eine unkontrollierbare, eigensinnige, eingreifende Rolle im Netzwerkgeschehen spielen, und einfachen »Zwi-

Individualisierung   Differenzierung   Rationalisierung   Domestizierung

schengliedern«, die dem Handlungsprogramm nichts Überraschendes hinzufügen, weil sie die ihnen zugewiesene Rolle spielen und erwartungsgemäß funktionieren. Ein »störrischer« Computer oder eine überraschende Grippewelle erscheinen aus dieser Perspektive plötzlich sehr viel bedeutsamer und aktiver als der vor sich hin stempelnde Beamte oder die Kassiererin im Supermarkt.

Mit dem Schlüsselkonzept der Akteur-Netzwerke soll auch der herkömmliche Struktur-/Handlungsdualismus überwunden werden; die ANT will weder Struktur- noch Handlungstheorie sein, sondern beide Seiten in sich vereinen. Indem sie sich auf den Prozess der Vernetzung konzentriert, will sie nämlich zeigen, wie Strukturen und Akteure hergestellt und fixiert werden. Latour spricht hier auch von »Blackboxing«. Sein besonderes Interesse gilt dabei der Frage, wie sich Netzwerkbeziehungen so festigen und stabilisieren, dass (soziale) Institutionen und Ordnungen als unhinterfragbare Gegebenheiten (»blackboxes«) entstehen. In diesem Zusammenhang macht er die Entdeckung, dass technische Artefakte eine entscheidende Rolle spielen: Ein Staat beispielsweise gewinnt erst dann Stabilität, wenn er sich durch Fahnen, eine Währung, Schlagbäume an den Grenzen, Regierungsgebäude und Personalausweise »materialisiert« hat.

Weder Struktur- noch Handlungstheorie

Zusammenfassung

Die Etablierung von Netzwerken

Ein Netzwerk besteht aus menschlichen und nichtmenschlichen Aktanten, die sich durch gegenseitige Interessen definieren und miteinander so in Beziehung stehen, dass sie einen bestimmten Wirklichkeitsausschnitt hervorbringen, z. B. den »Treibhauseffekt«.

Netzwerke etablieren sich nach der Akteur-Netzwerk-Theorie in vier Entwicklungsstufen (»Stadien der Übersetzung«):

1. Phase der Problematisierung (*Problematization*): z. B. Ozonloch, Erderwärmung, Immunkrankheit (bei AIDS).
2. Phase der Interessenformulierung (*Interessement*): Sie führt zur dauerhaften Einbeziehung von Aktanten bzw. Interessen (z. B. WissenschaftlerInnen, ÄrztInnen, PolitikerInnen, Medien, »Betroffene«).
3. Phase der Einbindung (*Enrollment*): Hier bilden sich stabile Rollenmuster heraus, nach welchen die Aktanten zueinander in Beziehung stehen und in Austausch treten.
4. Phase der Ausbreitung (*Mobilization*): In ihr nimmt das Netzwerk zunehmenden Einfluss auf seine Umwelt, es vergrößert sich bzw. schafft weitere Netze (z. B. Prävention, neue Wissenschaftszweige etc.).

Analyse: Domestizierung als produktive Selbsttäuschung der Moderne

| 4.1.4

Menschliche und nichtmenschliche Wesen, also z.B. Werkzeuge, Tiere oder unbelebte Dinge, sind in der Geschichte immer schon eng miteinander verwoben. Stets kommt es dabei zur Hervorbringung von Hybriden, also von Mischwesen zwischen Menschen und Dingen. Mit dem Begriff der Hybridität (Mischung, Kreuzung) will Latour auch darauf aufmerksam machen, dass der Charakter und das Handeln der Menschen durch Dinge ebenso verändert werden wie der Charakter und die Eigenschaften der Dinge durch die Menschen. So wird etwa ein Mensch durch den bestimmten Einsatz einer Axt zum Mörder, die Axt eben dadurch zu einer Waffe.

In nahezu allen vormodernen Gesellschaften ist diese Vermischung von Menschlichem und Nichtmenschlichem ein anerkanntes Faktum der Sozialordnung. Ihnen erscheint die Natur (etwa Pflanzen, Tiere oder Berge) als belebt und sozial relevant. So können etwa Bäume oder Tiere »heilig sein« und ihr Verhalten wird mit sozialen Bedeutungen aufgeladen. Im europäischen Mittelalter konnten sie sogar als Übeltäter angeklagt und verurteilt werden. Zugleich unterliegt die Bearbeitung und Behandlung der natürlichen Gegenstände ebenso wie der Umgang mit Menschen moralischen Geboten und Verboten. Dadurch wird die Erzeugung von Hybriden gesteuert und begrenzt: »Die Hypothese [...] lautet, dass die Prämodernen, weil sie sich bemüht haben, die Hybriden zu denken, ihre Vermehrung verboten haben« (Latour 1998, 21). Umgekehrt wird die gesellschaftliche Ordnung in solchen Gesellschaften als Teil der Naturordnung verstanden. Naturereignisse sind daher Sozialereignisse (ein Erdbeben etwa die Strafe für ein bestimmtes Fehlverhalten), umgekehrt sind soziale Ereignisse auch Naturereignisse. Natur und Gesellschaft stehen sich also nicht gegenüber, sondern bilden ein »Kollektiv«, das gleichsam als die *Synthesis* (→ Kapitel 1.1) der Gesellschaft begriffen werden kann.

Vormoderne Synthese von Natur und Gesellschaft

Kennzeichen der Moderne ist es demgegenüber, dass sie diese beiden Bereiche – die Natur und die Gesellschaft – »wissenspolitisch«, d.h. in ihrem Weltverständnis ebenso wie in ihrer Politik, strikt trennt. Die Natur bzw. die unbelebten Dinge werden von den Naturwissenschaften als die Außenwelt »objektiv« untersucht und technisch verändert und benutzt, sie haben keinerlei politische Rechte. Die Gesellschaft dagegen ist politisch verfasst, nicht einfach objektiv gegeben; hier haben wir es weniger mit Tatsachen als vielmehr mit Interessen und Werten zu tun. Gesellschaft ist daher der Bereich des Strittigen, Natur das Gebiet der unstrittigen Fakten. Diese Zweiteilung der Welt begegnet uns etwa in

Moderne Zweiteilung der Welt

Individualisierung

Differenzierung

Rationalisierung

Domestizierung

der von Jürgen Habermas betonten Differenzierung zwischen der »objektiven Welt«, der der Geltungsanspruch auf (faktische) Wahrheit korrespondiert, und der sozialen Welt, auf die sich der Geltungsanspruch der (intersubjektiven, moralischen) Richtigkeit bezieht. Die Gegenstände der Natur sind in der Verfassung der Moderne daher *wissenschaftlich*, die gesellschaftlichen Gruppen dagegen *politisch* repräsentiert.

Diese strikte analytische und politische Trennung von Natur und Gesellschaft hat nun aber, so Latour, den paradoxen Effekt, dass alle moralischen und politischen Grenzen der Naturbearbeitung und Umwandlung und der Vermischung beider Bereiche aufgehoben wurden, sodass die Hybridenbildung in Zahl und Qualität ungeahnte Ausmaße erreichen konnte. Ähnlich wie das Wachstum der Produktivkräfte für Marx das eigentliche dynamische Prinzip der Gesellschaft darstellt, ihre *Dynamis* (→ Kapitel 1.1), bildet die »stillschweigende« Hybridenproduktion nach Latour das wesentliche Antriebsmoment zumindest der modernen Gesellschaft.

Die Hybridenproduktion als Motor des sozialen Wandels

Die Verfassung der Moderne beruht damit auf der stillschweigenden Gleichzeitigkeit zweier höchst widersprüchlicher Tendenzen, die Latour als »Reinigung« und »Übersetzung« bezeichnet:

»Reinigung« und »Übersetzung«

- Die *Arbeit der Reinigung* wird von Wissenschaft und Politik vollzogen; in ihr werden Natur und Gesellschaft gedanklich, d.h. wissenschaftlich und politisch, immer wieder strikt voneinander getrennt.
- Die *Arbeit der Übersetzung* dagegen wird in der technischen und industriellen Produktion geleistet; hier werden Natur und Gesellschaft im Zuge des technischen Fortschritts immer stärker und unauflösbarer miteinander verwoben und vermischt.

Die Arbeit der Reinigung als ein ganzes Ensemble von Praktiken und Diskursen macht also unsichtbar und unkontrollierbar, was in der praktischen Arbeit der Übersetzung vollzogen wird: nämlich die ungehemmte Vermehrung von Hybriden.

Die Trennung dieser Praktiken als die eigentliche »Arbeitsteilung der Moderne« hat nach Latour durchaus politische Gründe: Die vorgeblich »objektive« Erkenntnis der auf die Naturwelt bezogenen Wahrheit und die durch sie legitimierte wissenschaftlich-technische Produktion von Hybriden soll nicht »demokratisiert« und damit dem politischen Einfluss der BürgerInnen unterworfen werden. Naturtatsachen werden nach Latours Meinung strategisch ent-politisiert; sie sind nicht diskutierbar und verhandelbar, sondern zementieren die Herrschaft der ExpertInnen, die einen privilegierten Zugang zur objektiven Erkenntnis beanspruchen, der sich die »Laien« zu unterwerfen haben. Die Trennung von Wissenschaft und Politik und von (subjektivem) Geist und (objektiver) Wirklichkeit ist damit selbst politisch, sie stellt eine rücknehmbare »Überein-

kunft« dar. Deshalb fordert er in seinem Entwurf einer politischen Ökologie die Einsetzung eines »Parlaments der Dinge«, in dem auch Hybriden und schlichte Naturdinge zu Wort kommen und ihre Interessen vertreten sollen (Latour 1999 b).

Plädoyer für ein
»Parlament der Dinge«

	Praktiken	Ergebnis
Arbeit der Reinigung	Wissenschaft und Politik	Natur und Gesellschaft werden *gedanklich* strikt und kategorisch getrennt.
Arbeit der Übersetzung	Technik und Industrie	Natur und Gesellschaft werden *praktisch* systematisch vermischt; Hybridenproduktion

Tab. 16

Die Verfassung der Moderne nach Latour

Die Moderne beruht damit nach Latour auf einer großen und fundamentalen Selbsttäuschung, die in der vermeintlichen Trennung von Natur
und Gesellschaft, von »innen« und »außen« besteht. Diese Trennung
haben wir in unseren Praktiken nie vollzogen, ganz im Gegenteil: In
unserem technischen und wirtschaftlichen Handeln haben wir in historisch beispiellosem Maße Natur und Gesellschaft miteinander vermischt.
Wenn »modern sein« also (nach dem Selbstverständnis der modernen
Gesellschaft) heißt, Natur und Gesellschaft zu trennen, dann »sind wir
nie modern gewesen«, so der Titel der einflussreichsten und moderne-
kritischen Schrift Latours (1999 b).

Aber jene Selbsttäuschung war höchst wirkmächtig: Die spektakulä-
ren wissenschaftlichen, wirtschaftlichen und technischen Erfolge der
Moderne beruhen darauf, dass die Reinigungsarbeit so effizient war,
dass sich die Hybriden unbemerkt vermehren konnten. »Solange wir die
beiden Praktiken der Übersetzung und der Reinigung getrennt betrachten, sind wir wirklich modern [...]. Grob umrissen lautet die Hypothese,
dass die zweite die erste ermöglicht hat. Je mehr man sich verbietet, die
Hybriden zu denken, desto mehr wird ihre Kreuzung möglich – darin
besteht das große Paradox der Moderne, mit dem sich die besondere
Situation, in der wir uns heute befinden, endlich erfassen lässt« (Latour
1991 a, 20). Die Vorstellung einer fortschreitenden Domestizierung der
Natur ist also ein, wenn nicht das, Grundelement der Moderne sowie
eine Illusion, eine Selbsttäuschung.

Domestizierung
der Natur als Illusion
der Moderne

Individualisierung

Differenzierung

Rationalisierung

Domestizierung

4.1.5 | Diagnose: Die unkontrollierte Vermehrung und Verselbständigung der Hybriden

Die konstitutive Selbsttäuschung der Moderne ermöglicht nach Latour nicht nur ihre technischen und wirtschaftlichen Erfolge, sondern sie hat auch gravierende Nebenfolgen, die mit ihrem Fortschreiten immer stärker zutage treten. Diese Nebenfolgen ergeben sich insbesondere aus der Verselbständigung der Hybriden (man denke an Dinge wie Atomkraftwerke, an das Ozonloch oder die Gentechnik), welche inzwischen die »Herrschaft« insofern zu übernehmen drohen, als politisches Handeln gegenüber den Sachzwängen der technisierten und globalisierten Welt

Umkehrung der Verhältnisse machtlos zu werden scheint. Tatsächlich lässt sich mit Latour eine sehr bemerkenswerte Umkehrung im Verhältnis des modernen Menschen zur Natur einerseits und zur Gesellschaft andererseits beobachten.

Die moderne Vorstellung Nach der Leitvorstellung der Moderne ist die *Natur* etwas schlechthin Gegebenes, Faktisches, das vom gesellschaftlichen und politischen Meinungsstreit nicht berührt wird: Die Natur ist gegenüber der Gesellschaft »transzendent«, sie ist in ihren Gesetzen vom menschlichen Wollen unabhängig. Gegen die »unbestechlichen Gesetze« und »objektiven Wahrheiten« der Natur vermögen wir Menschen nichts, wenngleich wir lernen können, diese Wahrheiten und Gesetze für unsere Zwecke zu nutzen. Anders verhält es sich im modernen Selbstverständnis mit der *Gesellschaft*: Sie ist etwas Menschengemachtes, sie ist veränderbar und in ihren Strukturen unserem politischen Willen unterworfen. Der menschliche Wille ist der Gesellschaft gegenüber also frei.

Die spätmoderne Vorstellung In der »Spätmoderne« kehrt sich dieses Verhältnis jedoch zunehmend um. Die *Natur* wird plötzlich (z. B. in der Gentechnik) als potentiell unserem Willen unterworfen, als veränderbar und herstellbar begriffen. Am Horizont gentechnischer Möglichkeiten zeichnet sich bereits eine Situation ab, in der wir die äußere wie die innere Natur nach eigenen Vorstellungen gestalten können – so wie wir bisher glaubten, Gesellschaft gestalten zu können. Damit wird Natur zu etwas »Immanentem«, unserem Zugriff nicht mehr Entzogenen. Die *Gesellschaft* aber erscheint in der Spätmoderne immer mehr als etwas Unverfügbares, Transzendentes, d. h. von unserem Willen völlig Unabhängiges.

Die Sachzwänge der globalisierten Welt erscheinen heute als schlechthin gegeben, als nicht verhandelbar und alternativlos – gerade so, wie früher die Naturgesetze. Das zeigt sich insbesondere an den Wachstums- und Beschleunigungszwängen, mit denen wir nun konfrontiert sind, und der unerbittlichen Wettbewerbslogik, die uns etwa zwingt, Unternehmen zu schließen, obwohl wir dort arbeiten wollen und zudem ein Interesse an den produzierten Gütern haben. Tatsächlich rechtfertigen

Politiker ihre Programme heute in aller Regel nicht mehr damit, dass wir sie um einer Verbesserung willen wollen, sondern als »notwendige Strukturanpassungen«. Daher hat es den Anschein, als müssten sich die Menschen in der Spätmoderne der Gesellschaft so anpassen, wie sie sich in früheren Epochen der Natur anpassen mussten, während sie die Natur nun so gestalten können, wie sie früher die Gesellschaft gestalten zu können glaubten (vgl. Latour 1991 a, 47, 53).

Tatsächlich aber wohnt dieser doppelte Widerspruch zwischen Immanenz und Transzendenz bzw. zwischen Verfügbarkeit und Unverfügbarkeit der Moderne von Anfang an inne und ist kennzeichnend für alle ihre Phasen: Natur wird de facto manipuliert und verändert, aber als transzendent betrachtet, während die Gesellschaft sich gegenüber unseren Absichten verselbständigt, aber als politisch verfügbar betrachtet wird. Die damit verbundenen Widersprüche treten heute freilich deutlicher zutage als in der Vergangenheit.

Der Widerspruch kennzeichnet die Moderne von Anfang an

Latours Diagnose der Fehlentwicklungen der Moderne lautet also, dass sie sich selbst falsch wahrnimmt und ihr eigenes Tun missversteht. In der Folge kontrollieren wir weder die Gesellschaft noch die stetig wachsende Menge immer komplexer werdender Hybriden. In Bio- und Computertechnologien, in Ozonlöchern und Treibhauseffekten, in Atomkraftwerken und neuartigen Viren wachsen sie uns über den Kopf. Vor allem aber sehen und begreifen wir ihre Vermehrung so lange nicht richtig, wie wir an der strikten wissenschaftlichen und politischen Trennung von Natur und Gesellschaft, von Menschen und nichtmenschlichen Dingen festhalten. Diese Trennung führt auch zu einer Fehleinschätzung der Rolle der Technik. Diese ist nicht einfach ein Instrument oder Werkzeug der Gesellschaft, sondern zugleich ihr fester Bestandteil und materialisierter Ausdruck. Sie formt und stabilisiert die soziale Ordnung (Latour 1991 b). Denn Technologien und Hybriden haben eine

	Konzeption	Handlungsmöglichkeit
Dominante Vorstellung der frühen und klassischen Moderne	transzendente (unverfügbare) Natur	Wir vermögen nichts gegen die Naturgesetze.
	immanente (gestaltbare) Gesellschaft	Gesellschaft ist politisch gestaltbar.
Dominante Vorstellung der Spätmoderne	immanente (gestaltbare) Natur	Natur ist (politisch) gestaltbar.
	transzendente (unverfügbare) Gesellschaft	Wir vermögen nichts gegen die sozialen Sachzwänge.

Tab. 17

Die doppelte Paradoxie der Moderne

Individualisierung

Differenzierung

Rationalisierung

Domestizierung

nicht zu leugnende eigene soziale Existenz. »Die moderne Verfassung ist unter ihrem eigenen Gewicht zusammengebrochen. Sie wurde überschwemmt von den Mischwesen, deren experimentelle Erprobung sie ermöglichte, weil sie ihre Auswirkungen auf das Gefüge der Gesellschaft verheimlichte« (Latour 1991 a, 68).

Über diese Diagnose hinaus macht Latour dann auch gleich einen »Therapievorschlag«, indem er fordert, wir sollten aufhören, modern sein zu wollen; stattdessen sollten wir wahrhaft »nicht-modern« in dem Sinne werden, dass wir die unbelebten Dinge und Hybriden (bzw. Monstren) in ihrem Eigenrecht wahrnehmen und ihnen eine eigene »Stimme« zubilligen. Damit strebt Latour eine soziologische Aufklärung des falsch verstandenen Wesens der Moderne an. Darin besteht die nicht ausformulierte Praxis-Dimension dieses Ansatzes.

»Die letzte Hypothese [...] lautet, dass die Vermehrung der Monstren verlangsamt, umgelenkt und reguliert werden muss, indem ihre Existenz offiziell anerkannt wird« (Latour 1991 a, 21). Diese Hegung und Kontrolle der Hybridwesen soll in einer politischen Revolution erreicht werden, die in der politischen Repräsentation der nichtmenschlichen Entitäten in einem »Parlament der Dinge« (Latour 1999 b) gipfelt. Dort soll eine neue Gewaltenteilung über die Einbeziehung und gleichmäßige Berücksichtigung von menschlichen und nichtmenschlichen Wesen in den politischen Verhandlungen eines »Kollektivs« sorgen, das den Gegensatz von Natur und Gesellschaft überwindet.

Das »Parlament der Dinge«

Unklar bleibt dabei allerdings, wie Weidezäune und Atomkraftwerke, Aidsviren und Kühe in diesem Parlament in gleichberechtigter Weise repräsentiert werden könnten; diese Vorstellung Latours ist gleichermaßen umstritten wie utopisch. Ebenso wie die natürlichen und technischen Dinge in der zukünftigen Gesellschaft *politisch repräsentiert* sein sollen, sollen umgekehrt die sozialen, politischen und rhetorischen Elemente der »Wissensproduktion« *wissenschaftlich* anerkannt bzw. *repräsentiert* werden. Wir sollen uns nach Latours Auffassung von einem Wissenschaftsverständnis verabschieden, das den falschen Anschein erweckt, die wissenschaftlichen Wahrheiten seien unpolitisch, moralisch neutral und beschrieben eine von uns unabhängige, objektive Natur. Latours Therapievorschlag läuft also auf die Aufhebung der Trennung von Natur und Gesellschaft einerseits und von Wissenschaft und Politik andererseits hinaus.

Latours »Therapievorschlag«

Zusammenfassung

| 4.1.6

Bruno Latour ist ein provokanter Querdenker in der zeitgenössischen Soziologie. Er fordert die etablierte Wissenschaft sowohl inhaltlich als auch methodisch heraus. In *methodischer* Hinsicht verblüfft er durch die in der von ihm mitentwickelten Akteur-Netzwerk-Theorie vertretene Behauptung, auch Dinge könnten handeln. Weil sich dieses »Handeln« aber nur aus der Logik von Netzwerken oder »Kollektiven« heraus verstehen

	Stichworte	Erläuterungen
Soziologie	Soziologie als wissenssoziologische Aufklärung	Ziel ist die Aufklärung der Moderne über ihre Selbsttäuschungen.
Leitfrage	Wie verhalten sich Natur und Gesellschaft zueinander und wie stellt sich die Moderne dieses Verhältnis vor?	Hier liegt für Latour der Kern der modernen Selbsttäuschung.
Erklärungsmodell	Akteur-Netzwerk-Theorie, Tendenz zum methodologischen Holismus	soll den Dualismus von Struktur und Handlung überwinden
Basiseinheit des Erklärens	Kollektive und Hybriden	Das Kollektiv ersetzt die Gesellschaft, es umfasst wie die Hybriden Natur und Kultur.
Verhältnis Individuum / Gesellschaft	Individuen (Aktanten) sind auch nichtmenschliche Wesen, die sich zu Netzwerken zusammenschließen	Aktanten und Netzwerke formen und bestimmen sich gegenseitig
Moderne und traditionale Gesellschaft (Analyse)	Differenz im Denken und Reden: strikte theoretische Trennung von Natur und Gesellschaft	Trennung ermöglicht überlegene praktische Hybridenproduktion.
Modernisierung als	eingebildete Domestizierung	Selbsttäuschung über die reale Vermischung von Natur und Gesellschaft
Treibendes Veränderungsprinzip	Hybridenproduktion, die Natur und Kultur unaufhörlich verändert	Selbsttäuschung der Moderne führt zu einem gewaltigen Entwicklungsschub.
Moderne Pathologien (Diagnose)	Fehlwahrnehmung und Verselbständigung der Hybriden, die die Herrschaft übernehmen	Therapie durch das »Parlament der Dinge« und die Überwindung der modernen Selbsttäuschung

| Tab. 18

Bruno Latours soziologische Theorie auf einen Blick

lässt, ist sein Ansatz weder als individualistisch noch einfach als holistisch, sondern vielmehr als »relationistisch« oder als »netzwerkholistisch« zu verstehen (→ Kapitel 1.2). Die Akteur-Netzwerk-Beziehung soll dabei den Dualismus von Handlung und Struktur überwinden. Indem Latour darauf besteht, dass die Grenze zwischen Natur und Gesellschaft und deshalb auch zwischen Wissenschaft und Politik eine Illusion ist, zielt er nicht nur auf ein politisches Verständnis von Wissenschaft, sondern auch auf die politische Einbeziehung bzw. Repräsentation von Tieren, Pflanzen und Dingen.

Damit verknüpft ist die *inhaltliche* Provokation Latours für die moderne Soziologie. Denn er behauptet, die Moderne sitze im Grunde einer gewaltigen Selbsttäuschung auf: Sie habe Natur und Gesellschaft gedanklich und wissenschaftlich streng getrennt, was erst die Vorstellung von einer Domestizierung der Natur ermöglicht habe, dabei aber beide technisch-praktisch umso hemmungsloser und wirkmächtiger vermischt. Daraus seien »Hybriden«, d.h. Mischwesen aus Mensch und Nichtmenschlichem, aus Natur und Kultur, in großer Zahl und von immer größerer Komplexität hervorgegangen, die inzwischen dabei seien, sich der Gesellschaft – oder des Kollektivs aus Gesellschaft und Natur – zu bemächtigen. Sofern modern sein heißt, Natur und Gesellschaft zu trennen und damit Natur zu domestizieren, sind wir also »nie modern gewesen«. Als »Therapie« schlägt Latour ein »Parlament der Dinge« vor, in dem auch nichtmenschliche Aktanten aller Art ein Stimm- und Rederecht erhalten. An die Stelle der menschlichen Gesellschaft soll damit ein gleichberechtigtes Kollektiv aus Mensch, Technik und nichtmenschlicher Natur treten.

Lernkontrollfragen

1 Was ist der empirische Ausgangspunkt der Soziologie Latours?
2 Welches sind die Grundideen der Akteur-Netzwerk-Theorie?
3 Was sind Hybride und Kollektive?
4 Welches sind die Merkmale der Moderne nach Latour? Worin besteht ihr Erfolgsgeheimnis? Wie versteht er das Verhältnis von Mensch, Gesellschaft und Natur?
5 Warum erweist sich die Moderne heute als paradox und als gefährdet?
6 Welchen »Therapievorschlag« unterbreitet Latour zur Korrektur der modernen Selbsttäuschung?

Literaturhinweise

Primärliteratur

Latour, Bruno (1988): The Pasteurization of France, Cambridge.

Latour, Bruno (1991 a): Wir sind nie modern gewesen. Versuch einer symmetrischen Anthropologie, Frankfurt a. M. 1998.

Latour, Bruno (1991 b): Technology is Society Made Durable, in: Law, John (Hg.): A Sociology of Monsters, London u. a., 103–131.

Latour, Bruno (1996): On Actor-Network Theory: A few Clarifications, in: Soziale Welt 47, 369–381.

Latour, Bruno (1999 a): Die Hoffnung der Pandora. Untersuchungen zur Wirklichkeit der Wissenschaft, Frankfurt a. M. 2002.

Latour, Bruno (1999 b): Das Parlament der Dinge. Für eine politische Ökologie, Frankfurt a. M. 2001.

Latour, Bruno (2007): Eine neue Soziologie für eine neue Gesellschaft. Einführung in die Akteur-Netzwerk-Theorie, Frankfurt a. M.

Latour, Bruno/Woolgar, Steve (1979): Laboratory Life. The Social Construction of Scientific Facts, London u. a.

Sekundärliteratur

Belliger, Andrea/Krieger, David J. (Hg.) (2006): ANThology. Ein einführendes Handbuch zur Akteur-Netzwerk-Theorie, Bielefeld.

Brand, Karl-Werner/Kropp, Cordula (2004): Naturverständnisse in der Soziologie, in: Rink, Dieter/Wächter, Monika (Hg.): Naturverständnisse in der Nachhaltigkeitsforschung, Frankfurt a. M. u. a., 103–140.

Rammert, Werner/Schulz-Schaeffer, Ingo (Hg.) (2002): Können Maschinen handeln? Soziologische Beiträge zum Verhältnis von Mensch und Technik, Frankfurt a. M. u. a.

Schimank, Uwe (2000): Die unmögliche Trennung

von Natur und Gesellschaft – Bruno Latours Diagnose der Selbsttäuschung der Moderne, in: ders./Volkmann, Ute (Hg.): Soziologische Gegenwartsdiagnosen I. Eine Bestandsaufnahme, Opladen, 157–169.

Singer, Wolf (2006): Ein neues Menschenbild? Gespräche über Hirnforschung, Frankfurt a. M.

Sokal, Alan (1997): Les mystifications philosophiques du professeur Latour, in: Le Monde vom 31. Januar 1997, 15.

Urry, John (2003): Global Complexity, London.

Weingart, Peter (2003): Wissenschaftssoziologie, Bielefeld, 67–81.

Rationalisierung 3: Von der Rationalisierung zur *Rational-Choice-Theorie*

| 4.2

Einführung

| 4.2.1

Seit Max Weber beschreiben SoziologInnen die Modernisierung als einen Prozess fortschreitender gesellschaftlicher Rationalisierung. In ihm wird die Welt berechenbar und beherrschbar gemacht, und die Begründungsmuster in Wirtschaft, Wissenschaft und Politik werden von Tradition und Metaphysik auf Vernunft, Effizienz und Kontrolle umgestellt (→ Kapitel 2.2.4). Jürgen Habermas (1981) hat diese Deutung aufgegrif-

Individualisierung

Differenzierung

Rationalisierung

Domestizierung

fen, aber um die Einsicht erweitert, dass die instrumentelle, also auf Mitteleffizienz zielende, berechnende und erfolgsorientierte Rationalisierung nur ein Aspekt einer umfassenderen Rationalisierungstendenz ist, die in der Entfaltung der kommunikativen Vernunft besteht. Rationalisierung bedeutet hier, dass die Glaubens-, Wissens- und Sollensvorstellungen der Gesellschaft zunehmend infrage gestellt und über den Austausch von Argumenten geprüft und verworfen oder bestätigt werden können. Die kommunikative Vernunft beschränkt sich also nicht auf unser Wissen um effizienten *Mittel*einsatz, sondern erstreckt sich auch auf die Begründung fairer, von den Gesellschaftsmitgliedern geteilter Handlungs*ziele*. Modernisierung erscheint aus dieser Perspektive als ein mehrgleisiger Rationalisierungsprozess, der neben der fortschreitenden gesellschaftlichen Entfaltung instrumenteller Vernunft auch ein zunehmendes Potenzial für einen Fortschritt moralisch-praktischer Vernünftigkeit beinhaltet (→ Kapitel 3.2.3).

Im Gegensatz zu diesen gesellschaftstheoretischen Entwürfen, die Rationalisierung als einen gesamtgesellschaftlichen Vorgang begreifen, basieren die in der Soziologie heute verbreiteten Rational-Choice-Theorien auf einem Rationalitätskonzept, das sich nur auf das Handeln von Einzelnen bezieht. Ihr Anliegen ist, die Motive und Logiken individuellen Handelns zu entschlüsseln; auf geschichts- oder modernetheoretische Annahmen wird dabei in aller Regel verzichtet. Dennoch lässt sich auch das Entstehen und die Popularität dieser Theorien als eine *Reaktion* auf Modernisierungserfahrungen deuten, weil das rationale Abwägen zwischen Handlungsalternativen, um das es im Rational-Choice-Ansatz geht, erst in einer Gesellschaft relevant wird, die durch Ent-Traditionalisierung, Individualisierung und Ökonomisierung des Lebens gekennzeichnet ist.

Autoren und Werke

Wichtige Vertreter des RC-Ansatzes

- **Thomas Hobbes** (»Leviathan«, 1651) gilt als der erste Gesellschaftstheoretiker, der das Entstehen und die Erhaltung der sozialen Ordnung konsequent aus dem nutzenmaximierenden Verhalten der Individuen erklärte (vgl. Buchanan/Tullock 1962).
- **Joseph Schumpeter** (»Kapitalismus, Sozialismus und Demokratie«, 1942) und **Anthony Downs** (»Ökonomische Theorie der Demokratie«, 1957) argumentierten, dass Demokratie so funktioniert, dass sich Wähler und Parteien als Nutzenmaximierer verhalten.
- **Mancur Olson** (»Die Logik des kollektiven Handelns«, 1965) analysierte das »Trittbrettfahrerproblem«: Gruppen bzw. Organisationen, deren

Mitglieder individuell nutzenmaximierend handeln, verfehlen ihre gemeinsamen Ziele oft, weil individuelle und kollektive Rationalität auseinanderfallen.

- **Gary S. Becker** (»Der ökonomische Ansatz zur Erklärung menschlichen Verhaltens«, 1976) übertrug die ökonomische Theorie des nutzenmaximierenden Verhaltens konsequent auf alle möglichen Phänomene des menschlichen Handelns und erhielt dafür den Nobelpreis.
- **Jon Elster** (»Subversion der Rationalität«, 1987) arbeitete die irrationalen, selbstschädigenden Seiten nutzenmaximierenden Verhaltens heraus und suchte nach rationalen »Selbstbindungsstrategien« zu ihrer Überwindung. Im Gegensatz zu den meisten Vertretern des RC-Ansatzes vertritt er eine politisch linke Position.
- **James Coleman** (»Grundlagen der Sozialtheorie«, 1990) und **Hartmut Esser** (»Soziologie«, 1996, 1999–2002) machten sich verdient um die Übertragung der RC-Theorie auf die soziologische Gesellschaftstheorie. Sie entwickelten das »Wannenmodell« soziologischen Erklärens, das beschreibt, wie man mit der mikrosoziologischen Handlungsanalyse zu makrotheoretischen Aussagen über die Gesellschaft gelangen kann.

Leitfrage

| 4.2.2

Der Rational-Choice-Ansatz stammt aus der Ökonomie und wurde ursprünglich entwickelt, um das Verhalten von Marktteilnehmern zu erklären. Es handelt sich also um eine in die Soziologie eingewanderte ökonomische Theorie. Als Muster menschlichen Handelns steht ihren Vertretern das Geschehen auf einem Marktplatz vor Augen. Dort verhalten sich Käufer und Verkäufer stets so, dass sie ihren individuellen Nutzen zu maximieren suchen, d.h. mit möglichst geringem Einsatz einen möglichst hohen Ertrag gewinnen wollen. Ökonomische bzw. Rational-Choice-Theorien gehen davon aus, dass menschliche Akteure sich in allen möglichen Alltags-, Interaktions- und Lebenssituationen nach diesem Muster verhalten. Stets fragen sie, welcher Nutzen von einer Handlungsweise oder Entscheidung zu erwarten ist und welche Kosten ihnen entstehen. So »berechnet« z.B. ein Abiturient, ob er Geschichte oder Informatik studieren soll, indem er überlegt, wie viel Anstrengung, Mühe, Zeit und Geld ihn das eine und das andere kostet, wie viel Spaß ihm die Fächer jeweils machen und welchen späteren Nutzen er erwarten darf. Was der eine dabei als Nutzen verbucht (z.B. das Auslandsjahr oder die zusätzliche Fremdsprache), weil er sich darauf freut, verrechnet der andere als Kosten, weil er es als Anstrengung oder Entbehrung erlebt.

Prototyp menschlichen Handelns: Nutzenmaximierer

Individualisierung

Differenzierung

Rationalisierung

Domestizierung

Rational-Choice-Theorien zielen aber nicht nur darauf ab, menschliches Handeln als Folge von Entscheidungen unter Kosten-Nutzen-Gesichtspunkten zu erklären. Vielmehr treibt sie die gesellschaftstheoretisch wichtige Frage um, inwieweit soziale Ordnung möglich ist, wenn die Gesellschaftsmitglieder nur an ihrem individuellen Nutzen interessiert sind.

Spieltheorie

- *Spieltheoretische Ansätze* konzentrieren sich auf die Analyse von Interaktions- und Konfliktsituationen, in denen rationale Akteure aufeinandertreffen. Die Besonderheit der Spieltheorie besteht darin, zur systematischen Erforschung dieser Entscheidungssituationen mathematisch präzisierte Modelle einzusetzen, die einen idealtypischen Blick auf die Nutzenkalküle der einzelnen »Spieler« gestatten. Die spieltheoretische Leitfrage lautet mithin: Wie verhalten sich rationale Akteure, wenn sie (z. B. in Institutionen) aufeinandertreffen und welche Folgen ergeben sich daraus?

Social-/Public-Choice-Theorien

- *Social-Choice-Theorien* versuchen, die gesellschaftlichen Konsequenzen des aggregierten, d. h. aufsummierten rationalen Handelns vieler Akteure unter wechselnden institutionellen Bedingungen zu erforschen, während *Public-Choice-Theorien* danach streben, das rationale, also nutzenmaximierende, Verhalten von Staaten bzw. Regierungen zu bestimmen.

Irrationale Folgen von rationalen Handlungen

Eine zentrale gesellschaftstheoretische Erkenntnis dieser Ansätze ist, dass das rationale Handeln der Einzelnen durchaus nicht zu einer rationalen Gesellschaft führen muss, weil die Folgen und Nebenfolgen dieses Handelns Zustände herbeiführen und Zwänge schaffen können, die für alle Beteiligten unerwünscht und ineffizient sind. Rationale Akteure können in diesem Sinne sehr wohl eine irrationale Gesellschaft hervorbringen.

4.2.3 | Methodisches Konzept: Rationale Akteure und Spieltheorien

Die Rational-Choice-Theorie ist geradezu ein Musterbeispiel für einen handlungstheoretischen Ansatz. Als solcher ist sie dem Prinzip des methodologischen Individualismus (→ Kapitel 1.2) verpflichtet: Gesellschaftliche Institutionen- und Strukturbildungen werden aus der Logik des individuellen Handelns erklärt. Soziale Phänomene werden als Folgen, Nebenfolgen und Aggregationen der individuellen Handlungen und Motive aufgefasst, was natürlich nicht ausschließt, dass diese Strukturen und Institutionen ihrerseits wieder Konsequenzen für das Handeln und Entscheiden der Individuen haben, weil sie die »Berechnungsgrundlagen« oder Rationalitätskalküle der Akteure verändern. Wer z. B. vor der

Methodologischer Individualismus

Frage steht, mit 50 oder 100 km/h durch eine Ortschaft zu fahren, berücksichtigt das Vorhandensein oder Nicht-Vorhandensein von Polizei, Straßenverkehrsordnung und Bußgeldkatalog. Dies erkennt der Rational-Choice-Ansatz zwar an, verfolgt aber gleichwohl eine klassische »bottom-up«-Strategie der soziologischen Theoriebildung. Im Gegensatz zu »top-down«-Theorien, welche das individuelle Handeln und Wünschen aus den gesellschaftlichen Strukturen erklären, wird das Entstehen und Funktionieren dieser Strukturen aus dem Handeln und den Wünschen der Individuen rekonstruiert.

Rationale Akteure

| 4.2.3.1

Ausgangspunkt der Rational-Choice-Theorie ist die Prämisse, dass Menschen Wünsche an die Welt sowie bestimmte Annahmen über sie haben. Die *Wünsche* betreffen die möglichen Weltzustände: Petra mag beispielsweise eine Welt, in der sie einen Porsche hat, einer Welt vorziehen, in der sie einen Golf fährt, oder eine Welt, in der sie 30.000 Euro im Monat verdient, einer, in der sie sich mit 300 Euro begnügen muss; desgleichen eine Welt, in der sie mit Peter verheiratet ist, gegenüber einer Welt, in der sie als Single lebt, eine Welt, in der es keine Kriege gibt, gegenüber einer Welt, in der Konflikte mit Gewalt ausgetragen werden, oder auch eine Welt, in der Bayern München Deutscher Fußballmeister ist, gegenüber einer, in der dies Werder Bremen ist. Die *Annahmen* dagegen beziehen sich insbesondere auf die Mittel, Wahrscheinlichkeiten und Kosten, die die Realisierbarkeit eines bestimmten Weltzustandes betreffen. *Handlungen* lassen sich dann als Konsequenzen aus den Wünschen und den Annahmen ableiten. Wenn Peter beispielsweise eine Welt, in der er trocken bleibt, einer Welt vorzieht, in der er nass wird, und glaubt, dass er durch Einsatz seines Schirmes diesen bevorzugten (»präferierten«) Weltzustand realisieren kann, wird er den Schirm aufspannen. Kennen wir zwei dieser drei Elemente (Wünsche, Annahmen, Handlungen), dann schließen wir daraus im Alltag geradezu routinemäßig auf das fehlende (vgl. Dennett 1993).

Handlungen =
Wünsche + Annahmen

Zusammenfassung

Alltagsrationalität: Wünsche, Annahmen und Handlungen

Aus jeweils zwei Elementen können wir das Dritte rekonstruieren:

- *Fall a*: Peter will trocken bleiben (Wunsch) und er nimmt an, dass es regnet und der Schirm ihn schützt (Annahmen); daraus prognostizieren wir, dass er den Schirm aufspannen wird (Handlung).

- *Fall b*: Peter nimmt an, dass es regnet und der Schirm ihn vor Nässe schützt (Annahmen), und er spannt den Schirm auf (Handlung); daraus schließen wir, dass er wohl trocken bleiben will (Wunsch).
- *Fall c*: Peter will trocken bleiben (Wunsch) und er spannt den Schirm auf (Handlung); deshalb vermuten wir, dass er annimmt, es regne und der Schirm sei dicht (Annahmen).

Nicht immer erfüllen sich unsere Erwartungen: Wenn Peter z.B. den Schirm aufspannt, obwohl es nicht regnet, suchen wir nach einer rationalen Ersatzerklärung. Vielleicht glaubt er, es regne, weil Wasser vom Dach tropft; vielleicht will er sich vor dem Sonnenlicht schützen, weil er eine Augenoperation hatte etc. Mittels solcher Ersatzannahmen stellen wir die rationale Beziehung zwischen Annahmen, Wünschen und Handlungen wieder her. Gelingt uns das nicht, sind wir geneigt, die Beobachteten für verrückt zu erklären.

Rational-Choice-Theorien gehen davon aus, dass Menschen stets über eine relativ stabile Wunsch- bzw. »Präferenzordnung« verfügen, dass sie also, wenn sie zwischen Alternativen wählen, sagen können, welche ihnen die liebste, die zweitliebste, die drittliebste etc. ist. Einfache ökonomische Erklärungen menschlichen Verhaltens operieren dabei mit **Der homo oeconomicus** dem Akteursbild des *homo oeconomicus*. Dieser verfügt erstens in allen Handlungssituationen über eine stabile und vollständige Präferenzordnung und besitzt zweitens alle relevanten Informationen für eine rationale Entscheidung zwischen den Alternativen, seine »Annahmen« sind also zutreffend. Der *homo oeconomicus* handelt dann so, dass er im Lichte seiner Präferenzordnung aus Wünschen und Überzeugungen ein optimales Kosten-Nutzen-Ergebnis erzielt.

Weil diese Annahmen natürlich unrealistisch sind, versuchen zeitgenössische Rational-Choice-Theorien, über das Akteursbild des *homo oeco-* **Das RREEMM-Modell** *nomicus* hinauszugehen. An seine Stelle tritt etwa das RREEMM-Modell (vgl. Meckling 1976; Lindenberg 1985). Es berücksichtigt, dass Menschen nicht einfach nur aus bestehenden Alternativen auswählen, sondern manchmal auch ihre Situation und damit die Alternativen neu definieren bzw. ihre Umwelt verändern. Sie sind daher kreativ und findig (*resourceful*), sie sind in ihrem Wissen und ihren Möglichkeiten je nach Situation beschränkt (*restricted*), sie bewerten ihre Alternativen im Sinne einer Präferenzordnung (*evaluating*) und haben dabei keine vollständigen Informationen, sondern bestimmte Erwartungen über die Folgen ihres Handelns und das Eintreten von Ereignissen (*expecting*). Im Lichte all dieser Faktoren sind sie dann nutzenmaximierende (*maximizing*) Akteure. Der Mensch ist also ein »Resourceful, Restricted, Evaluating, Expecting, Maximizing Man« (vgl. Esser 1996, 236–239).

Die Erklärung individuellen Handelns muss berücksichtigen, dass Menschen in der Realität häufig zu Entscheidungen unter Unsicherheit gezwungen sind. Sie wählen nicht einfach die Handlungsalternative aus, von der sie wissen, dass sie damit ihr Ziel erreichen werden, sondern orientieren sich an der (subjektiv eingeschätzten) Wahrscheinlichkeit, mit der ein angestrebter Weltzustand herbeigeführt werden kann. Die *Werterwartungstheorie* folgert daraus, dass menschliches Handeln sich aus den Wünschen und den Wahrscheinlichkeiten berechnen lässt, mit welchen Akteure ihre Ziele erreichen zu können glauben (vgl. Hollis 1995, 158 f.).

Zusammenfassung

Werterwartungstheorie

Die Werterwartungstheorie postuliert, dass Menschen zwischen Handlungsalternativen so auswählen, dass das Produkt aus der Wahrscheinlichkeit mal der Wünschbarkeit einer angestrebten Alternative unter Abzug aller (erwarteten) Kosten möglichst groß wird.

Ein Beispiel:

In einem (außergewöhnlich großzügigen) Spielcasino hat eine Kartenspielerin folgende Möglichkeiten:

a) Sie kann auf Pik, Karo, Herz oder Kreuz 1 Euro setzen und hat die Chance, 5 Euro zu gewinnen, wenn sie aus einem Stapel die betreffende Karte zieht.

b) Sie kann auf eine Farbe – rot oder schwarz – 1 Euro setzen und 3 Euro gewinnen, wenn diese gezogen wird.

Wie handelt ein rationaler Akteur? Wenn wir Kosten und Nutzen hier einfach in Euro ausdrücken, so hat er bei der Alternative a) folgende Werterwartung: Nutzen = 5; Wahrscheinlichkeit = 0,25; Kosten = 1; somit beträgt die Werterwartung: $(5 \times 0{,}25) - 1 = 0{,}25$. Für die Alternative b) gilt dagegen die Rechnung: $(3 \times 0{,}5) - 1 = 0{,}5$. Ein rationaler Akteur würde also die Alternative b) wählen und auf rot oder schwarz setzen.

Die Standard-Theorien des Rational Choice gehen dabei grundsätzlich von exogenen, d. h. gegebenen Präferenzen aus. Damit ist gemeint, dass Menschen immer schon Wünsche haben, und auf diese kommt es bei der Theorie rationaler Wahl an; nicht gefragt wird, woher diese Wün-

Individualisierung

Differenzierung

Rationalisierung

Domestizierung

sche stammen und wodurch die Wunschbildung beeinflusst wird. Diese
Akzeptanz exogener Präferenzen ist, wie noch zu zeigen, gesellschaftstheoretisch nicht unproblematisch.

Ein zweites Problem des RC-Ansatzes liegt in der Definition des Nutzens. Hier steht die Theorie vor einem Dilemma. Geht man von einem
engen, ökonomischen Nutzenbegriff aus, nach dem Nutzen vor allem
einen Zeit- oder Geldgewinn bedeutet, dann kann man zwar präzise Vorhersagen über das Verhalten von Akteuren machen, aber diese Vorhersagen sind oft falsch: Häufig sind Akteure bereit, auf Zeit- oder Geldgewin-
ne zugunsten anderer Wertvorstellungen oder Ziele zu verzichten. Auf
der anderen Seite ist ein weiter, subjektiver Nutzenbegriff, dem zufolge
alles Nutzen sein kann, was einem Akteur begehrenswert erscheint, als
Erklärungsinstrument nutzlos: Da die Theorie nicht vorhersagen kann,
was für einen Akteur wertvoll ist, kann sie den Nutzen nur aus seinen
Handlungen ableiten. Wenn jemand den Armen hilft oder Grashalme
zählt, dann hat das für ihn offenbar einen hohen Nutzen.

Um die im Folgenden diskutierten spieltheoretischen Modelle richtig
beurteilen zu können, ist es wichtig, zwischen der Rational-Choice-Theorie als Formalwissenschaft und ihrer realwissenschaftlichen Variante zu
unterscheiden.

- Bei *formalwissenschaftlichen* Rational-Choice-Ansätzen geht es um die
  Entwicklung mathematisch-logischer Modelle menschlichen Han-
  delns und sozialer Konfliktsituationen. Dabei werden – ganz im Sinne
  Webers – »idealtypische« Akteure konstruiert, die sich vollkommen
  rational verhalten und nach vorgegebenen Präferenzstrukturen und
  Informationen entscheiden. Natürlich verhalten sich Menschen in
  der Wirklichkeit nicht genau so, aber diese Modelle erlauben es den
  Soziologen, reale Situationen an diesen idealtypischen Modellen zu
  »messen« und mit ihnen zu vergleichen.
- *Realwissenschaftliche* Rational-Choice-Ansätze versuchen dagegen, empirisch beobachtbares, »reales« menschliches (Alltags-)Verhalten mit
  Hilfe der Theorie zu rekonstruieren und zu erklären. Auf diese Weise
  lassen sich beispielsweise die Strategien von Gewerkschaften und Ar-
  beitgebern bei Lohnverhandlungen nicht nur als rationales Handeln
  rekonstruieren, sondern z. T. sogar prognostizieren.

4.2.3.2 | Vom Handeln zur Gesellschaft – Das Wannenmodell soziologischen Erklärens

Wie bereits gesehen, ist die RC-Theorie zunächst eine mikrosoziologi-
sche *Handlungstheorie*. Sie beschreibt, wie sich individuelle Akteure verhalten. Gesellschaftstheorien erheben jedoch den Anspruch, auch das
Entstehen, Wirken und Vergehen gesellschaftlicher Strukturen und sozi-

aler Makrophänomene zu analysieren. Wie überbrückt die Rational-Choice-Theorie diesen Graben zwischen der Mikro- und der Makroebene?

James Coleman und Hartmut Esser haben zur Beantwortung dieser Frage das berühmte »Wannenmodell« des sozialen Erklärens formuliert (vgl. Coleman 1990, 10–29; Esser 1996, 91–98). Danach handeln und entscheiden individuelle Akteure immer schon in bestimmten Handlungskontexten oder »Situationen«, die ihrerseits makrosoziale Phänomene sind. Ob z. B. Akteure sich bewaffnen, hängt von der »Logik der Situation« ab, also u. a. von der Frage, ob sie in einem Staat leben, der über eine funktionierende Polizei und Gerichtsbarkeit verfügt oder nicht. Zwischen dieser makrosozialen Ausgangssituation und der individuellen Entscheidungsfindung müssen dann »Brückenhypothesen« einen Zusammenhang stiften, der erklärt, über welche Alternativen ein Akteur in einer bestimmten Situation sinnvollerweise, d. h. im Lichte seiner Bewertungen und Erwartungen, verfügt. Die Selektion (Auswahl) einer Alternative lässt sich dann mit Hilfe der mikrosozialen Handlungstheorie erklären, also etwa mit den Annahmen der Werterwartungstheorie.

Aus der Aggregation, d. h. dem Zusammenwirkungen der Einzelentscheidungen der Akteure, ergeben sich dann wiederum makrosoziale Konsequenzen. Wenn sich etwa alle Autofahrer einer Stadt gleichzeitig entschließen, ins Auto zu steigen, um schnell voranzukommen, ergibt sich daraus ein Stau, in dessen Folge niemand mehr schnell vorankommt. Dieser Stau als makrosoziale Tatsache lässt sich also letztlich als Folge der aggregierten Entscheidungen individueller Akteure erklären, die wiederum durch bestimmte Ausgangsbedingungen – etwa einen Streik im Nahverkehr oder eine massive Fahrpreiserhöhung – beeinflusst wurden. Damit erhalten wir ein »Makro-Mikro-Makro-Modell« des sozialen Erklärens, das mit der Forderung des methodologischen Individualismus vereinbar ist: Soziale Tatsachen werden unter Rückgriff auf die Handlungen und Entscheidungen individueller Akteure erklärt (→ Abb. 19)

Mikrosoziale Handlungen, makrosoziale Konsequenzen

Die Spieltheorie und die Logik der Interaktion

| 4.2.3.3

Lautet die Grundfrage aller Soziologie: Wie ist die Entstehung und Erhaltung sozialer Ordnung möglich?, so lautet sie aus Sicht der Rational-Choice-Theorie: Wie entsteht soziale Ordnung aus dem nutzenmaximierenden Handeln rationaler Akteure? Ihre Antwort ist: Institutionen entstehen aus der Logik sozialer Interaktionen. In Interaktionssituationen treffen zwei oder mehr rationale Akteure so aufeinander, dass sie ihr Verhalten aufeinander abstimmen müssen. Die Erwartungen über das Verhalten der anderen Akteure gehen daher in die Handlungskalkulation mit ein. Die sogenannte Spieltheorie versucht, diese Interaktions-

Entstehung sozialer Ordnung aus rationalen Handlungen

Individualisierung

Differenzierung

Rationalisierung

Domestizierung

Abb. 19

Das Wannenmodell sozialen Erklärens nach Coleman und Esser

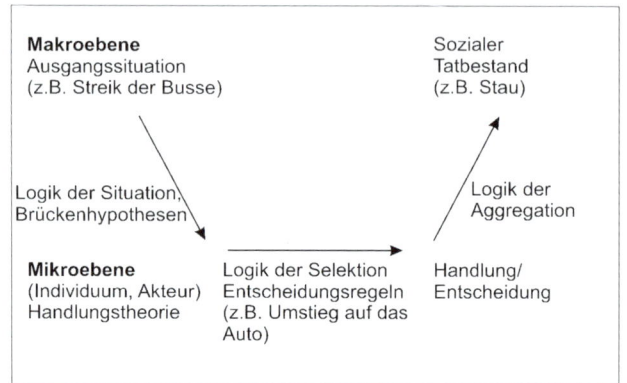

Makroebene
Ausgangssituation
(z.B. Streik der Busse)

Sozialer
Tatbestand
(z.B. Stau)

Logik der Situation,
Brückenhypothesen

Logik der
Aggregation

Mikroebene
(Individuum, Akteur)
Handlungstheorie

Logik der Selektion
Entscheidungsregeln
(z.B. Umstieg auf das
Auto)

Handlung/
Entscheidung

logik systematisch zu erforschen, indem sie sie in formalisierten, quasi-mathematischen »Spielsituationen« modelliert.

Das Koordinationsspiel

Das einfachste gesellschaftstheoretisch aufschlussreiche »Spiel« ist der *Zwang zur Koordination*, der sich am Modell der Straßenkreuzung darstellen lässt. Angenommen an einer engen Straßenkreuzung treffen zwei Akteure, z.B. Hans und Grete, mit ihren Fahrzeugen aufeinander. Hans kommt von Süden, Grete aus Osten. Nun gibt es im Prinzip vier Handlungsmöglichkeiten: Hans wartet, Grete fährt zuerst; Grete wartet, Hans fährt zuerst; beide warten in der Annahme, der andere fahre zuerst; beide fahren in der Annahme, der andere warte, und stoßen zusammen. Die letzte »Lösung« des Spiels ist natürlich die ungünstigste: Sie beschert beiden Akteuren ein kaputtes Auto und eine lange Wartezeit; sie erhält also den geringsten »Nutzenwert« (1). Bei der dritten Lösung – beide warten – kommt es zwar nicht zu einem Unfall (die beiden sparen Geld), aber dennoch zu hohen Wartezeiten, diese Lösung ist für beide suboptimal, aber immer noch besser als der Unfall; wir geben ihr also den Nutzenwert 2 für beide Akteure. Wenn es Hans und Grete egal ist, wer zuerst fährt, erhalten die beiden ersten Lösungen jeweils den höchsten Nutzenwert: Beide Akteure sparen Zeit und Geld (Nutzenwert 3).

Die »Auszahlungen« (d.h. Nutzenverteilungen) für die vier denkbaren Ergebnisse des Spiels sind in Tabelle 19 dargestellt. Die erste Zahl gibt dabei jeweils den Nutzen für Hans, die zweite den Nutzen für Grete an.

Bei diesem Spiel ist sofort klar, dass es jeweils zwei günstige und zwei ungünstige Lösungen gibt, die für beide Akteure jeweils gleich sind. Sie bevorzugen beide die gleichen Ausgänge, nämlich diejenigen, die zu einer 3/3 Nutzenverteilung führen. In der formalisierten Sprache der Spieltheorie lässt sich dies so beschreiben, dass es hier zwei *Nash-Gleichgewichte*

Grete Hans	Fahren	Warten	Tab. 19
Fahren	1/1	3/3	
Warten	3/3	2/2	

Koordinationsspiel »Straßenkreuzung«

Pareto-Optimum: 3/3; Nash-Gleichgewicht: 3/3, dominante Strategie: keine

gibt (3/3), die zugleich *pareto-optimal* sind. Ein Pareto-Optimum, das zugleich ein Nash-Gleichgewicht ist, ist für alle Beteiligten besser oder zumindest nicht schlechter als jede andere Situation. Was Hans und Grete also brauchen, ist eine einfache Koordinationsregel, damit sie nicht jeden Morgen, wenn sie an der Kreuzung stehen, neu überlegen oder aushandeln müssen, wer zuerst fährt. Und siehe da, solche Koordinationsregeln entwickeln sich in jeder Gesellschaft rasch und relativ problemlos: In unserem Fall heißt die Regel »rechts vor links«. Diese Regel stellt eine Konvention und zugleich eine geltende Norm dar. Von Koordinationsregeln profitieren alle Akteure, niemand hat erhöhte Kosten zu tragen. Damit kann die Spieltheorie elegant und einfach erklären, wie sich soziale Institutionen im Sinne von Normen und Konventionen herausbilden, die Handlungskoordinationen ermöglichen.

Spieltheoretische Erklärung sozialer Institutionen

Zusammenfassung

Grundbegriffe der Spieltheorie

- *Nash-Gleichgewicht*: Eine Resultatverbesserung durch einseitige Verhaltensänderung ist keinem Akteur möglich.
- *Pareto-besser*: Eine Lösung, bei der es mindestens einem Akteur (gegenüber der Ausgangssituation) besser geht, ohne dass ein anderer schlechter gestellt wird, heißt pareto-besser.
- *Pareto-Optimum*: Eine Situation, der gegenüber es keine pareto-bessere Lösung gibt, ist ein Pareto-Optimum.
- *Dominante Strategie*: Wenn für einen Akteur eine von mindestens zwei Möglichkeiten immer das bessere Resultat liefert als jede andere, bezeichnet deren Wahl für ihn die dominante Strategie; er wird sie immer wählen, gleichgültig, was er vom anderen Akteur erwartet.
- *Kollektivgut*: Ein Kollektivgut ist ein Gegenstand oder ein Zustand (z. B. saubere Luft oder ein öffentlicher Park), von dessen Herstellung alle profitieren, also auch diejenigen, welche die Kosten zur Bereitstellung nicht mittragen (»Trittbrettfahrer«).

Individualisierung

Differenzierung

Rationalisierung

Domestizierung

Viel interessanter sind jedoch Interaktionssituationen, in denen die Ausgänge von den beteiligten Akteuren unterschiedlich bewertet werden, bei denen also der gesteigerte Nutzen des einen für den anderen einen Nachteil bedeutet, Vorteil und Risiko sozialer Kooperation mithin verschieden verteilt sind. Das bekannteste und aufschlussreichste Spiel dieser Art ist das sogenannte *Gefangenendilemma*.

Das Kooperationsspiel

Hier begehen Hans und Grete einen Bankraub, bei dem sie gefilmt werden. Auf der Flucht erschießen sie eine Polizistin, doch kann ihnen dieser Mord nicht nachgewiesen werden. Die Staatsanwältin trennt die beiden nach ihrer Verhaftung und bietet ihnen im Einzelgespräch jeweils folgenden »Deal« an: Wenn beide schweigen, kann ihnen nur der Bankraub nachgewiesen werden, für den sie je 10 Jahre Gefängnis erhalten. Wenn einer redet, der andere jedoch schweigt, kann der Redende mit Milde rechnen; er erhält nur 7 Jahre Gefängnis, der Schweigende jedoch geht wegen Mordes lebenslang (25 Jahre) hinter Gitter. Gestehen dagegen beide, erhalten sie wegen gemeinschaftlich begangenen Mordes je 20 Jahre Haft.

Dabei wird in diesem Spiel unterstellt, dass Freiheit für jeden der beiden Gefangenen den höchsten Nutzenwert und Haft den größten Nachteil bzw. die höchsten Kosten bedeutet. Damit ergibt sich die in Tabelle 20 dargestellte Nutzenverteilung:

Tab. 20

Kooperationsspiel
»Gefangenendilemma«

Grete / Hans	Schweigen	Gestehen
Schweigen	3/3	1/4
Gestehen	4/1	2/2

Pareto-Optimum: 3/3; Nash-Gleichgewicht: 2/2, dominante Strategie: Gestehen

Hier beobachten wir nun ein Auseinanderfallen von Pareto-Optimum und Nash-Gleichgewicht: Hans und Grete wären beide besser dran, wenn sie schwiegen (Pareto-Optimum 3/3), doch können beide ihre Situation gegenüber dem Pareto-Optimum durch einseitiges Handeln verbessern, indem sie nämlich gestehen und damit den höchsten Nutzen (Nutzenwert 4, d.h. 7 Jahre) für sich erzielen. Tatsächlich ist »Gestehen« hier für beide die dominante Strategie: Aus der Situation von Hans ist es besser, zu gestehen, wenn Grete schweigt – dann geht er für sieben statt für zehn Jahre ins Gefängnis –, es ist aber auch besser, zu gestehen, wenn Grete auch gesteht, denn dann reduziert er seine Haftstrafe immerhin von 25 auf 20 Jahren. Für Grete verhält es sich ebenso. Als rationale Akteure würden also beide gestehen – und damit eine Situation herbeiführen, die für beide unter dem Nutzen liegt, den sie durch Kooperation hätten erzielen können (2/2 statt 3/3).

Kooperation als Ausweg

Tatsächlich wird dieser Effekt in der Realität des Strafrechts dort ausgenutzt, wo die »Kronzeugenregelung« zum Einsatz kommt: In ihr erwirken Straftäter dadurch eine mildere Bestrafung oder kommen frei, dass sie ihre Mittäter enttarnen. Selbst wenn man annimmt, dass Hans und Grete sich vorher absprechen können, ändert sich die Situation nicht wesentlich: Sie versprechen sich dann vermutlich zu schweigen und stehen danach vor der Frage, ob sie ihr Versprechen halten oder brechen sollen. Im Unterschied zur Koordination verlangt also die Kooperation, dass Akteure auf die unmittelbare Verwirklichung ihres größten Vorteils zugunsten einer für alle profitablen Lösung – d. h. zugunsten eines Kollektivguts – verzichten.

Solche Kooperationsdilemmata begegnen uns in der sozialen Realität allenthalben. So lässt sich die Logik des Gefangendilemmas u. a. am Straßenbahnfahren beobachten: Ein Akteur hat den höchsten Nutzen, wenn die Straßenbahn fährt, er jedoch »schwarz« bzw. »auf dem Trittbrett« fährt, also keinen Fahrschein löst. Die anderen Fahrgäste tragen dann seine Kosten mit (4/1). Folgen alle dieser Kalkulation, löst keiner mehr einen Fahrschein und die Straßenbahn fährt nicht mehr, weil sie sich nicht länger finanzieren lässt (2/2). Pareto-optimal wäre demgegenüber eine Situation, in der jeder einen Fahrschein löst (3/3). Nach diesem, von Mancur Olson (1965) erstmals systematisch ausgeführten Beispiel nennt man das Kooperationsproblem in der Spieltheorie auch das »Trittbrettfahrerproblem«. Es besteht darin, dass rationale Akteure ein überwältigendes Interesse an Kooperation haben (weil die 3/3-Lösung, also Kooperation, in unserem Beispiel besser ist als die nicht kooperative 2/2-Lösung), sie sich jedoch gleichzeitig unabweisbaren Anreizen ausgesetzt sehen, individuell zu defektieren (d. h. Kooperationserwartungen zu enttäuschen).

Das Kooperationsdilemma

Wie aber bringt man Akteure dazu zu kooperieren, sich an Vereinbarungen zu halten und ihren Beitrag zu leisten, auch wenn das »Trittbrettfahren« für sie profitabler ist? Diese Frage stellt schon für Thomas Hobbes das Kernproblem dar, wenn er im »Leviathan« danach fragt, wie Akteure dazu verpflichtet werden können, auch dann auf den Einsatz von Gewalt bzw. auf Vertragsbruch zu verzichten, wenn diese für sie profitabel wären. Hier wie bei der Straßenbahn lautet die Antwort: Kooperation wird durch die glaubhafte Androhung von Sanktionen im Falle der Defektion (so wird die Nicht-Kooperation bezeichnet) gesichert.

Rationalität von Kooperation durch Sanktionsdrohung

Mit Hilfe der Werterwartungstheorie lässt sich z. B. bestimmen, wie hoch das Bußgeld sein muss, um die Entrichtung des Fahrpreises ratio-

Individualisierung

Differenzierung

Rationalisierung

Domestizierung

nal werden zu lassen: Wenn jede zehnte Fahrt kontrolliert wird, die Wahrscheinlichkeit des Erwischtwerdens also bei 1/10 liegt, und das Bußgeld das Zehnfache des Fahrpreises (sagen wir 2 Euro) beträgt, sind aus der Perspektive der Nutzenmaximierung die Entrichtung des Fahrpreises und das Schwarzfahren gleich rational (Kosten des Schwarzfahrens: 20 Euro, Wahrscheinlichkeit des Erwischtwerdens = 1/10; mithin sind die erwarteten Kosten $20 \times 1/10 = 2$ Euro). In diesem Fall würde ein rationaler Akteur es vermutlich bevorzugen, den regulären Fahrpreis zu entrichten, da im Falle des Erwischtwerdens noch soziale Kosten (eine peinliche Situation, Zeitverlust etc.) entstehen.

Rationalität von Kooperation durch Anreize

Kooperation kann aber nicht nur durch negative Sanktionen, also Strafen, gesichert werden, sondern auch durch positive Anreize. »Saubere Luft« z.B. lässt sich nicht nur dadurch herstellen, dass man die Fahrer abgasintensiver Autos (etwa durch Steuern) »bestraft«, sondern auch dadurch, dass man den Einbau von Katalysatoren (etwa durch Steuersenkung) »belohnt«.

Soziale Ordnung durch politische Steuerung

Damit kann die Rational-Choice-Theorie durchaus erklären, wie bzw. warum soziale Ordnung aus dem Handeln und Kalkulieren rationaler Akteure entsteht: Wenn sie nach der Maximierung ihres Nutzen streben, sind sie notwendig an der Sicherung von sozialer Koordination und Kooperation interessiert. So entstehen soziale Institutionen, die Konventionen und Normen zur Koordination (»rechts vor links« oder »Kinder zuerst«) schaffen und durch positive Anreize (Prämien, Erleichterungen und Belohnungen) oder negative Sanktionen (Strafen, Erschwernisse, Abgaben) kooperatives Verhalten rational werden lassen und Trittbrettfahrertum verhindern. Gesellschaft ist so ein künstliches Gebilde (Hollis 1995), das rationalen Akteuren hilft, dem Gefangenendilemma zu entkommen. Ohne politische Steuerung über Anreize und Sanktionen würden rationale Akteure eine Welt herstellen, die im Lichte ihrer eigenen Präferenzen irrational, d.h. pareto-suboptimal wäre.

Neben diesen beiden grundlegenden Spielen hat die Spieltheorie eine große Vielzahl weiterer Interaktionssituationen modelliert, die einen

Definition

Gesellschaft

Gesellschaft ist ein künstliches Gebilde, das Koordination und Kooperation ermöglicht und rationalen Akteuren dadurch hilft, ihre Präferenzen zu verwirklichen bzw. ihren Nutzen zu maximieren. Durch Koordination und Kooperation lassen sich pareto-bessere Zustände verwirklichen.

überraschenden Einblick in die sich oft verselbständigenden Handlungs-
zwänge und Motivationszusammenhänge von sozialen Konflikt- und
Entscheidungssituationen erlauben. Dabei ist jedoch immer zu berücksichtigen, dass es sich um formalwissenschaftliche Modellierungen handelt: Reale Akteure verhalten sich selten streng nutzenmaximierend im
engen (ökonomischen) Sinne; nichtsdestotrotz lassen sich wesentliche
Aspekte ihrer Entscheidungen und Verhaltensweisen mit Hilfe dieser
Modelle rekonstruieren.

Analyse: Modernisierung als institutionelle Anerkennung des nutzenmaximierenden Handelns im Wettbewerbsprinzip

| 4.2.4

Der Rational-Choice-Ansatz bezeichnet keine eigenständige Modernisierungstheorie. Sein Anspruch besteht vielmehr darin, dass menschliches
Handeln zu allen Zeiten und in allen Kulturen mit den methodischen
Mitteln dieses Ansatzes erklärt oder beschrieben werden kann. Dennoch
legt die Rational-Choice-Theorie eine bestimmte Deutung des Modernisierungsprozesses nahe, nach der dieser vor allem darin besteht, dass
die Moderne nach und nach den »rationalen«, d.h. nutzenmaximierenden Charakter des menschlichen Handelns anerkannte, anstatt ihn zu
bekämpfen. Aus dieser Sicht appellieren die sozialen Institutionen nicht
mehr an die Tugendhaftigkeit, das Solidaritätsgefühl oder die moralischen Maßstäbe der Akteure, sondern sie nutzen deren Eigeninteresse
in einer Weise, die allen zugute kommt.

Rationalität des
Eigeninteresses statt
Tugenden

    Versuchten vormoderne Gesellschaften etwa, ihre Könige oder Herr-
scher über Fürsten- und Tugendspiegel zu einem klugen und maßvollen
Regieren zu bringen, nutzen moderne Demokratien die Machtinteressen
der Politiker produktiv im Parteienwettbewerb: Wer an die Macht will,
muss sich im politischen Konkurrenzkampf durchsetzen, und das gelingt nur durch Vorlage und Umsetzung eines klugen Regierungspro-
gramms. Auf diese Weise wird das »beste« Regierungsprogramm verwirklicht, obwohl die Herrschenden nicht tugendhaft sind, sondern vom
Eigeninteresse motiviert werden. Ähnlich verhält es sich in anderen
Bereichen, z.B. der Wirtschaft: Die Qualität des Brotes wird nicht in
erster Linie durch Ge- und Verbote gesichert, sondern durch den Konkurrenzkampf; wenn ein Bäcker reich werden will, so gelingt ihm dies
nur dadurch, dass er gutes Brot zu akzeptablen Preisen produziert.
Indem jeder – Hersteller wie Kunde – seinem Eigeninteresse folgt, realisieren sich die Weltzustände, die für alle am vorteilhaftesten sind. Betrü-
ger (unter den Politikern wie unter den Bäckern), so die damit verbundene,
nicht unrealistische Hoffnung, laufen stets Gefahr, im Konkurrenzkampf

Individualisierung

Differenzierung

Rationalisierung

Domestizierung

enttarnt zu werden und dadurch alle weiteren Chancen einzubüßen: Niemand wird mehr mit ihnen kooperieren.

Wettbewerb in allen Sozialsphären

Das Kernelement dieser institutionellen Logik ist das Wettbewerbsprinzip. Indem die moderne Gesellschaft alle ihre Sozialsphären wettbewerbsförmig organisiert (Rosa 2006), versucht sie, mit möglichst niedrigen moralischen Ansprüchen auszukommen und zugleich Anreize zu einer Verwirklichung des Eigennutzes zu setzen, die sich für alle vorteilhaft auswirken. Mit Hilfe der »unsichtbaren Hand des Marktes«, so eine Basisannahme der modernen, liberalkapitalistischen Ordnung, werden die Handlungsergebnisse nutzenmaximierender Egoisten auf gemeinwohlverträgliche Weise aggregiert. Moderne Institutionen schreiben also (im Gegensatz zu traditionalen Gesellschaften) den Individuen nicht vor, wie sie zu handeln haben, sie sichern jedoch durch Anreize und Sanktionen ihre Koordinations- und Kooperationsbereitschaft.

Kollektivgüter werden Privatgüter

Dieser Prozess des Umbaus der sozialen Institutionen zugunsten einer Orientierung, die auf die Maximierung des Individualnutzens zielt, ist noch immer nicht abgeschlossen. Im Prinzip der solidarischen Krankenversicherung, das im Gesundheitssystem der Bundesrepublik bisher vorherrschend war, stellte Gesundheit beispielsweise ein Kollektivgut dar, das nicht gegen das Trittbrettfahrertum geschützt war. In den letzten Jahrzehnten setzte jedoch ein schleichender Umbau ein: Jede Arznei und viele medizinische Leistungen verursachen dem Patienten heute unmittelbare Zusatzkosten. Damit wird Gesundheit gewissermaßen von einem Kollektivgut in ein Privatgut transformiert: Es lohnt sich nun auch für den individuellen Nutzenmaximierer und die individuelle Nutzenmaximiererin, sparsam mit medizinischen Leistungen umzugehen; Trittbrettfahren wird unrentabel. In gewisser Weise setzt die Moderne damit eine Einsicht Immanuel Kants um, der argumentierte, die soziale Ordnung müsse so gestaltet sein, dass selbst »ein Volk von Teufeln« (d.h. von bedingungslos rationalen Egoisten) in Frieden zusammenleben könne.

4.2.5 | Diagnose: Verzerrte Präferenzen und die Erosion von Vertrauen und Solidarität

Diese dominante Logik moderner Institutionen birgt jedoch ohne Zweifel auch eine Gefahr: Indem die Moderne ihre Institutionen mehr und mehr so gestaltet, dass das Maximieren des (insbesondere ökonomischen) Eigeninteresses zum sozial erwarteten Normalfall wird, erscheinen diejenigen, die auf das Ausnutzen des unmittelbaren Vorteils (oder der Gelegenheit zum Trittbrettfahren, wo es an Sanktionsmöglichkeiten fehlt) verzichten, als irrational, als »die Dummen«, auf jeden Fall aber als Son-

Normalität des Egoismus

derlinge. Ohne wechselseitiges *Vertrauen* und ein Mindestmaß an *Solidarität*, so haben zahlreiche spieltheoretische Simulationen, aber auch empirische Sozialanalysen gezeigt, ist soziale Ordnung kaum bestandsfähig.

Institutionen, die auf die strikte Verfolgung des Eigennutzes hin angelegt sind, tragen aber, so die Kritiker dieser Art von »rationaler Moderne«, dazu bei, Vertrauen und Solidarität zu untergraben oder zumindest »funktionslos« werden zu lassen. Regeln für ein Volk von Teufeln, so argumentieren sie, schaffen dieses Volk von Teufeln erst. Im übertragenen Sinne heißt das: Indem die Rational-Choice-Theorie das Trittbrettfahren als rational darstellt und die moderne Gesellschaft demgemäß ihre institutionelle Ordnung auf eben dieses Verhalten einrichtet und abstellt, schafft und befördert sie den nutzenmaximierenden Egoisten, der geradezu »parasitär« die sozialen Ressourcen des Vertrauens und der Solidarität aufzehrt (vgl. Hartmann/Offe 2001). Dies war ein Kernargument in der als »Kommunitarismus-Debatte« bekannt gewordenen Auseinandersetzung um die moralischen Grundlagen moderner Gesellschaften (vgl. Honneth 1994).

Diese Argumentation erscheint zunächst als eine Kritik an der Rational-Choice-Theorie (und der modernen Gesellschaft) und nicht als eine Pathologie-Diagnose dieses Ansatzes. Letztlich beruht sie auf der Einsicht, dass die Präferenzen der Menschen nicht einfach schon gegeben sind, sondern dass sie sich in Abhängigkeit von institutionellen Kontexten erst formen. Akteure gehen oft nicht mit einer festgelegten Präferenzordnung und Nutzenvorstellung in Interaktionssituationen und Institutionen hinein, sondern kommen mit diesen erst aus ihnen heraus. Ob jemand lieber an sein Bankkonto oder an die Straßenkinder in Rio denkt, hängt durchaus davon ab, wer ihm wann, unter welchen Bedingungen und mit welchen Argumenten einen Vorschlag macht, Geld zu spenden oder anzulegen. Präferenzen sind, mit anderen Worten, nicht *exogen* – vor der sozialen Interaktion – gegeben, sondern sie werden *endogen*, also in dieser, geformt. Während die Standard-Version der Rational-Choice-Theorie einfach von exogenen Präferenzen ausgeht, gibt es doch auch Ansätze, die endogene Präferenzen und die Präferenzbildung berücksichtigen (z. B. Sunstein 1993). Aus diesen gewinnt man durchaus interessante Werkzeuge für eine modernekritische Gesellschaftsdiagnose.

Was ein Akteur wirklich will, steht also keineswegs immer schon fest; es ist ein Ergebnis sozialer Institutionen und Kontexte und auch von bestehenden Verteilungssituationen. Präferenzen lassen sich darüber hinaus auch durch *Argumente* umbilden: Durch Aufklärung und diskursive Auseinandersetzung gelangt ein Akteur möglicherweise zu einer anderen Präferenzordnung, weil ihm die Alternativen in anderem Licht

Präferenzbildung

Individualisierung

Differenzierung

Rationalisierung

Domestizierung

Zusammenfassung

Exogene und endogene Präferenzen

- In der Standard-Theorie des Rational Choice sind die Präferenzen und Nutzenwerte der Akteure einfach gegeben (exogene Präferenzen); Politik hat dann die Aufgabe, sie in Kollektivpräferenzen, d. h. für alle oder für die Mehrheit wünschenswerte Entscheidungen zu transformieren.

  individuelle Präferenzen → Aggregation zu kollektiven Präferenzen → Umsetzung durch Regierung und Verwaltung in entsprechende *Policies*

- Theorien der *endogenen Präferenzbildung* betrachten dagegen die Präferenzen auch als Ergebnis der sozialen Interaktion und des politischen Prozesses. Indem die auf der Grundlage demokratischer Entscheidungen geformte Politik die politische Kultur und die institutionelle Struktur der Gesellschaft verändert, wirkt sie auf die Präferenzbildung selbst ein.

  politische Kultur/institutionelle Struktur → individuelle Präferenzen → Politik → politische Kultur/institutionelle Struktur

erscheinen (*reframing*) als zuvor. Eine auf dieser Einsicht basierende kritische Gesellschaftsdiagnose setzt daher dort an, wo die moderne Gesellschaft in ihren politischen Entscheidungen und Marktstrukturen gegebene Präferenzen einfach als das »letzte Wort« nimmt. Denn diese Präferenzen werden durch politische Entscheidungen (und soziale Zwänge) nicht einfach aggregiert, sondern auch transformiert.

Von solchen relativ voraussetzungsreichen Diagnosen der modernen Gesellschaft abgesehen, gelangt man jedoch auch mit der Standardversion der Rational-Choice-Theorie zu kritischen Einsichten über den Zustand der modernen Gesellschaft. So kritisieren ihre Vertreter – insbesondere jene, die sich mit den Fragen des *Public Choice* beschäftigen (Buchanan/Tullock 1962; Mueller 2003) –, dass viele moderne Institutionen ihren Zielen und ihrem Selbstverständnis zuwider die falschen Anreize setzen: Viele Institutionen und Regelungen des Sozialstaats etwa machen es dem rationalen Akteur nicht nur einfach, »Trittbrett zu fahren« und andere arbeiten zu lassen, sondern sie »bestrafen« ihn noch dafür, wenn er sich kooperativ zu verhalten versucht.

Falsche Anreize moderner Institutionen?

Das Steuersystem beispielsweise schaffe so viele »Schlupflöcher«, dass als dumm erscheint, wer eine ehrliche und ungeschönte Steuererklärung abgibt. Umgekehrt, so lautet ein weiteres Argument aus dieser Perspektive, bezögen einige Empfänger von Sozialleistungen ein höheres Einkommen als diejenigen, die einer Lohnarbeit nachgehen. Ebenso setze das Subventionssystem oft Anreize, ineffizient zu wirtschaften und teure Dinge nur deshalb zu produzieren, weil der Staat ihre Herstellung bezuschusst – zum Nachteil für alle anderen. Schließlich können auch Versuche einer umweltpolitischen Steuerung »nach hinten los gehen«, wenn sie Akteure dazu veranlasst, eine bestimmte negativ sanktionierte Technik durch eine noch schädlichere, aber noch nicht sanktionierte andere zu ersetzen.

Aus solchen Gründen neigen die meisten Vertreter der Public-Choice-Theorie zur Skepsis gegenüber staatlicher Steuerung; sie kritisieren die moderne Gesellschaft deshalb auch dafür, dass in ihnen der Staat eine zu starke Rolle spielt. Demokratische Festlegungen resultierten oftmals in »irrationalen«, d.h. gegenüber der Ausgangssituation im Lichte der Präferenzen aller Akteure schlechteren gesellschaftlichen Zuständen und seien gegenüber einer Marktregulierung zumeist ineffizient.

Wenngleich die Rational-Choice-Theorie als solche gewiss keine Pathologie-Diagnose der modernen Gesellschaft liefern möchte, stellt sie mit solchen Kritiken, insbesondere aber auch mit der Analyse endogener Präferenzen Werkzeuge und Einsichten bereit, auf deren Basis sich solche Diagnosen formulieren lassen.

Zusammenfassung | 4.2.6

Die Rational-Choice-Theorie bezeichnet nicht eine einheitliche Gesellschaftstheorie oder Modernedeutung, sondern vielmehr eine Familie von Ansätzen, die in den Grundsätzen einer auf dem methodologischen Individualismus basierenden Handlungs- und Entscheidungstheorie geeint sind. Diese geht von der – aus der Beobachtung des Markthandelns gewonnenen – Annahme aus, dass Menschen nutzenmaximierende Wesen sind, welche ihre Handlungsentscheidungen auf der Grundlage von Wünschen und Erwartungen, d.h. kalkulierten Vor- und Nachteilen als »Nutzen« und »Kosten« fällen. Weil sie dabei auf andere Akteure treffen, die ebenfalls nach diesen Grundsätzen handeln, gehen in ihre Handlungserwägungen die erwarteten Verhaltensweisen dieser anderen Akteure mit ein.

Solche Interaktionssituationen untersucht die Spieltheorie. Diese kann zeigen, dass es für alle sozialen Akteure vorteilhaft ist, bestimmte Koordinations- und Kooperationsvereinbarungen zu treffen. Während Koordinationsregeln relativ einfach durchzusetzen sind, weil niemand durch sie einen wirklichen Nachteil hat, bedarf die Gewährleistung von

Individualisierung

Differenzierung

Rationalisierung

Domestizierung

Tab. 21		Stichworte	Erläuterungen
Die soziologische Rational-Choice-Theorie auf einen Blick	**Soziologie**	Soziologie als Untersuchung der Folgewirkungen rationalen Handelns	Ziel ist die Erkenntnis der (institutionell beeinflussbaren) Interaktionslogik im Verhalten rationaler Akteure.
	Leitfrage	Wie verhalten sich rationale Akteure, wenn sie in bestimmten Kontexten aufeinandertreffen und was entsteht daraus?	Als Muster dienen der Rational-Choice-Theorie die Interaktionen von Kunden und Anbietern auf dem Marktplatz.
	Erklärungsmodell	methodologischer Individualismus, Makro-Mikro-Makro-Schema (Wannenmodell)	»bottom-up«-Analyse von Gesellschaft: Sie wird als Konsequenz aus dem Akteurshandeln erklärt.
	Basiseinheit des Erklärens	der individuelle Akteur als Nutzenmaximierer (»homo oeconomicus« bzw. RREEMM-Modell)	Werterwartungskalkulationen bilden die Grundlage des Handelns.
	Verhältnis Individuum / Gesellschaft	Vorrang des Individuums: Wünsche und Bedürfnisse erscheinen (in der Standardversion) als vorgesellschaftlich (»exogen«).	Gesellschaft entsteht, weil rationales Handeln irrationale (nachteilige) soziale Konsequenzen haben kann.
	Moderne und traditionale Gesellschaft (Analyse)	Während die Vormoderne die Verfolgung des Eigennutzes bekämpft, nutzt die Moderne sie durch Institutionalisierung des Wettbewerbs.	Die Tugendanforderungen traditionaler Gesellschaften erscheinen als unrealistisch.
	Modernisierung als	Modernisierung erscheint nicht mehr als Rationalisierung der Gesellschaft als Ganzes.	Rationales Handeln erzeugt immer irrationale Nebenfolgen; der RC-Ansatz liefert aber keine Theorie der Moderne.
	Treibendes Veränderungsprinzip	Wechselspiel aus Rationalisierungsbestrebungen und nicht intendierten Nebenfolgen	Die »Aggregation« von Einzelhandlungen führt zu unerwünschten Folgen (z. B. Stau).
	Moderne Pathologien (Diagnose)	Staatliche Institutionen setzen »falsche« Anreize zum »Trittbrettfahren«.	Rationale Institutionen tendieren u. U. zur Erosion von Vertrauen und erzeugen irrationale Handlungszwänge.

Kooperationsvereinbarungen positiver Anreize und negativer Sanktionen (Strafen) durch die Gesellschaft. Damit zeigt die Spieltheorie, dass rationale Akteure ein »natürliches« Interesse daran haben, eine sanktionsfähige soziale Ordnung zu etablieren.

Aus der Perspektive der Rational-Choice-Theorie lässt sich die Modernisierung als ein groß angelegter Versuch verstehen, das rationale Eigeninteresse der Akteure durch die Etablierung von Wettbewerbsmechanismen produktiv auszunützen, sodass das Gemeinwohl nicht durch Moralvorschriften und Solidaritätsappelle, sondern durch die institutionalisierte Verfolgung der Einzelinteressen gesichert und befördert wird. Dabei zeigt sich jedoch, dass staatliche Steuerung »falsche« Anreize setzen kann, indem politische Maßnahmen nicht-intendierte (d. h. unbeabsichtigte) Nebenfolgen haben, die es für die Akteure rational machen, »Trittbrett zu fahren«, sich also unkooperativ und gemeinwohlschädigend zu verhalten. Während die herkömmliche Rational-Choice-Theorie die Wünsche oder Präferenzen der Akteure einfach als gegeben (*exogen*) voraussetzt, untersuchen modernere und komplexere Varianten, wie die Wünsche oder Präferenzen der Akteure in bestimmten sozialen und politischen Institutionen und Prozessen (also *endogen*) geformt werden.

Lernkontrollfragen

1 Was bedeutet »rationales Handeln«?
2 Skizzieren Sie das »Wannenmodell« soziologischen Erklärens und die Werterwartungstheorie.
3 Erläutern Sie die Bedeutung von Koordination und Kooperation für soziale Akteure. Worin besteht der Unterschied?
4 Erklären Sie das »Gefangenendilemma« unter Berücksichtigung der Begriffe der *dominanten Strategie*, des *Pareto-Optimums* und des *Nash-Gleichgewichts*.
5 Wie entsteht soziale Ordnung nach den Annahmen der Rational-Choice-Theorie?
6 Kann die Rational-Choice-Theorie etwas zur Analyse und Diagnose von Modernisierungsprozessen beitragen?

Individualisierung

Differenzierung

Rationalisierung

Domestizierung

Literaturhinweise

Primärliteratur

Arrow, Kenneth (1951): Social Choice and Individual Values, New Haven.

Becker, Gary S. (1976): Der ökonomische Ansatz zur Erklärung menschlichen Verhaltens, Tübingen 1993.

Buchanan, James/Tullock, Gordon (1962): The Calculus of Consent. Logical Foundations of Constitutional Democracy, Ann Arbor.

Coleman, James S. (1990): Grundlagen der Sozialtheorie 1: Handlungen und Handlungssysteme, München 1991.

Downs, Anthony (1957): Ökonomische Theorie der Demokratie, Tübingen 1968.

Elster, Jon (1987): Subversion der Rationalität, Frankfurt a. M. u. a.

Esser, Hartmut (1999): Soziologie. Allgemeine Grundlagen, 3. Aufl., Frankfurt a. M. u. a.

Esser, Hartmut (1999–2001): Soziologie. Spezielle Grundlagen, 6 Bde., Frankfurt a. M. u. a.

Hobbes, Thomas (1651): Leviathan, Frankfurt a. M. 1984.

Mueller, Dennis C. (2003): Public Choice III, Cambridge.

Neumann, John von/Morgenstern, Oskar (1944): Spieltheorie und wirtschaftliches Verhalten, Würzburg 1984.

Olson, Mancur (1965): Die Logik des kollektiven Handelns. Kollektivgüter und die Theorie der Gruppen, Tübingen 2004.

Ostrom, Elinor (1990): Die Verfassung der Allmende. Jenseits von Staat und Markt, Tübingen 1999.

Schumpeter, Joseph Alois (1942): Kapitalismus, Sozialismus und Demokratie, Tübingen u. a. 1993.

Sekundärliteratur

Dennett, Daniel C. (1993): Intentionale Systeme, in: Bieri, Peter (Hg.): Analytische Philosophie des Geistes, Bodenheim, 162–183.

Hartmann, Martin/Offe, Claus (Hg.) (2001): Vertrauen. Die Grundlage des sozialen Zusammenhalts, Frankfurt a. M. u. a.

Hollis, Martin (1995): Soziales Handeln, Berlin.

Honneth, Axel (Hg.) (1993): Kommunitarismus. Eine Debatte über die moralischen Grundlagen moderner Gesellschaften, Frankfurt a. M. u. a.

Lindenberg, Siegwart (1985): An Assessment of the New Political Economy. Its Potential for the Social Sciences and for Sociology in Particular, in: Sociological Theory 3, 99–113.

Meckling, William H. (1976): Values and the Choice of the Individual in the Social Sciences, in: Schweizerische Zeitschrift für Volkswirtschaft und Statistik 112, 545–560.

Rosa, Hartmut (2006): Wettbewerb als Interaktionsmodus. Kulturelle und sozialstrukturelle Konsequenzen der Konkurrenzgesellschaft, in: Leviathan 34, 82–104.

Sunstein, Cass R. (1993): Democracy and Shifting Preferences, in: Copp, David/Hampton, Jean/Roemer, John. E. (Hg.): The Idea of Democracy, Cambridge, 196–230.

Differenzierung 3: Von den ausdifferenzierten Funktionssphären zur fluiden Gesellschaft – *Michael Hardt und Antonio Negri* | 4.3

Einführung | 4.3.1

Die Gesellschaft der entwickelten Moderne war insbesondere dadurch gekennzeichnet, dass sie ein immer umfassenderes System von räumlichen, zeitlichen und funktionalen Differenzierungen entwickelte und in ihren Institutionen zum Ausdruck brachte. In der Spätmoderne hat es dagegen überraschenderweise – und entgegen den Annahmen der Differenzierungstheoretiker, die auch heute noch an ihren Konzepten festhalten – den Anschein, als käme es auf vielen, vielleicht sogar auf fast allen Gebieten zu einer Rücknahme und Verwischung der Grenzen zwischen den ausdifferenzierten Bereichen. Betrachten wir zunächst die eindrucksvolle Reihe an Beispielen, die diesen Prozess der fortschreitenden *Entdifferenzierung* verdeutlichen:

Eine erste und scharfe Form der Grenzziehung ist die Unterscheidung der *Wert- und Funktionssphären* des Wahren (Wissenschaft), des Guten (Moral, Recht und Politik) und des Schönen (Kunst). In der Spätmoderne werden diese strikten Differenzierungen sowohl theoretisch als auch praktisch infrage gestellt. Wissenschaftstheoretiker wie Bruno Latour oder Thomas S. Kuhn, aber auch Michel Foucault haben gute Gründe für die Annahme formuliert, dass politische und sogar ästhetische Kriterien eine starke Rolle dabei spielen, ob wissenschaftliche Theorien sich durchsetzen oder abgelehnt werden. Die Idee des Wahren ist also nicht so einfach von der des Guten und der des Schönen zu trennen, wie dies Jürgen Habermas und Max Weber vermuteten. Zugleich wissen wir, dass wirtschaftliche und politische Interessen und Einflüsse eine entscheidende Rolle für die Wissenschaftsentwicklung spielen

Umgekehrt scheint die Trennung zwischen *Kunst bzw. Ästhetik und Politik* ebenfalls schwächer zu werden: Wenn eine Figur der Kulturindustrie wie Arnold Schwarzenegger plötzlich politische Macht gewinnt, dann scheinen zumindest die Wähler die Wertsphären vermischt zu haben. Dazu passt die Beobachtung, dass heute Bilder (die dem Bereich des Ästhetischen angehören) in der Politik oft wichtiger geworden sind als Argumente. Für einen Politiker ist es heute erfolgversprechender, »cool« zu erscheinen als gute Argumente zu haben: Die Sphären der Kunst bzw. der Kultur und der Politik, so scheint es, vermischen sich.

Das gilt erst recht für die einstmals kategorische Trennung von *Politik und Wirtschaft*. Hält Niklas Luhmann diese beiden Sphären noch für her-

Entdifferenzierung gesellschaftlicher Funktionssphären

Individualisierung

Differenzierung

Rationalisierung

Domestizierung

metisch geschlossene Systeme, zeigt sich doch in der Praxis längst, dass nicht nur wirtschaftliche Interessen von politischen kaum mehr zu unterscheiden sind (das überragende politische Kriterium der Standortsicherung und der Wettbewerbsfähigkeit ist sowohl politischer als auch ökonomischer Natur), sondern dass transnationale Konzerne und Finanzinstitutionen längst zu politischen Akteuren geworden sind. Selbst bei der Erledigung öffentlicher Aufgaben (Bildung, Gesundheitswesen etc.) treten staatliche und privatwirtschaftliche Akteure oft in eine so enge Verbindung, dass sich politisches und wirtschaftliches Handeln nicht mehr trennen lassen. Dies gilt insbesondere auch für die neuen Formen der »Governance«, d.h. der gesellschaftlichen Regulation, die nicht die klare politische Verantwortlichkeit der früheren Formen der Regierung (Government) aufweisen und die dazu führen, dass politisch Herrschende und Beherrschte nicht mehr unterscheidbar sind.

Eine ähnliche Entdifferenzierung findet sich auch an der Grenze zwischen *Wirtschaft und Kunst*. Künstlerisch anspruchsvolle Produktionen wie Werbefilme und -installationen etwa lassen sich nicht mehr der einen oder anderen Sphäre zurechnen. Die Entdifferenzierung der gesellschaftlichen Funktionssphären lässt sich sogar in der Architektur unserer Städte beobachten. Versuchten die Stadtplaner der entwickelten Moderne noch konsequent, Bildungszentren, Industriegebiete, Einkaufsgegenden und Kulturzentren stadträumlich zu trennen, findet man heute immer stärker das umgekehrte Bemühen, multifunktionale Komplexe zu schaffen, in denen sich Bildung und Produktion, Politik, Kultur und Kommerz (etwa in Einkaufszentren) vermischen können.

Schließlich lässt sich der Entdifferenzierungsprozess auch in der *Sozialstruktur* spätmoderner Gesellschaften beobachten. An die Stelle einer Klassenstruktur mit einer klaren Trennlinie zwischen Kapital und Arbeitnehmern tritt nach industriesoziologischen Befunden nun ein Heer von »Arbeitskraftunternehmern« und »Ich-AGs«, das sich nicht mehr ohne Weiteres nach eindeutigen Kriterien in Klassen einteilen lässt. Nach der alten Definition wäre der Arbeitnehmer, der ein paar Aktien erworben hat, zu den Kapitalisten zu zählen, während die millionenschwere Spitzenmanagerin ohne Aktienbesitz zu den Arbeitnehmerinnen gerechnet werden müsste.

Zusammenfassung

Moderne Differenzierung und spätmoderne Entdifferenzierung
wahr vs. gut → politische Produktion von Wahrheit
gut vs. schön → politisches Kriterium der Coolness (Schwarzenegger)

Arbeit vs. Freizeit → räumliche, zeitliche und sinnhafte Entdifferenzierung

Kapital vs. Arbeit → Auflösung der Klassenstrukturen im »Arbeitskraft-unternehmer«

Männer vs. Frauen → Intersexualität, Transgender-Bewegung, Auflö-sung der Geschlechterrollen

Homo- vs. Heterosexualität → Queer-Studies und -Bewegung

Hochkultur vs. Popkultur → postmoderne Kultur

Subjekt vs. System → Subjektivierung der Arbeit; Governance statt Government

Natur vs. Technik → Gentechnik, Hybride

Technik vs. Körper → Transplantationsrevolution, Hybride

Politik vs. Wirtschaft → Standortpolitik

Wirtschaft (materielle Produktion) vs. Kultur (Sinnproduktion) → spätmoderne Kulturindustrie

Staat vs. Staat → Weltinnenpolitik

Aber auch die gesellschaftlichen Außengrenzen werden unscharf. Die nationalstaatlichen Grenzziehungen verlieren immer weiter an Bedeutung, sodass sich nationale Gesellschaften zunehmend in eine einzige Weltgesellschaft auflösen, die keine erkennbare Außengrenze mehr hat. Die scharfe Trennung zwischen Natur und Kultur bzw. zwischen Natur und Technik, die beispielsweise von Bruno Latour und seiner Konzeption der »Hybriden« massiv infrage gestellt wird, beginnt ebenfalls brüchig zu werden: Dort, wo etwa gentechnisch veränderte Organismen auftreten oder wo sich natürliche und technische Elemente vermischen, lässt sich die Differenzierung nicht mehr aufrechterhalten.

Radikale Entdifferenzierungsprozesse lassen sich schließlich auch an den spätmodernen Subjekten selbst beobachten. Das betrifft zunächst ihre Lebensführung: Die Lebensform der frühen und entwickelten Moderne war, wie schon Karl Marx und Max Weber beobachteten, vor allem dadurch geprägt, dass im Alltagsleben der Menschen Arbeit und »Freizeit« räumlich, zeitlich und der subjektiven Bedeutung nach strikt getrennt waren. Gearbeitet wurde etwa von 8 bis 17 Uhr und in der Fabrik oder im Büro; danach verlagerte sich das Leben nach Hause oder in kulturelle Einrichtungen, wo sich das für die Individuen bedeutungs-volle »wahre« Leben vollzog. Heute gibt es viele Tendenzen zu einer Auf-hebung dieser Trennung. Mit Hilfe neuer Technologien wie Mobilfunk, Laptop und Internet können viele Menschen nicht nur zu Hause und unterwegs ihrer Erwerbsarbeit nachgehen, sondern umgekehrt auch

Verwischen der gesellschaftlichen Außengrenzen

Individualisierung

Differenzierung

Rationalisierung

Domestizierung

private Dinge am Arbeitsplatz erledigen. Zugleich kommen Stechuhren und feste Arbeitstakte aus der Mode: Arbeitnehmerinnen und Arbeitnehmer können in wachsendem Maße ihre Arbeitszeit frei bestimmen, sofern sie nur die Termine und Abgabefristen strikt einhalten.

Entdifferenzierung von Arbeit und »Leben«

Räumlich und zeitlich lässt sich daher eine Entdifferenzierung von Arbeit und »Leben« beobachten, die erstaunlicherweise auch vor der subjektiven Bedeutung beider Sphären nicht Halt macht. Gaben etwa Jugendliche bis in die frühen 1980er Jahre an, lieber weniger arbeiten zu wollen, um mehr vom Leben zu haben, verstehen sie heute diese Unterscheidung kaum noch. Zu einem erfüllten Leben, so die inzwischen vorherrschende Auffassung, gehört eine interessante und erfüllende Arbeit. Arbeit und Leben sind einander heute also weder zeitlich noch räumlich noch der Bedeutung nach entgegengesetzt, und häufig lässt sich für Aktivitäten gar nicht mehr angeben, ob sie Arbeit oder Freizeit sind, etwa wenn sich ArbeitnehmerInnen abends mit KollegInnen zum Kegeln verabreden oder wenn sie am Wochenende Computerzeitschriften lesen oder wenn Studierende interessante Praktika machen etc.

Entdifferenzierung von Sexualität und Geschlecht

Die Entdifferenzierung betrifft indessen noch weitere Bereiche der Subjektivität, so zum Beispiel das Feld der Sexualität: War insbesondere die entwickelte Moderne durch die »Entdeckung« der Homosexualität geprägt, die in binärer Opposition, also strikter Entgegensetzung zur Heterosexualität gedacht wurde, zeichnet sich in der Spätmoderne die Tendenz ab, Homo- und Heterosexualität nur als zwei Pole eines Kontinuums zu denken, in dem alle möglichen Neigungen denkbar sind (*Queer Studies*), während die Phänomene der Trans- und Intersexualität sogar die strikte biologische Differenzierung von Männern und Frauen infrage stellen. Dagegen setzte die Entdifferenzierung der Geschlechterrollen schon in der entwickelten Moderne ein. Es ist nicht mehr ausgemacht, wer arbeitet und wer die Kinder erzieht, wer Gymnastik treibt oder Fußball spielt, wer Chefin ist und wer Sekretär, wer Blumen liebt und wer Whisky etc. Selbst die klare Unterscheidung zwischen unserem natürlichen Körper und einer als künstlich erfahrenen Technik wird im Zuge der Transplantationsrevolution, die zu einer organischen Einverleibung industriell produzierter Elemente führt, zunehmend unscharf.

Zusammengenommen führen diese Beobachtungen zu dem überwältigenden Befund, dass die Spätmoderne nicht mehr durch strikte und klare Grenzziehungen, sondern umgekehrt durch eine Verwischung und Verflüssigung, kurz: durch die Ent-Differenzierung ihrer Wert-, Funktions- und Sinnsphären und sogar ihrer materiellen Bestandteile geprägt ist. Zwei Autoren, die in ihrer soziologischen Analyse der globalisierten Gesellschaft diese Entwicklung besonders scharf betonen, sind der US-Amerikaner Michael Hardt und sein italienischer Kollege und

Lehrer Antonio Negri. Sie haben mit ihrem im Jahr 2000 erschienenen Buch »Empire« Furore gemacht, weil sie darin eine Welt skizzieren, in der alle gesellschaftlichen Grenzen und insbesondere alle Außengrenzen verschwinden, sodass eine gewaltige gesellschaftliche Macht ohne Gegenspieler entstehen kann: das *Empire*. Inzwischen haben sie ihre Arbeit um zwei weitere Bände ergänzt: »Multitude« (2004) und »Common Wealth« (2009). Damit haben sie ihren Gesellschaftsentwurf in die Form einer Trilogie gebracht.

Leben und Werk

Michael Hardt (geb. 1960) und Antonio Negri (geb. 1933)

Michael Hardt, geboren in Washington DC, begann angesichts der Energiekrise der späten 1970er Jahre während seines Studiums der Ingenieurwissenschaften alternative Formen der Energiegewinnung zu untersuchen, arbeitete für Solarenergiefirmen und engagierte sich für NGOs in Mittelamerika. 1983 nahm er ein Studium der Vergleichenden Literaturwissenschaft auf und ging später nach Paris, um bei Negri zu promovieren. Gegenwärtig hat er eine Professur für Literaturwissenschaft an der Duke University inne.

Toni Negri wurde in Padua, Italien, geboren, wo er bereits früh eine Professur für Philosophie (Staatstheorie) innehatte. 1956 trat er der Sozialistischen Partei bei. Er engagierte sich in verschiedenen, teilweise militanten linken Gruppen und Parteien. Negri zählt zu den zentralen Theoretikern des Operaismus, einer neomarxistischen Theorieströmung, welche die Dynamik von Klassenkämpfen und sozialen Bewegungen zum Ausgangspunkt nimmt. 1979 wurde Negri mit anderen Mitgliedern der außerinstitutionellen Linken verhaftet. 1983 für die »Partito Radicale« (Radikale Partei, PR) ins italienische Parlament gewählt, war er immun gegen die 1984 verhängte Haftstrafe von 30 Jahren. Bevor seine Immunität aufgehoben werden konnte, floh er nach Frankreich, wo er an seiner Kritik der herrschenden Politik weiterschrieb, lehrte und sich mit dem Poststrukturalismus auseinandersetzte. Auf politische Amnestie hoffend kehrte er 1997 nach Italien zurück und wurde wieder verhaftet. Negri lebt heute, 2003 auf Bewährung aus dem Gefängnis entlassen, aber mit Lehrverbot belegt, in Rom.

Individualisierung

Differenzierung

Rationalisierung

Domestizierung

4.3.2 | Leitfrage

Modernisierung setzt in gewisser Weise voraus, dass es etwas gibt, das noch nicht modern ist, das es für die Moderne zu erobern gilt. In diesem Sinne modernisierte sich etwa die Wirtschaft, indem sie die traditionelle Bedarfsdeckung und die überkommenen Methoden der Produktion aufgab, und die Politik, indem traditionale Herrschaftsformen durch demokratische ersetzt wurden; so wurden ganze Länder und Kontinente modernisiert, indem sie zuerst kolonialisiert und später mit Entwicklungsprojekten im Sinne der Kolonialherren »vorangebracht« wurden. Auch die Natur wurde in diesen Modernisierungsprozess insofern einbezogen, als die Grenzen zwischen Natur und Kultur immer weiter zugunsten der Letzteren hinausgeschoben wurden. Ähnlich wurden die Subjekte gleichsam »inwendig« modernisiert, indem sie in Kindergärten, Schulen und Krankenhäusern, Kasernen, Gefängnissen und Fabriken auf Verhaltensweisen umgepolt wurden, die der modernen Gesellschaftsordnung entsprechen.

Die Endlichkeit des Modernisierungsprozesses

Wenn alle Weltregionen für die Moderne erobert sind, wenn der Kapitalismus seinen Siegeszug beendet hat und sowohl die menschliche Natur als auch die Ökosysteme so sehr dem modernisierenden Einfluss unterzogen sind, dass Natur und Kultur ununterscheidbar sind, dann ist der Modernisierungsprozess streng logisch genommen an sein Ende gelangt. Dann sind wir in einem wahrhaft globalen Zeitalter angekommen, in dem die Moderne keine Außengrenzen in dem genannten Sinn mehr kennt: Es gibt keine Staaten mehr, die für dieses Gesellschaftssystem zu erobern wären, sodass die Außenpolitik durch eine »Weltinnenpolitik« und das Militär durch eine Art globaler polizeilicher Eingreiftruppe ersetzt wird. Es gibt auch keine widerständigen Subjekte mehr: Die Akteure haben die Anforderungen der kapitalistischen Gesellschaft, aber auch der liberalen politischen Herrschaft so sehr verinnerlicht, dass sie aus freien Stücken erfolgreiche »Arbeitskraftunternehmer« und gute Bürger sein wollen. Damit kollabieren darüber hinaus die noch bestehenden Differenzen zwischen Kapital und Arbeit, zwischen Politik und Wirtschaft und zwischen Körper und Technik. Nach Hardt und Negri haben wir diesen Zustand nahezu erreicht.

Die Frage, wie wir eine solche im wahrsten Sinne des Wortes postmoderne gesellschaftliche Ordnung beschreiben können, in der es nichts mehr zu modernisieren gibt und die daher total und global geworden ist und alle kategorialen Grenzen zum Verschwinden bringt, steht im Mittelpunkt des Buches »Empire. Die neue Weltordnung«, das der US-amerikanische Literaturwissenschaftler Michael Hardt und der italienische Linksintellektuelle Antonio Negri gemeinsam verfasst und im

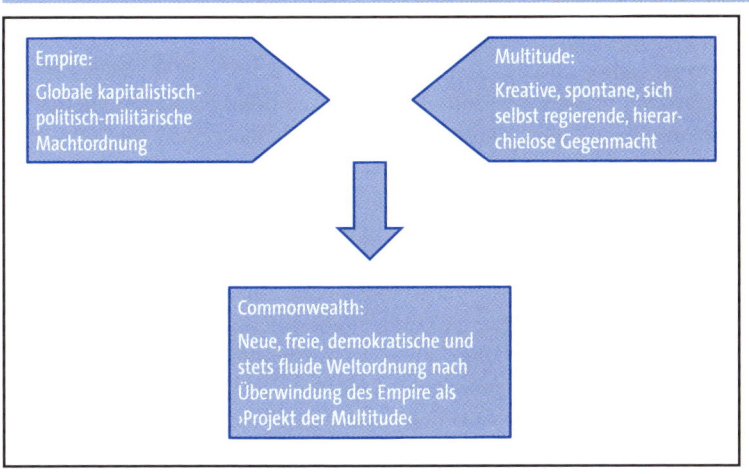

Abb. 20

Gegenwärtige und zukünftige Weltordnung nach Hardt und Negri

Jahre 2000 veröffentlicht haben. 2004 ließen sie ihm mit »Multitude. Krieg und Demokratie im Empire« einen zweiten Band folgen, 2009 erschien dann mit »Commonwealth« (so der englische Originaltitel) bzw. »Common Wealth. Das Ende des Eigentums« der Abschluss der Trilogie. Stellt »Empire« die (düstere) Diagnose der Gegenwartsgesellschaft dar, so bildet die kreative, vielgestaltige, widerständige und bewegliche Menge (Multitude) der Menschen und Bewegungen die soziale Gegenkraft für die Überwindung des Empires, während »Common Wealth« die Umrisse einer neuen, wahrhaft demokratischen und auf gemeinsamem Handeln und Besitz beruhenden, freiheitlichen Sozialordnung skizziert (→ Abb. 20). »Empire« wurde rasch zu einem in viele Sprachen übersetzten Bestseller; es wurde insbesondere von politisch links gerichteten Kommentatoren als »Kommunistisches Manifest für unsere Zeit« (Žižek 2002) gefeiert.

Ein neues Kommunistisches Manifest

Der Erfolg des Buches erklärt sich nicht zuletzt aus dem Umstand, dass die in der Soziologie noch immer dominante Differenzierungstheorie im Sinne von Talcott Parsons oder Niklas Luhmann nicht in der Lage war und ist, die genannten Entdifferenzierungsprozesse angemessen in den Blick zu nehmen. Empire beschreibt eine neue globale Gesellschaftsordnung, die – im Gegensatz zu imperialen Ordnungen der Vergangenheit – keine Außengrenzen mehr kennt: »Den Begriff Empire charakterisiert maßgeblich das Fehlen von Grenzziehungen: Die Herrschaft des Empire kennt keine Schranken« (Hardt/Negri 2000, 12). Damit sind einerseits räumliche Schranken gemeint, andererseits aber auch der Anspruch, dass alle Geschlechter, Hautfarben, sexuellen Orientierungen, Religio-

Empire – eine globale Ordnung ohne Außengrenzen

Individualisierung

Differenzierung

Rationalisierung

Domestizierung

nen, Kulturen, Produktionsformen, politischen Positionen etc. zugelassen und »inkludiert« sind.

Was immer als Opposition zu dieser Ordnung antritt, wird schlussendlich in die Logik des Empire produktiv einbezogen: Wo beispielsweise Rockmusik und Jugendkultur einmal als Rebellion gegen die kapitalistische Ordnung antraten, sind sie heute unverzichtbare Teile einer florierenden Kulturindustrie; ihre revolutionären Impulse halfen mit, die digitalen Technologien und das Internet hervorzubringen, welche dem System einen gewaltigen Schub verliehen. Wo sich die »Öko-Bewegung« einstmals als Form des Widerstands gegen Wirtschaftswachstum und Technologisierung verstand, sind Bio-Siegel und Solar-Energie heute zukunftsträchtige und innovative Systemelemente.

Doch obgleich die neue globale Weltordnung keine äußeren Grenzen und keine stabilen Binnendifferenzierungen mehr kennt, ist sie keineswegs frei von Macht- und Herrschaftseffekten und infolgedessen auch nicht ohne Widerstandspotenziale. Es sind insbesondere die Verwertungszwänge des Kapitals, welche das Handeln der Menschen nicht nur äußerlich bestimmen, durch polizeilichen, sozialstaatlichen und ökonomischen Druck, sondern auch innerlich, durch die (manipulative) Erzeugung ganz bestimmter Formen des Begehrens und Verlangens. »Empire« versucht damit, die gesellschaftliche Ordnung im Zeitalter der Globalisierung zu beschreiben, und die gleichsam dreiteilige Leitfrage, welche die drei Bücher und insbesondere das Denken Antonio Negris beherrscht, lautet: Wie sieht eine Weltordnung aus, in der sich alle stabilen Grenzziehungen auflösen, welche Kraft kann die kapitalistischen, politischen und militärischen Machtmechanismen überwinden, und wie könnte eine demokratische, kreative und freie Weltordnung aussehen?

4.3.3 | Methodisches Konzept: Interdisziplinäre, neomarxistische Lehnstuhlsoziologie

Was das methodische Konzept der drei Bücher angeht, kann man einerseits festhalten, dass es sich um einen nahezu klassischen Fall von »Lehnstuhlsoziologie« handelt: Hardt und Negri ziehen empirische Befunde allenfalls zur Illustration ihrer aus rein theoretischer Betrachtung sowie aus dem Studium (rechts-)historischer und philosophischer Quellen gewonnenen Überlegungen heran. Ihr Ziel ist, eine neue Deutung der sozialen Ordnung des Globalisierungszeitalters vorzulegen. Dabei erheben die beiden Autoren das Prinzip der Entdifferenzierung explizit zu ihrem methodischen Grundprinzip, indem sie erklären, nur eine sich über disziplinäre und methodische Grenzen hinwegsetzende Analyse sei

Entdifferenzierung
als methodisches
Grundprinzip

zur Erfassung der neuen gesellschaftlichen Realität in der Lage (Hardt/ Negri 2000, 14). So vermischen sie die materialistischen Grundannahmen des Marxismus, denen zufolge die Gesellschaft aus der ökonomischen Basis materieller Produktionsverhältnisse zu erklären ist, mit dem obskuren philosophischen Idealismus Baruch de Spinozas, nach dem die Welt aus einer einzigen, aber vielgestaltigen Substanz besteht, die Ideen und materielle Realitäten gleichermaßen hervorbringt: Im Zeitalter des Empire, so die These, löse sich auch die Unterscheidung zwischen ökonomischer Basis und kulturellem Überbau auf, weil Ideen und Emotionen (für Marx sekundäre Phänomene des Überbaus) zum eigentlichen Gegenstand und zur treibenden Kraft der Wirtschaft würden.

Zugleich bringen Hardt und Negri die Differenz zwischen Struktur- und Handlungstheorien tendenziell zum Einsturz. Sie machen zwar letztlich die Struktureigenschaften des Empire zum Ausgangspunkt ihrer Erklärung, vertreten also wie Karl Marx und Emile Durkheim einen methodologischen Holismus (→ Kapitel 1.2). Dabei gelangen sie aber zu der Auffassung, das subjektive und kreative Handeln der Akteure bilde nicht nur die treibende Kraft und einzige Quelle der Produktivität des Empire, sondern enthalte darüber hinaus ausreichend überschüssiges Potenzial, um dieses Reich des globalen Kapitalismus binnen Kurzem zu zerstören und in der hierarchielosen, beweglichen und sich netzwerkartig immer wieder restrukturierenden Herrschaft der *Multitude* aufgehen zu lassen. Als Multitude wird zunächst die spontane, ungezügelte und ungeregelte, »institutionenfreie« kreative Masse bezeichnet. In »Common Wealth« präzisieren Hardt und Negri ihr Konzept der Multitude, indem sie die Momente der Selbstverwaltung und der spontanen Ordnungsbildung betonen. Demnach setzt sich »die Multitude [...] aus einer Vielzahl von Singularitäten zusammen« und »beruht auf Praktiken der Selbstverwaltung und des Gemeinsamen« (2009, 124). Sie sei durch ein »ständiges Sich-Verändern, -Vermischen und -Bewegen«, durch ein permanentes Neu-Werden gekennzeichnet. Unter »Singularitäten« verstehen Hardt und Negri die Vielzahl von Menschen und Gruppen, die keine gemeinsame Identität besitzen und in diesem Sinne jeweils einzigartig und heterogen sind, aber dennoch gemeinsam zu handeln vermögen. In dieser Idee einer Herrschaft der Multitude im »Gemeinsamen« (Common Wealth), einem idealen Gemeinwesen, in dem sowohl die Ressourcen als auch das gemeinsam Produzierte und das Handeln geteilter, »gemeinsamer« Natur sind, bewahren sich Hardt und Negri ein Stück der marxistischen Utopie der klassenlosen Gesellschaft.

Allerdings hat insbesondere das Konzept der Multitude scharfen Widerspruch ausgelöst. Wie sich nur in spontanen Ausbrüchen artikulierende, amorphe Menschenmassen in der Lage sein sollen, die globale Weltord-

Die strukturlose
Herrschaft der Multitude

Individualisierung

Differenzierung

Rationalisierung

Domestizierung

nung zum Einsturz zu bringen und eine bessere Ordnung zu errichten, bleibt auch nach der Lektüre aller drei Bände für die meisten Interpreten rätselhaft. Hardt und Negri beschreiben ihr Vorgehen als »möglichst breit angelegten interdisziplinären Ansatz« (Hardt/Negri 2000, 14), insofern er philosophische und historische, kulturelle, ökonomische, politische und sogar anthropologische Argumente zusammenführt. Der Preis, den sie dafür bezahlen, ist freilich eine nicht zu übersehende methodische Unschärfe.

Definition

Empire, Multitude und »das Gemeinsame« (the Common)

Empire, Multitude und »das Gemeinsame« sind die Schlüsselbegriffe des Ansatzes von Hardt und Negri. Die ersten zwei ersetzen den klassischen Dualismus von Struktur und Handlung bzw. von Kapital und Arbeit im Sinne von Marx, »das Gemeinsame« entspricht Hardt und Negris Vision der klassenlosen Gesellschaft.

*   *Empire*: Die globale Ordnung (d.h. Macht und Strukturlogik), welche kapitalistische Verwertungszwänge und politische Herrschaftsansprüche bis zur Ununterscheidbarkeit miteinander verknüpft und zugleich mittels der neuen, subjektivierten Produktionsformen und Methoden der »Biopolitik«, d.h. der sich über das Denken und Fühlen der Subjekte vollziehenden sozialen Regulierung des menschlichen Lebens, in die Begehrensstruktur der Subjekte einschreibt.
*   *Multitude*: Die Menschenmassen mit ihrer ungezügelten Energie, die die Quelle aller Kreativität und Produktivität bildet, sich aber jeder dauerhaften Ordnung und Herrschaft entzieht. Weil das Empire auf diese Energie angewiesen ist, ist es der Multitude letztlich unterlegen und wird durch jene beseitigt werden, sobald sich die Multitude ihrer eigenen Kraft und Freiheit bewusst geworden ist.
*   *das Gemeinsame:* Die Basis der erhofften besseren Gesellschaftsordnung, des »Commonwealth«, bildet »das Gemeinsame«, das heißt all das, was weder im privaten Besitz noch unter staatlicher Kontrolle steht, sondern allen Menschen und Gruppen frei zugänglich sein soll. Es umfasst natürliche Ressourcen wie Wasser und Öl, gemeinsam produzierte soziale Ressourcen (vor allem auch Wissen und Informationen) und schließlich auch Formen und Institutionen des gemeinsamen Handelns. »Das Gemeinsame« soll die Spaltung von öffentlich und privat und die Entgegensetzung von Kapitalismus und Sozialismus überwinden, eine unerschöpfliche Quelle der Kreativität und Innovativität bilden und damit menschliches Glück realisieren.

Analyse: Die Entstehung eines globalen Empire

Wenngleich Hardt und Negri die Geschichte der Moderne als die Geschichte der parallelen Entwicklung von politischer bzw. nationalstaatlicher Souveränität und kapitalistischer Produktionsweise interpretieren und rekonstruieren, liegt ihr Fokus nicht auf der Abgrenzung von traditionaler und moderner Gesellschaft, sondern auf dem Übergang von der klassisch-modernen (»imperialistischen«) Gesellschaft zur spätmodernen, weltweiten (»imperialen«) Herrschaft des Empire. Diesen Wandel beschreiben sie *politisch* als Ergebnis des Niedergangs nationalstaatlicher Souveränität und *ökonomisch* als Übergang von einer industriellen, fordistischen (d.h. an Fabriken, Fließbändern, festen Arbeitszeiten und standardisierten Massengütern orientierten) Produktionsweise zur flexiblen, von transnationalen Konzernen netzwerkförmig organisierten und auf die Produktion immaterieller Güter gerichteten Produktionsform der sogenannten *New Economy*.

Vom Imperialismus der Moderne zum spätmodernen Empire

Entscheidend dabei ist, dass der Widerspruch oder die Spannung zwischen Staat und Wirtschaft, welche kennzeichnend für die klassische Moderne war, immer mehr verschwindet: Das zentrale Ziel staatlicher Politik besteht nun in der Verbesserung der wirtschaftlichen Wettbewerbsfähigkeit; soziale Regulierungen werden zunehmend zwischen politischen und wirtschaftlichen Akteuren ausgehandelt. »Mit dem globalen Markt und mit globalen Produktionsabläufen entstand eine globale Ordnung, eine neue Logik und Struktur der Herrschaft – kurz, eine neue Form der Souveränität. Das Empire ist das politische Subjekt, das diesen globalen Austausch tatsächlich reguliert, die souveräne Macht, welche die Welt regiert« (Hardt/Negri 2000, 9).

Hardt und Negri stimmen zwar der These zu, dass die Nationalstaaten im Zeitalter der Globalisierung einen großen Teil ihrer Selbstbestimmungsfähigkeit verlieren, indem sie ihre *Souveränität* zum Teil freiwillig an supranationale Organisationen wie die EU abtreten; zum Teil büßen sie diese aber auch dadurch ein, dass die UN oder die NATO humanitäre Missstände oder die Entwicklung von Massenvernichtungswaffen als legitimen Grund dafür betrachten, sich in die »inneren Angelegenheiten« eines Landes einzumischen. Zudem verlieren die Nationalstaaten ihre finanz- und wirtschaftspolitische Autonomie einfach dadurch, dass sie nicht mehr in der Lage sind, die globalen Kapitalströme zu kontrollieren, die ungezügelt den optimalen Verwertungsbedingungen folgen.

Souveränitätsverlust der Nationalstaaten

Doch bedeute dies nicht einfach das Verschwinden politischer Macht, sondern vielmehr das Entstehen einer neuen Form der Souveränität. Lokale, nationale und supranationale Organisationen und Institutionen, private und staatliche Akteure verbinden sich zu einer einzigen neuen

Individualisierung

Differenzierung

Rationalisierung

Domestizierung

Herrschaftslogik: »Unsere grundlegende Hypothese ist deshalb, dass Souveränität eine neue Form angenommen hat, die eine Reihe nationaler und supranationaler Organismen verbindet, die eine einzige Herrschaftslogik eint. Diese neue globale Form von Souveränität ist es, was wir Empire nennen« (Hardt/Negri 2000, 10).

Die neue Form der Souveränität: das globale Empire

Das Empire tritt an die Stelle der nationalstaatlichen Souveränität der klassischen Moderne, in der Staat und Kapital, Regierung und Beherrschte, aber auch Natur und Kultur, Kapital und Arbeit noch eindeutig geschieden waren und in der »imperialistische« Politik bedeutete, den Modernisierungsprozess an seinen Außengrenzen voranzutreiben. »Für den europäischen Kolonialismus ebenso wie für die ökonomische Expansion waren die durch das moderne System von Nationalstaaten geschaffenen Grenzen grundlegend: Die Territorialgrenzen der Nation umschlossen ein Zentrum der Macht, das die Ströme der Produktion und Zirkulation systematisch kanalisierte oder blockierte, abwechselnd förderte oder unterband und so über fremde Territorien Herrschaft ausübte« (Hardt/Negri 2000, 10). Demgegenüber besitzt das sich neu herausbildende globale Empire keine Grenzen und kein Machtzentrum mehr; es besteht vielmehr in einer lockeren und flexiblen Netzwerkstruktur, welche den freien Fluss der Kapital-, Waren- und Ideenströme ermöglicht. »Das Empire arrangiert und organisiert hybride Identitäten, flexible Hierarchien und eine Vielzahl von Austauschverhältnissen durch abgestimmte Netzwerke des Kommandos. Die unterschiedlichen Nationalfarben der imperialistischen Landkarte fließen zusammen und münden in den weltumspannenden Regenbogen des Empire« (Hardt/Negri 2000, 11).

Der Wandel des Produktionsregimes

Der Übergang zum globalen Empire ist aber nicht nur durch den Wandel der Souveränität, sondern ebenso durch einen Wandel des *Produktionsregimes* gekennzeichnet. Dieser ist zwar auch im Auftreten multinationaler Konzerne begründet, welche die nationalstaatlichen Regulierungsmechanismen problemlos zu umgehen verstehen und in flexiblen, flachen und netzwerkartigen Hierarchien neue Produktionsweisen hervorbringen. Entscheidender ist jedoch, dass die Grenze zwischen »Arbeit« und »Leben«, die für die klassische Moderne charakteristisch war, aufgehoben wird: Für den Industriearbeiter des 20. Jahrhunderts gab es einen räumlich und zeitlich genau abgegrenzten Bereich der materiellen Produktion (nämlich die Fabrik und die Werkszeit), in dem er einer fremdbestimmten Tätigkeit nachging, um dann nach Feierabend sein »wirkliches Leben« beginnen und seine Subjektivität entfalten zu können. Für die Arbeitskraftunternehmerin des 21. Jahrhunderts dagegen sind Arbeit und Leben weder räumlich noch zeitlich noch in ihrer subjektiven Bedeutung geschieden: Subjektive Wünsche, Träume, Gefühle

und Ideen werden von der Wirtschaft nachgefragt, produziert und verkauft. Die Arbeit der Designerinnen und Werbeexpertinnen, Unterhal-
tungsindustriebeschäftigten und Markenproduzentinnen ist ebenso
immateriell und subjektiv wie das von ihnen Produzierte.

Im Zuge dieser Entwicklung wird das Empire von den Subjekten –
ganz ähnlich wie in Elias' Konzept der Transformation von Fremdzwang
in Selbstzwang – gleichsam »internalisiert«: Sie erhalten es durch ihre
Subjektivität, aber diese wird umgekehrt auch von der globalen Herrschaftslogik bestimmt. Die Herrschaft des Empire wird also in die Subjekte hinein verlagert, indem sie nicht nur dominante Normalitätsvor-
stellungen, sondern sogar spezifische Formen des Begehrens produziert:
»Das Empire organisiert nicht nur Territorium und Bevölkerung, sondern schafft genau die Welt, in der es lebt. Es lenkt nicht nur menschliche
Interaktion, sondern versucht außerdem direkt über die menschliche
Natur zu herrschen. Das gesellschaftliche Leben in seiner Gesamtheit
wird zum Gegenstand der Herrschaft. Das Empire stellt so die paradig-
matische Form von Biomacht dar« (Hardt/Negri 2000, 13). In dieser Idee
einer imperialen *Biopolitik*, d.h. der sich über das Denken und Fühlen
der Subjekte vollziehenden sozialen Regulierung des menschlichen Lebens, ist unschwer der Einfluss Foucaults auf das Denken von Hardt und
Negri zu erkennen; er findet sich auch in der Vorstellung wieder, dass
sich diese »Abrichtung« der Subjekte unbemerkt humanistischer Ideen
bedient, sodass jede Gegnerschaft gegen die imperiale Biopolitik als
inhuman, unzivilisiert und barbarisch diffamiert werden kann.

*Die Produktion und
Abrichtung der Subjekte
im Empire*

Zusammenfassung

Macht und Gegenmacht

Macht in der klassischen (»imperialistischen«) Moderne wird ausgeübt von
einem institutionellen Apparat mit klarer Machtverteilung und eindeutigen Konfliktlinien. Regierung und Opposition, Kapital und Arbeit sowie die Nationalstaaten untereinander kämpfen mit unterschiedlichen
Erfolgsaussichten um die Macht. *Gegenmacht* entsteht dabei aufseiten
der jeweils Beherrschten und lässt sich politisch organisieren, etwa in
Oppositionsparteien und Arbeiterbewegungen. Macht tritt den Subjekten dabei als (äußerliche) Disziplinarmacht in Form von Staatsgewalt
und industriellen Arbeitsbeziehungen entgegen.

Macht im spätmodernen Empire ist »vollständig in einem Geflecht von
Strukturen verteilt« (Hardt/Negri 2000, 12), d.h. nicht mehr zu greifen
oder zu lokalisieren, weil sie sich flexibel in globalen, netzwerkartig

Individualisierung

Differenzierung

Rationalisierung

Domestizierung

organisierten Austauschprozessen konstituiert und alle Außengrenzen aufgehoben und Konfliktlinien verwischt hat: Nationalstaaten sind nicht länger das politische Zurechnungszentrum, Klassengrenzen lösen sich auf, Politik und Wirtschaftsinteressen verschmelzen. Weil die Subjekte als ProduzentInnen und KonsumentInnen der kreative Teil eines Systems sind, das sie biopolitisch, d.h. durch die über das Denken und Fühlen der Subjekte verlaufende soziale Regulierung des menschlichen Lebens, zu steuern versucht, tritt ihnen die Macht des Empire »von innen« entgegen. *Gegenmacht* lässt sich daher nicht mehr organisieren, steht aber in der ungezügelten schöpferischen Energie und Begehrensstruktur der »Multitude« immer schon bereit und wird sich in einem revolutionären Befreiungsakt letztlich durchsetzen.

4.3.5 | Diagnose: Vom total vermachteten Empire zur Selbstbefreiung der Multitude

Die Globalisierung als Grundlage der Selbstbefreiung

»Empire«, »Multitude« und insbesondere »Common Wealth« sind im Grunde zutiefst optimistische Bücher. Sie halten die Globalisierungs- und Beschleunigungsprozesse der Spätmoderne für wünschenswert, insofern sie die Grundlage für die Selbstbefreiung der »Menge« legen. Das erinnert in gewisser Weise an Marx' Vorstellung, dass der Kapitalismus keineswegs zu verteufeln sei, sondern eine notwendige Stufe auf dem Weg in die herrschaftsfreie Gesellschaft darstelle. Hierin dürfte ein wesentlicher Grund für den Erfolg von »Empire« liegen. Die meisten soziologischen Zeitdiagnosen, insbesondere aus dem linken Lager, erblicken in der Globalisierung einen verhängnisvollen Prozess, der die Chancen auf kulturelle und politische Selbstbestimmung untergräbt und die Menschen tendenziell zu Sklaven des Wirtschaftswachstums und der Unterhaltungsindustrie werden lässt. Sie träumen oftmals von einer Rückkehr in die überschaubaren, nationalstaatlich kontrollierten Verhältnisse der »klassischen Moderne« oder gar in die solidarische Gemeinschaftswelt der Vormoderne. Hardt und Negri dagegen bejahen die Globalisierungsprozesse vorbehaltlos. Kommunitaristische Vorstellungen von der Wiederherstellung kleiner, traditionaler und lokaler Gemeinschaften lehnen sie strikt ab und erklären sie für anachronistisch. Im Gegensatz dazu hat die globale Gemeinschaft der Multitude keine Identität – sie besteht aus lauter »Singularitäten« (Einzigartigkeiten). In diesem Sinne sind ihre Bücher durchaus von einem geschichtsphilosophischen Fortschrittsoptimismus geprägt.

Das bedeutet indessen nicht, dass Hardt und Negri an der neoliberal geprägten, globalen Gesellschaft des Empire keine pathologischen Fehlentwicklungen diagnostizierten. Ganz im Gegenteil: »Empire« steht letztlich für einen gigantischen Unterdrückungs- und Ausbeutungszusammenhang, dessen Effizienz gerade darauf beruht, dass er keine stabilen Konfliktlinien mehr zulässt:

Empire als Unterdrückungs- und Ausbeutungszusammenhang

- Es existieren weiterhin Herrschaftszusammenhänge, aber es gibt keine eindeutig identifizierbaren Herrscher mehr. An die Stelle verantwortlicher nationalstaatlicher Regierungen sind diffuse Governance-Modelle getreten, an denen lokale, nationale, regionale und globale sowie private und öffentliche Akteure teilhaben, ohne klare Verantwortung zu tragen oder auch nur lokalisierbar zu sein;
- es gibt verstärkt Gewinner und Verlierer der ökonomischen Entwicklung, aber keine stabilen Klassenlagen mehr;
- es gibt immer noch reiche und arme Länder, aber die »Brasilianisierung« der Gesellschaft, d.h. ihre Polarisierung in immer Reichere auf der einen und immer Ärmere auf der anderen Seite, erfasst inzwischen alle Länder gleichermaßen;
- es entstehen immer wieder neue Kriege und Gewaltkonflikte, aber die ihnen zugrunde liegenden Konfliktlinien scheinen willkürlich und verändern sich fortwährend: Einmal führen religiöse Spannungen zu militärischen Auseinandersetzungen, dann wieder ökonomische Interessenlagen oder Generationenkonflikte; ebenso bilden sich ethnische, kulturelle oder politische Verwerfungslinien in oft unvorhersagbarer Weise aus und verschwinden ebenso rasch wieder, wie sie sich ergeben haben.

Im Grunde sehen Hardt und Negri darin einen Operationsmechanismus des Empire. Seine Macht besteht gerade darin, Konfliktlinien ständig neu zu erzeugen und zu verschieben. So werden Konflikte beständig heraufbeschworen, um den gesellschaftlichen »Ausnahmezustand« und den Einsatz von Gewalt zu rechtfertigen; eine Formierung des Widerstandes aber wird in der Regel verhindert.

Keine stabilen Konfliktlinien

Hardt und Negri zielen daher darauf ab, das Empire zu überwinden oder zu zerbrechen und die Multitude in einer wirklichen, radikalen Demokratie freizusetzen. »Im schöpferischen Vermögen der Multitude, der Menge, die das Empire trägt, liegt gleichermaßen die Fähigkeit, ein Gegen-Empire aufzubauen, den weltweiten Strömen und Austauschverhältnissen eine andere politische Gestalt zu geben. Die Kämpfe gegen das Empire, Angriff und Subversion ebenso wie der Aufbau einer wirklichen Alternative, werden sich auf dem imperialen Terrain selbst abspielen – tatsächlich haben diese neuen Kämpfe bereits begonnen. In diesen [...] Kämpfen wird die Menge neue Formen der Demokratie und eine neue

Individualisierung

Differenzierung

Rationalisierung

Domestizierung

konstituierende Macht entwickeln, die uns eines Tages durch und über das Empire hinaus bringen wird« (Hardt/Negri 2000, 13).

Tab. 22

Hardt und Negris sozio-logische Theorie auf einen Blick

	Stichworte	Erläuterungen
Soziologie	Wissenschaft der Erklärung sozialer Herrschaftslogiken und Machtverhältnisse	Ziel ist das Erklären sozialer Erscheinungen aus dem Wechselspiel von sozialer Ordnung und menschlichem Begehren.
Leitfrage	Wie ist eine soziale Ordnung ohne stabile Grenzziehungen möglich, was vermag die beste-henden Machtmechanismen zu überwinden, und wie könnte eine demokratische, kreative und freie Weltordnung aussehen?	Ausgangspunkt ist die Beobachtung umfassender spätmoderner Entdifferen-zierung.
Erklärungsmodell	Strukturtheorie, methodo-logischer Holismus	Der strukturellen Ordnung des Empire steht allerdings das kreative Begehren der Multitude als Handlungs-moment gegenüber.
Basiseinheit des Erklärens	Machtverhältnisse in Politik und Wirtschaft	Erklärt wird über die Analyse von Widersprüchen.
Verhältnis Individuum / Gesellschaft	Gesellschaft geht dem Individuum voraus.	Die Individuen verfügen aber über Widerstandspotenziale. Im »Gemeinsamen« soll der Gegensatz aufgehoben sein.
Klassisch-moder-ne und spätmo-derne Gesell-schaft (Analyse)	nationalstaatlicher und kapitalistischer Imperialismus vs. (imperiales) Empire	Politik und Wirtschaft ver-schmelzen im Empire zu einer globalen Herrschafts-logik.
Spätmoderne als	Entdifferenzierung	Auflösung der modernen Differenzierungslinien
Treibendes Ver-änderungsprinzip	Globalisierung als Wandel der Souveränitäts- und Produktionsregime	Letztlich treiben die Kapital-verwertungslogik und das kreative Begehren der Multi-tude den Globalisierungspro-zess an.
Moderne Patho-logien (Diagnose)	total vermachtete, der Logik des Kapitals unterworfene Welt	Aber die Herrschaft des Empire wird durch die revo-lutionäre Selbstbefreiung der Multitude abgelöst werden.

»Empire« gleicht dem »Kommunistischen Manifest« deshalb in der Tat auch darin, dass es sich nicht nur als soziologische Diagnose, sondern auch als politische Kampfschrift und Anleitung zum Widerstand versteht. In kursiv gesetzten Abschnitten, die Überschriften wie »Politisches Manifest«, »Verweigerung« oder »Militant« tragen, werden Strategien des Widerstandes diskutiert und propagiert. Der letzte Abschnitt des Buches ist optimistisch mit »Untergang und Fall des Empire« betitelt. Die Vision einer neuen, freien und fluiden Welt zeichnen Hardt und Negri dann in »Common Wealth«.

»Empire« als politische Kampfschrift

Zusammenfassung

| 4.3.6

Antonio Negri und Michael Hardt identifizieren eine spätmoderne Form der globalisierten Gesellschaft, die durch das Verschwinden stabiler Grenzen und Konfliktlinien gekennzeichnet ist. Indem sie mit dem Begriff des Empire eine neue Form sozialer Ordnung beschreiben, in der nationalstaatliche Grenzen, aber auch die Differenzen zwischen Politik und Wirtschaft, Arbeit und Kapital, materieller und kultureller Reproduktion sowie Natur und Kultur ihre Bedeutung verloren haben, setzen sie sich in einen direkten Widerspruch zu den differenzierungstheoretischen soziologischen Ansätzen, wie sie Talcott Parsons oder Niklas Luhmann entwickelt haben. Die strukturelle Entwicklung der Spätmoderne ist demnach nicht mehr durch Differenzierung, sondern durch Prozesse der Entdifferenzierung gekennzeichnet. Diese lassen die Macht des Empire gleichsam total werden, insofern sich die Subjekte ihr nicht mehr direkt zu entziehen oder zu widersetzen vermögen.

Mit dem Konzept der Biomacht beschreiben Hardt und Negri auch die Produktion von Subjektivitäten als Ergebnis imperialer Machtwirkungen. Dennoch bewerten sie das Fortschreiten des Globalisierungsprozesses als positiv: Weil das letztlich unkontrollierbare und spontane schöpferische Begehren und die kreativen Energien der Multitude, der niemals vollständig zu vermachtenden Massen, den unverzichtbaren »Treibstoff« für die Operationen und das Funktionieren des Empire bilden, wird die Multitude letztlich in der Lage sein, die Funktionslogik des Empire außer Kraft zu setzen und eine variabel und flexibel institutionalisierte, halb demokratische und halb anarchistische soziale Ordnung zu etablieren. Diese erinnert an die klassenlose Gesellschaft der marxistischen Utopie. Weil die beiden Autoren die politische Umsetzung dieses Ziels mit ihren Büchern aktiv zu befördern versuchen, lässt sich ihr Hauptwerk (»Empire«) auch im Sinne eines neuen »Kommunistischen Manifests« verstehen.

Individualisierung

Differenzierung

Rationalisierung

Domestizierung

1 Was bedeutet soziale Entdifferenzierung? In welchen Zusammenhängen kann man sie beobachten?

2 In welchem Sinne schließen Hardt und Negri an die soziologische Konzeption von Marx an, und worin unterscheiden sie sich davon?

3 Wie lässt sich das methodische Vorgehen von Hardt und Negri beschreiben? Inwiefern spiegelt sich darin ihre Diagnose der spätmodernen Gesellschaftsentwicklung?

4 Erläutern sie die Begriffe »Empire«, »Multitude« und »Common Wealth« und die Funktion, die sie nach Hardt und Negris Analyse im Prozess der Globalisierung spielen.

5 Wodurch ist nach Hardt und Negri der Übergang von der modernen zur spätmodernen Ordnung gekennzeichnet? Was kommt nach dem »Empire«?

6 Wie bewerten Hardt und Negri den Globalisierungsprozess?

Literaturhinweise

Primärliteratur

Hardt, Michael/Negri, Antonio (2000): Empire, Frankfurt a. M. u. a. 2002.

Hardt, Michael/Negri, Antonio (2004): Multitude. Krieg und Demokratie im Empire, Frankfurt a. M. u. a.

Hardt, Michael/Negri, Antonio (2009): Common Wealth. Das Ende des Eigentums, Frankfurt a. M. u. a.

Sekundärliteratur

Foltin, Robert (2002): Immaterielle Arbeit, Empire, Multitude. Neue Begrifflichkeiten in der linken Diskussion. Zu Hardt/Negris »Empire«, in: Grundrisse 02, 6–20.

Lauermann, Manfred (2006): Empire und Multitude. Wer oder was ist multitudo? Einführung in das Denken von Michael Hardt und Antonio Negri, Hannover.

O'Neill, John (2002): Empire versus Empire. A Post-Communist Manifesto, in: Theory, Culture & Society 19, 195–210.

Pieper, Marianne/Atzert, Thomas/Karakayali, Serhat/Tsianos, Vassilis (Hg.) (2007): Empire und die biopolitische Wende. Die internationale Diskussion im Anschluss an Hardt und Negri, Frankfurt a. M. u. a.

Saar, Martin (2007): Michael Hardt/Antonio Negri, Empire, in: Brocker, Manfred (Hg.): Geschichte des politischen Denkens. Ein Handbuch, Frankfurt a. M., 807–822.

Southall, Nicholas (2010): A Multitude of Possibilities. The Strategic Vision of Antonio Negri and Michael Hardt, http://ro.uow.edu.au/theses/3274/ (22.08.2012).

Steinmetz, George (2005): Return to Empire. The New U.S. Imperialism in Comparative Historical Perspective, in: Sociological Theory 23, 339–367.

Žižek, Slavoj (2002): Welcome to the Desert of the Real! Five essays on September 11 and related dates, London u. a.

Individualisierung 3: | 4.4
Der Tod des Subjekts – *Michel Foucault*

Einführung | 4.4.1

Dass der Modernisierungsprozess ein Vorgang zunehmender Individualisierung ist, erscheint fast unbestreitbar. Die Zeiten, da das Leben durch die Tradition festgelegt war und sich mit jeder Generation wiederholte, sind offensichtlich vorbei; allseits wird heute die Forderung an uns gerichtet, immer und in allem flexibel zu sein, sich weder durch Wohnort noch Partnerschaft noch anderes festlegen zu lassen. Schon Georg Simmel hat herausgearbeitet, dass die Individualisierung der Lebensverläufe strukturell in der modernen Gesellschaft angelegt ist, nämlich als Folge der arbeitsteiligen Differenzierung von Akteursrollen. Mit zunehmender Formierung der Moderne wurde immer deutlicher, welche ungeheuren Anstrengungen zur Kontrolle und Disziplinierung der eigenen Affekte und Bestrebungen die Integration einer individualisierten Gesellschaft erfordert, Anstrengungen, die, wie Norbert Elias gezeigt hat, zunehmend vom Individuum selbst (anstatt von äußeren, z.B. staatlichen Instanzen) erbracht werden. Waren die Individuen in der Moderne zwar aus ständischen Schranken befreit, so verblieben sie gleichwohl in Klassen und Milieus; in dem Maße, wie sich die Moderne zur Zweiten Moderne fortentwickelte, so Ulrich Beck, wurden auch diese Fesseln gesprengt. Erst heute lässt sich deswegen wirklich von einer individualisierten Gesellschaft sprechen, einer Gesellschaft, in der die Individuen je eigene Biografien haben, weil sie ihr Leben weitgehend selbst kontrollieren und durch eigene Entscheidungen autonom gestalten.

Aber warum sind die Menschen heute in unzähligen Aspekten scheinbar ununterscheidbar? Und wieso haben sie so häufig das Gefühl, nicht frei entscheiden zu können bzw. unter Entscheidungszwang zu stehen? Wer ist überhaupt das Wesen, das da entscheidet? Wenn die Tradition und die Eltern den eigenen Lebensweg nicht festlegen, folgt dann, dass ich mich selbst bestimme? Wer nach dem Studium der Individualisierungstheorien der klassischen und der entwickelten Moderne die heutige Gesellschaft in den Blick nimmt, muss sich zwangsläufig über das Ausmaß an Übereinstimmung in den Entscheidungen der Individuen sowie über die weitreichende Gleichförmigkeit ihrer Lebensstile wundern und wird die Frage stellen, ob die Freiheit der Einzelnen möglicherweise doch begrenzter ist als gemeinhin angenommen.

Individualisierung und Konformität?

Zwar hat schon Simmel darauf hingewiesen, dass Modernisierung die Zwänge für das Individuum nicht etwa beseitigt, sondern verändert,

Individualisierung

Differenzierung

Rationalisierung

Domestizierung

aber doch so, dass dabei die Freiräume wachsen. Individualität kann der moderne Mensch ausbilden, weil er im Kern ein Subjekt ist, das nunmehr, nach der Auflösung verbindlicher Traditionen, seine Autonomie verwirklichen und selbstbestimmt leben kann. Es ist diese Vorstellung, die Michel Foucault in Zweifel zieht. Ihm gilt nicht nur (wie z.B. der Psychoanalyse) die Autonomie des Subjekts als prekär, sondern er sieht das Subjekt selbst als instabiles Produkt sich wandelnder Diskurs- und Machtformationen. Deswegen wird häufig behauptet, er habe den »Tod des Subjekts« verkündet.

»Der Tod des Subjekts«

Obgleich diese Position schon deswegen besonders interessant erscheinen muss, weil sie konträr zur soziologischen Tradition steht, die Modernisierung unter dem Gesichtspunkt der Individualisierung als Prozess der Steigerung der menschlichen Handlungsfreiheit, Kontrollfähigkeit und Autonomie versteht, erfährt der üblicherweise als Philosoph gehandelte Foucault erst seit einigen Jahren verstärkte Aufmerksamkeit in der Soziologie. Ein Grund dafür mag sein, dass er das Augenmerk auf Machtformen gelenkt hat, die ihm zufolge erst im Verlauf des Modernisierungsprozesses dominant geworden sind und die die klassische Form staatlicher Machtausübung historisch ablösen. Wenn Foucaults Überlegungen zwar auch schon mehrere Jahrzehnte alt sind, so ist es doch wenig verwunderlich, dass die Soziologie poststrukturalistische Ansätze im Allgemeinen und Foucault im Besonderen gerade heute, im Angesicht spätmoderner Denationalisierungs- und Globalisierungstendenzen, aufgreift.

Die Aktualität der Perspektive Foucaults

Leben und Werk

Paul-Michel Foucault (1926–1984)

Michel Foucault, Sohn einer katholischen Arztfamilie, studierte ab 1946 an der Ecole Normale Supérieure Philosophie, Psychologie und Psychopathologie, arbeitete für einige Zeit experimentell in einem Krankenhauslabor, las u. a. Freud und Nietzsche, war einige Zeit Mitglied der Kommunistischen Partei und ging schließlich an die Universität Lille. 1955 entfloh Foucault, der homosexuell war und zwei Suizidversuche unternommen hatte, dem als beengend empfundenen Frankreich, um für einige Jahre an französischen Kulturinstituten im Ausland zu arbeiten. 1961 wurde er an der Sorbonne mit der Arbeit promoviert, die auf Deutsch als »Wahnsinn und Gesellschaft« erschienen ist. Bis 1966, dem Jahr der Veröffentlichung von »Die Ordnung der Dinge«, dem Werk, das ihn auf einen Schlag berühmt machte, war er Professor für Psychologie in Clermont-Ferrand, ging dann an die Universität Tunis, kehrte kurz nach dem Mai 1968 nach Paris zurück, wo bald eigens für ihn mit nur

44 Jahren am Collège de France ein Lehrstuhl für die »Geschichte der Denksysteme« eingerichtet wurde. Seit seiner Rückkehr war Foucault, der u. a. eine Organisation gründete, die über Missstände in den Gefängnissen informierte, und mit linksradikalen Gruppierungen sympathisierte, aus dem intellektuellen Leben Frankreichs nicht mehr wegzudenken. Foucault, der über den Körper gearbeitet und körperliche Grenzerfahrungen gesucht hatte, starb an den Folgen einer HIV-Infektion.

Leitfrage | 4.4.2

Überlegungen zum Individualisierungsprozess stehen üblicherweise im Zusammenhang mit der Vorstellung, dass das Subjekt im Zuge der Modernisierung an Autonomie gewinnt. Dabei sind zwei Aspekte zu unterscheiden:

1. Individualisierung wird regelmäßig als Freisetzung der Menschen aus traditionalen Bindungen verstanden, bezeichnet in dieser Hinsicht also einen Emanzipationsprozess: Das autonome Subjekt ist das freie bzw. das befreite Subjekt.

2. Scheinbar konträr dazu steht die Erörterung des Individualisierungsprozesses unter dem Gesichtspunkt der Kontrolle und des Wandels von Kontrollformen; hier weicht die Beschränkung durch die Tradition der Selbstbeschränkung: Das autonome Subjekt ist das sich selbst unterwerfende Subjekt.

Zwei Seiten der Individualisierung

In der wörtlichen Bedeutung von Autonomie, nämlich Selbstgesetzgebung, kommen beide Momente zusammen: Autonomie ist die in *Freiheit* vollzogene *Bindung* des Subjekts an seinen eigenen vernünftigen Willen. Individualisierung meint also nicht die anarchische Auflösung aller sozialen Bindungen. Aber trotz der weiter bestehenden Beschränkung und Kontrolle handelt es sich um einen Fortschrittsprozess, weil das Subjekt sich von fremden Zwängen emanzipiert.

Freiheit und Bindung

An dieser Stelle setzt Foucaults kritisches Interesse ein. *Erstens* verwendet er einige Energie darauf, deutlich zu machen, dass die modernen Kontroll- und Disziplinierungsformen nicht weniger Versagung und Beschränkung bedeuten als ältere Herrschaftsweisen. In diesem Punkt geht es Foucault um eine Neubeschreibung des Modernisierungsprozesses, die uns die Dinge in einem anderen Licht sehen lässt und dadurch zu einer Revision unserer Werturteile führt. Dabei zieht er die Überzeugung in Zweifel, dass der Modernisierungsprozess und die Umstellung von Fremd- auf Selbstzwang unzweifelhaft fortschrittlich und emanzipatorisch sind. So bedient sich staatliche Herrschaft z. B. in der Strafverfol-

Neubeschreibung der Modernisierung

Individualisierung

Differenzierung

Rationalisierung

Domestizierung

gung heute kaum mehr der brutalen Gewaltmittel früherer Tage. Aber stellt die moderne Affektkontrolle, die diesen Wandel ermöglicht, nicht sogar eine weitreichendere Form der Unterdrückung dar, weil sie selbst noch die innersten Wünsche und Begehren zurechtstutzt?

Zweitens wendet Foucault sich gegen die Vorstellung, in der Moderne unterliege das Subjekt in erster Linie der Kontrolle durch sich selbst. Er arbeitet heraus, wie Individuen durch kulturelle Formationen, institutionelle Strukturen und sprachliche Muster bis ins Mark geprägt werden. Der soziologische Blick auf die Faktoren, von denen die Subjektwerdung abhängt, unterminiert die Annahme eines unabhängig gegebenen, allgemein-menschlichen Wesens, das sich selbst bestimmen kann. Diese Annahme sei charakteristischer Ausdruck der humanistischen Epoche, der der Mensch als zentraler Wert galt, deren Ende Foucault jedoch nahen sieht, mit der Konsequenz, »daß der Mensch verschwindet wie am Meeresufer ein Gesicht im Sand.« (Foucault 1966, 462)

Foucaults Umschreibung der Geschichte, die neue Formen der Unterdrückung in den Blick rückt, und seine Fokussierung jener Strukturen, die die Individuen mit ihrer Macht formen, zielt auf die Aufdeckung der Grenzen, denen Subjekte unterliegen. Sein Anliegen besteht darin, die Dinge in Bewegung zu versetzen. Auch deswegen ist Foucault ein schwieriger Autor. Sein Werk scheint aus zahlreichen unzusammenhängenden Einzelstudien zu bestehen: »Ich denke niemals völlig das gleiche, weil meine Bücher für mich Erfahrungen sind [...]. Jedes Buch verändert das, was ich gedacht habe, als ich das vorhergehende Buch abschloß. [...] Ich bin ein Experimentator in dem Sinne, daß ich schreibe, um mich selbst zu verändern und nicht mehr dasselbe zu denken wie zuvor.« (Foucault 1980, 24)

Folglich droht der Versuch, eine Leitfrage Foucaults zu formulieren, dem Reichtum seiner Überlegungen Gewalt anzutun. Und doch sind die thematische Offenheit, der methodische Wandel und die argumentativen Sprünge Ausdruck eines Interesses, das Foucaults Schaffen als Einheit zu begreifen gestattet: Wie lassen sich die historisch spezifischen Grenzen meines und unseres Denkens, Seins und Handelns erkennen und überschreiten?

Es liegt nahe, dieses Problem mit Blick auf Foucaults Biografie zu erläutern, also die Erfahrungen, die jemand macht, der im Frankreich der 1930er und 1940er Jahre als Homosexueller in einer katholischen Familie aufwächst. Bestimmend für sein Denken, so kann man dann annehmen, sind zwei bohrende Fragen: »Ist es in Ordnung, so zu sein, wie ich bin? Die Vorstellung, dass meine Begehren falsch sind, prägt mich durch und durch.« Und: »Muss ich so sein, wie ich bin? Nein, ich muss mich nicht durch meine sexuelle Orientierung definieren lassen.« Aber solch ein biografischer Zugang kann nur ein erster Schritt sein.

Foucault selbst hat erhebliche Anstrengungen unternommen, um die methodischen Mittel zu klären, die eine Antwort auf die Frage erlauben, »in welchem Maße die Arbeit, seine Geschichte zu denken, das Denken von dem lösen kann, was es im Stillen denkt, und inwieweit sie es ihm ermöglichen kann, anders zu denken« (Foucault 1984a, 6) – und uns damit eine Überschreitung der bisherigen Grenzen unseres Seins ermöglicht, andere Weisen der Existenz eröffnet, eine alternative Vernunft hervorbringt und eine andere Moderne generiert.

Erkennen und Überwinden der Grenzen

Methodisches Konzept: Von der Archäologie des Wissens zur Genealogie der Macht

| 4.4.3

Es mag überraschen, von Foucault, einem studierten Psychologen und Philosophen, einen Beitrag zur soziologischen Methode zu erwarten. Doch seine Arbeiten fügen sich weder dem vorherrschenden Verständnis psychologischer noch philosophischer Forschung. In der Psychologie richtet sich sein Interesse schon bald auf die wissenschaftsgeschichtliche bzw. metatheoretische Frage, wie die Gegenstände der Disziplin etabliert worden sind: Wie kommt es zu unserer Definition des Wahnsinns und welche Rolle spielt dabei die Unterscheidung von normal und anormal, vernünftig und irre? Auf dem Weg über die Psychologie gelangt Foucault somit zur *historischen Analyse* und diese macht ihn aus Sicht der Soziologie und ihrer modernisierungstheoretischen Fragestellungen interessant.

Historische Analyse

Anschlussfähig für die Soziologie wird Foucault nun dadurch, dass seinen Arbeiten nicht die philosophische Perspektive eines Teilnehmers zugrunde liegt, der an den Gründen interessiert ist, die Akteure motivieren, sondern die eines Beobachters gesellschaftlicher Praxis, der wie ein Naturwissenschaftler nach Ursachen fragt. So spricht Foucault von sich selbst einmal als »glücklicher Positivist« (Foucault 1969, 182). Charakteristisch dafür ist z.B. seine Frage, welche kulturellen Muster und Sinnstrukturen die Ursache dafür waren, dass der Wahnsinn als unvernünftig und krank definiert wurde. Ähnlicher Art ist die Frage, welche Mechanismen das herrschende Verständnis von Sexualität um das Modell zweigeschlechtlicher Partnerschaft zentriert und Heterosexualität als die kulturelle Norm hervorgebracht haben, von der alles andere eine krankhafte Abweichung darstellt. Einem herkömmlichen Philosophieverständnis entspräche dagegen die Frage, inwiefern die Gründe für diese Definitionen überzeugen.

Gesellschaftsbeobachter und »glücklicher Positivist«

Die Adaption des soziologischen Blicks innerhalb der Philosophie ist freilich typisch für den Strukturalismus, der sich gerade in der Hoch-

Individualisierung

Differenzierung

Rationalisierung

Domestizierung

phase befindet, als Foucault zu Beginn der 1960er Jahre seine publizistische Aktivität beginnt.

Foucaults objektivierende Philosophie entspricht mithin dem damaligen Zeitgeist. Schon seine frühen Arbeiten sind jedoch in gewisser Weise untypisch für den Strukturalismus und weisen auf die Entwicklung des Poststrukturalismus voraus. »Wahnsinn und Gesellschaft« (1961) untersucht die Entstehung der Psychologie anhand der Frage, wie das, was als vernünftig und folglich legitim gilt, durch Ausschluss von seinem Anderen, dem Wahnsinn, definiert wird. Dabei analysiert Foucault im Unterschied zur üblichen strukturalistischen Herangehensweise das binäre (zweiwertige) Verhältnis von Wahnsinn und Vernunft im historischen Wandel. Den strukturalistischen Bezug auf eine universale und originäre Menschennatur, der sich hier noch in der Annahme findet, mit dem Wahnsinn werde eine ursprüngliche Form menschlicher Erfahrung unterdrückt, streift er bald ab.

Definition

Strukturalismus

Der Strukturalismus ist ein philosophisches Paradigma, das das intellektuelle Leben Frankreichs in den 1950er und 1960er Jahren beherrschte. Der Kerngedanke des Strukturalismus besteht in der Annahme, dass Phänomene in ihrem Verhältnis zueinander analysiert werden müssen und dass sich in diesem Verhältnis eine tief im menschlichen Geist verankerte universale Sinnstruktur ausdrückt, die einer binären Logik der Entgegensetzung folgt (z. B. roh/gekocht, Eigenes/Fremdes, hetero-/homosexuell etc.). Zu den wichtigsten Ansätzen gehören die Linguistik von Ferdinand de Saussure, die Ethnologie von Claude Lévi-Strauss, die Psychoanalyse von Jacques Lacan und die Semiologie von Roland Barthes.

Schon die nächste Studie, in der Foucault sein Studium der Geschichte der Humanwissenschaften unter dem Titel »Die Geburt der Klinik« (1963) mit der Medizin fortsetzt, rekonstruiert lediglich, wie sich das, was die Medizin als ihr Objekt thematisiert, ebenso wie ihre therapeutischen Maßnahmen, geschichtlich wandelt. Um 1800, also mit Anbruch der (frühen) Moderne, wendet sich die Medizin zum ersten Mal dem Einzelnen zu und bringt für unsere Kultur den »erste[n] wissenschaftliche[n] Diskurs über das Individuum« hervor (Foucault 1963, 207). Diese Humanisierung der Medizin dürfe nun nicht als Fortschrittsgeschichte gelesen werden; das würde nämlich die Kontingenz, d. h. die Nichtnotwendigkeit, der strukturellen Voraussetzungen solcher Diskurse verdunkeln.

Humanisierung der Medizin

Definition

Poststrukturalismus

Der Poststrukturalismus ist ein philosophisches Paradigma, das Ende der 1960er Jahre in Reaktion auf den Strukturalismus entstanden ist. Beide teilen die objektivierende Perspektive auf Ursachen (im Gegensatz zu Gründen) und die Erklärung von Phänomenen anhand ihrer differenziellen Relationen, die durch die binäre (zweiwertige) Logik der Entgegensetzung bestimmt sind (z. B. gesund/krank, Freund/Feind). Zurückgewiesen wird von poststrukturalistischen Ansätzen jedoch die strukturalistische Annahme, es gebe eine universalistische Grundstruktur statt einer Vielzahl historisch und kulturell unterschiedlicher struktureller Formationen. Auch relativieren sie die objektivierende Perspektive und nähern sich hermeneutischen Ansätzen und deren Methoden der Deutung insofern, als ihnen kulturell tief liegende Sinnstrukturen als interpretationsoffen gelten. Zu den wichtigsten Vertretern zählen Jacques Derrida, Gilles Deleuze und Jean Baudrillard. Auch Jean-François Lyotards Überlegungen zum Ende der modernen Kultur und der nachfolgenden Postmoderne werden zum Poststrukturalismus gerechnet, der selbst kein Epochenbegriff ist, sondern bestimmte methodische Annahmen bezeichnet.

Schon die frühen historischen Studien Foucaults verfolgen also das Ziel, die geschichtliche Wandelbarkeit der Grenzen unseres Denkens und Seins zu beleuchten und bewusst zu machen. Aber die methodische Konzeption bleibt dabei noch vage. Das ändert sich in der Folge. Es sind zwei methodische Ansätze, die Foucault nacheinander entwickelt und die die Sozialwissenschaften geprägt haben. Foucaults »Archäologie des Wissens«, mit der er der These vom Tod des Subjekts am nächsten steht, und die darauf folgende »Genealogie der Macht« sind die Quellen von Diskursanalyse und den sogenannten Gouvernementalitätsstudien, zwei gegenwärtig äußerst lebendigen Ansätzen.

Zwei methodische Ansätze

In das Konzept einer *Archäologie* des Wissens fügen sich, als Archäologie der modernen Vernunft, schon die Studie über den Wahnsinn und das Klinikbuch, das den Untertitel »Eine Archäologie des ärztlichen Blicks« trägt. Ausgearbeitet wird es in »Die Ordnung der Dinge« (1966) und in Form einer expliziten Methodenreflexion in der »Archäologie des Wissens« (1969). Die Grundannahme, die das ganze Projekt einer »Archäologie der Humanwissenschaften«, so der Untertitel des Werkes von 1966, motiviert, besteht darin, dass sich kontingente kulturelle Sinnmuster in dem verdichten, was als Wissen vom Menschen (z. B. der Funk-

Archäologie als methodisches Konzept

Individualisierung

Differenzierung

Rationalisierung

Domestizierung

tionsweise seines Körpers) gilt, und dass dieses Wissen wiederum die menschliche Praxis bestimmt (z.B. psychiatrische Behandlungen).

Die als Archäologie der Kultur durchgeführte Analyse dieses Zusammenhangs legt also die Grenzen des Denkens und der Seinsmöglichkeiten dieser Kultur frei und macht sie in ihrer Kontingenz sichtbar: So könnten archäologische Untersuchungen z.B. klären, aufgrund welcher kulturellen Einflüsse wir die Berufsarbeit für eine Notwendigkeit halten oder nach einer eigenen Familie streben, und sie könnten uns vor Augen führen, dass wir darüber auch anders denken oder ein anderes Leben führen könnten. Die *Praxis*-Dimension (→ Kapitel 1.1) der Überlegungen Foucaults besteht mithin darin, kenntlich zu machen, dass die Grenzen möglicher Existenzweisen, die eine Kultur setzt, im Prinzip überwunden und verändert werden können. Dabei soll das Graben nach den Tiefenschichten der eigenen Kultur nicht deren bewusste Aneignung ermöglichen, sondern durch den verfremdenden, ethnologischen Blick, aus dem es erfolgt, verstören. Aber was genau sind diese Tiefenschichten eigentlich, die die Archäologie ans Tageslicht befördert?

In der »Ordnung der Dinge« antwortet Foucault auf diese Frage mit dem Begriff der Episteme. Darunter versteht er die Wissensordnung einer Epoche bzw. die implizite epochenspezifische Logik, die paradigmatisch bestimmt, wie Wissen generiert wird und auf welche Weise grundlegende Klassifikationsschemata, Wahrnehmungsformen und Wertmuster die Wissensproduktion einer Gesellschaft stillschweigend beeinflussen. Weil es um historisch spezifische Grundlagen der Erkenntnis geht, verwendet Foucault auch den Begriff des historischen Apriori. Die Archäologie soll aufdecken, »von wo aus Erkenntnisse und Theorien möglich gewesen sind, nach welchem Ordnungsraum das Wissen sich konstituiert hat, auf welchem historischen Apriori und im Element welcher Positivität Ideen haben erscheinen, Wissenschaften sich bilden, Erfahrungen sich in Philosophien reflektieren, Rationalitäten sich bilden können, um vielleicht sich bald wieder aufzulösen und zu vergehen.« (Foucault 1966, 24)

Methodologisch bleibt diese materiale Studie allerdings recht vage. Diesen Mangel soll die »Archäologie des Wissens« beheben. Hier führt Foucault aus, dass die Archäologie als Diskursanalyse verfährt. Die Analyse von Diskursen soll ermöglichen, die Episteme einer Epoche zu erschließen, also die Regeln, die das Denken, Sein und Tun der Menschen einer Kultur bestimmen. Zu diesem Zweck müssen Diskurse freilich in einer Weise bestimmt werden, die möglichst jedes Vorverständnis ausschaltet, das der Forscher aufgrund seiner kulturellen Prägung, ohne sich dessen bewusst zu sein, an seinen Gegenstand heranträgt.

Um die kontingenten Voraussetzungen der eigenen Epoche sichtbar zu machen und die Vorstellung zu zerstören, Geschichte verlaufe als

Diskurs

Als Diskurs bezeichnet Foucault jede Gruppe von Aussagen, die in einer Beziehung zueinander stehen, die durch bestimmte Formationsregeln analysiert werden kann. *Aussagen* sind dabei nicht als Akte der Äußerung oder logische Gehalte zu verstehen, sondern als das Gesagte in seiner reinen Materialität (bzw. »Positivität«), eben als Gesagtes. Die Konzeption der Aussage als *diskursives Ereignis* schaltet Verzerrungen der Analyse durch die eigene Episteme, d. h. epochenspezifische Wissensordnung, dadurch aus, dass Aussagen nicht auf einen inhärenten Sinn befragt werden, sondern allein aus ihren Beziehungen untereinander untersucht werden. Diese Beziehungen, die Aussagen zu *diskursiven Formationen* verbinden, werden in Bezug auf die Gegenstände, Äußerungsmodalitäten (auch: Subjektpositionen), Begriffe und Strategien von Diskursen analysiert, denn Diskurse bringen hervor, worüber gesprochen wird, welche Auffassungen geäußert werden, mit welchen Mitteln und mit welchem Erfolg das geschieht. Dadurch verdichten sich Aussagen zu Aussagensystemen, die Foucault *Archiv* nennt. Die *Diskursanalyse* zielt auf das Verständnis des Archivs, um dadurch das historische Apriori bzw. die Episteme der eigenen Kultur freizulegen.

linearer Fortschrittsprozess, hat Foucault die archäologische Methode darauf zugeschnitten, historischen Wandel als Abfolge von Brüchen darzustellen. Aber wie kommt es überhaupt zum Wandel? Wie kann die diskontinuierliche Abfolge geschichtlicher Epochen mit ihren je eigenen historischen Apriori erklärt werden? Diese Frage veranlasst Foucault, die Rolle von Praktiken, die diskursive Formationen beeinflussen, in den Blick zu nehmen. Praktiken (z. B. medizinische Therapien) werden nun nicht mehr als Effekt eines unabhängigen diskursiven Geschehens (z. B. des medizinischen Diskurses) verstanden, sondern als eigendynamische Faktoren, die die Generierung von Wissen beeinflussen. An die Stelle der Archäologie des Wissens tritt nun ein zweiter methodischer Ansatz Foucaults: die *Genealogie* der Macht. Fortan richtet er den Blick auf »Diskursphänomene [...] als Spiele, als *games*, als strategische Spiele aus Handlungen und Reaktionen, Fragen und Antworten, Beherrschungsversuchen und Ausweichmanövern, das heißt als Kampf« (Foucault 1974, 671).

Die Genealogie: Diskurse als strategische Spiele

Wie die Archäologie verfolgt auch die *Genealogie* das Ziel, die Kontingenz unserer gesellschaftlichen Ordnung sichtbar zu machen. Als

Individualisierung   Differenzierung   Rationalisierung   Domestizierung

Grundlage dieser Ordnung werden nun aber nicht mehr Diskurse (bzw. als diskursive Formationen organisierte Aussagen) freigelegt; die Basiseinheit der Erklärung (*Synthesis* → Kapitel 1.1) besteht für Foucault jetzt in Machtverhältnissen. Entscheidend ist für ihn dabei die Ebene einer »Mikrophysik der Macht«. Institutionelle Ordnungen wie der Staat stellen ihm zufolge lediglich Kristallisationen zugrunde liegender und sich unablässig verändernder Kräfteverhältnisse zwischen Akteuren dar. Die konflikthaften Beziehungen und Kämpfe zwischen diesen Akteuren können so die vormalige theoretische Leerstelle bei Foucault füllen und erklären, auf welchem Wege sich historischer Wandel vollzieht (*Dynamis* → Kapitel 1.1).

Kräfteverhältnisse und Machtkämpfe

»Die Analyse, die sich auf der Ebene der Macht halten will, darf weder die Souveränität des Staates, noch die Form des Gesetzes, noch die globale Einheit einer Herrschaft als ursprüngliche Gegebenheiten voraussetzen; dabei handelt es sich eher um Endformen. Unter Macht, scheint mir, ist zunächst zu verstehen: die Vielfältigkeit von Kraftverhältnissen, die ein Gebiet bevölkern und organisieren; das Spiel, das in unaufhörlichen Kämpfen und Auseinandersetzungen diese Kraftverhältnisse verwandelt, verstärkt, verkehrt; die Stützen, die diese Kraftverhältnisse aneinander finden, indem sie sich zu Systemen verketten – oder die Verschiebungen und Widersprüche, die sie gegeneinander isolieren; und schließlich die Strategien, in denen sie zur Wirkung gelangen und deren große Linien und institutionelle Kristallisierungen sich in den Staatsapparaten, in der Gesetzgebung und in den gesellschaftlichen Hegemonien verkörpern. Die Möglichkeitsbedingung der Macht oder zumindest der Gesichtspunkt, der ihr Wirken bis in die ›periphersten‹ Verzweigungen erkennbar macht und in ihren Mechanismen einen Erkenntnisraster für das gesellschaftliche Feld liefert, liegt nicht in der ursprünglichen Existenz eines Mittelpunktes, nicht in einer Sonne der Souveränität, von der abgeleitete und niedere Formen ausstrahlen; sondern in dem bebenden Sockel der Kraftverhältnisse, die durch ihre Ungleichheit unablässig Machtzustände erzeugen, die immer lokal und instabil sind. Allgegenwart der Macht: nicht weil sie das Privileg hat, unter ihrer unerschütterlichen Einheit alles zu versammeln, sondern weil sie sich in jedem Augenblick und an jedem Punkt – oder vielmehr in jeder Beziehung zwischen Punkt und Punkt – erzeugt. Nicht, weil sie alles umfaßt, sondern weil sie von überall kommt, ist die Macht überall. Und ›die‹ Macht mit ihrer Beständigkeit, Wiederholung, Trägheit und Selbsterzeugung ist nur der Gesamteffekt all dieser Beweglichkeiten, die Verkettung, die sich auf die Beweglichkeiten stützt und sie wiederum festzumachen sucht. Zweifellos muß man Nominalist sein: die Macht ist nicht eine Institution, ist nicht eine Struktur, ist nicht eine Mächtigkeit einiger Mächtiger. Die

Macht ist der Name, den man einer komplexen strategischen Situation in einer Gesellschaft gibt.« (Foucault 1976 a, 113 f.)

Als methodische Prinzipien der *Machtanalytik* hält Foucault fest:

- alle sozialen Beziehungen müssen als Machtverhältnisse verstanden werden, und zwar im Sinne von Kräfteverhältnissen;
- institutionelle Ordnungen sind im Prinzip wandelbar, weil sie abhängig von instabilen gesellschaftlichen Machtverhältnissen sind;
- zwischen der Mikro- und der Makroebene von Machtverhältnissen besteht ein Wechselverhältnis.

Methodische Prinzipien der Machtanalytik

Auf dieser Grundlage geht es der Genealogie der Macht darum, die Machtpraktiken freizulegen, auf denen das beruht, was in einer Gesellschaft für wahr gehalten, als richtig erachtet und als erstrebenswert angesehen wird. Das gesellschaftliche Wissen wird von Foucault als *Macht-Wissen* analysiert. In diesem Zusammenhang entwirft er eine groß angelegte, unvollendet gebliebene Geschichte der Sexualität.

Das Macht-Wissen

Im Gegensatz zum ersten Band von »Sexualität und Wahrheit« (1976 a) rückt dabei in der Folgezeit die Kategorie des Subjekts stärker in den Fokus, freilich unter dem Gesichtspunkt der Disziplinierung und Normalisierung (dem »Normalmachen«) von Individuen, sowohl durch Fremd- als auch Selbstzwang, im Kontext von Macht-Wissen-Komplexen. Foucault interessiert sich hier dafür, wie Subjekte (als Sub-jekte, also Unter-worfene) zu dem werden, wozu sie werden, für Formen der *Subjek-*

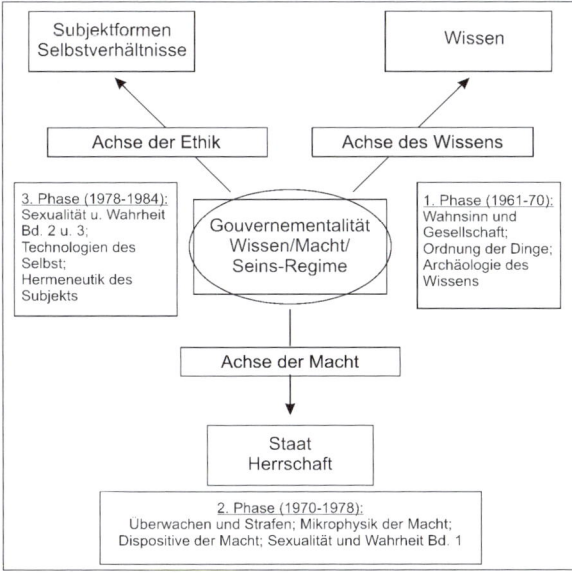

Abb. 21

Struktur des Foucaultschen Werkes

Regierungstechniken
und Gouvernementalität

tivierung, die er als Regierungstechniken in Gestalt von Formen der Selbst-führung und der Führung von Anderen untersucht und deren Zu-sammenwirken er unter den Begriff der *Gouvernementalität* fasst (der No-minalisierung des französischen Wortes für »regierungsmäßig«, das auch als Kompositum aus »Regieren« und »Denkweise« verstanden wor-den ist). Rückt man diesen Begriff ins Zentrum des Foucault'schen Wer-kes, dann lässt sich dieses strukturieren wie in Abbildung 20 dargestellt – wobei zwischen der zweiten und der dritten Phase anders als zwischen den ersten beiden Phasen kein methodischer Bruch besteht, sondern nur eine thematische Verschiebung stattfindet.

4.4.4 | Analyse: Die spätmoderne Individualität als Effekt der Totalisierung produktiver Macht

Das Verständnis von Modernisierung als Zunahme an Autonomie und Freiheit des Individuums verdeckt die Schattenseiten dieses Prozesses, die Beschränkungen und Zwänge, denen Subjekte heute unterliegen. Um diese freizulegen, weist Foucault die Konzeption einer einheitlichen

Geschichte als
diskontinuierliche
Abfolge von Epochen

Geschichte zurück und ersetzt sie durch die einer diskontinuierlichen Abfolge von Geschichten. Die archäologische Methode geht von in sich abgeschlossenen historischen Epochen aus, die jeweils eigene Wissens-ordnungen aufweisen. In der »Ordnung der Dinge« unterscheidet Fou-cault zwischen den Epochen der Renaissance (Episteme der Ähnlichkeit), des klassischen Zeitalters (Episteme der Repräsentation) und der Moder-ne (Episteme des Menschen).

Erst mit der Moderne wurde die Überzeugung dominant, dass die Er-kenntnis der Welt allein auf dem Umweg durch den Menschen als er-kennendes Subjekt möglich ist. Ab 1800 etwa konnten auf dieser Grund-lage die Humanwissenschaften entstehen, deren Interesse am Menschen zugleich ein Interesse an den Möglichkeiten seiner Kontrolle und Diszip-

Vergänglichkeit
des Menschen

linierung ist. Auch diese humanistische Epoche kann nach Foucault allerdings vergehen. »Der Mensch ist eine Erfindung, deren junges Da-tum die Archäologie unseres Denkens ganz offen zeigt. Vielleicht auch das baldige Ende.« (Foucault 1966, 462) In der strukturalistischen Epoche würde das Wissen nicht um die Idee einer allgemeinen menschlichen Natur organisiert sein, eine Idee, die ermöglicht habe, partikulare Vor-stellungen über den Menschen als universelle auszugeben und misszu-verstehen. Weil Foucault diese Konzeption der Moderne verabschieden will, ist sein Programm antihumanistisch genannt worden.

Wie erwähnt bleibt die Archäologie die Antwort auf die Frage nach den Mechanismen des Epochenwandels schuldig. Die Analyse, die Foucault dann anhand der genealogischen Methode vornimmt, lässt Gesellschaft als unablässiges Kampfgeschehen verstehen. Auf diesen instabilen Kräfteverhältnissen zwischen Individuen beruht die Struktur der gesellschaftlichen Machtverteilung. Wie Foucault zuvor der Auffassung war, dass tief liegende kulturelle Sinnstrukturen eine Epoche jeweils so umfassend durchdringen, dass eine unabhängige Beurteilung dessen, was in ihr als Wissen gilt, unmöglich ist, so vertritt er nun die Auffassung, dass jedes Wissen von Machtverhältnissen abhängt, die sich zwar wandeln, aus denen es aber kein prinzipielles Entkommen gibt. Alles Wissen ist Macht-Wissen einer durch und durch vermachteten Gesellschaft und gehört zu einem Netz aus diskursiven Formationen und Machtpraktiken, das Foucault als Dispositiv bezeichnet.

Macht-Wissen und Dispositiv

Damit wendet sich Foucault gegen die Vorstellung, die moderne Gesellschaft habe die Macht gezähmt, sei freier und weniger durch Zwang geprägt als frühere Gesellschaftstypen. Modernisierung ist keine Geschichte der Abnahme von Macht, sondern des Wandels der vorherrschenden Machtform. Um das zu belegen, muss der Machtbegriff allerdings so reformuliert werden, dass er nicht mit einer spezifischen, historisch überholten Erscheinungsweise der Macht identifiziert wird.

Geschichte als Wandel der Machtform

Die genealogische Analyse der modernen Gesellschaft geht deswegen Hand in Hand mit einer Neukonzeptualisierung des Machtbegriffs. Unter Macht wird nach Foucault üblicherweise die Unterdrückung der Bestrebungen von Individuen verstanden. Subjekte an dem zu hindern, was sie tun wollen, ist jedoch nur eine der Formen, die Macht historisch angenommen hat. Foucault nennt sie Souveränitätsmacht oder auch juridisch-diskursive Vorstellung von Macht, weil ihr die Auffassung zugrunde liegt, Macht trete in der Form rechtlich formulierter Verbote auf, die von einer souveränen Autorität erlassen werden. Er unterscheidet zwei Varianten:

1. Die schon bestehenden Begehren der Subjekte werden unterdrückt oder
2. die Wünsche, an deren Verfolgung die Individuen gehindert werden, entstehen überhaupt nur, weil sie verboten sind; diese – raffiniertere – Variante wurde insbesondere von der Psychoanalyse erforscht.

Souveränitätsmacht: zwei Varianten

In beiden Versionen wird Macht als Repression durch eine zentrale Institution verstanden. Entsprechend ist der Typus repressiver Macht charakteristisch für Gesellschaften, in denen die Macht im Staat zentriert ist. Es handelt sich um vormoderne, paternalistisch organisierte Gesellschaften. Paradigmatisch hierfür sind die absolutistische Herrschaft und der Wille des Königs. Mit der Moderne hat sich nach Foucault jedoch parallel zur gesellschaftlichen Ordnung auch die dominante Form der Macht verändert. Diesen Wandel kann die politische Theorie nur deswegen als emanzipatorische Fortschrittsgeschichte erzählen, weil sie

Vormoderne: repressive Souveränitätsmacht

Konzepte verwendet, die auf die untergegangene Gesellschaftsstruktur der Vergangenheit zugeschnitten sind. »Im politischen Denken und in der politischen Analyse ist der Kopf des Königs noch immer nicht gerollt.« (Foucault 1976 a, 110)

Im Modernisierungsprozess ist die repressive Souveränitätsmacht nach Foucault zunehmend durch die produktive Biomacht abgelöst worden. Produktive Macht wirkt nicht als Verbot, das Individuen daran hindert zu tun, was sie wollen; sie ist vielmehr konstitutiv, weil sie Subjekte formt, indem sie ihre Bedürfnisse so definiert, dass die Individuen sie befriedigen dürfen, und ihrem Wollen eine Richtung gibt, die sie verfolgen können. Diese Macht ist produktiv, weil sie darin besteht, »Kräfte hervorzubringen, wachsen [sic!] lassen und zu ordnen, anstatt sie zu hemmen, zu beugen oder zu vernichten.« (1976 a, 163) Während repressive Macht Individuen äußerlich daran hindert, ihren Wünschen gemäß zu handeln, wirkt produktive Macht auf das Innere der Subjekte.

Moderne: produktive Biomacht

Um zu zeigen, dass es sich tatsächlich auch im Falle produktiver Macht um eine Form gesellschaftlicher Macht handelt, argumentiert Foucault, dass Macht – anders als üblicherweise angenommen – unabhängig von individuellen Absichten auftreten kann. Als strukturelle Macht ist sie nicht subjektiv, aber doch intentional, insofern sich ein sinnhaft verstehbarer und in diesem Sinne eine Absicht verkörpernder Effekt identifizieren lässt: »Die Rationalität der Macht ist die Rationalität von Taktiken, die sich in ihrem beschränkten Bereich häufig unver-

Produktive Macht: nicht subjektiv, aber intentional

Abb. 22

Repressive und produktive Macht

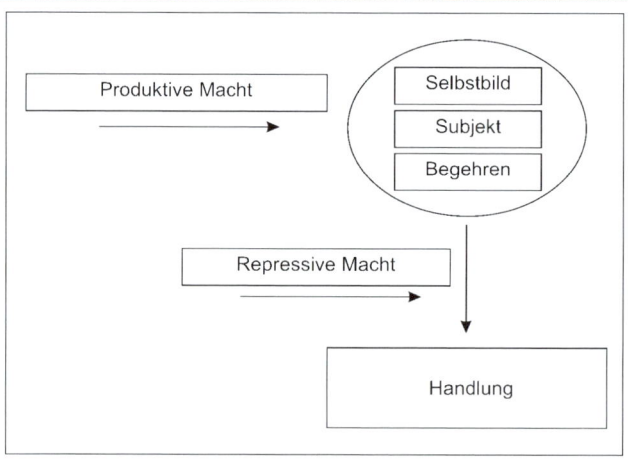

blümt zu erkennen geben – lokaler Zynismus der Macht –, die sich miteinander verketten, einander gegenseitig hervorrufen und ausbreiten,
anderswo ihre Stütze und Bedingung finden und schließlich zu Gesamt-
dispositiven führen: auch da ist die Logik noch vollkommen klar, können die Absichten entschlüsselt werden – und dennoch kommt es vor,
daß niemand sie entworfen hat und kaum jemand sie formuliert: impli-
ziter Charakter der großen anonymen Strategien, die, nahezu stumm,
geschwätzige Taktiken koordinieren, deren ›Erfinder‹ oder Verantwortli-
che oft ohne Heuchelei auskommen.« (1976 a, 116)

Auch die produktive Biomacht tritt nach Foucault in zwei Varianten
auf:

1. Als Disziplinarmacht entwickelt sie sich v. a. in Gestalt der (human-
   wissenschaftlichen) Disziplinen (samt der dazugehörigen Institutionen wie Gefängnissen, Schulen und Kasernen); sie richtet sich auf die
   Normalisierung der Körper (Antrainieren von Tagesrhythmen, Hygiene-
   praktiken etc.).
2. Als Regulierungsmacht besteht sie in der biopolitischen Regulierung
   und Gestaltung der Bevölkerung (Geburtenregulierung, statistische
   Methoden etc.).

Produktive Biomacht: zwei Varianten

Diese von der herkömmlichen Gesellschaftsanalyse nicht erfassten Formen produktiver Macht prägen nach Foucault die moderne Normalisierungsgesellschaft, indem sie die Produktion von Körpern, von Wissen
und von Subjektivitäten bzw. Selbstbildern bestimmen.

Gegen die Erzählung vom emanzipatorischen Charakter des Modernisierungsprozesses richtet Foucault mithin eine Analyse, der zufolge die
Gesellschaft im historischen Verlauf umso vollkommener vermachtet
worden ist. Repressive Macht ist sichtbar, spürbar, identifizierbar; sie ist
von begrenzter Reichweite und wird leicht zum Objekt von Widerstand.
Produktive Macht dagegen operiert im Verborgenen und ist total. Der
Rückgang zentralisierter, repressiver Macht, die Tatsache, dass wir heute
frei sind zu denken, zu sagen und zu tun, was wir wollen, erscheint
weniger freiheitlich, wenn das, was wir denken, sagen und tun nicht
unserem autonomen Willen entspringt, sondern sich als Effekt der Individualisierung und Totalisierung produktiver Macht darstellt.

Umdeutung der Geschichte

Ursprünglich hat Foucault die These über den Wandel der Machtformen mit der Absicht einer vollständigen Dezentrierung des Machtver-
ständnisses verbunden: Nicht im Staat, sondern in den gesellschaftlichen Kräfteverhältnissen ist die Macht v. a. zu suchen. Seit den späten
1970er Jahren hat er jedoch stärker differenziert »zwischen Machtbeziehungen als strategischen Spielen zwischen Freiheiten (also Spielen, in
denen die einen das Verhalten der anderen zu bestimmen versuchen,
worauf die anderen mit dem Versuch antworten, sich darin nicht

Abb. 23

*Historischer Wandel
der Machtformen nach
Foucault*

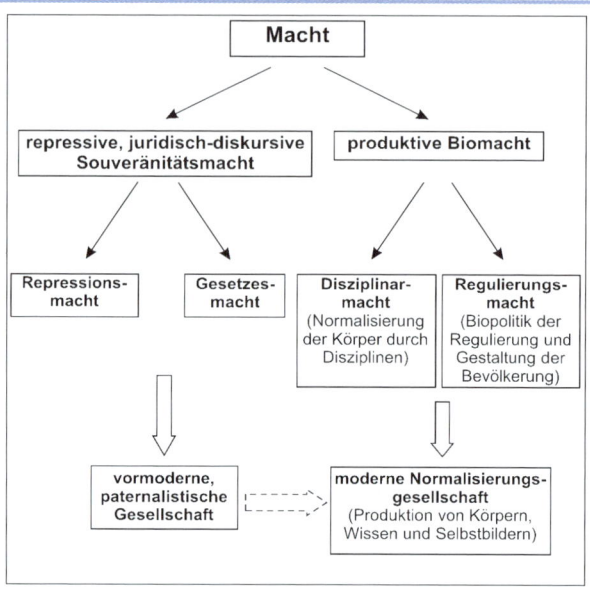

bestimmen zu lassen oder ihrerseits versuchen, das Verhalten der anderen zu bestimmen) und Herrschaftszuständen« (Foucault 1984c, 26).

Macht und
Gouvernementalität
Unter dem Begriff der Gouvernementalität hat Foucault die Vermittlung beider Ebenen, der gesellschaftlichen Machtspiele und der staatlich institutionalisierten Herrschaft anhand von »Regierungstechniken« untersucht: Formen der Führung, die auf die christliche Idee der Seelenführung zurückgehen, sich aus der im Hirtenamt konzentrierten Pastoralmacht entwickelt haben und schließlich ein Verständnis von Politik hervorgebracht haben, für das äußerer Zwang weniger wichtig ist als die scheinbar zwanglose Verwaltung individueller Freiheiten. Interessiert hat er sich dabei v. a. für die zwei Formen der Selbstführung und der Führung von Anderen. Analysiert hat er diese anhand der historisch spezifischen Problematisierungsweisen, also daran, wie die Beziehung zu sich selbst und zu anderen jeweils zum Problem geworden, wie sie thematisiert und auf welche Weise sie bearbeitet worden ist.

Daran will Foucault die epochenspezifische politische Vernunft ablesen, die die Regierungsweise bzw. Gouvernementalität einer Gesellschaft organisiert. Seine genealogischen Rekonstruktionen führen ihn von der Antike über den absolutistischen Staat der frühen Neuzeit und die Epoche des Liberalismus bis zum Neoliberalismus. Entgegen der lange dominierenden Auffassung, der Neoliberalismus sei als Programm der Deregulierung zu verstehen, betont Foucault schon damals, ganz im Einklang mit seiner These über die Totalisierung produktiver Macht, die Bedeutung der Gestaltung von Gesellschaft und Subjekten für die neoliberale Gouvernementalität (vgl. Gertenbach 2007; Lessenich 2008).

Totalisierung produktiver Macht statt Deregulierung

Diagnose: Genealogische Kritik spätmoderner Subjektivierungsformen

| 4.4.5

Die begriffliche Unterscheidung von repressiver und produktiver Macht samt der These eines historischen Übergangs von der Ersteren zur Letzteren könnte den Eindruck erwecken, Foucault beschränke sich auf eine neutrale Beschreibung dieses Vorgangs und verzichte darauf, gesellschaftliche Fehlentwicklungen zu diagnostizieren. Das wäre allerdings ein gravierendes Missverständnis. Auch produktive Macht wirkt repressiv; die Repression besteht nur nicht in einer äußerlichen, sondern einer inneren Begrenzung der Existenzweise des Subjekts. Die Produktion von Subjektivitäten legt die Individuen auf bestimmte Seinsweisen fest, ohne dass ihnen bewusst wäre, welchen Grenzen sie unterliegen; in ähnlicher Weise war Foucault in seiner archäologischen Phase davon ausgegangen, tief liegende epistemische Sinnstrukturen definierten die Grenzen einer Kultur. Foucaults gesamte Machtanalytik zielt darauf, die Schranken sichtbar zu machen, welche die produktive Macht den Menschen durch die Art und Weise ihrer Subjektivierung setzt. Deswegen lassen sich hier, ähnlich wie bei Theodor W. Adorno, Analyse und Diagnose nicht trennen. Die Analyse ist eine Diagnose der Pathologien unserer Kultur.

Pathologisch ist jeweils die historisch und kulturell spezifische Form der Subjektivierung, die Menschen darin festlegt, wie sie denken und wie sie sein können. Als charakteristische Pathologie der Moderne identifiziert Foucault die Disziplinierung und Normalisierung der Individuen. In seinen genealogischen Studien hat er dies zunächst im Modell der Disziplinargesellschaft herausgearbeitet, dem zufolge soziale Ordnung in der Gegenwart durch eine Kontrolle der auf ihre Körper reduzierten Menschen gewährleistet wird, die die Individuen zunehmend selbst über sich ausüben. Die Verkürzungen dieses Modells korrigiert Foucault in der Folge durch das Konzept der modernen Normalisierungsgesellschaft. Es ergänzt die Produktion der Körper durch die Disziplinen um die in der Archäologie zentrale und später als Macht-Wissen erläuterte Dimension der Produktion des Wissens sowie um die Dimension der Produktion von Selbstbildern, die das Selbstverhältnis der Subjekte bestimmen.

Disziplinierung und Normalisierung

Individualisierung

Differenzierung

Rationalisierung

Domestizierung

Schon von Foucault selbst, aber insbesondere im Anschluss an Vorlesungen, die erst lange nach seinem Tod publiziert wurden, ist die Analyse der Subjektivierungsformen der neoliberalen Gouvernementalität ins Zentrum der Aufmerksamkeit gerückt. Diese Studien weisen darauf hin, dass in der Spätmoderne insbesondere zwei Tendenzen die Normalisierung der Individuen kennzeichnen:

Spätmoderne Normalisierungstendenzen

Individualisierung
1. Es lässt sich feststellen, dass gesellschaftlich verursachte Risiken zunehmend individuell verantwortet werden; exemplarisch dafür steht die Maxime, dass der Gefahr der Altersarmut durch private Versicherungen vorzubeugen ist, und mehr noch die Auffasung, dass Arbeitslosigkeit ein individuelles Verschulden darstellt.

Ökonomisierung
2. Es zeigt sich, dass ökonomische Kriterien in immer weitere gesellschaftliche Bereiche eindringen; Studieren wird zur Investition in die eigene Zukunft, die überdies nur bewältigen wird, wer seine Zeit gut managt.

Foucaults Analyse gleichzeitig als Diagnose sozialer Pathologien zu verstehen, beinhaltet freilich ein Problem. Wenn alle gesellschaftlichen Beziehungen schon aus definitorischen Gründen Machtverhältnisse sind, dann kann es keine bessere, unvermachtete Gesellschaft geben. Wenn Individuen zwangsläufig subjektiviert werden, dann gibt es dazu eben keine Alternative. Was ist an der bestehenden Machtstruktur schlecht und warum sollen die dominanten Subjektivierungsweisen überwunden werden, wenn damit doch nur eine andere Machtstruktur und neue Formen der Subjektivierung an die Stelle der alten treten? Foucault scheint über keinen normativen Maßstab zu verfügen, der die Kritik, um die es ihm doch geht, tragen könnte. Doch wie soll Kritik ohne ein solches Kriterium möglich sein?

Kritik ohne Maßstab?

Eine erste Antwort darauf lautet, dass sich in Foucaults Werk einige verstreute Hinweise auf ein normativ ausgezeichnetes Gegenbild zur kritisierten Gegenwart finden. Rückt Foucault selbst bald von der in seinem Frühwerk noch zu findenden Position ab, im Wahnsinn finde sich eine ursprüngliche und authentische Erfahrungsdimension, so endet noch der erste Band seiner Geschichte der Sexualität mit messianisch anmutenden Passagen, in denen er von »einer anderen Ökonomie der Körper und der Lüste« träumt (Foucault 1976a, 190). Wie immer man solch unklare Formulierungen interpretiert, es bleibt das Problem, dass sich ein jeder Maßstab der Kritik, der sich bei Foucault finden mag, nicht mit seinen methodischen Annahmen vereinbaren lässt. Jeder normative Maßstab wäre ja selbst nur ein Element eines zu kritisierenden Macht-Wissens.

Eine zweite Antwort bestünde deswegen in dem Hinweis, dass Foucaults methodische Annahmen zumindest mit einem formalen Maßstab

vereinbar sind, der jede Abschließung und Verhärtung kultureller Formationen als pathologisch zu erkennen gibt. Zwar existiert kein Außerhalb der Macht, aber das Offenhalten für Wandel mindert dieses Problem. Ganz in diesem Sinne erläutert Foucault als genealogisch jene
Kritik, die »in der Kontingenz, die uns zu dem gemacht hat, was wir
sind, die Möglichkeit auffinden [wird], nicht länger das zu sein, zu tun
oder zu denken, was wir sind, tun oder denken« (Foucault 1984 d, 49); es
geht Foucault um eine »Kritik dessen, was wir sind, die historische Analyse der uns gegebenen Grenzen und ein Experiment der Möglichkeit
ihrer Überschreitung« (1984 d, 54).

Auch diese Antwort lässt allerdings die Frage offen, warum jemand
denn sein Sein, Tun und Denken überschreiten und ändern sollte. Warum Transgression und Transformation, wenn dabei doch nur die Ket-
ten gewechselt werden? Diese Frage wird sich freilich nicht stellen, wer
Foucault im Geiste der genealogischen Methode liest. Genealogische **Genealogische Kritik**
Analysen lassen sich nicht allein aus ihrer inhaltlichen Substanz verstehen; ihre stilistische Komposition ist für sie ebenso konstitutiv: »Ein ge-
nealogischer Imperativ, eine ›Bedienungsanleitung‹ für das Verfassen
von effektiven Genealogien könnte folgendermaßen lauten: ›Erzähle mir
die Geschichte der Genese meines Selbstverständnisses unter Verwendung des Wortes Macht (oder verwandter Wörter wie Strategie, Dispositiv oder Interessen, Unterwerfung, Ausbeutung, Nutzen) auf eine solche
Weise, daß ich beim Zuhören so, wie ich glaube, unwiderruflich zu sein,
nicht mehr sein will und beim Zuhören selbst begreife, daß ich so auch
nicht sein muß.‹« (Saar 2003, 170)

Zusammenfassung | 4.4.6

Michel Foucaults Werk ist eine Neubeschreibung des Modernisierungsprozesses, der ihm zufolge keine Geschichte zunehmender Freiheitsgewinne und der Steigerung personaler Autonomie darstellt, sondern
aus einer mehr oder weniger diskontinuierlichen Abfolge von Epochen
besteht, mit denen sich die Formen gesellschaftlicher Macht ändern,
welche die Subjekte prägen. Als Faktoren, die dem Sein, Denken und
Tun der Menschen ihren Stempel aufdrücken, sieht Foucault diskursive
Formationen und später dann die Machtverhältnisse bzw. die Macht-
Wissen-Komplexe an, von denen das gesellschaftliche Wissen, aber auch
die körperlich verankerten Wünsche und Begehren sowie die Selbstbilder
der Individuen abhängen.

Für die Analyse der impliziten, aber gleichwohl wirkmächtigen Sinnstrukturen und Wissensraster einer Kultur entwickelt er zunächst die

Individualisierung

Differenzierung

Rationalisierung

Domestizierung

Tab. 23

Michel Foucaults soziologische Theorie auf einen Blick

	Stichworte	Erläuterungen
Soziologie	Soziologie als Genealogie	Ziel ist die Erkenntnis der historischen Grenzen unseres Denkens, Handelns und Seins.
Leitfrage	Wie kann man die Grenzen des eigenen Denkens, Handelns und Seins erkennen und überschreiten?	»Transgression« (Überschreitung) durch Delegitimierung des Bestehenden als Ziel
Erklärungsmodell	Poststrukturalistische Theorie: Strukturen sind historisch variabel und diskursiv erzeugt.	Methode der Archäologie und Genealogie
Basiseinheit des Erklärens	zunächst Diskurse, später Machtverhältnisse	Methode revidiert, um historischen Wandel erklären zu können
Verhältnis Individuum/Gesellschaft	Formationsregeln des Diskurses bzw. Macht-Wissen gehen Individuum voraus.	Autonomes Subjekt ist Illusion; Subjekte wirken an ihrer Subjektivierung mit.
Moderne und traditionale Gesellschaft (Analyse)	Produktive Macht tritt zunehmend an Stelle von repressiver Macht.	Geschichte ist kein Fortschrittsprozess.
Modernisierung als	Wandel der Subjektivierungsformen in Abhängigkeit von diskursiven Formationen und Machtpraktiken; Spätmoderne als Auflösung der Idee des Menschen	Zugleich ist Modernisierung ein fortschreitender Prozess der Disziplinierung und Normalisierung.
Treibendes Veränderungsprinzip	Kämpfe	Gesellschaft ist ein unabschließbares Kampfgeschehen.
Moderne Pathologien (Diagnose)	Disziplinierung, Normalisierung	Illusion individueller Freiheit trotz zunehmender Identitätszwänge.

Methode der Archäologie; weil diese aber letztlich die Antwort auf die Frage nach den Mechanismen historischen Wandels schuldig bleibt, tritt die genealogische Methode an deren Stelle. In diesem Zusammenhang entwirft Foucault ein Kampfmodell der Gesellschaft, dem zufolge es keinen Ort außerhalb strategischer Machtspiele gibt. Damit wendet er sich gegen staatszentrierte Vorstellungen der Gesellschaft. Diese Position verbindet er zudem mit der historischen These, dass sich die Machtformen im Modernisierungsverlauf gewandelt haben. Repressive Formen äußeren Zwangs gehen zurück und perfidere, produktive Formen einer Festlegung und Limitierung der Subjekte durch die Hervorbringung ihrer Identität treten an ihre Stelle und lassen die Macht total werden. Die Genealogie der Macht rekonstruiert diesen Prozess auf eine Weise, die diese Limitierung bewusst macht und zur Überschreitung und Veränderung der bisherigen Lebensweise motiviert. In der Spätmoderne richtet sie sich insbesondere auf die neoliberale Gouvernementalität.

Lernkontrollfragen

1 Wie thematisiert Foucault das Individuum in der modernen Gesellschaft?
2 Welche Rolle spielen die Konzepte »Macht« und »Wissen« bei Foucault?
3 Wie versteht Foucault den Geschichtsverlauf?
4 Wie verändern sich die Machtformen in der Moderne nach Foucault?
5 Was versteht Foucault unter Subjektivierung?
6 Welches Ziel verbindet Foucault mit der Methode einer Genealogie der Macht? Wie verfährt die genealogische Analyse mit Blick auf dieses Ziel?

Literaturhinweise

Primärliteratur

Foucault, Michel (1961): Wahnsinn und Gesellschaft. Eine Geschichte des Wahns im Zeitalter der Vernunft, Frankfurt a. M. 1973.

Foucault, Michel (1963): Die Geburt der Klinik. Eine Archäologie des ärztlichen Blicks, München 1988.

Foucault, Michel (1966): Die Ordnung der Dinge. Eine Archäologie der Humanwissenschaften, Frankfurt a. M. 1974.

Foucault, Michel (1969): Archäologie des Wissens, Frankfurt a. M. 1973.

Foucault, Michel (1974): Die Wahrheit und die juristischen Formen, in: ders.: Dits et Ecrits. Schriften Bd. 2: 1970–1975, Frankfurt a. M. 2002, 669–792.

Foucault, Michel (1975): Überwachen und Strafen. Die Geburt des Gefängnisses, Frankfurt a. M. 1976.

Foucault, Michel (1976a): Der Wille zum Wissen. Sexualität und Wahrheit, Bd. 1, Frankfurt a. M. 1977.

Foucault, Michel (1976b): Mikrophysik der Macht. Über Strafjustiz, Psychiatrie und Medizin, Berlin.

Foucault, Michel (1978): Dispositive der Macht. Über Sexualität, Wissen und Wahrheit, Berlin.

Foucault, Michel (1980): Gespräch mit Ducio Trombadori, in: ders.: Der Mensch ist ein Erfahrungstier, Frankfurt a. M. 1996, 23–122.

Individualisierung

Differenzierung

Rationalisierung

Domestizierung

Foucault, Michel (1984 a): Der Gebrauch der Lüste. Sexualität und Wahrheit, Bd. 2, Frankfurt a. M. 1986.

Foucault, Michel (1984 b): Die Sorge um sich. Sexualität und Wahrheit, Bd. 3, Frankfurt a. M. 1986.

Foucault, Michel (1984 c): Freiheit und Selbstsorge. Gespräch mit Michel Foucault am 20. Januar 1984, in: ders.: Freiheit und Selbstsorge, hg. von Helmut Becker u. a., Frankfurt a. M. 1985, 9–28.

Foucault, Michel (1984 d): Was ist Aufklärung?, in: Erdmann, Eva/Forst, Rainer/Honneth, Axel (Hg.): Ethos der Moderne. Foucaults Kritik der Aufklärung, Frankfurt a. M. 1990, 35–53.

Foucault, Michel (1988): Technologien des Selbst (Seminarvortrag 1982), in: ders.: Dits et Ecrits. Schriften Bd. 4: 1980-1988, Frankfurt a. M. 2005, 966–999.

Foucault, Michel (2004 a): Geschichte der Gouvernementalität I. Sicherheit, Territorium, Bevölkerung. Vorlesung am Collège de France 1977–1978, Frankfurt a. M.

Foucault, Michel (2004 b): Geschichte der Gouvernementalität II. Die Geburt der Biopolitik. Vorlesung am Collège de France 1978–1979, Frankfurt a. M.

Foucault, Michel (2004 c): Hermeneutik des Subjekts. Vorlesung am Collège de France 1981–1982, Frankfurt a. M.

Sekundärliteratur

Angermüller, Johannes (2004): Michel Foucault – auf dem Weg zum soziologischen Klassiker?, in: Soziologische Revue 27, 385–394.

Barry, Andrew/Osborne, Thomas/Rose, Nikolas (Hg) (1996): Foucault and Political Reason. Liberalism, Neo-Liberalism, and Rationalities of Government, Chicago.

Bröckling, Ulrich/Krasmann, Susanne/Lemke, Thomas (Hg.) (2004): Gouvernementalität der Gegenwart. Studien zur Ökonomisierung des Sozialen, Frankfurt a. M.

Burchell, Graham/Gordon, Colin/Miller, Peter (Hg.) (1991): The Foucault Effect. Studies in Governmentality, Chicago.

Dreyfus, Hubert L./Rabinow, Paul (1987): Michel Foucault. Jenseits von Strukturalismus und Hermeneutik, Frankfurt a. M.

Eribon, Didier (1991): Michel Foucault. Eine Biographie, Frankfurt a. M.

Gertenbach, Lars (2007): Die Kultivierung des Marktes. Foucault und die Gouvernementalität des Neoliberalismus, Berlin.

Keller, Reiner (2005): Michel Foucault, in: Kaesler, Dirk (Hg.): Aktuelle Theorien der Soziologie, München, 104–126.

Keller, Reiner u. a. (Hg.) (2004/06): Handbuch sozialwissenschaftliche Diskursanalyse (2 Bde.), Wiesbaden.

Lemke, Thomas (2003): Eine Kritik der politischen Vernunft. Foucaults Analyse der modernen Gouvernementalität, Hamburg.

Lessenich, Stephan (2008): Die Neuerfindung des Sozialen. Der Sozialstaat im flexiblen Kapitalismus, Bielefeld.

Reckwitz, Andreas (2000): Die Transformation der Kulturtheorien. Zur Entwicklung eines Theorieprogramms, Weilerswist.

Saar, Martin (2003): Genealogie und Subjektivität, in: Honneth, Axel/Saar, Martin (Hg.): Michel Foucault. Zwischenbilanz einer Rezeption, Frankfurter Foucault-Konferenz 2001, Frankfurt a. M., 157–177.

Saar, Martin (2007): Genealogie als Kritik. Geschichte und Theorie des Subjekts nach Nietzsche und Foucault, Frankfurt a. M. u. a.

Schroer, Markus (2001): Das Individuum der Gesellschaft, Frankfurt a. M., 81–123.

Stäheli, Urs (2000): Poststrukturalistische Soziologien, Bielefeld.

Strecker, David (2012): Logik der Macht. Zum Ort der Kritik zwischen Theorie und Praxis, Weilerswist.

Register

UVK:Weiterlesen bei UTB

Volker Kruse
Geschichte der Soziologie
2. Auflage
2012, 320 Seiten
22 s/w Abb., broschiert
ISBN 978-3-8252-3833-9
UTB Basics

Ein kompakter Überblick über die Geschichte der Soziologie: von den Anfängen im 19. Jahrhundert bis in die Nachkriegszeit. Es werden die für die Lehre zentralen Soziologen vorgestellt – ihr Leben, ihr Werk und ihre Zeit.
Der Autor zeigt, wie soziologische Theorien in der Auseinandersetzung mit zeitspezifischen politischen, ökonomischen und kulturellen Herausforderungen entstehen und ermöglicht damit ein leichteres Verständnis der begrifflichen und theoretischen Grundlagen der Soziologie. Volker Kruse möchte bei Studierenden und anderen Interessierten Lust auf theoretisches Denken wecken und zu weiterführendem Lesen anregen. Zahlreiche Schaubilder, Hintergrundinformationen und Originalzitate veranschaulichen dabei Zusammenhänge. Zusammenfassungen, Definitionen und Lernkontrollfragen fördern das Verständnis. Ideal auch für die Prüfungsvorbereitung.

»*Eine umfassende, informative, verständliche, z.T. sogar spannend zu lesende Studie.*« ekz-Informationsdienst

»*Die aufgezeigten vielfältigen Verflechtungen sind höchst interessant, so dass die Geschichte der Soziologie mit diesem Band viel Freude macht und zur Vertiefung einlädt – eine Empfehlung auch für Nichtsoziologen.*« cultdoc.uni-giessen.de

Volker Kruse ist Professor an der Fakultät für Soziologie der Universität Bielefeld.

Klicken + Blättern

Leseprobe und Inhaltsverzeichnis unter

www.uvk.de/utb

Erhältlich auch in Ihrer Buchhandlung.

UVK:Weiterlesen bei UTB

Michael Corsten
Grundfragen der Soziologie
2011, 322 Seiten, broschiert
ISBN 978-3-8252-3494-2
UTB Basics

Michael Corsten führt StudienanfängerInnen in die Grundfragen der Soziologie ein, indem er sie durch das Labyrinth der soziologischen Fachbegriffe leitet: Er zeigt für ausgewählte Grundbegriffe auf, wie diese im Zusammenhang einer Terminologie – also eines ganzen Begriffssystems – stehen und wie zudem verschieden ansetzende Terminologien auf vergleichbare Gegenstände bezogen sind. Er stellt Verbindungen zwischen verschiedenen Denkansätzen her, integriert dabei spezielle Soziologien (wie Familienforschung, Kultursoziologie, Bildungsforschung etc.) in die Darstellung und vermittelt die Hauptthesen aktueller Gesellschaftsdiagnosen.
Die Einführung macht sichtbar, wie über die Konstruktion von Begriffen eine spezifische Sicht auf gesellschaftliche Phänomene und die Gesellschaft insgesamt eröffnet wird.

»*Dem Buch gelingt es, die soziologische Vorstellungskraft zu wecken und das soziologische Urteilsvermögen zu stärken. […] Dadurch ist es dem Verfasser gelungen, einen wertvollen Beitrag für das Fach Soziologie zu leisten.*«   socialnet.de

Michael Corsten ist Professor für Soziologie an der Universität Hildesheim.

Klicken + Blättern

Leseprobe und Inhaltsverzeichnis unter
www.uvk.de/utb
Erhältlich auch in Ihrer Buchhandlung.

UVK:Weiterlesen bei UTB

Johannes Huinink, Torsten Schröder
Sozialstruktur Deutschlands
2008, 280 Seiten, broschiert
ISBN 978-3-8252-3146-0
UTB Basics

Eine kompakte Einführung in die Sozialstruktur Deutschlands: Grundbegriffe, zentrale Modelle und Methoden der Sozialstrukturanalyse werden erklärt.
Dabei werden die beiden zentralen Themenfelder »Bevölkerung« und »soziale Ungleichheit« umfassend behandelt. Der Zusammenhang zwischen der Sozialstruktur und grundlegenden gesellschaftlichen Institutionen wie Arbeitsmarkt oder Wohlfahrtsstaat wird anhand empirischer Befunde verständlich gemacht.
Der Band schließt mit einer Anleitung zum Umgang mit Datenquellen der Sozialstrukturforschung.

»Der Band ist gleichermaßen ein Lern- wie Arbeitsbuch. Man merkt ihm wohltuend an, dass er aus einem vielfach erprobten Vorlesungsskript hervorgegangen ist, denn er ist didaktisch versiert durchkomponiert. Er eignet sich nicht allein zur Einführung in die Sozialstruktur Deutschlands, sondern ebenso als Lern- und Arbeitstableau soziologischer Grundbegriffe und Theorien wie als Hinführung zu einer soziologisch abgesicherten Urteilsbildung.« ZPol

Johannes Huinink ist Professor für Soziologie am Institut für empirische und angewandte Soziologie der Universität Bremen, Arbeitsgebiet »Theorie und Empirie der Sozialstruktur«. Torsten Schröder ist wissenschaftlicher Mitarbeiter an der Universität Bremen.

Klicken + Blättern

Leseprobe und Inhaltsverzeichnis unter
www.uvk.de/utb

Erhältlich auch in Ihrer Buchhandlung.

UVK:Weiterlesen bei UTB

Bernhard Schäfers
**Sozialstruktur und sozialer Wandel
in Deutschland**
9., völlig überarbeitete Auflage
2012, 304 Seiten
43 s/w Abb., broschiert
ISBN 978-3-8252-3827-8

Die 9., völlig überarbeitete Auflage dieses Standardwerkes gibt einen aktuellen Überblick über die Sozialstruktur Deutschlands und ihren Wandel seit 1945. Bernhard Schäfers führt anschaulich in die erforderlichen Grundbegriffe ein und berücksichtigt ausführlich die wirtschafts- und sozialgeschichtlichen Zusammenhänge.

Ausgehend von den Grundlagen des Staats- und Gesellschaftssystems werden folgende Themen behandelt: politisches System und Parteienstruktur; der Vereinigungsprozess 1990 und die bisherige Entwicklung; Grundlagen des Wirtschaftssystems, der Arbeits- und Berufsstrukturen; Bevölkerungsstruktur, Ausländer und Integration; Familie, Ehe und Lebensgemeinschaften; Bildung und Ausbildung, Religionen und Kirchen; Struktur und Wandel des Sozialstaats; Wandel der Klassen- und Schichtungsstruktur und soziale Ungleichheit; Gemeinden, Städte und Wohnverhältnisse; Deutschland in Europa.

Ein ausführliches Sachregister erleichtert das Auffinden wichtiger Begriffe und Sachverhalte.

»Es ist ein Kompendium, das seinesgleichen sucht.«   Badisches Tagblatt

Bernhard Schäfers ist emeritierter Professor der Soziologie an der Universität Karlsruhe (jetzt: KIT). Er wurde von der Deutschen Gesellschaft für Soziologie (DGS) mit dem Sonderpreis für die Entwicklung einer soziologischen Lehrbuchkultur in Deutschland ausgezeichnet.

Klicken + Blättern

Leseprobe und Inhaltsverzeichnis unter

www.uvk.de/utb

Erhältlich auch in Ihrer Buchhandlung.

deftig gemeckert, aber auch herzhaft gelacht. Man trifft sich nie wieder und kann großzügig über alle gesellschaftlichen Schranken hinwegsehen.

Und alle zählen die Minuten. Und alle wollen weiter.

Wer auf einen Rollator angewiesen ist oder einen Kinderwagen schiebt, hat das steile Mittelinselufer noch lange nicht erreicht. Die langsamen Schritte dieser Menschen werden aus den Autos heraus gnadenlos beschimpft. Es wird gehupt und mit aufheulenden Motoren erschreckt und gedrängelt, so will es das ungeschriebene Gesetz der Straße. Die Ampelphasen nehmen keine Rücksicht auf kaputte Hüften, gebrochene Beine, müde Knochen. Die ständige Angst, angefahren zu werden, es diesmal nicht zu schaffen, treibt mir stellvertretend die Wut ins Gesicht.

Auch Schwangere, vielleicht sogar schon Mütter und auch manche Väter mit kleinen Kindern an der Hand oder im Buggy, werden rücksichtslos beschimpft aus den Seitenfenstern der Ungeduld. Wer im Auto sitzt, verliert jedes Gefühl für die Zeit. Schnell muss es gehen, schnell müssen sie laufen, denn ein Wagen will fahren. Die Berliner Verkehrspolitik unterstützt diese Rücksichtslosigkeit.

Die Zeit läuft für Menschen hinter Lenkrädern zehnmal schneller davon. Langsame Menschen zu Fuß verstehen das einfach nicht.

Kleinkinder lernen, kaum können sie auf ihren eigenen Beinen stehen und gehen, die unbedingte Rücksichtnahme auf Autos. »Pass auf, guck nach allen Seiten, laufe niemals einfach auf die Straße, und fasse das Auto nicht an.« Sie werden in Warnwesten verpackt, mit Katzenaugenanhängern verschnürt, mit blinkenden Mützen ausgestattet und bekommen Tag für Tag die gleiche Lektion eingetrichtert: Pass auf die Autos auf!

Kindergartengruppen werden gar mit Seilen gesichert, an denen sich die Kleinen unablässig festhalten müssen.

In der dunklen Jahreszeit bekommen sie zusätzliche Lichterketten oder reflektierende Geschirre umgehängt. Ausnahmslos alle Erwachsenen kennen die Litanei auswendig, und ausnahmslos jedes Kind hört sie ohne Unterlass.

Die Schwächsten müssen also sehr gut achtgeben auf die Stärksten im Verkehr. Ihre Aufgabe ist es, den Autoverkehr zu respektieren und zu schützen.

Was für eine wohltuende Abwechslung ist da jede Fahrt mit dem Bus für die Kinder. Im Bus können sie sich von dieser immensen Aufgabe erholen und dürfen ausruhen.

Kein Wunder, dass Kinder im Bus oft müde werden.

Würden Erwachsene sich vor dem Überqueren einer großen Straße mal in die Perspektive eines Kindes versetzen, auf einer Mittelinsel auf erneutes Grün warten, sie wären sehr erschrocken, was den Kleinen zugemutet wird.

Während nun also alle Fußgängerinnen und Fußgänger eng an eng auf der Mittelinsel auf die nächste grüne Ampel warten, fährt der lang ersehnte Bus an uns vorbei, hält, lässt die Fahrgäste ein- und aussteigen, ordnet sich wieder in den Verkehr ein und zeigt uns nur noch seine breite Rückseite. Termine und Pläne verschieben sich, das Verständnis für schlechte Launen auch.

Kommt nun noch extreme Hitze, starker Regen oder Sturm dazu, was in Berlin öfter der Fall ist, ist das Vorhaben, unbeschadet über den Damm zu kommen, komplett dahin.

Während andere Leute viel Geld für Abenteuerurlaube ausgeben, steigt der Adrenalinspiegel für Menschen außerhalb eines Autos kostenlos gleich mehrmals am Tag. Ungewöhnlich nur, dass nicht schon längst jemand den Service »Ich gehe für Sie über die Straße, pro Spur zehn Cent bis ein Euro. Daueraufträge und Sonderwünsche werden gerne angenommen« anbietet.

Auch gemütliche Rikschas, die für eine kleine Spende ihre Kundschaft jeweils hin und her über die Fußgängerampeln radeln, fehlen. Schnell einsteigen, gut sitzen, kurz gefahren werden, statt zu hasten, zu humpeln, Angst zu haben, es nie zu schaffen und dann doch einmal angefahren zu werden. Und für die Regelmäßigkeit könnten die Rikschafahrerinnen einen Rabattservice anbieten: »Jede zehnte Überquerung ist umsonst!«

Noch schöner wäre die Installation von Seilbahnen, mit deren Hilfe man sich leicht und sicher über die Straßen gleiten lassen könnte.

Der Platz ist ja da, nur der Wille fehlt. »Sollen sie doch Auto fahren«, denken viele in den Straßen- und Stadtplanungsbüros und in der Politik.

Berlin ist eine Frau, die lacht

M19 – Olivaer Platz, Wittenbergplatz,
Nollendorfplatz / An der Urania

Der Bus hält, Holger und ich steigen ein, suchen einen freien Platz. Auf der gegenüberliegenden Gangseite sitzt eine Frau mit langen schwarzen Haaren. Wir nicken uns kaum wahrnehmbar zu: »Ich sehe dich, ich nehme dich wahr, hallo.«

Diese Blicke tauschen sehr viele Frauen untereinander, ohne sich dessen überhaupt bewusst zu sein. Es ist eine automatisierte Angewohnheit, so flüchtig, dass die meisten sie gar nicht bemerken. Der Unterschied zu einem Blickaustausch zwischen einer Frau und einem Mann könnte nicht größer sein.

Ich schaue aus dem Fenster, freue mich über die Sorglosigkeit im Bus. Ein Mann steigt ein, setzt sich hinter die Frau mit den wunderschönen langen Haaren. Ein paar Strähnen fließen über die Rückenlehne und schaukeln sachte mit den Bewegungen der Fahrt.

»Sie sind so haarig«, brummt der Mann in ihren Rücken. In seiner Stimme schwingt Verachtung. Ich schaue ihn neugierig an.

»Sie sind so haarig, das ist nicht in Ordnung«, ergänzt er seine Beschwerde.

Die Frau reagiert nicht. Sie hat ihn nicht gehört oder nicht verstanden.

Holger flüstert: »Was hat er gesagt? Sie ist so paarig?«

Der Mann beobachtet, zunehmend ärgerlich, ihre Strähnen.

»Gleich berühren Ihre Haare meine Knie. Ich will das nicht. Können Sie sich gefälligst mal darum kümmern!«

Er hebt die Beine an, jetzt schaukeln die glänzenden Strähnen tatsächlich für einen Moment über seine Jeans.

»Das ist ja widerlich!«, bellt er jetzt ihren Hinterkopf an und streicht angeekelt über seine Hosenbeine. Sähe ich nur sein Gesicht und die Handbewegung, ich würde riesige Spinnen auf seinen Beinen vermuten.

Holger schubst mich an: »Der spinnt doch.«

Damit ist das Thema für ihn erledigt. Er guckt in sein Smartphone und lacht leise über ein Video, dass ihm Maxi geschickt hat.

Die langhaarige Frau sitzt weiterhin unbeteiligt da.

Der Mann plustert sich auf, er will wütend sein und etwas tun. Noch gehemmt nimmt er eine Strähne zwischen zwei Finger und wirft sie über die Lehne. Doch die Haare schwingen zurück.

»So was muss ich mir nicht gefallen lassen«, keift er, rutscht hin und her, bereitet sich vor.

Während ich noch überlege, die Frau zu warnen, ruft eine andere Frau hinter uns laut durch den Bus: »He, Sie da. Hier sind genug andere Plätze. Lassen Sie die Frau in Ruhe! Die saß zuerst da.«

»Was mischen Sie sich jetzt ein?«, ruft er zurück. »Das geht Sie gar nichts an!«

»Ich komm dir gleich dahin«, droht sie ihm, »noch ein Wort, und Sie werden mich kennenlernen!«

Jetzt hat die Frau mit den langen Haaren doch etwas bemerkt. Sie dreht sich um, guckt den Mann fragend an, dann mich. Ich zucke mit den Schultern. Der Mann guckt böse zurück. Ihre schönen Haare sind mit der Bewegung wieder auf ihre Seite der Lehne gerutscht und bedecken ihren Rücken. Der Mann stöhnt. Er muss ein neues Ventil für seine Wut suchen. Dabei hatte er sich auf das kleine Vergnügen schon gefreut.

»Dumme Puten, ihr denkt, ihr könnt euch wohl alles erlauben, aber nicht mehr lange«, verkündet er und sucht sich einen Sitzplatz weiter vorne im Bus.

Holger kichert vom Nebensitz: »Fast hätte ich Angst gehabt vor dem.«

Es gibt keine Stadt und kein Dorf in Deutschland, in dem Frauen so gut und so frei leben wie Berlin. Wer bewusst den Passantinnen auf den großen Straßen, den Fahrgästen im Bus, den Leuten auf den Festen und Veranstaltungen zusieht, bekommt schnell gute Laune. So viele unterschiedliche Menschen gehen gleichzeitig die gleichen Wege, und so viele sind Frauen unterschiedlichster Herkunft, Alters, Bewegung. Wie selbstbewusst und zielstrebig sie alle sind. Wie abwechslungsreich ihre Kleidung, ihr Gang, ihre Körper sind. Manchen sieht man an, dass sie was zeigen wollen:

ICH STUDIERE.

ICH BIN SCHWANGER.

ICH GEHE ZUR SCHULE.

ICH BIN VERLIEBT.

ICH KOMME VON WEIT HER.

ICH BIN MODERN.

ICH BIN KREATIV.

ICH BIN MUTIG.

ICH GEHÖRE DAZU.

ICH BIN SCHÖN.

ICH HABE KEINE ANGST.

ICH KANN.

ICH WILL.

ICH WERDE!

Mit jedem Schritt und jedem Blick tragen die Frauen Botschaften auf jede Straße, in jedes Haus. Das Nichtlesen dieser An- und Aussagen ist reine Verschwendung.

Frauen und Männer gestalten sich mit Lust eigene Hintergründe, deren Oberflächen wie Geschenke für aller Augen wirken. Es gibt in Berlin keine Pflicht für eine Frisur, für eine Erkennungsmode. Und schon diese kleine Freiheit verführt zu sehr viel Lebenslust. Das Ausprobieren von Formen, Farben, Stilen bietet eine riesige Vielfalt und Akzeptanz. Ja, man freut sich über besonders gewagte oder kreative Kleidung, verurteilt aber nur im äußersten Fall oder unter vier Augen.

In welchen Zusammenhängen man lebt, was wichtig ist, zeigt sich oft an Kleinigkeiten, die nur die jeweiligen Insider erkennen. Diese klaren Unterschiede bieten keinen Anlass zur Häme. Was Außenstehende für vorurteilswert halten mögen, ist praktisch angewandte Vielfalt.

Es gibt die Unterscheidung von Tag- und Nachtkleidung nicht im klassischen Sinn. Jede Uhrzeit spielt überhaupt eine eher nebensächliche Rolle.

Die Kunst, einzelne Körperteile zu bekleiden, bevor man auf die Straße geht, wird minimalistisch maximal ausgelebt. Der Blick in den Spiegel ist nicht obligatorisch. Wer entscheidet, was angemessen ist, was ein Schlafanzug vom Discounter oder ein Designerkleid ist?

Der berühmt-berüchtigte Gang zum Bäcker, ungekämmt, in Morgenmantel und Pantoffeln, ist unter Berlinern keinen zweiten Blick wert. Es zeigt, wie intim das Leben in der angenommenen Anonymität sein kann und die besondere Selbstsicherheit untereinander. Man schenkt und empfängt Vertrauen. Es entlastet von anstrengenden Konventionen, schafft unbekümmerte Energien für Individualität und unterstreicht die absolute Berechtigung aller Körperformen.

Konkrete Hinweise und dezent platzierte Aussagen in Kleidung und Frisur sind dennoch klar und erleichtern die Akzeptanz des Gegenübers. Die Regenbogenaufnäher auf Jacken und Hemden erkennen wohl alle leicht als Symbol der Vielfalt der Lebens- und Liebesformen und Statement für Toleranz. Tätowierungen erzählen den Eingeweihten vieles über die gesellschaftliche Orientierung und erleichtern das Zusammensein. Selbst Schnürsenkel können mehr sein als reines Zubehör der Schuhe. Ihre Bindetechnik ist sogar unter Spionen eine unauffällige Art der Kommunikation. Farbige Schnürsenkel in hohen Stiefeln weisen auf rechte oder linke Gesinnung hin. Schwarze T-Shirts, bedruckt mit patriotischen Sprüchen, ein bulliger Hund an der kurzen Leine werden eher als Warnungen verstanden: Achtung, ich verstehe keinen Spaß! Ein Mann in kariertem Flanellhemd und mit mächtigem Vollbart, in dem ich automatisch Ausschau halte nach einer innewohnenden Eichhörnchenfamilie, wird ganz bestimmt nicht in den nächsten Wald gehen und Bäume fällen. Ein Mann im Kleid mit toupierter Ponyfrisur und Netzstrümpfen kann ein Manager sein, ein Mechatroniker oder ein Künstler.

Eine Frau mit langen Fingernägeln, blondierten Haaren und kleinem Hund kann eine erfolgreiche Rechtsanwältin sein, eine Schuldirektorin, eine Vorständin einer Baufirma, eine Putzhilfe.

Eine Frau im bunten Anzug mit Seidenbluse und schwindelnd hohen Stöckelschuhen kann eine Künstlerin sein, eine Fachverkäuferin, eine Dragqueen oder eine erfolgreiche Fußballerin.

Der Spaß an Körper und Geist wird bunt und selbstverständlich auf die Straße getragen. Diese Urteilsfreiheit in puncto Aussehen und Ausstattung der eigenen Person kleidet die Straßen in Berlin sehenswert aus.

Der Wert einer Frau wird in der Großstadt anders bemessen, unabhängiger vom Mann und den weiterhin geltenden Moralvorstellungen.

Eine alleinstehende Frau wird nicht schräg angesehen. Sie muss nie irgendwelche Straßen fegen oder Runden gehen und geben zur öffentlichen Belustigung und Demütigung, weil sie mit fünfundzwanzig oder dreißig noch immer kein Mann genommen hat. Ihr wird keine Babywindel vor die Tür gehängt, weil sie nun schwanger ist oder eben nicht. Ihre Entscheidung, mit oder ohne Männern und Kindern zu leben, ist ihre Entscheidung. Die Öffentlichkeit mischt sich da nicht ein, und allein diese simple Ruhe vor den Bedürfnissen anderer ist gut.

In Berlin finden Frauen, die nicht den Erwartungen der Eltern und Verwandten entsprechen wollen, Raum, Gleichgesinnte, Ansehen.

Frauen können alleine leben, in Wohngemeinschaften, mit einem Ehemann oder einer Ehefrau, mit Geliebter oder Geliebtem. Diese selbstverständliche Wahl der eigenen Gestaltung klingt vielleicht banal oder übertrieben. Doch auch das weist deutlich darauf hin, wie viel öfter sich eine Frau für ihre Lebensweise rechtfertigen muss.

Es gibt viele feministische Kreise, die Not genauso lindern, wie sie Mut und Neugier unterstützen, Solidaritäten schaffen.

Gleichberechtigung zeigt sich auch im Straßenbild. Die Stadt wurde damals von Männern geplant und für Männer gebaut. Die Wege und Plätze sind für das schnelle Vorwärtskommen angelegt, schnell mit dem Auto zur Arbeit, schnell mit dem Auto nach Hause oder in den Verein.

Nur langsam ändert sich der Blick der Stadtplanungen und nimmt die Lebensbedingungen jenseits von Autoverkehr und schnellen Wegen auch zu Fuß, mit kleinen Kindern oder mit dem

Fahrrad wahr. Das städtebauliche Selbstverständnis einem Frauen-
leben gegenüber wartet weiterhin ungeduldig in Schubladen.

Manche Bedürfnisse jedoch werden einfach grundsätzlich igno-
riert. Toiletten im öffentlichen Raum sind selten und nie auch für
Frauen praktisch und gut zu benutzen. Es gibt, neben Bäumen,
Büschen und Häuserecken, kostenlose Pinkelstübchen für Männer.
Die historischen Gebäude heißen »Café Achteck«. Ihr Äußeres
schmückt sehr und steht unter Denkmalschutz.

Moderne Urinale verzichten auf jeden Schmuck und bieten in Grau und Weiß jedem Mann eine schnelle Erledigung seines Bedürfnisses.

Frauen hingegen müssen lange suchen und immer ein 50-Cent-Stück parat haben, denn der Besuch einer Kabine kostet! Schließlich verdienen Frauen meist weniger für die gleiche Arbeit, da können sie auch mehr bezahlen für die gleiche Körperfunktion als Männer.

Seit April 2022 gibt es im Rahmen des »Toilettenkonzepts zur öffentlichen Toilettennutzung 278« neue Toilettenhäuschen, modern konzipiert, stolz entworfen von Fachmenschen, betrieben von der Wall GmbH. Sie haben zwei Bereiche. Zur Straße hin – oder zum Spielplatz, zum Restaurant, zur Haltestelle – hängen sich zwei stählerne Urinale neben zwei Handwaschbecken gegenüber. Praktischerweise sind diese Bereiche offen, für alle gut einsehbar. Weil, so mögen sich die Gestalter frisch und modern überlegt haben, jeder Mensch Freude empfindet am Anblick eines oder zwei pinkelnder Männer, synchron vielleicht sogar. Ein Mann, der uriniert, bedeutet Wohlgefallen, der Anblick ist für die Allgemeinheit von Vorteil.

Die Gesellschaft würde enttäuschte Tränen vergießen, wäre der ganze herrliche Vorgang der Erleichterung versteckt hinter Türen. Schließlich stehen an vielen Ecken Männer, die in die Öffentlichkeit pissen. Warum verstecken, was so guttut!

Die Zuschauer mögen Wetten abschließen, wer sich die Hände wäscht, wer danebentröpfelt, wer schneller fertig ist. Diese offenen Urinale könnten zur tierfreundlichen Pferdewettbahn des 21. Jahrhunderts werden, es bräuchte nur noch angemessene Möblierung, Bänke, Stühle, eine kleine Bewirtung.

Seltsam nur, dass die Toiletten für Frauen immer im hinteren Teil der kleinen Gebäude liegen, oft umgeben von Wildwuchs und dem üblichen Kleinmüll. Eine Frau muss unterwegs Zeit haben, um zu hoffen, dass die Automatik funktioniert, sie passendes Kleingeld oder eine Kreditkarte zur Hand hat, dass sie nicht allzu lange warten muss, bis das grüne »Frei« im Anzeigefenster erscheint.

Endlich angekommen, hofft sie weiter, auf Toilettenpapier, Licht, fließendes Wasser und Hygiene.

Diese Kabinen sind selbstredend auch von Männern nutzbar, falls sie mal was im Sitzen erledigen wollen, denn es sind »Unisex-Toiletten«. Ein stolzes Wort für eine Anlage, die so entscheidende Unterschiede macht.

Stylishe Behälter für Tampons, Binden oder Menstruationstassen, die in jeder öffentlichen Toilette den Service ermöglichen, für den Sie am Eingang schon bezahlt haben, sind weiterhin nicht erfunden worden. In den neuen Anlagen gab es ein Initiativprojekt. In einer einzigen Unisextoilette wurde eine »betreute Period Box« aufgestellt. Ich habe sie leider nicht gesehen und kann nur mutmaßen, was eine »betreute Period Box« sein könnte. Wenige Wochen nur wurde dieses »Initiativprojekt« aufrechterhalten, denn, so wörtlich, »der Behälter mit den Hygieneprodukten wurde immer wieder (fast täglich) entwendet«.

Ich frage mich, warum die Projektleitung auf dieses nicht besonders abwegige Problem keine neuen Ideen entwickelte, wie es doch in jedem Projektbüro allgemein üblich ist? Wie kann es sein, dass nur eine einzige Bedürfnisanstalt herhalten durfte für diese Zukunftsgestaltung?

»Wir haben es versucht, und es hat nicht funktioniert. Mehr können wir nun wirklich nicht tun«, höre ich sie imaginär seufzen.

Es gibt in manchen alteingesessenen Cafés und Kneipen altmodische Automaten, gefüllt mit Kondomen und Tampons für teures

Geld. Hin und wieder steht sogar eine Schüssel mit Tampons zur freien Benutzung da.

Danke dafür!

Allgemein aber gilt das Wissen in den Stadtmöbelbüros, dass alles rund um die Menstruation geheimnisvoll ist und im Unsichtbaren bleibt.

Ein Pflaster für die kleine Wunde mag jede im Erste-Hilfe-Kasten finden. Ein unkompliziert verfügbarer Tampon oder gar eine Binde für eine Menstruationssituation scheint eines der großen Rätsel der Hauptstadt zu sein. Da hört die Modernität auf, das sind Dinge, mit denen sich keiner wirklich und ernsthaft befasst.

Die Begründung für diese Unterschiede? Männer würden nur noch mehr an die Bäume und Häuserwände pinkeln, wenn sie dafür bezahlen müssten.

Selbst hier ist der Mann der Mittelpunkt aller Planungen und Ausführungen.

Die Zustände einer gesellschaftlichen Gleichberechtigung, eines echten, sozialen Miteinander lassen sich unmittelbar an der öffentlichen Toilettenkultur ablesen.

Davon abgesehen leben Frauen in Berlin aber tatsächlich komfortabel.

Es gibt selbstverständlich auch hier auf vielen Straßen und hinter vielen Türen die starren Ideen einer allgemein gültigen Moral. Viele dieser Ideen und Regeln sind Mitbringsel der Zugezogenen, die zwar in der aufregenden Großstadt wohnen wollen, ihre dörflichen Regeln und Traditionen aber im schwersten Koffer mit sich tragen. Ganz gleich, ob sie aus einem deutschen Bundesland oder von ferneren Ländern hergezogen sind, diese moralischen Vorstellungen betreffen lustigerweise vor allem Frauen, manche zusätzlich auch Mädchen.

Ein schönes Dagegen ist der feministische Widerstand, der sich aus Erfahrungen und Vernunft immer neu weitet. Die Vernetzung und solidarische Aufmerksamkeit ist in der Großstadt alles andere als anonym. Nirgendwo im Land leben mehr »Singles«, die ihre Art zu leben bewusst gewählt haben. Eine Frau ohne festen Partner wird nicht als »einsam, unattraktiv, unglücklich, selber schuld, dass sie keinen abkriegt« gebrandmarkt. Ihr stehen alle Vergnügungen und jede Lust zu.

In Berlin besteht jede Gemeinschaft aus Individuen; die gesellschaftliche Leistung ist, mit allen Unterschieden das Leben gemeinsam zu regeln, den Platz ansprechend zu teilen. Dabei hilft ständige Fluidität der eigenen Bequemlichkeit. Es gibt nur wenige Regeln, die immer für alle gelten.

»Jeder möge nach seiner Fasson glücklich werden« sagte einst Friedrich II. Dieser Anspruch prägt Berlin. Das »leben und leben lassen« ist ein wertvolles Kulturgut, das nach einer individuellen Eingewöhnungszeit auch viele Neuberliner hegen und pflegen.

Und trotzdem ist einiges in der Stadt für Frauen anders als für Männer.

Ich nehme nachts einen anderen Weg nach Hause als tagsüber. Diese Schutzmaßnahme ist so selbstverständlich, dass mir erst durch die Frage eines Freundes diese Änderungen bewusst werden.

»Warum nehmen wir jetzt diesen Weg, das ist doch ein Umweg. Vorhin sind wir doch einfach durch den Park gegangen?«, fragt Holger verwundert.

»Ich gehe doch nachts nicht durch den Park«, antworte ich, genervt von dieser, in meinen Augen, völlig überflüssigen Frage.

Dabei ist sie alles andere als überflüssig und beinhaltet einen ganzen Sack voller Ungleichheiten.

Wir überlegen gemeinsam, ob noch mehr Wege durch die Stadt für mich tabu sind. Die Liste wird lang. Je nachdem, ob ich allein unterwegs bin oder mit Begleitung, erschließen sich weitere weiße Flecken auf der persönlichen Straßenkarte.

Holger ist verblüfft.

»Darüber habe ich noch nie nachgedacht. Wie entscheidest du, welchen Weg du nimmst?«

»Tagsüber ist fast überall alles okay. Gut, es gibt ein paar Straßen und Ecken, da werde ich nicht wahrgenommen, also da macht kein Mann Platz auf dem Bürgersteig oder spricht mit mir im Laden. Da bin ich unsichtbar.«

»Was?«

»Na, das sind so ein paar Straßen und Cafés, da sind die Männer unter sich, denken sie. Da störe ich dann halt.«

»Welche Straßen sind das?«, fragt er fassungslos.

Ich will es ihm aber nicht sagen.

»Nun sag doch schon, das kann doch kein Geheimnis sein?«, quengelt er.

»Nö, nö«, antworte ich.

Viel wichtiger sind mir nämlich die Plätze und Wege, die im Dunkeln nicht guttun. Vor manchen warnt sogar die Polizei. Frauen sollen diese Gegenden nach Einbruch der Dämmerung nach Möglichkeit meiden.

Das Ungleichgewicht ist also bekannt, akzeptiert und wird hingenommen. Wenn sich eine Frau nicht daran hält, ist sie halt selber schuld, falls sie überfallen wird, die Polizei hat ja schließlich gewarnt?

Damit die Wut und die Verzweiflung nicht überhandnehmen, denken sich die Stadtväter immer wieder was aus. Es gibt zum Beispiel Ruftaxis an Endstationen. Alle, die dort in der tiefen Nacht alleine nach Hause laufen müssen, können dem Busfahrer Bescheid sagen. Der ruft dann über Funk ein Taxi zur Haltestelle, mit dem sie sicher nach Hause gefahren werden.

Es gibt eine von Frauen initiierte Telefonnummer für unterwegs, das »Heimweg-Telefon«. Hat eine Frau, und auch mal ein Mann, nachts ein mulmiges Gefühl auf dem Heimweg, wählen sie die Nummer und sprechen so lange mit dem ehrenamtlichen Menschen auf der anderen Seite des Hörers, bis sie die Wohnungstür sicher hinter sich geschlossen haben.

Dieses mulmige Gefühl kennt wohl jede Frau, und auch manche Männer fürchten sich unterwegs vor Übergriffen und Gewalt.

Warum gehört das zum Leben dazu? Wie viele Frauen erleben Angst, weil Gebäude, Wege oder Institutionen die Lust eines Mannes nach Macht fördern? Jede dunkle Ecke, jeder unsichere Hauseingang und jeder Weg kann verändert werden.

Gleichberechtigung und gutes Leben fängt bei der Bewegungsfreiheit an. Ich wünschte, alle Menschen könnten unbekümmert ihre Wege gehen, völlig unabhängig von Geschlecht, Alter, Aussehen, körperlichem Zustand.

Wie gut täte es uns allen ohne Stufen, Treppen und sonstige Barrieren auf den Straßen, im Zugang zu den Häusern und Geschäften.

Wie viel pure Lebensfreude würden uns sichere Plätze, sichere Nächte und Tage bescheren?

Es gibt Unterführungen und Durchgänge, die schon mehrmals Kulissen von Gruselfilmen und Krimis waren und die viele täglich benutzen müssen.

Solange es für Mädchen und Frauen unsicherer ist auf unseren Straßen, weil die öffentliche Stadt sich bevorzugt an die Bedürfnisse der Männer richtet, bleibe ich wütend und wach.

Auf allen Wegen durch die Stadt fallen mir die vielen neuen Barber-shops auf. Barber sind Friseure, die die Haare auf dem Kopf und im Gesicht eines Mannes pflegen und in Form bringen. Sie sind nur für Männer da. Männer schneiden dort Männern die Haare.

Dagegen ist nichts einzuwenden, im Gegenteil. Und doch er-staunt es mich. Ein Friseurgeschäft ausschließlich für Männer – ist die Ausbildung nur halb so lang und inhaltlich konkret? Ist das handwerkliche Können der Friseure dort eher einseitig? Ist das Schneiden von Männerhaar und Bart komplizierter und anstren-gender? Spezialisieren sie sich auf die Pflege eines Mannes, weil sie sich nach einem Ort sehnen, an dem sie ganz unter sich sind?

Ich schaue gerne durch die Schaufenster hinein in diese gemüt-lichen Inseln reiner Männlichkeit. Oft gibt es eine Schüssel voller Schokolade und Tassen voller Tee und Kaffee. An den Wänden hän-gen Bilder von strahlenden, gut frisierten Männern. Und auch diese Modellfotos zeigen strahlende Männer ohne Falten, ohne Geheim-ratsecken oder hohe Stirn. So groß ist der Unterschied der Ansprü-che an ein jugendliches, genormtes Aussehen zwischen Frauen und Männern hier gar nicht.

Ob diese Männer wissen, was ein mulmiges Gefühl ist?

Barbershops könnten Anlaufstellen für informative Gespräche über tägliche Gewalt sein. Es könnten lebhafte Diskussionen entstehen und Männerrunden, Selbsthilfegruppen oder Gesprächskreise. Ex-perten könnten eingeladen werden, auf einem der bequemen Sitze Platz zu nehmen und aufmerksam zu machen auf die Vielfalt der Belästigungen, denen Menschen jenseits ihrer altbackenen Nor-men ausgesetzt sind. Ein erweitertes Bewusstsein für ein respekt-volles Miteinander könnte entstehen, während ein kundiger Bar-bier den Bart stutzt.

Die Kunden könnten während der wohligen Haarwäsche alles

zum weiten Thema »Mann–Frau«, über Gleichberechtigung, über Hautfarben, über Queerness und Selbstbestimmung fragen, was sie wollen, und bekämen zur Kopfmassage Antworten, die sie vielleicht erstaunen.

Diese intime, vertrauensvolle Atmosphäre ist perfekt geeignet, um neben der äußeren auch die innere Schönheit zu pflegen.

»Wissen schützt«, sagt der Volksmund. Mehr Wissen schützt mehr.

MAI

Nichts ist ohne Kunst mehr

M19 – Bülowstraße

Hinter mir im Bus sitzen ein Mann und eine Frau, den Stimmen nach zwischen zwanzig und dreißig. Sie unterhalten sich angeregt darüber, wo sie sich das nächste Mal treffen werden.

»In drei Wochen bin ich in Sri Lanka, das könnte klappen«, sagt er.

»Sri Lanka? Da war ich schon, das ist so schön da. Aber in drei Wochen kann ich nicht. Was machst du im Juli? Ich will im Juli nach Indien.«

»Indien bitte nur im Winter, das ist doch sonst nicht auszuhalten.«

»Stimmt. Da ist auch so viel Elend auf den Straßen, ich habe da Probleme mit. Da sterben Tiere auf der Straße, so was kannst du dir nicht vorstellen. Manchmal werden Tiere sogar ermordet, auf der Straße. Das ist echt übel.«

»Dann Polen. Ich bin später in Polen. Aber nur in den schönen Städten. Selbst die Polen finden ihre Städte hässlich, und die sind auch hässlich.«

»Oh ja! Polen ist super! Da können wir uns auf ein Bier und diese leckeren Knödel in Königsstadt treffen!«

»Königsstadt ist in Russland.«

»Ach so. Welche Städte sind denn so in Polen?«

»Stettin zum Beispiel, aber das ist zu hässlich. Da fahre ich nicht hin. Ende des Jahres bin ich dann in China. Wie wäre es für dich mit China?«

»China? Ach, das ist so anstrengend, ich bin zwar schon viel mit dem Rucksack unterwegs gewesen, aber China hab ich mich noch nicht getraut. Lass mal was essen gehen. Wo kann man in Berlin was essen? Ich will unbedingt was mit Pommes.«

»Pommes gibt es am Wittenbergplatz. Da können wir später ins KaDeWe gehen.«

»KaDeWe? Was gibt es da? Gibt es da auch Pommes?«

Mir fällt es immer schwerer, mich nicht umzudrehen.

»Im KaDeWe gibt es so ein krasses Restaurant im obersten Stock.«

»Ach, lass uns doch noch ein bisschen Bus fahren, das ist so entspannend. Ich war schon ewig nicht mehr so entspannt. Das ist richtig wie eine Sightseeingtour. Wo fährt der Bus denn noch so hin?«

»Ja, ist total entspannt.«

»Guck mal da, was ist das denn?«

Ich gucke sehr neugierig aus dem Fenster.

»Das ist Schöneberg«, sagt er, und es klingt wie »Das ist hier das krasseste Elendsviertel. Hier sterben auch Tiere auf den Straßen«.

»Ratten nämlich«, ergänze ich im Stillen.

»Und was ist das?«, fragt sie mit wohligem Entsetzen.

Ich sehe immer noch nichts, nur die schöne, wilde Bülowstraße.

»Das ist alles auch noch Schöneberg. Da hinten habe ich letztes Mal einen Falafel gegessen.«

Sie schweigt.

»Wir fahren einfach noch so lange im Bus mit, wie wir wollen.«

»Ja. Das entspannt mich so.«

»Und nächstes Mal treffen wir uns in Bangkok, da bin ich Ende des Sommers.«

»Ach, Bangkok, da war ich schon, da ist es so laut überall.«

Entspannender als Busfahren ist nur Busfahren mit interessanten Gesprächen von Unbekannten.

Ich muss hier leider aussteigen. Im Vorbeigehen riskiere ich einen Blick – da sitzen zwei junge Menschen mit ordentlichen Haaren und unauffälligen Klamotten.

In unmittelbarer Nähe zur Haltestelle Bülowstraße befindet sich seit 2017 das Urban Nation, das erste Museum für Graffiti und alle weiteren Formen der Streetart.

Künstlerinnen und Künstler aus der ganzen Welt präsentieren hier ihre Werke. Die Umgebung des Museums wird Teil der expressiven Kunstwerke.

Maxi, Holger, Sabrina und ich sind hier verabredet. Die drei winken schon ungeduldig. Nach kurzen, innigen Umarmungen betreten wir das Museum und tauchen ein in die gemalten, gesprühten, geklebten Geschichten der anderen.

Jedes Kunstwerk erzählt eine Idee, eine Lust und auch eine Wut oder Trauer. Wir verlieren uns schnell aus den Augen, stehen versunken vor den unterschiedlichsten Werken, wandern hin und her, sitzen vor Wänden voller Porträts. Nach einer langen Weile treffen wir zufällig alle wieder aufeinander. Still gehen wir durch die wilden Straßen. An einem türkischen Café bestellen wir Tee und zuckersüßes Gebäck.

Erst bei der zweiten Tasse beginnen wir zu reden.

»Ohne Kunst könnte ich gar nicht leben«, sagt Sabrina.

Wir nicken.

»Und wenn ich noch so genervt bin von der Großstadt und mich nur noch nach einem Leben in einer übersichtlichen ruhigen Kleinstadt sehne, wenn ich Berlin so richtig hasse und kaum noch ertragen kann ...«

»Also so wie jetzt!«, unterbricht Holger sie lachend, denn wir kennen ihre Kritik am Stadtleben und stimmen in vielen Punkten mit ihr überein.

»Ja, mich nervt gerade wieder alles. Der Müll, die stinkenden U-Bahnen und die Typen in den U-Bahnen, die Ratten und das ewige Hupen der Autofahrer und ... alles.«

Maxi schiebt ihr das letzte Stück Pistazien-Baklava zu.

»Dann gehe ich ins Museum und fühle mich danach so ...«

Wir schauen sie gespannt an.

»So glücklich und leicht, und ich fühle mich so ... umarmt von der Kunst.«

Sabrina steckt sich das ganze Kuchenstück in den Mund.

»Ich fühle mich dann völlig zu Hause«, nuschelt sie.

»Wisst ihr, was ich meine?«

Wir nicken müde.

Nur Maxi fragt: »Nee, ich weiß nicht, was du meinst, weeßte!«

Sabrina ist sofort auf hundertachtzig, die beiden streiten sich oft.

»Diese Stadt macht mich kaputt, verstehste! Ich guck aus dem Fenster und sehe überall nur Autos! Über mir die Wohnung ist auf Airbnb, da wohnen ständig neue Idioten. Gestern haben die ihren Müll einfach aus dem Fenster geworfen! Ihr Pech nur, dass da unten gerade die Ilse vom Schluckstübchen langlief. Die kann schimpfen – ich hätte mir fast ein Kissen geholt, um gemütlicher im Fenster zu lehnen. Ein Kissen! Wie die alten Fenstergucker-Leutchen! Verstehste!«

Holger und ich grinsen. Maxi aber legt nach.

»Und weil du jetzt diese Graffitis hier gesehen hast, ist alles wieder gut, oder wie? Du machst es dir echt zu einfach. Das ist so passiv – ich ertrage das nicht. Mach doch mal was, konkret. Zieh weg, wenn es dir hier nicht mehr passt.«

Sabrina winkt ab.

»Frau Beamtin hat gesprochen, typisch Lehrerin. Für dich ist wohl alles leicht, easypeasy. Wo soll ich denn bitte schön hinziehen? Ich will nirgendwo hinziehen, diese blöden Airbnb-Typen sollen abhauen. Schaut mich doch an, wo sonst würde man mich so akzeptieren, wie ich bin? Nirgends nämlich.«

Sie trinkt ihren Tee aus und knallt das kleine Glas mit Wucht auf den Tisch. Die Scherben fallen mit Klirren rund um den Tisch. Sabrinas Finger blutet ein ganz klein wenig. Der Kellner kommt angelaufen, bringt erst ein Pflaster, fegt dann die Scherben auf.

Wir sind erschrocken, keine sagt ein Wort.

Erst als der Kellner mit einem Tablett mit vier kleinen Teegläsern und einem Lächeln vor uns steht und sagt, »Kleines Geschenk vom Hause, Tee hilft immer«, kommt Bewegung in uns. Maxi putzt sich verschämt die Nase.

»Ich wollte dich nicht so fertigmachen. Ich weiß doch genau, wie du dich fühlst.«

Holger kümmert sich um den blutenden Finger, klebt das Pflaster sorgfältig auf die kleine Wunde.

»Guck mal, da sind winzige Dinosaurier drauf«, freut er sich und hält den verletzten Finger hoch.

»Wollen wir noch zu mir? Ich war gestern auf dem Wochenmarkt. Wir könnten kochen. Mit Nachtisch! Wein ist auch noch da«, frage ich.

Sabrina atmet tief durch. Hebt dann das kleine Glas.

»Kochen klingt super. Tut mir leid, dass ich so empfindlich reagiert habe. Diese Stadt macht mich manchmal einfach fertig.«

Wir trinken aus, winken dem netten Kellner zu. Sabrina legt ihm schnell noch ein Trinkgeld auf den Tisch.

»Pack das mal wieder ein und komm bald wieder«, sagt er und macht ihr schöne Augen.

Sabrina lächelt zurück.

Auf dem Weg zur Bushaltestelle kommen wir wieder an den haushoch bemalten und besprühten Häusern vorbei. Das Urban Nation Museum ist so lebendig, es bleibt nicht hinter den Türen und Fenstern, aus den Räumen hinaus erweitert sich die Kunst in die Straßen, klettert an Treppenstufen und Hauswänden hoch, verändert das Grau des Raupputzes, verschwendet mit einmaliger Großzügigkeit die Farben und vor allem das Können der Künstlerinnen und Künstler an alle vorbeifahrenden Blicke der Passanten, der U-Bahn-

Fahrgäste – denn hier ist die U-Bahn eine Hochbahn. Der Eintritt ins Museum kostet kein Geld.

Der Ursprung von Graffito als direkte Protest- und Ausdrucksform gegen Armut, Ungerechtigkeit, Gentrifizierung und reinen Kommerz spielt im und um das Museum herum keine Rolle. Statt Diskussionen oder Kritik unübersehbar an Häuserwände zu sprühen, ist vor allem die Kunstfertigkeit, das schöpferische Können und die ästhetische Vielfalt der Bilder zu bestaunen. Wie aus Kapitalismuskritik Kapital wird ohne den Ansatz einer kritischen Hinterfragung, ist in der überwältigenden Perfektion der haushohen Bilder zu bestaunen. Den Widerstand der Stadtbewohner gegen steigende Mieten, gegen die Vertreibung der Nachbarschaften, gegen das Zerreißen der gewachsenen Strukturen um des Geldes willen kann man an anderen Graffiti in anderen Kiezen ablesen, fühlen, spüren.

Auf Hinweise und Dokumentationen dieser Umkehr der Ausdrucksformen verzichten die Auftraggeber sowie die Kunstschaffenden. Dass eine Wohnungsgesellschaft Geldgeberin des Urban Nation Museums ist, werden unsere Nachfahren für einen köstlichen Witz des Universums halten.

Wir bleiben schon wieder stehen und betrachten die Bilder. Ich entdecke sorgfältige Schablonensprühereien auf einzelnen Pflastersteinen, Maxi staunt über gemalte Wörter an Wohnhäusern in luftigen Höhen. Sabrina streicht mit der Hand die Hauswände entlang. Die Schichten von Putz, Farben, Kleister, Papier haben eine ganz eigene Sinnlichkeit. Holger fotografiert alles. Er sammelt die schnelllebigen Graffiti mit großer Leidenschaft mithilfe seiner Kamera.

Ohne Kunst würde Berlin einfach in sich zusammenfallen.

Neben den wundervollen, weltweit bekannten Museen – einhundertsechsundsiebzig offizielle Museen sind es aktuell laut der Information auf der Internetpräsenz der Stadt – gibt es unzählige Ausstellungen und teils erstklassige wilde Kunst an Hauswänden, in Bäumen, auf Mülltonnen ...

Unvergessen ist die Berliner Mauer. Mit den auf diese Grenze aus Beton und Stacheldraht gemalten Bildern und Texten gegen die Teilung der Stadt fing eine Aussage an, die nie enden wird: Kunst ist Veränderung.

Die Reste dieser Demonstrationen für Freiheit und Frieden stehen an der East-Side-Gallery und werden jährlich millionenfach bestaunt. Der ernste, lebensgefährliche Ursprung dieser Meisterwerke wird mehr und mehr vergessen. Die Vergangenheit des Kalten Krieges versinkt mit jeder »Ich war hier«- Botschaft und den aufgeklebten Kaugummiresten der Touristen aus aller Welt in eine fröhliche, sich selbst feiernde Oberflächlichkeit.

Auf alle Flächen passen winzige Bilder, kluge, aktuelle Collagen des Weltgeschehens und des Zustands der Menschen, die sich in diesen Werken ausdrücken. Diese Künstlerinnen und Künstler signieren ihre Werke nur selten, es geht ihnen nicht um den Ruhm im Allgemeinen. Ihre Aussagen werden anders gelesen als Banksys. Sie zeigen ihre Freude, ihre Sorgen direkter, kurzlebiger, konkreter, härter. Es lohnt sich immer, jedem Farbfleck einen Augenblick zu schenken. Oft stecken viele unbezahlte Stunden Arbeit dahinter.

Auch unter Brücken und an vielen Hauseingängen finden sich die künstlerischen Aussagen von Menschen, die es drängt, Zeichen zu setzen für ihre Überzeugungen. Mit Sorgfalt und Liebe zum Detail verändern diese Unbekannten ganz im Geheimen unsere öffentlichen Gegenstände und verarbeiten politische und private Ereignisse mit der Hilfe von Farben und Formen. Es ist friedlicher Protest und Zuspruch, voller Gefühl. Es sind Zeichen eines öffentlichen Zuhauses.

Nicht nur gemalt und geklebt, auch gehäkelt, genäht und gestrickt wird Kunst und in Bäume gehängt, an Haltestellen geknotet, auf Poller gestülpt. Es sind handgemachte Wünsche, Grüße, Flüche, Botschaften, die wie Briefe und Bücher zu lesen sind. Ein unerschöpflicher Reichtum an Ausdruck umgibt und erfüllt die Stadt. Diese Freiheit, andere teilhaben zu lassen am eigenen Werk, findet immer neue Formen. Sie erzählen von der riesigen Aufmerksamkeit und Sensibilität der Bewohnerinnen und Bewohner Berlins.

Mich erinnern diese Zeichnungen und Zeichen an die alten Höhlenmalereien. Ähnlich wie diese vorzeitlichen Werke zeigen die heutigen, wilden Malereien unser Alltagsgeschehen. Wo das Verständnis für diese Lebendigkeit fehlt, sind die Wände oft grau und die Fenster verdunkelt. Langeweile hängt auf den Zäunen, die Überwachungskameras verfluchen ihre Aufgaben. Der pure Kapitalismus schreit alle Bewegung jenseits des Portemonnaies nieder und begräbt Möglichkeiten ohne Bedauern.

Selbst Löwenzahn sucht sich anderswo Lücken im Asphalt.

Der öffentliche Raum wird neu versperrt. Wer hat das Recht, durch Investitionen in schwindelerregenden Höhen die tägliche Umgebung der Menschen in der Stadt zu verbieten? Wessen Geschmack entscheidet über die Allgemeinheit? Was und wem nützen streng abgeriegelte Gebäudeblöcke? Ist das gewollte Fehlen jeder Abweichung nicht auch ein Gestalten, das überarbeitet werden kann?

JUNI

Sex, Drugs und Begegnungszonen

M19 – Nollendorfplatz

Nur eine Haltestelle entfernt hält der Bus M19 am Nollendorfplatz. Der U-Bahnhof dominiert den Platz wie ein Schloss. Alfred Grenander konstruierte das Gebäude, das mehr an eine Orangerie erinnert als an eine Umsteigestation des öffentlichen Personennahverkehrs. Hier treffen sich vier U-Bahn-Linien, drei Tages- und drei Nachtbusse. Eröffnet wurde sie 1926.

Der Bahnhof hat mehrere Ebenen. Die Eingangshalle ist an beiden Seiten weit offen. Selbst eine Pferdekutsche könnte problemlos durchgaloppieren.

Die »Drehtür zum Regenbogenkiez« benennt eine Informationstafel im Eingangsbereich diese Ein-und Ausgänge. Auf Initiative vieler Institutionen und mit der Unterstützung des Senats und der BVG leuchtet seit einigen Jahren eine Lichtinstallation auf dem Dach, weithin sichtbar in schönsten Regenbogenfarben.

Schon in den Zwanzigerjahren etablierte sich rund um den Nollendorfplatz in Schöneberg das schwul-lesbische Leben. Es öffneten Bars, Tanzlokale, Cabarets, Theater, die die Grundsteine zum legendären Ruf der Gegend legten. Auf den Straßen flanierten sorgfältig zurechtgemachte Männer in Drag-, Frauen in Männerkleidung, mit aufgemalten Bärtchen, Menschen, die sich ganz nach ihren eigenen

Ideen und Wünschen kleideten, schminkten, liebten, feierten. Marlene Dietrich verkehrte mit vielen anderen Stars und Sternen im Eldorado, Magnus Hirschfeld flirtete mit Barkeepern. Claire Waldoff sang und trank in ihrer Kneipe im dritten Hinterhof, Anita Berber tanzte, dass den Leuten Hören und Sehen verging. Es gab überwältigend schöne Travestieshows. Die selbstbestimmte Sexualität, die Lust und auch die Liebe feierten hier Höhepunkte, von denen wir heute noch schwärmen.

Umso brutaler zerstörte der Nationalsozialismus das Leben der Menschen. Außen am U-Bahnhof hängt ein steinernes Dreieck, der sogenannte »Rosa Winkel«. Auf ihm steht in großen, weißen Buchstaben geschrieben:

TOTGESCHLAGEN

TOTGESCHWIEGEN

DEN

HOMOSEXUELLEN OPFERN

DES

NATIONALSOZIALISMUS

Darunter erinnert eine bronzene Informationstafel an diese traumatischen Jahre:

> »Der ›Rosa Winkel‹ war das Zeichen, mit dem die Nationalsozialisten Homosexuelle in den Konzentrationslagern in diffamierender Weise kennzeichneten.
>
> Ab Januar 1933 wurden fast alle rund um den Nollendorfplatz verteilten homosexuellen Lokale von den Nationalsozialisten geschlossen oder zur Anlegung von ›Rosa Listen‹ (homosexuellen Karteien) durch Razzien missbraucht.«

An besonderen Gedenktagen legen Vertreterinnen und Vertreter von Stadt und Land, von Vereinen und Opferverbänden Blumenkränze unter die winkelförmige Gedenktafel.

Das ganze Jahr über liegen immer mal wieder kleine Blumensträuße dort. Ob Nachfahren der verfolgten und ermordeten Menschen damit liebe Grüße an ihre Onkel und Tanten, Großeltern und Urgroßeltern schicken?

Die BVG hängt zum Christopher Street Day, zur Demonstration für die Rechte von lesbischen, schwulen, bisexuellen, inter, trans und queeren Menschen, und auch zu einigen weiteren Gelegenheiten die vielleicht längste Regenbogenfahne des Landes an die Mauern der Hochbahn.

Im Erdgeschoss des U-Bahnhofes befindet sich im hinteren Teil ein großer, kreisrunder Raum mit rundum hängenden Bronzetafeln, darauf verzeichnet die Namen der im Krieg ums Leben gekommenen Mitarbeiter.

»DEN GEFALLENEN DER HOCHBAHNGESELLSCHAFT
ZUM GEDÄCHTNIS.
1939–1945
ZUM GEDENKEN AN DIE OPFER«

Dieser Raum steht am Totensonntag allen offen. An den anderen Tagen verschließt ein kunstvolles Gitter den Ort der Trauer.

Der Nollendorfplatz ist der Eingang in ein ursprüngliches Berlin, in dem Liebe und Sex und das tägliche Miteinander der unterschiedlichsten Lebensformen zu Hause sind.

Hier ist es egal, wie bürgerlich, piefig oder unangepasst du dich fühlst, hier ist nur wichtig, echte Toleranz und demokratisches Zusammenleben zu üben.
Verliebte Pärchen gehen Hand in Hand durch die Straßen und sind lebendige Vorbilder. Viele Männer leben und lieben im Regenbogenkiez. Aus der ganzen Welt kommen Menschen hierher, um die besonderen Kneipen und Klubs zu besuchen. Es gibt Hotels, Arztpraxen und Läden, deren Credo die selbstverständliche Gleichstellung von unterschiedlichem Begehren ist. Ohne Wenn und Aber bekommt

hier auch der ausgefallenste Fetisch ein befriedigendes Erlebnis. Von knallharter Lust bis zur ersten Schwärmerei ist nichts unmöglich.

Es gibt geführte Touren durch den Kiez rund um den Nollendorfplatz. Ob auf Abenteuersuche zu Fuß oder bequem im Sightseeingbus – ich frage mich jedes Mal, warum sich diese Schaulustigen nicht selber im Spiegel ansehen.

Ganz anders sind die Touren, die dem alten Glanz der Zwanzigerjahre folgen, die auf den Spuren der vielen Berühmtheiten und Künstlerinnen hier Geschichte und Geschichten erzählen. Es gibt auch thematische Stadtführungen, die den Interessierten die Vergangenheit und Gegenwart des Regenbogenkiezes vermitteln.

Jede Möglichkeit zu verweilen, ist gut. Heute bin ich alleine unterwegs.

Vor den offenen Türen des U-Bahnhofes begrenzt ein Mäuerchen schönste Blumenrabatten. Auf dieser kleinen Mauer zu sitzen und nur zu schauen ist, als wäre man im Inneren eines Kaleidoskops.

Ich vergesse die Zeit und schrecke hoch, als ein junger Mann mich anspricht.

»Haben Sie Hunger? Ich habe das gerade frisch gekauft, und dann habe ich Sie hier sitzen sehen und gedacht, Sie haben vielleicht mehr Hunger als ich? Ich kaufe mir einfach noch eins.«

Er zeigt auf eine der vielen kleinen Imbissbuden.

Ich schaue und verstehe noch nicht. Er zeigt mir den Teller voller Gemüse und Nudeln. Es riecht köstlich.

»Ich schenke es Ihnen gerne, wirklich. Nehmen Sie es einfach.«

Dann verstehe ich. Auch hier sitzen und – weiter hinten – liegen Menschen, denen man die Spuren von Einsamkeit, Hunger und Drogen ansieht.

Ich schäme mich.

»Das ist so freundlich! Danke schön. Aber ich bin nicht hungrig. Vielleicht fragen Sie die Frau dahinten mal?«

Er zögert, überlegt, ob meine Absage aus Scham besteht. Ja, das hat er gut erkannt, aber meine Scham betrifft nicht ihn.

Dann zuckt er mit den Schultern, lächelt mir zu und stellt sein Mittagsmahl der Frau, die ein paar Meter weiter mehr liegt als sitzt, vorsichtig auf das Mäuerchen. »Guten Appetit«, wünscht er strahlend und verschwindet im Bahnhof.

Die Frau setzt sich mühsam hin und isst alles auf. Den leeren Teller wirft sie in die Staudenrabatte. Wird schon einer kommen und aufräumen, am Abend, am Morgen.

Einsamkeit. Armut. Drogen.

Die Ampel springt auf Grün. Ich renne über die Straße, um durch die berlinweit erste »Begegnungszone« in der Maaßenstraße zu schlendern. Im Bericht der Senatsverwaltung für Umwelt, Mobilität, Klima- und Verbraucherschutz steht geschrieben, was mit dem 2015 fertiggestellten Umbau des Straßengebiets erreicht werden soll.

Die Verringerung des Autoverkehrs steht an oberster Stelle, die Aufenthaltsqualität direkt darunter. Mehr Sicherheit durch Geschwindigkeitsreduzierung, vor allem für den Fußverkehr, und bessere Luft durch weniger Abgase gehören zu den vorrangigen Zielen.

Innovativ und mutig wie selten wurden die Fahrbahnen beschnitten. Die meiste Fläche ist jetzt den Fußgängerinnen und Fußgängern gewidmet. Die Fahrspuren winden sich, um Geschwindigkeiten zu verringern und Aufmerksamkeiten zu erhöhen. Hier hat nun der Autoverkehr das wenigste zu melden.

In diesem Kiez wird deutlich, dass wirklich viele Menschen in Berlin leben. Auf kleinem Raum mit zu wenig Grünflächen zeigt sich hier auf schönste Weise, was Großstadt bedeutet. Trotz aller Enge und der Vielfalt an Bedürfnissen, Gewohnheiten, Bewegungen, Temperamenten, Kulturen, Lieben prallen weder Körper noch Ansichten gegeneinander, und falls es doch einmal passiert, sind die Körpersprachen allgemein verständlich und Konflikte schnell gelöst.

Ausnahmen bestätigen die Regel und bringen nach Polizeimaßnahmen folgend auch Sozial- und Kulturarbeiten ins Spiel, um den Konflikten auf den Grund zu gehen und Brücken zu bauen, künftig anders miteinander umzugehen, zu streiten, sich zu respektieren, im besten Fall sogar ein Verständnis füreinander zu finden.

Ich setze mich auf eine der Bänke mitten auf die ehemals viel befahrene Straße und genieße:

Ein Farbenspektakel, ein Durcheinander, ein Schlurfen der Alten, ein Rennen der Kinder. Im Hintergrund erinnern die Glockenschläge der katholischen Kirche an die Zeit, die verrinnt ohne unser Zutun, im Vordergrund küssen sich zwei Männer, gekleidet in schwarzem Leder. Ein Paar mit mächtigen Vollbärten, in teuren Schuhen und klassischen Anzügen bummelt Händchen haltend von Schaufenster zu Schaufenster. In unmittelbarer Nähe sind drei Schulen. Ihre Glocken schrillen grell, damit niemand vergisst, nach dem vielen Lernen nach Hause zu gehen.

Fünf Influencerinnen, leicht erkennbar an ihren rasiermesserglatten Haaren, den obligatorisch langen Mänteln und umgehängtem Smartphone, suchen sich einen freien Tisch beim indischen Restaurant und bestellen aus der großen Auswahl. Schnell ist ihr Tisch gedeckt mit dampfenden, köstlich riechenden Speisen. Nach dem ausführlichen Fotografieren greifen sie zu, teilen, schmatzen, lachen und diskutieren laut, nehmen sich selbstverständlich Platz, werfen ihre Haare über die Schulter, lachen noch lauter, zeigen dabei ihre Zähne, knipsen weitere Fotos.

Spatzen fliegen geschickt von Krümel zu Krümel, Tauben picken zwischen den Pflastersteinen nach Reiskörnern.

Und die Hunde! So viele Menschen haben Hunde!

Eine Regenhusche lässt alle kurz innehalten. Lohnt es sich, die Schirme aufzuspannen, die Kapuzen aufzusetzen, unter den Markisen der Geschäfte Schutz zu suchen? Noch bevor die Überlegungen zu Ende gedacht sind, ist die Regenwolke weitergezogen, Kellner wischen die paar Tropfen von den Tischen, Hunde schütteln sich kurz, die alten Männer auf den Bänken schräg gegenüber sind so vertieft in ihre Schachpartie, dass sie den kleinen Schauer noch nicht mal bemerkt haben.

Ich sitze und werde nicht satt, die Farben, den Lärm, die Menschen, das Leben zu bestaunen.

Drei Frauen ziehen mit riesigen Taschen quer über die stillgelegte Straße, zeigen sich gegenseitig dezente Tücher, stopfen sie zurück in ihre Beutel, schauen sich in die Augen, stoßen mit gut gepolsterten Ellenbogen zusammen, lamentieren laut und genussvoll in einer Sprache, die klingt wie Opernmusik.

Jugendliche steuern ihre Skateboards unfallfrei um jedes Hindernis. Ein Mann strauchelt. Ein kleines Kind fährt Fahrrad. Die Kirchenglocken schlagen zur vollen Stunde. Eine Schulklasse auf Klassenfahrt in Berlin staunt über Schaufensterauslagen. Zwei Männer tauschen Lippenstifte. Ein Motorradfahrer mit Katzenohren auf dem Helm röhrt die Straße herunter. Von irgendwoher erschallt Musik.

Eine Ahnung von Normalität.
Alle schauen. Niemand schaut.
Wir sind sicher anders gleich.

Rund um den »Nolli«, wie der Nollendorfplatz gerne genannt wird, fallen mir die schwulen Paare weit mehr auf als die lesbischen. Liegt das an mir? Sehe ich die Selbstverständlichkeit einfach nicht mehr? Oder leben lesbische Frauen ihre Lust und ihre Liebe öffentlich weniger aus, ist es vielleicht weiterhin ein gesellschaftliches Manko, weil zwei sich liebende Frauen als frei verfügbare Sexobjekte begriffen werden, zwei sich liebende Männer aber nicht? Dabei geht es nicht um Scham, viel zu oft aber um Gewalt und Überfälle. Ob es anerzogene Reste einer rigiden Erziehung sind, die der Vielfalt des Zusammenseins und der Weite der Liebe starre Grenzen setzen wollen? Einfache Antworten gibt es auf diese Fragen nicht. Dabei ist die Liebe die leichteste und die schwerste Antwort auf alles – wenn man ihr nur aufmerksam zuhören und vertrauen würde.

Frauen sind insgesamt nirgendwo so sichtbar wie in Berlin. Sie definieren sich ausschließlich selbst und tragen ihre Sehnsucht wie ihren Ehrgeiz auf starken Schultern. Es gibt gut geknüpfte Frauennetzwerke in der Stadt, leicht zu finden und niederschwellig zu erreichen.

Und doch sind es selbst hier im Kiez, in der Begegnungszone, die

Männer, die viel Raum in Anspruch nehmen. Es wird noch lange dauern, bis sich eine jede Frau genauso gedankenlos wie selbstverständlich breitmacht, die Schultern strafft, den Platz einnimmt, den sie will. Die Gesellschaft, du und ich und er und sie und wir und ihr und sie, können dazu beitragen, tagtäglich, überall, und ihr den Platz geben. Es ist – ich habe es ausgemessen in meinen Träumen – genug für alle da.

Nachdenklich gehe ich zurück. Der Weg zur Bushaltestelle führt durch die weiten U-Bahnhof-Türen. Auf eine Wand des Gebäudes hat jemand mit schwarzem Strich »Ich hasse Sex«, gekritzelt.

Kurz darüber fragt ein anderer mit größeren Buchstaben mitfühlend nach: »Warum?«

An der Haltestelle steht ein hochgewachsener Mann. Er trägt ein weißes Hemd mit Krawatte, ein Sakko darüber, Hosen mit Bügelfalte. Als ich näher komme, höre ich, was er mit weit ausgebreiteten Armen ruft: »Wir verschenken altes Brot!« Immer wieder ruft er enthusiastisch diesen Satz und deutet mit offenen Händen das Verteilen an.

Hören tue ich ihn, verstehen nicht.

Die Linden blühen. Ihr betörender Duft fliegt durch die Straßen und verspricht das Dasein von Schönheit.

JULI

Hier ist alles da

M19 – Europa-Center / S-Bahn
Sonnenaufgang 4:49 Uhr
Sonnenuntergang 21:31 Uhr

Hitze kriecht in die Stadt. Straßen, Häuser und Hinterhöfe gleißen unter wolkenlosen Himmeln. Der Asphalt speichert die Wärme und verströmt sie in den Nächten. Mittags bleiben Absätze im weich gewordenen Straßenbelag stecken, mit einem satten Schmatzen lösen sich Schuhsohlen. Die Temperaturen steigen auf unheimliche 38 Grad Celsius und höher. Die meisten Wohnungen haben keine Klimaanlage. In den Nachrichten werden Tipps zur Kühlung angesagt: »Schließen Sie die Fenster, verdunkeln Sie die Räume, trinken Sie viel.«

Eindringlich wird darum gebeten, den obdachlosen Menschen Wasser, Tees und Sonnencreme zu bringen. Gerade, wer auf der Straße lebt, ist vor schweren Verbrennungen durch die Sonne und vor Hitzekollaps und auch Tod kaum geschützt. Es wird ein »Hitzebus« analog zum »Kältebus« im Winter eingerichtet, der hilfebedürftige Menschen einlädt und in kühle Räume bringt, der Wasserflaschen verteilt, die an Trinkwasserbrunnen und anderen Wasserhähnen wieder auffüllbar sind.

Kinder werden von der Polizei aus verschlossenen Autos gerettet, und die erschrockenen Eltern erstarren vor solch tödlicher Gefahr, die sich erst in allen Köpfen verankern muss, so neu ist sie.

Während viele Menschen die Sonne genießen, sind andere unmittelbar in Gefahr.

Das ehemals mit Jubel begrüßte »Hitzefrei« bekommt eine völlig neue Bedeutung.

Der Klimawandel ist in Berlin längst angekommen.

Gläserne Häuserfronten, wie sie gerade bei Büroneubauten seit Jahren Mode sind, werden trotzdem weiter geplant und gebaut. Versiegelte Flächen, wie sie besonders rund um das neue »Stadtschloss« präsentiert und streng gepflegt werden, werden weiterhin präferiert. Schatten zu planen und auszuführen, scheint sehr schwer zu sein. Wird »positiver Schatten« vielleicht gar nicht gelehrt in den Ingenieursschulen und im Architekturstudium? Ist Schatten für die Stadtplanung etwas unangenehmes, ein übler Geselle, der überallhin folgt, aber nirgendwo erwünscht ist?

Dabei ist theoretisch allen bewusst, dass ein Baum und ein Strauch mehr für unser Wohlbefinden und unser Stadtklima tun als jede noch so moderne Fensterfront und jeder steingepflasterte Platz.

Selbst Baumscheiben werden asphaltiert oder durch parkende Autos dermaßen verdichtet, dass Regen- und Gießwasser abperlt und die Wurzeln nicht gut wachsen können.

Die Straßenbäume werfen ihre Blätter ab, und manche lassen sogar ganze Äste fallen, um die Trockenheit zu kompensieren; Wiesen und Grünflächen verdorren. Die Spree fließt rückwärts.

Wer kann, verlegt Arbeit und Freizeitvergnügen in die kühleren Morgen- und Abendstunden und verbringt die Tage am und im See – oder im klimatisierten ÖPNV.

Wer auf die U-Bahn angewiesen ist, leidet allerdings dort weiter. Im Untergrund speichert sich die heiße Luft besonders hartnäckig. In den Bahnen mischen sich unterschiedlichste Gerüche in die über 30 Grad Celsius und führen ein Eigenleben, Pilzsporen ähnlich, unsichtbar, immer nur fast greifbar wabert es, stößt an, weicht aber nie aus. Die Fahrgäste tauchen widerwillig ein, werden Bestandteil dieser Spezies, setzen vielleicht noch ein weiteres Deodorant hinzu, eine besonders frische Knoblauchnote, eine Prise »durchfeierte Nächte« und »lange nicht gewaschene Socken in Turnschuhen«.

Die U-Bahnen sind nicht klimatisiert, und selbst der Fahrtwind ist im Hochsommer eine Beleidigung. Es gibt neuerdings Überlegungen, wie die Untergrundwärme sinnvoll eingesetzt werden könnte. Unterdessen bietet jede U-Bahn-Fahrt neben schnellem Ankommen von A nach B vor allem eine heiße Ganzkörperumklammerung.

Wirklich klimatisiert sind die Straßenbahnen, auch Trams genannt. Wie diese Fahrzeuge es schaffen, selbst in den glühenden Tagen kühl und erfrischend zu bleiben, ist mir ein Rätsel. Nur leider fahren die nicht dort, wo ich bin oder hinwill. Und es sind keine Busse.

Es ist erst 9 Uhr, ein viel zu langer Tag unter der Hitzeglocke liegt vor mir. Stöhnend packe ich eine kleine Tasche mit Badesachen und Schreibwerkzeugen, nehme zwei Extraflaschen Wasser zum Verschenken mit und steige in den M19, Richtung Bahnhof Zoo. Es müffelt. Die Busfahrerin trägt kurze Ärmel mit winzigen Schweißflecken am Ausschnitt. Sie hat das kleine Seitenfenster weit aufgemacht und zeigt dem Wetter die kalte Schulter.

Die Fahrgäste versuchen, jede Berührung und jede zusätzliche Bewegung zu vermeiden. Unter den FFP2-Masken sammeln sich Schweißperlen.

Ich nehme am Fenster Platz und schwitze. Auf den Oberlichtern im Bus klebt ein Hinweis in Gelb: »Fahrzeug klimatisiert«. Die Kippfenster lassen sich extra schwer öffnen, denn die Wirkung einer Klimaanlage entfaltet sich vor allem in geschlossenen Räumen. Natürlich sind alle Fenster offen.

An der nächsten Haltestelle steigt ein Mann ein, setzt sich mir gegenüber, holt eine blank geputzte runde Konservendose aus seiner Plastiktüte, setzt sie sich auf den Kopf. Sie ist etwas zu groß, aber er ruckelt geübt, bis sie so sitzt, wie sie soll.

Ich schaue überrascht zu. Er deutet auf die Büchse und erklärt: »Das schützt vor den Strahlen.«

Eine Frau mischt sich ein: »Funktioniert das mit allen Dosen, oder muss es diese sein?«

Der Mann winkt genervt ab, verzieht das Gesicht zu einer abfälligen Grimasse.

»Und wie wär's denn mal mit einer Maske auf dem Gesicht? So schön bist du nämlich auch wieder nicht. Deine nackte untere Hälfte blendet meine Augen, du Flitzpiepe.«

Er trommelt mit den Fingern auf seinen Knien, hält sich dann die Ohren zu: »Ruhe hier!«

Die Frau lacht auf.

»Tüdelü, Europa-Center«, dröhnt es aus den Lautsprechern. Hier muss ich umsteigen, um an den Badesee zu kommen.

Ein paar Schritte nur sind es bis zum Breitscheidplatz. Eine ungewöhnlich großzügige Brunnenanlage, vom Berliner Volksmund »Wasserklops« getauft, vom Brunnenvater Joachim Schmettau »Weltkugelbrunnen« benannt, schmückt und erfrischt den weiten Platz. Kinder spielen im Wasser, ältere Leute kühlen Arme und Füße.

Große Platanen spenden Schatten, über den Platz verteilt befinden sich Sitzgelegenheiten. Ein Café hat viele Tische und Stühle un-

ter großen Sonnenschirmen gedeckt, die Kellner warten gelang-
weilt auf Bestellungen.

Diese Weite der Plätze tut gut, sie gibt der Stadt ein großzügiges
Gesicht. Wo man sich mit weiten Armen im Kreis drehen kann, ohne
anzustoßen, fühlt man sich wohl. Die Stadtbewohner können die
gewohnte Aufmerksamkeit schleifen lassen, die Touristen eine Ru-
hepause einlegen, Spatzen, Stare und Meisen finden Nistplätze und
Mahlzeiten. Tauben inspizieren in großen Schwärmen die Fläche.

Der Breitscheidplatz ist alles andere als eine Oase der Entspannung.
Benannt ist er nach Rudolf Breitscheid, der pazifistische Politiker
starb 1944 im Konzentrationslager Buchenwald. Eine bronzene Tafel der Erinnerung ist ihm gewidmet.

Die Geschichte wird einmal
ein vernichtendes Urteil
nicht nur über diejenigen
fällen, die Unrecht getan
haben, sondern auch über
die, die dem Unrecht stillschweigend zusahen.

Berühmt in der ganzen Welt ist die Kaiser-Wilhelm-Gedächtnis-kirche mitten auf dem Platz. Sie ist, neben dem Fernsehturm am Alexanderplatz, das Wahrzeichen Berlins. Mit ihrer zerbombten Turmruine erinnert sie an die Schrecken der Kriege. Der ursprünglich mächtige Kirchenbau voller Einschusslöcher und weiterer Splitterschäden wird vieltausendfach berührt, fotografiert, gemalt.

Der Neubau direkt daneben, die neue Kirche, leuchtet in blauem Glück. Der Architekt Egon Eiermann hat 1961 mit dem indirekten Licht vieler blauer Fenstern einen Raum erschaffen, der überrascht und freut. Die Atmosphäre ist einmalig.

Eines der kleinen Fenster erinnert an ihn. Es trägt ein »Ei« in blauer Schrift und ist diskret versteckt mitten unter allen anderen Scheiben. Wer es suchen möchte, könnte rechts vom Altar fündig werden.

Im Fußboden der Kirche reihen sich kreisrunde, farbige Boden-platten aneinander. Rund um die Kirche wird dieser besondere Bodenbelag fortgeführt. Innen und Außen verbinden unsere Schritte auf solch runde Weise.

Ich setze mich kurz auf einen der schönen Stühle und genieße das lichte Blau und die paar Minuten ungefähre Stille. Bei jedem Besuch der Kirche tritt man mitten aus dem Getöse der Stadt in einen Raum voller Ruhe, Stille fast. Immer neue Menschen treten ein, fotografieren, sprechen vielleicht ein kurzes Gebet, zünden eine Kerze an, staunen, flüstern, lachen laut.

Der christliche Jesus hängt hier nicht an einem Kreuz, verwundet, gefoltert, mit Leidenskrone über den halb geschlossenen Augen. Eine goldglänzende Figur mit weit geöffneten Armen und sehr diskreten Wundmalen scheint über dem Kircheninneren zu schweben. Sie spricht von Zuversicht und Trost.

Es ist schön kühl in der Gedächtniskirche. Ganz hinten ruht sich ein Mann aus, schnarcht leise, seine Armut liegt in ein paar abgewetzten Tüten unter seinem Stuhl.

Diese Kirche ist ein Kompass für die Verbindung von religiöser Einkehr und weltlichem Sein. Sie sortiert nicht. Das schönste Zeichen ihrer Offenheit sind die mächtigen Türen, die sich automatisch öffnen, ohne Ansehen der Person, ohne Wertung.

Das blaue Licht erinnert mich an mein Ziel: Ich will doch zum Badesee! Die paar Minuten Stille, Kühle, Blau haben gutgetan; ich tauche zurück in die Großstadthitze.

Wenige Schritte weiter komme ich an die Stufen hinter der Gedächtniskirche, die von dem Attentat erzählen, das uns verändert hat und nachwirkt:

Zur Erinnerung an die Opfer des Terroranschlags auf den
Weihnachtsmarkt am 19. Dezember 2016
Für ein friedliches Miteinander aller Menschen.

Es starben in dieser Nacht

ANNA UND GEORGIY BAGRATUNI UKRAINE
SEBASTIAN BERLIN DEUTSCHLAND
NADA ČIŽMÁR TSCHECHISCHE REPUBLIK
FABRIZIA DI LORENZO ITALIEN
DALIA ELYAKIM ISRAEL
DR. CHRISTOPH HERRLICH DEUTSCHLAND
KLAUS JACOB DEUTSCHLAND
ANGELIKA KLÖSTERS DEUTSCHLAND
DORIT KREBS DEUTSCHLAND
ŁUKASZ URBAN POLEN
PETER VÖLKER DEUTSCHLAND
UND AM 5.10.2021 SASCHA HÜSGES DEUTSCHLAND

Ein bronzener Riss geht durch das Pflaster.

Gemeinsam mit den Angehörigen und Überlebenden wurden diese Inschrift und der Riss erarbeitet und ausgeführt.

Zu jedem Namen steht ein Bilderrahmen mit Foto der Toten. Kerzen und Blumen zeugen vom ständigen Vorhandensein.

Jedes Mal, wenn ich hier vorbeikomme, denke und fühle ich zurück zu dieser entsetzlichen Tat. Tatsächlich kam ich gerade vom Weihnachtsmarkt, stellte beim Schuhe-Ausziehen das Radio an und erstarrte – wie alle erstarrten.

Ein Attentäter war mit einem riesigen Lastwagen in den Weihnachtsmarkt hineingerast, hatte alles unter sich begraben. Menschen. Buden. Die Welt, wie sie war.

Danach Stille.

Ersthelferinnen und Augenzeugen irrten durch die Zeit. Lange gab es keine Worte für das Entsetzen. Wie sollte diese Erschütterung begriffen werden? Der Himmel über dem Breitscheidplatz war nicht groß genug.

In den Kaufhäusern und Geschäften und Cafés und Restaurants flüsterten die Leute miteinander. Niemand ging konsumieren. Es gab weder Werbedurchsagen noch Begleitmusik. Die Lichter der Weihnachtsbeleuchtung und alle Videoreklamen blieben dunkel.

Der Autoverkehr wurde weiträumig ausgesperrt.

Rund um die Gedächtniskirche patrouillierte die Polizei in mächtigen Schutzkleidungen, Maschinengewehre in den Händen. Auch ihre Augen waren voller Stille, ihre Blicke aber suchten nach Erklärungen und Trost.

Wenige Tage später erste Versuche, der Umklammerung der Gewalt etwas entgegenzusetzen. Ein Gottesdienst in der Gedächtniskirche – ausschließlich für Politikerinnen und Politiker und einige Prominente.

Ein Aufruf zum gemeinsamen Singen gegenüber der Kirche. Für alle. Die Stimmen professioneller Sängerinnen trugen tastend nach Halt durch die Sprünge in den bisherigen Sicherheiten. Das half den anderen, einzutauchen in einen gemeinschaftlichen Klang. Eine junge Frau aus Japan schaut mich tränenüberströmt an, ich weine ja auch, die meisten weinen. Sie berührt mich vorsichtig, ich nehme sie in meine Arme. Wir stehen dort und weinen. Sie schluchzt.

»Ich verstehe das nicht. Ich bin extra nach Berlin gereist, um den Weihnachtsmarkt ein Mal zu sehen. Bei uns träumen alle davon, einen deutschen Weihnachtsmarkt zu besuchen. Wie kann man einen Weihnachtsmarkt töten? Warum hat er das getan?«

Ich kann nicht antworten, ich kann nur weiter mit ihr schluchzen.

Dann aber sehe ich ihre Jugend und versuche, ihr etwas Trost zu geben. Vielleicht ist ihre Großmutter so alt wie ich.

»Niemand kann das verstehen. Es ist sinnlos. Es ist Terror. Es ist kein Leben.«

Sind das tröstende Worte?

Wir teilen uns ein Päckchen Taschentücher. Der Gesang um uns herum klingt menschlich. Jemand reicht uns ein Textblatt. Wir stehen Arm in Arm, suchen die Liedzeile, suchen unsere Stimmen. Eine Frau stellt sich zu uns, ein Mann, ein Jugendlicher, zwei Schülerinnen kommen nah. Wir sind eine kleine Insel in der großen Gruppe. Alle lesen mit, fallen bruchstückweise in das Lied ein, tragen uns und sich und werden von uns getragen.

Niemand schämt sich der vielen Tränen, der lauten Schluchzer, der leeren Blicke.

Ich schleiche über den gestorbenen Weihnachtsmarkt. Alle Augen sind rot geweint. Alle Augen suchen den Blickkontakt. Jeder Blickkontakt führt zu neuen Tränen.

Schutzlos sind wir.

Am ersten Jahrestag des Attentats ist der Breitscheidplatz dunkel vor Menschen. Die Stille hat Platz genommen. Diese Andacht vor der Kirche ist für alle, ohne Ansehen des Berufs. Zwölfmal schlägt die große Glocke in die Nacht. Ein Schlag für jeden Toten.

Die weitgespannte Traurigkeit hallt lange durch die Lüfte.

Alles Leise ist Weinen. Trägt die Hoffnung nach Trost die Hinterbliebenen, die Überlebenden? Spüren sie unser Mitgefühl?

Sechs Jahre später stehe ich vor diesen Stufen des Mahnmals und suche schon wieder ein Taschentuch. Die Luft flirrt. Eine italienische Reisegruppe kommt mit großem Hallo angelaufen. Die Reiseleiterin bleibt neben mir stehen, versammelt ihre Gruppe um sich und erklärt einiges.

Ich rücke diskret ab, die Pandemie hat feste Abstandsregeln in mein Unterbewusstsein gepflanzt.

Was wird die junge Frau aus Japan heute machen? Fährt sie zu anderen Weihnachtsmärkten? Denkt sie manchmal an die Lieder, die wir gesungen haben?

Die Gruppe aus Italien hört zu, stellt Fragen, fotografiert, lacht schnell weiter.

Ein Mann fragt mich nach dem Weg zum Kurfürstendamm. Wir kommen ins Gespräch. Ich erkläre ihm den Hintergrund des Mahnmals. »Ach, hier war das? Ich erinnere mich sehr gut an die Bilder vom Terroranschlag«, sagt er. Wir schauen uns die Fotos der Toten an und spüren gemeinsames Entsetzen.

»Ich kenne den Terror viel zu gut. Vor meinem Büro in (...) explodierte vor (...) Jahren ein Lastwagen voller Sprengstoff.«

Er berichtet von den Folgen dieses Anschlags und weint dabei. Auch mir kommen die Tränen.

Dann wischt er sich das Gesicht mit einem Taschentuch ab, reicht mir auch eins. Wir putzen uns die Nasen und lächeln schüchtern.

»Entschuldigen Sie bitte, ich erzähle Ihnen hier so was, das wollte ich nicht. Bitte entschuldigen Sie meine Tränen«, bittet er.

»Das ist unsere Stärke gegen Terror. Wir fühlen und reagieren, wir sind Menschen, Sie genau wie ich. Erst wenn es uns egal ist, hat der Terror gesiegt. Und das wird nie passieren«, antworte ich. »Dass wir so traurig sind, verbindet uns mehr, als die Gewalttäter wissen und wollen.«

Er stimmt mir zu. Wir versichern uns noch gegenseitig, dass es absolut richtig ist, dass er von seinem Entsetzen erzählt hat und ich zuhörte. Nur so können wir gemeinsam tragen und ertragen, was geschieht und geschah.

Dann verabschieden wir uns mit festem Händedruck. Er geht, ohne sich umzudrehen, und das macht er gut.

Meine Blicke gehen mit ihm mit, ziehen über den Platz. Das Attentat hat die Stadt bleibend verändert.

Manches ist sichtbar. Der ganze Breitscheidplatz ist umringt von riesigen Pollern, von einer hüfthohen Mauer aus sand- oder wassergefüllten Kisten, ein Gürtel aus Hässlichkeit, der schützen soll.

Manches ist fühlbar. Die Hinterbliebenen haben nach dem Attentat Behördenpost bekommen – Rechnungen für die Obduktion ihrer Angehörigen, für geleistete Verwaltungsarbeit, wortlose Päckchen mit Kleidung, Aufforderungen zur Mitwirkung. Briefe, die in ihrer Gewissenlosigkeit kaum zu überbieten waren und kollektive Verachtung verursachten.

Vieles ist verborgen. Neuartige Terrorabwehr, aktualisierte Maßnahmenkataloge, effiziente Pläne für Polizei und Politik.

Berlin wurde einer großen Leichtigkeit beraubt. Aber die Stadt resigniert nicht. Sie macht sich an die Arbeit und sucht Wege, diesem Attentat, diesem Riss in der Realität mit Zuversicht zu begegnen. Dabei passieren Fehler, einige Wege führen in Sackgassen. Fehler dürfen geschehen, solange man das Suchen nicht verlernt. Sie weisen sie auf die Lücken hin, die es zu füllen gilt.

Das Herz der Stadt ist stark. Darauf kann man sich verlassen. Dieses »Wir«, das es gibt und nicht gibt, ist ein gutes Fundament. Die

Polizisten, die jetzt mit schweren Maschinengewehren über die Weihnachtsmärkte schlendern, bekommen Tee und Freundlichkeit geschenkt.

Die Politiker, die nach Festungen rufen, die sich tiefe Gräben mit hungrigen Krokodilen wünschen, die ständige Kontrollen jeder Person und Bewegung fordern, bekommen scharfe Dämpfer und Angst vor den nächsten Wahlen.

Das Trauma wird von vielen Händen getragen, die Spuren der Erschütterung verlaufen nicht im Sand. Sie machen die bleibenden Lücken und Veränderungen ertragbar. Den Toten und Verletzten gilt alles Mitgefühl. Ein Fluss aus Würde weist der Zukunft ihre Wege.

»Haste mal ein bisschen Kleingeld oder einen Euro für mich?«, reißt mich ein Mann aus den Gedanken. Ich schrecke hoch, schaue ihn an. Er steht mit offener Hand vor mir. Es ist eine sehr schmutzige Hand. Ich krame in meinen Taschen, reiche ihm ein Geldstück.

»Wie wäre es mit einem Schluck Wasser bei der Hitze?«

Ich gebe ihm eine meiner Extra-Flaschen. Er nimmt sie, trinkt sie leer. Studiert dann das Etikett:

»Ist Pfand drauf, 25 Cent. Wir wollen doch nicht verschwenderisch sein. Ich stell die mal hier an den Mülleimer. Kann sich noch ein armes Schwein drüber freuen.«

Von der Straße wabern Hitzeschwaden über den Breitscheidplatz. Durch die Sohlen meiner dünnen Sandalen verbrenne ich mir die Füße. Bloß nicht stehen bleiben.

So gut es geht, durchdringe ich die fette Luft, steige nass geschwitzt in die S-Bahn. Ich stehe am gekippten Fenster und atme enttäuscht in den dumpfen Fahrtwind. Erst am See, unter hohen

Bäumen, ist es erträglicher. Im Wasser waschen sich die Sorgen weg, in kleinen Wellen fließen sie davon ins Weite, treffen sich mit anderen, planschen im Kreis.

Aufatmen, eintauchen, ausatmen.

Am Stadtstrand in der Strandstadt.

Berlin hat angeblich fünfzig Seen – doch wer denkt ans Zählen, wenn das Wasser so herrlich glitzert und der Eiswagen klingelt. Jeder See ist der schönste. Wer das Glück hat, nutzt die Mittagspause am Wasser, morgens, mittags, abends, nachts.

Touristinnen und Touristen überrascht die Tatsache, dass die Museumsinsel wirklich eine Insel ist, immer wieder. Auch die Pfaueninsel ist nur mit dem Boot zu erreichen.

Die Stadt wird zusammengehalten von Wasser. Es gibt mehrere Strandbäder, leicht zu erreichen mit dem Bus, der Bahn oder dem Fahrrad. Dieses Ineinanderfließen von Urbanität und Ursprung ist luxuriös. Die Lebensqualität hat das Freischwimmerabzeichen in Gold.

Eine große Familie setzt sich in unmittelbare Nähe zu meinem lauen, stillen Plätzchen. Sie packen ihre Taschen aus. Decken, ein aufblasbares Boot, Handtücher, Trinkwasser, Thermoskannen voller Tee und Kaffee, Schüsseln mit Salaten, Gebackenem, Obst, Süßspeisen. Die Jugendlichen ziehen sich T-Shirts und Schuhe aus, sie können es nicht eine Sekunde länger erwarten. Laut sind sie, und wie befreit von schweren Konventionen greifen sie ins Wasser, springen, hopsen, tauchen, prusten. Die kleinen Kinder bekommen Schwimmhilfen übergezogen, bevor sie andächtig Schrittchen für Schrittchen ans Wasser gehen, vorsichtig, misstrauisch. Dann aber lassen sie sich in eine herrliche Pfütze vor dem großen Wasser plumpsen und greifen mit Wonne in Sand und Schlamm.

Die Großeltern setzen sich auf Klappstühle in den Schatten, ziehen Schuhe und Strümpfe aus, rollen Ärmel hoch, schieben Sonnenhüte etwas schräger auf den Kopf.

Die Väter und Mütter wechseln zwischen allen Rollen übergangslos hin und her. Sie flirten, machen Komplimente, erneuern ihre Lust aneinander, bringen den Alten frisches Obst, den Kleinkindern Buddelzeug und Sonnencreme, schimpfen zärtlich mit den Jugendlichen.

Nachdem alle sicher angekommen sind, wird zu Mittag gegessen. Eine Frau winkt mich heran, ein Kind zieht mich schüchtern am Arm, ich setze mich zögernd an den Rand ihrer Sommerwohnung.

Und dann koste ich von allen Tellern und Tassen und stopfe mich voll mit den herrlichsten Speisen. Ich kenne von nichts einen Namen. Lachend über so viel Neugier, rufen mir die Kinder alle köstlichen Worte zu. Meine Wiederholungen bringen auch die Alten zum Kichern. Eine riesige Melone wird in den See gehängt. Sie wird am späten Nachmittag gut gekühlt verteilt.

Nach dem Essen klappen die Großeltern ein Backgammonbrett auf. Die Jugendlichen teilen sich Musik und Ohrstöpsel. Die Eltern wiegen Babys in den Schlaf. Ich bedanke mich herzlich und gehe die paar Meter zurück auf meinen Platz. Gute Nachbarschaft braucht auch Diskretion. Wir tauschen klare Blicke und immer wieder ein Lächeln.

Ich lasse mich treiben, schlafe kurz ein, träume von Walen und Zwergpudeln. Meine Ohren baden im Rascheln der Blätter, im Gluckern des Sees, im Klackern der Würfel, in den leisen Tönen der Musik, der Gespräche. Ein kleines Motorflugzeug fliegt über uns hinweg.

Wie schön, dass wir alle hier sind.

AUGUST

Tiefe Nächte, hohe Himmel

M19 – Bleibtreustraße, Hornstraße, Mehringdamm,
Dennewitzplatz, S Grunewald
Taxi

Holger hat Geburtstag. Wir feiern seit vielen Jahren nur die unrunden Geburtstage. Es macht viel mehr Spaß, eine »47« oder eine »59« auf die Torte zu malen, denn diese vielen Geburtstage zwischen den sogenannten Highlights erfordern nichts, nur Freude. Es gibt weder vorgefertigte Glückwunschkarten noch Girlanden, bedruckte Luftballons oder gar Verkehrszeichen, die das Lebensjahrzehnt beinhalten. Selbst die Erwartungen der Verwandtschaften sind maßvoller. Wer unrunden Geburtstag hat, darf alles machen oder lassen, niemand wird enttäuscht.

Holger wohnt in einem typischen Berliner Altbau. Die Zimmer sind knapp fünf Meter hoch, die Fenster klappern, im Hinterhof wächst ein dicker alter Baum.

»Das ist eine Stieleiche«, sagt Holger uns immer wieder.

»Niemals! Das ist eindeutig eine Traubeneiche!«, protestiert Maxi.

»Du wieder mit deinem Allgemeinwissen, ich bin mir sicher, es ist eine Ungarische Eiche!«, ruft Sabrina empört.

»Nee, nee, es ist und bleibt eine Hinterhofeiche, und das müsst ihr euch jetzt wirklich hinter die Ohren schreiben«, beteilige ich

In den Nächten flattern Fledermäuse durch den Hof. Wir sitzen oft auf dem Dach und fachsimpeln bei Kerzenschein und Rotwein, welche Arten es sein mögen.

»Das da ist eine große Fledermaus«, fachsimpelt Holger dann und zeigt mit wedelndem Zeigefinger auf ein Flattertier.

»Und ganz klar ist das dort eine kleine Fledermaus, ein Flederchen«, freut sich Sabrina, und Maxi und ich nicken zustimmend.

Wir haben hier also vor allem zwei Arten im Hinterhof: die große und die kleine Fledermaus.

Wir klettern nach Luft schnappend hoch aufs Häuserdach und erschrecken: Alle Vogelnester, die seit vielen Jahren in den Mauerlücken rege zur Familiengründung gebraucht werden, sind leer.

Die extremen Temperaturen und lange Trockenheit hat Mauern und Nester so stark aufgewärmt, dass in ganz Berlin Vogelkinder vor Hitze sterben, Nester nach dem Eierlegen aufgegeben werden, weil das Brüten in solchen Temperaturen den sicheren Tod auch für starke Vogeleltern bedeutet.

Uns tut die Hitze auch nicht gut, aber wir haben Alternativen. Wir klettern die Treppen wieder runter und packen Snacks und Getränke in die Kühltasche. Diesen Geburtstag werden wir auf der Brücke im Kiez feiern. Dort weht nach Sonnenuntergang ein ganz kleines Lüftchen.

Die Brücke ist nicht weit entfernt, wir schlendern durch die Straßen und jammern viel.

»Mir ist so warm«, beginnt Maxi das alte Sommerlied der Großstadt. Wir nicken nur im Takt der lahmen Schritte. Selbst die Tauben flattern nicht mehr, mit hängenden Flügeln schauen sie uns vorwurfsvoll an. Ihre kleinen schwarzen Augen sind unergründlich.

»Die Taube da guckt mich so wütend an, ich glaub, die will mir an den Kragen. Lass uns mal schneller gehen«, flüstere ich. Mein

Respekt vor den Stadttauben ist unermesslich, ich mache lieber große Bögen um sie und verehre sie aus sicherer Entfernung. »Die können jeden Moment ihre Geduld verlieren«, erkläre ich. »Denen ist genauso heiß wie uns, aber sie haben keine eisgekühlten Getränke und können ihre Füße auch nicht im See baumeln lassen. Was meint ihr, wie sauer die auf uns sind.«

Holger tippt sich an die Stirn, Maxi und Sabrina zucken mit den Schultern.

Ich quetsche mich auf Zehenspitzen an den Vögeln vorbei und atme auf. »Wieder Glück gehabt! Schaut sie doch nur mal richtig an, wie vorwurfsvoll die Tauben gucken, die planen doch längst eine Revolution, und dann geht es uns an den Kragen.«

»Du trinkst besser nur noch Gänsewein«, sagt Holger streng. »Das Wetter schlägt dir aufs Gehirn.«

Zur allgemeinen Erleichterung gebe ich nach und wechsele das Thema, nur weg von den unheimlichen Taubenblicken.

»Oh, da ist eine Bank frei, schnell, wer als Erste da ist!«

Rufend renne ich los und stolpere fast in einen abgestellten Karton auf dem Gehweg, »zu verschenken«, steht auf dem beiliegenden Zettel.

Solche Kartons stehen überall in Berlin. Ihr Inhalt variiert und ist immer eine spannende Sache.

Was die einen für Müll halten mögen, kann für die anderen ein kleiner Schatz sein. Wie schön ist es, dass Dinge, die nicht mehr geliebt oder benutzt werden, nicht einfach im Abfall landen. Nachhaltigkeit und Müllvermeidung hat erstaunlicherweise mit diesen vielen »Zu verschenken«-Kartons eine direkte Weiterverwertung gefunden. Wie viel einfacher wäre es, all das Zeug und den Krempel direkt zu entsorgen.

Natürlich gucken neugierige Fußgänger in jede Schachtel, werfen im Vorbeilaufen kurze Seitenblicke auf die Inhalte, freuen sich, wenn interessante Dosen oder funkelnder Modeschmuck auf große Augen wartet, und lachen über abgebrochene Lineale, löchrige Regenschirme, einzelne Socken und schiefe Hüte.

In Gegenden mit vielen Kindern findet man Spielzeug und zu klein gewordene Jäckchen. In Gegenden mit etwas Geld werden eher Kisten mit Geschirr oder Küchengeräten auf die Straße gestellt.

Wohngegenden ohne diese Weiterreichungen gibt es auch. Auf diesen unbenutzten Gehwegen seufzt selbst der Wind durch die hohen Zaunanlagen und Überwachungskameras.

Oft tragen Verschenkekisten richtige Botschaften. Etwas ist vorbei, das Baby aus den Windeln herausgewachsen, die Eltern haben alle Bücher über das Elternsein gelesen. Aus den leeren Senfgläsern trinkt niemand mehr, die Schallplatten stehen seit Jahren im Weg, die Tanzschuhe erinnern nur an die kranken Füße, der Trinknapf und die Leine rufen den alten Hund nicht zurück.

Immer ist es eine zärtliche Angewohnheit, Dinge weiterzugeben, ohne einen Dank zu erwarten. Jede dieser Schachteln erzählt von einem Leben, das nicht nur für sich allein gelebt wird. Es ist freundliches, lebendiges Miteinander. Ob schon Künstler aus diesen Kartons Installationen bauen? Ob Philosophinnen vor den Schachteln hocken und tiefe Gedanken mit den Inhalten verweben?

Im Pappkarton vor uns liegen halb abgebrannte Kerzen, eine angebrochene Schachtel Zigaretten, eine große Dose Kartoffelsalat aus dem Supermarkt, ein Heft mit herausgerissenen Seiten und einiges mehr.

»Den Salat werfe ich lieber mal weg. Nicht dass den noch wer isst.«

»Das wäre kein schöner Tod, aber eine tolle Schlagzeile: ›Ihr letztes Mahl war ein Salat.‹«

Sabrina bringt die Packung mit spitzen Fingern in den Mülleimer.

Wir räumen noch ein bisschen um, die Tasche mit den Eiswürfeln kommt unter die Bank in den Schatten, damit wir auch etwas davon haben, Kuchen und Gläser stellen wir auf die Bank. Die gute Laune pflanzt sich in unsere Mitte, wir unterhalten uns angeregt, lachen viel.

Eine kleine Band, Gitarre, Bass und Gesang, spielt am anderen Ende der Brücke den Sommertag zu Ende. Im Takt der Musik kommt die Nacht in die Stadt.

Maxi findet unter dem halben Heft in der Kiste ein zerbeultes Liebesschloss. »Guckt mal!«, ruft sie und hält das kleine Vorhängeschloss hoch. Es ist rot und hat eine mit schwarzem Stift durchgestrichene Inschrift: »Jamila & Jack 4ever«. Der Verschluss ist aufgebrochen, und ein Zettel ist daran geklebt. »Er schwor mir ewige Treue, dann nahm er sich 'ne Neue«, steht darauf. Ein schlichter Ring mit winzigem roten Stein hängt am Klebeband.

Holger schaut und dreht den Ring. »Wow, das ist das erste ›Liebesausschloss‹, das ich sehe. Und der Ring ist aus dem Kaugummiautomaten, oder?«

»Kaugummiautomaten gibt es doch gar nicht mehr.«

»Doch, doch, in der Potsdamer hängen welche«, sagt Sabrina und unterbricht dafür kurz das gerechte Verteilen von Sekt und Wasser. Sie gießt in jedes Glas ganz genau gleich viel. »Und hinten am Park auch.«

»Ich verstehe diese Liebesschlösser nicht.« Ich schüttele den Kopf und denke weiter laut nach: »Liebe abzuschließen, an ein Brückengeländer zu hängen und die Schlüssel wegzuwerfen – ist das nicht das genaue Gegenteil von Liebe?«

»Ist doch klar, dass du das nicht verstehst, das ist nämlich romantisch«, spitzt Sabrina.

»Wann fing das eigentlich an?«, frage ich in die Runde. »Wann ist aus Luft und Liebe Vorhängeschloss und Liebe geworden?«

»Ein trauriger Karton ist das, ich stell den mal woandershin, mich deprimiert der«, sagt Holger und trägt Karton samt Inhalt ans andere Ende der Brücke.

Zurück kommt er mit Eugen, Anatol, Olli und Nadja. Ein großes Hallo, denn das sind alles liebe Leute aus der Nachbarschaft.

Zufällig Freundinnen und Freunde zu treffen, ist in Sommernächten auf den Brücken schöne Regel. Man kauft Getränke im Späti an der Ecke, schlendert in Richtung Musik und guckt, wer noch so alles da ist.

Die Jugendlichen tragen ihre Boxen im Rucksack. Sie hocken sich auf freie Plätze, beschweren sich nicht über vermeintlichen Krach, tolerieren klaglos den Gesang und die Instrumente der Älteren.

Man lässt alles auf sich zukommen, meist passiert nichts Spektakuläres, und genau das ist das Schöne an diesen Abenden. Der Tag klingt aus, alle Fenster stehen weit offen, drinnen bleibt nur, wer unbedingt muss. Die Geräusche verändern ihren Klang, Geschirr klappert in Küchen, ein Hund jault auf, kleine Kinder werden immer leiser. Vielleicht streitet sich ein Paar im Hinterhof, vielleicht lieben sich im zweiten Stock zwei Menschen ungestüm und laut. Aus manchen Fenstern tönen die Erkennungsmelodien der Abendsendungen. Die Hitze des Tages wird zur Hitze der Nacht.

Drinnen und draußen mischen sich Gerüche, legen sich auf staubige Straßen. Ratten huschen hierhin und dahin. Große und kleine Fledermäuse wachen auf, flattern um alle und alles herum.

Man schaut der untergehenden Sonne zu, freut sich über die blaue Stunde, regt sich herrlich über die Jugendlichen auf, die nur wenige Meter weiter eine Shisha rauchen und schreckliche Musik dabei hören.

Brückennächte sind Schaukelstühle der Großstadt.

Je nach Bezirk und touristischer Werbung wechseln Stimmungen und Atmosphären von Brücke zu Brücke. Die prominenteste ist wohl die Warschauer Brücke, auf der im Sommer wie im Winter Abenteuer, Dramen, Verbrechen, Abstürze, Lust und viele weitere, sogar lebensverändernde Möglichkeiten passieren.

Mit einem Hauch verschwindet der Sommerabend in die Nacht über Berlin.

Und weil unter vielen Brücken Menschen leben – ob nur vorübergehend oder längerfristig –, nehmen freundliche Nachbarn ganz automatisch ein Bier und einen Döner mehr mit. Und so, ohne dass groß darüber gesprochen wird, rückt, wer möchte, etwas näher und bekommt einen Namen zum Gesicht.

Es ist spät geworden. Im Hochsommer werfen die Nächte immer nur ihre Schatten auf die Stadt, richtig dunkel wird es höchstens kurz vor Sonnenaufgang. Holger, Maxi, Sabrina und ich verabschieden uns von den anderen, sammeln unser Zeug ein und schlurfen zum Bus.

Ein Fuchs läuft geschäftig an uns vorbei. Er trägt eine fette Maus – oder ist es gar eine Ratte? – im Maul, ihr Schwanz baumelt mit seinen Schritten hin und her.

Wir setzen uns ins Haltestellenhäuschen und warten. Ein alter Mann stellt sich zu uns, holt aus den Tiefen seiner kurzen Hose eine halb volle Flasche Limonade und leert sie in die Ecke. Wir springen schimpfend hoch. Er schüttelt ungerührt die letzten Tropfen aus der Flasche, schraubt sie zu, stellt sie unter die Bank, legt sich auf die Bank und grummelt genervt: »Kann man nicht ein Mal für fünf Minuten seine Ruhe haben?! Regt euch ab, es ist nur Limonade.«

Holger ist besonders sauer, er hat klebrige Spritzer abbekommen und schüttet sich das letzte warme Sprudelwasser über die Flecken.

Nach und nach kommen weitere Leute an die Haltestelle. Ein

Mann humpelt, links und rechts an Krücken, sein dick verpacktes Bein Zentimeter über den Boden haltend, auf die Sitzbank zu. »Rutsch bitte mal ein Stück«, sagt er. »Rutsch doch selber!«, knurrt der alte Mann.

»Bitte, ich hab mir den Fuß gebrochen. Bitte, rutsch ein Stück«, versucht der Mann es erneut.

Doch der alte Mann lacht nur hämisch: »Ist nicht mein Problem.«

Eine Frau mischt sich ein: »Brust oder Keule?«, fragt sie und erntet fragende Blicke. »Soll ich ihm mit meinem Schwert den Kopf oder die Beine kürzer machen? Du kannst wählen, mir ist es egal.« Sie kramt in ihrem Umhängebeutel und zielt grinsend mit einem Spielzeugschwert aus Plastik, nicht länger als ein halber kleiner Finger, auf die Knöchel des alten Mannes.

»Ich zähle bis drei und eröffne dann den unfairen Kampf: Frau mit Schwert gegen Mann ohne Manieren! Nennt mich Schwertana!«, ruft sie dramatisch und tänzelt beeindruckend auf der Stelle. »Eins«, ruft sie drohend. Nach einer kurzen Pause folgt ihr: »Zwei.«

Der alte Mann bewegt sich, dreht den Kopf und kratzt sich am Rücken. Er guckt sie an, unsicher, was zu tun ist.

Mit Lust am Schauspiel stößt sie furchterregende Laute aus. »Und gleich, ja gleich rufe ich die magische Zahl in die Nacht.«

Sie wendet sich uns Zuschauern zu: »Alle schließen jetzt ganz fest die Augen, und wenn ich ›drei‹ rufe, ist es vorbei.«

Alle spielen mit oder tun wenigstens so. Der alte Mann ergibt sich, steht mit schweren Bewegungen auf, rutscht zur Seite und klopft mit der Hand auf die Bank: »Na gut, na gut. Ich will mal nicht so sein. Komm nur her, Kollege, und ruh dich aus.«

Der verletzte Mann humpelt zur Bank, setzt sich seufzend. »Das tut gut. Der verdammte Fuß tut so weh, und dann diese Hitze. Ich bin fix und fertig. Danke.« Er reicht dem Alten die Hand. Der schlägt ein.

Schwertana verbeugt sich weit ausholend. Die Menge jubelt. Sie wirft ihr Schwert mit Schwung zurück in den Beutel. Die Menge bewirft sie mit Rosen und Glitter. ˙

Tatsächlich aber kommt jetzt nur der Bus angefahren, gelb glänzend, würdevoll ratternd. Alle steigen ein, niemand kommentiert das Theater. Es ist zu heiß, selbst tief in der Nacht.

Unsere nackten Beine kleben sofort an den Sitzen fest. Ich stehe lieber auf, der Gedanke an den Schweiß der vielen Fahrgäste vor mir jagt mir eine Gänsehaut über die Beine. Sabrina guckt fragend, aber ich schüttele nur den Kopf. Die FFP2-Masken saugen sich an den Wangen fest. Hinter den Ohren hat sich längst Hornhaut gebildet. »Da kommt freiwillig kein Virus durch«, denke ich.

Alle Fenster stehen offen, der Mief aus Tausenden Schweißdrüsen aber steht im Businneren wie ein Fels in der Brandung. Nur der Busfahrer trotzt dem Sommergestank. »Wer hat schon wieder die Heizung aufgedreht?«, ruft er seinen Fahrgästen zu. »Wenn ich den erwische ...«, legt er nach. »Aber es geschehen noch Zeichen und Wunder«, ruft er enthusiastisch. »Die BVG hat mir vorhin eine Flasche Wasser spendiert. Eine ganze Flasche nur für mich!«

»Bezahlt von unseren Steuergeldern«, murrt eine Stimme.

»Wer hat was zu meckern?«, fragt der Busfahrer neugierig. »Darf ich mal Ihr Ticket sehen?«

»Nee, is' schon gut, ich hab nur so vor mich hin gequatscht«, murmelt einer zurück.

Der Doppeldecker legt sich in die Kurve, und der Schwung überträgt sich unmittelbar auf unsere Stimmung. »War das Wasser wenigstens eiskalt?«, ruft Sabrina, munter geworden. »War es unser gutes Wasser aus der Spree?«

»Aus dem Wasserhahn war es jedenfalls nicht, da war schon eine Flasche drumrum und ein Deckel obendrauf. Das hat sich die BVG richtig was kosten lassen!«, antwortet der Fahrer gut gelaunt. »Ich mach mir da zu Hause Eiswürfel von, da hab ich mehr, als wenn ich es jetzt einfach so ausschlürfe.«

Wir prosten ihm mit großen Gesten zu. Er lacht und greift sein riesiges Lenkrad etwas fester, denn jetzt muss er den Bus ganz korrekt an die nächste Haltestelle bugsieren.

»Leute, ihr habt es ja noch schlechter getroffen als ich – eure Gläser stauben ja schon!«, lacht er dabei und hupt gleichzeitig einen unaufmerksamen Autofahrer an, der ihm die Vorfahrt nimmt.

Wir stimmen traurige Litaneien an und enden beim neuerlichen Anfahren mit einem vorwurfsvollen: »Und dabei hast du heute Geburtstag!«

»Was? Wer hat hier Geburtstag?«, ruft der Busfahrer. Er hat schon wieder eine Haltestelle erreicht, hier sind die Strecken kurz. Er öffnet die Türen, Leute steigen ein, Leute steigen aus und kommen sich natürlich in den Mitteltüren in die Quere. Draußen reißen sich alle schnaufend die Masken vom Gesicht, drinnen ergibt sich jeder dem Schutz vor dem Virus.

Der Busfahrer guckt uns durch den Innenspiegel fragend an, Holger schüttelt sofort den Kopf und wedelt mit den Händen, aber wir anderen stimmen begeistert das Lied an. Eine Frau setzt sich zu uns, holt eine Ukulele aus ihrer Tasche und spielt nach unseren eher hitzetrunkenen Gesängen richtige Lieder mit richtigen Melodien an. Sie spielt nur leise und singt auch nur in halber Lautstärke. Aber es ist doppelt schön und erschafft eine luftige Leichtigkeit. Wir haben längst unsere Haltestelle verpasst und nicht vor, jemals wieder aus diesem Bus voller Musik, Gesang und Übereinstimmungen auszusteigen.

An der Endstation S-Bahnhof Grunewald rennen wir zum kleinen Gartenlokal, füllen unsere Wasserflaschen auf, kaufen Bier und Brot und für alle ein Eis am Stiel. Zuerst bekommt der Busfahrer eins, denn der sitzt schon auf heißen Kohlen, fünf Minuten noch, dann tickt seine Zeit wieder im Takt der Fahrpläne.

Die Musikerin möchte lieber ein Glas Wein und verabschiedet sich mit Musik und Verbeugung. Sie hat die Miete für den nächsten Monat noch nicht zusammen und fragt den Kellner, ob sie hier im Gartenlokal spielen und sammeln darf. Der freut sich, denn Sommernachtsmusik lässt alle Gäste länger verweilen. Ihr Eis schenke ich dem Pärchen, das scheinbar ein allererstes Date hat. Jetzt können sie sich was teilen.

»Lass das, die kaufen doch nur wieder so ein Liebesschloss und betrügen sich drei Tage später«, jammert Sabrina mir ins Ohr.

»Zu spät. Lass ihnen eine Chance, ein Eis kann der Anfang einer langen Liebe sein«, raune ich ihr zu.

Gerade noch rechtzeitig springen wir in den Bus. Holger, Sabrina und ich gehen in den ersten Stock und setzen uns an die Fenster. Maxi bleibt unten beim Busfahrer. Die beiden flirten ein bisschen, ihr Lachen klingt immer wieder bis zu uns hinauf.

Wir holpern durch die Nacht. An allen Ecken, auf jedem kleinen Mäuerchen, in den Lokalen und auf den Bänken sitzen Menschen, die wie wir der Erschöpfung trotzen und die Unbeschwertheit in einer Augustnacht genießen. Kneipen, Restaurants, Bars und Hotels nutzen die breiten Bürgersteige am Kurfürstendamm als Vorzimmer. Dicht an dicht stehen Stühle und Tische. Über den Straßen vermischen sich Gespräche, Lachen, Gesang und Musik zur Erkennungsmelodie des Hochsommers. Gläser klirren, Stuhlbeine kratzen über die Pflastersteine, Bestellungen werden gerufen, ein Hund bellt einen Hund an. Unser Doppeldecker fährt durch alle Nachtgeräusche.

Kurz vor der Haltestelle Hornstraße drücken wir den Halteknopf, klettern die Treppe hinunter, fallen fast in einer Kurve, rufen Maxi, stellen uns in die Mitteltüren und warten ungeduldig, dass sie sich öffnen.

Der Busfahrer winkt Maxi durch das kleine Seitenfenster zu und hupt zum Abschied. Maxi winkt zurück und hält uns ihren Arm hin. Mit dunklem Filzstift stehen da zwölf krakelige Zahlen. »Fast hätte mein Arm nicht gereicht«, grinst sie und fährt fort: »Was für eine Nacht.«

»Nun erzähl schon«, drängen wir sie. »Da gibt es nicht viel zu erzählen. Ihr habt doch alle gesehen, wie süß dieser Busfahrer ist. Übermorgen ist sein freier Tag, da sehen wir uns wieder. Mal abwarten.« Sie seufzt verträumt.

Wir stellen uns am Trinkwasserbrunnen an. Das Becken ist voller Wespen, die so durstig sind wie wir. Vorsichtig füllen wir unsere Wasserflaschen und setzen uns dann mitten hinein in den Lärm der Gartenkneipe. Die Kellnerin bringt eiskaltes Bier. Holger und Sabrina teilen sich einen Stuhl, Maxi hockt auf einem Baumstumpf, und ich irre suchend nach einem leeren Stuhl um Tische und Bäume herum.

Irgendwann wird es leerer und stiller. Müde legen wir die Beine hoch und ordern noch ein allerletztes Bier. Mit Getöse rascheln Igel durchs Gelände. »Müsst ihr so laut sein? Geht das nicht auch etwas leiser!«, ruft Holger ihnen zu. Aber dann entdecken wir eine Igelfamilie. Die Mutter vorneweg, ihr im Gefolge sechs Igelkinder. Sehr geschäftig laufen sie ihrer Wege, schnüffeln lautstark, finden Insekten, verschwinden unter der Terrasse.

Sabrina schaut auf die Uhr: »Ich bin müde, ich geh nach Hause. Bleibt ihr noch?«

Wir sind alle müde. Bis zum Morgen ist es nicht mehr weit.

Wir laufen ein ganzes Stück, denn tief in der Nacht und kurz vor dem neuen Tag fahren die Busse nur alle Stunde. Auf einer Bank viele Straßen weiter steht ein Pappkarton. Neugierig gehen wir hin. »Zu verschenken«, steht auf dem Blatt Papier. Drin stehen drei dickwandige Weingläser. Jedes hat eine andere Bemalung. Ich drehe und wende jedes Glas: »Wie schön die sind. Guckt nur, die sind mundgeblasen.« Im Karton steht noch eine Tortenplatte aus Porzellan, ein schlichter Wasserkrug und eine Blechdose.

Sabrina schüttelt die Dose, es klappert. Sie schüttet Knöpfe in ihre Hand, die wie Blumen gestaltet sind: zwei Margeriten, zwei Sonnenblumen und ein Veilchen.

Ein Rattern und Schnaufen reißt uns aus unserem Glück – der Nachtbus düst vorbei, rast über die rote Ampel, hält nicht an der Haltestelle. Sein gelbes Licht wird kleiner, verschwindet im Dunst.

Jetzt sind wir wirklich müde, können kaum gerade stehen, schaffen nur noch ganz kleine Schritte.

Maxi winkt einem Taxi. Die Taxifahrerin hat ihr Radio laut aufgedreht. Eine Heavy-Metal-Band dröhnt ohrenbetäubend aus allen Boxen. Auf unser Bitten hin stellt sie leiser und wechselt den Sender. Jetzt läuft Klassik durch den Wagen. »Ist alles das Gleiche«, ruft die Fahrerin und gibt noch etwas mehr Gas.

Ich schließe die Augen und presse die drei Gläser fest an meine Brust. Das Taxi fährt immer schneller, schneidet die Kurven, nutzt die ganzen leeren Straßen, als gäbe es kein Morgen, und bringt uns überraschend sicher nach Hause.

Ich bin die Letzte und sehne mich nach einer kühlen Dusche und viel Schlaf. Ich schütte ihr den Inhalt meines Portemonnaies in die Hände, sie bedankt sich mit einem knappen Nicken und wartet kaum, dass ich die Autotür von außen zuschlage. Mit quietschenden Reifen rast sie davon.

Ein Nachbar steht nackt am Fenster: »Na, dit ist ja richtig spät geworden. Hat sich's denn gelohnt?« Er grinst anzüglich und schnalzt mit der Zunge. »Und trotzdem so alleene? Komm rein auf einen schnellen … Absacker.«

»Heute nicht, heben wir es uns für ein anderes Mal auf«, antworte ich höflich, versuche erfolglos, woandershin zu gucken, und brauche lange, um einiges von dem, was ich gesehen habe, zu vergessen.

SEPTEMBER

»Bezahle und verdufte«

M19 – Katzbachstraße, Mansteinstraße,
Kurfürstendamm, Europa-Center

Wer in Berlin lebt, lebt mit Berlin. Es ist nicht möglich, sich völlig den Sporen zu entziehen, die die Hauptstadt mit sich trägt. Vieles von dem, was in Deutschland oder der Welt passiert, findet in Berlin Echo, Gehör und Platz. Es gibt an 365 Tagen Demonstrationen, für und gegen die täglichen Sorgen.

Hochrangige Politikerinnen und Politiker – ob deutsch oder international – kommen zur Arbeit und werden auf ihren Wegen vom Bundeskanzleramt, Reichstag, Restaurant, Klub und Schloss Bellevue je nach Bedeutung und Wichtigkeit von Motorradstaffeln der Polizei und den dunklen Limousinen der Sicherheitskräfte begleitet. Straßen werden oft kurzfristig gesperrt, ob für die sichere, störungsfreie Durchfahrt der Politik oder für die Möglichkeit einer Meinungsäußerung. Kleine Demonstrationen haben die gleiche Berechtigung, den Alltag zu stören, wie Zusammenkünfte der Weltpolitik.

Berühmte Stars aus allen Bereichen der Kultur und Kunst besuchen die Stadt, um Ausstellungen zu eröffnen, Konzerte zu geben, zu unterhalten, zu arbeiten. Sie kaufen sich repräsentative Zweit/Dritt/Viert-Wohnungen in den jeweils angesagten Stadtteilen, um dazuzugehören, um nicht auf Hotelzimmer angewiesen zu sein, um einfach auch ein Teil der legendären Bevölkerung zu sein, vom verruchten, grandiosen Ruf zu profitieren oder wenigstens zu partizipieren. Allein die Adresse und die Möglichkeit reichen aus für wohliges Grummeln und anerkennendes Raunen.

Ständig wird irgendwo gedreht, die ganze Stadt ist Kulisse für Filmarbeiten. Die alte und die neue Atmosphäre in den Straßen und Häusern passen in so viele Filmszenen. Das besondere Licht, der weite Himmel und auch die träge Diesigkeit der Tage und Nächte unterstützt die kreative Arbeit an Illusionen. In der Stadt voller Geschichte Geschichten zu erzählen, ist leicht und schwer zugleich und eine ständige Herausforderung für die Verwirklichung der Ideen und Wünsche, die wir im Kino und Konzertsaal, auf den Festivalbühnen und in der Literatur zum glücklichen Weitermachen so sehr brauchen.

Das Meckern über gesperrte Bürgersteige, Hauseingänge, Straßenzüge und die Lässigkeit, mit der die Berliner Stars einfach in Ruhe Mensch sein lassen, zeugt von dem lässigen Selbstbewusstsein der Stadt.

Die internationale Resonanz auf alle Geschehen, Bewegungen und Pläne findet offene Ohren und laute Meinungen. Jede große Erschütterung tönt bis nach Berlin und verändert etwas.

Die Kriegsgräuel in der Ukraine sind deutlich in den Augen der Frauen, Kinder und Jugendlichen zu sehen, die nach Berlin fliehen konnten. Es beginnt ein großes Zusammenrücken, Platzmachen und Händereichen, um die Flüchtlinge zu unterstützen. Gästezimmer werden gesaugt, Schlafsofas frisch bezogen, Spenden gesammelt. Auf den Spielplätzen fliegen erste Brocken Ukrainisch, Englisch, Deutsch von Kind zu Kind, von Mutter zu Mutter.

Was niemand extra bemerkt, ist die Selbstverständlichkeit, mit der Türen geöffnet werden und Menschen mit selbst gemalten

Schildern: »3 Betten frei/2 Wochen«, zum Hauptbahnhof fahren und auf Züge aus den Kriegsgebieten warten. In aller Schnelle entsteht ein weiteres, soziales Netz, stark genug, um erste Hilfe zu leisten, elastisch genug, um ständig neu angepasst zu werden, mit weichen Maschen, damit möglichst viele Unterschiede aufgefangen werden können.

Ohne die zuverlässige Unterstützung der Bevölkerung, die mit ungezählten Stunden, noch mehr Energie und eigenem Geld ehrenamtliche Arbeit leistet, wären solche humanen Aufgaben kaum zu stemmen. Gerade in Zeiten, in denen Menschen vor Kriegen und den Folgen der Klimaveränderungen fliehen müssen, verlassen sich Staat und Senat auf die solidarische Hilfe der Berlinerinnen und Berliner. So schön dieses gesellschaftliche Mit-und Füreinander ist, so fragwürdig ist das politische Zusehen und Applaudieren.

Zu den ganz großen Ehrenämtern zählt »Die Arche«. Sie ist seit 1995 zentraler Mittelpunkt für Kinder aus sozial benachteiligten Familien. Ein warmes Essen, Hausaufgabenbetreuung, Hilfen zur Problembewältigung, Feriengestaltung und soziales Dasein sind die grundsätzlichen Anliegen der Arche. Sie wächst und weitet sich – aktuell gibt es 28 Archen in Deutschland, und auch in der Schweiz und in Österreich sind sie zu finden. Allein die Tatsache, dass Kinder in Berlin und anderswo Hunger leiden, ist schwer zu ertragen und sollte in allen politischen Aufgaben und Arbeiten mehr Beachtung finden.

Die Armut der Erwachsenen versucht »die Tafel« aufzufangen. Hier sammeln und verteilen Ehrenamtliche Nahrungsmittel. Supermärkte, Restaurants, Bäckereien, Cafés, Obst-und Gemüseläden spenden ihre nicht verkauften Waren an die Tafel. In langen Schlangen stehen Menschen, dessen Einkommen nicht bis zum Monatsende reicht, an den Ausgabestellen und empfangen Obst, Nudeln, Brot. Hin und wieder lassen sich hohe Politiker dabei fotografieren, wie sie bei der Verteilung helfen. Ein deutlicheres Zeichen dafür, wie sehr sie sich auf die ehrenamtlichen Leistungen verlassen, sich mit dieser konkreten Umverteilung ihrer Arbeit schmücken, gibt es kaum. Die staatliche Anerkennung der Ehrenämter ist groß und voller Respekt; Scham über dieses gesellschaftliche Auffangen der politischen Fehler und Leerstellen hingegen gibt es nur selten.

Die Stadt ist immer in sozialer, politischer, kreativer Bewegung, Kundgebungen und Proteste sind hier zu Hause. Berlin schenkt auch internationalen Krisen Solidarität und Beachtung.

Zur Kundgebung der iranischen Frauen gegen das Regime in ihrem Land reisen Hunderttausende Iranerinnen und Iraner aus ganz Europa an. Die Straße des 17. Juni ist gesäumt von Reisebussen. Der Tiergarten rund um den Großen Stern und dem Brandenburger Tor trägt ihre Lieder und Proteste weit hinaus in alle Welt. Ihre Tränen werden gesehen und geteilt. Aus der Verzweiflung entsteht neuer Mut.

Berlin bekommt sehr viel mehr Verantwortung für Frieden und Freiheit zugeschrieben als andere Städte. Die Teilung der Stadt im Kalten Krieg und die Wiedervereinigung nach der friedlichen Revolution in der ehemaligen DDR haben diesen Anspruch wachsen und bestätigen lassen. Diese Zuständigkeit für das Über-die-Grenzen-hinweg-gesehen-und-gehört-Werden erwächst aus einem Vertrauen der anderen in diese Stadt, welches wertvoller ist als jede Goldmünze. Ist es vermessen, dieses Urvertrauen der anderen mit sich zu tragen, es still zu lieben?

Das Leben in Berlin ist vielmehr eine ununterbrochene Bestandsaufnahme als ein zufriedener Stillstand. Es besteht ein anhaltender Mangel an Selbstzufriedenheit. Der Alltag hat es schwer, nur grau zu sein. Alles ist in Bewegung, auch der Großstädter bleibt nie lange an einem Fleck. Ob mit dem ÖPNV, dem Fahrrad oder dem Auto, ob in

Gedanken oder im Klub auf der Tanzfläche. Selbst in der Kneipe oder im Ohrensessel wandern die Augen hin und her, beobachten die Nachbarn, die Vögel, die Nachrichten des Tages, zählen die Ausrufezeichen im Internet. Kein Wunder, dass die Tage wie die Nächte selten still und leise sind.

Je erfolgreicher jemand wird, umso häufiger muss sie oder er von hier nach da und braucht für die Wege und das Prestige immer größere Limousinen und Fahrpersonal mit sehr viel Sitzfleisch. Was würde geschehen, wenn sich eine Ministerin, müde von langen Sitzungen, in den Doppeldecker quetschte, um unbedingt den letzten freien Sitzplatz zu ergattern? Sie wäre vermutlich schneller zu Hause.

Was wäre, wenn ein hochrangiger Minister mit dem Bus zur Arbeit ins Regierungsviertel führe? Er würde staunen, wie weit die Probleme des Volkes von seinen Notizen für die nächste Rede im Bundestag abweichen und im besten Fall dazulernen. Das Verschwinden hinter getönten Autoscheiben mag ihm bequem erscheinen, aber er hört dort auf der weichen Rückbank nur immer seine eigenen Worte und Gedanken und ahnt nichts vom sinnlichen Alltag im Bus und um den Bus herum.

Neben dem ganz persönlichen Leben fordert die Stadt zusätzlich die Beachtung des Besonderen heraus. Es gibt nur wenige Gelegenheiten zur echten Langeweile.

Diese »echte« Langeweile, die nicht fragt »Was machen wir jetzt?«, sondern alle Gedanken und Ideen einfach in eine Tasche packt und sie so fest verschließt, dass ein Vakuum entsteht und sich ein unangenehmes Gefühl durch den ganzen Körper schlängelt.

Es passiert nur selten, dass mich diese Langeweile überfällt. Längst erkenne ich frühzeitig die Anzeichen und weiß, was zu tun ist.

Ich schnappe mir Wasserflasche und Tasche und mache mich auf den Weg zum Einkaufen gucken.

An der Haltestelle habe ich Glück – der Bus ist schon da, und ich finde sogar einen freien Sitzplatz.

Diskret schaue ich die Fahrgäste an. Durch die Masken, die ja so gut wie alle im Bus tragen, ist eine ganz neue Art von Freiheit entstanden. Ich rate zu gern, wer da wohl mit im Bus sitzt. Der Mann direkt hinter mir hat Ähnlichkeiten mit ... George Clooney! Seine Augenbrauen sind genau gleich. Das ist George Clooney, jetzt bin ich mir sicher und will ihm gerade verschwörerisch zublinzeln, als meine Blicke weiterrutschen. Nie im Leben würde sexy George so ein olles Unterhemd tragen, und noch weniger diese wilden Tätowierungen auf Schultern, Armen und Oberschenkeln.

Kurz enttäuscht schaue ich weiter. Ich entdecke Angelina Jolie und Brad Pitt und freue mich für sie, denn sie halten Händchen. Vor mir sitzt möglicherweise Friedrich Merz, sein klein karierter Hemdkragen ist ganz lappig vom Schweiß. Sicher bin ich aber erst, als er anfängt, über »diese Typen da draußen« zu schimpfen, und sich gar nicht mehr beruhigen kann. »Diese Typen da« sind ein paar Jugendliche, die auf einer Mittelinsel ein Planschbecken aufgebaut haben und unter ihrem Sonnenschirm viel Spaß im Wasser haben. Sie johlen uns zu und winken zurück.

An der nächsten Haltestelle steigen gleich drei Damen zu. Ohne jeden Zweifel sind das Katja Riemann, die selbst im Mief der Spätsommerhitze wie frisch geduscht aussieht. Neben ihr klettert Nina Hagen die Treppe hoch, ihr Lachen scheppert, einem erfrischenden Starkregen gleich, durch das Oberdeck. Die dritte Frau ist schwieriger zu erkennen. Sie hat ihre Maske bis unter die Augen gezogen. Aber ihre Aktentasche verrät sie dann doch. Es kann nur Annalena Baerbock sein. Was für eine illustre Gesellschaft sich immer wieder zusammenfindet im Bus! Doch nein, Annalena Baerbock würde sich doch niemals grußlos neben Friedrich Merz setzen, oder?

Bevor ich zu einem Ergebnis komme, ob meine Vermutungen stimmen oder nicht, sehe ich ganz klar und deutlich David Bowie. Er setzt sich direkt neben mich. David Bowie sitzt neben mir! Ich habe ihn an seinen verschiedenfarbigen Augen erkannt. Was nun? Ich will ihn ja nicht stören, wenn er schon mal mit dem Bus unterwegs ist.

Tief durchatmen und dann einfach unaufdringlich weiter durch die Gegend gucken.

Beim Durchatmen allerdings fällt mir ein, dass ich ihm ja eine Kerze hingestellt hatte, an seiner ehemaligen Wohnung in Schöneberg. Es war kalt, im Januar 2016. Tag und Nacht versammelten sich in der Hauptstraße Menschen, die um ihn trauerten.

Es könnte natürlich sein, dass David Bowies Geist neben mir sitzt, dass er unterwegs ist in die Hansa Studios, um ein neues Album aufzunehmen … Möglich wäre das. Oder ist er eine Fata Morgana? Heiß genug ist es, und Trugbilder jeder Art gibt es zuhauf in Berlin.

Ich schaue ihn sehr unauffällig an und überlege. Sein Telefon klingelt. In breitestem Dialekt und voller Lautstärke bespricht er irgendwas mit irgendwem.

Das ist auf keinen Fall David Bowie, denn der würde niemals so tiefes Bayerisch sprechen.

Verärgert bitte ich ihn, mir Platz zu machen, stehe auf, flüchte fast vor meiner gedanklichen Enttäuschung und seinem viel zu lauten Telefongespräch.

Meist erkenne ich allerdings mir persönlich bekannte Leute nicht. Ich übersehe meine ständig nörgelnde Nachbarin, den piefigen Hausmeister, den unfreundlichen Arzt. Die Masken machen es möglich!

Am Anfang der Pandemie, als die Beamten und Mitarbeiterinnen vom Ordnungsamt noch kontrollierten, ob alle Stoffmasken über Mund und Nase trugen, auch draußen auf den Straßen, waren die selbst geschneiderten Masken oft aussagekräftig. »Call me after Corona«, stand auf der Maske des jungen Mannes im Wartehäuschen. »Wer das liest, ist zu nah«, auf einer anderen. Viele Masken waren Ausdruck der jeweiligen Stimmung. Schade, dass die FFP2-Masken nicht auch dekoriert werden.

Unten im Bus sitzen einige Leute ohne Masken. »Ich habe nichts zu verbergen, ich bin ehrlicher als ihr alle«, scheinen sie zu denken. »Ich glaube nicht an Viren«, mögen sie zeigen und tragen ihren Protest oder auch ihren Glauben rotzig durch die Stadt. »Mir doch egal«, lese ich in vielen Gesichtern. Manche sind vielleicht nur sehr unsicher, wie sie mit Maske auf das andere Geschlecht wirken und ob sich die unsichtbare Gefahr wirklich von so einem Mund-und-Nasen-Schutz abhalten lässt. Der Bus hat auf dem Kurfürstendamm viele Haltestellen. Ich steige aus, stopfe die durchgeschwitzte Maske in den Papierkorb und mache mich auf den Weg zum Einkaufen gu-

cken. Hier geht das besonders gut. Schaufenster reiht sich an Schaufenster, und auch unterirdisch gibt es Geschäfte.

Der Kudamm ist »die« Einkaufsstraße im Westen der Stadt. Hier wird Geld verdient und Geld ausgegeben. Weltbekannte Marken kann man hier bestaunen und kaufen. Große Fenster lassen uns in oft eher karge Verkaufsräume gucken. Je edler ein Bekleidungsgeschäft, umso versteckter die Waren. Ich stehe zu gerne vor den Läden und überlege, was die Strategie dahinter sein mag. Ist das Suchen der Kleider und Hosen ein zusätzlicher Reiz? Macht das intime Entdecken einer Bluse oder Krawatte das Erlebnis noch exklusiver? Ist die Verkäuferin, die mit geübter Körpersprache die Schränke und Schubladen eben nicht jedem öffnet, eine heimliche Verführerin?

Auch die Türsteher sind viele Gedanken wert. Es sind ausnahmslos gut gekleidete Männer, die stundenlang an den Türen herumlungern und aufpassen. Nur – auf was passen sie auf? Sind es Bekleidungsschützer? Und warum müssen Verkaufspersonal und Türsteher so viel stehen?

Sehr anders gestalten sich die Uhren- und Juweliergeschäfte. Deren Schaufenster quellen über vor Waren, das Auge weiß kaum, wie es mit dem Funkeln und Glitzern und »Hier! Nimm mich! Und mich auch!«-Aspekten klarkommen soll. Die Türen haben Klingelknöpfe, und jeder Mensch, der vorbeigeht, hineinschaut oder gar eintritt, wird gefilmt. Geholfen haben die vielen Überwachungskameras meist nur wenig. Verschiedene Male benutzten Räuber ein Auto als Einbruchwerkzeug und Äxte oder Hämmer, um das Vitrinenglas zu zerschlagen. Sie schaufelten Uhren und Schmuckstücke in ihre Rucksäcke und verdufteten so schnell, wie sie gekommen waren.

Vor einigen Geschäften stehen nun dicke Poller, um Wiederholungen auszuschließen.

Zwischen diesen beiden Gegensätzen bieten Drogerien, Bäckereien, Blumenläden einfach ihre Waren an.

Umso prächtiger wirken dort Highlights der Dekorationskunst. Manche Läden bauen ganze Geschichten in ihre Fenster und unterhalten die Spaziergängerin mit fantasievollen Gestaltungen.

Das Schlendern auf den breiten Bürgersteigen, die Geschäfte, wie an einer Glasperlenkette aufgereiht, unterbrochen nur von Cafés und Seitenstraßen, die Arbeit der Dekorateure, die Passanten, das Flair der neuesten Mode, das Odeur der Innenstadt im Spätsommer – sie machen den Gesamteindruck, der sich mit jedem Schritt ändert, zu einem Fest, für jeweils einen Gast.

Die Langeweile hat sich längst verloren, schon im Bus auf dem Weg verkrümelte sie sich in den Ritzen und Falten der Inneneinrichtung. Meine Tasche ist leicht.

Um der Hitze zu entfliehen, laufe ich zum Adenauerplatz und fahre hinunter ins erste Untergeschoss. Auch hier, im Eingang zur U-Bahn, die noch eine Etage tiefer fährt, gibt es Schaufenster. Kleine Handwerksbetriebe bieten ihr Können an, ein sogenanntes Nagelstudio und ein Friseur versprechen schöne Veränderungen. Verschiedene, internationale Schnellimbisse bedienen das leibliche Wohl. Es gibt einen Blumenladen und mehr.

Mit einer sehenswerten Geschicklichkeit bedienen die Händler und Verkäuferinnen ihre schnelle Kundschaft. Türsteher und Poller sind hier nicht nötig. Es ist das kleine Geld, das hart verdient wird und keine großen Raubzüge anlockt.

Die Arbeit unter der Erde erfordert anderen Mut.

Ich schaue mir alles an, genieße das Kommen und Eilen der Menschen, die mit der U-Bahn ein- oder ausströmen, denke an Ebbe und Flut, sehne mich nach Meer und frischer Seeluft und lasse mich treiben, die Treppen hoch, unter die gleißende Sonne, suche Schatten unter den knubbeligen Platanen, zertrete die vertrockneten Blätter, fülle meine Wasserflasche am Trinkwasserbrunnen, steige in den heranrauschenden M19 und fahre zurück bis zu meinem Lieblingssupermarkt.

Wie groß eine Stadt ist, kann auch an der Vielfalt der Supermärkte bemessen werden. Berlin hat Supermärkte aus aller Welt. Ob man spanisch, griechisch, chinesisch, polnisch, russisch, afghanisch, vietnamesisch, türkisch oder schwedisch einkaufen möchte – die Möglichkeiten sind grenzenlos. Es kommt dem Reisen gleich, durch Supermärkte anderer Länder zu wandeln und sich kaum sattsehen zu können an den unbekannten Früchten und Speisen. Oft kaufe ich Dosen oder Gläser mit unbekanntem Inhalt und verschenke sie. Es sind willkommene Genüsse. Erst raten wir, ob es sich um Gemüse, Obst, eingelegte Früchte, süße oder scharfe Gerichte handelt, ob man sie weiter verarbeitet oder sie genussfertig sind. Dann probieren wir oder fragen unsere Nachbarschaft, wie man das jeweilige Produkt isst.

Diese Märkte sind ein Stück Heimat für viele Berlinerinnen und Berliner. Es mag eine Erholung von der Anpassung sein, die ehemals heimischen Gerüche und Speisen, die Sprachen und Schriften wiederzufinden. Die Atmosphäre ist in jedem Laden anders. Was für eine Wohltat, mal kein Wort zu verstehen und keine Beschriftung lesen zu können! Sie stehen jedem offen, das macht sie zu Wunderkammern für alle.

Ob es wohl einen Laden aus jedem Land der Erde gibt in Berlin?

Das Einkaufen an sich ist in der Hauptstadt eine Wissenschaft für sich. Hier sind die Ladenbesitzer Könige, und alles könnte so schön sein, wenn nur die Kunden und Kundinnen nicht wären, denn die stören den reibungslosen Ablauf.

Dabei sind viele ihren Stammläden überaus treu. Es bestehen oft Sympathien zwischen festangestellten Verkäuferinnen und Kundinnen. Man berichtet von Sorgen und Glück, trägt Kummer und Angst gemeinsam, unterstützt sich mit ein paar Worten, mit Blicken, Gesten und respektvollem Körperkontakt. Man kennt die Namen der Kinder und Enkelkinder, tauscht Fotos aus und die Freude über ihr Lernen und Wachsen. Kassiererinnen und Kassierer bekommen zu den Feiertagen durchaus winzige Gaben, eine Glückwunschkarte zum Geburtstag, eine Tafel Schokolade. Sie haben das Vertrauen ihrer Kundschaft und nehmen teil am Leben. Sie registrieren, wenn ein Stammkunde lange nicht da war, und fragen die Nachbarin, ob alles in Ordnung ist mit ihm oder ihr. Sie erkennen am Einkauf, ob ein besonderes Ereignis bevorsteht, und gratulieren zur bestandenen Prüfung, zur Geburt, zur neuen Arbeitsstelle. Werden die Einkäufe immer kleiner, fragen sie schon mal, ob eine Trennung der Grund ist oder auch der Verlust der Arbeitsstelle.

Kassiererinnen sind wichtige Mitarbeiter und Schnittstellen zwischen Supermarkt und Kundschaft.

Sie reden Jugendlichen ins Gewissen, die Alkohol kaufen wollen. Sie erkundigen sich nach dem Grund der blauen Flecken an den Armen der Frau von gegenüber, sie geben Einkaufstipps. Unverschämte Kundschaft wird in Berliner Manier in ihre Schranken gewiesen.

Sie machen derbe Witze, lachen laut und wissen eine gute Frechheit durchaus zu schätzen.

Jeder Besuch eines Supermarktes ist anders. Man weiß nie, wen man trifft und was man findet. Wie viel der Einkauf kostet, ändert sich auch ständig. Es gibt Märkte, in denen die Regalfüllungen eine Unwillkürlichkeit darstellen, die keinem System folgt. Da steht dann das Waschpulver neben dem Joghurt, und die Marmelade entdeckt man neben den Getränken. Wer Zeit hat, mag das Suchen und Irren durch die Gänge als ein Spiel ohne Regeln erkennen und sehr viel Spaß haben. Dieses Durcheinander aller Waren übt den Kopf und hält den Geist wach. Zusätzlich ist es kommunikativ, denn alle paar Meter kommt man mit anderen Suchenden ins Gespräch.

»Wissen Sie, wo ich hier die Nudeln finde?«

»Ich glaub, die stehen hinten in der dritten Regalreihe neben dem Katzenfutter. Aber sicher bin ich nicht.«

»Kannst du mir sagen, wo Kaffeefilter sind?«

»Kaffeefilter ... Hmmm, nee, tut mir leid, dit weeß ich och nich.«

»Oh, ich habe die Nudeln gefunden! Falls noch wer sucht, die stehen unter der H-Milch!«

»Super, danke! Letztens waren die noch beim Katzenfutter. Sind da auch Dosentomaten?«

»Die sind hinten, beim Shampoo!«

»Da waren sie bis gestern, jetzt stehen sie neben der Kühltruhe.«

»Ich brauche nur Salz, verdammt noch mal, wo steht das Salz in diesem Saftladen?«

»Hallo? Geht das auch eine Nummer freundlicher, junger Mann?«

»Zucker ist jedenfalls unter der Schokolade, vielleicht steht da auch Salz?«

»Nee, Salz findest du neben den Zeitungen.«

Und in der Schlange vor der Kasse werfen alle prüfende Blicke in Körbe und Wagen der anderen.

Man könnte den Einkauf als ein wahr gewordenes Escape-Room-Spiel auffassen und nach erfolgreicher Mission glücklich nach Hause gehen.

Ich betrete »meinen« Supermarkt mit großen Erwartungen. Weil ich eigentlich nichts brauche, schlendere ich durch die Gänge, bestaune vieles und stehe schließlich mit zwei Äpfeln an der Kasse. Erst als ich die Kassiererin schniefen höre, blicke ich auf und frage vorsichtig, warum sie weint.

»Wir haben den Herrn Kaminski beim Klauen erwischt. Der Chef ruft gerade die Polizei. Der Herr Kaminski kauft seit Jahren hier ein. Ich hätte den niemals verdächtigt zu klauen. Ich hätte dem sogar meine Kasse anvertraut. Der ist doch immer so nett. Das ist einer meiner liebsten Stammkunden, und jetzt stellt sich raus, dass der klaut. Er hat sogar gesagt, dass er das schon mal gemacht hat.« Sie wischt sich die Tränen von den Wangen.

»Sie sind ja ganz blass«, sage ich. »Ich hole Ihnen eine Flasche Wasser, Moment, ich bin gleich wieder da.«

Ich lege das Wasser zu den Äpfeln auf das Band, bezahle die Ware und reiche der Verkäuferin die offene Flasche.

»Danke, das macht mich fix und fertig. Und wissen Sie was? Der hat so ein gutes Einkommen, der ist nun wirklich kein armer Schlucker. Was der hier alles gekauft hat, nie ein Sonderangebot, immer nur das Beste.«

Sie fängt wieder an zu weinen. Der Schock ist ihr deutlich ins Gesicht geschrieben.

»Sie brauchen eine Pause«, sage ich, »und eine Tasse Kaffee.«

Sie schnäuzt sich, schließt die Kasse ab und geht mit schweren Schritten zur »Personal«-Tür, öffnet sie, schließt sie von innen, reißt sie noch mal auf und deutet ein Winken an.

An den anderen Kassen piepen die Scangeräte noch häufiger. Soziale Interaktionen sind von der Geschäftsleitung nur monetär erwünscht. Das sieht man deutlich an der Inneneinrichtung: Je größer ein Supermarkt ist, umso anonymer und unbequemer ist die Gestaltung der Kassenbereiche. Die geschäftliche Umschwärmung der Kundschaft endet abrupt, hier hat nur das schnelle Geld das Sagen, alle müssen sich beeilen. Schnell die Waren auf das Band legen, schneller die Waren in Taschen und Tüten räumen, am schnellsten bezahlen und verschwinden. Jede kleine Verzögerung bereitet Unbehagen. Berliner und Berlinerinnen halten Portemonnaie, Smartphone, Geldkarten, Stoffbeutel bereits in der Schlange griffbereit. Die Ärmel werden hochgekrempelt. Sie legen ihren Einkauf mit Sachverstand so auf das Band, wie sie sie nach dem »Piep« in die Tasche packen. Eier zuletzt. Wer nur eine Sekunde zu langsam ist, riskiert genervte Blicke – die Gesellschaft fällt ein Urteil und teilt es nonverbal mit.

Dieser Wechsel der Geschwindigkeit strengt an. Während die Einrichtungen der Märkte sehr genau darauf ausgerichtet sind, uns möglichst lange durch die verschlungenen Wege zwischen den Regalen zu leiten, uns die schnellen Griffe zu Mehl, Kaffee und Hefe zu erschweren und gar den direkten Gang vom Eingang zum Ausgang geschickt zu verstellen, damit wir noch mehr kaufen, sind wir in der Schlange vor der Kasse plötzlich lästig.

Dabei ziehen wir doch gerade jetzt unser Geld aus den Taschen.

Der Gipfel aller Anstrengung ist erreicht, sobald die Kassiererin den Preis ausspricht und wartet. »Wird's heute noch was?«, denkt sie laut oder leise. »Nun gib ihr schon, was sie will«, denken alle anderen. »Bezahle und verdufte«, ruft der höflichste Mensch hinter dir.

Wer jetzt keinen Beutel griffbereit hat, erlebt keine Gnade. Ohne Rücksicht auf Verluste schiebt die Kassiererin die Waren der anderen zu deinen in die viel zu kleine Ablagemulde. Mit Empörung achtet der Kunde hinter dir darauf, dass du nicht zufällig seine Waren berührst. Touristen erkennt man spätestens jetzt an ihren hilflosen Gesten. Diese Ruppigkeit kannten sie nicht, die Eile verstehen sie nicht, einen Beutel müssen sie erst kaufen.

Wird die Kundschaft noch mit Genussversprechen bis hin zur Liebe willkommen geheißen, ist sie hinter der Kasse nur noch störendes Übel. Nirgendwo erfährt man schneller unpersönliche Zu- und Abneigung. Die wahre Wertschätzung der Berliner Supermarktkonzepte erkennt man im Transit von Kasse zu Ausgang.

Je nach Kiez unterscheiden sich die Einkaufsläden. Es gibt Räume mit herunterhängender Deckenverkleidung und undichten Kühltruhen. Die Dicke der Eiswülste erzählen Baumringen gleich von vergangenen Zeiten. Und es gibt moderne Geschäfte, die noch keine Vergangenheit haben und auf eine klingelnde Zukunft hoffen. In Gegenden mit vielen Hostels sind Angebot und Charme eher praktischer Natur. Die kleinen Kiezsupermärkte sind für den Hunger nach Nahrung ausgerichtet.

Wenn es »Places to be« gibt, die in keinem Stadtführer und auch in keinem Reisebericht Erwähnung finden, dann sind es diese Läden.

Am Abend fällt mir ein, dass der Kühlschrank und mein Magen leer sind und zum Frühstück Maxi vorbeikommt.

Ich springe erneut in den M19, fahre bis zum Kurfürstendamm, laufe die paar Meter bis zum Supermarkt der Herzen. Am Bahnhof Zoo machen die Verkäuferinnen und Verkäufer keine Unterschiede. Es wird viel geduzt, auf die bekannte zwischenmenschliche Art. Hier kaufen die Reichen wie die Armen, die Schüchternen wie die Extrovertierten, die Ankommenden und Abgefahrenen ein. Der teure Champagner liegt hinter der billigsten Flasche Bier, dem Geld ist

es egal, wofür es gewechselt wird. Wer mit einer Handvoll gesammelter Münzen bezahlt, wird genauso respektiert wie der Mensch, der Kreditkarten aus Gold oder Platin zückt.

In aller Seelenruhe schlendere ich durch den Laden, lege Obst und Joghurt in meinen Korb, Kaffee und Blumen. Nach kurzer Überlegung packe ich eine Tüte Lakritz dazu. Ich stelle mich in die längste Schlange und kann mich kaum sattsehen und -hören. Sprachen aus der ganzen Welt vermischen sich mit unabsichtlicher Eleganz zu einer Musik, die so viele Unterschiede in sich vereint. Jede Strophe erklingt nur ein einziges Mal. Viel zu schnell lege ich meine Einkäufe auf das kurze Band, bezahle und stoße beim Gehen mit zwei jungen Leuten zusammen. Gestenreich entschuldigen wir uns, lachen. Sie öffnen eiskalte Flaschen Bier, bieten mir auch eine an. Wir stoßen an, ich reiße die Tüte Lakritz auf. Eine Frau regt sich auf, wir stünden ihr im Weg. Ein paar Jugendliche, englisch sprechend, fragen nach dem Weg in die angesagte Bar. Eine Frau hält eine verschmutzte Hand auf, zählt die gereichten Münzen und verschwindet im Supermarkt.

Ein anderer bittet um die leeren Flaschen: »Braucht ihr die noch?« Die beiden verstehen nicht, Leergut gibt es nicht in allen Ländern der Erde. Er wirft die Bierflaschen in den Pfandautomaten, zieht den Bon und verabschiedet sich mit einem saftigen Fluch.

Ich stecke mittendrin in der Realität des Großstadttheaters und bin Publikum wie Spielerin.

Nichts ist gut.

Alles ist gut, für diesen Moment, für diesen Augenblick.

OKTOBER

Was guttut und was Gutes tun

M19 – An der Urania, Kurfürstendamm

Nun erzähl schon«, dränge ich Maxi. Wir sitzen auf meinem Balkon, genießen die Morgenluft, erinnern uns noch immer an die extreme Hitze im Sommer.

»Ich will alles wissen, raus mit der Sprache, oder ich nehme dir den Kaffee weg«, drohe ich.

Maxi schluckt grinsend ihren letzten Bissen, schlürft das ganze große Glas Eiswasser und fährt sich dann mit der Hand durchs Haar.

»Also, Ronny«, beginnt sie, und ich unterbreche sie sofort. »Ronny? Heißt er wirklich Ronny?«

»Na ja, Ronny ist natürlich nicht sein Taufname, aber alle nennen ihn so und ich halt auch.«

»Ronny also. Und was habt ihr gemacht, du und Ronny, an seinem freien Tag?«

»Wir sind zum See gefahren, er hatte ein Picknick vorbereitet, mit Decke und Gläsern und Besteck und allem.«

Maxi nimmt meine Tassen und meine Teller in die Hand. »Aber das waren nicht solche alten Gurken wie deine hier. Das waren schlichte, weiße Teller, ohne diese kitschigen Blumen. Und die Tassen sogar auch.«

Ich räume beleidigt mein schönstes Geschirr weg, das ich vor Jahren in einer »Zu verschenken«-Kiste in meiner Straße gefunden habe und sehr liebe. Es ist tatsächlich scheußlich bemalt, aber gerade das gefällt mir ja so gut. Und Maxi ist normalerweise scharf auf diese Teller und Tassen.

»Also hat es dir gefallen?«, frage ich pro forma und stelle zwei Schüsseln Pudding auf den Tisch.

»Es war ein wirklich schönes Date. Ich kann es selber kaum glauben. Wir haben geredet, wir sind schwimmen gegangen, er hat nichts zu meinem Badeanzug gesagt. Wir saßen den ganzen Nachmittag herrlich faul unter der großen Eiche, und es war einfach nur schön.«

Maxis Badeanzug ist eine heimliche Prüfung. Ein Mann, der Kritik oder Nachfragen wagt, hat schon verloren. Sie hat ihn vor Jahren auf einem Grabbeltisch in der Kirche am Mehringdamm gefunden und nie mehr losgelassen.

»Und wann siehst du ihn wieder?«, frage ich.

»Er hat heute Spätdienst im M19. Kommst du nachher mit?«

Klar komme ich mit!

Am späten Nachmittag stehen wir geschniegelt und gestriegelt an der Bushaltestelle. Im ersten Bus sitzt eine Frau hinter dem Steuer, im zweiten ein uns unbekannter Mann. Dann wieder eine Frau. Alle haben Verspätung, es gibt ein paar Baustellen auf der Strecke, und die Busse stehen viel im Stau. Vorfahrt für die BVG bleibt ein unerfüllter Wunsch. Ich werde ungeduldig. Es ist immer noch viel zu warm, die Luft ist staubig und dumpf. Jede Grünfläche ist vertrocknet, der »Goldene Oktober« ist in diesem Jahr wüstengelb.

Aber dann, im fünften Doppeldecker, sitzt er endlich. Ronny strahlt, Maxi strahlt.

»Ich hab schon dreizehn Minusminuten«, stöhnt er und setzt den Blinker. »Der Verkehr ist der Wahnsinn heute, aber vielleicht kann ich bis zur Endhaltestelle ein paar Minuten aufholen.«

Er ist voll beschäftigt, kein Zwinkern, kein Lächeln während der Fahrt, kaum Augen. Maxi ist enttäuscht. »Was meinst du, hat er kein Interesse mehr?«, flüstert sie mir ins Ohr.

»Quatsch! Der arbeitet, ist voll im Stress!«, zische ich zurück.

»Komm, wir gehen ins Oberdeck«, ziehe ich sie an der Hand die halbe Wendeltreppe hoch.

Wir suchen schwankend eine freie Sitzbank. Ronny lenkt besonders elegant, in die Haltestellen rein, aus den Haltestellen raus, er bremst und beschleunigt mit Bedacht. Maxi merkt nichts davon.

Der Bus rumpelt den Kurfürstendamm hinunter. Von unserem Hochsitz aus können wir das gesamte Bild der Straße erfassen und staunen, was uns alles ins Auge fällt.

Was macht eine Straße zu einem Boulevard?

Auf jeden Fall die Weite, viel Platz für alle Bedürfnisse. Die Bürgersteige sind so breit, dass mehrere Pferde nebeneinander galoppieren könnten. Man kann sich aus dem Weg gehen oder auf den Weg legen – es bleibt genügend Platz.

Cafés und Restaurants unterschiedlicher Preiskategorien sind ebenfalls sehr wichtig für die Aufenthaltsqualität einer Straße. Hier stehen viele Reihen Tische und Stühle vor den Häusern. Ob es regnet oder schneit, die Menschen in Berlin sitzen gerne unter freiem Himmel.

Unerlässlich für den schönen Gesamteindruck sind große, starke Bäume. Sie spenden Schatten und sprenkeln Lichtspiele aufs Trottoir. Nichts ist trostloser als eine große Straße ohne Baum und Blume. Auf einer kleinen Baustelle auf dem Kudamm – dass Pflaster wurde aufgerissen, irgendwas repariert oder auch nicht, jedenfalls standen monatelang rot-weiße Absperrungen um den kleinen Schaden – säten Unbekannte Tomaten aus. Und tatsächlich wuchsen die Pflänzchen und blühten und trugen kleine Früchte, die nach und nach erröteten, wie es unter Tomaten Sitte ist.

Eine Busspur, eine Spur für Autos, ein paar Parkplätze sorgen für Krach und Chaos. Die Busspur wird nicht respektiert und stattdessen zugeparkt. Regelmäßig werden sogar Autorennen ohne Rücksicht auf Verluste auf dem Kurfürstendamm abgehalten, es ist irrsinnig gefährlich, total verboten und doch gang und gäbe.

Die Parkplätze sind immer zu wenig oder zu eng. Obwohl es rings um die Straße ausreichend Parkhäuser gibt, werden Überwege, Grünstreifen, Straßenecken, Gehwege rücksichtslos zugeparkt.

Kein Wunder, dass die Busse immer Verspätung haben.

Ronny fährt den Doppeldecker vorbei an den stuckverzierten Prachtbauten und an den Gebäuden, die die Lücken der Vergangenheit füllen. Alle haben die gleiche Traufhöhe, auch das ist entscheidend für eine Straße. Die Häuserfronten an den Straßenecken sind abgerundet. Am Kudamm gibt es keine scharfen Häuserecken. Das ist ein Detail, das fast unbemerkt für weiche architektonische Schwingungen sorgt, die sich auf den Gesamteindruck übertragen.

»Guck mal, das Haus Cumberland, da will ich auch mal wieder rein. Sieht ziemlich pompös aus nach dem Umbau.« Zu spät, der Bus ist schon weiter und schneller als meine Augen. Auf dem Kudamm haben viele Häuser Namen, die Geschichte erzählen.

Vor 1990 gab es in und rundum dieser Straße zahlreiche Kinos, Diskotheken, legendäre Nachtklubs. Wer was auf sich hielt, machte sich chic und stolzierte den Boulevard rauf und runter. Hier spielte viel Geld und noch mehr Gefühl die erste Rolle. Das große Stadtversprechen hielt vor und hinter den Türen Hof.

Und zwischen den Stunden flanierten die teuersten Sexarbeiterinnen der Stadt in würdevoller Schönheit und suchten sich die Freier aus.

Immer wieder weitet sich die Straße zu großzügigen Plätzen. Am Olivaer Platz leuchten auf der einen Seite die nach historischen Vorbildern gestalteten Staudenbeete, auf der anderen plätschert der Schwanenkükenbrunnen. Bänke laden überall zum Sitzen ein, ermöglichen kurze Gespräche, ein Gelächter, zwei schöne Augenblicke.

Egal, wohin wir gucken – überall gibt es was zu sehen.

Maxi zieht es zurück zu ihrem Schwarm. Eine Station später folge ich ihr. Sie steht vor dem Busfahrer und weiß nicht, was sie sagen soll.

»Das wird wohl heute nichts. Bei den Verspätungen, die ich jetzt schon auf der Uhr habe, schaffe ich den Fahrplan nicht. Ihr seht ja, was hier los ist, alle sind verrückt geworden, und ich bin mittendrin. Pause fällt aus, sagt Heinerich.«

»Wer ist Heinerich, und warum sagt der das?«

»Heinerich, der Wagen bricht«, souffliere ich.

»So isses«, grinst Ronny und kann gerade noch bremsen, als ein Lieferwagen quer über die Busspur rast.

»Tut mir leid, Maxi, da steckste nicht drin im Verkehr. Kann am Wetter liegen. Die Fahrgäste nerven auch ziemlich.«

Wir stehen am Lehniner Platz. Ich beobachte, wie die vielen Leute sich sortieren, um ohne blaue Flecken einzusteigen, Platz zu machen, ohne Platz zu verschenken. Fast ist es eine Choreografie, die vieltausendfach tagtäglich gut funktioniert. Die meisten sind damit beschäftigt, ihre Masken rauszukramen und aufzusetzen und gleichzeitig einen Sitzplatz zu ergattern. Es drängt und knäult sich. Die Uhr tickt. Ich kann spüren, auf wie heißen Kohlen Ronny hinter dem Steuer sitzt.

»Bitte alle mal einen Schritt tiefer in den Bus rein, Platz hamwa zur Genüge, nehmen müssen Sie sich den aber alleene. Tut nicht weh, versprochen«, krächzt er ins Mikrofon.

»Und da vorne nicht mit dem Busfahrer flirten, dann klappt das auch mit der Pünktlichkeit!«, schimpft ein Mann mit Hut.

Maxi zuckt ertappt zusammen.

»Wer hier flirtet und wer nicht, bestimme immer noch ich«, kontert Ronny, drückt auf die richtigen Knöpfe, die Türen schließen sich, der Blinker tickt, zwei Taxifahrer drängen sich in die Lücke, die dem Doppeldecker zusteht. Es wird gehupt. Es wird gemeckert. Die Fahrgäste schubsen sich derweil zurecht, und bis alle ein Plätzchen haben, dauert es nicht lang.

»Hallo, Herr Busfahrer, ich würde auch gerne flirten, und zwar mit ... Ihnen«, ertönt die Stimme einer älteren Frau mit lila angehauchten Haaren. Alle gucken, wohin ihr Finger zeigt. Eine Seniorin mit raspelkurzer Frisur lacht erstaunt auf: »Meinen Sie mich, meine Dame?«

»Und ob. Ich bin geradezu hingerissen von Ihnen, wenn ich darf, natürlich nur.«

Alle ruckeln zusammen, bis eine Lücke zwischen den beiden ist. Der Herr neben der älteren Frau steht auf. »Ich möchte dem jungen Glück nicht im Wege stehen«, sagt er mürrisch und drückt auf den Halteknopf.

Die überraschte Frau nimmt ihren Stock fest in die Hand, geht die paar Schrittchen über den Gang und setzt sich mit funkelnden Augen neben ihre Herausforderin. »Ilse-Luise Krüger«, stellt sie sich vor.

»Marianne Ebendarg, ich glaube, wir wohnen in demselben Haus, Sie vorne, ich im Seitenflügel.«

»Und was sagt der Busfahrer dazu?«, krakeelt eine Stimme aus dem überfüllten Bus.

»Ist offiziell genehmigt! Die BVG gratuliert.«

Maxi und ich steigen aus, flirten ist im Bus nur unter Fahrgästen leicht und lustig.

»Wir telefonieren, ich melde mich bei dir nach dem Dienst«, ruft Ronny Maxi hinterher.

»Der ist so süß«, flötet sie.

»Ja, süß ist er, aber eben auch Busfahrer. Der hat doch nie Zeit.«

»Das gefällt mir gerade gut. Ich hab doch auch keine Zeit für so eine Zweierkiste von Montag bis Sonntag und Auf-dem-Sofa-Tatort-Gucken. Für mich ist es viel aufregender, wenn man sich nur hin und wieder trifft, und dann aber so richtig mit Vorfreude und Genuss.«

Wir laufen den Kudamm weiter runter. Es tut gut, unter freiem Himmel zu sein. Wir spüren den leichten Wind auf der Haut, hören Spatzen und Stare, sehen die Wolken, streichen um die dicken Stämme der Platanen, weichen den Tauben aus, die lauernd auf den unteren Ästen hocken und immer wieder gezielt was fallen lassen. Wir schauen uns die Auslagen der Geschäfte an, trinken einen Kaffee unter Sonnenschirmen, beobachten die Passantinnen und Passanten, rufen armen Hunden, die nach der neuesten Mode gekleidet sind, aufmüpfige Ideen hinterher.

»Ich verstehe nicht, warum die Leute so gern in eine Mall gehen«, sagt Maxi und bestellt bei der Kellnerin die Rechnung. »In einer Mall ist ja alles verboten. Das Wetter darf nicht rein, der Himmel auch nicht, und wenn die Mall abends schließt, ist tote Hose in der Gegend. Schaufensterbummel geht dann auch nicht.«

Die Kellnerin hat den letzten Satz gehört und mischt sich ein: »In der Mall darfste nix, sogar das Rumsitzen ist nur auf den vorgeschriebenen Flächen erlaubt. Da mal ein Nickerchen machen ist aber schon wieder verboten. Essen und Trinken mitbringen oder besoffen sein auf den vorgeschriebenen Sitzflächen – alles verboten. Total unhygienisch ist das da drin, ständig wird nämlich gewischt und geschrubbt. Mein Kumpel ist Musiker – jetzt ratet mal, was du inner Mall auch nicht darfst: Straßenmucke ist strengstens verboten, Skateboard fahren auch. Habt ihr schon mal Kinder spielen sehen in einer Mall? Ich auch nicht. Zahlt ihr zusammen oder einzeln?«

»Zusammen«, sage ich. »Und drinnen aufwärmen oder mal Hände waschen dürfen sich Leute von der Straße auch nicht.«

»Stimmt schon, aber das dürfen die bei uns auch nicht«, erklärt sie uns mit leiserer Stimme. »Ist doch alles Scheiße, das ganze System«, flüstert sie in ihr Kellnerinnenportemonnaie. »Macht kaputt, was euch kaputtmacht«, singen Maxi und ich gleichzeitig.

Die Kellnerin geht grinsend zum nächsten Tisch. »Macht's gut«, ruft sie uns zum Abschied zu.

»Und danke für den Fisch«, ich kann nicht anders, ich muss es sagen. »Tisch! Danke für den Tisch«, korrigiert die Frau vom Nachbartisch.

Arm in Arm gehen wir zur U-Bahn-Station Adenauerplatz, Maxi hat Termine. Ich bringe sie noch bis runter auf den Bahnsteig. »Habt ihr mal ein paar Cent für 'nen müden Mann? Ich bin obdachlos und freue mich über alles, was zu essen, ein paar Cent, 'ne Zichte?« Wir kramen ein paar kleine Münzen raus.

Auf den meisten U-Bahnhöfen ruhen sich obdachlose Menschen aus, treffen Kumpels, tauschen Schnaps und Zigaretten, machen sich ihren Tag ein bisschen kürzer, halten sich an ihrem Treffpunkt unter der Erde fest.

Hier sind sie besser geschützt vor Sonne, Regen und Kälte, vor Blicken und Wut. Täglich laufen obdachlose Menschen die U-Bahnen rauf und runter, sagen in jedem Waggon ihren Spruch auf, vielhundertmal an einem Tag. Diese Sprüche sind oft voller Poesie. Sie sind gesprochene Bewerbungen für die Aufnahme in die Gesellschaft oder für die Akzeptanz ihrer Lebensweise. Sie enthalten die wichtigsten Eckpunkte: Name, Grund – manchmal auch Ursache des Bettelns, Verwendungszweck der Einnahmen und fast immer schöne Grüße und gute Wünsche an alle.

Manche verkaufen Zeitungen. Manche sind von Drogen, Krankheit, Verwahrlosung schwer gezeichnet. Manche suchen Blickkontakt, andere können manchmal einfach nicht mehr weiter, bleiben stehen, warten.

Warten.

Warten.

Und in ihren zerdrückten Pappbechern sammelt sich die Müdigkeit.

Maxis Bahn fährt ein. Während wir uns schnell verabschieden, fragen zwei weitere Männer nach einer kleinen Spende, ein Musiker wechselt im Bahnhof den Waggon, wir hören seinen schrägen Gesang zur verstimmten Gitarre. Man lernt schnell, freundlich »Tut mir leid«, oder einfach »Nein«, zu sagen, es gibt keine Verpflichtung, die vielen Fragen nach ein paar Cent oder Euro positiv zu beantworten.

Das Musikmachen zum Zwecke des Geldsammelns ist in den U-Bahn-Wagen nicht erlaubt. Gemacht wird es natürlich trotzdem, und es gibt nicht wenige, die sich mit einer kleinen Summe die Erlösung von schmerzhaften Trompetentönen erkaufen. »Ich gebe dir fünf Euro, wenn du bis Mehringdamm nichts spielst und vor allem nicht singst.«

Auf den U-Bahnhöfen gibt es feste Plätze, die an Musikerinnen und Musiker vergeben werden. Dort sitzen oft erstklassig ausgebildete Konzertmusikerinnen und Opernsänger aus den unterschiedlichsten Ländern und spielen, völlig in die Töne vertieft, wunderschön auch für uns, die eilig an ihnen vorbeihasten.

Und auch sie sind auf das Klimpergeld angewiesen, das in ihren Hüten und Kästen landet.

Armut ist in Berlin sehr präsent. Wer genau hinschaut, entdeckt in Gebüschen kleine Zelte und Schlaflager. Obwohl das Leben hier billiger ist als in jeder anderen Großstadt, ist selbst das preiswerteste Essen und Bett noch zu teuer für Menschen, die zu viel verloren haben.

Die Gründe für Armut und/oder Obdachlosigkeit sind so vielfältig wie bekannt. Es kann jeden treffen, dazu braucht es nicht so viel. Manchen bricht die ganze Welt zusammen durch Trennung oder Tod von nahen Personen und großen Lieben. Andere verlieren sämtliche Böden unter den Füßen und das ganze Dach über dem Kopf gleich noch dazu durch unerwartete Arbeitslosigkeit.

Auch Krankheit kann eine Eintrittskarte in das Leben auf der Straße sein.

Weder in der Schule noch im Studium oder der Ausbildung lehrt man uns, wie ein vorübergehendes Leben ohne Wohnung, ohne ausreichend Geld und Kraft funktionieren kann. Wir lernen, dass es Hilfsangebote gibt und niemand betteln, kein Mensch unter freiem Himmel schlafen muss. Diese Schicksale seien selbst gewählt und selbstbestimmt, steckt hinter diesen Lehren, die uns befreien von Mitverantwortung.

Und tatsächlich gibt es viele Unterstützungen für Menschen in großer Not. Neben den staatlichen Hilfen engagieren sich sehr viele ehrenamtlich für das gemeinsame Ertragen der Verluste.

Warum leben also so viele Menschen ohne Obdach und ausreichendem Einkommen in Berlin?

Eine Antwort auf diese im Prinzip sinnlose Frage mag sein, dass gerade der Respekt und die Akzeptanz, die ihnen hier entgegengebracht werden, helfen zu überleben.

Auf zwölf genervte Gesichter kommt eine mitmenschliche Geste, wage ich zu behaupten. Denn nicht nur Geld hilft durch den Tag, auch das Gesehen-Werden, ein Gruß, ein spontanes Gespräch, das Wahrnehmen des Gegenübers sind gesellschaftliche Kleinode. Der Verlust der Wohnung wird nur noch unerträglicher durch den Verlust einer Nachbarschaft, einer Stammkneipe, eines gemeinsamen Umfelds. Wann haben wir – Sie, du, ich – einem Wohnungslosen die Hand geschüttelt? Durch die Pandemie ist die Entfernung zwischen zwei beliebigen Menschen viel größer geworden. Das Händeschütteln wurde ersetzt durch losere Gesten. Aber denken wir uns zurück in die Zeit vor 2019 – wie extrem ist die Isolation, sobald der Mietvertrag zerrissen ist und es keine Tür mehr gibt, für die die Schlüssel in der Jackentasche liegen?

Ich frage mich oft, warum im Bus niemand bettelt. Meine Erklärung ist voller Hoffnung und stimmt oder stimmt nicht. Die Atmosphäre im Bus ist intimer und öffentlicher gleichermaßen. Während in der U-Bahn, in der S-Bahn und in der Tram niemand auf sein Gegenüber achtet, alle sich in sich verkriechen, um mithilfe von Kopfhörern und Smartphone einfach nur von A nach B zu fahren, kann man sich im Bus dem Miteinander weniger entziehen.

Die echte Not, in der sich ein durch das gesellschaftliche Gerüst gerutschter Mensch befindet, ist im Bus für beide Seiten direkter und näher. Wirklich angesehen zu werden beim Betteln, intensiv gefühlt zu werden und dabei zu spüren, wie weit weg das eigene Leben vom Alltag der Fahrgäste ist, überfordert. Kann es sein, dass gerade in der direktesten demokratischen Situation die Gefahr, das Gesicht vollends zu verlieren, am größten ist?

Oder mag die Ablehnung der Fahrgäste hier im Gedränge des schwankenden Busses aggressiver, weil ruppiger, ausfallen?

Ich laufe den Kurfürstendamm entlang, vorbei an den imposanten Fassaden, und sehe sie zwischen den vielfältigen Statussymbolen des Wohlstands stehen, sitzen, gehen. Ein Mann liegt sogar mitten auf dem Bürgersteig, neben ihm ein Einkaufswagen voller Habseligkeiten, die in meinen Augen nur Müll sind. Er hat Pappen und einen verschmutzten Schlafsack dort ausgebreitet. Ob er schläft oder ein tiefer Rausch die Realität vertreibt, ist nicht zu erkennen. Er atmet, und seine Gesichtsfarbe ist in Ordnung. Er sieht verwahrlost aus. Und liegt da frech und frei mitten im Weg. Wer von uns könnte das aushalten? Ich habe ihn schon oft gesehen dort, quer über dem Bürgersteig liegend.

Die Gesellschaft flaniert um ihn herum. Ignoriert oder respektiert sie seinen stillen Protest?

Wer verteilt die gesellschaftliche Achtung? Warum ist ein Bankangestellter, ein Türsteher vor einer Nobelboutique, ein Fernsehkoch angesehener als ein obdachloser Mensch?

Das Leben auf der Straße ist um ein Vielfaches anstrengender als der sichere Job von neun bis fünf. Ohne Wohnung gibt es keinen Feierabend, Urlaub, kein Wochenende und ein dreizehntes Monatsgehalt erst recht nicht. Während wir morgens im Bad Zähne putzen, duschen, Radio hören, Kaffee kochen, macht eine obdachlose Frau erneut Zugeständnisse an den Mann, der sie für eine unbestimmte Weile bei sich wohnen lässt. Sie überlegt währenddessen, ob sie nicht doch besser auf der Straße überleben würde.

Der wohnungslose Mann friert sich durch den Morgen, sieht den Leuten bei ihren Alltagsgeschäften zu, wurde in der Nacht beklaut, von einem kleinen Hund angepinkelt. Er hat keinen Schlafanzug getragen, er hat nichts geträumt.

Beide machen »etwas aus ihrem Leben« – sie lernen täglich dazu. Sie sorgen für sich, so gut es geht. Sie stellen sich in Suppenküchen in die Schlange, sie gehen zum Aufwärmen und Ausruhen in die Stuben der Stadtmission, sie tragen sich ein in Duschpläne, Sozialberatungen.

Ihre Kumpels, Freunde, Bekannten, Kollegen sind arm und/oder obdachlos wie sie, das Leben ohne Geld ist eng.

Sie erfahren keinerlei Anerkennung für ihre Leistungen. Für die anonyme Gesellschaft sind sie unsichtbar.

Wie viel Wissen und Erfahrungen sitzen da auf der Straße, was alles könnten sie uns lehren, wie leicht könnte ein Austausch von Informationen die Gemeinschaft sozialer und reicher machen.

Und tatsächlich gibt es eine »Obdachlosen Uni Berlin«. Menschen ohne Wohnung und mit viel Armut und vielleicht auch mit starken Süchten können verschiedene Seminare besuchen. Mit solcher Erweiterung und Veränderung des Alltags soll eine Unterbrechung der Gedankenspiralen ermöglicht werden, Hoffnung und Zuversicht auf eine Verbesserung der Lebensumstände könnten das Ergebnis sein.

Dieses Angebot ist ein Weg, den ich gerne erweitern möchte:

Ich denke mir wohnungslose Frauen in Universitäten hinein, Vorträge haltend über ihren Alltag, Wissen vermittelnd über die tägliche Schwierigkeit, sich während der Menstruation zu waschen, saubere Kleidung zu tragen, Binden, Tampons und Menstruationstassen zu benutzen. Ich denke sie mir in Polizeistuben hinein, den Beamtinnen und Beamten erklärend, wo sie überfallen, bedrängt, belästigt werden und was fehlt, um vor dieser ständigen Gefahr geschützt zu sein. Ich sehe sie vor Medizinstudenten stehen, über Schmerzen und Erkrankungen dozieren. Ich sehe sie, den Vorständen von Banken das Kleingeld verständlich machend, die Menge der gesichtslosen Transaktionen und Finanzgeschäfte durch die Tage der Realität dividieren, Mängel aufschlüsseln, Dringlichkeiten verdeutlichen.

Ich denke mir wohnungslose Männer in Start-ups hinein, den jungen Leuten ihre ganz eigenen Erfolge erzählend, sie auf die noch unsichtbaren Fallen und Stolperstricke hinweisend, ihnen das Wissen vermittelnd, das jenseits von Theorie und Wirtschaft beim Bestehen hilft. Ich höre sie in pädagogischen Fachhochschulen von emotionaler Benachteiligung des Mannes flüstern, von Überforderungen im Schulbetrieb schreien. Ich sehe wohnungslose Frauen und Männer vor Priesterseminaren stehen und schweigen.

In Berlin sind viele arm. Auch Menschen mit Wohnung und fester Arbeit können sich das Leben oft nur bis zum Vierundzwanzigsten eines Monats leisten. Die Stadt hat ein großes Herz und wenige Vorurteile. Eine unbenannte Freundlichkeit wiegt viele Mängel auf.

Auf dem Kurfürstendamm verändert sich das Straßenbild von Kilometer zu Kilometer. Wandert man Richtung Grunewald, wird die sichtbare Armut immer weniger, läuft man zurück Richtung Gedächtniskirche, nimmt sie deutlich zu. Im größten Gewimmel der Geschäfte ist auch die größte Chance, etwas abzubekommen vom Geld und von der Aufregung des Einkaufens.

Am sichtbarsten ist der Zustand des Lebens rund um die Berliner Stadtmissionen an den großen Bahnhöfen. Der Radius wird immer kleiner, je weniger man besitzt.

Ich setze mich auf eine Bank in die späte Sonne und versuche, die Arbeitsleistung eines bettelnden Menschen auszurechnen, komme aber schnell an meine Grenzen. Viele Stunden täglich sind nötig, um die nächste Nacht im Hostel, den nächsten Schnaps, die nächste

Spritze zu bezahlen. Weite Strecken legen die Bahn-Bettler zu Fuß zurück. Mit welcher Formel kann ich das in Vergleiche mit Achtstundenjobs setzen? Wieso erscheint mir diese Vergleichsrechnung überhaupt nötig?

Eine alte Frau mit zwei großen Taschen lenkt mich ab. Sie spricht einen Passanten an:»Entschuldigen Sie bitte, eine Frage. Ich brauche noch zwei Euro für den Waschsalon ...«

Er geht wortlos weiter, als wäre sie Luft. Vermutlich sieht er sie tatsächlich nicht.

Ich habe die Szene zufällig mitbekommen und gucke jetzt genauer hin. Sie ist deutlich älter als ich. Ihre Schuhe sind völlig ungeeignet zum Laufen. Vorne und hinten offen, zusammengeklebt mit Paketband. Hier in der Gegend kenne ich keinen Waschsalon und frage sie jetzt einfach mal.»Guten Tag, ich hab zufällig zugehört. Wo ist denn der nächste Waschsalon?«

»Ach – da habe ich wohl doch nicht so leise gesprochen, wie ich dachte. Oje, das ist mir jetzt peinlich. Sie sollten das gar nicht hören. Da lang, in der Seitenstraße. Ist ein Stück zu laufen, aber hier am Kudamm fällt es mir leichter, nach Geld zu fragen.«

»Nee, ich muss mich entschuldigen, dass ich Sie einfach so anquatsche.«

»Ich brauche es auch wirklich nur zur Wäsche, alles andere schaffe ich noch.«

Ich nicke:»Verstehe, das Leben wird immer teurer.«

»Ich zahle meine Miete und den Strom. Mehr schaffe ich nicht mit der kleinen Rente. Mein Mann war so ein fauler Sack«, sie stellt die Tüten ab,»der hat nie viel gearbeitet. Der ist schon lange tot. Aber ich, ich mach mir mein Leben schön. Ich hatte eine gute Arbeitsstelle hinten im Kaufhaus. Da habe ich geputzt und war immer zwischen den vielen Waren, im Warmen. Und jeden Sonntag gehe ich zu Kaffee und Kuchen in die Kirche. Ich hab ein gutes Leben. Nur die Wäsche, dafür muss ich betteln gehen, die schaffe ich einfach nicht.«

Waschen ist Würde.

Der alten Frau hilft eine Kleingeldspende direkt. Menschen ohne Wohnung aber brauchen viel mehr. Sie können keine Sonderangebote kaufen, Vorräte anlegen, Kartoffeln, Gemüse und Nudeln bei der Tafel abholen – ohne Küche sind sie auf fertige Speisen angewiesen, und die sind nicht preiswert. Es ist ein verquerer Irrsinn, dass arme Leute ohne Wohnung dafür mehr Geld zum Überleben brauchen als andere.

Ich stelle mir vor, es gäbe barrierefreie öffentliche Duschen, Waschbecken mit warmem Wasser, Automaten mit Zahnbürsten, Seife, Kamm für wenig Geld ... Es könnten Patenschaften übernommen werden für eine tägliche Dusche oder für fünf Mal Zähneputzen im Monat.

Es wird viel unternommen, um den Aufenthalt vor Geschäften, auf Bänken, allgemein in der Öffentlichkeit für Wohnungslose schwer zu machen oder gleich zu entmöglichen. Nichts sehen, nichts hören, nichts machen.

Der Begriff »defensive Architektur« verschleiert, was dahintersteckt: Sitzbänke bekommen Armlehnen, so kann man sich nicht mehr langlegen oder breit machen. Lüftungsgitter werden mit spitzen Leisten bestückt, windgeschützte Hausecken mit Findlingen, Sperrzäunen, Eisengittern. Stadtmöbel, die gegen Menschen entworfen, gebaut und aufgestellt werden. Solch hartes Agieren gegen Menschen zeigt das kalte Herz derjenigen, die Großstadt nicht als Ort zum Leben begreifen – und oft eben nicht in Berlin wohnen. Wer aber zum Beispiel Sitzbänke und Regenschutz baut, Respekt und Unterstützung zeigt, wird Blumen ernten und nachts ruhig schlafen. Eine mobile Dusche und Toilette komplettieren die Wunschvorstellung. Der temporären Nachbarschaft und den Wohnungslosen wäre auf so einfache Weise geholfen.

Die Gleichzeitigkeit der Reichen und Armen ausgerechnet auf dem Kudamm ist besonders. Wer nach Geschäftsschluss über den Boulevard flaniert, kann sehen, wo neben dem reinen Konsum auch Gefühle Platz finden. Eine Stadt ist immer nur so groß wie ihre Akzeptanz des Gesamten.

Reich und Arm existieren gemeinsam.

NOVEMBER

Poesie und Sprache

M19 – Rathenauplatz, Herbertstraße, Erdener Straße,
Hasensprung, Taubertstraße, S Grunewald

Die vielleicht am häufigsten in Berlin angebrachten Verkehrsschilder können auf unterschiedliche Weise gelesen werden. »Verdufte, sonst gibt's was auf die Nase«, »Verzieht euch, aber dalli« oder »Ach, wen stören die paar Schäden«, variiert je nach Ort des Schildes und dem Verständnis der Berliner Kultur. Ein Schild, schwarze Schrift auf weißem Grund, schmal schwarz umrandet, warnt beispielsweise nicht, es weist lediglich auf etwas hin: »Gehwegschäden« nämlich. Dieser kleine Hinweis hängt überall. Hat man erst mal eins gesehen, fallen sie einem schnell überall auf. Es sind die freundlichsten Wesen im ganzen großen Schilderwald. Jedes »Gehwegschäden«-Schild trägt unsichtbare Herzchen. Sie sind kleine Umarmungen im anstrengenden Metropolenleben.

Sie sind die Gänseblümchen im Straßenland, so schön anspruchslos, man muss sie einfach lieb haben.

Die Augen suchen automatisch nach den Schäden auf dem Fußweg. Oft entdecken sie nichts Ungewöhnliches. Das Holpern und Stolpern durch die Stadt ist mit den Jahren zur Gewohnheit geworden. Hielt man früher vor allem nach Hundehaufen Ausschau, sind es heutzutage dicke Baumwurzeln, große Pfützen, aufgebrochenes Pflaster und zersprungene Gehwegplatten, Rattenlöcher.

Die vielen Schilder sind aber auch ein Hinweis auf die Wichtigkeit und Anerkennung des Fußverkehrs.

In Berlin steht nämlich an allererster Stelle der MIV (Motorisierter Individualverkehr). Danach kommt lange nichts. Das Auto wird wirklich sehr verehrt und dem Autoverkehr überaus gehuldigt.

Dann kommt der Flugverkehr: Hubschrauber, Motorflugzeuge, Wasserflieger, Luftschiffe, Drohnen. Danach kommt wieder lange nichts. Dann steht irgendwann an dritter Stelle der ÖPNV. Dazu zählen natürlich die Busse. Der Bus hält die Stadt wach und beweglich. Er leuchtet uns durch dunkle Wege und macht die Weite kürzer.

Aber das bedeutet nicht, dass der Bus eine Bevorzugung bekäme. Er muss sich einreihen in den allgegenwärtigen Stau des MIV. Busspuren sind beliebte Parkplätze, wie etwa auf dem Kurfürstendamm, die geregelte Vorfahrt für Busse ist ein unbeliebtes Ärgernis und wird selten gewährt.

Wo ein Einzelner im Auto fährt, haben Hunderte im Bus wenig zu sagen. Es gilt die Macht der Gewohnheit.

Nach den Bussen findet das Fahrrad sein Plätzchen. Obwohl der Fahrradverkehr zunimmt und es die umweltfreundlichste und schnellste Fortbewegungsform in der Innenstadt ist, muss er sich dem Autoverkehr beugen und soll zufrieden sein mit winzigen Häppchen, die allesamt als große Geschenke und schwerer Verzicht zuungunsten der Autos verstanden werden. »Das beste Fahrrad steht im Keller«, mögen sich viele Verkehrsplaner denken und streichen dünne Flächen am Straßenrand mit roter und grüner Farbe an, als bunte Fahrbahnangebote im ständigen Kampf um ein sicheres Vorankommen.

Hinter dem Radverkehr reihen sich die städtischen Wildtiere ein. Füchse, Kröten, Eichhörnchen, Hunde, Katzen, Biber, Krähen, Stare und Tauben bekommen je nach Bedarf freien Lauf auf nächtlich gesperrten Straßen und Wegen, dicke Kletterseile über große

Straßen, umzäunte Auslaufgebiete im Grünen, gepflegte Häuser mit gesicherten Einfluglöchern auf hohen Stämmen, kleine Brücken und Stege am Wasser.

Und nach den Tieren ist schon der Fußverkehr an der Reihe. Fußgängerinnen können schließlich einfach so überall langlaufen, wozu brauchen sie da noch eine spezielle Verkehrsregelung oder gar besonders gesicherte Wege?

Die Passanten in Berlin haben wirklich keinen Grund, sich über die tägliche Gefahr auf den Straßen zu beschweren. Sie können ja woanders gehen und sind zu nichts gezwungen. Sie können tun und lassen, was sie wollen. Hüpfen, Schleichen, Rennen, auf einem Bein oder rückwärts mit zwei Beinen – da ist alles erlaubt und nichts verboten.

Als Fußgängerin hat man ein herrliches Leben in Berlin. Und für die paar Stolperfallen und Schlammlöcher gibt es diese freundlichen »Gehwegschäden«-Schilder. Davon können Autofahrer nur träumen, die werden schließlich nur vor den wirklich großen Schlaglöchern gewarnt.

Die Schilder wachsen mit dem Löwenzahn, der durch den Asphalt bricht. Ihr poetisches Lächeln verspricht Zuversicht. Der tägliche Hindernislauf zur nächsten Bushaltestelle, zum Späti oder zum Kino an der Ecke wird durch die Melodie der vier Silben geadelt.

Die aufgeplatzten Straßenbeläge und das zerrissene Gehwegpflaster sind wie Tagebücher der Hauptstadt zu lesen. Sie erzählen von zu heißen Sommern, knackiger Kälte in den Wintern. Sie zeugen vom hohen Alter der Stadt, vom feuchten Untergrund, von nachlässigen Baufirmen und billigem Material. Oft sind sie Zeichen des Autoverkehrs, der sich in den Straßenbelag frisst. Obwohl niemand die Löcher, Wellen, Krater mag, beschreiben sie doch sehr genau, welche Fehler kultiviert werden. Bevor ein Schlagloch repariert werden kann, darf es wachsen und gedeihen. Es ist wie beim Gruselfilm im Kino, man weiß, was passiert, und erschrickt doch. Erst wenn der Schaden reif ist, wird geerntet und repariert.

Das Ausmaß der Anbetung des Autoverkehrs ist an vielen Stellen in Berlin zu beobachten. Ein besonders sehenswertes Monument dagegen steht auf dem Rathenauplatz.

Der Künstler Wolf Vostell hat hier, mitten im Strom der Blechlawinen, zur 750-Jahrfeier Berlins 1987 zwei »Cadillacs in Form der Nackten Maja« in Beton gegossen. Inspiriert hat ihn nicht nur die maßlose Verehrung des Automobils, sondern auch ein Gemälde von Francisco de Goya, auf dem der Maler um 1800 erstmalig eine völlig nackte Frau sinnlich darstellte. Diese weiblichen Kurven einer »nackten Maja« auf dem Rathenauplatz sind dem kundigen Auge

durchaus erkennbar, bleibt beim zufälligen Betrachten allerdings eher verborgen. Sein künstlerisches Hinweisen auf die Omnipotenz des Pkws steigert Vostell zur deutlichen Kritik, indem er beide Cadillacs in Beton gießt und das Auto an sich so ad absurdum stellt. Seine Skulptur empörte gewaltig. Viele Berliner und Berlinerinnen wehrten sich mit Petitionen und Demonstrationen gegen den von ihm veranschaulichten »24-stündigen Tanz der Autofahrer um das goldene Kalb«, wie Vostell seine Skulptur verstand. Denn obwohl ein Auto die meiste Zeit steht, beherrscht es den öffentlichen Raum und wird gehegt, gepflegt und auch geliebt wie kaum etwas anderes. Die lauten Emotionen zeigten, wie stark seine Kunst ist und wie sehr seine Skulptur mitten ins Autoherz der Nation getroffen hat und trifft.

2022 hat die Initiative »Parkplatz Transform« jeden einzelnen öffentlichen Parkplatz im Innenstadtring gezählt und die Menge des so verbrauchten Raumes mit der Anzahl der Parks, Grünflächen und Spielplätze sachlich verglichen und in Relation gesetzt. Das Ergebnis steht nun im Internet allen zur freien Verfügung und wird in die zukünftige Stadtplanung hoffentlich mit einfließen. Wolf Vostell hätte sich bestimmt gefreut und vielleicht sogar mitgezählt.

Der M19 fährt bis zum Rathenauplatz. Hin und wieder tut ein Besuch dieser Mittelinsel gut. Der Verkehr umbrandet die Cadillacs auf beiden Seiten, die Stadtautobahn ist in der Nähe. Man riecht die Abgase, es ist laut, ungastlich. Dieser Platz ist für viel Autoverkehr gemacht, ein Mensch ohne Pkw stört das Gesamtbild.

Ich sitze unten im Bus, ganz vorne rechts, direkt schräg hinter der Fahrerin und habe einen tollen Blick durch die Windschutzscheibe. Meine Augen wandern ständig zur Fahrerin, wie sie das Lenkrad hält, wie sie auf die Knöpfe drückt, wie sie Gas gibt und bremst – die

Sehnsucht, selbst hinter dem Steuer zu sitzen und diesen Doppeldecker zu fahren, ist heute besonders groß.

Vor einigen Jahren war ich die Busfahrerin und habe nicht vergessen, was für ein überragend schönes Gefühl es ist, so einen gelben Riesen durch die Straßen zu steuern. Mein rechter Fuß arbeitet wie ferngesteuert mit, er bremst und beschleunigt ohne mein Zutun in Erinnerung an die käsebrettgroßen Pedale.

Dann aber reiße ich mich zusammen, setze mich aufrecht hin und lache über die Durchsage, die die Busfahrerin ins Mikrofon scheppert:

»Please leave the bus hier.« Sie öffnet die Mitteltüren und wendet sich den englischsprachigen Fahrgästen zu, die unsicher in die Gegend gucken.

»Typisch Touris«, erklärt sie mir freundlich. »Erst stundenlang nach dem Weg fragen und dann noch nicht mal ›Danke‹ sagen, wenn ich sie zu ihrer Haltestelle chauffiere.«

Die Touristen stehen immer noch im Bus, umklammern die Haltestangen, unschlüssig, was ihr nächster Schritt sein könnte oder sollte.

»Und noch one Mal mit Schmackes: People, please leave the bus hier! Und bitte etwas faster, falls dit in Ihren Möglichkeiten ist.«

Ich lache laut auf. Durch das halb verdeckte Gesicht wirkt es hoffentlich nicht zu seltsam für die anderen. Nur die obere Gesichtshälfte zu zeigen, ist in manchen Momenten Gold wert. Die Touristen gucken weiter, einer kommt nach vorn. »What shall we do? We want to go to Rathenauplatz, is this the right stop?«

Eine Frau ruft ihm zu: »And ask her, what she means, what shall we do with the bus?«

Ich suche verzweifelt nach einem Taschentuch, meine Maske muss noch ein paar Stunden halten.

»Worüber lachst du eigentlich so? Langsam fühl ich mir veräppelt«, fragt die Busfahrerin mit dem Anflug einer starken Verärgerung.

»Rein oder raus jetzte!«, ruft sie und macht eine ausladende Handbewegung dazu.

»Sorry, but – what have we done? Is something wrong? We don't understand?«

»Leute!«, stöhnt sie entnervt. »Meine Pause geht komplett flöten, wenn ihr euch nicht entscheiden könnt. Leave the bus hier oder not, mir isses jetzt zu viel mit der Höflichkeit.«

Die Touristen sind vollends verunsichert, ein paar aufmunternde Rufe anderer Fahrgäste wirken ebenfalls nicht freundlich: »Steigt jetzt endlich aus! Vastehta? Leave the bus hier!«

»Meine Güte, wie schwer muss das sein, dit bisschen Englisch zu kapieren. Leave, go outside. Downstairs.«

»Touris wieder, ihr denkt wohl, dit allet hier gehört euch.«

»Ich fahr jetzte weiter«, spricht die Busfahrerin ein Machtwort, schließt die Türen und fährt mit Schmackes los. »Und wenn du nicht aufhörst, so blöd zu lachen, kannste ab nächsten Stopp och loofen. Ich hab die Faxen dicke, weeßte!«

Ich bekomme fast keine Luft mehr und steige an der nächsten Haltestelle dankbar aus.

Die Touristen ergreifen eher die Flucht. Sie springen fast auf den Gehweg, stolpern zwei Schritte weiter über und in das aufgebrochene Kleinpflaster, finden Halt aneinander und an einer Schilderstange, an der in Kopfhöhe das niedliche »Gehwegschäden«-Schildchen prangt.

Ich setze mich erschöpft in das Wartehäuschen und höre neugierig zu, wie sie jetzt versuchen, das liebliche Schild zu entschlüsseln.

»Gähweckxschadöhn?«

Ich muss schon wieder lachen. Die Gruppe hört das und schaut mich fragend an. »Can you help us, please? What does it mean, Gähweckxschadöhn? And what was it we where supposed to do with the bus? Did we disturb something?«

Mein Englisch reicht auch nicht aus, um ihnen das zu erklären. Ich lächele sie aufmunternd an und zeige auf die Löcher im Pflaster und zurück auf das Schild. »Das sind Gehwegschäden«, erkläre ich. »Und da und da und dahinten auch.«

Jetzt verstehen sie und fotografieren das Schild und die massiven Pflasterschäden.

Und dann fragen sie nach dem Spruch der Busfahrerin: »Leave the bus hier?«

Ich zucke grinsend mit den Schultern. Jetzt müssen sie auch lachen. »Ah, is it a Berlin joke? Very funny!«

Und weil wir uns so schön verständigen, fragen sie gleich noch nach den »Three-G-Rules« in Berliner Bussen und Bahnen.

Seit der Pandemie mahnen Durchsagen auf Deutsch und Englisch im öffentlichen Personenverkehr. In der Furcht der Anfänge hielten strenge Ausgangssperren den Tod in begreifbarem Abstand. Die Durchsagen erinnerten daran, dass nur Geimpfte, Getestete oder Genesene die Angebote der BVG nutzen durften. Um ihre Botschaft kurz und weltstädtisch zu halten, wurde schnurstracks aus der deutschen »Drei-G-Regel« die legendäre »Three-G-Rule«. Nur kleinliche Geister wagten den Einwand, dass man, »geimpft, getestet, genesen« auf Englisch mit »vaccinated, tested, recovered« übersetzt. Es wäre also eine »V-T-R-Rule«.

Dieser freizügige Umgang mit der englischen Sprache macht aus den Ansagen der BVG liebenswerte Besonderheiten, die vermutlich viel befragt und belacht werden.

Zurück in ihrem jeweiligen Zuhause werden die Touristen an Küchentischen sitzen und von diesen verrückten Botschaften berichten. Und alle werden staunen oder rätseln vielleicht sogar über den

Inhalt, und sie werden dann den unbedingten Wunsch verspüren, selber einmal solche Abenteuer in der Stadt der Merkwürdigkeiten zu erleben.

Sosehr ich auch versuche, die Fragen der Gruppe sinnvoll zu beantworten – sie verstehen mich nicht. Und eigentlich ist das völlig in Ordnung. Ich verstehe es ja auch nur instinktiv.

Wir gehen gemeinsam die paar Meter bis zum Rathenauplatz. Einen Überweg zur Mittelinsel gibt es nicht. Die stillgelegten Cadillacs brauchen keine Nähe, ihre Erscheinung ist im Gesamtbild zu erfassen.

Die Touris fotografieren und filmen die Skulptur. Sie wollen rundherum gehen. Das wird einige Zeit in Anspruch nehmen, denn die Fußgängerampeln sind auf reibungslosen Pkw-Verkehr eingestellt. Ich genieße den Luxus, die in Beton gebackenen Cadillacs schon oft gesehen zu haben, und verabschiede mich mit einem »Macht es gut«. Sie winken, schon mitten auf dem ersten Straßenüberweg: »Nice to meet you«, und werden unverzüglich von wütenden Autofahrern angehupt. Ihre Ampel ist auf Rot gesprungen, und nun haben sie gefälligst zu weichen. Der Verkehr muss fließen, die Räder sind zum Rollen da.

Ich beobachte sie noch eine Weile und freue mich plötzlich sehr darüber, wie schön es ist, mittendrin zu leben in Kultur und Kunst und Poesie und allen Widersprüchen, die Berlin so prägen.

Beschwingt laufe ich eine Haltestelle weiter, biege vom Rausch der mehrspurigen Hauptstraße ein in die kleinere Königsallee und bin – wie so oft – mit wenigen Schritten in einem völlig anderen Kiez. Der Lärm ist wie abgeschnitten. Als hätte sich eine Tür hinter mir geschlossen, ist vom Stress des reinen Straßenverkehrs nichts mehr zu spüren. Vor mir lädt eine geschwungene Straße mit viel

Grün zum Schlendern ein. Links und rechts stehen mächtige Stadtvillen, erbaut in einer Zeit, in der Geld, Macht und Raum selbstverständlich an die Fassaden geschrieben wurden. Der Wechsel von Rathenauplatz und Kurfürstendamm zur Königsallee könnte kaum größer sein. Üppige Vorgärten zeigen wenige Spuren der extremen Trockenheit, das Gras ist grün, die Bäume tragen Früchte. Die Häuser schmücken sich mit Fresken, Mosaiken, Girlanden, Bronzen, ganzen in Gips und Marmor gegossenen, geschlagenen, geschliffenen Geschichten. Stolzgeschwellte Treppen, Brüstungen, Balkone hängen wie kostbare Broschen und Colliers an den Mauern. Jedes Haus ist sehenswert, es erzählt vom Leben vor Jahrzehnten. Hier lebten und leben Prominente und bleiben herrlich diskret und weitgehend von Anbetung und Papparazzi ungestört. Wie weit haben die damaligen Besitzer in die Zukunft geblickt, als sie solch feste Wände und Dächer bauen ließen. Spekulierten sie auf dem Immobilienmarkt, setzten sie auf das kurzlebige Prestige in einer wichtigen Stadt, für die Festigung der Stellung, des Amtes, der Familientradition? Wie viele Räume braucht ein Weltstar, um sich zu Hause wohlzufühlen? Was mag in den Grundsteinschriften stehen?

Vor und hinter den Fenstern sind keine Bewohner zu sehen, kein Geist zeigt sein weißes Hemd, kein Kind ist zu hören in den Gärten. So redselig die Gebäude sind, so diskret scheint hier der Alltag vorüberzustreichen. Dieser Kiez ist goldbestäubt und glitzert in ungebrochener Pracht dem geübten Auge. Schlichte Hinweisschilder auf berühmte Bewohnerinnen und Bewohner erweisen den Neugierigen freundliche Ideen vom erfolgreichen Leben auf roten Teppichen und in marmornen Bädern.

Selbst die wenigen Tauben, die in den hohen Nadelbäumen sitzen, sehen gepflegter aus, wohlgenährt mit schönem Gefieder. Sie stören sich nicht an mir und erwarten keine Krümelgaben.

Automatisch suche ich nach den üblichen Zeichen der Großstadt: Müll, Kritzeleien, gesprühte Tags, Aufkleber, Zettel, Fahrradreste, Zerfall, Gehwegschäden. Wie ungewöhnlich diese solide, intakte Straße ist. Bis auf ein paar Zigarettenstummel liegt hier nichts, sie ist fast nackt, aber eben nicht ganz. Denn nun entdecke ich Videoaugen vor einigen Türklingeln und Kameras vor Hauseingängen.

Für wen mögen diese Vorsichten sein? Wer klingelt unerwünscht an Villentoren? Wer betritt fremde Gärten, ohne willkommen zu sein?

Wer lebt hinter den Videoaugen, wer beobachtet jetzt gerade die Beobachterin?

Und so, ganz in Schauen und Nachdenken vertieft, schlendere ich die Straße entlang, komme an ein paar kleinen Seen vorbei, an einem Park, an einem großen Findling. Moment! Ein großer Findling? Hier? Mein Unterbewusstsein ist wieder neugieriger als ich selbst. Ich überquere die Straße und lese die Inschrift auf der Bronzetafel:

Die Liberal-Demokratische Partei
Deutschlands
Dem Andenken an
Walther Rathenau
Reichsaußenminister der Deutschen Republik
Er fiel an dieser Stelle durch Mörderhand
am 24. Juni 1922
Die Gesundheit eines Volkes kommt
nur aus seinem inneren Leben – aus dem
Leben seiner Seele und seines Geistes
Oktober 1946

Ich würde mich gerne setzen, aber ausgerechnet hier ist weder Bank noch Baumstumpf. Die Geschichte, die sich in dieser so sorglos scheinenden Straße abspielte, nimmt mir kurz den Atem. Ich lehne mich an den grauen Stein. Kühl und grau mahnt er fast schüchtern an die

Erschütterung eines ganzen Landes, die einen Schritt in die falscheste Richtung ermöglichte. Die ganze deutsche Geschichte des zwanzigsten Jahrhunderts nahm hier eine folgenreiche Wendung.

Hundert Jahre ist es her.

Erst das bekannte Quietschen des M19 löst mich aus dem Schrecken.

Und wie überrascht bin ich für einen kurzen Augenblick, dass es der gleiche, beliebige Bus ist, der jetzt an der Haltestelle Erdener Straße hält, der durch die ganze Stadt fährt und keinen Unterschied macht zwischen Herkunft, Glauben, Ideologie. Wie gut es tut, diesen unerschütterlichen Bus zu sehen, der so viel weiß und nichts verliert von allen Geheimnissen, von den Taten und Lieben und den ganzen hässlichen, schönen Alltagen, durch die er alles fährt, was einsteigt. Der die Türen öffnet und schließt und immer Platz für die gesamte Berliner Realität hat.

Ich springe über die Straße und steige ein.

Jetzt ist die Strecke fast geschafft, bis zur Endstation ist es nicht mehr weit. Eine Erschöpfung und Vorfreude füllt die leeren Sitze. An den Haltestellen steigen Fahrgäste nur noch aus. Die Dringlichkeit, voranzukommen, lässt nach. Mit einer müden Lässigkeit fährt der Busfahrer durch die engen Kurven, in die knappen Haltebuchten, das Ziel immer vor Augen: gleich, gleich. Noch am See vorbei, noch drei Stationen, zwei Stationen, eine Station vor dem Ziel – Grunewald, angekommen!

Gute 10 Kilometer liegen hinter uns. Vor uns ist die Wegkehre mit kleinem Platz. Der Busfahrer stellt den Motor aus, mit typischem Schnaufen entspannt sich der Doppeldecker, flitzt der Fahrer zum Pinkeln hinter Büschen.

Der kleine Platz der Endstation ist gar nicht so klein, wie er auf den ersten Blick wirkt. Fünfzehn Birken aus Auschwitz-Birkenau wurden 2012 vom Künstler Lukasz Surowiec auf eine gekennzeichnete Fläche verpflanzt. Es gibt eine Rasenfläche, Restaurants, eine Bäckerei mit Café und Mittagstisch, Bänke zum Ausruhen, eine ausrangierte Telefonzelle voller Bücher. Diese sogenannten Bücherzellen stehen in vielen Kiezen. Ehrenamtliche Initiativen pflegen sie. Wer will, kann ein Buch hineinstellen und ein Buch herausnehmen. Es ist einem selbst überlassen, ob man nur Bücher spendet oder nur Bücher mitnimmt. Der Austausch in den Regalen ist rege, und das kostenlose Angebot macht nicht nur Sinn, sondern auch Platz im eigenen Zimmer – und glücklich. Die Bücherzellen sind aber auch kleine Treffpunkte für die Nachbarschaft. Man trifft sich zufällig, kommt ins Gespräch, lernt sich kennen. Was auf dem Dorf die alte Linde sein mag, ist in der Stadt die Bücherzelle.

Neu Zugezogene fühlen sich oft sehr einsam in Berlin. Sie verste-

hen weder die unangepassten Regeln der Großstadt noch die Wonnen der Anonymität. Diese kleinen Inseln der Bücher schaffen ohne viel Anstrengung Verbindungen, aus denen im besten Falle liebe Freundschaften werden.

An der Tür der Bücherzelle hängt ein Zettel, der erklärt, dass in diesem Regal hauptsächlich Bücher zur Geschichte der Gegend, des Holocaust und des Nationalsozialismus insgesamt stehen.

Mitten in der Villengegend, umgeben von Wald und Wiesen, an Häusern vorbei, deren Schränke voller Geld und Macht waren, an Gärten entlang, deren Beete das ganze Jahr über von Gärtnern gepflegt wurden, fanden Deportationen von Nachbarinnen und Nachbarn statt.

Die Hoffnung auf Menschlichkeit und die Brutalität der Nationalsozialisten trieben die jüdischen Berlinerinnen und Berliner Schritt für Schritt vorwärts, am helllichten Tag, unter aller Augen. Sie gingen die gleiche Straße entlang, sahen die gleichen Pflastersteine wie ich. Für sie gab es keine Bänke und keinen Ausweg. Sie wurden am Bahnhof Grunewald in Waggons gepfercht und in Konzentrationslager gefahren.

Ein Mahnmal lässt uns die gleichen Wege gehen wie sie. Neben den Aufgängen zu den S-Bahnen am Bahnhof Grunewald gibt es den Aufgang zu Gleis 17.

Eine schlichte weiße Tafel weist darauf hin:

GLEIS 17
ZUM GEDENKEN AN DIE 1941–1945
DURCH ZÜGE DER DEUTSCHEN REICHSBAHN
IN DIE TODESLAGER DEPORTIERTEN

27. JANUAR 1998

ERRICHTET DURCH DIE DEUTSCHE BAHN AG

Diese Gleise wurden stillgelegt. Sie sind Erinnerungsorte an Menschen, die wie wir alle ein Leben in Frieden und Sicherheit führen wollten.

Das Mahnmal ist offen zugänglich. Es stehen oft Menschen ganz still an den Gleisen, legen einen Stein auf eine der Tafeln, die im Bahnsteig eingelassen sind und Datum, Ziel, Anzahl der Sinti, Roma, Juden, Kinder, Frauen, Männer, die an dem jeweiligen Tag in die Vernichtung befördert wurden, dokumentieren.

Es brennen einzelne Kerzen, es liegen Blumen und kleine Steine am Gleis.

Der Ort ist ein Versuch, die aus der Welt gefallene Menschlichkeit niemals zu vergessen, die Verantwortung so vieler Institutionen, Gesellschaften, der Industrie und Kirchen, der Deutschen Reichsbahn und jedes einzelnen Menschen, der geholfen hat, den Holocaust zu unterstützen, und der davon profitiert hat.

Hinter dem Mahnmal liegt eine Wiese brach. Ein Trampelpfad führt meine Schritte ins Unbekannte. Wohin kann ein wilder Pfad führen? Erdaushub auf dem weiten Gelände ist schon überwuchert von Wildblumen. Ich bin ganz allein unterwegs. Ich drehe mich immer wieder im Kreis herum, Ausschau haltend nach anderen. Aber da ist niemand. Ich gehe vorsichtig weiter, damit keine vergessene Baugrube oder ein Fuchsbau mir zur Falle werden kann.

Und dann sehe ich in der Ferne die Gleichmäßigkeit einer Neubausiedlung. Beim Näherkommen stoße ich auf klinisch saubere Straßen, gleichförmige Häuser. Habe ich Berlin verlassen, ohne es zu bemerken? Vorsichtig betrete ich das Neuland. Weit und breit ist kein Mensch zu sehen. Die Eintönigkeit der Straßen und Häuser und ihre Sauberkeit macht keinen guten Eindruck. Irgendwas stimmt hier nicht.

Ob ich ein Haar fallen lasse und abwarte, was passiert?

Vor mir im Haus nun doch eine Bewegung. Eine Frau starrt mich aus dem Fenster heraus an, macht scheinbar ein Handyfoto, zieht dann die Gardinen zu. Es ist so unwirklich wie unberlinerisch. Wer wohnt hier und warum?

Während dieser Überlegungen kommen zwei alte Menschen sehr langsam um die Ecke. Sie biegen hintereinander in die Straße, in der ich stehe. Die Frau läuft am Stock, der Mann zieht einen vollen Rentnerbuggy hinter sich her.

Ich spreche sie an: »Entschuldigen Sie, wohnen Sie hier?«

Sie nicken bedächtig.

»Wie heißt dieser Bezirk, und was sind das für Häuser? Ich bin über die Wiese vom S-Bahnhof Grunewald gelaufen. Diese Straßen kenne ich nicht. Ist das ein Neubauprojekt?«

Sie halten an, wir stehen zusammen vor dem Haus mit den zugezogenen Gardinen. Das Videoauge an dem Gartentor bewegt sich. Wir werden gefilmt. Was für ein Glück, draußen zu sein.

»Ja, wir wohnen hier. Das ist eine Erweiterung der alten Siedlung. Da vorne in dem Haus wohnte früher ... und gegenüber hatten sich ... eingemietet.« Sie erzählen ein paar Einzelheiten über Berliner Prominenz.

»Jetzt ist das meiste verkauft. Sie sehen ja, wie langweilig das jetzt ist.«

Der Mann zeigt mit weiter Handbewegung auf Straßenland und Häuser, die Frau nickt zustimmend. Sie erzählen weiter. Beide sind Berliner Pflanzen und haben viel er- und überlebt, ihr Humor ist direkt und herrlich frech. Nach wenigen Sätzen bin ich beglückt von dieser Zufallsbegegnung und könnte stundenlang nur zuhören und sie dabei anschauen. Sie sehen so gut aus, ihre Gesichter sind voller Emotionen, ihre Kleidung extravagant. Sie erzählen mittlerweile von ihrem eigenen Haus und wen sie alles als Gäste hatten, von rauschenden Festen, wer ihnen Rotwein auf den Teppich geschüttet hat und dann die Rechnung nicht zahlen konnte und von der bewegten Geschichte.

»Wir haben sie ja gesehen, wie sie die Straße langgetrieben wurden«, sagt die Frau. »Natürlich wussten alle, was los war, aber wer hatte schon den Mut, dagegen anzukämpfen.«

»Wir waren damals sehr jung, Kinder noch. Und trotzdem habe ich Albträume, auch heute noch.«

»Da hinten wohnte der Herr X. Der hat im Garten ein Versteck gehabt für eine kleine Familie aus der Nachbarschaft. Aber das wurde verraten.«

Wir schweigen. Die Gardine gegenüber bewegt sich wieder. Ich staune, wie schnell die Gespräche zwischen Straßenbekanntschaften so eine Tiefe bekommen. Das Bedürfnis zu erzählen, auch die Schrecken zu teilen und zu bewahren, ist stärker als jede Scheu.

»Ach, das ist lange vorbei. Wenn Sie zurückgehen, kommen Sie am Gleis 17 vorbei. Das ist die Stelle, an der damals die Züge warteten. Das ist jetzt ein Mahnmal. Gucken Sie sich das an, es ist voller Informationen. Ich muss weiter, mir tun die Beine weh.«

Sie machen sich sehr langsam auf ihren Weg. So gerne wäre ich ihr Gast und würde einfach zuhören.

»Eine Frage noch, bitte.« Sie bleiben stehen. »Wie heißt das Viertel?«

»Das ist die ›Hässliche Straße‹ im ›Hässlichen Viertel‹«, ruft die Frau. Der Mann lächelt. »Genau! Wir nennen es nur die Hässliche Straße im Hässlichen Viertel. Passt doch, oder!«

Wir nicken alle drei.

Sie biegen sehr langsam um eine weitere Ecke. Ich drehe mich um, verbeuge mich in Richtung Videoauge und stapfe zurück über die Wiese. Diesmal gucke ich hinter jeden Erdhaufen. Aber da sind weder Fuchsbauten noch Baugruben.

Solche Gespräche auf den Straßen von Berlin gibt es immer wieder. Wer mit offenen Augen und Ohren etwas Zeit an Ecken und Plätzen verbringt, erfährt mehr Geschichte, als in der Schule gelehrt werden kann. Die Menschen, die während der Schrecken der Naziherrschaft Kinder waren, sind heute Rentnerinnen und Rentner. Sie haben ein feines Gespür dafür, ob ihr Gegenüber wirklich zuhört und erfahren möchte, was sie erlebt haben. Ihr Trauma begleitet sie ein ganzes Leben lang. Ihre Ängste und die Gewalt, die sie überlebt haben, können nur mit Gefühl und Mitmenschlichkeit verstanden werden. Unsere Gesellschaft ist ein lebendiges Archiv. Wir tragen ihre Wunden mit sanften Händen weiter. Der alte Mann, der mich unvermittelt an der Bushaltestelle am Nollendorfplatz anspricht, ist 1941 geboren worden. »Meine Mutti und ich sollten nach Ravensbrück. Wir waren schon auf dem Weg nach Grunewald ...« Ich zeige ihm meine Erschütterung. Er erzählt weiter, von ihrer Rettung in letzter Minute, von einem anderen Kind, das vor seinen Augen ermordet wurde. Ich bewahre seine Not, aber auch seine Lebensfreude in tiefen Kammern meines Bewusstseins. Mensch zu sein ist auch eine Verpflichtung, diese Vergangenheiten mitzutragen, sie weiterzureichen, nichts zu vergessen.

Am S-Bahnhof Grunewald bestaune ich im Vorbeilaufen die Pracht des Gebäudes, denn mein M19 steht schon bereit. Schnellen Schrittes überquere ich den kleinen Platz, lasse die Endhaltestelle links liegen und gehe weiter zur ersten Haltestelle der Linie. Ein paar wenige Leute warten schon ungeduldig, dass der Busfahrer endlich einsteigt.

Es beginnt zu nieseln. Das extrem trockene Jahr wartet auf eine lang anhaltende Regenzeit, aber die paar Tropfen verdunsten schnell und bringen weder der Natur noch den Stadtmenschen eine neue Fruchtbarkeit.

Der Bus fährt an, hält, wir drängen durch die Vordertür ins Trockene. Der Busfahrer hat keinen Blick für seine Fahrgäste. Er macht seinen Job, und das muss reichen.

Alle sitzen einzeln, gut verteilt auf Lieblingsplätzen.

Ich vermisse die lange Rückbank der alten Busse. Dort saßen die Jugendlichen und fühlten sich gut abgegrenzt von den Erwachsenen. Hinten gab es ein großes Fenster, aus dem Kinder zu gern rausschauten, den Autofahrern winkten. Nicht jede Veränderung ist hilfreich und gut.

Es wäre jetzt der beste Platz. Da möchte ich sitzen, ein Bein schräg angewinkelt, um die ganze Sicht zu haben. Zurückzuschauen auf so viele Ebenen der Stadtgeschichte täte gut, die Straße mit langen Blicken zu verabschieden, ihr ein »Bis bald« zu denken, ein würdevolles Herausgleiten würde das Hineinkommen ins Hier und Jetzt erleichtern.

Die heutigen Busse aber haben keine Rückbank und kein breites Fenster. Ihre Inneneinrichtung wurde vermutlich von Menschen ohne Kontakt zu Berliner Jugendlichen entworfen. Sie lassen nur den Blick nach vorn und auf beide Seiten zu. Ein Bus fährt immer vorwärts, in alle Richtungen, sogar zurück fährt er vorwärts.

DEZEMBER

Veränderung und Anfang

M19 – Mehringdamm bis S Grunewald
Von der ersten bis zur letzten Haltestelle

Das Jahr ist fast vorbei. Sabrina und ich sitzen oben im Doppeldecker ganz vorn, die Füße auf die Fensterbank gestellt, die Masken nagelneu im Sonderangebot der Kiezapotheke gekauft. Sabrina trägt Blau, ich Schwarz. »Wenn die Masken Trauer tragen, oder wie?« Sabrina meckert schon die ganze Zeit. »Wie kannst du dir eine schwarze Maske kaufen? Ich kapier das nicht. Überall ist es grau und grässlich, und jedes Mal, wenn ich dich ansehe, erschrecke ich. Guck nur mal raus – das Wetter ist eine Strafe, ich weiß nur nicht, wofür.«

Ich gebe nach und wechsele von Schwarz auf Hellblau. »Besser?«

»Viel besser.«

Es ist der 1. Advent, wir sind mit Holger und Maxi verabredet. An der Haltestelle S + U Yorckstraße steigen wir aus und gehen den kurzen Weg hoch in den Gleisdreieckpark, der über den Yorckbrücken auf dem ehemaligen Gelände der Fern- und S-Bahn angelegt wurde. Der Park ist uns alten Berlinerinnen nach wie vor fremd, wir entdecken bei jedem Besuch etwas Neues und staunen, wie lebendig und sinnvoll eine verwunschene Brache verändert wird. Wir sehen die Gegend mit Augen, die sich Jahrzehnte zurück erinnern und Veränderungen kritisch begutachten. Früher waren die Yorckbrücken ein düsterer Straßenabschnitt, der recht heruntergekommen war. Die schönsten Liebesbotschaften wurden jahrelang an die verfallenden Mauern gepinselt, und selbst völlig Unbekannte freuten sich, dass Benno Eva liebt und Anton in großen roten Buchstaben Julia einen Antrag macht. Hat sie »Ja« gesagt, sind sie glücklich und zusammen? Infos über Konzerte, Demonstrationen und Verabredungen klebten an allen Stellen.

Die Wut über politische Entscheidungen gegen die Stadt fand hier Zustimmung und Unterstützung. Die Wände unter den Yorckbrücken boten aktuelle Nachrichten und waren kreatives Gedächtnis der wichtigen Ereignisse jenseits des bürgerlichen Lebens. Es gab unzählige Zettel mit privaten Notizen. Man verabredete sich auf diese Weise schriftlich und wusste, an wen die Botschaften gerichtet waren. In Mauernischen wurden die wirklichen Geheimnisse versteckt und gefunden. Ein paar Kneipen und Imbisse, die alles hatten, um gut durch die Nacht zu kommen – auch ein Gefühl von Zuhause –, öffneten ihre Türen für die, die keine Angst vor Nähe, Krach, Lust und Absturz hatten. Und es gab Musik, pure Musik, die von den Dingen spielte, für die gesprochene Worte zu umständlich sind. Unter den Yorckbrücken leuchteten Möglichkeiten, von denen Menschen überall auf der Welt träumten. Über die Yorckbrücken ratterten die S-Bahnen, siedelten sich Fuchsfamilien an, Disteln und Sperrgitter etablierten sich und wachten über den Schlaf der geteilten Stadt.

Heute ist auch hier vor allem das Geld hingezogen. Kunst und Abenteuer mussten neue Wege suchen. Am restaurierten Mauerwerk hängen Karten und Erläuterungen hinter Plexiglas und in Stahl geätzt und berichten über all das, was hier mal war. Aus einem ursprünglichen, lange gewachsenen Dasein machen sie ein Museum mit Verboten. Steril ist das aktuelle Schön. Auch das wird sich ändern, das ist gewiss und ein Trost.

Sabrina und ich staunen über die so üppig angelegte Vielfalt, die auch für uns geschaffen wurde. Viele Menschen sind im Gelände. Wir setzen uns auf eine Bank und warten auf Holger und Maxi. Sabrina hat Tee dabei, ich Marmorkuchen und Kerzen in leeren Marmeladengläsern. »Nur eine, heute ist erst der 1. Advent«, mahnt sie, während ich immer noch mehr Kerzen anzünde und mir am

Streichholz die Finger verbrenne.»Gleich wird es dunkel. Ist doch viel schöner so. Stell dir einfach vor, wir sitzen rund um ein Lagerfeuer. Oder am Kamin.«

»Am Kamin säße ich jetzt wirklich gerne«, nickt sie zustimmend.

Maxi und Holger winken uns schon von Weitem zu. Sie packen ihre Taschen aus: Kissen zum Draufsitzen, Wein zum Trinken, Suppe zum Wärmen und Kekse, Äpfel und Nüsse zum Verschenken. »Für die Eichhörnchen, falls welche vorbeikommen«, erklärt Holger und ärgert sich über unser Lachen.

»Und falls ein Pony vorbeikommt, kriegt es Äpfel!« Maxi ist gleich begeistert von den Aussichten auf solche Besuche.

»Was machen wir zu Weihnachten?«, frage ich Stunden später. Die Kerzen leuchten Inseln in die Nacht; außer einer kleinen Maus und ein paar Krähen kamen keine Tiere vorbei. Marmorkuchen, Kekse, Äpfel, Suppe, Tee sind trotzdem aufgegessen und ausgetrunken. Nur der Wein ist noch nicht alle. Wir stoßen an und überlegen.»Wollen wir überhaupt feiern?«, spricht Sabrina aus, was alle denken.

Die Zeit schlägt viele Wunden, statt zu heilen. Der Krieg in der Ukraine ist so brutal und gewaltig, wie nur ein Krieg sein kann. So viele Geflüchtete tragen ihre Verletzungen und Ängste unter dicken, gespendeten Jacken und Mützen. Eine völlig neue Unsicherheit fliegt durch Europa, ein greifbares Morden stellt Grenzen und Menschlichkeit bloß.

Auch die Pandemie hat sich eingenistet, und obwohl die unmittelbare Angst vor dem Virus einer Gewöhnung gewichen ist, einem selbstverständlicheren Hygieneschutz und weiteren Maßnahmen zur Bekämpfung, leiden viele Menschen unter Long Covid, sind die Friedhöfe voller denn je, haben Krankenhäuser kaum freie Betten.

Wir reden durcheinander und mischen beide Tatsachen immer neu in unseren Sätzen.

»Am meisten Angst macht mir der Klimawandel. Krieg, Inflation und Covid-19 werden irgendwann zu Ende sein. Aber der Klimawandel geht immer weiter. Guckt euch um, alles ist verdorrt, der Winter ist ein lauwarmer Witz, es regnet nicht, und diese Hitze den ganzen Sommer über war tödlich.« Maxi weint fast. Wir sind still. Es gibt keine Antworten, die extreme Hitze steckt uns allen noch in den Knochen. Die Berichte vom Krieg werden von Tag zu Tag entsetzlicher. Warum steckt dieser Blutrausch in den Menschen? Was kann ihre Lust an Folter, Vergewaltigung, Ermordung stoppen?

Wir haben keine Antworten, nur eine große Scham und eine noch größere Verantwortung.

»Lasst uns feiern. Ich bin für eine Weihnachtsfeier, denn die tut uns gut, und das macht mich stark«, überlege ich laut.

»Aber ich kann nicht einfach so tun, als wäre alles gut«, widerspricht Sabrina.

»Nein, das machen wir auch nicht. Wir feiern unser Weihnachten, für uns. Im vollen Bewusstsein von allen Krisen und dem Krieg«, erkläre ich. »Es ist nur eine Feier, kein Statement oder Protest. Nur lecker Essen und Trinken, bisschen dekorieren vorher und singen natürlich. Wir könnten uns diesmal in meiner Wohnung treffen. Ich räume auch auf, versprochen.«

»Abgemacht. Ich bin dafür«, ruft Holger so plötzlich, dass hinter uns im Gebüsch irgendwas erschrickt und raschelnd verschwindet. Maxi schreit leise auf. »Was war das? Ratten?« Sie springt auf und leuchtet mit der Handytaschenlampe den Boden ab.

»Nichts zu sehen. Was es auch war, es hatte Angst vor uns«, sagt Holger mit trauriger Stimme. »Vor uns sollte niemand Angst haben müssen«, führt er fort.

»Du hast zu viel Wein getrunken, es ist auch schon spät. Lasst uns gehen, ich muss morgen früh raus, Klassenarbeit steht an«, erwidert Maxi sanft.

Wir packen alles ein und gehen den dunklen Weg durch den Park zurück. Ein paar ganz kleine Zelte stehen jetzt unter Bäumen, Wohnungslose übernachten hier. Eine Gruppe Jugendlicher feiert am Wiesenrand mit Shisha und Musik, vom nahe gelegenen Neubau ruft jemand sehr laut: »Ruhe da unten!«, und knallt ein Fenster zu.

»Selber Ruhe da oben«, ruft jemand anderes zurück.

Auf der Straße angekommen nimmt der viele Autoverkehr jede Stille aus der Nacht. Gelb leuchtend sehen wir den M19 ankommen – nur leider auf der falschen Straßenseite für Sabrina und mich. Holger und Maxi umarmen uns schnell zum Abschied und springen dann durch die Lücken des Verkehrs wie zwei alte Hasen. Es wird sofort viel gehupt, damit niemand die Geschwindigkeit reduzieren muss. Sie steigen ein in den Doppeldecker, winken uns aus dem Fenster. Sabrina und ich sehen zu, wie die Rücklichter um die nächste Kurve verschwinden, und warten dann auf unseren Bus.

»Jetzt haben wir Maxi gar nicht nach Ronny gefragt«, fällt mir ein.

Unser Bus kommt, er ist ziemlich voll, wir kommen nicht weiter als ein paar Schritte, stehen schwankend in der Traube vor den Mitteltüren.

Ich steige zuerst aus. »Wir sehen uns, mach's gut«, ruft Sabrina mir zu. Ich bin zu beschäftigt, mir den Weg aus dem Bus zu erquetschen, um ihr zu antworten. Zwei Frauen schimpfen erbost, weil ich der einen auf den Fuß getreten bin und der anderen viel zu nahe kam. Ich bin endlich draußen, will noch winken, aber die Mitteltüren schließen nicht, bis ich die müde Stimme der Busfahrerin höre: »Bitte aus den Mitteltüren treten, machen Sie mal zügig die Mitteltüren frei. Ja, Sie alle. Oben ist jede Menge Platz. Kostet nichts extra, heute ist alles im Sonderangebot.«

Alle täuschen Bewegungen an, die ganze Gesellschaft ruckelt und schuckelt und knäult sich dann knapp hinter der Lichtschranke. Niemand geht nach oben.

Ich beobachte die Szene, die sich täglich tausendmal wiederholt in allen Bussen der Stadt. Es tut gut, solche verlässlichen Wiederholungen im Alltag zu erleben. Ganz egal, wer im Bus steht, diese Menschentrauben bilden sich genauso schnell, wie sie sich von Haltestelle zu Haltestelle verändern. Dieses enge Zusammenstehen vor den mittleren Ausgängen, ungeachtet des restlichen Platzes im Bus, scheint zu einer anständigen Busfahrt dazuzugehören. Und obwohl alle meckern, sich gegenseitig auf die Füße treten, ist dieses freiwillige Gedränge für irgendetwas gut. Es ist die Bestätigung, dass wir eine Gesellschaft voller gegenseitigem Vertrauen sind, ganz egal, was um uns herum geschieht. Für diese engen Minuten funktionieren wir, ohne Wenn und Aber.

Mein Heimweg führt durch ein paar dunkle Straßen. Im äußeren Lichtschein einer Laterne sehe ich einen Mann stehen, der irgendetwas hochhält. Beim Näherkommen sehe ich, es ist eine lange Stange mit einem Mikrofon am Ende. Der Mann trägt große Kopfhörer und dreht das Mikrofon in verschiedene Richtungswinkel. Ich sehe ihm zu. Es muss anstrengend sein, so eine Stange mit hocherhobenen Armen zu halten. Was macht er nur? Die großen und die kleinen Fledermäuse halten Winterschlaf – er kann also kein Stadtnaturforscher sein. Bevor ich mir gruselige Geschichten ausdenke von abgehörtem Liebesgeflüster, frage ich lieber. »Entschuldige«, zupfe ich ihn ganz sacht am dicken Ärmel, »entschuldige bitte, was machst du da?«

Er nimmt die Stange runter, setzt die Kopfhörer ab und fängt gleich an mit der Erklärung. Die Neugier freut ihn sichtlich.

»Ich versuche Geräusche einzufangen. Die ganze Luft ist voller

Geräusche, die wir mit unseren Ohren nicht wahrnehmen. Hier sind zum Beispiel überall Wi-Fi und die elektromagnetischen Wellen und das ganze Zeug, die kann ich mit meinem SOMA einfangen und aufzeichnen.«

Ich schaue fragend.

»Mein Freund steht da hinten, wir sind eine private Interessengemeinschaft. Es ist sehr spannend, diese normalerweise lautlosen Geräusche zu entdecken.«

Ich schaue fragend.

»Wir untersuchen, wo es viele Geräusche gibt, zum Beispiel dort, wo viele Leute leben, an Hochhäusern und so. Oder hier, in der Nähe von starken Handyantennen.«

Ich schaue fragend.

»Es ist extrem spannend, die Geräusche aufzustöbern, sie zu hören, sich vorzustellen, dass ich etwas Unsichtbares einfange mit dem Mikrofon.«

Ich schaue fragend.

»Wollen Sie mal hören?«

Er siezt mich, dass ist etwas unangenehm, weil ich ihn ja duze. Ach ja, fällt mir ein, ich bin ja mindestens doppelt so alt. Das Siezen ist völlig in Ordnung.

»Das möchte ich sehr gerne«, sage ich. »Was werde ich denn so hören? Auch Gespräche?«

»Möglicherweise auch Gespräche, Wortfetzen. Aber meist ist es Rauschen in unterschiedlichsten Tönen.«

Er setzt mir die Kopfhörer auf und hält das Mikrofon, so hoch er kann. Ich höre nichts.

Er dreht das Mikrofon in alle Richtungen, und dann höre ich tatsächlich was! Es rauscht aus weiter Ferne oder Nähe, wer weiß das schon. Es rauscht, wie eine viel befahrene Straße rauscht, wenn man weit genug von ihr steht. Ich bin überhaupt nicht beeindruckt.

»Ja, das ist natürlich so, meistens hören wir nur solche Töne. Deswegen ist es ja so spannend! Es gibt eine Stelle gleich hier um die Ecke, da erwische ich oft in der Nacht Handygespräche, also so Gesprächsfetzen. Stellen Sie sich doch nur mal vor, wie das alles immer um uns herum passiert, wie das alles da ist, an uns vorbei existiert, über uns. Vielleicht laufen Sie nachher durch das wichtigste Handygespräch zweier Menschen, die so weit weg von dem Ort hier sind, dass sie niemals diese Straße kennen werden.«

Er guckt mich strahlend an.

Wir reden noch ein bisschen über diese ungewöhnliche Art der Wahrnehmung der Stadt. Dann bedanke ich mich sehr bei ihm für das schöne Gespräch und gehe leise pfeifend nach Hause. Vielleicht hört er mich und freut sich.

Es ist der dritte Dezembermonat mit Covid-19, der zehnte Monat des russischen Angriffskrieges, der weiß-ich-nicht-wievielte Monat der offensichtlichen Klimakrise. Die Selbstverständlichkeit des unversehrten Lebens hat sich verschoben, das unsichtbare Sterben ist sichtbar geworden.

Der üppige Weihnachtsschmuck und die vielen, über die Stadt verteilten Lichter werden infrage gestellt. Der Krieg in der Ukraine betrifft auch unsere Strom- und Gaslieferungen. Die politische Arbeit sucht neue Wege, diplomatische Zugeständnisse, es gibt harte Verhandlungen. Ideen und Vorgaben zum Energiesparen werden zum täglichen Thema im Land. Darf man Lichterketten aufhängen in dieser dunklen Zeit?

Der Berliner Senat beschließt, man darf. Weihnachtsmärkte werden sogar in ursprünglicher Manier gestattet. Es gibt keine Zugangskontrollen mehr, keine Einschränkungen. Die Verantwortung, eine Corona-Erkrankung nicht durch die Öffentlichkeit zu tragen, die Ansteckungsketten durch freiwillige Isolation und Impfungen möglichst kurz zu halten, wird an die Bürgerinnen und Bürger zurückgegeben.

Der abgeschaffte Schutz, den die Vorsichtsmaßnahmen der letzten beiden Jahre boten, wird heftig diskutiert. Wie bemisst sich die Eigenverantwortung im gesellschaftlichen Kontext? Wie viel Vertrauen ist berechtigt?

Um eine eigene Meinung zu bekommen, lese ich sehr viele Berichte und schaue immer öfter in die sozialen Medien. Und ich diskutiere, höre zu, denke nach, revidiere, ergänze, erweitere, frage nach, streite und vertrage mich und bin weiterhin voller Zweifel.

Seit vielen Monaten gibt es aktive Proteste für ein Einhalten der Klimaziele bis 2030 in Berlin. »Die Letzte Generation« nennt sich der Zusammenschluss von überwiegend jungen Menschen in ganz Deutschland, die ihre Forderungen nach Umsetzung der politisch beschlossenen Maßnahmen, wie zum Beispiel ein Tempolimit auf Autobahnen, durch fantasievolle Aktionen deutlich machen wollen. Und wie fast immer und alle beginnen auch sie ihre Proteste und Aufrufe in der Hauptstadt. Sie setzen sich vor Stadtautobahnauf- und abfahrten und kleben sich mit Sekundenkleber auf dem Asphalt fest.

Seltsam unflexibel sind die Reaktionen der Politik. Statt die Bitten und Ängste ernst zu nehmen und sich gemeinsam an einen runden Tisch zu setzen, wird Empörung und Bestrafung laut.

Auf dem Weg zum Hauptbahnhof sitze ich im Bus und stecke unvermutet selber mittendrin in einem Stau der sogenannten Klimakleberkids. Verpasse ich meinen Zug, verpasse ich auch meinen Termin.

Der Busfahrer, mit dem ich nach Möglichkeiten suche, zum Hauptbahnhof zu kommen, hat die Ruhe weg. Er fährt an die nächste Straßenecke und öffnet dort die Türen. Nun können die Fahrgäste umsteigen in die nahen U- und S-Bahnen, sich einen E-Roller nehmen, zu Fuß gehen, ein Leihfahrrad mieten. Wie selbstverständlich bilden zwei Unbekannte mit mir eine kleine Gruppe. Wir rennen gemeinsam zum S-Bahnhof und suchen die beste Verbindung zum Hauptbahnhof. Unterwegs erzählen wir uns in Stichworten die Ziele unserer Reisen. Die Frau ist auf dem Weg nach Paris, ihre große Liebe lebt und arbeitet dort. Der Mann ist zu Arbeitsterminen in Berlin gewesen und fährt heute zurück nach Schweden. Ich fahre Richtung Leipzig, zu einer kulturellen Veranstaltung. Wir treffen pünktlich an unseren jeweiligen Gleisen ein und winken zum Abschied.

Wären wir mit drei Autos unterwegs gewesen statt mit einem Bus – wir hätten nicht nur unsere Verbindungen verpasst, sondern wären überaus gestresst gewesen.

Tage später stehe ich in der frühen Dunkelheit an der Bushaltestelle und lasse die ersten beiden Busse durchfahren. Ich möchte in einem Doppeldecker durch die Stadt gondeln, oben sitzen und die Weihnachtsstimmung aus bequemer Entfernung erleben, mittendurch fahren, ohne mittendrin zu sein.

Der Bus fährt los, und ich bin schnell froh über diese Fahrt. In mehreren Fenstern blinken bunte Sterne, und in einigen Geschäften entdecke ich Tannengrün und Wichtel.

Unter der Hochbahn am Nollendorfplatz glitzert der LGBTQIA-Weihnachtsmarkt (das steht für Lesbisch, schwul ((Gay)), Bisexuell, Trans, Queer, Inter, Asexuell) »Christmas Avenue«. Die Beleuchtung ist wunderschön, die Bühne und Buden strahlen in Lilarosa. Das tägliche Programm ist bunt und voller Lebenslust.

Ein paar Haltestellen weiter befahren wir den Kurfürstendamm. Für den großen Weihnachtsmarkt an der Gedächtniskirche wurde nach dem Attentat auf dem Breitscheidplatz ein besonderes Sicher-

heitskonzept erarbeitet. Der Kudamm ist für den normalen Autoverkehr gesperrt. Nur die Busse der BVG, Lieferwagen, Taxis und der
Fahrradverkehr dürfen während der Wochen bis zum Jahreswech-
sel die Straße befahren. Riesige Sperren stehen rund um den Platz,
nehmen ihm die Weite, erinnern ununterbrochen an die Toten und
Verletzten. Zusätzlich sind deutlich sichtbar große Polizeiwagen
platziert.

Den Weihnachtsmarkt mit seinen vielen Lichtern, den Buden
und dem bunten Schmuck aus dem oberen Stockwerk des Doppeldeckers zu sehen, ist so schön wie seltsam.

Wir fahren weiter. Mittlerweile ist das Oberdeck voller Menschen, den Sprachen nach sind viele Touristengruppen in der Stadt.
Sie »oh-hen« und »ah-hen«, fotografieren und filmen die ganze
lange Fahrt den Kurfürstendamm hinunter. Vor mir sitzt eine Frau
mit zwei kleineren Kindern. Schnell erkennt man die ukrainische
Sprache am Klang und der Betonung. Die Mutter filmt ihre Kinder
vor den Weihnachtsfiguren aus der Frontscheibe hinaus. Sie spricht
dabei, scheint zu beschreiben, wo sie sind, was sie sehen. Die Kinder
lachen und sagen oft das gleiche Wort, es könnte »Papa« sein. Sie
schicken Küsschen in die Kamera des Smartphones.

Das Leuchten und Schmücken des Boulevards hat lange Tradition.
Das Flanieren unter den mit Lichterketten behangenen Platanen
gehört für viele zur Adventszeit dazu.

Die langen, dunklen Dezembertage brauchen Lichter, Kerzen,
Feuerschalen. Saßen die Menschen früher um Lagerfeuer vor Höh-
len und später auf Marktplätzen, treffen sich die Menschen heute
im Dezember in Restaurants und Kneipen, auf Weihnachtsmärkten und zu Hause, um im Schein der Kerzen und Laternen die Wärme des Gegenübers zu spüren, die Augen der anderen zu sehen und
gesehen zu werden.

Der Bus fährt vorbei an Tannenbaum-Verkaufsständen, an einem riesengroßen Schneemann, an Fenstern voller Wünsche.

Erst am Ende des Kudamms wird es ruhiger und dunkler. Ich steige am Lehniner Platz aus und muss wieder daran denken, dass die Stadt voller Überraschungen ist. Hinter dem denkmalgeschützten Gebäudeensemble, nur wenige Schritte vom Boulevard Kurfürstendamm entfernt, liegen Tennisplätze, die während der Saison schnell ausgebucht sind. In Gedanken an die unverwechselbaren Geräusche, gehe ich im Rhythmus des »Plopp, plopp« zur Schaubühne, dem Theater am Lehniner Platz. Das Café ist geschlossen, aber die Programmtafeln und Fotos der Theaterstücke hängen in vielen Fenstern.

Holger, Sabrina, Maxi und ich versuchen oft, Karten zu erwischen, und sind danach noch lange beschäftigt mit den Stücken, der Interpretation, den Schauspielerinnen und Darstellern, den Bühnenbildern, der Musik und den Reaktionen der Leute vor uns.

Ich denke zurück an unser Treffen im Park und merke, wie sich eine kleine Traurigkeit einschleicht über die weitere Schwere des Jahres.

Müde klettere ich in den nächsten M19, schaue nicht, trage die Maske über Mund, Nase und Aufmerksamkeit. Ich setze mich auf den ersten freien Platz, froh, nicht stehen zu müssen.

»Dir auch einen schönen guten Abend«, stört eine Stimme meine trüben Gedanken.

»Ronny!« Da sitzt er neben mir in schönster BVG-Klamotte, ganz Blau und Weiß. »Was machst du denn hier?«, frage ich. »Ich löse am Adenauerplatz den Kollegen ab, habe heute Spätdienst. Und du? Was machst du?«

»Ich mache mir Gedanken«, grinse ich, und er grinst zurück.

»Habe mir die Weihnachtsbeleuchtung angeguckt und überlege die ganze Zeit, wie viel Belohnung wir alle, also so ganz allgemein, verdient hätten.«

»Belohnung? Wofür denn? Für das Rumgemecker und den Müll überall? Für die Inflation? Für meine tausend Überstunden und die aggressiven Fahrgäste? Dafür, dass sich kein normaler Mensch einen Glühwein und eine Bratwurst auf dem Weihnachtsmarkt leisten kann? Oder meinst du, für die Politiker, die in Saus und Braus leben und sich gegenseitig ins Borchardt einladen, während sich meine Mutter noch nicht mal mehr den Kaffee leistet?« Ronny lacht, aber seine Augen bleiben ernst. »Belohnung! Du bist gut! Wir sollen die Heizungen runterdrehen oder, besser noch, erst gar nicht anmachen und immer schön kalt duschen. ›Ziehen Sie sich halt einfach mal einen Pullover über zu Hause‹, sagen sie. Und ja, ich mach das sogar, immer schon, aber meine Mutter, die ist alt, die zittert jetzt schon aus lauter Angst vor der Kälte. Die kann sich das Heizen eh kaum leisten.« Er haut sich auf die Oberschenkel. »Und ihre Nachbarin, die hat zwei kleine Kinder und einen Job. Aber dann sind die Schulen und der Kindergarten zu wegen Corona, und sie soll zu Hause arbeiten und die Kleinen betreuen und alles ganz alleene. Und jetzt sagen ihr die Politiker, sie soll sich mit einem Waschlappen waschen, um Energie zu sparen. Energie! Kannst dir bestimmt vorstellen, wie viel Energie die Frau noch hat nach den letzten Jahren.«

Er wischt sich über das Gesicht. »Tut mir leid, dass ich so wütend bin. Das gilt nicht dir. Ich kann es nur wirklich nicht mehr ertragen, diese ganze ...«

Ich weiß plötzlich ganz genau, warum Maxi ihn so mag.

»Ich muss hier raus«, sagt Ronny. Wir steigen beide aus. Er wühlt tief in seinen Hosentaschen und guckt mich nicht an.

»So habe ich das gemeint«, beginne ich leise. »Genau so. Deine Mutter, die Nachbarin, die Kinder, du, wir alle zusammen bräuchten eine richtig große Belohnung, eine Entschädigung. Ja, Entschädigung. Für den ganzen Mist, den wir seit 2020 mitmachen müssen. Für alles, für Corona, für die Lockdowns, fürs Homeoffice mit kleinen Kindern, für Überstunden und Inflation, für die viele Angst und überhaupt.«

Er hört mir zu, guckt dabei in die Nacht hinein.

»Mal was Schönes, zum Auftanken, zum Freuen«, überlege ich weiter.

»So was wie das Neun-Euro-Ticket, meinst du?«

»Das war schon schön. Aber das hat doch nicht gereicht. Ich kann dir gar nicht sagen, wie wütend mich die Reden machen. Ja, natürlich ist das richtig, Energie zu sparen. Aber das können doch nur die Leute, die genug Geld verdienen. Was ist mit all den vielen Leuten hier in Berlin, die gerade so über die Runden kommen? Die haben nichts mehr, an dem sie sparen können. Wer redet über die? Wer redet zu ihnen? Wer sieht die?«

»Du, mein Bus kommt. Ich muss los.« Ronny läuft die paar Schritte zum Bus, löst den Kollegen ab, sie tauschen die Plätze, ziehen ihre Jacken an und aus. Ronny stellt die Spiegel und den Sitz schnell ein, meldet sich im System an, beantwortet die Fragen der ungeduldigen Fahrgäste, ob es jetzt endlich mal weitergeht, mit einem freundlichen Nicken.

Dann öffnet er noch mal die vordere Tür und winkt mich heran. Die Stimmung im vollen Bus kippt nun endgültig. Aber das stört ihn nicht. »Du hast ja recht«, sagt er. »Du hast völlig recht.«

Er winkt mir und beruhigt die Fahrgäste: »Jetzt geht es los, bitte alle festhalten!«

Ich winke ihm auch. Dann setze ich mich ins Haltestellenhäuschen und überlege, wie solch eine Belohnung und Anerkennung aussehen könnte.

Mir fällt die Poesie ein, die Musik, die Malerei. Ein Mosaik aus Worten, Tönen, Farben.

Es gibt einige Wunschbäume über die Stadt verteilt. An die hängen Kinder ihre Wünsche mit der stillen Hoffnung, dass Erwachsene sie erfüllen. So einen Wunschbaum bräuchten diesmal auch die Erwachsenen, die Wunschzettel wären sicherlich eng beschrieben. »Frieden«, stünde darauf. »Gesundheit und dass meine Oma/Tante/Mama/Liebste, mein Papa/Nachbar/Großvater/Liebster noch leben«. »Eine feste Arbeitsstelle« und »Urlaub, drei Wochen am Meer«. »Eine sichere Wohnung« und »Einen Lottogewinn«, »Eine feste Arbeitsstelle«, »Liebe«.

Es gibt viele Konzerte an allen Orten, oft ist der Eintritt kostenlos. Die Kunst weiß, dass nichts so tröstet und Mut macht wie Musik, Poesie, Malerei, Theater. Aber was bleibt denen, die nach der Arbeit zu müde sind, um ins Konzert zu gehen?

Es ist spät, ich steige hinunter in die U-Bahn. Für heute habe ich zu viel nachgedacht, ich will einfach nur nach Hause, die Decke über den Kopf ziehen und schlafen.

»Hallo, schönen guten Abend. Ich bin der Randolf, seit vier Jahren bin ich wohnungslos und habe heute noch immer nicht das Geld für das Hostel zusammen. Wir könnten ein Geschäft machen.« Der Mann schaut in die Bahn hinein, seine Blicke wandern zu jedem. Nur die wenigsten bemerken ihn, niemand guckt zurück. Er steht ein Stückchen zu nah an mir, aber hinter mir sind nur die Türen der U-Bahn. Ich frage ihn also, stellvertretend für alle, die es auch nicht interessiert: »Ein Geschäft?«

»Ja genau, ein Geschäft!«

Nun hören doch ein paar Leute zu.

»Ich bin ehrlich: Ich könnte euch beklauen, das würdet ihr gar nicht merken. Aber später dann würdet ihr euch ärgern. Und das erspare ich euch heute. Gebt mir einfach freiwillig ein paar Euros, Cents nehme ich auch. Das macht euch gute Laune, und ich kann endlich schlafen gehen.«

Er lächelt entwaffnend.

»Keine Angst, ich bin nicht gefährlich, nur obdachlos und wirklich müde.«

Und tatsächlich grinsen ein paar Leute, kramen Münzen zusammen. Die Frau neben mir gibt ihm einen Zehneuroschein: »Schlafen Sie gut heute Nacht. Ich hoffe, es reicht noch für ein Frühstück.«

Er bedankt sich mit einem Gedicht und verschwindet im Gedränge.

»Ich war selber mal in der Situation, ich weiß, wie das ist«, erklärt die Frau ungefragt.

Am nächsten Tag rufe ich gleich Maxi an und erzähle ihr vom Treffen mit Ronny.

»Ich würde ihn am liebsten fragen, ob er mit uns mitfeiern möchte. Hättest du was dagegen?«, fragt sie mich.

»Natürlich nicht. Was sagen denn Holger und Sabrina dazu?«

»Die finden das gut.«

»Dann lade ihn ein, abgemacht. Das wird ein schönes Fest werden.«

Die ganze Stadt freut sich über den ersten Dezember seit gefühlten Jahrzehnten, in dem Wünsche und Wege wieder auf eigenen Beinen stehen und gegangen werden können. Die Stille auf Rezept ist im Laufe des Jahres einer fröhlichen Erleichterung gewichen. Auch mit einem gefährlichen Virus ist Leben möglich! Rauschende Feste, und seien sie noch so klein und leise, lösen die Verschreckungen. Das Zusammensein auf Spielplätzen, in Schulen, auf der Arbeit und in den herrlich faulen Stunden zwischen Wachen und Schlafen ist wieder voller Energie. Die allgemeine Gesellschaft steckt mitten in der Pubertät. Alle Grenzen müssen neu ausgelotet werden, Unsagbares wird in die Welt geschrien, Verbote reizen zum Übertreten, einem Hochgefühl folgt tiefer Zweifel, Vernunft ist was für alte Leute, niemand ist alt.

Die Weihnachtsmärkte sind Mittelpunkt und Drehscheibe für Vergnügungssuchende. Weil das Zurückholen vergangener Zeiten sowieso nicht möglich ist, möchten viele Menschen die letzten Jahre einfach vergessen. Sorglosigkeit ist in jedem Haus willkommene Gästin, findet aber oft die Türen nicht.

Die Glühweinstände werden umlagert, alle wollen trunken sein.

Ich flaniere von Markt zu Markt und schaue zu. Das Gedränge erzählt von der Erleichterung, die für ein paar schöne Stunden so wichtig zu erfüllen ist.

Und selbst zu späterer Stunde ist Lachen und Erzählen. Streit und Stress sind selten.

An den Bushaltestellen ist immer viel los, manche Fahrgäste müssen auf den übernächsten Bus warten, so groß ist der Andrang. Im Bus steht man auf Zehenspitzen, hält die Luft an, kann das Aussteigen kaum erwarten. Es wird anständig gemeckert und viel geredet. Die Lautstärke ist ungewöhnlich, diese engen Fahrten zu Bratwurst und Grog, zu Musik unter freiem Himmel und festlicher Beleuchtung sind stressfreier als jede Feierabendfahrt.

Ich versuche, so oft wie möglich dabei zu sein. Wie funktionieren Menschenmengen nach der langen stillen Zeit? Gehen wir freundlicher miteinander um, geduldiger, haben wir irgendwas dazugelernt? Ist eine Veränderung im öffentlichen Adventsleben spürbar?

Es dauert, bis ich in Worte fassen kann, was mir auffällt: Die allgemeine Bereitschaft, alles deftig und lustvoll zu kommentieren, die in einer Großstadt in der Luft zu spüren ist und für das stete Vermeiden von ernsthaften Auseinandersetzungen sorgt, in denen Menschen unterschiedlichster Stimmungen aufeinandertreffen, hat sich gewandelt. So scheint es mir in der Summe meiner intensiven Beobachtungen.

Es gibt auffallend wenige Kämpfe um den besten Platz in der Schlange vor den Marzipankartoffeln und Bratwürsten. An den Glühweinständen wird selbst zu späterer Stunde kaum gestritten. Immer wieder erstaunen Anflüge von Höflichkeit. Statt dem üblichen »Macht mal Platz da, jetzt komm ich« heißt es »Dürfte ich mal« und »Ich muss da mal durch«.

Und nicht nur auf den Weihnachtsmärkten und in den überfüllten Bussen scheint eine allgemeine Freundlichkeit die Berliner Schnauze zu umspielen.

Ist das real oder Einbildung? Muss ich demnächst ständig »Bitte« und »Danke« sagen? Wird es Volkshochschulkurse geben, in denen Erwachsene das üben?

Ich wandere durch die Tage und Nächte, steige in Busse ein, lausche dem Klang der Stimmen und bin mir bald sicher, dass die gefühlte Veränderung tatsächlich passiert. Der vage Gedanke wird immer deutlicher.

Und allmählich entwickelt sich meine Theorie weiter. Fast jeder Passant und jede Passantin trägt nämlich ein Smartphone vor sich her. Das Smartphone ist Zugpferd und Schutzschild gleichermaßen. Erst kommt das Smartphone, dann kommt der Mensch.

Die Leute fotografieren, was sie sehen, um es dann erneut zu sehen. Erst der fotografierte Blick zeigt, was die Augen wahrnehmen. Auf den Wegen und an allen Ecken, im Bus und auf den Weihnachtsmärkten wird alles, was gesehen wird, zusätzlich fotografiert oder gefilmt. Es ist faszinierend zu beobachten. Wie viele Tonnen Fotos tragen wir tagtäglich mit uns durch die Stadt. Dem Smartphone gilt der erste Impuls. Kann es sein, dass das Gewicht eines kleinen Geräts den üblichen städtischen Stress vom begreifbaren Gegenüber ins undefinierte des Internets verlagert?

Gab es früher verbale Auseinandersetzungen wegen vielen Kleinigkeiten, befrieden heute Fotos oder Sprachaufnahmen vom unverschämten Menschen die erste Wut. Wer wagt es noch, bedenkenlos zu motzen, die Beherrschung zu verlieren, den gesammelten Zorn auszuschütten während einer Begegnung in der Öffentlichkeit. Bevor man fantasievolle Beschimpfungen und feurige Körperbewegungen austauscht, verpufft viel Ärger in das schwarze Viereck des Smartphones. Der gute Rat, innerlich bis zehn zu zählen, bevor die Wut mit bösen Worten ins Gesicht der anderen gespuckt wird, mag obsolet geworden sein. Tippen und Klicken tun es auch.

Fast spüre ich ein Bedauern. Geht hier still und leise ein uraltes Kulturgut zu Ende? Werden die Großstadtmenschen nun etwa sanft und zutraulich, weil aller spontaner Ärger und die Lust am Meckern eine Ersatzbefriedigung gefunden haben? Kann die Stadt existieren, ohne die berühmt-berüchtigte Berliner Freundlichkeit?

Oder beschert uns die besänftigte Straßenaggression ein seichtes Miteinander?

Brauchen, wollen, suchen wir am Ende Gemütlichkeit nach den Krisen, in der Krise?

Ist das dann noch mein Berlin?

Ich spreche mit Maxi und Sabrina über meine Beobachtungen und bitte sie, auf allen Wegen ebenfalls darauf zu achten, ob meine These stimmen könnte, dass Smartphones unsere Großstadtstimmung verändert. Zwei Tage später klingelt das Telefon.

»Da ist was dran«, sagt Sabrina aufgeregt. »Ich habe es überall beobachtet: Die Leute stecken in ihren Smartphones, und das macht die Stimmung irgendwie träger. Im Bus war so ein älterer Mann, der hat sich fürchterlich über zwei Kinder aufgeregt, weil die »ohrenbetäubenden Lärm« machten, in seinen Ohren. Ich freue mich also schon, weil: Gleich knallt's!, dachte ich.«

»Wie bitte?«, frage ich streng nach.

»Ach, mir war so langweilig, da wäre so ein bisschen Krawall im Unterdeck echt toll gewesen. Aber keine Sorge. Die Leute um ihn herum und eigentlich sogar alle anderen, außer dem Mann und mir, guckten nur so mitleidig lächelnd von ihren Bildschirmen auf, und dann sagte die Mutter: ›Ehrlich gesagt sind Sie hier der Einzige, der Lärm macht. Könnten Sie bitte etwas leiser sein? Meine Kinder bekommen sonst Angst.‹ Ich war total beeindruckt. Du könntest recht haben mit deiner Theorie. Smartphones nehmen die Wut raus.«

Wir schweigen ein paar Sekunden, jede grübelt, ob das wirklich stimmen kann.

»Aber die gucken halt nicht mehr, ich fühle mich manchmal direkt unsichtbar, weil alle nur in ihre Handys gucken.«

»Ja, stimmt auch wieder. Das ist ein Dilemma, ist es nun was Gutes oder was?«

Sabrina denkt nach. Dabei summt sie immer leise vor sich hin, ohne es zu bemerken.

Mir liegt noch was anderes auf dem Herzen: »Ich überlege die ganze Zeit, wo sind die Leute, wenn sie in ihre Handys vertieft sind? Sie sind ja weder da noch nicht da.«

Sabrina summt nervös. Dann antwortet sie zögernd: »Hmm, auf wie vielen Weihnachtsmärkten warst du in der letzten Zeit? Und hast du überall Glühwein getrunken?«

»Null Komma null Promille. Immer nur Tee. Und ja, auf allen mindestens ein Mal. Aber wir könnten doch mal Glühwein trinken gehen. Was hältst du davon?«

»So gerne, aber ich habe überhaupt keine Zeit, die Arbeit stapelt sich meterhoch.«

Eigentlich bin ich ganz froh, dass sie nicht kann. Ich habe noch nichts von meinen Aufgaben für unsere Weihnachtsfeier erledigt und ein schlechtes Gewissen. Auf dem Einkaufszettel stehen Lichterketten, Kerzen, Rotwein, Spekulatius.

Kurz entschlossen steige ich in den M19 bis zur Potsdamer Straße und laufe ein Stück bis zum besten Dekorationsgeschäft der Welt. In diesem alteingesessenen Laden gibt es mehr als alles. Ob man künstliche Ratten und Spinnen sucht – für was auch immer, es gibt schließlich genug echte Spinnen und Ratten – oder ein Glitzerkostüm für die große Bühne, hier kauft man sich für wenig Geld sehr glücklich.

Ich traue meinen Augen nicht, als ich vor verschlossenen Türen stehe. In meinen Lieblingsladen ist eine temporäre Galerie eingezogen. Später lese ich es im Internet nach: Die Pandemie hat vieles verändert, und auch dieses Geschäft musste weichen und sich verändern. Die Miete war zu hoch, die Einnahmen zu klein. Überall in der Stadt stehen Geschäfte leer. Berlinerin zu sein, bedeutet neben vielem anderen, ständige Veränderungen und Verluste zu verkraften. Die schummrige Lieblingsbar schließt, und die neuen Betreiber eröffnen ein Shisha-Café in den Räumen, das Stammrestaurant macht zu, der Hausbesitzer vermietet an ein Versicherungsbüro. Neue Viertel entstehen, Häuser werden abgerissen, um Bürogebäude zu errichten, Bäume gefällt, Blumen und Büsche radikal entfernt. Kaum hat man sich an ein neues Café gewöhnt, wechseln die Betreiber und mit ihnen die Atmosphäre und Preise. In kleinen Imbissläden und Speiselokalen sprechen die Angestellten ausschließlich Englisch, und im Gegensatz zur BVG ist das ein Englisch ohne jeden Großstadtcharme.

Viele Nachbarn ziehen weg. Sie können sich die Mieten nicht mehr leisten, ihre Wohnungen wurden an Investoren verkauft; sie werden wegen Eigenbedarf gekündigt oder haben ihren Job verloren und müssen sogar die Stadt verlassen für die neue Arbeitsstelle. In leer stehenden Häusern und Ladenräumen entstehen temporäre Zwischennutzungskonzepte. Für wenig Geld vermieten die Eigentümer an Galeristen, Künstlerinnen, Arbeitsgemeinschaften. Aus manchen Gebäuden, die auf den Abriss warten, werden dank Künstlerkollektiven und einer unterstützenden Kulturverwaltung in den Bezirken einmalige Gesamtkunstwerke, die Besucher aus der ganzen Welt anlocken.

Dabei ist ganz egal, wie groß der Erfolg solcher Kunstaktionen ist, nach Ablauf der geliehenen Zeit kommt die Abrissbirne und schlägt alles zu Schutt. Nach ein paar Jahren erinnert nur noch das eigene Gedächtnis an den temporären Glanz.

Man muss flexibel bleiben, darf das Herz nicht zu sehr an etwas hängen, außer an die Liebe vielleicht, um die vielen Lücken wieder mit Nachbarschaft, Kultur, Emotion und einem gewissen Heimatgefühl zu füllen. Nicht immer ist das Neue schlechter.

Das Sein der Stadt entspringt aus Tausenden Wünschen. So viele Menschen verstehen Berlin als ein Gesamtzuhause, das nicht hinter der Wohnungstür endet, sondern auch draußen vor der Tür gefegt, geschmückt und fein gemacht wird. Die Geschmäcker sind verschieden. Nicht jedem gefällt die selbst gezimmerte Sitzecke, von Blumenkübeln umrandet, die ein paar befreundete Familien und Studentinnen auf dem kleinen Platz in der Mitte der Straße unter der großen Linde gebaut haben. Obwohl die Benutzung allen im Kiez freisteht, gibt es Ärger, der durch viele Gespräche und ein Bier mit Kompromissen auf beiden Seiten ein gutes Ende findet.

Viel zu gut gefallen hingegen manchen die Kronleuchter, die für lauschige Sommernächte in Bäume gehängt werden, die Teppiche, Sessel und Sonnenschirme, die in trockenen Monaten in Hinterhöfen und Gartenlokalen ein Sommerzimmer sind, und nehmen einiges einfach mit nach Hause oder zum nächsten Flohmarkt.

Selbst das Grünflächenamt ist ganz und gar nicht einverstanden mit den leuchtenden Staudenbeeten, die Anwohner rund um Lichtmasten, Parkplatzbegrenzungen, Baumscheiben und Poller gepflanzt haben, und schreitet mit frisch geschärften Messern zur Tat. Proteste und Tränen helfen da nichts. In tiefer Nacht neu gesetzte Blumenzwiebeln und ausgestreute Samenpäckchen zeugen von der riesigen Liebe zur Stadt. Aber auch ein Einlenken der Behörden und Gespräche zwischen engagierten Leuten und Amtspersonen führen meist zu friedlicheren Lösungen.

Der Überschwang der jungen Neuberliner, die sich plötzlich außerhalb der Traditionen ihrer Heimatgemeinden befinden und die unbekannte Freiheit der Toleranz erst kennenlernen müssen, sorgt oft für Unruhe. Sie müssen verstehen, dass Großstadt ein ständiges Zusammenspiel von Anarchie und Regeln bedeutet, gleich einem Mobile, das sich am schönsten bewegt, wenn alle Teile gut austariert und gleichermaßen wertig sind.

Eine Konstante bleibt der Bus. Zwar ändern sich die Linienführungen, die Busfahrpläne, die Fahrer und Fahrerinnen und sogar die Busse selbst hin und wieder, aber auf die unverwechselbare Atmosphäre ist Verlass.

Mein älteres Herz trauert den verschwundenen Läden nach, ist aber genauso leidenschaftlich gegen jedes »Das war schon immer so«. Die langjährige Erfahrung überlegt also schon, welches neue Restaurant, Café und welchen Imbiss ich als Nächstes besuche und wo ich jetzt die gesuchten Dekorationen und Accessoires finde. Ich entscheide mich für einen Secondhandladen nur wenige Kilometer entfernt und steige wieder in den M19.

Es dämmert schon, die Straßenbeleuchtung springt an. Aber

was für ein Unterschied zum letzten Dezember! Die Straßen sind voller Menschen, die Geschäfte locken mit bunt gefüllten Schaufenstern, Musik tönt aus vielen Lautsprechern. Einen Platz im Restaurant muss man lange vorher reservieren, Konzerttickets sind innerhalb von Stunden ausverkauft. Überall kleben farbenfrohe Plakate und werben für Zirkus, Cabaret, Tanz und Tralala. Das Virus hat seine Totenmaske abgelegt.

Der Bus schleicht mit dem Feierabendverkehr von Stopp zu Stopp. Ich genieße die Langsamkeit und sehe mich fast satt während der Fahrt.

An einer Haltestelle steigt ein junger Mann mit zwei kleinen Kindern zu. Ein Baby schläft an seiner Brust im Tragegurt. Er setzt sich entspannt hin, die beiden Kinder klettern sofort an den Haltestangen hoch, hängen sich in die Halteschlaufen, springen ab, rennen die Treppen hoch, poltern durch das ganze Oberdeck, hopsen die hintere Treppe hinunter, balancieren auf einem Bein durchs Unterdeck. Die Frau neben mir bewundert die Geschicklichkeit der Kleinen. Sie lassen einfach los in der Sicherheit eines Doppeldeckers. Draußen müssen sie wieder auf alles achtgeben, dabei sind sie viel zu jung, um die ganze Verantwortung im Straßenverkehr zu tragen und jedem »Pass-auf–die-Autos-auf« Folge zu leisten. Die Ruhe des Vaters überträgt sich auf die anderen. Niemand stört sich an den beiden. Auch das schafft der Bus: entspannte Fahrgäste mitten im dichtesten Straßenverkehr.

Nur der Busfahrer ist gestresst, seine Busspur wird kreuz und quer blockiert, an vielen Haltestellen stehen zusätzlich »nur ganz kurz« Lieferwagen und Taxis. Er muss ständig auf die zweite Spur wechseln, wird von ungeduldigen Autofahrern böse angehupt, und die Leute an den Haltestellen schimpfen beim Einsteigen über die Verspätung. Von der guten Stimmung im Unterdeck bekommt er nichts ab.

Ich krame in meinen Taschen, irgendwo habe ich noch einen Schokoriegel. Beim Aussteigen gehe ich nach vorn und lege ihm die Schokolade aufs Tablett. »Nervennahrung«, sage ich mit freundlichen Augen.

»Oh, für mich? Vielen Dank«, antwortet er überrascht. »Wirkt schon«, grinst er und drückt feste auf die Hupe.

»Schönen Feierabend«, rufe ich ihm noch zu, aber da sind die Türen schon geschlossen und die Blinker gesetzt.

Später am Abend sitze ich sehr zufrieden zwischen wild blinkenden Weihnachtsfiguren und herrlich schrägen Lichterketten und bin voller Vorfreude auf die überraschten Aufschreie der Gäste. Besinnlichkeit, Stille und Wehmuttee hatten wir in den letzten Jahren zur Genüge, diesmal soll Weihnachten laut und lustig werden. Ich drücke auf verborgene Knöpfe und lache mit den »Ho, ho, hos« der dicken Wackelweihnachtsmänner und den sich im Kreis drehenden Engeln. In die Fenster klebe ich zwei mehrfarbige Sterne, die wildes Kopfschmerzgeblinke produzieren, als ginge es um Leben oder Tod. Mein ganzer Stolz aber gilt einem kindergroßen Schneemann, der mit einem Bewegungsmelder ausgestattet ist. Er singt, wackelt mit dem dicken Schneekugelkopf und leuchtet mit den Augen, dass man fast Albträume davon bekommt.

»Den stelle ich vor die Wohnungstür, dann hat auch die Nachbarschaft was davon«, überlege ich und gehe spät, aber zufrieden ins Bett.

Gleich am nächsten Morgen beschweren sich Nachbarn. Der Hausmeister kommt sogar und hält mir einen Vortrag über Brandgefahren und die Hausordnung, die verbietet, Sachen im Hausflur zu lagern.

Kurz entschlossen stelle ich den Schneemann auf den Balkon und hoffe, dass die Tauben mich dafür nicht verdammen.

Es wird immer schneller dunkel, die Tage verschwinden auf Nimmerwiedersehen, jetzt sind die Nächte am Ruder. Morgens tragen Kinderwagen, Buggys, Fahrräder und Rollatoren helle Lichter, um leichter in den Tag zu finden. Schulkinder stehen müde an den Haltestellen, Angestellte auf dem Weg ins Büro verschlingen, kaum im Bus, Schokoladenberge und Vanillekipferl. Angeblich geht die Sonne um 8:14 Uhr auf und um 15:54 Uhr unter. Skeptisch gucken die Tauben und wir morgens und nachmittags in den Himmel und glauben, da stimmt was nicht. Die Sonne ist unbekannt verzogen.

Seltsamerweise beginnt die Nacht auch im Dezember nicht nach Sonnenuntergang, sondern weiterhin mit dem Öffnen der Bars und Restaurants und Klubs und Kinos.

In diesem Jahr fehlen überall Servicekräfte. Sogar im Supermarkt wird der Verkauf an der Käse- und Wursttheke täglich unterbrochen, weil nicht genug Personal da ist. Viele Geschäfte schließen deshalb früh. Holger, Maxi, Sabrina und ich können uns nicht daran gewöhnen; wir stehen oft vor heruntergelassenen Jalousien. Zum Glück gibt es die Spätis. Allein die Stimmung in den kleinen Gemischtwarenläden ist wohltuend, noch besser sind die vollen Regale, in denen alles steht, was dringend gebraucht wird.

Fürs schöne Fest fehlen nur noch die guten Gaben. Wir schenken uns seit Jahren nur Fundstücke.

Ich laufe mit offenen Augen und leerer Tasche durch die Straßen und stöbere in allen »Zu verschenken«-Kisten. Finden statt suchen ist das Ziel.

Mit dem M19 fahre ich nach Kreuzberg und entdecke einen Bildband über Graffiti in Berlin. Er lehnt regengeschützt in einem Hauseingang und wird in wenigen Tagen bei Holger einziehen. Zwei Tage später verpacke ich eine wuchtige Siebzigerjahre-Brosche für Maxi.

Und für Sabrina finde ich eine geschliffene Wasserkaraffe mit Glasstöpsel in einem alten Pappkarton auf der Bülowstraße.

Die Stadt ist so zuverlässig wie freigiebig.

Am 24. Dezember klopft es am späten Nachmittag an meine Tür. Weihnachtsmann und Engel sagen ein altes Gedicht auf, dass mir fast die Tränen kommen. Dann überreichen sie mir augenzwinkernd eine Flasche Wein: »Die Nachbarn von oben lassen herzlich grüßen«, und stapfen extra laut die Treppen hoch zu Sophiechen, Ben und Sumi. Ich höre die Nachbarskinder vor Aufregung quietschen.

Sabrina, Maxi und Holger kommen wenig später, es bleibt gerade noch Zeit, die festliche Beleuchtung anzuschalten, den Schneemann zurück ins Zimmer und den Tauben zur weiteren Besänftigung ein paar Sonnenblumenkerne auf den Balkon zu stellen.

Die drei sind herrlich schockiert von meiner schrillen Dekoration.

»Erbarmen, mir wird schwindelig von diesem Geflacker«, ruft Holger zwischen die Melodien, die meine Figuren gnadenlos abspulen.

»Was hast du nur getan? So feiere ich nicht mit dir«, schimpft Maxi.

Sabrina sucht die »Aus«-Schalter und beginnt in der plötzlichen Stille schallend zu lachen: »Das ist die lustigste Weihnachtsüberraschung, die mir jemals wer gemacht hat.«

Erleichtert lache ich mit. »Ich hatte euch irgendwie lockerer in Erinnerung«, beschwere ich mich, hole den Wein und lege feierlich die Geschenke unter den Schneemannbauch.

Wir stoßen an. Sie vergeben mir schnell und sind nach dem ersten Schock genauso begeistert von dieser exklusiven Deko wie ich. Wir hocken zusammen, hören Musik aus dem Radio, singen selber Weihnachtslieder. Maxi stellt den fünften Teller zurück ins Küchenregal: »Ronny muss arbeiten, zu viele Kollegen sind krank, da hat er Zusatzschichten angeboten bekommen.«

»Angeboten«, seufzen Holger, Sabrina und ich wie aus einem Munde. »Diese Angebote kenne ich«, sagt Sabrina.

»Sei nicht traurig. Dann nehmen wir nachher sein Geschenk mit und besuchen ihn im Bus«, schlage ich vor. »Kannst du rauskriegen, wann er hinter dem Steuer sitzt und welche Linie er fährt?«

»Das ist einfach«, antwortet Maxi, »von 17:32 Uhr bis kurz nach Mitternacht fährt er den M19.«

»Du weißt seine Arbeitszeiten auswendig?«, staunt Sabrina.

»Nee, eigentlich nicht, nur heute. Hat er mir vorhin gesimst, damit wir nicht auf ihn warten mit Gänsebraten und Rotkohl.«

Wir lachen. Unser Tisch steht voller kleiner Schüsseln und Teller, wir haben Köstlichkeiten aus den verschiedensten Läden zusammengestellt. Nur das Brot ist selbst gebacken.

Nach der Bescherung und dem Essen packen wir Kräutertee in eine Thermoskanne, legen Stollen und Schokolade in den Rucksack, fünf Tassen, vier alte Gläser, die vorletzte Flasche Wein und einen kleinen Wackelweihnachtsbaum für Ronnys Armaturenbrett, und laufen zur Bushaltestelle.

Die Nacht ist sehr berlinerisch. Während einerseits festlich gekleidete Familien unterwegs von und zu einer der vielen Weihnachtsmessen sind, begegnet uns andererseits die übliche Mischung von Leuten auf ihren Wegen ins Restaurant, in den Klub, zur Nachtschicht. Im Bus sitzen gleich drei Weihnachtsmänner. Wir grüßen jeden voller Respekt. Der erste sieht schon etwas mitgenommen und müde aus.

»Was ist dir denn passiert? Bist du vom Schlitten gefallen?«, fragt Maxi besorgt.

»Ich bin seit acht Stunden unterwegs, sieben Familien haben

mich mit Keksen und Milch versorgt. Mir tut der Bauch weh und die Füße auch, und mir ist schlecht.«

Unser Mitleid hält sich in Grenzen.

Weihnachtsmann Nummer zwei und drei sitzen zusammen. »Du musst dir die Touren besser zusammenstellen, Kollege«, rufen sie ihm zu. »Und statt Milch trinkste besser einen Saft.«

Er winkt ab: »Noch zwei Bescherungen, dann habe ich Feierabend. Nächstes Jahr nehme ich einen Engel mit und mache Arbeitsteilung.«

Ich frage die beiden: »Und wie geht es euch?«

»Mir geht es prächtig! Ich freue mich das ganze Jahr über auf Weihnachten«, er streicht sich glücklich über seinen imposanten Bart. »Ab August rasiere ich mich nicht mehr. Die Kinder sind so aufgeregt, ihre Augen strahlen, und sie fragen immer, ob der Bart echt ist. Dann dürfen sie dran ziehen, aber nur ganz vorsichtig. Ihr könnt euch nicht vorstellen, wie überrascht sie sind – in diesen Augenblicken bin ich der echte Weihnachtsmann. Das ist die schönste Aufgabe der Welt.«

Der dritte nickt. »Mich fragen die kleinen Kinder jedes Mal, ob die Farbe echt ist. Na logisch ist die Farbe echt, sage ich. Der Weihnachtsmann hat alle Hautfarben der Welt, nur im Fernsehen ist er immer weiß, weil die Filmleute noch nie einen echten Weihnachtsmann gesehen haben.«

»Hier muss ich raus. Fröhliche Weihnachten euch allen«, ruft er in den Bus und bekommt von allen Seiten ein lachendes Dankeschön zurück.

Wir fahren bis zur Endstation S-Bahnhof Grunewald. Mit großen Schritten geht der Mann mit dem echten Bart in die Pizzeria. Die Inhaber haben ein Fest für die Familien ihrer Angestellten und die Stammgäste organisiert. Das Weihnachtsgeld wird in diesem Jahr besonders feierlich überreicht werden.

Holger, Maxi, Sabrina und ich sind ganz still geworden. Wir setzen uns ins Haltestellenhäuschen, ich zünde vier dicke rote Kerzen an. Wir warten auf Ronny.

Nach einer Weile wird mir kalt: »Frag ihn doch mal, wo er jetzt ist, dann können wir einschätzen, wie lange wir noch warten müssen.«

Maxi schreibt ihm. »Er steht am Mehringdamm. So ein Mist, die Runde hat gerade erst begonnen.«

Wir stöhnen gemeinsam auf.

»Wir könnten ihm entgegenfahren? Wir fahren bis Agathe-Lasch-Platz und warten da auf ihn. Der Bus fährt gleich los. Das ist wärmer, als hier rumzusitzen«, schlägt Holger vor.

In Windeseile packen wir die Kerzen ein und springen in letzter Minute in den startenden Bus. Wir sind die einzigen Fahrgäste.

Am Kurfürstendamm steigen wir aus, überqueren den leeren Fahrdamm und laufen zur Haltestelle.

Ich trödle, die Stimmung ist so schön, ich bleibe hinter meinen Freundinnen und Holger und atme tief durch. In der Ferne leuchtet ein heranfahrender Doppeldecker. Holger, Maxi und Sabrina rufen mich: »Das muss er sein. Komm schon, beeil dich!«

Ich drehe mich einmal um die eigene Achse. Vor einem Jahr war alles anders. Wie weit unsere Gedanken und Wünsche jetzt wieder sind. Wie viel Zuversicht wieder möglich ist. Es ist ein hoher Himmel über mir, über uns.

Langsam gehe ich weiter, manche Gefühle brauchen etwas länger. Die drei winken hektisch, der Doppeldecker – es ist ein M19 – ist schon an der Haltestelle angekommen und hat alle Türen geöffnet.

»Wo bleibst du? Komm schnell, Ronny kann nicht mehr warten!«, rufen mich die anderen.

Ich renne die letzten Meter zum Bus, Holger steht halb in der Tür und winkt aufgeregt. Atemlos springe ich in den Doppeldecker, die Türen schließen sich. Ronny strahlt mir ein »Fröhliche Weihnachten« entgegen. Ich lasse mich mitten zwischen Maxi, Holger und Sabrina auf den Sitz fallen und kann nicht anders, ich muss es in den ganzen Bus rufen:

»Wisst ihr schon das Neueste? Der Berliner Bär ist eine Bärin!«

DIE STATIONEN DES M19

Zeichenerklärung: »S« oder »U« bedeutet:
direkte Umsteigemöglichkeit in die S-Bahn/U-Bahn

Mehringdamm – Hornstraße – Katzbachstraße –
S + U Yorckstraße – S + U Yorckstraße (Großgörschenstraße) –
Mansteinstraße – Dennewitzplatz – U Bülowstraße –
U Nollendorfplatz – An der Urania – U Wittenbergplatz – Europa-
Center – U Kurfürstendamm – U Uhlandstraße – Bleibtreustraße –
Olivaer Platz – U Adenauerplatz – Lehniner Platz / Schaubühne –
Agathe-Lasch-Platz – S Halensee – Rathenauplatz –
Herbertstraße – Erdener Straße Hasensprung – Taubertstraße –
S Grunewald

»Ganz großes Kino – amüsant und berührend.«

Christine Westermann, WDR

Machen Sie mal zügig die Mitteltüren frei ist eine Liebeserklärung an alle Heldinnen und Helden des Nahverkehrs. Wo Wahn und Witz dicht beieinanderliegen, sich das soziale Mikroklima an jeder Haltestelle ändert und manchmal sogar ein Fuchs zusteigt. Nach der Lektüre werden Sie Ihre nächste Busfahrerin mit anderen Augen sehen.

208 Seiten. Taschenbuch

hanserblau
hanser-literaturverlage.de

»Hat mich bis zum fulminanten Finale in Atem gehalten.«

Petra Schulte, *emotion*

Ein Segeltörn in die wildromantischen schwedischen Schären – zwei Paare und ein Skipper gehen an Bord. Der Urlaub beginnt mit sonnigen Wetter und erlesenen Abendessen, doch bald wird die See rauer und verborgene Konflikte lassen die Luft unter Deck immer drückender erscheinen. Bis eines Nachts ein gefährlicher Sturm losbricht.

288 Seiten. Gebunden

hanser**blau**
hanser-literaturverlage.de